Aufstieg oder Niedergang

DEUTSCHLAND ZWISCHEN MITTELALTER UND POSTMODERNE

BERND F. SCHULTE

Abteilung Geschichte und Zeitgeschehen, Hamburg

Hamburger Studien zu Geschichte und Zeitgeschehen
Band 4

Copyright © 2008 Dr. Schulte
Abteilung Geschichte und Zeitgeschehen, Hamburg

Herstellung und Verlag: Books on Demand GmbH, Norderstedt

Printed in Germany

ISBN 978-3-8334-4455-5

Inhaltsverzeichnis

Einleitung

DIE REVOLUTION KOMMT.

„Fährt Frankreich mit seiner jetzigen Mißwirtschaft fort, so könnte es trotz seiner Macht in Verfall geraten und von seinen Nebenbuhlern verachtet werden" (Friedrich II. „Das politische Testament von 1752", 27.8.1752).

Nach 1789 verlagerte sich der gesellschaftliche Schwerpunkt in Frankreich vom Hof auf das liberale Bürgertum. Die Wendung gegen die bisherigen Exponenten des Staates, wie zum Beispiel die Königin Marie Antoinette, hatte sich in den Anklagen der „Dames de la Halle", gegen den Adel und die den Eid verweigernden Priester und Kapitalisten als Volksfeinde geäussert. Hatte im Juli 1791 die Flucht des Königs Ludwig XVI. zu offenem Aufruhr und zum Schießbefehl Lafayettes gegen die Menge geführt, so war damit schlussendlich die Einheit der Nation zerbrochen. Doch das Volk wollte weitergehen, denn die postulierte Gleichheit erschien den Massen als ein nur glänzendes Trugbild. Viel Pädagogik und Theorie, zum Beispiel mit Talleyrands „Rapport sur l'Instruction publique", hatten das Gespür des Volkes nicht betäuben können. Dieses zielte darauf, die Ständegesellschaft zu Gunsten des befreiten Individuums zu zerschlagen, und dachte selbst für ein künftiges, reformiertes Frankreich, nicht an das Leitbild vom begüterten Bürger. Der Streit um das zentrale Thema jeglicher Staatlichkeit, den Zugang der verschiedenen Schichten der Gesellschaft zu Kapitalien, sprich Steuern, folgte dem Sturm auf die Bastille; und zwar lediglich zwischen dem Dritten Stand, dem Adel und dem Klerus. Doch die Regionen und Landschaften des Landes, zwischen Rhein und Pyrenäen, Nordsee und Mittelmeer, welche die Revolution von 1789 entscheidend und überwiegend getragen hatten (Miquel),[1] bestanden auf der Beteiligung des bislang unterprivilegierten Vierten

---

[1] Vgl. P. Miquel, La Grande Révolution, Paris (Librairie Plon) 1988 (Zit.als: Miquel, Révolution), S. 143, in Marseille wehrt sich die Armee. S. 145, es scheitert die Revolution à la Paris. S. 146, die Bastille dort wurde nicht gestürmt. In Toulon brechen Hungeraufstände aus. S. 150, in Rennes legt die Armee die Waffen nieder. S. 158, die Märkte sind die Zentren der Revolte. S. 170, es wird das grüne Getreide gemäht, um die Versorgung von Paris zu verhindern. S. 178, es gibt keine Einheit in

Standes. Letztendlich war das Ancien Régime, mit dem Scheitern der erzwungenen Reform von 1787/88, Vergangenheit; gescheitert am eigenen Unwillen den absoluten Staat zu reformieren.

REVOLUTIONÄRE EINHEIT.

War das einzig Verbindende gewesen, dass Privilegierte und Nicht-Privilegierte, Reiche und Arme, überhaupt nichts anderes miteinander gemein hätten, als dass sie im gleichen Land, in der gleichen Stadt, gegebenenfalls im gleichen Haus, aber nicht in der gleichen Etage wohnten?[1a] Die Entwicklung war bereits weit über die kulturellen Phasen von Klassik oder Ähnliches hinaus fortgeschritten. Halb-barbarisch waren die Einen - und die anderen korrumpiert, wie die französische Gesellschaft dieser Jahre. Deren Schichtungen waren derart, dass von nationaler Identität nicht gesprochen werden konnte. Ob nun Paris, als Sinn- und Stilgebend für ganz Frankreich verstanden, diese Funktion tatsächlich ausfüllte, mag bezweifelt werden. Mercier etwa dachte schon nicht mehr an das Frankreich der Salons. So liefen durch den Schwertadel Ludwigs XVI. tiefe Risse.[1b] Hatte der König noch die höheren Ränge des Offizierkorps dem Adel vorbehalten, so kämpften bereits mit Rochambeau und Lafayette französische adlige Offiziere auf Seiten der amerikanischen Aufständischen. Es befand sich, wie vom Klerus behauptet, bereits vor der Revolution die Subversion im Vormarsch, und dies trotz Etikette und rückwärts gewandtem Selbstverständnis der Königin und einsetzender Anglomanie weiter Hofkreise. Die soziale Frage erschien diesen auch eher spielerisch-prätentiös, in deren täglicher Jagd nach immer neuen Reizen der Zerstreuung. Nicht wie jener berühmte Kalif von Bagdad, um von den unteren Volksschichten zu lernen, sondern aus vordergründiger Lust an der Verkleidung, berauschten sich die Höflinge an den vorgeblich seltsamen, tierähnli-

---

Frankreich. Denn wie können die Kleinbauern des Südens die Getreidebauern des Nordens verstehen? S. 183, ländliche Unruhen sind seit 200 Jahren normal. 55 Aufstände zwischen 1590 und 1715 in der Aquitaine. S.192, die Bauern müssen 38-39% ihres Erlöses abgeben. S. 200 und 210, die Weinbauern stehen infolge ihrer miserablen wirtschaftlichen Lage an der Spitze der Revolution. S. 51, die Menschen auf dem Lande und in der Stadt sind entwurzelt.
[1a] Vgl. Miquel, Révolution, S. 51, die Not in den Städten war noch größer als auf dem Lande. S. 85, die Ernte von 1788 erreichte nicht einmal die Hälfte der normalen. S. 87, die Lebenshaltungskosten stiegen von 1785 auf 1789 um 62% an. S. 92, Paris hatte zwischen 524.000 und 660.000 Einwohner.
[1b] Vgl. Miquel, Révolution, S. 56, Ludwig XVI. wurde, mit der Einberufung der Generalstände, zum konstitutionellen König. S. 58, mit dem 14.7.1789 bleibt Frankreich ein Königreich, aber ist kein Staat mehr. S. 59, in Städten und Dörfern werden die Türen geschlossen und die Bürger bewaffnet.

chen, da einfachen und primitiven Menschen. Dies war das Motiv für eine lediglich dekadent-gesellschaftliche Belustigung.[1c]

Leichtigkeit des Charakters, Sorglosigkeit, Leichtsinn, Unbeständigkeit, Immoralität und Sklavendienst für die Mode – diese Momente beeinflussen das Bild des Franzosen seit 1789. Letztlich die Vergnügungssucht der aristokratischen Elite, die sich im Luxus wälzte, während der gemeine Bauer Gras aß[1d], diese Reibungen erzeugenden Missstände provozierten jene Funken, welche die Revolution im Lande entzündete. Mit der Verlagerung des kulturellen Schwerpunktes von Versailles nach Paris, und damit in die feministisch beherrschten Salons der Metropole, erfolgte zudem eine wesentliche Aufweichung der bislang fest gefügten höfischen Normen.

SOZIALES SELBSTBEWUSSTSEIN.

Die Klammer des Staates bildete – darin ganz mittelalterliche Tradition – die Person des Monarchen. Eine Informationsgesellschaft freudiger Sinne gab es noch nicht. Infolgedessen leisteten die traditionellen Kräfte, wie zum Beispiel der Klerus von der Kanzel, oder auch die äußerst begrenzte Reisetätigkeit der Zeit, Beiträge zur Herausbildung eines nur beschränkten nationalen Gemeinschaftsgefühls. Gleichzeitig erklärt sich von hierher, warum die französische Revolution zu großen Teilen von der Peripherie Frankreichs, und nicht von dessen Zentrum, Paris, genährt wurde. Es differenzierten sich die Stände jeweils nach hoch und niedrig und bildeten sich mikro- und makrosoziale Rollen und Bindungen, z. B. an Staat und Kirche, unter dem Dach der Monarchie heraus. Schon Montesquieu, in seinem „Esprit des Lois", hatte ein Koordinatensystem entwickelt, um die Völker gegen einander abzusetzen. Doch ohne dass breite Schichten der Bevölkerung dieses – ähnlich wie bei Voltaire – rezipierten, blieben Nationalcharakter, Eliten und Konzepte bloßes Konstrukt. Das Verhältnis der Untertanen zu Ludwig XV., und damit zur Monarchie, begann sich zu verlagern, das Bürgertum trat zunehmend ins Rampenlicht und entwickelte sich in den

---

[1c] Vgl. Miquel, Révolution, S. 107, die Umgebung Ludwig XVI. hat nicht gehört was möglich gewesen wäre.

[1d] Vgl. Miquel, Révolution, S. 95f., wenn der König die Generalstände einberief, dann bedeutete das, dass er den Staat nur über neue Steuern und Abgaben retten konnte. Der Schuldendienst belief ich auf 51%. Das Defizit des Staatshaushaltes, bedingt durch den Krieg in Amerika, belief sich auf 2 Mrd. Livres. S. 97, die Privilegierten verweigerten sich evolutiven Lösungen und das Selbstbewusstsein der Vertreter des III. Standes wuchs, weil die Minister des Königs unfähig waren. S. 98, Mirabeau: „Je ne crois pas, qu'une révolution puisse être empêché, qui est déjà faite dans l'opinion publique». S. 114, die Männer mit den schwarzen Roben wollten eine geistige Revolution.

Versammlungen und Parlamenten der Zeit zum Widerpart des Monarchen. Das Mittelalter hatte dem Begriff „identité" noch keinen Inhalt gegeben. Bis zur „Identité National", unserer Vorstellung, war noch ein weiter Weg. „Nation" anstatt „Volk" zu sagen, war eine Revolution.[1e]

DEUTSCHE KOMPLEXITÄT.

In Frankreich: der „Esprit des Nations" Montesquieus und Voltaires „Esprit des Nations". In Deutschland: „Neues Teutsches Staatsrecht" und der „Deutsche[n] Nationalgeist" der beiden Moser; den Stand der Diskussion bildete hier die Sicht, das Alte Reich sei allenfalls ein komplementärer Staat. Als National-Staat wurde es keinesfalls angesehen. Schließlich setzte sich das Gebilde des Alten Reiches aus einer größeren Anzahl von nationalen Staaten zusammen, wie dies die Anschauung der Zeit war. Nicht von oben, wie in Frankreich, sondern über Literatur und Kunst fand der nationale Gedanke in Deutschland Eingang. Der Weg dahin wurde so zunächst in die Richtung einer „politischen Kulturnation" gewiesen. Während sich in Frankreich seit dem Januar 1789 die Konzeption des politisch vollberechtigten Staatsbürgers durchzusetzen begann, wurde diese in Deutschland zunächst nicht rezipiert. Wilhelm von Humboldts „Ideen über Staatsverfassung, durch die neue französische Revolution veranlasst", drangen ebenfalls nicht durch und scheiterten an der Staatsverdrossenheit, die in der Konfrontation mit dem aufgeklärten Despotismus der Zeit gewachsen war. Staat und Nation standen sich feindselig gegenüber.

Schiller zum Beispiel fasste gegen Ende des 18. Jahrhunderts, in dem Gedichtfragment „Deutsche Größe", für Deutschland treffend, das Verhältnis zwischen Nation und Staat folgendermaßen zusammen:

„Deutsches Reich und deutsche Nation sind zweierlei Dinge. Die Majestät der Deut-

---

[1e] Vgl. Gonthier-Louis Fink, Die Problematik der französischen nationalen Identität in der Zeit des Umbruchs zwischen Ancien Régime und Thermidor (1750-1794), in: Gonthier-Louis Fink/Andreas Klinger (Hrsg.), Identitäten. Erfahrungen und Fiktionen um 1800, in: Frankfurt am Main 2004, S. 3-32 (zit.als: Identitäten). Vgl. Miquel, Révolution, S. 68 und 110, die Vertreter des 3. Standes sind ('die Leute in Schwarz') sind Advokaten, Notare und Königliche Offiziere. S. 122 „Nationalversammlung". S. 123, mit ihrer legalen Revolution stellten sich die Delegierten der Nationalversammlung außerhalb der Monarchie. Die Nationalversammlung nimmt für die Zukunft das Steuerbewilligungsrecht für sich in Anspruch. Bardong, Friedrich, S. 228 (Das Politische Testament von 1752): „Die Nachlässigkeit und Misswirtschaft, die in diesem Reiche herrscht, werden stets dahin führen, dass dieses Volk große Fehler begeht. ...Jedoch wird die tiefe Erschlaffung, in die Frankreich versunken ist, nicht hindern, Krieg zu führen, besonders wenn seine Eitelkeit es glauben lässt, dass es der Würde Frankreichs entspricht, sich in alle europäischen Angelegenheiten einzumischen".

schen ruht nie auf dem Haupt seiner Fürsten. Abgesondert von dem Politischen hatte der Deutsche seinen eigenen Wert gegründet, *und wenn auch das Imperium unterginge, so bliebe die deutsche Würde unangefochten*. Sie ist eine sittliche Größe, sie wohnt in der Kultur und im Charakter der Rest der Nation, der von ihren politischen Schicksalen unabhängig ist, [...] indem das politische Reich wankt, hat sich das geistige immer fester und vollkommener gebildet." (Hervorh.v.m., B.S.)

Sensibilisiert durch die Ausläufer der Französischen Revolution während der beginnenden deutschen Romantik, problematisierte sich das Verhältnis Nation - Staat mehr und mehr. Von Novalis über Schlegel, die Gerlachs und Stahl, bis hin zu Ranke und Bismarck liefen die Wellen dieser Bewegung aus. Für Hegel war Deutschland schon seit dem Westfälischen Frieden von 1648 kein Staat mehr gewesen. Mit dem Friedensvertrag von Lunéville (1801) und dem Sonderfrieden von Basel (1795), der geheim das linke Rheinufer an Frankreich abtrat, fand er diese Haltung bestätigt. Der Philosoph wollte Deutschland an den Prinzipien der Französischen Revolution reformieren. Als Vollender forderte er einen, der die Deutschen zusammenzwinge. Doch eher „Stamm" und „Volk", als die „Nation" und der „Staat", bildeten die Begriffe in denen Hegel dachte.

Schließlich brachte das Schicksalsjahr 1806 jene einschneidende Zäsur, welche die Ausbildung revolutionären Gedankengutes mit sich brachte, und mit der sich „Staat" und „Nation" im Bewusstsein der Deutschen erstmals verbanden. Kurz nach der Schlacht von Jena und Auerstedt führte der Berliner Buchhändler Georg Andreas Reimer in einem Brief, enthalten im Hauptbericht der Zentral-Untersuchungs-Commission von 1827, die Missstände im absoluten Staat zusammen. Er schrieb,

„dass eine allgemeine Regeneration des deutschen Volks notwendig, dass nur hierdurch Deutschlands Selbstständigkeit wiederzugewinnen und daß diese auf eine neue, Einheit und Freiheit gewährende Ordnung der Dinge zu gründen sey. Es wird die Ursache des gemeinschaftlichen Unglücks, welches die Preußische Monarchie und mit ihr das nördliche Deutschland getroffen, der *Getrennthaltung der Nation als solcher von der politischen Organisation* gesucht und hieran die Hoffnung geknüpft, dass, wenn anders die damalige Krisis sich nicht mit einem Pal(l)iativmittel endige, welches am meisten zu fürchten wäre, entweder beim gänzlichen Siege des Feindes, gegen dessen wissenschaftlichen und religiösen Druck in Deutschland *die Nation aufstehen und sich also auch ein Staat bilden würde* oder daß, um den Feind in seine Grenzen zurückzuwerfen, *die Fürsten* die Nation in Bewegung setzen und wenn auf diesem Wege die alte Ordnung der Dinge von selbst verschwinden würde." (Hervorh.v.m., B.S.)[2]

---

2 Hessisches Hauptstaatsarchiv Wiesbaden, Akte 210/7483, S. 9 (in: Klaus Ries, Die Fiktion des deutschen Nationalstaates als modernes Phänomen, S. 79).

Nun wurde das Versäumnis des absoluten Staates, nämlich die Nicht-Vereinigung von Nation und Staat, als Ursache des Desasters von 1806 bezeichnet. Doch es bestand Fichtes „Nation der deutschen Staaten" fort. Nationalstaatsgedanken wurden, etwa von den Jenaer Professoren Luden, Lorenz und Fries, erst nach1806 in Ansätzen, und schließlich auf breiter Front, gleichzeitig mit dem Einsetzen der Feindseligkeiten des Jahres 1813 geäußert. Doch deren Konjunktur währte nur kurz.[3]

SEUME: INTELLIGENZ UND ERFOLG.

Johann Gottlieb Seumes Kritik an allem Deutschen, die deutschen Wissenschaftlern schon deshalb verdächtig ist, weil es sich um Kritik handelt, führt - just in den Jahren der Revolution - vor Augen, was ein Zeitgenosse sehen konnte, wenn er dies denn wollte. So schreibt Seume am 9.6.1798 an Gleim:

> „Ich habe von meiner Kindheit an immer eine besondere Vorliebe für Preußen gehabt und sein Kredit in jeder Hinsicht liegt mir näher, als der Kredit irgend eines andern Landes, vielleicht selbst mein Vaterland nicht ausgenommen. Ein einziger großer Mann [Friedrich II.] hat mir dieses Gefühl eingehaucht, das sich nicht geändert hat, seitdem ich seinen Geist studiert habe. Ich schenke ihm seine Menschlichkeit, aber ich verehre und bewundere den Genius, der durch seine Kraft eine Nation hebt und erhält. Der vorige König [Friedrich Wilhelm II.] war wohl als Monarch ein sehr liebenswürdiger Mann; aber ich fürchte, nicht alle seine Maßregeln waren so berechnet, daß sie notwendig wohltätig für seine Provinzen werden mußten. *Ich halte ihn vielmehr für die Ursache der jetzigen ganzen Gestalt von Europa*, wovon er sich gewiß nichts träumen ließ und welches im Geringsten die seiner Ansicht war. *...Nicht ihre Waffen[i.e. der Franzosen], sondern ihr Geist hat uns geschlagen* und wenn sie ganz vernünftig werden, *so sind sie die Diktatoren der übrigen*, wozu aber der Anschein jetzt noch nicht ist. Ihre Nachbarn wollen noch immer nicht begreifen, was ihnen so das Übergewicht gegeben hat. [...] Ohne Humanität und eine[n] Prototypen von allgemeiner Gerechtigkeit wird keine Staatsverfassung feststehen, und erlauben Sie mir ein offenherziges Geständnis, ich finde von beiden in Deutschland sehr wenig. In den preußischen Provinzen ist unstreitig davon noch am meisten; aber es ist überall noch alter Sauerteig genug... ."(Hervorh.v.m., B.S.)[4]

---

[3] Vgl. E. Weis, Der Durchbruch des Bürgertums, In: Propyläen Geschichte Europas, 1776-1847, Bd. 4, Berlin ²1998, S. 196ff. (zit.als: Weis, Bürgertum). In Deutschland schlugen sich die Intelligenz und das Bürgertum, z.B. der Städte, auf die Seite des revolutionären Frankreich. Vgl. Klaus Ries, Die Fiktion des deutschen Nationalstaates als modernes Phänomen, in: Identitäten, S. 151-90.

[4] Vgl. Weis, Bürgertum, S. 201f. Sehr wohl gab es auch in Deutschland Aufruhr und Aufstände, wie z.B. den Bauernaufstand in Sachsen (1790). J.G.Seume, Briefe, in: J.G.Seume, Prosaschriften (eingeleitet von Werner Kraft), Köln 1962, S. 1457f. (zit.als: Seume, Prosaschriften). Keinesfalls

Aber eben diese Einsicht bricht sich bis heute erstaunlicherweise nur mühsam Bahn. Schließlich war Seume vom militärischen Fach, das in seiner Zeit zum Hauptakteur der europäischen Geschichte wurde. Die Stärken und Schwächen der damaligen Armeen waren ihm offenbar und ließen ihn am 20.Juli 1799 an Böttiger schreiben:

> „Solange man nicht Aufklärung und Humanität unter die Armeen bringt, kann man am Pulte mit Aufwand von Geisteskraft Gänsekiele stumpf schreiben, die brutale Kraft der Kartätschenwerfer und Bajonetträger wird immer die Oberhand behalten."[5]

Aber was ist daran Schwäche, wenn Seume die damalige Gegenwart kritisch kommentiert? Bildet nicht letztlich die Bereitschaft zu ständiger Bewegung, zum Fußmarsch durch ganz Europa - und darüber hinaus – den Ausdruck von geistiger Beweglichkeit? Eine Gabe, die in allen Zeiten recht selten vergeben ist. Nicht zuletzt Rousseau in seinen „Confessions" (Band IV) bestätigt Wert und Bedeutung dieser Eigenschaft, wenn er schreibt:

> „Jamais je n'ai tant pensé, tant existé, tant vécu, tant été moi, si j'ose dire, que dans ceux que j'ai faits seul et à pied [seine Reisen]. La marche a quelque chose qui anime et avive mes idées; *je ne puis presque penser quand je reste en place*; il faut que mon corps soit en branle pour y mettre mon esprit. … Je dispose en maître de la nature entière; mon cœur errant d'objet en objet s'unit, s'identifie à ceux qui le flattent, s'entoure d'images charmantes, s'envive de sentiments délicieux.»

Unter die hessische Fahne gepresst, führte Seume dann ein aufschlussreiches Gespräch mit einem preußischen Hauptmann über Bücher, Latein und Wissenschaft, das hier erwähnt werden darf. Dies nicht zuletzt im Licht der Schlussfolgerung, die unser Wanderer daraus zieht. Er zeichnet in seinen Lebenserinnerungen nach:

> „Ich hatte damals die Gewohnheit, ein Buch zwischen Weste und Beinkleider unter den Gürtel zu stecken. Das Buch mochte diesmal etwas zu stark sein und den Leib etwas unförmlich machen. „Was Teufel, ist der Kerl schwanger?« sagte ein Hauptmann Lesthen, der eben vor mir stand, und hob die Weste beim Flügel auf, und es wurde der Julius Caesar zutage gefördert. „Was Henker, macht er denn mit dem Buche?« Fuhr er fort. „Ich lese darin«; war meine Antwort. „Wo hat er denn das Latein gelernt?« „Das Latein pflegt man gewöhnlich in der Schule zu lernen.« Er schüttelte den Kopf. Ich hatte in dem Buche eine Menge Randnoten aus dem Vegez, Frontin und anderen Alten und Neuen, und wohl von mir selbst niedergeschrieben. „Von

---

sieht Seume die deutschen Verhältnisse „als durchweg desolat". A. Meier, „Mit tiefem Trauergefühl als deutscher Mann". Johann Gottfried Seumes paradoxe ‚Deutschheit', in: Identitäten, S. 109.
[5] Ebd., S. 1441.

wem sind denn die Bemerkungen hier?« „Von mir; und vor mir von den angegebenen Herrn.« Er sah mich fest an und endigte mit dem spöttischen Abschied: „Er
wird wohl einmal ein recht großer Mann werden.« *„Schwerlich«, sagte ich; das ist
unter den Deutschen gar nicht wahrscheinlich;* aber wenigstens will ich nicht
schuld sein, dass es nicht wird.«(Hervorh.v.m., B.S.)[6]

Auf der Fahrt mit dem Truppentransporter auf der Weser von Minden bis
Bremerlee, wo die englischen Transportschiffe nach Halifax warteten, blickte Seume trüb auf die blühenden Weserauen und notierte später im Rückblick:

„Von Varus bis zu Bonifaz herab schwebten mir dunkel die Szenen vor; Bonifaz, der
mit heiliger Einfalt die heroische Tugend vertrieb, und die feiner gewebte Sklaverei
spann, die uns zum Spielwerk anderer gemacht hat.“[7]

1780, bei Hallifax, im amerikanischen Urwald, wo Huronen und Franzosen
die Engländer gehörig in Atem hielten, begann „das papierene Zeitalter“, wie
Seume dies nannte. Er, als Sergeant und Bataillonsschreiber, wusste genau welche
Arbeit es machte, Papier um Papier zu kopieren und Regimentslisten zu schreiben. Eine Beobachtung, die in unserer Zeit, begünstigt durch Fotokopierer, auch
und vor allem in der Armee wieder aufkommen mag.[8] Nach seiner Rückkehr
nach Bremen bewegte ihn 1782 in erster Linie die Sorge, in preußische Hände
zu fallen; oder an die preußische Armee weiterverkauft zu werden.[9] Dass er dennoch in preußische Dienste geriet und den enormen Druck kennen lernte, der
dort herrschte, verhinderte nicht, dass er schließlich, nach kurzem Zwischenstop
in seiner Heimat, in den polnischen Putsch von Warschau (1794) geriet, der von
den Besatzungsmächten Preußen und Russland niedergeschlagen wurde.

ASPEKTE DES STÄNDISCHEN DEUTSCHLAND.

Seume suchte eine neue Anstellung, allerdings

„keine Militärstelle, weil nach seiner Meinung *das deutsche Militär nicht für das
stritt, was er für das Beste hielt*, und weil er auswärtigen Kriegern nicht helfen woll-

---

[6] J.G.Seume, Mein Leben, Hrsg. J. Drews, Stuttgart 1991, S. 58 (zit. als: Seume, Leben). Wohl
kaum kann Seume, lediglich auf Grund der Tatsache seiner Kritik, die „moralische Befugnis"
abgesprochen werden. Und dies zusammengestückelt aus mancherlei Zusammenhängen. A. Meier,
Johann Gottfried Seimes praradoxe ‚Deutschheit', in: Identitäten, S. 110.

[7] Ebd., S. 61.

[8] Ebd., S.79.

[9] Vgl. ebd., S. 90: „Hier schreckte uns die Besorgnis, dass wir bei Minden würden an die Preußen
verkauft werden. Es wurde laut gesprochen, und der bekannte gewissenlose Seelenschacher des
alten Landgrafen machte die Sache nicht unwahrscheinlich."

te, Deutschland einst, wie er voraussah, den Folgen des Krieges auszusetzen. Er suchte kein Amt; denn in einem Amte durfte er das nicht öffentlich sagen, was er mündlich und schriftlich sagen wollte.“[10]

Eben dies, die Kritik an den Verhältnissen, bildete den Hauptgegenstand seines Lebens. Er führt näher aus:

„Ich finde außer der Unvollständigkeit in Sätzen und Beweisen kein traurigeres Buch als den vielberühmten Hugo Grotius. Noch neulich habe ich ihn unbefangen wieder durchgelesen und habe meine Meinung nicht geändert. Fast wäre mir der verschriene Hobbes lieber; er ist wenigstens etwas folgerechter.... Ich habe so ziemlich alle meine Schlüsse ausgeführt. In meiner Seele liegt noch ein Gedanke, über dem ich schon lange brüte. Ich kenne und schätze alles Gute der alten und neuen Systematiker über die Politik; aber niemand hat den Gegenstand noch mit gehöriger Strenge behandelt. Plato ist zu sehr Dichter und hat noch keine haltenden Grundbegriffe; Aristoteles nenne ich nur den Herrn Baron von Stagir; Cicero war nicht geeignet hell zu sehen: das konnten überhaupt weder Griechen noch Römer. Hobbes ist ein Despotler, Grotius ein Frömmler; die übrigen bauen Utopien. Der einzige Rousseau hat in seinem Kathechism des rechten Weges nicht verfehlt, hat ihn aber nicht vollendet“.[11]

Nach Seumes Überzeugung ist „die Geschichte...am Ende doch ganz allein das Magazin unseres Guten und Schlimmen“. Und das, was heute am meisten stören mag, war seine Überzeugung. Er konstatiert:

„Man findet es vielleicht sonderbar, daß ein Mann, der zweimal gegen die Freiheit zu Felde zog, einen solchen Ton führt. Die Enträtselung wäre nicht schwer. Das Schicksal hat mich gestoßen. Ich bin nicht hartnäckig genug, meine eigene Meinung stürmisch gegen Millionen durchsetzen zu wollen, aber ich habe Selbständigkeit genug, sie vor Millionen und ihren Ersten und Letzten nicht zu verleugnen.“[12]

Doch gehe nicht zum Fürsten, wenn er Dich nicht ruft. Am Beginn seines „Spazierganges nach Syrakus“ berührt er in Dresden dann auch „die kalte, dicke, sehr unfreundliche Luft“ die um Residenzen wehe. Am „Hof“ herrsche zumeist „Ungezogenheit und Impertinenz...am meisten unter dem Hofgesinde“. Hof heiße „oft nur ein Ort, wo man keine Höflichkeit mehr findet, sowie Gesetz oft

---

[10] Vgl. Seume, Leben, S. 120 (Fortsetzung von G.J. Göschen). Was ist heute anders?

[11] Seume, Leben, S. 154f. (Anhang. Seume an Wieland. Eine autobiographische Skizze). Dass daraus die jüngere Forschung einen Vorwurf gegen Seumes Charakter konstruieren will, erscheint – ganz „Seumisch“ gedacht – typisch deutsch. Vgl. Albert Meier, Johann Gottfried Seumes paradoxe ‚Deutschheit‘, in: Identitäten, S. 109-116.

[12] J.G. Seume, Spaziergang nach Syrakus im Jahre 1802, in: Prosaschriften, S. 159. Ebd., S. 161 (zit. als: Seume, Spaziergang): „Wenn ich Isolierter nicht strenge nach meinen Grundsätzen handeln will, wer soll es sonst für?“

der Gegensatz von Gerechtigkeit" sei. Der Hauch der Französischen Revolution geht um, wenn Seume ausruft:

> „Aber ich sehe nicht ein, warum die noch immer auffallenden Torheiten und Gebrechen der Adelskaste nicht mit Freimütigkeit gesagt, gerügt und mit der Geißel des Spottes zur Besserung gezüchtigt werden sollen".[13]

Enttäuscht fand sich unser Kritiker, als er bei „Lowositz in Böhmen" aus dem Gebirge auf die freie Ebene trat und nun Wohlstand und blühendes Bauernleben erwartete. Er berichtet:

> „Die Dörfer lagen dünn und waren arm, noch mehr als in dem Gebirge. Man drosch in den Herrenhöfen auf vielen Tennen, und die Bauernhäuser waren leer und verfallen; die Einwohner schlichen so niedergedrückt herum, als ob sie noch an dem härtesten Joche der Sklaverei zögen. Mich deucht, sie sind durch Josephs wohltätige Absichten wenig gebessert worden, und höchst wahrscheinlich sind sie hier noch schwerer durch die Frohnen gedrückt als irgendwo. *Wo die Sklaverei systematisch ist, machen die Städte oft den Anhang des großen und kleinen Adels und teilen den Raub.* Das schien hier der Fall. Alles war in Furcht, als sich die Franzosen nahten; *nur die Bauern jubelten laut und sagten, sie würden sie mit Freuden erwarten und alsdann schon ihre Unterdrücker bezahlen.* Ob der Landmann in Rücksicht der Franzosen recht hatte, ist eine andere Frage: *aber in seiner Freude bei der furchtbaren Krise des Vaterlandes lag ein großer Sinn, der wohl beherzigt zu werden verdiente, und der auch vielleicht den Frieden mehr beschleunigt hat als die verlorenen Schlachten."*[14]

Wie die Dinge nun einmal lagen, waren für unseres Beobachters offenen Sinn sowohl die Kriminalverhältnisse, wie auch die militärischen Gegebenheiten des Geländes (zum Beispiel um Kolin, wo Friedrich der II. unglücklich gegen Daun geschlagen hatte), bis hin zu den Handelsbewegungen und Transporten auf der großen Straße von Prag nach Wien, von Interesse.[15] Dass Handel und Wandel an der mährisch-österreichischen Grenze nicht gut gingen, zeigte die Antwort, die ein Wirt gab, er habe „seit vielen Jahren kein Gold gesehen und nichts als

---

[13] Seume, Spaziergang., S. 168f. Unser Wanderer trifft, zugegeben gegründet auf seinem Vorbehalt gegenüber den Fürsten, die Tatsachen, wenn er schreibt: „Sobald wir Deutschen eine Nation sind, sind sie die erste. Aber unsere kleinen und großen Despoten verstehen das Geheimnis, uns nie zur Nation werden zu lassen." (Apokryphen, S. 30). A. Meier, Johann Gottfried Seumes paradoxe ,Deutschheit', in: Identitäten, S. 111.
[14] Seume, Spaziergang, S. 180.Vgl. Weis, Bürgertum, S. 205ff. der die Frage, „warum es in Deutschland zu keiner Revolution" kam, grob verzeichnet, indem er die französischen Verhältnisse dramatisch überzeichnet und die deutschen dagegen vergoldet. Ostelbien kommt dabei zu kurz.
[15] Vgl., Seume, Spaziergang, S. 181ff.

schlechtes Geld und Papier".[16] Interessant wurde es in Wien, wo unser Wanderer, der dazu neigte in Kaffeehäusern wie Wirtschaften offen seine Meinung zu sagen, Rast machte. Er wurde durch Bekannte auf dunkle Gestalten hingewiesen und „vor den Unsichtbaren" gewarnt. Die Freiheitsideologie jenseits des Rheins verursachte offenbar Vorkehrungen des absoluten Staates.[17] Allgemeines Erschrecken war die Reaktion, wenn offen geredet wurde. Aufschlussreich auch, dass, als 1805 die Franzosen in die Nähe von Wien kamen, niemand vor dem Feinde Furcht hatte. Unser Beobachter erfuhr, „größer" sei „die allgemeine Besorgnis vor den Unordnungen der zurückgeworfenen [österreichischen] Armee" gewesen.[18] Wien würde den Franzosen nicht acht Tage haben widerstehen können.

RESTITUTION IN ITALIEN.

„Eine Stunde von Schottwien fängt die Gegend an, herrlich zu werden; vorzüglich macht ein Kloster rechts auf der Anhöhe sehr romantische Partie. Das Ganze hat Ähnlichkeiten mit den Schluchten zwischen Aussig und Lowositz, nur ist das Tal enger und der Fluss kleiner; doch sind die Berghöhen nicht unbeträchtlich und sehr malerisch gruppiert."[19]

Jenseits der Alpen schlug die Stimmung gegen die Deutschen um. Seume gibt einige Beispiele, „wie man in Italien gegen unsere Nation bestimmt ist". Er fand, „diese Stimmung ist ziemlich allgemein, und die Österreicher scheinen sich keine sonderliche Mühe zu geben, sie durch ihr Betragen zu verbessern".[20] Der

---

[16] Seume, Spaziergang, S. 186. Ebd., S. 198: „Man sieht auch hier in der Residenz nichts als Papier und schlechtes Geld. Das Leckseil mit schlechtem Gelde ist bekannt; man führt daran, solange es geht. Das Kassenpapier ist noch das unschuldigste Mittel, die Armut zu decken, solange der Kredit hält.[...] Eingerechnet unsere Privilegien und Immunitäten, die freilich ein Widerspruch des öffentlichen Rechts sind, *zahlen die Ärmeren durchaus fünf Sechsteile der Stadtbedürfnisse.*" (Hervorh.v.m., B.S.)

[17] Seume, Spaziergang, S. 196. Einem Offizier, der bei der italienischen Armee stand und zu Dienstgeschäften in Wien war, fiel diese Klosterstille ebenfalls auf und es brach aus ihm heraus, „Was, zum Teufel, ist denn das hier für ein verdammt frommes Wesen in Wien? Oder ist die ganze Residenz eine große Kartause? Man kommt ja hier in Gefahr, das Reden zu verlernen. Oder darf man hier nicht reden? ...Hole der Henker die Mummerei! Ich kann das nicht aushalten, und will laut reden und lustig sein". Wird aber in unserer Zeit noch politisch diskutiert? Kurz darauf, in Italien, wurde Seume in eine politische Diskussion gezogen. Es kam die Frage eines Franzosen, „wie es in Wien aussähe. Ich antwortete ganz natürlich der Wahrheit gemäß: ‚Ganz ruhig'. ‚On les a bien forcé à coups de bayonettes à faire en repos'; sagte er. 'Apparemment' ; sagte ich ». Ebd., S. 270. Kritik an diesen Deutschen scheint wohlberechtigt. Ganz anders sieht das A. Meier, Johann Gottfried Seumes paradoxe ‚Deutschheit', in: Identiäten, S. 111 (Vgl. ebd., Anm.: 5, 6, 7, 8).

[18] Seume, Spaziergang, S. 198.

[19] Seume, Spaziergang, S. 206.

[20] Seume, Wanderung, S. 255.

Übertritt vom österreichischen in den französischen Machtbereich, nämlich Italien, hatte unserem Reisenden nicht die gefürchtete Erfahrung gebracht, auch von einem französischen Kommandanten geschurigelt zu werden. Seume konstatiert „die Höflichkeit des Franzosen, die" er „gegen die Nichthöflichkeit des Präsidenten in Wien und des Polizeiherrn in Venedig hielt". Diese tat ihm sehr wohl. Er schließt an:

> „Rovigo war die erste eigentlich italienische Stadt für mich, denn Triest und Venedig und die übrigen Örter hatten so etwas Nordisches in ihrer Erscheinung, daß es mir kaum einfiel, ich sei schon in Italien".

Unter der französischen Besatzung musste er sich bekennen, dass ihm „dieses heitere, kühne Wesen gegen die stille", ihm sehr wohl gefiel, und dass er „*selber etwas freier zu atmen anfing*, so wenig" er „auch eben diese Freiheit für" sich „behalten und sie überhaupt den Menschenkindern wünschen möchte" (Hervorh.v.m., B.S.).[21] Den Franzosen attestiert Seume immer wieder ihre „gewöhnliche[n] Energie" und damit deren militärischen Erfolg.[22] Am Ziele angekommen, bekennt er, „nie eine solche Armut" zuvor „gesehenen" zu haben. Auch sei es ihm unmöglich gewesen, „sie nur so entsetzlich denken" zu können. Unser Berichterstatter fährt fort, „die Insel [Sizilien] sieht im Innern furchtbar aus. Hier und da sind einige Stellen bebaut; aber das Ganze ist eine Wüste, die ich in Amerika kaum so schrecklich gesehen habe".[23] Ein gerechter Zorn ergreift ihn, wenn er sieht, wie zuerst „das Brot, das [er] gab, und dann [seine] Hand" geküsst werden. Er

> „blickte rund um m[s]ich her über den reichen Boden und hätte in diesem Augenblicke alle sizilianischen Barone und Äbte mit ihren Ministern an ihrer Spitze ohne Barmherzigkeit vor die Kartätsche stellen können."[24]

Unser Wanderer erzählt, er habe „vernünftige Ärzte in Italien darüber sprechen hören, daß jährlich in der Fasten eine Menge Menschen an der verdammten Paste sich zu Tode kleistern; denn der gemeine Mann hat die ganze lange Zeit fast nichts anders als Makkaroni mit Öl."[25] Zu dem Exponenten der Macht, der Kirche, erfuhr Seume gleicher weise wenig Positives. Ein „neapolitanischer

---

[21] Seume, Wanderung, S. 261.
[22] Seume, Wanderung, S. 308.
[23] Seume, Wanderung, S. 349f.
[24] Seume, Wanderung, S. 350. Ebd., S. 463: „Darüber entstand Streit zwischen dem Kleriker und Laien. Der geistliche Herr sagte mir ins rechte Ohr, das der Korporal ein liederlicher Säufer wäre; dieser zischelte mir ins linke, das Mönchsgesicht sei ein Gauner und lebe vom Betruge; ich antwortete beiden ganz leise, dass ich das nämliche glaube und es wohl gemerkt habe."
[25] Ebd., S. 362.

Offizier" steckte ihm dazu ein Licht auf. „Blutschande", „mit einem kleinen Ablassgelde" gebüßt, der „Beichtstuhl…ein Kuppelplatz"; „der Klerus" oft „ein Teilnehmer."[26] Ganz beiläufig erhält der Leser der Sizilianischen Wanderungen einen Exkurs in internationaler Strategie der Zeit. Unser Beobachter ist Parteigänger der Sizilianer, wenn es darum geht, die Insel gegen Malta als Stützpunkt französischer Politik im Mittelmeer aufzuwiegen. Hier wäre der Platz Bonapartes in Wirklichkeit gewesen, so Seume, und er hätte das Ägyptische Abenteuer des Korsen gern vermisst.[27]

Vor Salerno trifft er auf einen weiteren Offizier, der jedoch durch wenig gesittetes Auftreten Szene macht. Dieses Ereignis veranlasst ihn zu bemerken, das sei „noch etwas stärker als die Impertinenz der deutschen Militärs hier und da gegen die so genannten Philister, die doch auch zuweilen systematisch ungezwungen ist".[28] Kurz darauf begegnet unser Wanderer einem anderen Offizier. Sie kamen am Gefängnis vorbei, aus dessen vergittertem Fenster ein Verbrecher schaute. Seume berichtet:

> „'Dieser Mensch hat vierzig umgebracht', sagte der Offizier, als wir weitergingen. Ich sah ihn an. 'Hoffentlich kann es ihm nicht bewiesen werden'; erwiderte ich. – ,Doch, doch; für wenigstens die Hälfte könnte der Beweis völlig geführt werden'; Mich überlief ein kalter Schauder. ,Und die Regierung?' fragte ich. ,Ach Gott, die Regierung«, sagte er ganz leise, - ,braucht ihn'.«[29]

Nicht nur die inneren, auch die äußeren Verhältnisse, erscheinen unserem Kommentator außerordentlich verwirrt. Wenngleich stets in derselben Zusammensetzung. So berichtet er über seinen Besuch in Rom:

> „Ich habe so viel Ansatz und Neigung zur Katholizität, würde mich so gern auch an ein Oberhaupt in geistlichen Dingen halten, wenn nur die Leute etwas leidlicher, ordentlich und vernünftig wären. Meiner ist der Katholizismus der Vernunft, der allgemeinen Gerechtigkeit, der Freiheit und der Humanität, und der ihrige ist die Nebelkappe der Vorurteile, der Privilegien, des eisernen Gewissenszwanges. Ich hoffte, wir würden einst zusammenkommen, aber seit Bonapartes Bekehrung habe ich für mich die Hoffnung sinken lassen. Dank sei es der Frömmelei und dem Mameluckengeist des großen französischen Bannerherrn, die Römer haben nun wieder Überfluss an Kirchen, Mönchen und Banditen."[30]

---

[26] Ebd., S. 391.
[27] Vgl. ebd., S. 397f, 403.
[28] Ebd., S. 470.
[29] Ebd., S. 471.
[30] Ebd., S. 479f.

In Rom angekommen, kurz zuvor von Räubern, der verbreiteten Landplage, überfallen, mit dem Dolch am Halse, doch entkommen, steigt Seume die Galle angesichts der hier herrschenden Restitution der früheren Verhältnisse. Er schreibt:

"Die Hierarchie wird wieder in ihrer größten Ausdehnung eingeführt; ... Die Klöster nehmen alle ihre Güter mit Strenge wieder in Besitz, die Kirchen werden wieder geheiligt und alle Prälaten behaupten fürs allererste wieder ihren alten Glanz. *Da mästen sich wieder die Mönche, und wer kümmert sich darum, dass das Volk hungert?* Die Straßen sind nicht allein mit Bettlern bedeckt, sondern diese Bettler sterben wirklich daselbst vor Hunger und Elend. Ich weiß, dass bei meinem Hiersein *an einem Tage fünf bis sechs Personen vor Hunger gestorben sind*. Ich selbst habe einige niederfallen und sterben sehen. Rührt dieses *das geistliche Mastheer?* Der Ausdruck ist empörend, aber nicht mehr als die Wahrheit. ... *Rom ist die Kloake der Menschheit gewesen, aber vielleicht nie mehr als jetzt*. Es ist keine Ordnung, *keine Justiz, keine Polizei,* auf dem Lande noch weniger als in der Stadt; und wenn die Menschheit noch nicht tiefer gesunken ist, als sie wirklich liegt, so kommt es bloß daher, weil man das Göttliche in der Natur durch die größte Unvernunft nicht ganz ausrotten kann."(Hervorh.v.m., B.S.)[31]

Italien, inzwischen von den Franzosen wieder geräumt, verfiel in vollkommene Unordnung. Unserem Beobachter bleiben diese Bilder unvergesslich. Er berichtet:

„Durch ihren unbedingten, nicht notwendigen Abzug ist die schrecklichste Anarchie entstanden. Die Heerstraßen sind voll Räuber, die niederträchtigsten Bösewichter ziehen im Lande herum. Bloß während meiner kurzen Anwesenheit in Rom sind drei Kuriere geplündert und fünf Dragoner von der Begleitung erschossen worden. Niemand wagt es mehr, etwas mit der Post zu geben. Der französische General ließ wegen vieler Ungebühr ein altes Gesetz schärfen, das den Dolchträgern den Tod bestimmt, und ließ eine Anzahl Verbrecher vor dem Volkstore wirklich erschießen. Die Härte war Wohltat; nun war Sicherheit. Jetzt trägt jedermann wieder seinen Dolch und braucht ihn. Die Kardinäle sind immer noch in dem schändlichsten Kredit als Beschützer der Verbrecher. Man erzählt jetzt noch Beispiele mit allen Namen und Umständen, daß sie Mörder in ihren Wagen aus der Stadt in Sicherheit bringen lassen.-"

Seume fasst zusammen: man sage „Italien sei ein Paradies, von Teufeln bewohnt".[32] Und die Peterskirche, so erscheint es ihm beim Ausblick von der

---

31 Ebd., S. 484.
32 Ebd., S. 486f.

Kuppel, werde „einst mit ihrer Kolonande die größte Ruine von Rom, sowie Rom vielleicht die größte Ruine der Welt" werden.[33]

FRANKREICHS WEG IN DIE DESPOTIE.

Es bleibt der Blick unseres Spaziergängers durch Europa gleichsam ausgewogen-kritisch rundum, und keinesfalls ausschließlich auf die deutschen Zustände gerichtet. Er untersucht auch die österreichischen, italienischen und sonstigen Verhältnisse in Politik, Militär, Kunst, Wissenschaft wie Zeitläuften und kommentiert. Er wettert:

> „Das Reich verarmt täglich mehr, und der Minister wird täglich reicher. An Manufakturen wird gar nicht gedacht, die Engländer und Deutschen versorgen alle Provinzen. In Neapel brauchte ich Strümpfe, die waren Englisch; in Syrakus war nichts Einheimisches zu finden. Überall sind fremde Kaufleute, die mit fremden Artikeln handeln. Man sagt in Neapel auf allen Straßen ganz laut, der Minister verkaufe als Halbbrite die Nation an die Engländer. Man schreit über die öffentliche Armut und die öffentliche Verschwendung; und lebe von der Gnade der Franzosen und halte drei Höfe, in Palermo und Kaserta und Wien."[34]

So kommen die französischen Besatzungstruppen, die das Land durch Requirieren belasten, recht schlecht weg. Im Breisgau stellt Seume fest, unter den Einwohnern von Laufenburg herrsche die nakte Verzweiflung. Dieser Ort stand unter dem Kuratel der Besatzungstruppen, die eine „sehr schlechte, abscheuliche Mannszucht" hielten. Vergewaltigung und Raub waren an der Tagesordnung. Unser Wanderer berichtet:

> „Jeder Einquartierte muß täglich zwei Pfund Brot, ein Pfund Fleisch und eine Flasche Wein erhalten. Seit einiger Zeit müssen die Wirte zehn Kreuzer täglich bezahlen; dafür werden den Soldaten Kittel angeschafft. Das ist denn doch für die große Nation verächtlich klein. Dieses ist heute den 26.Juni unseres Jahrs 1802."[35]

Auf den Spuren der Revolution wandelt Seume anschließend durch Frankreich. Von Paris, wo er noch deutsche Laute hört, über Auxonne nach Dijon und Besancon, wo offensichtlich überall die Revolution gewütet hatte. Offen oder versteckt, Seume übt Sympathie. So kommentiert er die Klagen der Bürger von Dijon über die "schreckliche Periode unter Robespierre" recht nonchalant, wenngleich treffend:

---

[33] Ebd., S. 497.
[34] Ebd., S. 541f.
[35] Ebd., S. 548.

„Die Sache hat freilich mehrere Seiten. Viele scheinen nur das Anhängsel der ehemaligen Reichen vom Adel und der Geistlichkeit zu machen; diese kann allerdings bei keiner vernünftigen Einrichtung gewinnen. Alle großen Städte, die nicht auf Handel, Fabriken und Industrie beruhen, die Hauptstadt ausgenommen, müssen durch die Veränderung notwendig verlieren, da die Parlamentsherrn, der reiche Adel und die reiche Geistlichkeit nicht mehr ihr Vermögen daselbst verzehren. Aber deswegen ist dieses noch kein wesentlicher Verlust für die Nation."[36]

Die Fahrt in der Diligence von Auxerre in Burgund nach Paris gestaltete sich abwechslungsreich und äußerst informativ, da die Zusammensetzung der Fahrgäste bunt war. Seume erinnert sich:

„Ein alter General von der alten Regierung, ein fremder Edelmann aus der Schweiz, ein Landpfarrer, der zugleich Mediziner war, ein Kaufmann, ehemals Adjutant des Generals Lecourbe, ein Gelehrter von Auxerre, der vorzüglich in der Ökonomie stark zu sein schien und einige andere Unbekannte machten eine sehr bunte Unterhaltung. ... Der General hatte ehemals in Domingo kommandiert, wäre fast bei seiner Rückkehr in Brest guillotiniert worden, und nur die Intervention vieler angesehener Kaufleute hatte ihn gerettet, die seiner politischen Orthodoxie in der damaligen Zeit das beste Zeugnis gaben. Der Geistliche war ausgewandert gewesen und hatte als Arzt einige Zeit auf der Grenze gelebt, war aber mit vieler Klugheit zu rechter Zeit zurückgekommen und hatte seitdem nach dem Winde laviert. Jetzt zeigte er nun wieder mehr seinen eigentlichen Geist. Er war ein Mann von vielen Kenntnissen und vielem Scharfsinn und vieler Verbindung mit den ehemaligen Großen; also allerdings kein Plattkopf, sondern ein Spitzkopf."[37]

Es erreichten die Gespräche die „alten Zeiten, die Zeremonien und Feierlichkeiten des Hofes und nicht ganz leise" sei „angedeutet, daß man die glückliche Rückkehr derselben bald hoffe". Schließlich wurden von dem geistlichen Herrn „die Mätressen der Könige von Frankreich", im besonderen „von der schönen Gabriele bis zur Pompadour und weiter herunter" angegriffen. Unser Wanderer war jedoch der Meinung, „alle diese Damen" seien „gutmütige Geschöpfe gewesen", und diese hätten „dem Reiche weit weniger Schaden zugefügt, ...als die Minister und die Könige selbst, deren Schwachheiten gegen beide oft unerhört" gewesen seien.[38] Auch in Versailles sollten sich Stimmen finden, die sich damit schmeichelten, „der Hof werde wieder hierher kommen... damit sie doch nicht gänzlich zugrunde" gingen.[39]

---

[36] Ebd., S. 551.
[37] Ebd., S. 552.
[38] Ebd., S. 554f.
[39] Ebd., S. 563.

Und darauf erlebte Seume, am 14.Juli bei den Paraden, die französischen Truppen auf der Höhe ihrer Befähigung. Noch im Jahr 1802 behauptete unser Wanderer, er könne sich „in den französischen Soldaten", er möge „sie besehen, wie" er wolle, „immer noch nicht die Sieger von Europa vorstellen. Wir sind mehr durch den Geist ihrer Sache und ihren hohen Enthusiasmus als durch ihre Kriegskunst geschlagen worden." Und nun folgt die Kritik an Napoleon:

> „Ich bin dem Manne von seiner ersten Erscheinung an mit Aufmerksamkeit gefolgt und habe seinen Mut, seinen Scharfblick, seine militärische und politische Größe nie verkannt. ...Bis auf den Tag von Marengo, wo ihn Desaixs Tod aus den republikanischen Grenzen heraushob, hat er als Republikaner im allgemeinen handeln müssen; seitdem hat er nichts mehr im Sinne eines Republikaners getan. ...
> Ich tadle ihn nicht, daß er das Direktorium stürzte; es war keine Regierung, die unter irgendeinem Titel die Billigung der Vernünftigen und Rechtschaffenen hätte erhalten können. Ich tadle ihn nicht, daß er soviel als möglich in der wichtigen Periode das Ruder das Staats für sich in die Hände zu bekommen suchte; es war in der Vehemenz der Fraktionen vielleicht das einzige Mittel, diese Fraktionen zu stillen. ...Jeder Schritt, den er tat, war mit herrlich berechneter Klugheit vorwärts für ihn und für die Republik rückwärts. Land gewinnen heißt nicht die Republik befestigen. ...Das Schicksal hatte ihm die Macht in die Hände gelegt, der größte Mann der Weltgeschichte zu werden; er hatte aber dazu nicht Erhabenheit genug und setzte sich herab, mit den übrigen Großen auf gleichen Fuß. ... Daß er nicht sah, daß seine Konstitution die neue Republik zertrümmern und dem vollen Despotismus die Wege bahnen würde, das lässt sich von seinem tiefen Blick nicht denken."[40]

Die Drohung der Tyranis, welche die Staatsrechtler seit dem 15. Jahrhundert lebhaft beschäftigte, ließ auch Seume nicht los. Er betont:

> „Kleine Bedienungen mögen und dürfen in einer Republik lebenslänglich sein; wenn es aber die großen sind, ist der Weg zur Despotie. Das lehrt die Geschichte."

Er lässt den Blick über die Geschichte der französischen Ersten Republik schweifen und kommt zu dem Urteil, „die Republik Frankreich" trage „so wie die römische, und zwar weit näher als jene, ihre Auflösung in sich". Für Seume sind „Privilegien aller Art... das Grab der Freiheit und Gerechtigkeit.... Eine Ausnahme vom Gesetz ist eine Ungerechtigkeit", schreibt er, „oder das Gesetz ist schlecht. In Deutschland" habe „man glücklich die Geistlichen und Gelehrten in etwa Teil an manchen Privilegien nehmen lassen, *damit der Begriff nicht so leicht unbefangen auseinandergesetzt werde und die Beleuchtung Publizität gewinne.* (Hervorh.v.m., B.S.) So sei das Lehensystem in Frankreich abgeschafft. Doch werde sich dieses „aber von selbst wieder einschleichen und festsetzen", denn

---

40 Ebd., S. 563ff.

man habe dort „keine Vorkehrungen dagegen getroffen".[41] „Die Errichtung der Ehrenlegion mit Anweisung auf Nationalgüter" sei „der erste beträchtliche Schritt zur Wiedereinführung des Lehnsystems" in Frankreich. Seume fürchtete die Rückkehr der alten Verhältnisse. Als einen Grund dafür führt er den Katholizismus an. Er betont die Tatsache der Restitution des Katholizismus als Staatsreligion und schreibt:

> „Daß die Katholizität in Frankreich noch vielen Anhang, teils aus Überzeugung, teils aus Gemächlichkeit, teils aus Politik hat, beweist das Konkordat sehr deutlich. Man hat wirklich den Katholizismus zur Staatsreligion, das heißt zur herrschenden, gemacht, und ich stehe nicht dafür, wenn es so fortgeht, daß man in hundert Jahren das Bekehrungsgeschäft nicht wieder mit Dragonern treibt."

„Il est un peu singe, mais il est comme il faut", sagte der geistliche Herr im Postwagen. Jedenfalls erscheint Napoleons Welt als durchaus zwiespältig. Als diesem „ein zelotischer Republikaner" die ehemaligen Gemächer König Ludwig XVI. in Versailles gezeigt habe, hätte dieser mit einem Augenzwinkern gesagt: „'*Citoyen, vous entrez ici dans la chambre d'un tyran*'", und habe schnell ergänzt: „'*S'il avoit été tyran, il le seroit encore*'."[42] Napoleon aber, der zu jeder Gelegenheit mit einer bedeutenden Sicherungsabteilung auftrete, habe darauf hingewiesen, dass das Volk murre, geantwortet: „'*Le peuple n'est rien pour qui le sait mener*'". Dem Abbé Siéyès soll er, bei ähnlicher Gelegenheit, geantwortet haben: „'*Si j'avois été roi en 1790, je le serois encore; et si j'avois dit alors la messe, j'en ferois encore de même*'». Napoleon, als Mann der Tat von kurzem Entschluss, handelte binnen Stunden, wo andere Wochen gebraucht hätten. Das erscheint Seume als ein wesentliches Element seines Erfolges.[43]

So begann sich Frankreich in diesen Jahren wieder in Richtung der früheren Verhältnisse zurückzuentwickeln. Dieses bemerkte unser Wanderer in Dijon beim Abendessen, wo er Forschragout zu sich nehmen musste. „Es war kein anderes Fleisch da". Doch diese Veränderungen im Lande würden in Paris nicht zur Kenntnis genommen. Aber, so Seume, das „tat man auch ehemals nicht. Die alten Namen der Örter und Gassen in Dijon treten nach und nach alle wieder ein, und eine republikanische Karte von der Stadt ist fast gar nicht mehr zu brauchen." Ja, es ging sogar die Theorie um, „die ganze Revolution sei eine Sa-

---

[41] Seume, Wanderung, S. 567f.

[42] Seume, Wanderung, S. 570f.

[43] Seume, Wanderung, S. 572. Dies sieht Meier (Vgl. J.G.Seumes paradoxe 'Deutschheit', in: Identiäten, S. 112) nicht. Zumal die durch M. herangezogenen „Apokryphen", zudem unter dem Eindruck der Niederlage von 1806 entstanden, „erst 1879 einigermaßen vollständig" publiziert wurden. Also in der Zeit ohne Wirkung bleiben mussten.

che des Geschmacks und der Mode gewesen." Aber, so unser Wanderer, „diese Mode hat Ströme Blut gekostet, und wenn man so fortfährt, wird fast so wenig dadurch gewonnen werden als durch jede andere Mode der Herren von der Seine." Letztlich dokumentiert findet sich dieser Seitenhieb, wenngleich übergreifend für alle Staaten und Völker und Soldaten zutreffend, in Seumes Schilderung der nachgerade rührenden morgendlichen Wachparade der Invaliden. Er fasst zusammen:

> „Die guten Getäuschten glauben vielleicht immer noch für Freiheit und Gerechtigkeit gefochten zu haben und verstümmelt zu sein."[44]

Unseren Kritiker als einen Feind Deutschlands zu bezeichnen, ist völlig irrig. Wie dankt er dem Himmel, als er gerade den Rhein in östlicher Richtung überschritten hat. Aber wie ausgewogen ist auch sein Urteil. Er schreibt:

> „Man hat in Paris keinen Albaner See, kein Subiako, kein Terni in der Nähe. Der Gelehrte gehe nach Paris; der Künstler wird zur Vollendung immer nach Rom gehen, wenn er gleich für sein Fach auch hier an der Seine jetzt zehnmal mehr findet als vorher."[45]

Bei Chalons besserten sich die Dörfer, nachdem der Weg von Meaux her recht öde ausgefallen war. Bei Mainz angekommen, findet sich unser Wanderer angeregt, zum Abschluss noch einmal über Napoleon zu räsonieren. Es bleibt im Jahre 1802 die Erkenntnis, der Korse habe „alles, was zur Grundlage einer vernünftigen Freiheit und Gerechtigkeit dienen konnte,…wieder zerstört." Darüber hinaus sei es zum Militärregime gekommen, Wahlen seien aufgehoben und „Despotie" greife Raum. Allerdings glaubt Seume annehmen zu dürfen, dass „Bonaparte mit seinem Anhang dabei die menschliche Natur ganz richtig berechnet habe". Es scheine ihm „klar, dass er auf diesem Wege das alte Herrschaftssystem mit seinem ganzen Unwesen wiedergründen" werde.[46]

DEUTSCHLAND, STAAT VON OBEN.

Als Seumes Reise den hessischen Machtbereich streift, ist dies Anlass genug, die Vorkommnisse um seine Rekrutierung für britische Dienste zu memorieren. Er berichtet:

---

[44] Seume, Wanderung, S. 575ff.
[45] Seume, Wanderung, S. 581. Meier versteigt sich zu einer einseitigen „Psychologie" Seumes, wenn er diesen als „'strafenden' Satiriker" apostrophiert. A. Meyer, Johann Gottfried Seumes paradoxe ‚Deutschheit', in: Identitäten, S. 114.
[46] Seume, Wanderung, S. 586f.

„In Vach hatten mich die Handlanger des alten Landgrafen in Beschlag genommen und nach Ziegenhain und Kassel und von da nach Amerika geliefert. Jetzt sollen dergleichen Gewalttätigkeiten abgestellt sein. *Doch möchte ich den fürstlichen Bekehrungen nicht zuviel trauen; sie sind nicht sicherer als die demagogischen.* Es wäre unbegreiflich, wie der Landgraf seit langer Zeit so unerhört willkürlich, zum Verderben des Landes und einzig zum Vorteil seiner Kasse, mit seinen Leuten geschaltet und *förmlich den Seelenverkäufer gemacht* hat, wenn es nicht durch einen Blick ins Innere erklärt würde. Die Landstände wurden selten gefragt und könnten dann fast keine Stimme haben. Der Adel ist nicht reich und unabhängig vom Hofe. Die Minister und Generale hatten ihren Vorteil, dem Herrn zu Willen zu leben. *Jeder hatte vom Hofe irgendetwas oder hoffte etwas oder fürchtete etwas*, für sich oder seine Verwandten. Die großen Offiziere gewannen Geld und Ehre, die einen Unterstützung und Beförderung. Die übrigen litten den Schlag. *Das Volk selbst ist bis zum Übermaß treu und brav.* Hier und da war Verzweiflung; aber der alte Kriegsgeist half. Die Hessen glauben, wo geschlagen wird, müssen sie dabei sein. Das ist ihr Charakter aus dem tiefsten Altertum."(Hervorh.v.m., B.S.)[47]

So kritisch auch der Blick auf hessisches Gebiet fiel, so freundlich erschienen Seume Landschaft, Felder und Behausungen in Gothaischen und Altenburgischen Landen. Er fand dort „eine gewisse alte Bonhommie des Charakters". Das Verhältnis zwischen Regierten und Regierenden, dem Fürsten, schien im Lot. Doch der Rat schnell weiterzugehen, „wo das Bier schlecht und teuer und das Brot teuer und schlecht..., die Dörfer verfallen und elend", erscheint kaum veraltet. Unser Wanderer fasste zusammen:

„Nicht das Predigen der Humanität, sondern das Tun hat Wert. Desto schlimmer, wenn man viel spricht und wenig tut".[48]

Die Qualität des Fürsten sei am Zustand von Brücken und Strassen abzulesen, meinte Seume. Es handelt sich hierbei um ein Diktum, das über die Jahrhunderte keineswegs Spinnweben angesetzt hat. Nicht weit vom „nervus rerum" war unser Kritiker ebenfalls, wenn er sich wunderte, dass die Preußen noch nicht in Erfurt seien, wie dies in Paris verlautet habe. „Diese Saumseligkeit ist sonst ihre Sache nicht, wenn etwas zu besetzen ist. *Fast sollte man glauben, die langsame Bedächtlichkeit habe einen pathologisch moralischen Grund*", so bemerkt er seherisch (Hervorh.v.m., B.S.).[49] Das ist die Kernfrage dieser Untersuchung. War demnach

---

[47] Seume, Wanderung, S. 591f.

[48] Seume, Wanderung, S. 593f.

[49] Seume, Wanderung, S. 594. Vgl. ebd., S. 633 (Anmerkungen zum Spaziergang nach Syrakus, von V.H. Schnorr v. K.): „Wie wahr, wenn unser Seume auch damals [‚auf den Ruinen von Tharand'] in einem langen, interessanten Gespräch mit diesen Männern [zwei preußischen Offizieren] das Kommende prophezeite, und wie sehr alles dieses denselben einleuchtete, dessen erinnere ich mich noch mit lebhaftesten[m] Gefühl". O. Bardong, Friedrich der Grosse, in: Ausgewählte Quellen zur

Preußen im Jahre 1802 bereits so geschwächt, dass die Ereignisse vor und nach Jena und Auerstedt nur noch eine zwangsläufige Folge darstellten?

Und unser Mentor greift nur umso herzhafter zu, wenn er einige Jahre darauf die Summe aus zehn Jahren deutscher (preußischer) Politik zieht. Er bekennt, es sei ihm „seit langer Zeit ein etwas trauriger Gedanke, ein Deutscher zu sein". Er sieht in seinem Land ein Gewebe aus „Halbgerechtigkeit[en], Halbfreiheiten, Halbvernunft und überhaupt Halbexistenz" vorherrschen. Als eine der ersten „großen letalen Nationaltorheiten" der Deutschen bezeichnet er den Dreißigjährigen Krieg. Die Jahre seit 1795 (Frieden von Basel) geißelt er:

> „Eine so traurige Rolle, als wir seit den letzten zehn Jahren gespielt haben, liegt kaum in den Annalen; und noch schlimmer ist es, es ist durchaus keine Aussicht, dass es je im einzelnen und im ganzen besser werde. *Wir sind wirklich nun ein Spott einer Nation*, die uns seit Jahrhunderten mit ihren Torheiten gegängelt hat. [...] Woher kommt es nun, daß eine Nation, die Friedrich der Zweite, verachtungsweise bei ihnen der kleine Markgraf von Brandenburg, in seinen Kriegen nur als ein Parergon behandelte, jetzt das ganze Europa zittern macht, daß sie in einer neuen Riesengröße dasteht und rundumher alles zu verschlingen droht und wirklich verschlingt? Ich will kein Geschichtsgemälde aufstellen; das liegt leider nur zu grell jedem Sehenden vor Augen. Spanien, Italien, die Schweiz und Holland sind so gut wie vernichtet. Es fehlt nur noch die Einverleibung, welche die wohlberechnete Interimsmäßigung bloß aufschiebt. Uns spricht man Hohn, und wir müssen es in unserer Schwachheit dulden. Woher kommt nun diese Schwachheit und die Stärke der Männer an der Seine?" (Hervorh.v.m., B.S.)

Unser Wanderer durch Europa fasst den Löwen beim Schopf. Er redet den Deutschen eindringlich ins Gewissen und führt aus:

> „*Bei uns zerstörten die Freiheiten die Freiheit, die Gerechtigkeiten die Gerechtigkeit.* Jedes Privilegium, jede Realimmunität ist ganz gewiss der erste Schritt zur Sklaverei, so wie es die erste öffentliche Ungerechtigkeit ist. Das ist unser Urteil. *Das scheint allen Vernünftigen; aber niemand hat den Mut, den Anfang zur Gerechtigkeit zu machen.* So mögen wir die Schmach unserer Schwäche tragen!" (Hervorh.v.m., B.S.)[50]

---

deutschen Geschichte der Neuzeit, Bd. 22, Darmstadt 1982 (Das Politische Testament von 1752), S. 210 (zit.als: Bardong, Friedrich): „Das deutsche Reich ist uneiniger denn je. Der Kaiser genießt nur ein sehr beschränktes Ansehen, das er je nach der Lage geltend machen kann....Sie [die Reichsfürsten] sind Kaufleute geworden,; sie verschachern das Blut ihrer Untertanen; sie verkaufen ihre Stimmen im Fürstenrat und im Kurfürstenrat".

50 Seume, Prosaschriften, Mein Sommer („Den 3ten Januar 1806"), S. 640ff. (zit.als: Seume, Sommer). Bardong, Friedrich, S. 6 bestätigt Friedrich II. eine ausgeprägte „Selbstregierung", die ein hartes, obrigkeitliches Regiment bedingt habe.

Den Geist der Revolution im Frankreich der Jahrhundertwende unterstreicht Seume, indem er darauf verweist, dass, solange dieser revolutionäre Geist in den Franzosen lebe, diese die erste Nation in Europa blieben. Die Episode, die er einmal mit einigen erlebte, die sich über ihre hohe Steuerbelastung beschwerten, ließ diese in dem Moment als er ihnen ein deutsches Steuerkataster vorlegte, den Unterschied zwischen dem Deutschland vor 1800 und dem Frankreich nach 1789 erkennen. Die Franzosen bekannten:

> „Wir wollen geben solange wir können; und wir wollen schlagen, solange die letzten Knochen halten. *Wir tragen wenigstens gleich*, und haben alle nur eine Furcht und eine Hoffnung." (Hervorh.v.m., B.S.)[51]

Trotz allen Widerwillens unseres Kommentators gegenüber Napoleon musste er doch anerkennen, dass die letzten Kriege eindringlich die Ohnmacht des Systems der alten (absolutistischen) Staaten gezeigt habe. Dahinter verberge sich der Zusammenhang:

> „Freie Männer schlugen immer Halbknechte. Auch Spartakus war ein freier Mann, solange er schlug. Kann man sich einen größeren Widersinn denken, als daß bei Nationalkrisen, wie die Kriege sind, gerade diejenigen Besitzungen, welche die meiste Kraft haben, keine Last tragen sollen?"

Seumes Kritik gerät nachgerade zu einer Philippika gegen den ökonomischen Grundgedanken des absolutistisch-merkantilistisch-kameralistischen Staatssystems. Aus der Tatsache, dass die Produktivkräfte, gerade im Fall kriegerischer und staatlicher Notlagen - wie in Friedenszeiten, einseitig geschont würden, leitet er das Prinzip der französischen levée en masse ab. Unser Kritiker fasst zusammen:

> „Der Enthusiasmus der Freiheit ist, heller betrachtet, nichts anders als die *Vorstellung* der allgemeinen Gerechtigkeit. Diese hat getan, was wir gesehen haben. Man rückte sonst immer den Franzosen nur Roßbach und Krefeld vor; sie haben die Tage furchtbar gerächt. Hat sich etwa ihr Wesen geändert? Sie haben nur ihre Verhältnisse umgeschaffen. Die Gärung hat Männer zu Tage gefördert und die meisten an ihrem rechten Platz gestellt."[52]

So wie der Brite traditionell schlecht wegkommt ("to buy and to sell is the soul of their wisdom"), so gerät der Franzose zum Modellentwurf für die Zukunft gegen den merkantilistisch gebrochenen mitteleuropäischen absolutistischen und Ständestaat. Seume fragt überzeugend:

---

[51] Seume, Sommer, S. 643.
[52] Seume, Sommer, S. 645.

„Für wen soll der deutsche Grenadier sich auf die Batterie und in die Bajonette stürzen? Er bleibt sicher, was er ist und trägt seinen Tornister so fort *und erntet kaum ein freundliches Wort von seinem mürrischen Gewalthaber.* Er soll dem Tode unverwandt ins Auge sehen, und *zu Hause pflügt sein alter, schwacher Vater fronend die Felder des gnädigen Junkers,* der nichts tut und nichts zahlt und mit Mißhandlungen vergilt. Der Alte fährt schwitzend die Ernte des Hofes ein und muß oft s[d]ie seinige draußen verfaulen lassen; und *dafür hat er die jämmerliche Ehre, der einzige Lastträger des Staates zu sein,* eine Ehre, die klüglich nicht anerkannt wird! Soll der Soldat deshalb mutig fechten, um eben dieses Glück einst selbst zu genießen? Er soll brav sein, und *seine Schwester oder Geliebte muß auf dem Edelhofe zu Zwange dienen,* jährlich für acht Gülden, oft ohne Aussicht ein Jahr um das andere ihr Leben lang; und seine alte, kranke Muhme, die kaum trockenes Brot hat, muß ihren zugewogenen Haufen Flachs spinnen für den Hof, damit ihr nicht die Hilfe geschehe; und sein kleiner Bruder muss Botschaft laufen in Frost und Hitze für einen Groschen den Tag. Der kleine Landmann fährt und zieht und gibt; *auf den großen Höfen rührt sich kein Huf und dreht sich kein Rad.* Das nennt man denn Staat und gute Ordnung und Gerechtigkeit, und fragt noch, vorher das öffentliche Unglück kommt! *Wo keine Gemeinheit ist, ist kein Gemeinsinn.* Gemeinheit des Rechts, Isonomie, ist ein göttlicher Gedanke, vielleicht der schönste, den wir haben; nur Sklavensinn und Despotensucht können Verachtung darauf werfen. *Alle wollen nur genießen, und niemand will tun. Jeder bürdet dem andern auf; keine allgemeine Übereinstimmung zum Guten, kein tätiges Mitwirken zum Gemeinwohl!* Die Feinde sind nur stark durch unsere physische und moralische Schwäche, die unsere Schuld ist. Überall ist unter dem Volke grobe, schmutzige Selbstsucht. Unter unsern Fürsten herrscht Mißtrauen; einer freut sich über das Unglück des andern, wird ohnmächtiger dur[ch] Trennung, greift unüberlegt nach jedem kleinlichen Vorteile des Moments und bringt endlich sich und die Nation an den Rand des Verderbens. Ein einziger ist jetzt Diktator von Europa, der vor fünfzehn Jahren nur eben Zutritt in das Vorzimmer der dummstolzen Minister hatte. So geht es, wenn Männer die Sache betreiben; und so geht es, wenn Knaben stehen, wo Männer stehen sollten. *Wir sind, wenn wir so fortfahren, in Gefahr, weggewischt zu werden wie die Sarmaten;* und bald wird man in unseren Gerichten fremde Befehle in uns einer fremden Sprache bringen."[53]

Herr gegen Knecht, Hoch anti Niedrig, Gemeinsinn contra Selbstsucht, kurz Partikularinteressen. Das war das Deutschland der absolutistischen Staatenwelt, das mit Friedrich II. den Kulminationspunkt seiner Entwicklung überschritten hatte. Für diese Staaten bliebe nicht mehr und nicht weniger, als „das Gute der Franzosen nachzuahmen und ihre Schrecknisse zu vermeiden". Gleiche Lasten für Alle,

---

[53] Seume, Sommer, S. 647. Vgl. Weis, Bürgertum, S. 205 gibt vor, dieser miserable Zustand sei auf das „ostelbische Preußen" beschränkt gewesen (vgl. dazu die ältere Forschung, Knapp etc.) und urteilt: „Daß trotzdem im wesentlichen Ruhe herrschte, dürfte an dem geringeren Bevölkerungsdruck in Ostdeutschland, den größeren Machtmitteln des Staates, dem weitgehenden Fehlen eines Bürgertums...gelegen haben". Bardong, Friedrich, S. 6f. bestätigt Seume vollinhaltlich.

größere „Nationalkraft", mehr zentralisierte Finanzplanung. Dies ist das Rezept Seumes. Er wünscht, „wir, philosophischer und humaner als sie", sollten „zu ihnen aufsteigen". Stattdessen, so unser Kritiker der Verhältnisse in Deutschland um 1800, hofften „wir verkehrt genug, sie werden wieder zu uns herabsinken".[54]

SEUME ZU 1806.

April 1806: Überall herrscht Teuerung. Seume wandert durch Ost- und Nordeuropa. In Schlesien ist die Ausfuhr von Getreide nach Böhmen verboten. Dort wird gehungert.[55] In Polen herrschen nach den Staatsteilungen üble Zustände. In Schaulen ebenso. Allgemeiner Verfall auch in den preußischen, österreichischen und russischen Teilen des Landes. Seume findet Hochachtung für die Russen und gibt diesen den Vorzug gegenüber Esten und Letten. Petersburg erscheint ihm bedeutender als Berlin und Wien, und dies vor allem angesichts der lediglich hundert Jahre, während derer diese Stadt entstand. Bitter bemerkt Seume in Petersburg:

---

[54] Seume, Sommer, S. 649. Künftige Zeiten vorwegdenkend, fordert Seume: „Aber wer denkt an Bürgerpflicht, wenn sie der Staat nicht ordnet? Wollen wir dem einbrechenden Verderben Widerstand tun, so müssen wir es mit der gesamten Kraft alle tun." Bardong, Friedrich, S. 106, Friedrich II. an Kammer-Präsidenten von Platen (Magdeburg) zu dem pflichtgemäßen Ermessen der Beamten in Preußen.: „Es ist Meine Meinung niemahls gewesen, denen Beamten eine despotische Gewalt über die Unterthanen zu gestatten, und werdet Ihr darauf genaue Acht haben, dass sie mit denen armen Leuthen nicht nach eigenem Gefallen umspringen dürfen". Vagts, Militarism, S. 142: « …Thomas Abbt, professor in the University of Frankfurt on the Oder, in his book On Death for the Fatherland, 1761, had taught the Prussians how noble it was to die fighting for their country; how dying an individual death was merely following 'the laws of perfection which preserve the whole, if necessary, by the loss of a part'».

[55] Seume, Sommer, S. 663. H.G.Linke, Quellen zu den Deutsch-Russischen Beziehungen, 1807-1917, Darmstadt 2001, S. 35 (Memorandum, Czartoryskis, 17.1./29.1.1806): „La puissance de la Prusse est factice; formée par le génie, ce n'est peut-être à son défaut qu'une politique double et avide qui peut soutenir cet édifice qu'on pourrait comparer à un colosse aux pieds d'argile. La Prusse, dont le domaine s'est successivement accru, n'est formée que d'éléments hétérogènes et épars, et cependant elle entretient une armée qui dépasse de beaucoup les proportions habituelles qui existent entre les revenus, la population et les forces d'un État.
Consolider et étendre ses ressources est l'objet principal de la politique prussienne, auprès duquel toute autre considération, excepté celle de la peur, se trouve en seconde ligne. La Prusse, conséquemment, cherche partout du profit, se mêle de toutes les affaires de l'Europe pour s'y trouver; *mais sentant sa faiblesse, elle dirige sa conduite de manière à n'en jamais venir aux voies extrêmes.* Elle se rétracte et recule aussitôt qu'il faut tirer l'épée, parce qu'elle n'a pas de moyens suffisants par elle-même pour soutenir avec vigueur une guerre de deux années. Cette faiblesse de complexion jointe au désir de jouer un rôle ou à la nécessité de le soutenir, et le besoin d'arrondissement et d'acquisitions qui en est la suite, doivent diriger la politique prussienne vers les combinaisons essentiellement contraires aux intérêts de l'Europe et à la politique de la Russie, dès que cette puissance s'occupe de vues grandes et généreuses».

„Ein Deutscher muß jetzt fast nur in dem Andenken an seine Nation leben. Hier ist ein Österreicher, dort ein Preuße; hier ein Sachse, dort ein Bayer; hier ein Hesse und so weiter bis zur Legion der kleinen Fürstenkinder; aber nirgends ein Deutscher.[56]

Die Expansion Frankreichs fordere eine deutsche Antwort. Aber niemand gibt diese. So findet sich dann und wann eine kritische Bemerkung zu Preußen. Etwa, „mit Friedrich des Zweiten Tode" seien „mit frommer Zuversicht fast alle Magazine leer geworden." Unser Kritiker qualifiziert diese Tatsache mit der Bemerkung: „Diese Frömmigkeit"(gemeint ist Einfalt) hielte er „für sehr gottlos." Und dies vor allem mit Bezug auf den Widerhall, den die Meldung von der Hungersnot in Deutschland in Petersburg hatte.[57] Die Anmerkungen Seumes zur „Abhängigkeit der Gerichte von den „Patronen", der „Verwegenheit der kleinen Despoten" und zur „eigenmächtige[n] Bedrückung des Militärs", wie des „Einfluss[es] des Nepotismus in die Justiz", mit der Wirkung „auffallenden[er] Schlaffheit und Willkür der Polizei", reichen weit hinaus über das traditionelle Maß und lassen die Stimmung der Zeit erkennbar werden. Diese Bemerkungen unseres Wanderers atmen zeitlosen Charakter. Ein schlaglichtartiger Blick mag abschließend genügen. Zu Rußland bemerkt Seume:

„Gewiß sind im einzelnen nirgends bessere Menschen als in allen Teilen dieses ungeheuren Reichs; nirgends tut die Regierung verhältnismäßig mehr für das Gedeihen der Provinzen; und nirgends wird doch weniger für Humanität, Gerechtigkeit und Aufklärung gewirkt. Das Radikalübel ist und bleibt, weil der Geist der Verfassung, wenn man so etwas Verfassung nennen kann, und einigermaßen auch noch die Regierung auf Sklaverei beruht. In Rußland gibt es keine allgemeine Bildung, sondern nur einzelne Verfeinerung; keine allgemeine Gesetzlichkeit, sondern nur einzelne Güte. Der Sprung geht von dem krassesten, dicksten Aberglauben zu der unbändigsten Zügellosigkeit, die nicht selten an Atheisterei grenzt und alle Moralität Kappzaum der Narren hält. Es gibt dort keine Wohlhabenheit, sondern nur Reichtum und Armut, Pracht und Elend, man springt von dem einen zu anderen; oft trifft man beides beisammen; selten ist Häuslichkeit. Das ist die Folge der Sklaverei. Es ist nirgends Sicherheit, weder im Hause, noch in der Regierung, das ist auch ihre Folge".[58]

---

56 Seume, Sommer, S. 715 (Petersburg, den 13.Juli).
57 Seume, Sommer, S. 746. Bardong, Friedrich, S. 234 (Das Politische Testament von 1752): „Preußen braucht während der Herrschaft eines miorennen Fürsten keine Bürgerkriege zu fürchten, wohl aber eine schwache Regierung, eine schlechte Verwaltung der Finanzen, eine schwankende Politik, eine Lockerung der militärischen Disziplin und den Verfall in der Ordnung der Truppen, die sie bisher unbesiegbar gemacht hat. Was vor allem zu befürchten wäre, das wäre ein Krieg in dieser Zeit der Schwäche".
58 Seume, Sommer, S. 774. Ebd., S. 779: Die Sklaverei - sprich „Leibeigenschaft" - sei, so Seume, in Estland, Lettland und Litauen noch schlimmer als in Russland. Und da von den baltendeutschen Gütern herüber besondere Kunde kam, galt ihm die Anschauung als zutreffend: „Die Letten, Esten und Finnen haben nicht unrecht, die Deutschen im allgemeinen für eine Art böser Geist anzusehen,

Den Bottnischen Meerbusen durch Finnland, Schweden und Dänemark nördlich umrundend, findet sich unser Wanderer um den 8.September 1806 in Eutin ein, wo er, bei einem Abendessen, von den anwesenden Honoratioren aufmerksam beäugt, feststellt, dass von Krieg gesprochen wird.[59] Um den 1.Oktober schließlich, in Hamburg, „fing man...mehr an, von Krieg und Kriegsgeschrei zu reden", berichtet Seume.[60] Schließlich, auf dem Weg zwischen Braunschweig und Aschersleben. In Preußen fällt ihm auf, wie ärmlich, verfallen die Städte aussehen. So schlimm wie keine auf seinem ganzen Sommerzug. „In Halberstadt beschwerte man sich ziemlich laut, daß der König bei Einziehung des reichen Klosters Huisenburg der Armenkasse von Halberstadt nicht etwas Unterstützung habe zufließen lassen wollen, wa[o]rum man ihn doch, wie man sagte, inständig gebeten habe." Soweit unser kritischer Beobachter, der anschließt:

> „Der Anschein ist freilich hart; aber die mißlichen Konjunkturen der Zeit fordern auch von dem Monarchen eine Vorsicht, die der einzelne nicht immer beurteilen kann. Überall hatten die Regimenter Befehl, marschfertig zu sein, und niemand wußte, wohin. Alles brannte vor Begierde zu fechten, und niemand wusste mit wem, gleichviel, nur wenn geschlagen wird."[61]

Seume, der zwischen 1783 und 1787 in der preußischen Armee Dienst tat, war naturgegeben ein berufener Kritiker der bei Jena und Auerstedt geschlagenen preußischen Armee, die er zurecht „von Dünkel und Unfähigkeit gleichermaßen

---

für welche der Himmel, da er diese hier so wüten läßt, einst eine ganz eigene Hölle schaffen wird."

[59] Vgl. Seume, Sommer, S. 843.

[60] Seume, Sommer, S. 849.

[61] Seume, Sommer, S. 855. Seume unter dem Blickwinkel einseitig psychologisierender Wissenschaftlichkeit zu betrachten (A. Meier), muss zu schiefen Ergebnissen führen. Eher trifft Schwäche und Wert Seumes J. Drews in seinem Nachwort zu J.G. Seume, Mein Leben, Stuttgart 1991, S.204 (zit.als: Drews, Nachwort): „Der Bauernsohn und kleine Bürger, der Offizier niederen Ranges, der spätere Sprachlehrer und Schriftsteller Seume, wurde zwar sein Leben lang von Adeligen gut behandelt, aber er war eben doch abhängig von ihnen. ‚Die kleinsten Unteroffizier sind alleweil die stolzesten' - das scharfsinnige Wort Lichtenbergs trifft nicht nur den Zusammenhang von Seumes körperlicher Größe - er muß zwischen 1,49 und 1,54 Meter groß gewesen sein - und seinem Stolz, sondern gilt übertragen auch dafür, *daß er sich durch Verarmung und Tod seines Vaters sozial deklassiert fühlte* und Großzügigkeiten des Adels annehmen mußte, wofür er auch noch dankbar zu sein hatte - und eben daher stammt dann das Ressentiment, das sich unauflöslich mischt mit korrekten Einsichten in die Feudalhierarchie und das Privilegienwesen, denen der Kampf *der Französischen Revolution galt, die Seume spät (nämlich erst ab ungefähr 1799) bei aller Reserve gegenüber gewissen Aspekten in ihrer Praxis positiv bewertete"* (Hervorh.v.m., B.S.). S. Fiedler, Kriegswesen und Kriegführung im Zeitalter der Revolutionskriege, in: Heerwesen der Neuzeit (hrsg.v. G.Ortenburg), Abt. III, Bd. 2, Koblenz 1988, S. 223 (zit.als: Fiedler, Kriegswesen): „Zu diesem Zeitpunkt hatte aber der timide preußische Kriegsrat schon jede ernsthafte Offensivabsicht aufgegeben".

beherrscht sah."[62] Er wird damit zugleich zu einem Zeitzeugen hohen Ranges, der Aufschluss gibt über einen beträchtlichen Teil des Lebensgefühls zwischen 1780 und 1810. Dabei zählen weniger die ex post geschriebenen Betrachtungen, als vielmehr die authentisch, zeitgleich zu den Ereignissen entstanden Schriften. Dass er dabei Frankreich als Vorbild darstellt, belastet ihn keineswegs, denn wie glücklich wären wir heute, wenn wir ein derartiges Modell vorweisen und bejahen könnten.[63]

BISCHOFSWERDER, DIE ROSENKREUZER UND DAS TRAKTIEREN.

Zu den für die preußische Niederlage von 1806 Verantwortlichen zählte der General von Bischofswerder. Dieser, u. a. über den sächsischen Hof und verschiedene alchimistische Betätigungen, wieder in preußische Dienste getreten, stellte im bayerischen Erbfolgekrieg ein sächsisches Jägerkorps auf und wurde nach dem Feldzug in das Gefolge Friedrich II. übernommen. Er gelangte in nähere Beziehung zum Kronprinzen Friedrich Wilhelm und wurde vom König, hinsichtlich dieses Einflusses, wohl unterschätzt. Jedenfalls war das Misstrauen Friedrichs gegen die Entourage des Kronprinzen latent lebendig, obwohl eher gegenüber Enke und Wöllner, als Bischofswerder. Nach 1786 kam es dann zum ungebrems-

---

[62] Drews, Nachwort, S. 209. Vgl. A. Vagts, A History of Militarism. Romance and Realities of a Profession, New York 1937, S. 88-95 (zit.als: Vagts, Militarism). Es wird sowohl Friedrich Wilhelm II. Reformunwille, wie rege Kritik der Heinrich v.Bülow, Heinrich v. Behrenhorst und Scharnhorst (das „Neue Militärische Journal") an dem erstarrten absolutistischen Heerwesen vorgeführt. Bardong, Friedrich, S. 155, Friedrich II. an August Wilhelm, 18.7.1749: „Ich bin fest überzeugt, dass Du das meiste dazu beigetragen hast und dass die Offiziere in Zukunft nicht mehr von den Grundsätzen abweichen, durch die wir Schlachten gewonnen haben, und dass sie nicht wieder in den alten Schlendrian zurücksinken werden, durch den sie geschlagen worden sind". Fiedler, Kriegswesen, S. 225: „Die preußische Armeeführung hatte zwar tatenlos zugesehen, wie die feindlichen Korps, auf ihrem schnellen Marsch bedenklich aufgelockert, an ihrer Stellung rechts der Saale vorbeizogen, dann aber doch den Entschluß gefasst. Rechtzeitig konsequent ausgeführt, hätte er die Absicht Napoleons durchkreuzt". H. Delbrück, Geschichte der Kriegskunst. Die Neuzeit, Hamburg 2003 (1. Aufl. Berlin 1920), S. 591, sucht durch Zeugnisse Scharnhorsts die Evolutionsfähigkeit der preußischen Taktik vor 1806 zu belegen.

[63] Vgl. Drews, Nachwort, S. 211. Nach 1806 konnte Seume, verhindert durch die Zensur, nicht mehr publizieren. „Perfer et Obdura" schreibt Drews über Seumes letzte Jahre. Dessen heute immer wieder zitierte „Apokryphen" kamen nach 1806 nicht zur Wirkung. Vollständig publiziert wurde die Schrift signifikanterweise erst nach 1870. Wirkungsgeschichtlich demnach etwa Clausewitz Werk „Vom Kriege", und dessen zu großen Teilen lediglich wissenschaftlich-theoretischer Wirkung vergleichbar. Drews, Nachwort, S. 214. H. Rössler, G. Franz, Sachwörterbuch zur Deutschen Geschichte, 1. Bd., Nendeln/Liechtenstein ²1970, S. 462f. (zit.als: Rössler-Franz) Es wird hier die Schlacht nördlich Jena als durchaus nicht aussichtslos dargestellt (Hohenlohe warf Lannes „um 10 Uhr zurück..."; „die Sa[chsen]. unter Niesemeuschel unerschütterlich den Angriffen Augereaus standgehalten hatten").

ten Aufstieg des Generals und seiner Familie. Die errungene Stellung bei Hofe wurde behauptet, durch nachgiebige Complaisance, ja selbst „durch 'Diavolini' und Geisterseherei".

Friedrich Wilhelm, der mit Recht in seiner „Lust und Trägheit" verantwortlich ist für den Fehlweg, den Preußen sei 1786 beschritt, galt mit seinem Hof im Marmorpalais dem Volk als Versager. Darin Ludwig XVI. von Frankreich vergleichbar. Die Geisterstimmen von Schloß Marquardt am Schlänitzsee woben ein unsichtbares Band zwischen König und Gefolgsmann. Die „blaue Grotte" im Schlosspark dort wurde zum Treffpunkt der Rosenkreuzer aus der Umgebung Friedrich Wilhelms. Bischofswerder war Rosenkreuzer seit seinen alchimistischen Tagen.

> „In Berlin im Palais der Lichtenau, in Sanssouci in einem am Fuß der Terrasse gelegenen Hause, endlich im Belvedere zu Charlottenburg"

ließ der General zusätzlich Geister erscheinen. Ein Vorgang, der uns Heutigen mit seinem Amt völlig unvereinbar erscheint. Bischofswerder verhielt sich beim Tode seines Rosenkreuzer-Königs umsichtig-folgerichtig und schlug unverzüglich den Bogen zu dessen Nachfolger, König Friedrich Wilhelm III. Doch die Operation missglückte. Die zehn Jahre der Rosenkreuzer in der großen Politik waren Geschichte. Zehn Jahre Dekadenz und innerer Verfall gingen vordergründig zuende.[64] Doch das Auge des Auslandes sah genauer. Es wurde geschrieben:

> „La fortune a quelquefois employée des hommes sans grande capacité dans l'administration des Etats; mais rarement elle a choisi un si triste sujet que ce Bischofswerder: naissance ordinaire, figure triste, physionomie perfide, élocution embarrssée ; *ne connoissant ni le pays qu'il a quitté, ni celui qui l'a recuelli, ni ceux qui intéressent la Prusse*. N'étant ni militaire, ni financier, ni politique, ni économiste. Un de ces hommes enfin que la nature a condamné à l'obscurité et à

---

[64] Vgl. Theodor Fontane, Wanderungen durch die Mark Brandenburg, hrsg. Von H. Nürnberger, Bd. 2, München 1994, S. 266-275 (zit.als: Fontane, Wanderungen). Eine Sicht, die der SPIEGEL jüngst, anlässlich einiger archäologischer Funde in der Ruine des Königsberger Schlosses, zu glätten sucht. Vgl. ebd., zu Woellner, S. 490ff. Die zwei Bilder Woellners behandelnd. Das eine ein abbéhaft gehaltenes, das andere: der Minister Preußens. Wie Fontane schreibt: „Auf dem Ministerportrait alles abstoßend, hier alles anziehend bis zum Verführerischen." Vgl. jüngst: DER SPIEGEL, 10.12.2007 und Weis, Bürgertum, S. 206, der Wöllners Religionsedikt, den Ausdruck der Innenpolitik der Rosenkreuzer, kurz streift. Bardong, Friedrich, S. 564 (Graf Esterno, französischer Gesandter in Berlin, Mémoire, 15.7.1786): „Bei aller Größe seines Genius hat er doch in vielem, die Richtung seiner Vorgänger eingeschlagen; um wie viel mehr also wird sein Nachfolger, der anscheinend weniger Kenntnisse, Lebhaftigkeit und Arbeitslust besitzt, gewissermaßen an das Werk gekettet sein, das er bei seiner Thronbesteigung vorfinden wird".

végéter dans la foule. Voilà l'homme qui règne en Prusse.» (Hervorh.v.m., B.S.)[65]

Früh verlor Bischofswerder „die unbefangene Ansicht des Lebens". Er gab sich die Attitüde der „Umsichtigkeit", wurde von anderen um Rat gefragt und erreichte es schließlich, zum obersten Berater des Königs berufen zu werden. Fontane betont letztendlich, Bischofswerder habe sich damit begnügt „in aller Stille einflussreich zu sein". Wenngleich auch von hierher behauptet wird, die im ganzen unglückliche auswärtige Politik Preußens nach 1786 sei keineswegs dem Politiker-General allein anzulasten, so war dieser doch jedenfalls in diesen Jahren federführend; damit fallen die wenig erfolgreichen Feldzüge (Holland, Champagne), Schlachten (Kanonade bei Valmy) und Expansionen (dritte Polnische Teilung) auf ihn zurück. Das ganze Dilemma dieser Konstellation an der Staatsspitze unter König Friedrich Wilhelm II. offenbart das Gespräch zwischen dem schliesslich nach Jena und Auerstedt kompromittierten Massenbach und Bischofswerder, anlässlich dessen Ausritt auf der sogenannten „Potsdamer Insel" vor dem Nauenschen Tor, im Frühjahr 1796. Dabei verwandte sich Massenbach für ein französisches Bündnis - darin ganz Vertreter der pro-westlichen Linie preußischer Politik - und argumentierte Bischofswerder gegen die „revolutionäre Regierung" in Paris. Er rief aus: „Mit Königsmördern kann kein König traktieren." Scharf kritisierte Massenbach, darin nahezu realpolitisch:

> „Wir haben ja in Basel traktiert.... das Interesse des Staates entscheidet hier allein.... Wir haben mit der französischen Regierung unterhandelt; wir haben sie anerkannt; wir haben ihr eine diplomatische Existenz gegeben und dadurch den Hass aller Mächte zugezogen."

Bischofswerder wies ihn schroff zurück: „Eine solche Idee dem Könige vorzutragen, kann ich nicht wagen.... Allianz mit Frankreich! Das ist zu früh. Die Dinge in Frankreich haben noch keine Konsistenz."[66] Fontane entschloss sich

---

65 Fontane, Wanderungen 2, S. 275f. Bardong, Friedrich, S. 69, Friedrich II. an Voltaire, 6.7.1737: "Was die Deutschen anlangt, so besteht ihr Fehler nicht in Mangel an Geist. Der gesunde Menschenverstand ist ihnen zuteil geworden; ihr Charakter ist dem der Engländer ziemlich ähnlich. Die Deutschen sind arbeitsam und tief; haben sie einmal einen Stoff ergriffen, so ergründen sie ihn. Ihre Bücher sind von einer langweiligen Weitschweifigkeit. Könnte man ihnen ihre Schwerfälligkeit abgewöhnen...". Zur Frage der grundsätzlichen Verantwortlichkeit, Braubach, Französische Revolution, S. 21: „...die auch von Bismarck in seinen Gedanken und Erinnerungen vertretene Auffassung, dass Basel[1795] vom preuß[ischen].Standpunkt ein Akt berechtigter Realpolitik war, [kann] noch heute als umstritten gelten. Es dürfte indessen sicher sein, dass Preußens Verhalten ihm nicht nur moralisch, sondern auch politisch mehr Schaden als Vorteil gebracht hat. Es wurde damit eine Politik der Passivität eingeleitet, die, schon von Zeitgenossen als System der 'Nullität' kritisiert, in dem Zusammenbruch von 1806 enden sollte".
66 Fontane, Wanderungen 2, S. 278.

allerdings, Bischofswerder ganz auf die rationale Ebene zu fixieren. Allerdings vor dem Hintergrund einer Zeit, welche „die Aufklärung satt hatte" und sich „nach dem Dunkel, dem Rätselhaften, dem Wunder" sehnte.[67] So verwendet sich Fontane für die Integrität dieses Hauptvertreters der Rosenkreuzer. Allerdings sind dadurch die Vorbehalte gegen den praktischen Politiker und Diplomaten Bischofswerder keineswegs entkräftet.[68]

Der Bayerische Erbfolgekrieg, der elende „Kartoffelkrieg" wie es hieß, bezeichnete bereits in dem fruchtlosen Hin- und Hermarschieren das beginnende Nachlassen der militärischen und politischen Befähigung in Preußen. Dessen, seit der Ersten Polnischen Teilung (1772) nach Osten ausgedehnten östliche Provinzen wurden, mit dem fortschreitenden Verfall des polnischen Staatswesens, zu Beginn der neunziger Jahre, weiter vergrößert. Die Kämpfe an Weichsel und Narew, im Frühjahr des Jahres 1794, zeigten bereits Erscheinungen wie die des Parteigänger-krieges und forderten den Einsatz beweglicher Kräfte, wie zum Beispiel der Husarenkavallerie. Um den Reitergeneral Günther hatte sich in Südostpreußen eine Befähigung entwickelt, den „kleinen Krieg" musterhaft zu betreiben. Gegen Übermacht gelang es, mit lediglich zehn Eskadrons Bosniaken-Kavallerie, die vorgeschobene Grenze Ostpreußens, gegen andringende überlegene Feindkräfte, zu halten. Der polnische Aufstand brachte die Einnahme Warschaus durch die Russen. Fontane schildert diesen Abschnitt der preußischen Geschichte feinnervig:

> "Der Krieg war unpopulär, und die Schroffheit Suworows, die des Guten in derselben Weise *zu viel* tat, wie die oberste Leitung preußischerseits ... *zu wenig* getan hatte, war nicht geeignet, dem Kampfe gegen Polen eine ihm fehlende Teilnahme zu wecken. Man schämte sich fast des Krieges und die Tat des einzelnen litt unter dem Mißkredit, in dem das Ganze stand. Dies würde vollauf genügen, um das Vergessensein ruhmvoller Aktionen aus dem Jahr 1794 erklärlich zu machen, aber was recht eigentlich in diesem Sinne wirkte, war doch ein anderes noch. Und kaum ist es nötig, dieses andre zu nennen. Der Untergang des *alten* und das Wiedererstehen eines *neuen* Preußens waren Weltereignisse, die, nach Art einer Flut, die Marksteine einer unmittelbar voraufgegangenen kleinen Geschichtsepoche hinwegspülten. Es ist Aufgabe späterer Zeiten, solche im Triebsand begrabene Denksteine wieder aufzurichten."[69]

Der Husarengeneral hoffte an seinem Lebensende, der alte Geist der Zeit des „großen Königs" werde, mit der Verleihung der früheren hochaufragenden Grenadiermützen an die Grenadierbataillone, wieder Einzug halten. Er rief aus:

---

[67] Fontane, Wanderungen 2, S. 281.
[68] Fontane, Wanderungen 2, S. 295-316.
[69] Fontane, Wanderungen, Bd. 1, S. 101ff. Der Vergleich mit der sozial-grünen Regierung bis 2005 muss nicht unbedingt betont werden.

„Gott gebe, daß mit den alten Mützen auch der alte Geist der Gleimschen Grenadiere wieder da sein möge, *dann* werden sie und Preußen unüberwindlich sein."

Es war demnach durchaus ein Gefühl für den Wandel des Geistes und der Zeit in Preußen lebendig.[70]

TAKTIEREN UND KÜNSTELEI.

Im Jahre 1792 überschritten 42000 Preußen die französische Grenze, um in der Champagne den Kampf gegen das revolutionäre Frankreich aufzunehmen. Die Kanonade von Valmy, wie die bei Ginsheim, und schließlich die Blockade, Belagerung und Einnahme von Mainz, bleiben aus diesen Jahren in Erinnerung (Vergleiche Goethes „Campagne in Frankreich"). 1794 wurde in der Pfalz, wie im Elsass, heftig gefochten. Nach dem Frieden von Basel (1795) folgten zehn ruhige Jahre. Es gab in der preußischen Armee dieser Zeit durchaus Offiziere, die „die Pflege des Schönen, den Sinn für die Wissenschaften und" den „Eifer für das allgemeine Wohl" – wie Fontane es nennt - mit dem notwendigen disziplinierten Dienst verbanden. Doch von Frankreich herüber tönten die Parolen der Französischen Revolution, die sich - wie schwarz von weiß - von der preußischen Militärpraxis abhoben. Der Neuruppiner berichtet:

„Während die Stichworte der ‚Freiheitsära' von Mund zu Mund gingen und Humanität und Toleranz den Inhalt jeder Ressourcenrede bildeten, regierte draußen der Zopf und der Stock unverändert weiter und an nicht wenig Tagen im Jahre tat sich die bekannte Gasse auf und der Delinquent musste sie durchlaufen."

Doch für die Ohren der Neuzeit ungewohnt, war dennoch „die Prügelstrafe allgemein, die Eltern schlugen ihre Kinder, die Lehrer ihre Schüler" und so mag es kaum verwundern, dass nicht „viel Aufhebens" über die Zustände in der Armee gemacht wurde. Weitläufig waren die Menschen damals „solche Prozeduren gewöhnt und" hielten sie „die rohe Behandlung der Soldaten für ganz in der Ordnung". Selbst „die davon Betroffenen", zum Teil gepressten, und durch Werber „hinters Licht geführten" Rekruten und Soldaten, „rohe Gesellen, die nicht eins der zehn Gebote hielten", mögen das ähnlich gesehen haben. Doch das Gefühl der Zeit war ein anderes. Einerseits wurden Schäferspiele aufgeführt und „Idyllen" geschrieben; aber andererseits – so Fontane – „man war weder nervös noch sentimental." So auch die ständigen Desertionen. Die Kanonen des Standorts knallten mehrmals, die Husaren sprengten los, und der Entflohene war über kurz oder lang, wenn er nicht besonders einfallsreich war, wieder eingefangen,

---

[70] Fontane, Wanderungen, Bd. 1. S. 106.

bestraft und eingegliedert. Heute vertreibt sich der Mensch die Zeit mit dem Internet, damals waren das Gasselaufen der Delinquenten, und die Hinrichtungen, die Volksbelustigung Nummer Eins. Fontane beschreibt diesen Abschnitt der preußischen Geschichte zutreffend als „militärische[n]m Terrorismus."

Die preußische Mobilmachung am 9.August 1806 beendete den Frieden. Am 31.August marschierten die Regimenter. Der Herzog von Braunschweig, der Oberkommandierende, verlegte sein Hauptquartier am 13.September nach Halle. 50.000 Mann stark, bestritt die preußische Armee die Schlacht von Auerstedt. Es kamen lediglich zwei Drittel dieser Kräfte ins Feuer. Die vergleichsweise gewaltige Reserve, bestehend aus 20.000 Mann, deckte unter geringen Verlusten jenen Rückzug, welcher der Armee zum Schicksal werden sollte.

Auerstedt war zunächst durch tastendes Manövrieren, den zögerliches Einsatz der Kräfte und letzlich glückloses Rochieren charakterisiert. Der Tod des Oberbefehlshabers versetzte der preußischen Gefechtsleitung den vernichtenden Stoß. Als die Division Morand frisch in den Kampf eintrat, „wichen" die preußischen Kräfte „auf der ganzen Linie". Tapferkeit, die im Einzelfall auftrat, vermochte im allgemeinen Rückgang den Tag nicht zu wenden. Die ausholende Bewegung der geschlagenen Armee von Magdeburg, über das südliche Mecklenburg, bis vor das Defilée von Prenzlau, brachte „Hunger und Erschöpfung" und unsägliche Marschverluste. Als es schließlich galt, französische Kavallerie, die inzwischen aus südlicher Richtung ebenfalls Prenzlau erreicht hatte, zu werfen, waren die Pferde der Preußen derart erschöpft, dass deren Reiterei nicht mehr einsetzbar war. Fontane hält fest:

> „Es kapitulierten an dieser Stelle im ganzen 185 Offiziere und 4043 Mann, wovon 110 Offiziere und 2086 Mann auf die Kavallerie: Leibkarabiniers, Heising-, Holtzendorf-, Bünting-, und Henckel-Kürassiere entfielen. Der Rest, 75 Offiziere und 1957 Mann, war *Infanterie* von der Brigade Hagen, wie schon hervorgehoben: Regiment Treuenfels, je ein Bataillon Pirch und Zenge, und Trümmer vom Regiment *Prinz Ferdinand*."[71]

---

71 Fontane, Wanderungen, Bd. 1, S. 217-225. Wörterbuch zur deutschen Militärgeschichte, Militärgeschichtliches Institut der DDR, Berlin 1985, S. 336: „Sein [Hohenlohes] Fehler, den hier [Jena] das Saalletal beherrschenden Landgrafenberg nicht zu besetzen, wurde von Napoleon sofort ausgenutzt. Von dieser Höhe griff am 14.10. das französische Zentrum an, während der rechte Flügel durch das Rauetal und der linke durch das Mühltal gegen die Flanken von Hohenlohes Truppe vorgingen. ... Die langen Linien der preußisch-sächsischen Bataillone, deren Feuer kaum ein Ziel fand, wurden von den im Gelände gedeckten französischen Tiralleuren und von Artillerie förmlich zusammengeschossen. ... In der beiderseits des Dorfes [Hassenhausen] entwickelten Begegnungsschlacht [Auerstedt] konnte Davout sein ganzes Korps zu Einsatz bringen, während auf preußischer Seite fast die halbe Armee überhaupt nicht am Kampf teilnahm". ...S. 337: „Die preußischen Soldaten desertierten massenhaft". Zum Versagen der preußischen Führung: M. Braubach, Von der französischen Revolution bis zum Wiener Kongreß, in: Gebhardt, Handbuch der Deutschen

Dies, so lässt sich kurz und bündig sagen, wäre der Armee Friedrichs II. nicht derart begegnet.

Dieser hatte sich stattdessen von einem Hallenser Professor das Verfahren beschreiben lassen, wie Geister zitiert werden könnten, und trat damit in direkte Opposition zur Gedankenwelt Friedrich Wilhelms II.. Dieser, sein Nachfolger, zählte nämlich zu der aus einer Freimaurerloge entstandenen Richtung der Rosenkreuzer.

„Der Herzog von Kurland, der Herzog Ferdinand von Braunschweig, die Minister Graf Hohenthal und v. Wurmb, der Kammerherr v. Heynitz, Oberst von Fröden, der Geheime Kriegsrat v. Hopfgarten und [eben] der Kammerherr von Bischofswerder" zählten zu der Bewegung um Johann Georg Schrepfer (geboren 1730), dem Mitbegründer dieser Bewegung (in den 70iger Jahren). Letztlich das Streben nach Freiheit in einem von oben nach unten geführten Machtstaat, bildete den Ansatzpunkt für die Illuminatenorden im ausgehenden 18. Jahrhundert. „Streiter gegen die Finsternis", wollten sie sein. Ihr „Endzweck" war es, „frei zu sein". Dass dies nicht ohne Macht ginge, war offenbar. Das Gegenbild formten die Rosenkreuzer. Der Vater des Rationalismus, Dr. Semler in Halle, formulierte zur „dreisten und entschlossenen Denkungsart dieser geheimen Partei", diese habe es

„ganz merklich... auf eine öffentliche Revolution im Sinne des Rückschritts"

abgesehen. Das Postulat, „Umkehr zu Strenggläubigkeit und Mystizismus" (1782), ein Grundgesetz der Bewegung, forderte Freimaurer und Rationalisten offen heraus. Mit Wöllner trat neben Bischofswerder ein weiterer Vertreter der Rosenkreuzer, der sich auf die Umgestaltung der preußischen Innenpolitik konzentrierte.[72]

„Sentimentalität und Sinnlichkeit, Schäferspiele und kurze Röckchen, Antonius und Cleopatra; die Tage der Lichtenau, der Gespielin König Friedrich Wilhelms II.", erstanden vor dem Auge Fontanes neu. Das Belvedere, in dem der preußische König seine spiritistischen Sitzungen abhielt, hatte den Atem der

---

Geschichte, Bd. 3, Stuttgart ⁹1979, S. 47 (zit.als: Braubach, Französische Revolution): „Bei Auerstedt wurde gleich zu Beginn der Herzog von Braunschweig, durch Verwundung ausgeschaltet, der bald danach erlag; damit kam es zu einem Versagen der Leitung, da der im Hauptquartier anwesende König sie selbst nicht zu übernehmen wagte". Rössler-Franz, S. 39f. zeigt, dass auch diese Schlacht zunächst nicht für die Preußen aussichtslos verlief. Erst wiederum das Zögern des Oberbefehlshabers (Roessler: „Aber Karl von Br[aun]schw[eig]. setzte seine Truppen nicht zum entscheidenden Bajonettangriff an"), und der Ausfall der Führung, brachten den Franzosen den Sieg.
[72] Ebd., Theodor Fontane, Wanderungen durch die Mark Brandenburg, Bd. 2, München 1994, S. 180ff. (zit.als: Fontane, Wanderungen 2).

Weltgeschichte verspürt. Fontane zeichnet auf berückende Weise die schwüle Szenerie dieses Zentrums preußischer Politik nach:

> „In goldbronzenen Wandleuchtern brannten ein paar Kerzen, aber ihr Licht, durch die schweren Gardinen zurückgehalten, fiel nur in einzelnen Streifen nach vorn in den Saal. In diesem herrschte Dämmer. Der König hatte den Wunsch ausgesprochen, die Geister Marc Aurels, des Großen Kurfürsten und des Philosophen Leibniz erscheinen zu sehen. Und sie erschienen. ... Dem Könige war gestattet worden, Fragen an die Abgeschiedenen zu richten; er machte den Versuch, aber umsonst. Es gelang ihm nicht, auch nur einen Laut über die bebenden Lippen zu bringen. Dagegen vernahm er nun seinerseits von den heraufbeschworenen Geistern strenge Worte, drohende Strafreden und die Ermahnung, auf den Pfad der Tugend zurückzukehren. Er rief mit banger Stimme nach seinen Freunden; er bat inständig, den Zauber zu lösen und ihn von seiner Todesangst zu befreien. Nach einigem Zögern trat Bischofswerder in das Kabinett und führte den zum Tod Erschöpften nach seinem Wagen. Er verlangte zur Lichtenau zurückgebracht zu werden, ein Wunsch, dem nicht nachgegeben wurde. So kehrte er noch während derselben Nacht nach Potsdam zurück."

Das Charlottenburger Belvedere, die „Rokokoschaubühne für eine Geisterkomödie", wie Fontane das darlegt, war „durch ein halbes Jahrhundert" verfemt wie das „Marmorpalais", das Schloss „Marquardt, dass Eckardsteinsche Haus und andere noch". Letztlich sei „etwas Unheimliches drumher, das nicht abzutun" sei. „Man spielte hier nur Gespenst", aber es erwuchs daraus „ein doppeltes Grauen", denn „die Geister, die hier auftraten" waren „nur Schein", der „eine Lüge" war.[73]

Das Frankreich der Revolution war durch den blanken Voluntarismus gekennzeichnet. Preußen, das unter dem Philosophen von Sanssouci ein Zentrum der Aufklärung gewesen war, stand nun unter den Zeichen: „Umkehr, Gewissensdruck, Rosenkreuzerei". In den Jahren 1786 bis 1797 verlor der Staat den Anschluss an die damalige Welt. Äußerlich unverdächtig, wie das Wöllnersche Religionsedikt, oder die Privatgesinnungen König Friedrich Wilhelm II., nahmen sich doch die Planungen aggressiver aus; wie zum Beispiel: „Absetzung der Aufklärer von ihren Ämtern, bis zu ihrer Einschließung in Gefängnisse oder ihre Verjagung aus dem Lande." Fontane erscheint es nicht anders als natürlich, dass auf den „Puritanismus" die „Libertinage" folge, „der starren Orthodoxie Friedrich Wilhelm I. ...der „Voltairianismus der Friederizianischen Zeit" und auf das Illuminatentum, „das überall ein Licht anzünden wollte", die Rosenkreuzer. Im Jahre 1800 starb Wöllner zu Groß-Rietz, drei Jahre darauf Bischofswerder zu Potsdam – und mit Ihnen das Rosenkreuzertum. Wenig später brach der preußi-

---

73 Ebd., S. 181.

sche Staat unter den Schlägen der Armeen Napoleons zusammen. Friedrich Leopold von Hertefeld charakterisierte seine Distanz zu Staat und staatlichen Verhältnissen im Preußen dieser Jahre bezeichnend klar. Ein Einbruch in den Räumen der Gräfin Lichtenau, der Gespielin des Königs, im Augenblick deren „Heirat" mit dem Grafen Stolberg-Stolberg, hinterließ nichts anderes als den Odeur der Rache und war ein vorrevolutionäres Signal gegen den König.[74]

„Es war eine wirklich grundschlechte Zeit", und Mirabeau hatte richtig prophezeit, als er das damalige Preußen „eine vor der Reife faul gewordene Frucht" genannt hatte, „die beim ersten Sturm abfallen werde". So urteilt Fontane und findet im alten Hertefeld den Kronzeugen für diese Auffassung. Leopold habe sich satirisch geäußert gegen so ziemlich „alles, was damals ‚die Gesellschaft'" ausgemacht habe. Dummheit, Korruption und leichtes Leben fand er überall der Kritik wert. Das änderte sich allerdings auch nach 1806 nicht.[75] Und so blieb die „Wahrheit" über die Niederlage von Jena und Auerstedt nicht aus. Hertefeld nahm direkten Bezug auf die Diskussion der Zeit und konstatierte:

> „Unter den beiseitegelegten Militärs zeichnet sich hier der von Massenbach aus, der eigentlich an der Hohenloheschen Katastrophe schuld ist und in seinen Schriften alle andern Unglücksgefährten angreift. Der Mensch muß wahrlich nicht klug sein, denn, indem er die andern inculpiert, deckt er seine Blöße auf. Man hat unrecht, zu sagen, dass es unserm Militär an Mut gefehlt habe; nein, das war es nicht; mehrere Regimenter und Bataillone haben ihre Pflicht getan, aber die Leistung war elend

---

[74] Ebd., Fontane Wanderungen 2, S. 309-316. Dass Friedrich Wilhelm II. nur dilettiert hatte, zeigt Fontane. Vgl. Wanderungen, Bd. 2, S. 618-626. Vgl. Fontane Wanderungen, Bd. 3, S. 237. Dort wird für Ende 1794, durch Friedrich Leopold von Hertefeld, der Verlust der Rheingrenze festgestellt. Ebd., S. 238f. Fontane: „Es war die Zeit der Üppigkeiten und der Geistererscheinungen, der Rietz und des Rosenkreuzertums, und viele seiner Briefe geben uns wenigstens Andeutungen über den Gegensatz, in dem er innerlich zur Hauptstadt stand." M. Braubach, Französische Revolution, S. 11: „Der moralische Erfolg blieb den Franzosen, die zur Überraschung ihrer Gegner standhielten, während der preußische Feldherr den Angriff auf ihre Stellungen[Valmy] nicht wagte und sich schließlich aufgrund von Nachschubschwierigkeiten zur Umkehr entschloß. Nach einem bei schlechtem Wetter sich vollziehenden Rückmarsch langte die Armee, durch Entbehrungen und Krankheiten geschwächt und demoralisiert, wieder auf deutschem Boden an. Der erste Angriff auf die Revolution war gescheitert". Ebd., S. 14. Nach dem 14.September 1793 entschloss sich König „Friedrich Wilhelm II. seine Armee [bei Pirmasens] zu verlassen und sich in die neue Provinz Südpreußen zu begeben". Verliert nicht auch die Bundesrepublik den Anschluss an die Entwicklung, und gibt es nicht auch heute „unglückliche Feldzüge"?
[75] Fontane, Wanderungen, Bd. 3, S. 245ff. Bardong, Friedrich, S. 149, Friedrich II. an die Kurmärkische Kammer, 16.3.1748: „Es fehlet an heilsamen Verordnungen, welchergestalt die Nahrung der Unterthanen zu verbessern sei, nicht. Es fehlet aber daran, dass Ihr und die Departementsräthe auch Landräthe und Beamte den Unterthanen, die nicht industrieux genug sind, gehörige Anleitung dazu geben, welches Ihr Euch künftig besser, als bishero geschehen, müsset angelegen sein lassen".

und *die jungen Herren, die in der Nähe des Thrones eine Rolle gespielt hatten, waren verweichlicht*, und bei allem Manövrieren war eine der Hauptsachen vergessen, nämlich die des kleinen Dienstes gegen den Feind. Man ging vorwärts ohne Vortrupp, ohne Rekognoszierung, und so kam es denn, wie es zutage liegt.-" (Hervorh.v.m., B.S.)[76]

Doch nicht nur die Zeit des zweiten Friedrich Wilhelm, sondern auch die des Dritten war geprägt durch den Niedergang der Jahre um 1789. Das versponnene kleine Schlösschen Paretz, mit angeschlossenem Bauerndorf, westlich von Potsdam gelegen und erst 1795 erworben, wurde 1796 zu einer Art Idylle umgebaut. Das verschwenderische Versailles war in der „Nachahmung der Gärten von Klein-Trianon" zu verspüren, eine mit gotischer Fassade lockende Dorfschmiede schlug den Bogen zur hier bereits spürbaren künftigen Romantik, ein Fasanenwäldchen lockte zu den Schäferspielen à la mode und ein bowling-green öffnete den Blick auf die bereits sprießenden Einflüsse englischer Landschaftsgärten. Dieses „Schloß Still-im-Land" wirkt wie ein Fluchtpunkt vor den Realitäten der Zeit.[76a] Das Fest, mit Schnittern und Schnitterrinnen, mit viel Bewegung, Ähren wie Blumen, wie Landleuten und Höflingen, wirkt einem Rückgriff auf die frühesten Wurzeln königlicher Hausherrschaft vergleichbar. Friedrich Wilhelm III., als königlicher Gutsherr im Kreise seiner Landleute, sowie Damen und Herren des Hofes, bewegte sich quasi an einem Wallfahrtsort für die Bewohner Berlins, Potsdams wie der umliegenden Dörfer und Gemeinden. Seine Eindrücke fasste der Höfling von Köckritz zusammen. Dieser betont:

---

[76] Fontane, Wanderungen, Bd. 3, S. 577. Vgl. Weis, Bürgertum, S. 256. Dieser spricht vom voreiligen Entschluss Friedrich Wilhelm II. zum Krieg und übergeht nicht, dass „der seit dem Siebenjährigen Krieg gefürchtetste Militärstaat des Kontinents mit zweihunderttausend Soldaten wie ein Kartenhaus zusammengebrochen, schneller als alle Gegner, die Napoleon bis dahin besiegt hatte.…Eine unbrauchbare, total überalterte militärische Führung, eine Armee, die noch nach den Rezepten Friedrichs des Großen, die sie nicht einmal richtig anwenden konnte, operierte. …Schon die Zeitgenossen haben erkannt, dass die Ursache für diesen Zusammenbruch auch in der inneren Erstarrung dieses Staates lag, der es im Schutz seiner Neutralitätszone versäumt hatte, Lehren aus der Französischen Revolution und dem Phänomen Bonaparte zu ziehen". Vgl. ebd., S. 258. Preußen zeigte in dem Winterfeldzug 1807 in Ostpreußen wiederum Napoleon erstmals seine militärischen Grenzen (Schlacht bei Preußisch-Eylau). Bardong, Friedrich, S. 178 (Das Politische Testament von 1752, 27.8.1752): "Auf den Einwand kann ich aus eigener Erfahrung erwidern, daß der fremde Adel niemals mit dem gleichen Eifer dient, wie der einheimische, daß die Ausländer in einem so strengen Dienste, wie dem preußischen, schnell die Lust verlieren". Der Blick auf die inneren Zustände der Bundeswehr drängt sich auf.

[76a] Weis, Bürgertum, S. 256 tischt dementsprechend die alte Weisheit auf, die uns schon unsere ostpreußischen Geschichtslehrer um 1960 nahe zu bringen versuchten. Preußen habe, das sei die Leistung des Friedens von Basel 1795 gewesen, „Nord- und Mitteldeutschland ein Jahrzehnt ungestörter kultureller Entwicklung ermöglicht".

„Wir haben uns ungemein *divertiert* und alles *Angenehme des Landlebens* in ganzer Fülle genossen, wobei die Jagd und Wasserfahrt die Hauptbelustigung war. Ein besonderer Festtag aber war das Erntefest. Die Königin mischte sich in die lustigen Tänze. *Hier war Freiheit und Gleichheit*; ich selbst, trotz meiner 50 Jahre, tanzte mit." (Hervorh.v.m., B.S.)[77]

Im Jahre 1805, mit dem Abschied von den Sommermonaten dort in Paretz, erlosch auch die glückliche Zeit Friedrich Wilhelms III. und der Königin Luise. Am 15.Oktober nahm hier eine Epoche ihren Abschied. Letztlich war es nicht gelungen, aus der Oberschicht und dem Adel, wie dem Volk und den Kleinbürgern – mit der breiten Mittelschicht - ein gemeinsames Ganzes zu schaffen. Bereits während der Regierungszeit Friedrichs II. hatte sich ein Wandel vollzogen. Die bürgerliche Mittelschicht gewann an Kontur und Anspruch. Doch politisch blieb diese, bedingt letztlich durch die Alleinregierung des großen Königs, faktisch passiv. Das änderte sich auch mit der Französischen Revolution nicht, deren Einfluss auf Preußen gering blieb. Doch mit Jena und Auerstedt trat die Zäsur ein. Während einer kurzen Phase der, vom Bürgertum als „Freiheitskriege" aufgefassten Campagnen 1813, -14, -15, gelangten breite Schichten zu politischer Betätigung (in der konservativen Begrifflichkeit „Befreiungskriege"). Für einen kurzen Moment schienen alle gesellschaftlichen Schranken überwunden.[78]

---

[77] Fontane, Wanderungen, Bd. 2, S. 322ff. Scharnhorst fand vor Hertefelds Urteil keine Gnade. Vgl. Fontane, Wanderungen, Bd. 3, S. 580.

[78] Ein Moment, der 1914 wieder berührt werden sollte („Augusterlebnis"). Vgl. Fontane Wanderungen, Bd. 3, S. 657ff. Ebd., Bd. 1, S. 225. Fontane berichtet über das Schicksal der Gefangenen des Regiments Prinz Ferdinand aus Neuruppin, die bei Pasewalk in Gefangenschaft geraten, über Nancy und die Pyrenäen, zum Teil bis „auf eine der atlantischen Inseln abgeführt" wurden. Erst 1809 kehrten sie zurück. „Alle traten, die noch fähig waren, Waffen zu tragen, wieder ein; aber dies geschah in neugebildete Regimenter. Das Regiment Prinz Ferdinand war hinüber und endlich schien selbst die Erinnerung daran erloschen." Bardong, Friedrich, S. 235 (Das Politische Testament von 1752). Friedrich II. bestätigt, warum Preußen den Krieg mit Napoleon 1806 nicht gewann. „Wer die Bedürfnisse der Armee nicht kennt, wer sich um die zahllosen Einzelheiten ihrer Verpflegung nicht kümmert, wer nicht weiß, wie man ein Heer mobil macht, wer die Regeln der Kriegskunst nicht kennt, wer es nicht versteht, die Truppen in der Garnison zu schulen und im Felde zu führen, der wird, wäre er sonst auch der geistvollste Mensch, der beste Volkswirt, der schlaueste Politiker, niemals Großes ausrichten, wenn er nicht selber Feldherr ist". Ebd., S. 237: „Dem Throne gereicht es zur Schande, wenn verweichlichte und träge Fürsten die Führung ihrer Truppen den Generalen überlassen, ja, sie stellen sich damit stillschweigend ein Zeugnis ihrer Feigheit oder Unfähigkeit aus". G. Ritter, Staatskunst und Kriegshandwerk. Das Problem des ‚Militarismus' in Deutschland, 1. Bd., Die altpreußische Tradition (1740-1890), München ²1959, S. 57ff. war der Auslöser dieses Bandes. Vagts, Militarism, S.137: „But under the old order in Prussia, the domination of the Junkers had estranged everyone else from state and army so that the call to patriotism might evoke little response; during the War of 1806-07 the foreign mercenaries had often, if not as a whole, shown more attachment to the colours than the born Prussiens." Ebd., S. 138f.: „Hence the nationalism of the Prussians was not an autonomous, spontaneous popular growth from below; it was induced by artificial pressure from without and from above". Ebd., S. 140: "…the Prussian bourgeois had been disappointed

Ein halbes Jahrhundert darauf erreichte Preußen einen weiteren Tiefpunkt seiner Entwicklung. Die „Punktation von Olmütz", erzwungen durch die Rückendeckung des russischen Zaren für das österreichische Ultimatum (Schwarzenberg), beschwerte auf Jahre hinaus das öffentliche Bewusstsein, wie nach 1919 der Friedensvertrag von Versailles. Preußens Flügel wurden in der Bundesfrage beschnitten, ein Bündnis mit der Demokratie zurückgewiesen und dessen Ohnmacht in einem möglichen militärischen Mehrfrontenkrieg eingestanden. Leopold von Gerlach kommentierte am 28. Oktober 1858 in seinem Tagebuch:

> „Rußland droht in Schlesien, Frankreich in die Rhein-Provinz einzurücken, wenn Preußen den Dänen-Frieden nicht erfülle. Ich zu Witzleben: bei dem Alvensleben: Gestern sei die Drohung Rußlands in Berlin angekommen, wenn der Befehl an Groeben: die Baiern aus Hessen zu werfen nicht sofort zurückgenommen würde, so würden die Russen in Schlesien und Preußen einrücken. Stockhausen habe erklärt, Königsberg und Breslau nicht halten zu können."[79]

Aufrechterhalten wurde im Nachhinein, durch seinen Bruder Ludwig,

> „die 10 bis 20 Millionen, welche die Mobilmachung gekostet haben mag, seien *kein* zu theurer Preis dafür, daß der König und der Prinz aufrecht erhalten, und daß ganz Preußen das erhebende Bewußtsein, kriegstüchtig zu sein, erneuert wurde. Allerdings lag die Gefahr nahe, daß gerade die Mobilmachung selbst zum Krieg führen

---

that the army of 1806 had failed to provide the security which it once boastfully promised, and they did not hesitate to express this resentment in pamphlets and other writings". Ebd., S. 141: "Hitherto they had been used as taxpayers or other passive objects of the state machinery, but almost nothing had been done to make the Prussians free, noble, and independent, to induce in him a feeling of being a part of the whole with a dignity of his own". Ebd., Gneisenau kritisierte: ""...they [the standing armies] have destroyed the war-readiness and public spirit of the peoples. They are as a power more imaginary than real, the prop of ambition, tool of its design which surpass all the strength of the state". Ebd., S. 142: "In pressing forward with their projects, Prussia's military Jacobins – Scharnhorst, Gneisenau, Blücher, Boyen, Grolman, Clausewitz – encountered vigorous opposition from the Old Prussien nobility." B.H.L. Hart, Strategie, Wiesbaden, 1958, S. 150: „Als Napoleon sich einige Monate später gegen die Preußen wandte, hatte er eine Überlegenheit von nahezu 2:1 zu seinen Gunsten. Er verfügte über eine Armee, die ‚groß' war sowohl hinsichtlich ihrer Zahl als auch ihrer Qualität, jedenfalls im Vergleich zu der mangelnden Ausbildung und dem veralteten Aufbau der Preußen". Vgl. C. H. Herrmann, Deutsche Militärgeschichte, Frankfurt a.M. 1968, S. 144 (Bundeswehrmann). Lediglich ein Satz handelt über den Kriegsbeginn und das Ergebnis des Feldzuges von 1806. Ebd., S. 126 wenige Wörter und S. 468 (Generalstabschef Beck erwähnt Jena und Auerstädt in seiner Denkschrift vom 6.1.1937). H. Meier-Welcker, Deutsches Heerwesen im Wandel der Zeit, Ein Überblick über die Entwicklung vom Aufkommen der stehenden Heere bis zur Wehrfrage der Gegenwart, Frankfurt a.M. 1956, S. 40.ff. Jena und Auerstedt, d.h. der Krieg von 1806, wird hier ebenfalls nicht erwähnt. Heilsame Erinnerung fehlt in der Bundesrepublik heute.

[79] Hans-Joachim Schoeps, Das Andere Preussen, Stuttgart, 1952, S. 196ff. und Anm. 8, S.256f. (zit.als: Schoeps, Preussen).

konnte, - zu einem Kriege gegen eine enorme Übermacht: Österreich, fast das ganze übrige Deutschland, Rußland, vielleicht Frankreich und, was das ärgste, zu einem wesentlich *ungerechten* Kriege."

So sprachen sich die Konservativen in Preußen im wesentlichen positiv über Olmütz aus. Ganz anders dagegen die „alten erbkaiserlichen Gothaer[n]", die „späteren Wochenblattpartei[n]" und kleindeutschen Nationalen", der Prinz von Preußen und „amtliche[n] Historiker des Kaiserreichs", wie z. B. Heinrich von Sybel, „die allesamt stets nur von ‚Katastrophe' sprachen und über die ‚Schmach von Olmütz' wüteten". Bismarck hat in seiner Reichstagsrede vom 6. Februar 1888 Russlands Rolle wesentlich differenzierter beurteilt. Er wandte sich ab von der Russlandfrommen Klientel seiner Parteifreunde und unterstrich:

„In Olmütz nahm der Kaiser Nikolaus nicht für Preußen Partei, schützte uns nicht einmal vor üblen Erfahrungen, vor gewissen Demütigungen, wie der Kaiser Nikolaus überhaupt doch im ganzen mehr Vorliebe für Österreich als für Preußen hatte; der Gedanke, daß wir Rußland während seiner Regierung irgendwelchen Dank schuldig wären, ist eine historische Legende."[80]

Ernst Ludwig von Gerlach äußerte im Nachhinein das „Raisonnement", durch Olmütz sei Deutschland nicht zur Dispositionsmasse für den künftigen Friedensschluss in der orientalischen Krise geworden; und ein Hinauswerfen Österreichs aus Deutschland lehnte er ab. Gerlach wandte sich gegen die Liberale Partei, die diese Einschätzung vertrat, und gegen die andere Ostmonarchie hetze; das heißt, Preußen zum Bruch mit Russland treiben wolle. Es ging demnach in der politischen Diskussion der tragenden Kräfte im Preußen dieser Jahre um eine Politik der „Grundsätze[n] und Tendenzen", und noch nicht um eine solche der „Staatsinteressen". Schoeps konzediert den „konservativen Politikern von 1850" jedenfalls „so etwas wie eine internationale Solidarität der konservativen Prinzipien". Obwohl von der Realpolitik der Interessen ausgehend, übernahm Bismarck nachgerade ein Amalgam dieser Grundanschauungen in seine Außenpolitik nach 1871 und stützte das Bündnissystem nach 18(62)71 auf die preußische Option für Russland.[81] Diese Haltung ist umso verständlicher, als sie dem politischen Weltbild einer Generation entsprach, die noch durch „die schon mehr als ein Menschenalter zurückliegende Waffenbrüderschaft mit Österreichern, Russen und Engländern gegen Napoleon" bestimmt war. Es ging um na-

---

80 Schoeps, Preussen, Anm. 13, S. 257. Bardong, Friedrich, S. 31 (Friedrich II. an Natzmer, Februar 1731: „Erstens überlege ich rein politisch, ohne mich auf Rechtsgründe zu berufen, um nicht zu viele Abschweifungen zu machen bei jeder Sache, bei der jeweils Gründe und Rechte aufgeführt werden müssten". Friedrich II. kann als realpolitischer Vorläufer Bismarcks verstanden werden.
81 Schoeps, Preussen., S. 198ff.

tionalstaatliches Machtstreben oder das abendländische Staatensystem. Metternich hatte „die drei Ostmächte", „d.h. Mitteleuropa", noch zusammen gehalten. In diesem Sinne wirkte Olmütz. Doch die europäische Pentarchie driftete auseinander. Das bedeutete: die deutschen Staaten hatten sich in Europas Mitte zu einem „Großreich" zusammenzufinden. Dabei war der Schwarzenberg-Brucksche „Mitteleuropaplan", nämlich der eines deutschen Staatenbundes von 70 Millionen, gebildet um Österreich herum, keineswegs chancenlos.[82] Vorläufig kam es jedoch zur Wiederherstellung des Deutschen Bundes. Damit erfüllte sich der Rat Friedrich Wilhelm III., den er seinem Nachfolger in dem außenpolitischen Testament vom 1.Dezember 1827 mitgegeben hatte. Der König mahnte:

> „Verabsäume nicht, die Eintracht unter den europäischen Mächten, soviel in Deinen Kräften, zu fördern; vor allem aber mögen Preußen, Rußland und Österreich sich nie voneinander trennen; ihr Zusammenhalten ist als der Schlußstein der großen europäischen Allianz zu betrachten."

Diese Tendenz berücksichtigend, spielte der Zar auf der Klaviatur. Nikolaus I. schrieb an Friedrich Wilhelm IV.:

> „Je n'ais cessé de vous répéter à chaque occasion, que je ne reconnais de base légale de l'ordre en Europe que ce qui est fixé par les Traités de 1815 - - veuillez me permettre de rester fidèle à cet héritage de feu votre Père, de l'Empereur Alexandre et de l'Empereur Francois de glorieuse Mémoires ».[83]

PRÄVALENZ: WOCHENBLATTPARTEI UND KONSERVATIVE.

Wie sehr Bismarck, der bekanntlich die Prinzipien der Heiligen Allianz ablehnte, dennoch in der Tradition dieses „politischen Regulativs" stand, zeigt seine Vorstellung, die bis zu den späten, zaghaften Versuchen reicht - mit England ein Bündnis anzubahnen (1887). – Dies ist in der Formulierung von einem „ostrheinischen Europa" kondensiert, das „,zu einer Art von solidarischer Körperschaft' und ,zur defensiven Frontstellung nach Westen'" zu vereinigen sei.[84] Tatsächlich diente der preußischen „Heiligen Allianz-Politik" vor Bismarck dieses Bündnis der drei Oststaaten (Preußen, Österreich und Russland) als Damm

---

82 Schoeps, Preussen, S. 201ff.
83 Ebd., S. 203 und Anm. 21, Brief Nikolaus I. an Friedrich Wilhelm IV., 4.11.1850, S. 258 (Hinweis auf: W. Andreas, Der Briefwechsel König Wilhelm IV. von Preußen und des Zaren Nikolaus I. von Russland 1848-1850, in: Forschungen zur Brandenburg-Preußischen Geschichte, 1930, S. 161).
84 Diese Grundsätze preußischer Politik zwischen 1850 und 1871 verteidigte Bismarck in seiner Reichstagsrede vom 6.2.1888. Er führte aus: „Die Heilige Allianz hat Schiffbruch gelitten im Krimkriege - nicht durch unsere Schuld." Schoeps, Preussen, Anm. 22, S. 258.

gegen die Revolution. So kam es, ganz den konservativen Prinzipien entsprechend, zu den Konzessionen an Österreich in Oberitalien und an Russland, in dessen Leitfunktion im Bündnis nach Metternich. Diese Verteilung von Gewichten und Funktionen durchbrach, gemessen am Rahmen der damaligen internationalen Beziehungen, Russland mit dem Einmarsch in die Donaufürstentümer Moldau und Walachei. Dem Ziel, Serben und Bulgaren vom Osmanischen Reich abzuspalten, opferte Petersburg bereitwillig die Heilige Allianz, die bisherige Basis europäischer Politik.[85]

Österreich und Preußen gerieten so in eine unbequeme Mittelposition zwischen den Westmächten und Russland. Frankreich und England dagegen hatten sich auf den weiteren Erhalt der Türkei, und die Blockade der Meerengen gegen Russland verständigt. In Preußen bedingte das Interludum der Wochenblatt-Partei am Berliner Hofe, mit Graf Pourtalès an der Spitze, der als Sonderbeauftragter nach London ging, dass vorübergehende Bündnisbestrebungen Berlins mit London und Paris Aufwind bekamen. Doch Friedrich Wilhelm IV., und die diesen umgebende Kamarilla, schreckten vor einer Offensivallianz gegen Russland zurück, brachen daraufhin die Fühlungnahme mit England ab und gingen zu einer Politik der bewussten Neutralität über. Senfft von Pilsach legte dazu in seiner Denkschrift für den König, im Februar 1854 nieder:

> „Preußen ist unmittelbar nicht beteiligt, aber gewiss nicht interesselos. Als *deutsche* Großmacht kann es nie gleichgültig dabei sein, ob die Donauausflüsse dem deutschen Leben gewonnen, ob die Länder an den Ufern des deutschen Stromes, vielfach berührt und angeregt von deutscher Kultur, im germanischen Geist geraubt werden."[86]

Es klangen zu Jahresbeginn 1854, mit dem letzten Werben des Zaren um Berlin, jene Töne an, die zum Ende des Jahrhunderts zwischen Russland und Deutschland schließlich zum bündnislosen Zustand führen sollten. Der preußische Ministerpräsident Manteuffel bemerkte dazu am 21.Januar 1854, etwas gereizt:

---

[85] Vgl. Schoeps, Preussen, S. 205.
[86] Vgl. Schoeps, Preussen, S. 206 und ebd., Anm. 29, S. 258. E. Engelberg, Bismarck. Urpreuße und Reichsgründer, Berlin 1998 (zit.als: Engelberg, 1 oder 2, Bismarck) S. 399: „...trennten sich von der konservativen Partei Männer, die im Sommer 1848 zum engen Kreis des den Gerlachs nahestehenden ‚Vereins für König und Vaterland' gehört hatten. Es waren dies Moritz August v. Bethmann Hollweg und Robert v.d. Goltz, die bald darauf die liberal-konservative ‚Wochenblatt-Partei' gründeten". O. Pflanze, Bismarck. Der Reichsgründer, Princeton 1990 (dt. Ausg. München 1997), S. 100 (zit. als: Pflanze, Bismarck) redet hier wieder einmal von den 1854 unverantwortlich in den Krieg gestolperten Staatsmännern. Darin deckungsgleich mit Lloyd George, und der – bis in unsere Tage - andauernden Schule in der internationalen historischen Wissenschaft zum Ausbruch des Ersten Weltkrieges 1914.

„Glaubt der Kaiser wirklich, dass wir in dem Maße und ergeben sind, um wegen der Händel, welche er doch wahrlich nicht auf unseren Wunsch angefangen hat, unsere Haut, unseren Handel und unsere Existenz zu Markte zu tragen, so mag er uns doch lieber gleich den Befehl geben, dann wird es sich finden, ob wir zu gehorchen in der Lage sind oder nicht."

Doch auch das bewaffnete Ultimatum Österreichs, dem der alte Metternich zustimmte, das Wien am 3.Juli 1854 an Petersburg richtete, durchbrach den bisherigen Dreibund der Ostmächte und ließ den tiefen künftigen Interessengegensatz zwischen Wien und Petersburg aufbrechen, der 1914 unter anderem zum Ersten Weltkrieg führen sollte. Allein Preußen suchte weiterhin, wenngleich wenig überzeugend, Fäden nach allen Seiten zu spinnen. England und Frankreich landeten in Konstantinopel Truppen an. Österreich schloss am 2.Dezember ein förmliches Bündnis mit Paris und London und machte mobil. So sah sich der Zar gezwungen, die Donaufürstentümer zu räumen. Der Restbestand der Heiligen Allianz war damit abgewickelt.[87]

In der dem Militär eigenen, gerafften Form fasste der preußische Militärattaché in Petersburg, Hugo Graf Münster, am 16.September 1854 diese Entwicklung zusammen. Er schrieb an Edwin Manteuffel:

„Du sprichst immer von der Heiligen Allianz - ich legte sie längst zu den Toten. Sie wieder heraufbeschwören zu wollen, ist ein unfruchtbares Totengräberhandwerk. 1830 war die erste Bresche geschossen, 1848 die zweite, 1850 die dritte. 1853 in Warschau war der letzte Moment, um sie wieder auszuflicken und widerstandsfähig zu machen - die Architekten entbehrten einer höheren Auffassung, die moralische Kraft fehlte obenein. So brach 1854 das Ganze zusammen. Hin ist hin."[88]

1851 in Warschau hatten sich Österreich und Russland noch näher gestanden, weil sie, ihrem verfassungspolitischen Entwicklungsstand nach, hinter Preußen zurückgeblieben waren. Das fand seinen Ausdruck in dem Diktum des Zaren, er stünde den Österreichern näher als den Preußen, „weil jene mit dem Constitutionalismus gebrochen hätten".[89] In Preußen kämpften die Kreuzzeitungs- und die Wochenblattpartei um die politische Macht.[89a] Leopold von Gerlach, einer

---

87 Vgl., E. Engelberg, Bismarck, 1, S. 419. Pflanze, Bismarck, S. 101: „Anfang 1854 riet er [Bismarck] Manteuffel abzuwarten, bis Österreich im Osten fest gebunden wäre. Wenn erst die österreichischen Heere auf dem Balkan stünden, könnte Preußen die Regierung in der Hofburg vor die Alternative stellen, entweder mit einem gewissen Entgegenkommen die Unterstützung Preußens zu gewinnen oder andernfalls mit Preußens Feindschaft rechnen zu müssen".
88 Schoeps, Preussen, S. 207.
89 Schoeps, Preussen, S. 208.
89a Engelberg, Bismarck, S. 400: „Das kabalenreiche Gegeneinander war einerseits bedingt durch die fraktionelle und selbst regional unterschiedliche Interessenlage des Adels, zum andern durch die

der Vertreter der Ersteren, wandte sich energisch gegen den Vorbehalt, diese sei einseitig pro-russisch orientiert gewesen. Er schrieb:

> „Von parti moskovite ist gar nicht die Rede. Der König, ich, Ludwig und Stahl haben nicht die entferntesten russischen Sympathien. Wir sehen in R[ußland]. nur den Gegensatz gegen Bonap[arte]. und unseren schon erprobten Bundesgenossen in dem bevorstehenden Kampf."[90]

Der Gerlach „liebevoll" gegenübertretende Schoeps bezeichnet diesen Vorwurf als „schief und unhistorisch" und belastet damit die Wochenblattpartei, die so gegen die Kreuzzeitungspartei polemisiert hätte. Er führt näher aus:

> „Sie haben geradezu den Verdacht ausgesprochen, dass hinter der Heiligen-Allianz-Doktrin der russische Rubel stünde, der bis in die Vorzimmer des königlichen Schlosses rolle. Die ‚unheilig-heilige Allianz' habe nur den einen praktischen Erfolg bisher gehabt, dass Rußland seine moralische Herrschaft bis an den Rhein habe ausdehnen können."

Otto Pflanze charakterisiert die politischen Zustände in Berlin treffend:

> „Die Ultrakonservativen waren prorussisch, Prinz Wilhelm und dessen Coterie prowestlich. Der König, dem seine Ratgeber mit widersprechenden Empfehlungen zusetzten, steuerte einen Zikzackkurs, bei dem er sich einerseits von seinem Wunsch nach Neutralität leiten ließ, andererseits von der Furcht, isoliert zu werden. Die Aussicht auf das Scheitern der östlichen Allianz tat ihm in der konservativen Seele weh, aber die österreichisch-preußische Solidarität in der europäischen Politik war ihm noch kostbarer".[90a]

Es standen sich kontroverse Äußerungen aus verschiedenen Richtungen gegenüber. So sollte das Sprachrohr der Konservativen, die Kreuzzeitungspartei, die „Bethmänner" damit belasten, diese würden ihre Gegner „Spreekosacken" nennen und diese geradezu beschuldigen, „sie wünschten ‚Preußen Rußland gegenüber wehrlos zu machen, damit ein russisches Heer ungehindert nach Berlin gelangen könne, um die Partei [Kreuzzeitung] wieder in den Besitz der Regierungsgewalt setzen'."[91]

Schwierigkeit, taktisch die Beziehungen zwischen den gesellschaftlichen Gruppierungen und den europäischen Ländern zu meistern. Cliquekämpfe, Ränke am Hofe und ständige Auseinandersetzungen zwischen Ministerium und Kamarilla waren kennzeichnend für die Lage".

[90] Schoeps, Preussen, Anm.40a, S. 259. Engelberg, Bismarck, S. 403.

[90a] Pflanze, Bismarck, S. 101. Bismarck, darin ganz praktischer Politiker, riet dem König, „seine Truppen ‚nicht in Lissa, sondern in Oberschlesien' aufmarschieren zu lassen, so daß sie in der Lage seien, die russische oder die österreichische Grenze mit gleicher Leichtigkeit zu überschreiten".

[91] Schoeps, Preussen, S. 210.

Die andere Seite, die Wochenblatt-Partei, glaubte sich 1853 in Berlin am Ziel. Sie „befürwortete eine nackte Interessenpolitik, die Bündnisse mit den westeuropäischen Staaten vorsah". Das „Übergewicht Russlands müsse im Interesse Preußens und Europas gebrochen werden." Involviert waren hier Vorstellungen, die zwischen 1949 und 1952 Wiederauferstehung feiern sollten. Von Seiten der Kreuzzeitung wiederum schlug Friedrich Julius Stahl 1861 noch einmal zurück, indem er behauptete, die Wochenblatt-Partei" habe während des Krimkrieges „ihren innerpolitischen Sieg mit Russlands Niederlage zu feiern gewünscht." Zumindest wurde sogar während der Krimkrieg-Zeit „die Aufteilung Rußlands ...diskutiert".[92] Gerlach belastet retrospektiv die liberale Konkurrenz mit der Behauptung, es sei „immer mehr" hervorgetreten, „daß die Liberalen, die Bethmänner und die Römer zum Krieg gegen Russland drängten und Min[ister]. Mannteufel sich von ihnen drängen ließ."

FRIEDRICH WILHELM IV. ZWISCHEN RUSSLAND, ÖSTERREICH UND ENGLAND.

So wie Schoeps die Rolle Friedrich Wilhelm IV. zeichnet, erstehen Parallelen zur Vorkriegssituation 1905/14. Wie Wilhelm II., so ist auch Friedrich Wilhelm IV. charakterisiert durch „vieles Zaudern und Schwanken, sein[en] Mangel an Entschlußkraft und Beständigkeit, den alle seine Minister und Berater zu spüren bekamen." Doch unverändert sei der König - trotz allen

> „Zick-Zack-Kurses in der Außenpolitik stets von der Idee des Bündnisses der drei miteinander verschwägerten Monarchen geleitet"

gewesen, „weil er an das Waffenbündnis der Befreiungskriege gegen Frankreich fixiert blieb." Ähnliche Vorstellungen beherrschten noch 1912/14 den österreichischen Thronfolger Franz Ferdinand.[93] Stets herrschte in der Gedankenwelt der Hohenzollernkönige (außer Friedrich II.) die Vorstellung vor, Österreich wäre, mehr als Preußen, in der Rolle der Kaisermacht zu sehen. Dies machte, geradezu anachronistisch, am 30.Mai 1852 Friedrich Wilhelm IV. anlässlich des Zarenbesuchs deutlich, indem er aussprach:

---

[92] Schoeps, Preussen, S. 210f. Engelberg, Bismarck, S. 404f. Im Nachhinein wurde der konvertierte Jude, der nach Engelberg eine Art „Hofjudentum" repräsentiert habe, mit „fast mißtrauische[n] Unbehagen" kommentiert.

[93] Schoeps, Preussen, S. 211. Was 1914 nicht den Entschluss zum Krieg ausschloss. Bardong, Friedrich, S. 89, Friedrich II. an Voltaire, 26.10.1740: „Jetzt ist der Zeitpunkt einer völligen Änderung des alten politischen Systems, der Stein ist losgerissen, der auf Nebukadnezars Bild von vier Metallen rollte und sie sämtlich zerstörte".

„Eher würde es doch nicht gut, als bis Österreich Kaiser und Preußen sein Connetabel sei."

Der Zar soll darüber sprachlos gewesen sein (Tagebuch Gerlach, I, 768). Andererseits schwankte der König auch zwischen West und Ost. Am 26. Februar 1854 sagte er, „daß das Schlimme sei, daß Russland unrecht habe [in der Krimkriegsituation]; auch sei nicht zu vergessen, daß England ein evangelisches Land sei und mehr Christentum habe als Preußen."

Von widerstrebenden Gefühlen zerrissen, sah Friedrich Wilhelm IV. einerseits „das Unrechtmäßige in der russischen Aggression gegen die Türkei", andererseits aber die Tatsache, dass „viele Millionen Christen unter ‚heidnischer' Herrschaft" verblieben. Auch glaubte er „gegen das protestantische England" nicht „Partei... nehmen" zu können. Er sah allerdings England im Bündnis mit dem Heidentum (Türkei) und der Revolution (Napoleon III.). So blieb für Preußen nichts anderes, als neutral zu bleiben.[94]

Der preußische Ministerpräsident Manteuffel versuchte unterdessen, trotz des „ideologischen Druckes aus der Richtung der Kreuzzeitungs-Partei", sowohl in der „offizielle[n] Ostpolitik, wie auch „in der Deutschen Frage, eine unabhängige und elastische Politik im Sinne dessen zu führen, was er für das jeweilige Interesse Preußens ansah." Er schrieb im Oktober 1853 an Rochow in Petersburg:

„Die Heilige Allianz betrachte ich noch immer als bestehend und als ein kostbares Heiligtum, wie sehr auch die Zeiten sich verändert und die Verhältnisse verschoben haben; die heutige Formel dafür ist, die Solidarität der konservativen Interessen."[94a]

Preußen aber gewann das Vertrauen Petersburgs, was sich in der Zukunft als wertvoll erweisen sollte.

POLITIKKONZEPT DER PREUSSISCHEN HOCHKONSERVATIVEN.

Damit war er durchaus schon ein halber Bismarckianer. Ähnlich wie zu Zeiten Wilhelm II., seit 1888, litt Manteuffel unter der Neigung des Königs Friedrich Wilhelm, mit Hilfe von „Sondergesandtschaften" zu regieren, beziehungsweise unter einer gewissen „Zweigleisigkeit der amtlichen Politik." So stand der Ministerpräsident zwischen den Einflüssen der Kreuzzeitungsgruppe beim König einerseits, und jenen der Wochenblatt-Partei andererseits. Seine Politik neigte im Krimkrieg den westlich orientierten „Konzeptionen der Wochenblatt-Partei"

---

[94] Schoeps, Preussen, S. 212 und Anm. 45, S. 260.
[94a] Pflanze, Bismarck, S. 104.

zu, die er sich „zeitweise zuzeigen zu machen versuchte". Doch diese war letztlich defensiv und mit den Grundsätzen der „Hochkonservativen" weitgehend deckungsgleich.[95]

Preußen beachtete strikte Neutralität im Krimkrieg. Dieses Verhalten sparte den Russen 200.000 Mann an deren Westgrenze. Dazu bemerkte Friedrich Julius Stahl im April 1854 in der Ersten Preußischen Kammer:

> „Ich und meine Freunde, wir wünschen die Nichtbeteiligung Preußens an dem gegenwärtigen Kampfe und wünschen, daß ohne Feindschaft gegen die Westmächte das alte Verhältnis zu Rußland gewahrt bleibt. - Wir wollen nicht russischen Interessen dienen - aber auch nicht den Rivalitäten der Westmächte und ihren Ansichten über die Verhältnisse Europas. - Man ist hierzulande nicht sehr lüstern nach einem europäischen Konzert, in welchem England und Frankreich Kapellmeister sind und die Deutschen die Musikanten sein sollen. - Es ist nicht das Interesse Preußens, daß sich Rußlands Macht vergrößere. – Eher ist es das wohlverstandene Interesse Preußens und Deutschlands, daß Rußlands bisherige Machtstellung ungebrochen und Rußlands bisheriges Verhältnis zu Preußen unzerrissen bleibt. Wir suchen die Sicherung deutschen Wesens durch die russische Balance gegen Frankreich. – Ich bin nicht gefühllos gegen die Nachteile, in welche Preußen durch Rußland 1850 gekommen ist gegenüber Österreich und insbesondere gegenüber Dänemark. Allein wir müssen Garantien suchen für die Integrität Deutschlands und für die Fundamente unserer Staatsordnung. Diese hat uns bis jetzt gelehrt das feste Zusammenstehen der drei Ostmächte, die Erhaltung der h[ei]l[igen]. Allianz, die selbst nur die Erbin des h[ei]l[igen]. des Römischen Reiches ist, indem sie seine Gedanken übernahm als höchste Obrigkeit von Gottes Gnaden über die ganze Welt, alle christlichen Herrschaften und Länder bei ihrem guten Recht und guter Ordnung zu erhalten.... Die Nichtbeteiligung an dem Kriege ist nicht der Verzicht auf den Beruf als Großmacht, sondern vielmehr seine wahre Erfüllung."

Damit wandte sich Stahl deutlich „gegen die Argumente der englisch-französischen Presse und damit auch der Wochenblatt-Partei" in Preußen. Er erklärte sich für eine „Politik nach höheren Prinzip" und gegen das Verfolgen blasser Interessen.[96] Dazwischen stand Bismarck, der, wenngleich er nicht die Grundsätze der Wochenblatt-Partei übernahm, doch deren Methode folgte. Er redete „einseitiger

---

[95] Schoeps, Preussen, S. 212f. Anm. 47, S. 260. Vgl. zur Wochenblattpartei Engelberg, Bismarck, S. 408.

[96] Schoeps, Preussen, S. 213f. Anm. 53, S. 261. Bismarck an Manteuffel, 1.1.1855: „Bisher hoffen die Westmächte unsere Kooperation schließlich zu gewinnen, ohne uns einen Einfluß auf ihre eigenen Entschlüsse zu gestatten." Ebd., Anm. 54. Hengstenberg, Jahrgangsvorwort der Evangelischen Kirchenzeitung, 1855: „Die auf dem Boden von Röm.13 feststehen, können nicht wünschen, daß Rußland, in dem sie ein Bollwerk gegen die Fluten der Empörung, gegen die Obrigkeit von Gottes Gnaden erblicken, aus diesem Kampfe geschwächt hervorgehe."

preußischer Interessenpolitik das Wort".[96a] Bismarck konnte das Ostbündnis, den sogenannten „nordische[n] Dreibund", zwischen Preußen, Russland und Österreich, leichten Herzens bejahen, stand er doch in der europäischen Tradition der Jahre „1775,1793, 1858, 1863, Ende 1870, 1873, 1881, 1883(1887)". Doch die Achsenzeit um die Mitte des Jahrhunderts bestätigte sich auch in den düsteren Perspektiven, die hinter der Politik des österreichischen Staatskanzlers stand. In Deutschland hatte diese alles Vertrauen verloren und damit gleichzeitig die deutsche Monarchie in Österreich auf Spiel gesetzt. Doch auch Bismarck lobte Friedrich Wilhelm IV. letztlich zögerliche Neutralitätspolitik, die Österreich hinderte sich den Westmächten in die Arme zu werfen und die verhindert habe,

> „daß dieser Mißgriff damals begangen wurde, daß wir einen Krieg führten -, der von dem Augenblick an, wo wir den ersten Schuss taten, der unsrige geworden wäre - ."

Die Donaumonarchie erwarb sich 1854 Russlands Todfeindschaft, die bis 1914 andauern sollte und eine der Ursachen des Ersten Weltkrieges war. Dagegen hatte Preußen neuen außenpolitischen Spielraum gewonnen, trat jedoch - mit der Abkehr von der „Weltanschauungspolitik" der Vergangenheit - in eine Ära der „bedingungslosen" Konkurrenz zu Österreich ein. Damit verbunden war die nachgerade provinziell anmutende Verengung des Blickwinkels bismarckscher Politik auf die deutsche Bühne und den preußisch-österreichischen Machtkonflikt. Erst nach 1945 ist diese dahin diskutiert worden, ob Bismarcks Votum gegen die dualistische Lösung der Deutschen Frage, und, als preußischer Ministerpräsident, sein Optieren für die kriegerische Hinausdrängung Österreichs aus den Deutschen Bund, eine heilsame oder unheilsame Wirkung auf die deutsche Geschichte ausgeübt haben.

PREUSSEN UND DAS "MORIBUNDE" ÖSTERREICH.

Die Grundüberzeugung der Metternich und Gerlach, um die Mitte des 19. Jahrhunderts sei ein „Dualismus Preußen-Österreich möglich...und für das übrige Deutschland segensreich", wurde fatalerweise in der Folge korrigiert. Dies mag als die tatsächliche Ursache des deutschen Niederganges angesehen werden. Gleichwohl bildet die Konkurrenz zwischen den europäischen Mächten ein durchgehendes Phänomen durch die Jahrhunderte, das in gleicher Weise für die-

---

[96a] Bardong, Friedrich, S. 233 (Das Politische Testament von 1752): „...schließt Bündnisse nur mit denen, die genau dieselben Interessen haben wie Ihr;...". Friedrich II. als Vorläufer Bismarcks. Engelberg, Bismarck, S. 411: „Die königliche Machtfrage umriß Bismarck folgendermaßen: „Preußen ist keineswegs durch Liberalismus und Freigeisterei groß geworden, sondern durch eine Reihe von kräftigen, entschlossenen und weisen Regenten,...".

sen Machtbereich in Zentraleuropa vergleichbar fatale Folgen hatte; nämlich den beginnenden Verlust seiner Machtstellung in der damaligen und folgenden Welt.[97]

Als Voraussetzung für die österreichischen Zustimmung zu dieser Anschauung, wirkte unverbrüchlich Friedrich Wilhelm IV. „romantischer Universalismus" mit; nämlich die Anerkennung der Rolle des österreichischen Kaisers als „primus inter pares" auf dem deutschen Parkett der Landesfürsten. Das gestand Metternich im Juli 1851, gegenüber dem preußischen Gesandten von Rochow, zu:

> „Man muß es mit Dankbarkeit anerkennen, daß ihr König es hauptsächlich gewesen ist, welcher nie wankend geworden in seiner richtigen Auffassung der wahren Existenz der beiden Monarchien.

Und Leopold von Gerlach schrieb im Juli 1848 an seinen Bruder Ludwig:

> „Dem Kaiser Franz Joseph hat er (Friedrich Wilhelm) geschrieben, er hoffe, auf seinem Haupte noch alle die Kronen befestigt zu sehen, die sein Großvater getragen."[98]

Erst ein neuer König, und ein anderer Ministerpräsident, konnten die traditionelle Bindung preußischer Außenpolitik, von Friedrich Wilhelm I. bis zum IV. beiseite wischen; das heißt, eine Tradition von über einhundert Jahren Dauer. Und auch die Brüder Gerlach, seit 1850 im Urteil über Österreich immer kritischer, näherten sich Bismarcks Haltung zu dem Bruderstaat an. Dieser schrieb an Alexander von Below:

> „In der orient[alischen]. Politik stellt es sich je länger je mehr heraus, daß Österreich der Zugkraft seiner natürlichen, anti russischen Interessen auf die Dauer nicht widerstehen kann. Die Bewegung(en) unter der griechisch-slawischen Bevölkerung an seiner Grenze haben den sanguinischen Staatsmännern in Wien die nackte Wirklichkeit gezeigt. Auf der andern Seite ist die Lunte, mit welcher Italien entzündet werden kann, in der Hand Frankreichs. An unsern Steuerleuten ist es zu ermessen, in wieweit und unter welcher Bedingung es in der Bestimmung Preußens liegt, den bedrängten Bundesgenossen zu stützen. Daß wir kein unmittelbares Interesse haben, Russland anzugreifen, halte ich für ausgemacht, und ich gehöre zu denen die mit dem materiellen Inhalt unserer bisherigen Politik einverstanden sind, obschon ich finde, daß wir in der F o r m uns russenfreundlicher hätten verhalten können, in-

---

[97] Schoeps, Preussen, S. 215ff. Anm. 56, 56a, S. 262.
[98] Schoeps, Preussen, S. 217. Ebd., Anm. 60, S. 263. Ebd., Anm. 62: „Es ist bedrückend, dass S[eine]. M[ajestät]. je länger je mehr veranlaßt durch seine Ideale nichts tun will, so in der Kirche, so in der Politik, dort so lange nicht als man die Apostolische Kirche nicht will, hier weil man nicht begreift, daß Österreich die Bestimmung hat, das Römische Reich wiederherzustellen." Ludwig von Gerlach erschien so „geradezu als ‚schwarz-gelb'."

dem wir unsere Ablehnung mehr mit Bedauern als mit Empfindlichkeit gefärbt, und weniger unsere nationale Einheit damit gefüttert hätten."[99]

Wie sehr in diesen Jahren in Berlin das Pendel gegen Russland ausschlug, zeigte sich darin, dass die offizielle Politik Manteuffels, der Wochenblattpartei zuneigend, auf das österreichische Bündnis überhaupt verzichten wollte; und, ganz „im Sinne Pourtalès und Bunsens den förmlichen Anschluss Preußens an die Westmächte" ins Auge fasste. Diese Wendung seiner Politik führte selbst zu der Überlegung des Königs, „die Demission Manteuffels zu akzeptieren und ihn mit Bismarck zu ersetzen."[100]

Das Gutachten das Legationsrates Heinrich Küfer, bis in das Frühjahr 1854 Berater Manteuffels, belegt wie sich in der preußischen offiziösen Politik die Anschauung Bismarcks durchzusetzen begann. Küfer schreibt:

> „Preußen dürfte am sichersten gehen, wenn es in seinen Beziehungen zu Österreich unveränderlich am Standpunkt des reinen preußischen Interesses festhaltend stets auf eigenen Füßen ginge. Ältere hochtönende Phrasen von Freundschaft und Solidarität hat Österreich in der Tat unveränderlich Preußen nur Neid und Mißgunst gezeigt und daneben Fallen zu legen gestrebt. Es liegt eine tiefe Wahrheit in dem Ausspruch Friedrich des Großen ‚Les Autrichiens sont les ennemies naturels et irréconciliables des Prussiens'. Nie hat im innersten Gefühl des österreichischen Hofes die Überzeugung aufgehört, daß, damit Österreich steigen könne, Preußen sinken müsse."[101]

Eigentlich zeitlos die Bedenken Bismarcks, „der Österreich wegen seiner faulen und schwachen Flanken bekanntlich für einen moribunden Partner hielt." Keinesfalls wollte auch Gerlach, dass Preußen sich mit einem neuen Vertrage dazu verpflichte, „die außerdeutschen Territorien Österreichs verteidigen zu

---

99 Schoeps, Preussen, S. 216ff. Ebd., Anm. 63, Leopold von Gerlach an Ludwig von Gerlach, 7.4.1850, S. 263: „Es zeigt sich immer deutlicher, daß Österreich einen ganz anderen Weg geht als den, welcher für uns und das übrige Deutschland allein rechtlich und möglich ist. Es geht den Weg der Staatsstreiche, d[as].h[eißt]. des Absolutismus der Lüge und der Falschheit, wie denn F.Schwarzenberg mit wohl disciplinierten Heeren eingestandenermaßen die schlechten Verfassungen bessern will. Es rief das Nationalitätenprincip und die materiellen Interessen - immer ein verdächtig elendes Mittel, worauf schon Metternich (ver)fiel - ins Gefecht, um die Konstitution zu überwinden und den Absolutismus in der Allianz mit Russland auf den Thron zu setzen."
100 Schoeps, Preussen, Anm. 70, Tagebuch Gerlach, 6. bis 8.3.1854, S. 265. Engelberg, Bismarck, S. 417: „Mit den Männern, die zur ‚Wochenblatt-Partei' stießen, hatte er [Bismarck], wenn überhaupt, von jeher nur losen Kontakt. Politisch billigte er ihre Frontstellung gegen Österreich, nutzte sie gelegentlich auch aus. Aber ihre taktische Orientierung, die sich gegen Russland richtete, und für ein Zusammengehen mit England eintrat, war nicht Bismarcks Sache; vor allem fürchtete er, dass durch die ‚Wochenblatt-Partei' der Liberalismus an Einfluß gewinnen könnte". Vgl. ebd., S. 418, 425.
101 Schoeps, Preussen, S. 220f. Vgl. Anm. 71, S. 265. Danach war Heinrich Küfer(1792-1865) zudem „Gutachter für den Thronfolger und schließlich Bismarckianer". Vgl., Engelberg, Bismarck, S. 425.

müssen" und damit die Gefahr auf sich zu nehmen, „wider seinen Willen in einen Krieg gegen Russland" getrieben zu werden.[102]

Nicht nur in dieser Hinsicht den Verhandlungen zwischen den Reichskanzlern, und den österreichischen Staatskanzlern zwischen 1905 und 1914 vergleichbar, griff Wien zu dem Mittel des Gesandten (analog Franz Ferdinand, General Schemua, Graf Hoyos, 1912, 1914), um die militärischen Unterhändler Preußens zu überspielen. So knickte Manteuffel vor Österreich vollständig ein und unterzeichnete selbst einen bedenklichen Zusatzartikel, der

> „für den Eventualfall, nämlich die ausdrückliche Waffenhilfe Preußens festlegte, wenn Österreich die Räumung der Donaufürstentümer mit Gewalt erzwingen wolle."

Auch das sogenannte „dritte Deutschland" gab angesichts österreichischen Druckes nach, und trat am 25. Juli dem Vertrage zwischen Preußen und Österreich bei; Schoeps weist auf die Meinung „der Schwarzseher" hin und betont, Preußen habe danach „die Gefahr eines Weltkrieges heraufbeschworen". Doch der Rückzug des Zaren aus der Moldau und Walachei habe der Situation ihre Schärfe genommen.[103]

DIE „KREUZZEITUNG" ZWISCHEN SCYLLA UND SCARYPTIS.

Mit der Landung von 60.000 Franzosen und Engländern auf der Krim, dem Sieg und der Belagerung der Festung Sewastopol, schloss sich Österreich in einem förmlichen Bündnis den Westmächten an. Hatte schon die erste Abmachung vom 1. August 321 russische Bataillone an der Westgrenze des Zarenreiches, in Polen und Galizien, gebunden, so begründete dieser Vertrag endgültig die Todfeindschaft Petersburgs mit Wien, die in dem 1884 auslaufenden Dreikaiserbündnis zunehmend zur Wirkung gelangte. Friedrich Wilhelm habe das als „Verrat und abgefeimtem[n] Betrug" tituliert; „die preußische Ehrlichkeit sei übertölpelt worden". Der König habe im Dezember 1854 von „'Marschieren-lassen' gesprochen" und weiter gesagt, „heut sei der Jahrestag von Leuthen". Doch alle preußischen Beschwerden und Befürchtungen, die von Heinrich Leo und den Brüdern Gerlach ausgedrückt wurden, erfüllten sich nicht. Das „Unheilsjahr" 1854 führte nicht zu dem erwarteten preußisch-russischen Bündnis, und mündete auch nicht in einen

---

102 Schoeps, Preussen, S. 221. Engelberg, Bismarck, S. 423: „(Bismarck an Manteuffel, 15.6.1853) Sobald Oesterreich nicht mehr mit Rußland geht, bin ich nicht zweifelhaft darüber, dass wir uns von ihm trennen sollten und daß wir, wenn wir überhaupt Partei ergreifen, mit Petersburg und nicht mit Wien gehen sollten".
103 Schoeps, Preussen, S. 222f.

allgemeinen europäischen Krieg; es brachte vielmehr einerseits „Rußlands Schwächung", andererseits „den Frieden zu Paris".[104]

In Wien hatte die Kriegspartei gesiegt. Im Gespräch mit Bismarck analysierte Ludwig von Gerlach die Situation. Dabei gab Bismarck einige Striche seiner Lagebeurteilung preis. Gerlach fixierte dazu in seinem Tagebuch:

> „Er fürchtet sehr Österreichs Abspringen. Bach sei ein gewissenloser Egoist, Buol eine Null; der junge Kaiser [Franz Joseph] bonapartistisch und unter planmäßigen gegen K[aiser].Nikolaus ihn einnehmenden Einflüssen. Er sagte, er mache sich darauf gefaßt, daß übers Jahr Kosaken und Pariser Gamins mit unseren Knochen Äpfel von den Bäume würfen".

Schoeps warnt ausdrücklich davor, die Haltung der preußischen Konservativen zu England von deren Äußerungen über die Politik des Botschafters Bunsen in London herzuleiten. England als „Fixationspunkt" den deutschen Liberalen zuzuordnen, treffe in gleicher Weise nicht zu wie dies für die Konservativen mit Russland zu veranstalten. Tatsächlich seien mehr pro-englische, als pro-russische Tendenzen um die Mitte des Jahrhunderts auf Seiten der Kreuzzeitungspartei festzustellen. Eigentlich sei, so Schoeps, der Kreis der pro-englischen Konservativen auf den norddeutschen K. Th. Welcker und den halbkonservativen Historiker F. Chr. Dahlmann beschränkt gewesen. Ludwig von Gerlach war, anlässlich einer Studienreise, die ihn im Auftrag des Königs zum englischen Gerichts- und Justizwesen, durch England führte, beeindruckt von dem „Modell für die kontinuierliche Entfaltung germanischer Freiheitsrechte" dort. Er berichtete seinem Freund, dem Staatsrechtler Moritz August von Bethmann Hollweg,

> „daß England, wo noch germanischer Geist lebe, immer neue Verfassungen auf die alten schichte, ohne doch diese zu beseitigen. ‚Du findest darauf die angelsächsische Grafschaftsgerichte, Patrimonialgerichtsbarkeit etc. überbaut mit den neuen Rechtsbildungen bis auf die neueste: die Friedensrichter aus dem 14. Jahrhundert'(Brief vom 6.Juli 1846-…)".

Gerlach zog aus den Erfahrungen des Jahres 1854 die Folgerung,

> „daß Preußen, wenn es die evangelische Großmacht des Kontinents sein wolle, mit England fest zusammenstehen müsse".

Die Waage neigte sich gleichwohl in die Richtung von „Old England" (nicht des England von Palmerstone, dem Alliierten Napoleon III.), das jedoch von moderner Dekadenz überholt sei. Da Russland sich, nach dem Pariser Frieden,

---

[104] Schoeps, Preussen, S. 223f. Anm. 75, S. 265.

Frankreich zuwandte, blieb für das konservative Preußen nur England. Ganz anders noch Gerlach im Jahre 1854, als er um das Bündnis Preußen-Österreich herum ein Mitteleuropa schaffen wollte. Ludwig von Gerlach fasste das komplizierte Gebilde seiner Außenpolitik in der Krimkriegphase als:

> „Nicht blind losschlagen auf England und Frankreich, nicht begeistert für Russland wie damals fast alle Conservativen, aber doch entschieden gegen die westliche Alliance, für die der ganze Liberalismus war und für Freundschaft mit Russland und vermittelnde Neutralität, Hand in Hand mit Österreich. Ich war hierin, wie fast immer, wesentlich einig mit Leopold".

Die preußischen Konservativen verstanden das englische Bündnis immer als Gegengewicht zu Frankreich (und nicht als Alternative für das russische). Die Anlehnung an England sollte nicht eintreten, weil atmosphärisch England aus der Berliner Sicht immer wieder der Geschmack des moralisch Verächtlichen anhaftete. Seit 1815 wurde damit eine Option ausgelassen, die Europa vor dem Weltkrieg von 1914 hätte bewahren können.[105]

MASSGEBENDER EINFLUSS DER „WOCHENBLATTPARTEI".

Doch der preußische Konservatismus repräsentierte lediglich die Regierung und nicht das Volk. Mit der Einführung des Drei-Klassen-Wahlrechts war die liberale Demokratie in Preußen an den Wahlen zur zweiten Kammer nicht mehr beteiligt. Die Funktion, Sprachrohr des liberalen Bürgertums zu sein, übernahm mit dem „Preußischen Wochenblatt zur Besprechung politischer Tagesfragen" eine Gruppe von adligen Diplomaten und Offizieren - wie des Grafen Robert von der Goltz (preußischer Botschafter in Paris und Gegner Bismarcks), Pourtalès, Usedom und Bunsen. Dieser, als Gesandter in London, und Freund des Königs, verfügte über besondere Beziehungen. Der Geheimrat Mathis und Moritz August von Bethmann Hollweg[105a], der der eigentliche Gründer der Wochenblattpartei war, stammten sämtlich aus West- oder südwestdeutschen Kreisen. Deren Gesichtskreis umfasste daher vor allem linksrheinische Regionen. Es wohnte ihnen eine unverkennbare Tendenz zu Frankreich inne. Nach Olmütz griffen die Vertreter der Wochenblattpartei die Regierung frontal an. Graf Robert von der Goltz „sprach von Preußen als Neu- oder Westrußland, das von erblichen Statt-

---

[105] Schoeps, Preussen, Anm. 77, S. 265. Ebd., S. 224f., 226ff. Anm. 89, S. 267.
[105a] Vgl. Fritz Fischer, Moritz August von Bethmann Hollweg und der Protestantismus (Religion, Rechts- und Staatsgedanke), Berlin/Vaduz 1937/1965, S. 13. Vgl. H.-U.Wehler, Deutsche Gesellschaftsgeschichte, 1849-1914, B. 3, München 1995, S. 225 (zit.als: Wehler, Gesellschaftsgeschichte).

haltern aus dem Hause Hohenzollern" regiert werde. Die Bethmänner gingen sogar soweit, von „Novemberverrätern" zu sprechen.[106]

Sie griffen in der Folge die Kreuzzeitungspartei vehement an, die „ihnen als Wurzel allen Unglücks" erschien. Als Argumente dienten ihnen die Aufgabe Schleswig-Holsteins, das Ende „der nationalstaatlichen Einheitshoffnung", die „erzwungene Abrüstung" und „Übermacht" Russlands wie die „Beeinträchtigung des preußischen Ansehens in Deutschland". Die weltanschaulich orientierten Begründungen der Kreuzzeitungspartei erschienen als schicksalhaft. Die „'Tendenzpolitik der unheilig-heiligen Allianz', deren einziger praktischer Erfolg die moralische Herrschaft Rußlands bis zum Rhein" sei, war ihnen verachtenswert. Usedom sprach von dem „starren ‚fürstlichen Tugendbund des christlich-legitimistischen Absolutismus'". Die Gruppe empfahl Bündnisse mit westlichen europäischen Staaten wie Frankreich und England, um für Berlin außenpolitische Handlungsfreiheit zurückzugewinnen. Russland dagegen war ihnen innenpolitisch-verfassungsrechtlich ein Greuel; ein „Hort der Reaktion". England erschien demgegenüber als das Zentrum der Freiheit schlichtweg.[107]

Gegen Theorien und ideologische Überlegungen, so lautete die politische Lehre der Wochenblattpartei, hin zu eigenen Interessen. Schoeps unterstreicht:

> „Diese Politik der Tendenzen und Interessen forderte für sie eine Zurückdrängung des Übergewichtes Rußlands, wie es auch im Interesse Englands liegen müsse. In ihren Augen gaben die orientalischen Verwicklungen gleichsam den Startschuß ab für eine Aktivierung der preußischen Außenpolitik und ihrer einzugehenden Allianzen zwecks Neubestimmung der preußischen Machtstellung und Wiedergewinnung des alten Prestiges".

Der liberale Historiker der Einigungsepoche, Heinrich von Sybel, berichtet:

> „Hier sei, meinte man, wieder einmal eine Gelegenheit geboten, wo Preußen durch eine kühne Politik sich mit einem Schlage an die Spitze Deutschlands emporschwingen und der ganz Europa beengenden russischen Übermacht für immer ein Ende machen könnte".

Vor allem aber ging es um die Abgrenzung zwischen österreichischen Egoismen und preußischen Verpflichtungen; die jeweiligen Interessen seien genau zu definieren. Österreich insgesamt wurde als schwacher Bündnispartner verstanden; darin folgte die Wochenblattpartei ihrerseits durchaus Bismarck. Ein Majorisieren Österreichs im Frankfurter Bundestag, dies mit Hilfe der Mittel- und Kleinstaaten,

---

106 Schoeps, Preussen, S. 228. Anm.92, 93. Vgl. Engelberg, Bismarck, S. 446ff.
107 Schoeps, Preussen, S. 229f.

und unter Zuhilfenahme der Verbindung mit England, bildete das Szenario der Liberalen für eine preußische Vorherrschaft in Deutschland. In der Ausgabe aus dem Januar 1852, wurde geraten, „das preußische Heer England zur Führung seiner Kontinental-Kriege zur Verfügung" zu stellen".[108]

Den Zenith ihres Einflusses erreichte diese Gruppe um Bethmann Hollweg gegen Ende des Jahres 1853, als der Vertraute der Prinzessin von Preußen, Graf Pourtalès, im Auswärtigen Amt damit beauftragt wurde, die orientalischen Angelegenheiten zu bearbeiten. Dahinter stand der Wunsch des Ministerpräsidenten, sich von den Vorstellungen dieser Gruppe zu lösen. Im Winter dieses Jahres wogte in Berlin der Kampf zwischen konservativen und liberalen Kräften. Gleichzeitig kennzeichnete das bereits erwähnte Zickzack der offiziösen preußischen Politik diese Wochen. Berlin stand mehrfach kurz vor dem Anschluss an die Westmächte. Dann allerdings überspannten Bunsen und Pourtalès ihre Ansprüche. Im März des folgenden Jahres, mit der entscheidenden Audienz vor dem König, gaben sie die ultimative Erklärung ab, eine

> „Sondermission nach London nur annehmen zu können, wenn Friedrich Wilhelm zu einem förmlichen Bündnis mit den Westmächten und gegebenenfalls auch zum Krieg gegen Russland bereit sei".

Friedrich Wilhelm IV. sah sich einer offensichtlich erpresserischen Aktion der Parteigänger des Wochenblatts gegenüber, die sich in dieser Erklärung Pourtalès einerseits, und andererseits in einer „Denkschrift des Gesandten Josias von Bunsen ,Über die gegenwärtige Lage und Zukunft der russischen Crise'", die nahezu gleichzeitig in Berlin eintraf, geradezu selbst überschlug. Bunsen entwickelte, „in freier Verwertung Palmerstonscher Inspiration eine Wiederherstellung Groß-Polens", „das an die sächsischen Albertiner fallen" sollte,

> „während die Coburgischen Ernestiner, das Königreich Sachsen erhalten sollten, *Rußland sollte zerstückelt* werden, die *Ostseeprovinzen mit Einschluß von Petersburg an Preußen* und Schweden kommen. An *Preußen sollten ferner Österreichisch-Schlesien und Mähren* fallen, Österreich sollte die Lombardei gegen die Donaufürstentümer tauschen, Schweden die Alandinseln und Finnland erhalten". (Hervorh.v.m., B.S.)[109]

---

[108] Schoeps, Preussen, S. 230, Anm.98, S. 268. Ein Gedanke, der in den Jahren 1934-38 wiederholt zwischen Deutschland und Großbritannien wieder aufgenommen wurde. Vgl. J.v.Ribbentrop, Zwischen London und Moskau, Leoni 1953, S. 98.
[109] Schoeps, Preussen, S. 230f., Anm. 100, S. 268. Vgl. F.Fischer, Griff nach der Weltmacht, Düsseldorf ⁴1971, S. 346-358. Mit dem „Septemberprogramm" Theobald von Bethmann Hollweg, das vor dessen Hintergrund zu verstehen ist. Moritz August von Bethmann Hollweg führte 1914 seinen Enkel gerade zu die Hand.

Schoeps scheinen diese Vorstellungen, die der Politik des „polnischen Grenz-streifens" und der Russlandpolitik Bethmann Hollwegs zwischen 1909 und 1917 („September-Programm", 1914) zugrunde lagen, den Friedens- und Kriegszielen Deutschlands in zwei Weltkriegen verwandt. Herauskam aus dieser Kalamität, dass, wie Leopold von Gerlach berichtete, „die Bethmänner... für jetzt die Schlacht verloren" hätten. Wie gesagt, „durch ein äußerst plumpes Auftreten von Bunsen, der den König vor den Kopf gestoßen und - beinahe zu dem Ent-schluß bestimmt" hätte, „ihn und Manteuffel zu beseitigen". Bismarck habe „zwei Tage später erzählt", Friedrich Wilhelm sei „voller Zorn über Bunsen und Manteuffels Rückendeckung" entschlossen, „ihn (Bismarck) an des Ministerprä-sidenten Stelle zu setzen". Gerlachs Aufzeichnungen lassen die dramatischen Vorgänge ermessen. Am 8. März 1854 legte er in seinem Tagebuch nieder:

> „Abends Fraction, dann bei Vossens, wo Bismarck, der mir Bunsens dreistes instruc-tionswidriges Schwanken nach links, seine Lügenhaftigkeit, vermöge deren Lord Cla-rendon nicht in E[e]inem Zimmer mit ihm sein wolle etc., des Königs Zorn darüber, dessen Erklärung ihn, wenn Man[teuffel]. noch einmal so wie diesmal sich beneh-me, an Mant[euffel].'s Stelle zu setzen, Mant[euffel].'s Kleben an seinem Posten etc. etc. erzählte".[110]

Damit, und ergänzt um einen Vorfall in der Kammer, wo der Kriegsminister von Bonin (ebenfalls Wochenblattpartei) sich zu „brutal-ungeschickter[n]" Äu-ßerungen gegenüber Russland hinreißen ließ, kam es zur Intervention des Prin-zen von Preußen, gegen die beargwöhnte Politik Friedrich Wilhelms.[110a] Im Er-

110 Schoeps, Preussen, S. 231., Anm. 101, S. 268. Vgl. V. Valentin, Bismarcks Reichsgründung im Urteil englischer Diplomaten, Elsevier-Amsterdam 1937, S. 106. Mit Bunsens Ablösung von seinem Botschafterposten in London kühlten die preußisch-englischen Beziehungen ab. Der Nachfolger Usedom war gleichfalls Wochenblättler. Das Projekt eines englisch-preußischen Bündnisses damit nicht grundsätzlich verunmöglicht.
110a Varnhagen, Tagebücher, Bd. 11, S. 16: "In der Kredit-Kommission der Zweiten Kammer hat besonders der Kriegsminister von Bonin schlagendste Erklärungen gegeben, daß ein Anschluß an Rußland ein Verbrechen, eine Unmöglichkeit sei, daß niemand daran denken dürfe. Der König hat ihm diesen Eifer entsetzlich übel genommen, und dem Kriegsminister die bittersten Beinamen erteilt". Ebd., 5.5.1854: „Einen Monat später schrieb der Prinz an Manteuffel wieder einen erregten Brief, in dem er schon den Gedankengang entwickelte, daß die Kamarilla, die den König gefangen halte, ihn, den Thronfolger, verfolge, indem seine persönlichen und politischen Freunde entfernt werden sollten. Er nennt dabei Usedom und Pourtalès. Dann heißt es: ‚Als mir vorgestern der Fürst (Hohenzollern) sagte, er habe den König gefragt, mit wem er hier offen sprechen könne, und er erwartete, meinen Namen nennen zu hören, sagte der König: ‚Mit meinem Bruder Karl, der ist von Allem unterrichtet", da war es mir klar, wohin es kommen sollte und wohin es gekommen ist! Eine ähnliche Andeutung hatte mir auch schon der Herzog von Koburg gemacht". Linke, Deutsch-Russische Beziehungen, S. 111 (Prinz von Preußen an Manteuffel, 26.11.1854): „Ob Österreich im Frühjahr den Krieg wünscht, wie Hatzfeldt schreibt, wird wohl ganz von der Disposition der Westmächte, nach Anhörung der russischen Adaption der vier Punkte, abhängen. Neigt man sich

gebnis verschwanden daraufhin sämtliche „rein westlich orientierten Politiker...
aus den praktischen Regierungsgeschäften". Die Wochenblattpartei resignierte
in der Folge mit dem Abschluss der österreichischen Konvention. Die Wahlen
zum Preußischen Abgeordnetenhaus von 1855 brachten zusätzlich den „Höhepunkt der Reaktion". Erst mit der neuen Ära sollte erneut eine Chance für die
liberalen Kräfte kommen. Im Jahre 1858 übernahm der liberal orientierte Prinz
von Preußen die Regentschaft für den erkrankten König. Anlässlich der Neu-
wahlen erlitten die Konservativen einen tiefen Einbruch in der Wählergunst. Sie
verloren 180 Sitze und gingen auf 60 zurück. Dem entsprach spiegelverkehrt
der Sieg der Liberalen, die von 57 auf 210 Sitze zunahmen. Die neue Regierung
bildete der

> „Fürst Karl Anton von Hohenzollern-Sigmaringen...und setzte sich aus Liberal-Konser-
> vativen – Bethmann Hollweg wurde Kultusminister - und Alt-Liberalen zusammen".

Die Politik der „wohlverstandenen Interessen", hatte über jene der „weltan-
schaulichen Prinzipen" triumphiert. Der Weg gegen ein parlamentarisches System, und dessen Fortentwicklung, begann und entsprach der Überzeugung des
Legationsrates Küpfer, der im Herbst 1855 für den Prinzen von Preußen zusam-
mengefasst hatte:

> „Für die eigentümlichen Bedingungen der preußischen Macht und für den Militär-
> staat ist ein solches ausgebildetes politisches Parteiwesen recht eigentlich ein tödli-
> ches Gift".[111]

Ob die Wochenblattpartei und die Altliberalen voneinander getrennt gesehen
werden oder nicht, alles läuft darauf hinaus, dass die außenpolitischen Vorstellungen beider Gruppen miteinander konform gingen. Georg von Finke, Max Dun-
cker, und die Überzeugungen, die den Lexika Rotteck-Welckers und Hermann
Wageners zugrunde lagen; die Grundrichtung der preußischen Liberalen favorisierte die Westmächte England und Frankreich, dahinter stehend möglicherweise
schon die Vereinigten Staaten. Diese Richtung sah in dem Oststaat Russland, vor
allem innenpolitisch, den verhassten Antipoden. Hier vorbereitet finden sich die
Grundpositionen des Reichskanzlers Theobald von Bethmann Hollweg, der auf
den „Vorstellungen fast aller Liberaler der Jahrhundertmitte fußte", nämlich der

---

zum Frieden, so will Österreich gewiß nicht losschlagen; andernfalls wird Österreich konsequent
bleiben und alles anwenden, damit in dieser orientalischen Frage Rußland nicht recht behalte. Das
ist auch unsere Aufgabe. Vergesse Preußen niemals über eine germanisierte Frage die europäische
Frage. Darf Russland triumphieren in derselben? Wäre dies der Fall, wer in Europa hätte dann noch
einen Willen gegen dasselbe? Darin liegt die Quintessenz unserer Aufgabe!"
[111] Schoeps, Preussen, S. 233.

„Feindschaft gegen Russland", und der die Sozialdemokratie mit dem Bild des autokratischen Russland, zwischen 1912 und 1914, in den Krieg manövrierte (August Bebel, Hugo Hase, Südekum). So spricht bereits in der ersten Auflage der Rotteck-Welcker von „Rußland als dem Hort des Absolutismus" und denken die Liberalen skeptisch über die Befähigung des Zarenreiches, sich zu reformieren, da das Zarenreich „ein zu schwaches Bürgertum besitze". Nur liberale Reformen würden von innen heraus das despotische System - auch die Heilige Allianz der östlichen Monarchien - wie das liberale Bürgertum überzeugt war, zu Fall bringen.[112]

WIRKUNGSLOSE ALTERNATIVEN.

Es gingen die Ideen der Sozialisten eigentlich mit denen der Wochenblattpartei konform, wenngleich sie auch in ihrer spezifischen Aggressivität weit darüber hinausgriffen. Es ging letztendlich darum, Europa vor Russland zu sichern, und wenn nicht friedlich, dann mit Gewalt. Engels schreibt in der neuen Oderzeitung im April 1855:

> „Der Panslawismus hat sich jetzt umgewandelt aus einem Glaubensbekenntnis in ein politisches Programm mit achthunderttausend Bajonetten zu seiner Verfügung. Es läßt Europa nur eine Alternative: Unterjochung durch die Slaven oder Zerstörung für immer des Zentrums dieser Offensivkraft".

Ganz stellt sich Engels auf die Seite Englands, das niemals Konstantinopel den Russen überlassen könne, und argumentiert, „der zukünftige Frieden und der Fortschritt der Menschheit hängen damit aufs innigste zusammen". Das heißt: in dem Bündnis gegen die russische Despotie. Weitsichtig fährt er fort,

> „die ganze Habsburger Monarchie werde bei Rußlands Streben Weltreich zu werden verschlungen werden, wenn man seiner Laufbahn nicht Halt gebiete".

Es „würde sich ...die natürliche Grenze Rußlands [als] von Danzig oder etwa Stettin bis Triest" verlaufend herausstellen. Mit dem Ausbruch des Krimkrieges ging es nicht mehr nur um die Sicherung Konstantinopels oder den Erhalt der Türkei. Das Ziel der Sozialisten war nun:

> „die Zerschlagung und Vernichtung der Großmacht Russland".

---

112 Schoeps, Preussen, S. 234. Vgl. Valentin, Bismarck, S. 135. Der preußische Gesandte in London, Schleinitz, unterstreicht die preußisch-englischen Gemeinsamkeiten. Der Prinzregent will die Annäherung an England. Eigentlich steht heute die gleiche Frage an, Deutschland muß entscheiden, wohin es kulturell-weltanschaulich gehört.

Dieses Ziel verfolgte gleichfalls Theobald von Bethmann Hollweg in dem Weltkrieg von 1914.[113]

Dass auf ähnlicher Ebene auch konkurrierende Optionen vertreten wurden, illustriert die Haltung von Bruno Bauer, der in seiner Haltung „weit über die Russlandfreunde am Berliner Hof hinausging". Er zog, anders als Marx und Engels, aus den Verhältnissen das Urteil, Deutschland müsse

> „sich mit Rußland verbinden... zu dem Ziele, gemeinsam mit Rußland nach Zerschlagung des verfaulenden Westens die heranreifende Weltherrschaft zu übernehmen".

In der „Endperspektive" sah Bauer „ein germanisch-russisches Herrschaftsbündnis über Europa" heraufziehen. Ein Zukunftsplan, der 1922, nach der Niederlage beider Staaten 1917/1918, angefaßt wurde.[114] Konstantin Frantz, Beamter unter Manteuffel, und über weite Strecken von der Historikerzunft (Werner Frauendienst/Gerhard Ritter) nach 1945 als Außenseiter bekämpft, da dessen Äußerungen vorgeblich ohne Wirkung geblieben seien, vertrat letztlich die Position der Wochenblattpartei, wenn er „ein Zusammengehen Deutschlands mit England" forderte. Als preußischer Generalkonsul in Barcelona schrieb er:

> „Wir proponieren ein System, dessen Basis die Allianz Preußens mit England bildet und wozu Österreich das Akzessorium ist".

Weiter entwickelt, dachte Frantz an einen föderal ausgestalteten Staatenbund, dem

> „alle germanischen Staaten Nord- und Mitteleuropas.. sich angesichts der Gefahr eines Zusammenschlusses der beiden Flügelmächte, Frankreich und Russland, anschließen"

würden (Kontakte des Gr. Generalsabes vor 1914 in Richtung Schweden). Eine Situation die 1875 und 1892/94 drohen und schließlich eintreten sollte. Hier blitzt der von preußischer Seite entwickelte Plan des Konstantin Frantz, „das konservative Gegenstück zu Fürst Felix Schwarzenbergs Mitteleuropaplan, eines deutschen Staatenbundes mit 70 Millionen Menschen" auf. Im letzten Friedrich Naumanns, Walter Rathenaus und Theobald von Bethmann Hollwegs, zwischen die Flügelmächte gestelltes, und deutsch bestimmtes, Mitteleuropa von 1914.[115]

---

[113] Schoeps, Preussen, S. 236. Spätestens seit dem Besuch in Baltischport 1912, als dem Kanzler das Tempo der russischen Industrialisierung (mit französischem Kapital) deutlich wurde.
[114] Schoeps, Preussen, S. 238.
[115] Schoeps, Preussen, S. 238f.

Vielleicht ist es im Grunde das Problem der deutschen Politik mit Frankreich gewesen, stets um dieses herum sein außenpolitisches Gebäude zu bauen. So jedenfalls scheint zumindest die Lehre der preußischen Konservativen, um die Mitte des 19. Jahrhunderts, gegenüber Louis Napoleon (Napoleon III.) - dessen Staatskonstruktion und Regierungsweise - zu fassen. Schoeps begreift ihn als Hitlerähnlichen Parveue, während Friedrich Julius Stahl in der Preußischen Ersten Kammer, am 24.April 1855 erklärte:

> „Die Tradition des alten Kaiserreiches ist nicht der Friede, sondern die Eroberung, und ist nicht Konservation, sondern die Propaganda der Ideen der Revolution. Das Kaiserreich war die Vernichtung der geschichtlich-völkerrechtlichen Ordnung Europas, Aufrichtung einer Universalmonarchie. Es war die Vernichtung der alten Grundlagen der Gesellschaft, Aufrichtung gouvernementaler Allgewalt auf dem Boden revolutionärer Nivellierung. Das nun aber ist die unermeßliche Gefahr der Situation, daß Europa selbst - ich möchte sagen lüstern - die Traditionen des alten Kaiserreiches heraufbeschwört".

Eine Zusammenfassung, der die Brüder Gerlach zustimmten, die seherisch Napoleon III. als künftigen „Sträfling Europas" erkannten. Bereits im Februar 1854 hatte Senfft von Pilsach an Friedrich Wilhelm IV. geschrieben:

> „Ich halte eine Allianz mit Rußlands Feinden oder auch nur eine Hinneigung zu derselben für einen folgenschweren politischen Fehler, weil ein solches Verhalten unausbleiblich zu einer Allianz Rußlands mit Frankreich führen wird".[116]

Dieser Ablehnung der Gedanken der Wochenblattpartei vor dem König, entsprach Ludwig von Gerlachs Äußerung im Januar 1856, sein Bruder Leopold fürchte „den Frieden, auf den [die] Alliance mit Rußland und Frankreich folgen könne und wünscht wieder Anknüpfung mit England und Krieg mit Frankreich, wie alle ‚ordentlichen Leute' ihn 1794 -1813 gewünscht hätten". Friedrich Wilhelm IV. vertraute dementsprechend, im März 1854, dem englischen Botschafter in Petersburg an:

> „Dieser Mann (Louis Napoleon) hat es sich in den Kopf gesetzt, die Karte von Europa zu ändern; er wird eine plötzliche Wendung in seiner Politik machen; so wie ein Esel kein Maultier werden kann, oder so wie man ein Maultier nicht in ein Pferd zu verwandeln vermag, so wenig kann der Kaiser Napoleon seine Natur ändern oder die Pläne umgestalten, die er vor Jahren gefaßt hat".[117]

---

[116] Schoeps, Preussen, S. 238f.
[117] Schoeps, Preussen, S. 242, Anm. 130, S. 272 und Anm.128, S. 271.

Allgemein ging unter den Konservativen in Preußen jener Jahre die Befürchtung um, die englische Politik könne „Rußland in die Isolierung treiben und eine französisch-russische Alliance heraufbeschwören". Das würde sich dann letztendlich in „'ein polizeistaatliches Continental-System gegen England'" auswachsen". Ein französisches Bündnis scheide deshalb aus, weil allein schon die Berührung zur Vergiftung führen könne (vgl. Kampf der Weltanschauungen 1933-39, Stalin). Diese Haltung erscheint auch jener der Jahre zwischen 1949 und 1989 in Europa, angesichts wechselseitiger Kapitalismus- und Kommunismusdrohung, verwandt. Doch Napoleon machte, mit dem Frieden von Paris (März 1856), Frankreich erneut zur Führungsmacht. Er konnte „für sich in Anspruch nehmen, Europa vom russischen Despotismus befreit zu haben" und verkündete:

„Les traitées de 1815 ont cessé d'exister».[118]

Darin, hinsichtlich der vorläufigen Gültigkeit der Aussage, jener Adolf Hitlers nach dem Sieg über Frankreich 1940, vergleichbar. Weiterreichender schlug Napoleon eine neue Seite der Geschichte auf, indem er das historische Recht durch das Nationalitätenprinzip ersetzte. Rückblickend hat Wagener definiert:

„Sein politisches Ideal war von Anbeginn das Kaiserthum auf der Basis der Volkssolidarität, Regelung des Freiheitstriebes durch das Gleichheitsprinzip, ködern durch die Zusicherung des allgemeinen Wohlstandes und Besieglung des Despotismus in der Knechtschaft durch den Despotismus der Freiheit".

Wie allseits, so empfanden die Liberalen, angesichts der Erfolge dieser Figur aus dem Nichts, als Haupthindernis für eine Annäherung, dieser könne „die traditionelle französische Außenpolitik mit mehr Geschick als der erste Napoleon wieder aufnehmen und die Parole propagieren..., Frankreich müsse seine ‚natürlichen Grenzen' zurückgewinnen". Das Preußische Wochenblatt warnte, wohl mit Blick auf Bismarcks Kontakte nach Paris, „Napoleon III. weiß, dass er muß, d[as].h[eißt]. was Frankreich von ihm erwartet. Er kennt genau die Instinkte, welche die Massen, durch die er auf den Thron gekommen ist, bewegen."[119] Den Gang der Geschichte bezeichnet nichts klarer, als der Bericht Donoso Cortés nach der Kaiserkrönung Napoleons. Er berichtet, „die Bourgeoisie, die gestern noch alles war, ist jetzt nichts mehr; auf die bürgerliche Monarchie ist jetzt ein großes demokratisches Kaiserreich gefolgt, d[as].h[eißt]. an ihre Stelle ist eine große Republik getreten, die von einem gekrönten Diktator geleitet wird".[120]

---

[118] Schoeps, Preussen, S. 243.
[119] Schoeps, Preussen, S. 244, Anm. 132, S. 272, S. 246f.
[120] Schoeps, Preussen, S. 249.

Der große Realist Bismarck bezeichnet Napoleon III. als eine „Art Genie du mal" und „so klug nicht, wie die Welt in schätzt". In der Auseinandersetzung Bismarck - Gerlach breche, so Schoeps, „der ganze Gegensatz zweier Welten und Zeiten" auf, „der Gegensatz zwischen Interessen- und [die] Ideenpolitik". Gerlach schrieb an Bismarck:

> „Diesen (den Bonapartismus) zu beurtheilen, haben die Alten einen Vorzug vor den Jungen. Die Alten auf der Bühne sind hier aber der König und meine Wenigkeit, die jungen F(ra)D(iavolo) (= Manteufel) u[nd]s[o]w[eiter], denn FD war 1806 - 1814 im Rheinbund und Sie noch nicht geboren. Wir haben aber den Bonapartismus zehn Jahre practisch studiert, uns ist er eingebläut worden. Unsere ganze Differenz liegt auch daher, da wir in der Wurzel einig sind, allein in der verschiedenen Ansicht des Wesens dieser Erscheinung".[121]

Preußen ging aus den wirtschaftlichen Rezessionen zu Anfang des Jahrhunderts gestärkt hervor. Der Niveauunterschied, der über drei Jahrhunderte mit Westeuropa bestanden hatte, wurde überwunden. Bevölkerungswachstum, verbesserte Produktionsmethoden in der Landwirtschaft, und die Expansion von Verkehrswesen wie Industrie, erbrachten eine Wachstumsrate von linear 1,2 Prozent zwischen 1820 und 1850. Berlin errang im deutschen Bund wirtschaftlich die Suprematie. Die industrielle Entwicklung zeichnete damit den militärisch-politischen Sieg von 1866 über Österreich vor. Die staatliche Verwaltung, das Beamtentum, folgte nur zögernd dieser Entwicklung. Gleichwohl zeichnete sich die Regierung Manteuffel durch die, wenngleich zögernde, Überwindung der merkantilistischen Staatspraxis aus. „Die Tradition in Preußen war zählebig, und die Vorstellung, daß das ganze Land ein vom König und dessen Räten zu bewirtschaftendes Rittergut sei, hielt sich bis ins Zeitalter der Dampfmaschinen und Eisenbahnen".[121a]

Bismarck ordnete das Prinzip der Legitimität dem des „Preußischen Patriotismus" vollständig unter. „Vorurteilsfreiheit und ...Realismus" kennzeichnen seine Politik. Ihm oblag es, die Umorientierung der Berliner Außenpolitik, nach dem Pariser Frieden von 1856, zu vollziehen. Frankreich, inzwischen zur ersten Macht in Europa aufgestiegen, sollte sein künftiger Bündnispartner werden. Bismarck schnitt damit den deutschen Mittelstaaten die Rheinbundoption ab. Dass er damit durchaus auf verlässlichem Boden stand, wurde ihm während seiner Besuche in Paris, zur Industrieausstellung im Sommer 1855 und um Ostern 1857 hier. So begann etwas völlig Neues, was mit den Krimkrieg, dem letzten

---

121 Schoeps, Preussen, S. 253, Anm. 160, S. 273.
121a Pflanze, Bismarck, S. 113-122. Vgl. dazu detaillierter H.-U.Wehler, Gesellschaftsgeschichte, S. 215-222.

„Kabinettskrieg alten Stils", und dem Feldzug von 1859 in Norditalien, begonnen hatte. Dass die überkommene Pentarchie der europäischen Mächte Vergangenheit war, wurde allseits anerkannt. Ob Staatsbeamter oder konservativer Bannerträger, sämtlich wurde nun gesehen, die Politik mit „metahistorische[n]m Sinn" habe ausgedient.[122]

Dass das dem Erbe Bismarcks, rund vierzig Jahre später, genauso ergehen sollte, betont Ernst Engelberg.[123]

[122] Schoeps, Preussen, S. 252ff.
[123] Engelberg, Bismarck, 2, S. 648: „Damit wurde das bedeutendste politische Erbe Bismarcks, Umsicht im europäischen Kräftespiel walten zu lassen, schlechterdings vertan. Diese Tragik einer reichentwickelten Persönlichkeit wurde zur Tragik der deutschen Nation". Bismarcks Option „Pro-Ost" verschloß Deutschland – für entscheidende 70 Jahre – den geschichtlich erfolgreicheren Weg in die westliche Staatengruppe.

Vom Ständestaat zum Absolutismus

Eine deutsche Staatsform für Europa.

Verfassungsentwürfe zwischen 1500 und 1800.

BERND F. SCHULTE

ANSATZ.

Es soll darum gehen, eine föderale, kleinräumige, übersehbare Struktur der Staaten zu entwickeln, deren Maniabilität, und geistiger Grad der Durchbildung, höher und somit effektiver ausfielen. Dabei gilt es, das mittelalterlich-ständische Element, in fortentwickelter, föderaler Form neu zu entdecken, die regionalen und strukturell-organisatorischen Partikularinteressen zu stärken und damit die Akzeptanz breiter Schichten der Gesellschaft für dieses Modell zu sichern. Ferner tut es Not, eine Neuordnung des politischen Systems[1] zu verfolgen, wie etwa im Gefolge der Reformation nach 1517 eingetreten. Es geht in diesem Zusammenhang darum, „die Krise der Reformation", als Ausdruck der Kalamität der monarchischen Verfassung des mittelalterlich-frühneuzeitlichen „Heiligen Römischen Reiches Deutscher Nation", in unserer Zeit nutzbar zu machen. Hier entstanden „außerdem auf Seiten der Bauern", und beim „gemeinen Mann", beim niederen Adel und den radikalen Reformatoren, ergänzend demokratisch-monarchische Entwürfe zur Neuordnung des politischen Systems.[2]

VOLKSHERRSCHAFT ODER TYRANIS?

Das Bild von der „ständischen Monarchie" nahm seinen Ausgang bei Luther. Die territorialen Stände, als Vertreter des Volkes, übten diese Funktion jedoch weitgehend nicht aus. So war der Bauernstand, wie Altusius[3] kritisierte, in der Mehrzahl der Ständeversammlungen nicht vertreten. Diese verfolgten das Ziel, die Befugnis-

---

[1] H. Dreitzel, Absolutismus und ständische Verfassung in Deutschland. Ein Beitrag zur Kontinuität und Diskontinuität der politischen Theorie in der Frühen Neuzeit, Mainz 1992 (zit. als: Dreitzel, Absolutismus). Hier: ebd., Althusius 1614, S. 23.

[2] Ebd.

[3] Johannes Althusius (1563-1638), deutscher Lehrer, Autor and Magister.

se des Souveräns einzuschränken. Aber letztlich, und das bildet das Wesentliche: es repräsentierten "Stände und Monarch gemeinsam den Staat".[4] Es kann damit davon gesprochen werden, wie das Horst Dreitzel betont, dass in Althusius

> „Modell, dessen Grundprinzipien die ‚Harmonie' und ‚Symmetrie', die ‚concordia ordinationis et subjectionis', in der Form eines Systems von ‚check and balance' sind, eindeutig der ständisch-repräsentative Pol der dualistischen Machtelipse eine stärkere Gewichtung erhalten hat" (S. 30).[5]

Der repräsentative Ständestaat - der liberale, sichernde, soziologische und Elemente von Bürgerfreiheit zusammenbinde - gewährleiste das Recht des Volkes, das nie vergehe. "Jede Art von absoluter Monarchie, jeder Versuch sie durchzusetzen, gilt als Tyranis - auch weil das Motiv die ‚utilitas publica'" sei.[6] Demnach dehnte Althusius die Gewaltsphäre des Staates aus, im Gegensatz zum Monopolansatz der Moderne. Der Staatsrechtler wandte sich damit frontal gegen den fürstlichen Absolutismus seiner Zeit.

Die Manifestation der Freiheit bei Conring[7]; deren Bewahrung, so wurde entwickelt, durch die Landstände gewährleistet sei; und dies gleichzeitig unter Verteidigung der "relative[n] Legitimität" der Despotie.[8] Auch Besold[9] sprach für die Stände – eine

> "geradezu klassische Anlage und Apologie des politischen Systems des ständischen Parlamentarismus, die ganz auf den Territorialstaat, konkret auf Württemberg, dann auch auf Brandenburg bezogen war. Zugleich aber die Einordnung der Landstände in die entsprechenden Institutionen der europäischen Staaten, vor allem auch Englands".

Das absolute Chaos der staatlichen Beziehungen, der Hobbesianismus,[10] bezeichnet „keinen Rechtszustand zwischen Herrscher und Untertanen" als existent, schleift „alle unterschiedlichen Formen der Monarchie" ein „in das Modell der absoluten Despotie", lässt „keine Rechtsverhältnisse zwischen den Staaten

---

[4] Ebd. S. 30.

[5] Vgl. Althusius, Politica (1614), c.1 n. 35f.

[6] Ebd. S. 31.

[7] Hermann Conring (1606–1681), deutscher Historiker, bekannt durch seine Stellungnahme gegen sowohl die Allgültigkeit des Römischen Rechts, wie auch die These, der Kaiser des Heiligen Römischen Reiches habe ausschließlich die Autorität die Welt zu regieren.

[8] Ebd. S. 31.

[9] Besold, Christoph, 1577-1638. Studierte Kepler, gehörte der rechtswissenschaftlichen Fakultät der Universität Tübingen an, begründete die Rosenkreuzer mit und konvertierte gegen Ende seines Lebens zum Katholizismus.

[10] Thomas Hobbes (4.4.1588 – 4.12.1679) englischer Mathematiker, Staatstheoretiker und Philosoph.

und Souveränen gelten" und postuliert „diesen Despotismus aus der Annahme des bellum omnium contra omnes".[11]

HERAUSBILDUNG DES FRÜHNEUZEITLICHEN TERRITORIALSTAATES. LANDSTÄNDE, VERWALTUNG UND REGIERUNG.

Obwohl sich Besold auf englische, französische, spanische, holländische und reichsdeutsche Historiker und Rechtswissenschaftler bezog, gelangte er dennoch zur kompromisslosen Verurteilung des Absolutismus. Er schrieb:

> „Der Missbrauch absoluter Gewalt ist der Ruin der Reiche. Er geschieht aber dadurch, dass Landstände verhindert oder verachtet werden...Und niemand ist jemals ein Feind der Landstände, der nicht dem Volk alle Freiheit rauben und als einzelner, nach seiner Laune gerecht oder ungerecht herrschend, über die Seelen wie über die Körper der Untertanen eine Tyranis aufrichten will".[12]

Die Bedeutung der Landstände betonte der Staatsrechtler unter den Blickwinkeln von Steuern, Krieg und Frieden. Es sollten, nach dessen Vorschlag, die Landstände die Effizienz des Gemeinwesens erhalten und dessen „Zusammenleben" sichern.[13] Folglich ein „Verbindungsglied" zwischen „Tyranis" und Volk darstellen. Besold führte aus:

> „Nicht die ständischen Vertretungen, sondern die Monarchen, die nach absoluter Herrschaft streben und sich nicht um den ‚consensus' des Untertanen bemühen, sind die Ursache der Aufstände und Revolten".[14]

Die Landstände repräsentierten "die Gesamtheit des Volkes, der Untertanen ..., auch wenn sie nur aus dem Volkes kommen".[15] Die höfische und die ständische Welt seien sich entgegengesetzt. Die eine suche die andere zu durchdringen und herabzusetzen. Doch blieb die Realität hinter diesen Voten für die ständisch orientierten "Landstände, die konstitutionelle Monarchie", relativiert[16] in der Niederlage der böhmisch-österreichischen Vertretungen zu Beginn des dreißigjährigen Krieges. Die Mittel, dieser Realität zu entgehen, nämlich die "geistige Unabhängigkeit und Unbestechlichkeit der Staaten", blieben jedoch blasse Postulate.[17]

---

[11] Dreitzel, Absolutismus, S. 36, A.8.

[12] Ebd. S. 37.

[13] Ebd., S. 39.

[14] Vgl. ebd. SW. 36f. Besold, De consilio, A.9 und 11.

[15] Ebd., S. 39.

[16] Ebd., S. 41.

[17] Ebd. S. 40.

Dennoch wurden die Landstände im Grundgesetz des Reiches (dem Westfälischen Frieden) garantiert.[18]

Die Methodik der fürstlichen Regierung fasste Besold folgendermaßen:

> „Die ‚bösen' Fürsten und vor allem ihre Höflinge verbreiten die Auffassung, Rang und Macht des Monarchen würden durch Ständeversammlungen herabgewürdigt, ihre Souveränität werde gemindert, sie würden zum Mündel des Volkes herabgesetzt. Während der ‚bonus princeps' immer nach dem Zusammenwirken mit den Ständen strebt, wurden sie von despotischen Fürsten niemals oder nur zur Täuschung oder als bloße Adressaten monarchischer Verlautbarungen (‚dictu gratia') einberufen; den Landständen wird vorgeworfen, nur ihre eigensüchtigen Interessen zu verfolgen, und mit diesem Argument wurden sie beim Volk schlecht gemacht. Die Senatoren wurden durch Titel und Ämter bestochen, die Fürsten verhandeln mit einzelnen Gruppen der Stände, um sie gegeneinander auszuspielen. Gegen diese Methode der Tyrannen forderte Besold Widerstand bis zum Tode. Vor allem müsse die Einmütigkeit der Landstände in der Opposition erhalten bleiben, die gesamte Vertretung könne der Monarch nicht ohne Verlust seines Ansehens und ohne Beleidigung des ganzen Volkes hinrichten".

Die Mittel, dieser Realität zu entgehen, nämlich "geistige Unabhängigkeit und Unbestechlichkeit der Senatoren", blieben Postulat.[19]

Diesen Überlegungen der Staatsrechtler, die sämtlich unter dem Regime von Fürsten entstanden, blieben gleichwohl ohne Bezug zur Realität. Dem Monarchen "nur begrenzte, abgeleitete und in der Rechtskontrolle untergeordnete Funktionen" zu übertragen,[20] blieb gleichwohl ein frommer Wunsch. Das Modell der abgeleiteten Herrschaft blieb fiktiv. Die beschränkte Monarchie, nach Bodin[21] in „gubernatio" und „administratio" unterschieden, lenkte in die Richtung des Consensus zwischen Fürst und "Volk", nämlich dass dieser die "totale und absolute Staatsgewalt" innehabe, gleichzeitig jedoch "den Ständen bei deren Verwaltung gewisse Mitwirkungsrechte" einräume. Dennoch blieb diese Regelung, quasi im rechtsfreien Raum und nicht geregelt in Wahlkapitulationen und Reichsgesetzen. "Goldene Bulle"(1356), Wahlkapitulationen, der Religionsfriede von 1555 und der Westfälische Friede von Münster und Osnabrück (1648) wurden gleichwohl nachgerade als Grundgesetz empfunden. „Die Besonderheit der

---

[18] Ebd., S. 41 A. 31.
[19] Ebd., S. 40.
[20] Ebd., S. 44.
[21] Jean Bodin, (1529 oder 1530 - 1596, französischer Staatsphilosoph und Hexentheoretiker. Begründer des modernen Souveränitätsbegriffes und Theoretiker des Absolutismus.

Verfassungsgesetze als ‚Verträge' gegenüber normalen Gesetzen bildete einen Gemeinplatz der deutschen Staatsrechtslehre".[22]

Diese Form der ‚administratio' wurde, in Anlehnung an Bodin, als in den Grundgesetzen verankert verstehen. Diese stand jedoch im Gegensatz zu der ursprünglichen Bedeutung des Begriffes ‚administratio'.[23]

DEUTSCHE UND WESTEUROPÄISCHE ENTWICKLUNG.

Öffentliches Recht, so Hieronymus Gundling,[24] sei in Frankreich, Dänemark und England zu Beginn des 18. Jahrhunderts nicht zu schreiben erlaubt. Ein derartiges Werk, in französischer Sprache in Holland herausgebracht, würde sofort konfisziert werden.

> „In Deutschland aber ist eine irregularité, eine laxa cohesio, da kann jeder frei schreiben, was er will. In Polen ist es ebenso".[25]

Die Diskussion von Samuel Pufendorfs[26] These eines „systema monstrosum" und dessen Staatsräsonbegriff lenkt den Blick auf eine besondere Freiheit des deutschen, wissenschaftlichen Raumes.

Die ständische Struktur des „Heiligen Römischen Reiches Deutscher Nation", ein Quasi-Modell, wird an Hand der Äußerungen von Staatsrechtlern des 15. bis 18. Jahrhunderts beleuchtet. Bis zum "Ausgang des 17. Jahrhunderts wurde das alte Reich als „selbstständiger, wenn auch gegliederter ‚Staatenstaat' interpretiert".[27] Das Problem der Organisation von Staatsgewalt in der Regierung des Reiches, wie der territorialen Staaten, wurde nicht gelöst. Die Kerngebiete des Kriegsrechts rührten nicht mehr aus der „gemischten Verfassung" des Mittelalters her, sondern waren als Folge der „res publica composita" entwickelt.

Zu diesem Zeitpunkt kreiste die wissenschaftliche Diskussion nach Dreitzel um drei Modelle:

> „Dem des *Staatenbundes mit souveränen Bundesstaaten*; das des *Bundesstaates*

---

[22] Dreitzel, Absolutismus, S. 45.

[23] Ebd.

[24] Nicolaus Hieronymus Gundling (1671 – 1729), bislang wenig beachtete Persönlichkeit der deutschen Frühaufklärung. Der Hallenser Publizist war an der Entstehung eines neuen Entwurfs der Gesellschaft aktiv beteiligt.

[25] Discours über ...die Politic, Frankfurt/Leipzig 1833, S. 440.

[26] Samuel von Pufendorf, (8.1.1632 - 26.10.1694). Deutscher Naturrechtsphilosoph, Historiker sowie Natur- und Völkerrechtslehrer.

[27] Dreitzel, Absolutismus, S. 48.

mit beschränkter Kompetenz der zentral staatlichen Organe, an denen alle Mitgliedstaaten gleichmäßig teilhaben; und das *System des Reiches, in dem die ebenfalls begrenzte Zentralgewalt zwischen den Organen der Gesamtheit der Gliedstaaten und einem Monarchen*, der zugleich Landesherr von Gliedstaaten ist, geteilt wird. Das letztgenannte Modell wurde von Pufendorf als monströs bezeichnet. Es muß jedoch hervorgehoben werden, daß zunächst der Begriff der ‚civitas composita‘ nicht die Vorstellung des Bundes enthielt, sondern als ‚gegliederter Einheitsstaat‘ interpretiert werden muss. Insofern ist die aus der Erfahrung des 19. Jahrhunderts entstandene Alternative ‚Bundesstaat‘ oder ‚Staatenbund‘ ein Anachronismus. Für die Entstehung des Reichssystems gab es verschiedene Theorien, die aber zunächst von der inneren Entwicklung eines Einheitsstaates, nicht von einem Bundeszusammenschluß ausgingen. Erst die ‚historische‘ Interpretation der Reichsverfassung durch Leibniz und H.Cocceji[28] (1695) als Ergebnis des Zusammenschlusses von sieben, durch die Kurfürsten repräsentierten ‚Völkern‘ legte das Bundesmodell nahe, aber diese Lehre wurde überwiegend abgelehnt“.[29]

Die zeitgenössische Diskussion in den Fürstenspiegeln, zum Beispiel Justus Lipsius,[30] stellte den konsequenten Absolutismus, die Reduktion der Fürstenherrschaft, den Schutz der Justiz, den Schutz der Kirche und die Erhaltung des eigenen Status gegenüber Pöbel und Adel vor auswärtigen Konkurrenten heraus.[31]

„Die zum einen aus der ästhetischen, zum anderen aus der feudalen und hausherrschaftlichen Tradition stammende, in der protestantischen Politica Christiana verankerte Konzeption des Staates als Organisation des ‚bene et beate vivere‘, des Wohlfahrtsstaates, wird verdrängt und reduziert auf die Erhaltung von Frieden, Recht und Herrschaftssystem“.[32]

Damit entsprach der höfische Humanismus der Adelsgesellschaften weitgehend dem autarken aus Hausherrschaften. "Für die Friedenserhaltung und Sicherheit gegenüber den feudalen Konkurrenten und die grundlegenden Interessen, nicht die ‚sufficientia rerum‘, sondern Macht und Machtbegrenzung“ leitend.[33]

---

[28] Heinrich von Cocceji (1644-1719), Naturrechtslehre zwischen Pufendorf und Thomasius. Vgl. Oliver Peglow.

[29] Dreitzel, Absolutismus, S. 48.

[30] Justus Lipsius, 18.10.1547-25.3.1606. Philologe, Philosoph, Staatstheoretiker, Historiker, Hauptvertreter des sog. Neostoizismus.

[31] Dreitzel, Absolutismus, S. 49.

[32] Ebd.

[33] Ebd., S. 49 (Conring, Opera, Bd. 3, S. 52).

Dass die Philosophie des Staates, zum Beispiel bei Friedrich II. von Preußen, der Verhinderung von Aufständen im Innern gegolten habe, erscheint nach Dreitzel unwahrscheinlich. Dass die Probleme von Wirtschaft und Wohlfahrt „nur als Folgeprobleme der Machtbildung nach innen, das heißt der Finanzpolitik und nach außen, u.a. der Militärpolitik", als "Instrument innerer Staatsräson" galten, mag falsch gewesen sein, denn die Militär- und Finanz- wie Wirtschaftspolitik standen nach Peter Baumgart, qua deren Wirkung, dem Instrument der Armee zur Verfügung, entstanden infolge dessen Herausbildung und Unterhalt und entwickelten darauf Eigenständigkeit im Sinne des allgemeinen Staatswohls.[34]

Handlungsanweisungen für das "gute Regiment" des Fürsten, der so genannte Machiavellismus,[35] alles Töten, Zerstören und Auslöschen, was im Wege der totalitären Machtentfaltung steht, führten unter anderem zum Begriff der Staatsräson; der "theoretischen Konzeption", „einer pragmatischen Handlungslehre zugunsten der Legitimation des Absolutismus". Lipsius erkannte gegenüber Aristoteles auch die Macht als Konstitutivum des fürstlichen Absolutismus.[36] So haben die Neustoiker die Macht des Souveräns auch eo ipso in der Armee verkörpert gesehen. Denn nicht nur das Recht des Fürsten, diese vereinigt zu erhalten, sondern auch deren bloße Existenz, führte "zu einer realistischen Interpretation der landständischen Funktion". Gutachten Conrings an den Großen Kurfürsten und den Dänischen König, "der sich gerade die absolute Gewalt hatte übertragen lassen" (1655), bezeichnen diesen Moment im Entwicklungsprozess des Gesamtstaates zum zentralistischen Territorialstaat in Opposition zu den Landständen.[37] Als Perpetuum Mobile der Diskussion ist gleichsam die Kritik der Zeit am "Souveränitätsmodell" des Fürsten zu verstehen. „Polemik gegen die ,eigenwillige Herrschaft' durchzieht die Kritik am Militarismus, am höfischen Lebensstil, an der Verletzung des Reichsrechts, an der Orientierung am abstrakten Souveränitätsmodell und am französischen Monarchen-Vorbild", so Dreitzel.[38]

Eine funktionstüchtige Gewaltenteilung initiierte die lutherische Reichsstände-Lehre, die zugleich die Entwicklung in Brandenburg-Preußen beherrschte, wo die Fürsten zum Calvinismus übertraten, und damit die geistesgeschichtliche

---

[34] Vgl. ebd., S. 49/A. 50. Vgl. P.Baumgart, Zwischen Retablissement und europäischen Hegemonialkriegen. Deutsche Geschichte 1648-1714. Vorlesung Universität Würzburg, SS 1970.

[35] Nicolo Machiavelli (1469-1527), florentinischer Staatsmann und politischer Schreiber. Autor des Buches "Der Fürst" (Il Principe).

[36] Dreitzel, Absolutismus, S. 53.

[37] Ebd., S. 54, Art. 65.

[38] Ebd., S. 56.

Wende zum Erwerb künftiger Großmacht vollführten. Diese führte zur Aufrecht-erhaltung der Stände als Gegengewicht zum Fürsten und zur "funktionalen Ge-waltenteilung".[39] "Im Übrigen entsprach diese, auch hinsichtlich der Landstände, der orthodoxen Theologie der Lutheraner. „Johann Gerhard[40] schrieb in seinen Loci theologici (1625) ausdrücklich, die gemischte Monarchie bilde die beste Ver-fassung, die reine Monarchie sei hinsichtlich der ‚imbecilitas' des Menschen ge-fährlich".[41] Schon Melanchthon und Calvin hatten formuliert, dass eigentlich alle zeitgenössischen Monarchien „beschränkte" oder „gemischte" darstellten. Im 17.Jahrhundert wird diese Vorstellung von Aristoteles herkommend, auf die "ger-manische Freiheit" von der "Politik" auf die absolutistischen Staaten bezogen.[42]

VORLÄUFER: DER FRANZÖSISCHE ABSOLUTISMUS.

Die Entwicklung des Absolutismus in Frankreich, die der deutschen vorausging, hatte Einflüsse unter anderem auf deren verfassungsgeschichtliche Entwicklung, die sich in der historischen und staatswissenschaftlichen Literatur des 17. und 18.Jahrhunderts spiegelt. Gundling schrieb über die Wirkung von „Bouclier d'Etat et de Justice" (1667), das der Diplomat Franz Paul Lisola[43] verfaßte:

> „Es hat das Buch eine solche Impression gemacht, dass man gesagt: es habe dem König von Frankreich eine Armee von 100.000 Mann nicht so viel Schaden getan als dies Buch...Es hat den Effekt gehabt, daß dem Ludovico XIV. alle seine Concepte sind verrückt worden... Indessen hat es Frankreich unbeschreiblich viel Geld, Mühe und Blut gekostet, um nur noch mit Ehren aus dem Labyrinth zu kommen, worin es der Gelehrte und politische Lisola durch seine Feder und sein Räsonnieren gesetzt. Daher zu sehen, *daß eine gelehrte und pragmatische Feder mehr ausrichte als die tapferste Armee und der schärfste Fechter*" (Hervorh.v.m., .S.).[44]

Limnaeus[45] staatsrechtliche Darstellung entstand zwischen 1634 und 1636 in Frankreich. Das Werk bietet ausgesprochen wertvolles Material, erörtert die Dis-kussionen in der französischen Publizistik, etwa ob Frankreich eine gemischte oder eine reine Monarchie sei, und folgt im wesentlichen den Auffassungen Be-

---

[39] Ebd., S. 56.
[40] Johann Gerhard, luth. Theologe, 17.10. 1582 - 17.8. 1637. Seit 1616 in Jena Professor der Theologie.G. ist der bedeutendste Vertreter der lutherischen Orthodoxie.
[41] Dreitzel, Absolutismus, S. 56.
[42] Ebd., S. 56.
[43] Franz Paul Freiherr von Lisola, 22.8.1613 - 13.12.1674. Kaiserlicher Diplomat. 1672-73 Gesandter im Haag. Scharfer Gegner der Franzosen unter den kaiserlichen Diplomaten seiner Zeit.
[44] Dreitzel, Absolutismus, S.59.
[45] Johannes Limnaeus, 1592 – 1663, Staatsrechtler, Staatsmann, Konfession lutherisch.

solds und dessen Schule. Es handele sich bei der französischen Monarchie um eine absolute auf der Grundlage des Gottesgnadentums. Hof und Staatsregierung seien nicht getrennt. Ein Monarch, der tyrannisch werde, könne nicht abgesetzt werden. Limnaeus, so bleibt festzuhalten, sah die französische Monarchie als absolute mit einbezogenen ständisch-repräsentativen Institutionen an und verschloss sich nicht den außenpolitischen Ansprüchen des französischen Staates. Solche Ansprüche würden, nach französischer Rechtsauffassung, nicht verjähren. Neben Aragon, Kastilien, Mailand, Neapel-Sizilien, und Portugal wurde von Paris hierbei auch das Heilige Römische Reich subsumiert; und dies neben Holland, Friesland, Lothringen, Savoyen und einigen Stadtherrschaften entlang des Rheins.[46]

Für Limnaeus begann der Absolutismus mit dem bewussten Bruch Ludwig XI. mit der herkömmlichen Verfassung. Die Räte der Fürsten und Prinzen seien aufgehoben, die Ständeversammlungen übergangen und schließlich würde mit Hilfe eines „consilium privatum" regiert. Die den Königen ähnliche Stellung der Grafen und Herzöge sei durch die Souveränität des Fürsten und Königs überspielt worden. Diese hätten in Frankreich künftig nurmehr als einfacher Adel gegolten. Weder die Konfessionskonflikte und deren Überwindung, noch die Säkularisierung, wurden von Limnaeus herangezogen, um die Struktur der absoluten Monarchie zu begründen. Ständeversammlungen wie Generalstände hätten nur noch einen Schatten der früheren Institutionen dargestellt. Demgegenüber betonte Limnaeus den sozialen, ständischen Charakter dieser Versammlungen. Die Bedeutung des „Dritten Standes", seit Ludwig dem Heiligen in den Generalständen vertreten, fußte auf der Tatsache, dass fast alle Gerichts- und Steuerbeamten nicht mehr adliger Herkunft waren. Zunehmend traten Magistratspersonen „gens de lettres", „financiers" und Kaufleute in solche Ämter ein. Handwerker allerdings lediglich in dem Fall, dass sie Handel trieben. Bauern würden in Frankreich „durch die Tyrannei des Adels so ausgebeutet und unterdrückt, dass sie lieber in herrschaftliche Dienste" träten, als beim Ackerbau zu bleiben. Nach Limnaeus wurden „alle Bauern für minderwertige Menschen gehalten". So bleibt, „neben dem Aufstieg der Staatsbourgeoisie", der Rangverlust des alten Adels als das „Werk der monarchischen Macht".[47]

Das Bild der französischen Monarchie erschien positiver, und, vor diesem Hintergrund, der katholische Absolutismus des Kaisers negativer. Conring entwickelte, im Gegensatz zu Limnaeus, eine ausgefeilte Theorie und Methodik der Staatenanalyse. Weiter gehend als Limnaeus charakterisierte Conring Richelieu

---

46 Dreitzel, Absolutismus, S. 60.
47 Ebd., S. 61.

als „Vollender des monarchischen Absolutismus".[48] Die konfessionellen Auseinandersetzungen des 16.Jahrhunderts galten ihm „nur als vorübergehende Pause".
Wie für Heinrich IV. betonte Conring, Richelieu habe „sich sofort nach Überwindung der inneren Feinde einer erobernden Außenpolitik zugewandt". „Die
absolute Gewalt des Königs über Krieg und Frieden, Gesetzgebung, Steuer und
Rechtsprechung" traf jedoch auf sein kritisches Urteil. Dieser fasste zusammen:

> „Der französische Staat ist eine Despotie, die vorrangig nach den Interessen des
> Herrschers regiert wird, die das Volk also nur akzidentiell berücksichtigt... Des Vol-
> kes Interesse ist es, dass der König die Herrschaft nicht ausdehnt, sondern das Ge-
> meinwesen ruhig verwaltet. Tatsächlich wird es jedoch ganz anders regiert und nicht
> darauf geachtet, ob das Volke bedürftig ist oder nicht. Es heißt, dass das Volk zur
> Armut verurteilt ist, und die Worte Gramonds sind in guter Erinnerung, dass die Pri-
> vilegien in Frankreich nicht beachtet werden".[49]

VERGLEICHENDE SICHT EUROPÄISCHER STAATSFORMEN.

Conring erachtet im Prinzip „alle absoluten Monarchien" als Despotien. Er dif-
ferenziert jedoch: Spanien als Nutzer des „contra pacta conventa", Bayern, welches von den Herzögen regiert werde, Dänemark, das trotz des neuerlich begründeten Absolutismus, von der Unterstützung des Volkes abhängig sei und Österreich, wo auf „tyrannische Weise" die Kirchenverfassung geändert worden sei,
was allerdings um des Volkes Willen, mit weiter funktionierenden Ständen, und
ohne größeres Söldnerheer geschehe.[50] Der Staatsrechtler versteht die absolute
Monarchie von Beginn an als Eroberungs-, Militär- und Finanzstaat. Dabei spielt
die Einführung von Söldnerheeren für die Staatsverfassung eine entscheidende
Rolle. Conring beurteilt die gemischten Monarchien grundsätzlich positiv. Das
heißt, dass England und Schweden für ihn Modellcharakter erhalten. „Landstän-
dische Verfassung, Krieg, Landesteilung, fürstlichen Luxus, ungleichmäßige
Reichtumsverteilung und schlechte Wirtschaftspolitik", lassen die deutschen Ter-
ritorialfürstentümer im Urteil Conrings absinken. Insgesamt erwartet er, mit
dem Aufkommen der stehenden Heere, dass sich die „monarchia herilis" durchsetzen werde. Den politischen Fortschritt verbindet er jedoch nicht mit der absoluten Monarchie. Diese erkennt er als eher asiatische Herrschaftsform. Wiederum erhält England Vorbildcharakter. Der Staatsrechtler schreibt:

---

[48] Ebd., S. 63.
[49] Ebd., S. 63f.
[50] Ebd., S. 64.

> „England scheint mir in dieser Hinsicht glücklich zu sein, denn es sucht sein Glück in der wahren Wohlfahrt, in tüchtiger Tätigkeit nämlich, die *unterstützt wird durch ausreichende wirtschaftliche Versorgung*... Es wird das Gemeinwohl beachtet; weder wird alles im Interesse des Volkes noch alles im Interesse der Herrschenden regiert, sondern zu beider Nutzen. Daher befindet sich England in guter Verfassung; denn insgesamt sind immer jene Staaten in besserem Zustand, die sich am Gemeinwohl orientieren". (Hervorh.v.m., B.S.)[51]

Religiöse Toleranz, die Glaubenskriege verhindere, betrachtet Conring als wesentliche verfassungsgeschichtliche Leistung. „Der Staat dürfe nur mit Gewalt durchsetzen, was zu seiner Existenz notwendig" sei „und seine Ziele" fördere. Religion – ja: „Seelenheil der Bürger" – nein: „Offenbarungsreligion" sei nicht Sache des Staates, so der Staatsrechtler. Religionsstreitigkeiten seien durch „konsequente Säkularisierung des Staates" zu überwinden. Damit stellt sich Conring pointiert gegen den französischen Absolutismus.[52] Er sieht das Gesamte und nicht, wie Machiavelli - ausschließlich die Herrschenden. Die gemischte Verfassung des englischen Staates sei in steter Unruhe. Der Kampf um die Machtverteilung ende niemals. Doch lobt Conring die Klugheit des englischen Königs, lieber eine begrenzte Macht zu besitzen, als vollständig machtlos zu sein. Was aus der Machtfrage in der Zukunft werde, das unterliege der Entscheidung der Geschichte.[53]

Um 1675 entwickelte in Zittau Christian Gastel „ein forciertes Gegenwarts- und Neuheitsbewußtsein". Er kritisierte die „historischen, reichsrechtlichen und politischen Traktate" der vorangegangenen Generation; „ebenso aber auch alle naturrechtlichen Doktrinen". Aufrechterhalten werden die Begriffe von „status" und „jus publicum". Diese wirkten wie das modernisierte Restaurieren „der mittelalterlichen Hierarchie der Herrschaftsstände" und reichten von der

> „'himmlischen Ordnung' der Engel, der Patriarchen, Propheten und Apostel über den Papst, die Kaiser und Könige sowie alle Rangstufen der Fürsten bis hinab zu den Prälaten und Grafen"

und „schließlich zum einfachen Adel und zu den ‚doctores'".[54] „Genuß und Trägheit" gelten als überlebt und gegenübergestellt wird diesen die „Dynamik der Machtsteigerung". „Glück gründet sich" auf „Macht und Herrschaft" und durch diese erworbene „Ruhe und Sicherheit". Nicht das „Glück der Untertanen, sondern das der Status-Besitzer" ist gemeint. „Mangel an militärischer Macht, an fürstlichem Einkommen und Besitz, an schlechten und zu geringen

---

[51] Ebd., S. 65.
[52] Ebd.
[53] Ebd., S. 66.
[54] Ebd.

Bündnissen, an wirksamer Durchsetzung der Rechte und Vertragsansprüche", kurz, jedes „Verhalten, das den Zwecken der Staatsräson nicht entspricht" wird getadelt.[55]

AUSBLICK.

Der Ausblick über die Lehren europäischer Staatsrechtler und Historiker seit dem 15. Jahrhundert wirft - neben einem Schlaglicht auf den deutschen Verfall der Gegenwart - ein bezeichnendes Licht auch auf unsere Zukunft. Dass diese Entwicklungslinie(n) nicht ohne Bezug zu den Defekten der bundesdeutschen Verfassung und staatlichen Praxis verstanden werden können, scheint auf der Hand zu liegen. Dass an der Wurzel unserer Zustände kuriert werden muss, gleichfalls.

So kann der hier entwickelte Akzent auf föderalen Strukturen, quasi ein Anti-Zentralismus, uns heute auf den Weg zu kleinräumigeren, beherrschbareren Einheiten der politischen Verfasstheit (und Verwaltung) führen.

Als ein wesentlicher Grund erweist sich das Argument und Postulat der inneren Sicherheit, das unserere großräumigen Zusammenschlüsse der Gegenwart vor schier unlösbare Aufgaben zu stellen scheint.

---

[55] Ebd., S. 67.

Kunst und Macht in Preußen.

Georg Wenzeslaus von Knobelsdorff und Friedrich II.[*]

BERND F. SCHULTE

Von dem Schotten Carlyle, über Kugler[1] bis zu Gerhard Ritter[2], dem Briten G.P.Gooch, und selbst Rudolf Augstein, um nur einige der Bekannteren zu nennen, führt die Reihe der Friedrich-Biographen. Zumeist ging es diesen dabei um Macht und Politik, weniger um Kunst und Kultur und kaum um Menschliches. Wer je im Oktober, bei untergehendem Tageslicht, am Fuße der Terrassen von Sanssouci dem Standbild Friedrichs II. nachgeschaut hat, der wird ein wenig von dem verstanden haben, was geschichtliche Mystik in uns anrichten kann. Jedenfalls sind es die Schattenspiele, die seit Anbeginn das Bild des Friedrich von Preußen bestimmt haben. Kaum ein Monarch wird so zwischen exzessiver Macht und Kunst gefeiert. War es doch der englische Botschafter, der in seinen Berichten im Verlauf des Jahres 1786, wie alle politischen Zeitgenossen, jede der letzten Bewegungen des sterbenden Königs verfolgte. Schließlich hatte sich der große Zeitgenosse in seiner Epoche selbst überlebt. Untertanen, wie diplomatische Vertreter der damaligen Staatenwelt in Berlin, und die Kamarilla des heranstehenden Königs[3], erwarteten ungeduldig die Machtablösung in Preußen.

Der Weg, der hinter Friedrich lag, war lang und blutig gewesen und hatte von dem ungeduldigen − den Künsten verschriebenen und der Veränderung verbundenen − Kronprinzen, über den Schlachtenlenker und Menschenvernichter, zum zähen, den zermürbten Staat mühsam wiederherstellenden Kameralisten Friedrich II. geführt. Wie sehr der stete Kampf zwischen künstlerischer Neigung

---

[*] Dieter Bartetzko, Herrliche Motive, herrisch verwendet. Georg Wenzeslaus von Knobelsdorff, Friedrichs Architekt, in: FAZ, Bilder und Zeiten, Nr. 37, 13.2.1999, S. VI.
[1] Franz Kugler, Adolph v.Menzel, Geschichte Friedrichs des Grossen, Gütersloh 1959.
[2] G.Ritter, Staatskunst und Kriegshandwerk. Das Problem des ‚Militarismus' in Deutschland, Bd.1: Die altpreußische Tradition (1740-1890), München ²1959. Ders., Frederick the Great. A Historical Profile, London 1974 (Einleitung Peter Paret, deutsch: 1954, 1968).
[3] H.-J.Neumann, Friedrich Wilhelm II. Preußen unter den Rosenkreuzern, Berlin 1997.

und staatspolitischer Verpflichtung diesen Doyen eines kleinen, den Nachbarstaaten durchweg unterlegenen Gemeinwesens beeinflusst hat, zeigt ein Blick auf sein Verhältnis zu seinem Baumeister Georg Wenzeslaus von Knobelsdorff, der über eine längere Strecke des Königs Hauptarchitekt war.

Knobelsdorff, von seiner Vorbildung her einerseits Soldat, andererseits gebildet durch Reisen in europäische Residenzen, um dort deren Baudenkmäler zu studieren, besaß einesteils jene Ruhe, die erforderlich war, um mit dem sprunghaften jungen Monarchen gedeihlich zusammenzuarbeiten, und andernteils jene Klarheit des künstlerischen Zugriffs, die, angesichts der Ideenflut Friedrichs, gewährleistete, dass es zu vollendeten Werken kommen konnte. Dies war wohl die eigenste Art des jungen Königs, die - abseits aller Interpretationen in den Jahren - vom romantisch verklärten Volksführer der Mitte des XIX. Jahrhunderts, über den Vorläufer preußischer und später deutscher Machtstaatlichkeit, zum feinnervig entwickelten Philosophen, schließlich selbst für die Zwecke eines postmodernen "preußischen Sozialismus" (Mittenzwei) nherhalten musste.

Mit Knobelsdorff begann in Preußen eigentlich das, was unter Friedrich Wilhelm IV.[4], in weit höherem Maße zum Ausdruck kommen sollte, ein preußisches Arkadien, eine italienische Insel im neblig-düsteren europäischen Norden. Ob das Opernhaus unter den Linden, oder das Schloss Rheinsberg in der Mark Brandenburg, das Charlottenburger Schloss - und schließlich Sanssouci - immer bildete die Kunst den weichen Kontrapunkt zum harten politischen Geschäft in Preußen. Schließlich ging es um "die Einheit von Königtum, Kunst und Wissenschaft", wie Dieter Barteszko sagt, die in der kronprinzlichen Bauaktivität ihren Ausdruck fand. War diese doch, ausgehend vom Hof Friedrichs auf Schloss Rheinsberg, entstanden als Gegenentwurf zum Staat des "Vaters" (Jochen Klepper), Friedrich Wilhelms I. - und dessen Gesetz: "Militär, Moral, Religion und Ökonomie".

Schließlich verspielte Friedrich II. bereits im ersten Jahr seiner Regierung den Staatsschatz, den sein Vater mühselig angesammelt hatte. Die drei "Schlesischen Kriege"[5] fraßen den Wohlstand des Landes, und ihm, Friedrich, raubten sie die Chance, als Wächter für Kunst, Kultur und Wissenschaft in die Geschichte einzugehen. Dennoch, es gelangen ein Opernhaus von beeindruckender architektonischer Aussage, und, mit hartem Griff, wurde das elende Dorf Rheinsberg abgebrannt und an dessen Stelle ein moderner Ort errichtet, dessen Zentrum der Markt - und nicht Kirche oder Rathaus - bildete. Doch wandte und wendet das

---

[4] P.Haake, J.P.F.Ancillon und Kronprinz Friedrich Wilhelm IV. von Preussen, München/Berlin 1920.
[5] 1740-42(44-45), 1756-63.

revidierte Schloss dem Ort seinen Rücken zu. Der "Kreis" bildete beim Umbau dieses Schlosses den Ausdruck jener Illusion, die noch am Kronprinzenhofe von Rheinsberg vorgeherrscht hatte, jedoch in der Konfrontation mit dem Machtdreieck aus König, Militär und Bürgertum kurz darauf scheitern sollte.

Erstaunlich, dass Knobelsdorff aus Italien die Arkaden des Petersplatzes mitbrachte, sich daran beim Umbau des Potsdamer Stadtschlosses erinnerte und diesem einige Säulenschwünge spendete, die, in ihren Resten, bis heute überdauerten. Doch der Staat des ausgehenden XVIII. Jahrhunderts war der größte Arbeitgeber der Zeit. Nicht zuletzt der Frieden von Hubertusburg, der Preußen das Überleben als staatliches Subjekt rettete, Bauwerke wie die heutige Humboldt-Universität oder das Neue Palais in Potsdam, zeigten den Selbstbehauptungswillen Preußens, und machten deutlich, wie notwendig es gleichzeitig war, das Wirtschaftsleben durch öffentliche Bauten anzuregen. Dennoch läuft für uns heute alles in Sanssouci zusammen. Knobelsdorff, der aus Italien auch die geschwungenen Treppen der Villa d'Este[6] mitgebracht hatte, gab dem kleinen Potsdamer Weinberg eine Krönung, welche die Zisterzienserpatres des Mittelalters nicht in ihren kühnsten Träumen erwartet haben werden.

Doch wenn wir für Friedrich eine weitere Facette seines Wesens entdecken, dann trifft dies auch für Knobelsdorff zu. Denn dieser verschaffte sich nicht nur Gewicht mit Sanssouci, und einigen weiteren Berliner und Potsdamer Schlössern. Der Große Stern von 1741 im Tiergarten, der wuchtige Potsdamer Marstall, die Arkaden von Schloss Charlottenburg und das Dessauer Schloss: Knobelsdorff fand stets einen, seiner Wesensart entsprechenden architektonischen Ausdruck. Dass der knorrige Baumeister im Konflikt vom König schied, konnte nicht ausbleiben. War doch selbst das konsolidierte Preußen des ausgehenden Jahrhunderts für das, was beide ausmachte, wohl zu klein.

---

[6] H.-J.Kadatz, Knobelsdorff. Baumeister Friedrich des Großen, Leipzig 1998.

Manieristisches Preußen 1786-1806.

BERND F. SCHULTE

I. TEIL
FRIEDRICH WILHELM II. UND DER NIEDERGANG PREUSSENS.

KAMARILLA RUNDUM.

Als Friedrich II. von Preußen im August 1786 auf den Tod wartete, lauerten rings um Schloss Sanssouci herum die Spione der Kamarilla des Kronprinzen Friedrich Wilhelm, der europäischen Großstaaten der Zeit und deren Botschafter, um als erste vom Ableben des Königs zu berichten. So notierte der englische Chefdiplomat in Berlin, der Leibhusar habe Friedrich gerade auf der Terrasse wieder in die Sonne von Sanssouci gerollt. Verzweifelt berichtet er nach London:

> "Ist der Alte denn noch nicht tot?" Mirabeau sagte: "...niemand betrübt sich, es gibt kein Gesicht, das nicht Entspannung und Hoffnung ausdrückt, nirgends gibt es ein Bedauern, einen Seufzer, ein Lob. Dahin münden alle gewonnenen Schlachten, aller Ruhm!" (vgl. R. Markner, Imakoromazypziloniakus. Mirabeau und der Niedergang der Berliner Rosenkreuzerei (7.2.2005), in: Goethezeitportal (www.goethezeitportal.de/db/ wiss/epoche/markner_mirabeau/pdf > 1.4.2007), S.1,3.)

Das war die ungeduldige Stimmung vor Ort nach sechsundvierzig Jahren Regierungszeit, vier Kriegen - und einer Fülle an Jahren des wirtschaftlichen Neuaufbaus in Preußen; immer geleitet von dem stringenten Geist des Königs an der Spitze des Staates. Die nachgerade strikt alles Protestantisch-Kirchliche, Papistische und Jenseitsbezogene ausschließende Aufklärung traf nun auf den spiritistisch angeregten Geist am Hof des neuen Königs Friedrich Wilhelm II.

Dieser vertrat außenpolitisch eher die Österreich nahe Position Friedrich Wilhelms I. und war künstlerisch und persönlich eher seinem Großvater Friedrich I. verwandt. Hatte Friedrich II. gesagt:

> "Alle Religion seindt gleich und guth, wan nuhr die leute, so sie profesieren, Ehrliche leute seindt, und wen Türken und Heihden kämen und wollten das Land pöplieren,

so wollen wir sie Mosqueen und Kirchen bauen",

so folgte nun ein totales staatliches und konzeptionelles Durcheinander in Preußen.

WIEDER EIN "NEUER KURS".

"Der neue König, anstatt sein Volk zu sich zu erheben, stieg zu ihm herunter...Friedrich Wilhelm haßt nichts, kaum liebt er etwas. *Sein einziger Widerwille sind die Leute, die Geist haben.* Im Innern des königlichen Hauses herrscht eine vollkommene Unordnung... Kein Papier ist in Ordnung, auf keine Eingabe erfolgt ein Bescheid, keinen Brief eröffnet der König persönlich, keine menschliche Gewalt wäre imstande, ihn dazu zu bringen vierzig Zeilen hintereinander weg zu lesen. Auf stoßweise ausbrechende Heftigkeit folgt Abspannung und gänzliches Nichtstun" (Hervorh.v.m., B.S.).

Das autokratische Regierungssystem seiner Vorgänger konnte Friedrich Wilhelm II. nicht ausfüllen. Der König öffnete den Staat Günstlingen. Die Kassen Preußens gerieten in die Hände Johann Christoph Woellners und Hans Rudolf von Bischoffwerders. Das im Volke zutiefst verhasste französische Steuersystem wurde rückgängig gemacht und ein immenser Verlust auf der Einnahmenseite des Staates in Kauf genommen. So mussten bereits 1788 erste Korrekturen durchgeführt und im Jahre 1797 das Tabakmonopol wiedereingeführt werden. Das wieder neu belebte Generaldirektorium Friedrich Wilhelms I. beherrschte der schwache König nicht. Tatsächlicher Machthaber wurde der Theologe Woellner. So kam es zum unabhängigen Staatsrat. In der Armee (Oberkriegskollegium) herrschten der Herzog von Braunschweig und der Generalfeldmarschall von Möllendorf.

Insgesamt ging es in Preußen nun in gemächlicherem Schritt. Armee und Verwaltung büßten an Einfluss ein und Handel wie Kunst blühten in gewissem Sinne auf. Der Kampf gegen die Aufklärung, und die Restitution der protestantischen Kirche, bestimmten in der Folge das Gesicht des Staates. Wiederum war Woellner die wahrhaft tragende Gestalt. Statt Gewissensfreiheit und Toleranz regierte nun erneut die lutherische Orthodoxie. Die Zensur hielt wieder Einzug und der Rosenkreuzer Friedrich Wilhelm erklärte sich rundheraus gegen die Aufklärung als staatstragendem Prinzip. Professoren wie Kant wurden ermahnt, "nichts gegen die Religion" zu schreiben. Die "Allgemeine deutsche Bibliothek", und weitere Institutionen des Geisteslebens, verließen Preußen. Bis ins Rechtssystem hinein griff dieser Rückbau der Geistes- und Gesetzesfreiheit. Gleichwohl wurde das System nicht grundlegend verändert. Doch die Akzentverschiebungen zu einem gewissen "laisser faire - laisser passer", ganz im Sinne der Persönlichkeitstruktur des Monarchen, ließen Raum für vielfache Veränderungen von geistesgeschichtlicher Bedeutung. Dass zugleich Handel und Gewerbe auf der merkantilistischen Basis des absoutistischen Preußen aufblühten, mag vielen dieses Schlaglicht auf die machtpolitischen Realitäten verschleiert haben, das in der Konsequenz ein Nachlassen der Kräfte des Staates spiegelte.

KUNST, KULTUR UND ENTERTAINMENT.

Mozart in Potsdam. Wer hat es gehört, wer hielt für möglich, dass der Künstler an den preußischen Hof wechsele? Auch Beethoven sprach bei Friedrich Wilhelm II. vor. Zelter und Iffland waren schließlich in Berlin. Langhans, das Schauspiel am Gendarmenmarkt und Schillers Dramen dort bezeichneten einen gewissen Stimmungswandel in der preußischen Hauptstadt. Erdmannsdorffs Umbauten des Berliner Schlosses, das Brandenburger Tor, das Marmorpalais im "Heiligen Garten" in Potsdam, und die Orangerie ebendort, demonstrieren noch heute die kulturelle Kapazität während der Regierungszeit Friedrich Wilhelms II. Die vom "Großen" Friedrich vernachlässigte Kunst und Kultur erlebten unter dessen Nachfolger eine Blüte, ähnlich wie zu Zeiten des ersten Königs „in" Preußen, Friedrich I. Doch die Schulen verblieben in Abhängigkeit von der Kirche, und dies aus Besorgnis angesichts der Revolution, die gerade Frankreich umgewälzte. Auch belebte der deutsche Akzent Kunst, Kultur und Wissenschaft. Ganz im Widerspruch zu der französisierenden (fremdländisch-welschen) Orientierung Friedrichs II. Dass dabei das rationale Element im Staatswesen litt, mag zunächst nicht so bedeutsam erschienen sein. Doch als die große Politik der Zeit Preußen wieder berührte, sollte sich das anders ausnehmen.

Der Einfluss von Konkubinen, Damen der Gesellschaft, kurz das efeminierende Element in der dekadenten Epoche des Rokoko auch in Preußen, übte Wirkungen auf politische Entscheidungsprozesse, die - wenngleich nicht ausschließlich derart bestimmt - doch hinlänglich beeinflusst wurden. "Der dicke Wilhelm und die Frauen", ein biographisch bedeutsames Thema, uferte so in die allgemeine Politik aus. Insgesamt füllen Affären, Frauen, Palais, Schindelhäuser und Lustschlösser die Blätter der Lebensgeschichte Friedrich Wilhelms II. Als Zentral- und Ausgangspunkt erweist sich jedoch des Königs Zugehörigkeit zum Rosenkreuzerorden, einem romantisch anmutenden Derivat der Freimaurer.

ROSENKREUZER ODER REVOLUTION.

Der Orden der Gold- und Rosenkreuzer, ein zunächst deutsches Phänomen, erlebte seine Blüte zwischen 1756 und 1787. Ziele und Wirkungen dieser Vereinigung liegen bis in unsere Zeit im Dunkel. Im Preußen Friedrich Wilhelms II. bestand offenkundig über zwanzig Jahre hinweg ein maßgebender politischer Einfluss. Verwandt den Heilslehren christlicher Kirchen, ist dem Rosenkreuzerorden eine durchaus, wenngleich nachgeordnete, so doch beträchtliche Wirkung zuzusprechen. Im 20. Jahrhundert nahm Rudolf Steiner diese Quellen wieder auf und beeinflusste zu nicht geringen Teilen die Vorstellungswelt Eliza von Moltkes, der Frau des Generalstabschefs von 1914, Helmuth von Moltke. Tief im Urchristentum verwurzelt, bildeten die Rosenkreuzer den natürlichen Antipoden der im ausgehenden 18. Jahrhundert herrschenden Lehre der Aufklärung. Nicht zuletzt jene, die monarchische Staatsform stützende Funktion der Kirchen, fand, im Angesicht der Enthauptung Ludwig XVI., in den Köpfen der Monarchen Eingang; und damit auch die Lehren und Vertreter der Rosenkreuzer. Friedrich Wilhelm II. war das bedeutendste Mitglied dieses Bundes, analog zu Friedrich II. bei den Freimaurern. Doch die Phantasie der Menschen - und deren Glaubensbereitschaft - verlangten nach Erklärungen, die über rein rationale Erklärungen hinausgingen. So drängte der aufgeklärte Absolutismus in Preußen zunächst die, gegen die Aufklärung opponierenden Bruderschaften in den Untergrund und machte sie so zu Geheimbünden. Wesentlich war deren höchst moderne Struktur, die länderübergreifend mit den Freimauern, eine höhere Form der staatlich-gemeinschaftlich-europäischen Ordnung bewirken sollten. Die Ausbreitung innerhalb der geistigen Eliten der Staaten, und die rasante Vermehrung der Freimaurerlogen über Europa, bedingten ihre ungeahnte Verbreitung unter den bedeutenden Persönlichkeiten der Zeit; wie den, wenn auch informellen, so doch beträchtlichen allgemein politisch-gesellschaftlichen Einfluss. Von Blücher bis zu Gneisenau, von Adalbert von Chamisso bis zu Johann Wolfgang von Goethe, von Friedrich II. bis zu Kaiser Wilhelm I. und von Johann Gottlieb von Fichte bis zu Kurt Tucholsky zählten Schriftsteller, Philosophen, Dichter, Kaiser und Könige und bedeutende Militärs zu den Freimaurern.

Die aktivsten Mitglieder der Rosenkreuzer in Preußen waren der General Bischoffwerder und Woellner, die Hauptberater König Friedrich Wilhelm II. Unstimmig erscheint, dass sich der Gold- und Rosenkreuzerorden ab 1797 selbst aufzulösen begann. Dies, obwohl er mit den beiden Hauptvertretern in der preußischen Politik an sich zu höchster Blüte hätte kommen müssen. Ob allerdings diese kultivierte Welt des Übersinnlichen in der Sphäre praktischer Politik von Bestand sein konnte, bleibt zu bezweifeln. So wie Friedrich II. die Pflicht gegenüber dem Staat zur höchsten Priorität erhoben hatte, folgte der Sohn Friedrich Wilhelms II., Friedrich Wilhelm III., diesem Vorbild, indem er zu den negativen Aspekten der Herrschaft seines Vaters auf Distanz ging. Er setzte sogar eine Untersuchungskommission ein. Das Schicksal der Rosenkreuzer ist spiegelbildlich vergleichbar jenem der liberalen "Wochenblattpartei", Moritz August von Bethmann Hollwegs, um die Mitte des folgenden Jahrhunderts, in der Konfrontation mit preußischer "Kreuzzeitung" und Otto von Bismarck.

PREUSSISCHE AUSSENPOLITIK "PRO WEST" ODER "ANTI OST". AUCTORES WOELLER UND BISCHOFFWERDER.

Woellner und Bischoffwerder erhielten negativste Beurteilungen; vor allem im Licht der Niederlage des preußischen Staates 1806, im Kampf mit dem napoleonischen Frankreich. Bischoffwerder, zumindest seit 1791 "der eigentliche Leiter der preußischen Außenpolitik", schloss sich am 24.Dezember 1779 dem "Rosenkreuzer-Zirkel" an. Seit 1780 war er der "eigentliche Vertraute des Kronprinzen" Friedrich Wilhelm. "Im Auftrag des Ordens" wollte er den König beraten. Über Geheimsitzungen mit Somnambulen wurde der König in seinen Entschlüssen gelenkt. Hinter den Kulissen beeinflusste Bischoffwerder bereits seit 1789 die preußische Außenpolitik. Die Minister des "Großen Friedrich" wurden Zug um Zug entfernt und Rosenkreuzer eingesetzt.

> "An der Spitze des Kabinetts stand Graf Haugwitz, die eigentliche Außenpolitik lag in den Händen Bischoffwerders, und die Belange der Religion und Innenpolitik waren Woellners Angelegenheiten - das heißt: Preußen befand sich in der Hand der Rosenkreuzer bis hin zum König, der schon seit 1781 aktives Ordensmitglied war" (H.-J.Neumann, Friedrich Wilhelm II. Preußen unter den Rosenkreuzern, Berlin 1997, S. 114).

INNENPOLITIK IM ZEICHEN VON RELIGIÖSITÄT UND JENSEITSGLAUBEN.

Es ist davon auszugehen, dass nichts, was seit 1791 außenpolitisch in Preußen geschah, ohne Bischoffwerder möglich war. Doch fand Johann Christoph Woellner in der Wissenschaft, wie selbst Friedrich Wilhelm II., wenig positive Erwähnung. Bischoffwerder brachte Woellner 1780 an den Hof des damaligen Kronprinzen. Der Theologe und Rosenkreuzer hatte es sich zur Aufgabe gemacht, die aufklärerische Tradition in Preußen mundtot zu machen. Schon am 18.März 1786 sprach er sich dahin aus, "die große Angelegenheit der Religion Jesu in" Preußen betreiben zu wollen. Was aber bedeuteten derartige Pläne in der praktischen inneren und äußeren Politik? Das Religionsedict (8.7.1788) und das Zensuredict (17.12.1789) brachten einen ersten Sieg der Rosenkreuzer. Mirabeau sah in Woellner den "Vizekönig" von Preußen. Auch die weiteren Chargen der Staatsdienerschaft wurden von den Rosenkreuzern erklommen. Doch keinesfalls beabsichtigte der neue König, andersdenkende in seinem Lande nicht zu bekämpfen.

Wie eng sich die Beziehungen im Dreieck Bischoffwerder- Woellner- Friedrich Wilhelm gestalteten, wurde daran sichtbar, dass diese untereinander eine Geheimschrift benutzten. Das letztendlich verbindende Element, abseits aller persönlichen Sympathien, bildete die seit dem 14.Juli 1789 über den absoluten Staaten in Europa liegende Drohung der Revolution. Indem die Rosenkreuzer versprachen, gegen derartige Tendenzen der treue Bundesgenosse zu sein, und die Bindung zwischen Monarch und Volk zu stärken, bildete diese Richtung das probate Mittel für Friedrich Wilhelm, den Bestand der monarchischen Staatsform in Preußen für die Zukunft zu sichern. Darauf nahm Woellner mit Bedacht Bezug, als er seinem König zu dessen 52. Geburtstag gratulierte und aussprach, es sei

> "besonders dass es allemal der Satan ist, der eine Revolution anfängt".

So erkannte der Rosenkreuzer in der französischen Revolution den Antichrist, und schien diese Sicht direkt aus der Aufklärung entwickelt. Die Rosenkreuzer wurden so dem König tauglich als Kampfmittel der absoluten Monarchie gegen die Revolution. Dass mit der Inklination des Monarchen für den Geheimbund viel Intrige und Machtgewirr verbunden war, belegen Quellen aus dem Umfeld Woellners, der seinen Einfluss auf Staat und König, koste es was es wolle, ausdehnen, festigen und halten wollte. Letztendlich Freimaurerisch, verdarb das "System Woellner", durch ausgeprägte Intoleranz gegen Andersdenkende, die Grundstimmung in Preußen und warf so seinen Schatten in die Zukunft und auf die Spitzelepoche des "System Metternich".

Umgesetzt wurde dieser Kurs folgerichtig an den Universitäten Preußens (Johann Timotheus Hermes). Ein Feldzug gegen Aufklärer und "Illuminaten", zum Beispiel an der Universität Halle, brachte ein "Niedertreten" aufklärerischen Geistes. Im Verlauf der spiritistischen "Angriffe" auf den König, die vor allem in Breslau stattfanden, sprach Gott, erließ dem König über ein Medium seine Sünden, wurde der Wert der "Freunde" Friedrich Wilhelms II. betont und der Grad des Einflusses weiterer Rosenkreuzer unterstrichen - wie des Prinzen von Württemberg, des Konsulenten Hilmer und Grafen Haugwitz. Die "Konvention von Reichenbach" und der "Neutralitätsvertrag" mit Frankreich von 1795 etwa, wurden in solchen Séancen thematisiert. Das Interesse der Rosenkreuzer an einer Neutralitätspolitik gegenüber Napoleon war damit offenbar und die Zielrichtung der Bewegung gegen Osten erkennbar. Ein Element, das 1916-21 in den Äußerungen Rudolf Steiners gegenüber Frau Eliza von Moltke erneut zu finden ist und zuvor in der Anti-Ost-Ausrichtung des Generalstabschefs Helmut von Moltke (unter Einfluss Rudolf Steiners) gegen das zaristische Russland manifest wurde.

Die Somnambule äußerte zum Beispiel gegenüber Friedrich Wilhelm, und allein dies ist bedeutsam, seine Untertanen würden ihn für diesen Vertrag segnen, habe dieser doch Blutvergießen verhindert. Und Brühl wie Bischoffwerder wurden von ihr hochgehoben und der König auf Oswald und Hermes festgelegt. Dieser zeigte Wirkung und bestätigte dies schriftlich. Zum Abschluss der Breslauer Sitzungen fasste Friedrich Wilhelm den Eindruck in den Worten: "Ich hab von ferne, Herr, deinen Thron erblickt". Exakt derartige Reaktionen bezweckte Bischoffwerder. Selbst über die fiktiven Äußerungen seines toten Sohnes wurden dem König Vorstellungen aus Berlin, "via" Breslau, nahegebracht. Was mag die geheimnisvolle "Blaue Grotte" von Marquardt, dem Sitz Bischoffwerders am Schlänitzsee, an Geheimnissen bergen? Hier geben die Darstellungen Theodor Fontanes in den "Wanderungen" den tiefsten Einblick in die Vorgänge dort und im Schlosspark von Charlottenburg. Mindestens enthalten diese ein Geheimnis, wie es das der "weißen Frau des Hauses Brandenburg" war.

AUSSENPOLITIK "ANTI OST". PAZIFISMUS UND ISOLATIONISMUS.

Vordergründig mochte das Bestreben leitend sein, "ein christliches Preußen... wieder auf den Pfad der Tugend und der Ordnung" zu führen. Der König, der auf Grund seiner Beziehungen zu Mätressen erpressbar war, bildete die wohlfeile Beute für die Bestrebungen Bischoffwerders. So erscheint Friedrich Wilhelm vordringlich als König des Überganges. Doch sind dessen Wirkungen, verstärkt durch die Erstarrungstendenzen in den preußischen Zuständen, bereits während der Spätzeit Friedrichs II., nicht zu unterschätzen. Wurden doch außenpolitisch Wege beschritten, die schicksalhafte Wirkungen erzeugten. Gleichwohl scheint das Bild der Regierungszeit Friedrich Wilhelms II. ausgesprochen widersprüchlich. Im Innern die Phase der gesellschaftlichen Neubestimmung unter klerikal-moralischem Gesichtswinkel, außenpolitisch einerseits die territoriale Ausdehnung gegen Osten und andererseits nach Westen eine isolationistisch- beschwichtigende Politik gegenüber dem revolutionären Frankreich. Beide Konzepte bedeuteten Brüche mit der preußischen diplomatisch-außenpolitischen Tradition seit Friedrich Wilhelm I.

Gewichtig, dass Friedrich Wilhelm II. die Russen, mittels der polnischen Teilungen von 1793 und 1795, zum direkten Nachbarn Preußens machte und damit eines der zentralen Probleme des späteren preußisch-deutschen Kaiserreiches initiierte. Um die Mitte des 19. Jahrhunderts sollte die liberale "Wochenblattpartei" um Bunsen, Moritz August von Bethmann Hollweg, Graf Robert von der Goltz, Pourtalès, Bonin und den Hof des Kronprinzen Wilhelm in Koblenz, die Linie eines "englischen Bündnisses" wieder aufnehmen, die getragen war von scharf anti-russischen Vorstellungen. 1914 sollten diese den Reichskanzler Theodor von Bethmann Hollweg bestimmen. Graf Hertzberg, der frühere Minister Friedrichs II., und betonter Anti-Österreicher, hielt dementsprechend strikt fest am "Fürstenbund" aus der späten Phase friderizianischer Politik. Das in der deutschen Politik "à la longue" so schicksalhaft-stiefmütterlich behandelte Projekt einer Ausgrenzung der französisch-österreichischen Allianz, und eines Bündnisses mit England, blieb damit zunächst in Berlin "en vogue". Ein "Norddeutscher Bund", unter Beteiligung Russlands, bildete das nächste Ziel. 1787 marschierten preußische Truppen in Holland ein; bedeutete dies den "Brückenschlag" zu England? Einfluss gewann dort jedoch ausschließlich das Inselreich. Das französische Gewicht in Holland nahm durch Preußen ab. Auf sechs Millionen Taler Kriegskosten verzichtete Friedrich Wilhelm allzu großzügig. 1788 konnte sich Preußen vermeintlich, in einem aus dieser Entwicklung erwachsenen Dreibund, auf Holland und England stützen. Hertzberg suchte weiterhin Österreich auszugrenzen und im Osten Danzig und Thorn an Preußen zu bringen. Doch bot der Dreibund im Westen für diese Unternehmungen keinerlei Basis. Andererseits unterstrich die Bereitschaft Hertzbergs, im Januar 1790 Österreich - während dessen Auseinandersetzung mit der Türkei - in Böhmen militärisch in den Rücken zu fallen, Preußens Handlungsfähigkeit auf dem europäischen Schachbrett. Im März 1790 kam es dann, mit der "Konvention von Reichenbach", zu einer preußisch-österreichischen Aussöhnung. Im letzten aber zog Berlin aus dem Abkommen keinen Gewinn. Entsprechend umstritten blieb dieses Bündnis in der politischen Diskussion bis ins 19. Jahrhundert. Letztlich waren die Bewegungen der preußischen Politik dominiert gewesen durch einseitigen Pazifismus.

Damit trat die Wende preußischer Politik ein. Bischoffwerder, der Rosenkreuzer, übernahm die Außenpolitik (Februar/März 1792 in Wien). Bereits bei der holländischen Eskapade hatte dieser "seine Finger im Spiel" gehabt und Friedrich Wilhelms Bereitschaft zu einer Aktion gegen das revolutionäre Frankreich gestärkt. Damit befand sich Preußen auf der Schiene des Rosenkreuzer-Programms, dessen Grundlage die Politik gegen das Frankreich der Revolution bildete. Andererseits war der Ausgleich mit der Kaisermacht Österreich Bischoffwerders Werk. Dieser bereitete die "Pillnitzer Konvention" zwischen Preußen und Österreich vor und nahm damit im Grunde die Politik Friedrich Wilhelms I. wieder auf. Am 7.Februar 1792 folgte das Bündnis der beiden deutschen Monarchien gegen Frankreich, das den "heißen Konflikt" einleitete und von der

Erwartung Friedrich Wilhelms begleitetet wurde, es werde dabei ein neuer Hollandfeldzug herauskommen. Andererseits geriet Preußen, über dessen Verbindung zu Österreich, in den Krieg des neuen Römisch-Deutschen Kaisers, Franz II. mit dem revolutionären Frankreich hinein. Gleichzeitig suchte der König, sich auf diesem Wege dessen Unterstützung für die polnischen Teilungspläne Preußens zu vergewissern.

Der Rosenkreuzer Haugwitz ersetzte 1792 den "Friderizianer" Hertzberg. Mystizismus in der Politik - und erst recht im Kriege - erzeugte einen brüchigen Boden für aktives Handeln. Letztlich begründete der Angriff auf Frankreich den wenig reputierlichen Ruf der preußischen Armee gegen Ende des Jahrhunderts. Ludwig XVI. von Frankreich wurde am 21.1.1793 enthauptet. Ein Ziel der Attacke der Monarchien Österreich und Preußen auf Ostfrankreich war damit verfehlt. Das allgemeine Interesse in Preußen wandte sich vermehrt den Ostfragen um die polische Teilung zu. Zwei Tage darauf schloss Preußen den "Petersburger Vertrag" zur zweiten polnischen Teilung. Berlin erhielt Danzig und Thorn sowie die Distrikte Gnesen, Kalisch und Posen zugeschlagen. Kurz gesagt, es befand sich Preußen in einem "Zweifrontenproblem"; die personellen und finanziellen Möglichkeiten des Staates wurden überdehnt, denn der Reichskrieg war erklärt und wechselndes Kriegsglück band preußische Verbände im Westen. 1794 stellte sich zudem heraus, dass der preußische Kriegsschatz leer war. Ein Subsidienvertrag mit England blieb schließlich Papier und so verließen die preußischen Truppen den westlichen Kriegsschauplatz und erreichten in einer Rochade (ähnlich wie 1914 geplant) die neuen Ostprovinzen in Polen.

Es folgte ein harter Feldzug, in welchem sich die russischen Truppen – anders als die preußischen - bewährten. Ein "vergessener" Krieg, der den Rückzug vor Warschau und den Aufstand der neuen Provinz Südpreußen initiierte. Was folgte war durch ein hartes Besatzungsregime charakterisiert, das zudem durch Korruption typisiert war, die bis in die preußische Beamtenschaft hineinreichte. Um den Rücken frei zu bekommen, und im Osten tatkräftig auftreten zu können, kündigte Preußen das Bündnis mit England und schloss am 5.April 1795 mit Frankreich den "Sonderfrieden von Basel". Die Nordmacht schied damit für die Dauer von zehn Jahren aus jeglichen Koalitionen gegen Frankreich aus. Die linksrheinischen Territorien sollten demgemäss bei Frankreich verbleiben, bis es zu einem Friedensschluss mit dem Heiligen Römischen Reich Deutscher Nation käme. Unter anderem wurde die Neutralität Norddeutschlands vereinbart, eine Bestimmung, welche in der Geschichtsschreibung als große Leistung der Staatskunst für die Kultur deklariert werden sollte. Napoleon beschränkte sich auf Süddeutschland. Die Grenzlinie nach Norden bildete der Main. Abgesehen von den Anti-Ost-Ideen der Rosenkreuzer blieb Preußen keine andere Wahl, denn auch das Engagement in Polen band Soldaten und Finanzen. So verstärkte sich Friedrich Wilhelm nun zusätzlich um Neuostpreußen mit Teilen Litauens, Masowiens, einschließlich der Hauptstadt Warschau, und einem Grenzstreifen der Provinz Krakau (Neuschlesien).

II. TEIL

AUSWERTUNG DER NIEDERLAGE VON JENA UND AUERSTEDT.

Bereits 1807 wurde in der preußischen Armee die Summe aus der Niederlage von Jena und Auerstedt gezogen. Der Große Generalstab machte diese Erkenntnisse 1906 auch in der Armee des Kaiserreichs zum Thema und unterstrich - nicht ohne Bezug auf die damals gegenwärtigen Erstarrungstendenzen in der Armee (Colmar v.d. Goltz) - "dass eine verlorene Schlacht nur der Abschluss einer langen Kette von voraufgegangenen Fehlern" bilde. Grad und Wert der Auswertung der Geschehnisse von 1806 einschränkend wirkten der Tod des Höchstkommandierenden, des Herzogs von Braunschweig - wie jener des Prinzen Louis Ferdinand. Dass der, nun die Trümmer der friderizianischen Armee "mehr recht als schlecht" nach Prenzlau führende, Fürst Hohenlohe-Ingelfingen mit einigen Fragen belastet war, blieb offen, da König Friedrich Wilhelm III. seine schützende Hand über diesen hielt. Der General der Kavallerie, Graf v. Kalckreuth bemerkte dazu am 11. Februar 1806:

> "Ich hatte gegen den Herzog persönlich keine Animosität, im Privatleben standen wir recht gut, nur jammerte es mich, in seinen Händen, deren Kraftlosigkeit mir aus Holland und Frankreich bekannt war, den Staat verschmelzen zu sehen".

An anderer Stelle sei, auf die Frage, "wo der Fürst von Hohenlohe wäre", "zur Antwort" gegeben worden", er sei fort, man wisse nichts von ihm". General-Leutnant von Blücher berichtete am 31. März 1808, trotz wiederholter Aufforderung habe er vom Oberkommandieren, dem Herzog von Braunschweig, "keine Resolution erhalten". Blücher betonte zudem, "unsere ganze Reserve" habe "nicht agiert". "Das Regiment Gend'armes" sei "nicht zum Fechten gekommen".

So unterblieb, bei allem Bemühen, letztlich ein Urteil über den Gesamtkomplex der preußischen Armee vor und im Feldzug 1806. Vergleichbar der zwischen 1922 und 1955/56 für die Armee des Kaiserreichs im Ersten Weltkrieg eingetretenen Lethargie des Urteils. Durch die folgenden Ereignisse überholt, bilden diese Phasen der Geschichte weiterhin reiches Material für weitere ertragreiche Forschung. Doch verlor sich selbst die Darstellung des Großen Generalstabes von 1906 zunächst in den Einzelereignissen und dem filigran anmutendem Nachweis untergeordneter taktischer Fehler Einzelner, und dies vor allem hinsichtlich, in der militärischen Hierarchie nachgeordnet Agierender.

Der General-Leutnant von Rüchel, ein bedeutender Führer während des Feldzuges bis zur Entscheidung, kritisierte in seinem Memorandum vom 16.Juli 1808 den Verlauf der Schlacht bei Capellendorf:

> "Hierbei vermisste ich die in der Armee sonst gewöhnliche Disciplin und selbst den Respect und die nöthige Furcht des gemeinen Mannes vor dem Offizier auf eine für meine Empfindung sehr schmerzhafte Weise. ...Schwerer aber würde diese Reformation in dieser dennoch nothwendigen Nähe und unter dem feindlichen Feuer zu Stande gekommen sein, wenn ich nicht meine Adjudanten ausgesandt hätte, durch die Cavallerie die Marodeurs zurückzuhohlen und auf sie einhauen zu lassen".

Friedrich Wilhelm III. gestand in seinem Erlass vom 1.Dezember 1806, zu den während der Operation aufgetretenen Verfehlungen in der Armee ein, dass "die verschiedenen gegen Frankreich ins Feld gerückten Armee-Corps" sich "leider fast gänzlich[en]" aufgelöst hätten. Öffentlich "zu ahnden" seien Verfehlungen, die allerdings eingetreten waren. Der König nannte ausdrücklich:

> "1. Alle diejenigen so an der beispiellosen Art wie die Festungen Stettin, Küstrin, Spandau und Magdeburg sich dem Feinde übergeben haben, mehr oder weniger Antheil haben, 2. Ferner alle diejenigen Officiere, welche nicht bei dem capitulierenden Corps zugegen gewesen, sich aber freiwillig als hiezu gehörig angesehen und wohl gar ihre Cameraden oder selbst ihre Untergebenen zugeredet haben einen gleichen nichtswürdigen Entschluß zu fassen. 3. Endlich alle diejenigen, welche ohne Urlaub erhalten zu haben, oder gefangen zu seyn, sich von der Armee weg und etwa nach Hause usw. begeben haben",

um dann auf die Einzelfälle und Maßnahmen einzugehen. Ausdrücklich genannt wurden die "auf offenem Felde" durchgeführten Kapitulationen von:

> Wichmannsdorf (Regiment Gendarmes, 27.Oktober), Prenzlau ("Rest der an der Saale geschlagenen Armee", 28.Oktober), Pasewalk ("5 Bataillone und 5 Kürassier-Regimenter[n]", 29.Oktober), Anklam (30.Oktober), Boldekow (30.Oktober), Wahren ("Regiment Königin Dragoner mit 1 Detachement von 170 Pferden, 1.November), Wolgast ("Bagage der Hohenlohschen Armee", 2.November), Wismar ("Rest des Husaren-Regiments von Usedom", 5.November), Krempersdorf ("4 Eskadrons und ½ reitende[n] Batterie", 6.November), Lübeck-Ratekau ("G.L.v.Blücher mit den Resten von 8 Infanterie-Regimentern, 6 Grenadier-, 8-Füsiler-Bataillonen, 6 Jäger-Kompagnien, 4 Kavallerie-Regimentern, versprengten Kavallerie-Detachements verschiedener Regimenter und mit einer nicht mehr festzustellenden Anzahl von Geschützen, im ganzen etwa 9000 Mann", 9.November), Travemünde ("1 Bataillon Regiments Graf Kalckreuth", 8.November), Lüneburg ("200 Pferde[n] des Dragoner-Regiments König von Bayern und einer halben Batterie von Heydenreich", 12.November).

Jedenfalls wich die Disposition der Armee, das heißt, deren Aufmarsch, ab von der "Ordre de Bataille" des Fürsten Hohenlohe vom 28.September in Chemnitz. Das berichtet Major v.der Marwitz am 26.Mai 1808. So standen schließlich 42 600 Mann 155 000 Franzosen gegenüber. Die "Vertheilung" der preußischen Detachements fiel derart aus, dass diese "sich untereinander nicht soutenieren konnten". Verschenkt wurde die Gelegenheit, "mit der ganzen Macht über die Saale zu gehen und über eins" der französischen "Corps herzufallen". Die Panik von Jena - im Hauptquartier des Fürsten Hohenlohe – habe nur augenfällig den Gemütszustand von Führung und Soldaten demonstriert. So habe sich der "physischmoralische Zustand", namentlich der sächsischen Regimenter, nicht derart dargestellt, dass diese "das Nachtheilige ihrer militärischen Lage wieder" hätten gutmachen können, führte der Major v.der Marwitz aus. "Merkwürdig", dass die Franzosen von Jena aus, unbemerkt in den Rücken der preußischen Arme gelangen konnten. Den Kampf der preußischen Regimenter vor "Vierzehn Heiligen, Krippendorf, Hermstedt und Klein- und Groß-Romstedt" schildert v. der Marwitz als durchaus erfolgreich und eindrucksvoll. Doch die Tirailleurtaktik der Franzosen wirkte sich auf die Dauer schädigend aus. V.der Marwitz ergänzt:

> "Ungeachtet wir schon anfingen merklich Leute zu verlieren, so sehen wir doch fast keinen Feind. Er focht zu unserm großen Nachtheil wie hinter einer Gardine. Seine Tirailleurs benutzend jede Unebenheiten des Terrains, um sich dahinter zu legen und uns in die Glieder hineinzuschießen, und selbst ihre Batterien waren so hinter den Anhöhen gestellt oder eingegraben, dass man wenig mehr als die Mündung des Rohres zu sehen bekam; unter dem Schutz dieser Batterien zogen sich nachher die Tirailleurs zurück, und deckten wieder die Batterien, wenn diese weichen mussten".

Ungeachtet der Erfolge der sächsischen Kavallerie, hatte sich die preußische der Gelegenheit begeben, ihre Kraft einzusetzen. "Verwirrung und Muthlosigkeit" bildeten die Folge. Fürst Hohenlohe ließ

> "mit bataillons vom linken Flügel en échellon gegen das Dorf Vierzehn Heiligen avancieren, wobei, um die rechte Flanke des Feindes zu gewinnen, etwas rechts gedreht wurde. Unsere Truppen konnten es kaum erwarten, ehe sie vorkamen, und gingen mit großer Fassung durch die Kugeln, die sich bald in Kartätschenhagel verwandelten, auf den Feind".

Das Feuer war ungeahnt wirkungsvoll, die Verluste der preußischen Bataillone ungeheuer. Dennoch hielten diese am Platz bis der Rückzug befohlen war. Rückzug im "offenen Quarrée", mit klingendem Spiel, in all der Auflösung - auch das gab es.

Festzustellen war, dass "die Schlachten und Gefechte an der Saale..., die Armee in einzelne Teile zertrümmert" hatten. Es wurde 1906 zugestanden, diese hätten "nur noch geringe oder gar keine Widerstandskraft mehr" besessen. Von "ermüdete[n], schlecht verpflegte[n] Mannschaften" ist die Rede. So spielte, im Rahmen der nachträglichen Würdigung der hier vorgestellten Kapitulationen in offenem Felde wiederholt Nachsicht mit. Infolgedessen erging bis 1810 kein Entscheid über den skandalösen Vorgang bei Prenzlau. Auch die Festungskapitulationen, die im 20. Jahrhundert noch zum Fanal des Widerstands erhoben werden sollten (Kolberg/Gneisenau/1944 Heinrich George), bestätigten in den Untersuchungen seit 1807 keinesfalls das Bild einer energischen Verteidigung preußischen Bodens bis zum möglichen Entsatz. Es hatten, anders als dies moderne geschlechterspezifische Forschung sehen will, „schändlich" kapituliert: Erfurt (15./16. Oktober), Spandau (25. Oktober), Stettin (29. Oktober), Küstrin (1. November), Magdeburg (8. November), Fort Klarenberg bei Czenstochau (19. November), Hameln (20. November), Nienburg (25. November), Plassenburg (25. November), Glogau (3. Dezember), Breslau (7.1.1807), Brieg (16.1.1807), Schweidnitz (16.2.1807), Danzig (25.5.1807), Neiße (1.6.1807), Kosel und Glatz (10./26.6.1807 "Vereinbarung mit dem Feind"). "Silberberg, Kolberg, Graudenz und Lenczyc wurden geräumt" (7.11.1806). Schwere Strafen und ein Todesurteil (Küstrin) ergingen gegen die Festungskommandanten. Der König bestätigte die "große[n] Anzahl von Offizieren", die in diesem Zusammenhang "straffällig" geworden sei. Wiederum wurde jedoch der Kreis der zu Bestrafenden über das gebotene Maß eingegrenzt.

Dennoch, 1906 wurde das entscheidende "movens" hinter jeglicher Beurteilung dieser Vorgänge ausgesprochen:

"Im Oktober und November überlieferte sich *eine Anzahl fester zum Teil höchst wichtiger Plätze ohne jede nennenswerte Verteidigung einem meist unterlegenen Feinde*" (Hervorh.v.m., B.S.).

Entscheidend die Feststellung des Großen Generalstabes, die allerdings durch die Frage nach dem Woher zu ergänzen wäre:

"Das Verhalten der Gouverneure, Kommandanten und Truppenbefehlshaber, alter Offiziere aus der Schule des großen Königs, viele mit ruhmvoller militärischer Vergangenheit, lässt sich nur aus der schlagartig hereingebrochenen Katastrophe erklären, die die gesamte Bevölkerung des scheinbar so fest gefügten Staates mitriß".

Offene Kritik an dieser offenen Wunde preußischer Kriegsgeschichte wurde zusätzlich geäußert:

> "*Ungenügend, aber doch verteidigt wurden Glogau, Schweidnitz, Brieg und Bres-lau;* Danzig, Graudenz, Kolberg, Neiße, Kosel, Glatz und die kleine Bergfeste Silber-berg aber zeigten, wie lange selbst bei nicht genügender Ausrüstung das Vordringen des Feindes hätte aufgehalten werden können" (Hervorh.v.m., B.S.).

Glatz schloss mit dem Prinzen Jérôme eine Konvention auf vier Wochen, wel-che die "reichlich versorgte Festung" aus der Landesverteidigung herausnahm. Verteidigungsversuche thematisierten interessanterweise, neben "der unvergleich-lich günstigen Verteidigungsfähigkeit von Glatz", habe "das schöne Schweidnitz ein warnendes Beispiel" gegeben

> "wie der Feind mit starken Festungen umzugehen"

pflege. Jedoch auch auf die innere Festigkeit der Bevölkerung fiel mittelbar das Licht der Kritik. Die Magistrate von Breslau und Küstrin hatten Druck auf den Festungskommandanten ausgeübt, zu kapitulieren. Schließlich, mit dem Erlah-men der Energie der Kommandanten,

> "begann die Mannszucht sich stark zu lockern; es kam zu Ausschreitungen der zahl-reichen schlechten Elemente der Besatzung und des Pöbels".

Zurechtgerückt wurden nachträglich die Kapitulationen von Erfurt, Spandau, Küstrin, Stettin und Magdeburg. Der Große Generalstab fixierte:

> "Ruhmloser als diese sind wohl *niemals* starke Plätze in die Hände eines Gegners gefallen, und *niemals* haben Kapitulationen dem Fortgange der Unternehmungen des eigenen Heeres im Felde größeren Abbruch getan. An diesen berechtigten Vor-würfen ändern die teils aus *falscher Humanität*, teils aus der sehr *bequemen* Nei-gung, sich durch missverstandene Königliche Weisungen zu decken, abgeleiteten Entschuldigungsgründe gar nichts" (Hervorh.v.m., B.S.).

PAZIFISMUS UND ERSCHLAFFUNG.

Die herrschende Tendenz im Preußen des Jahres 1806 schien, wie der Gouver-neur von Magdeburg äußerte:

> "*Ohne Endzweck Menschen aufzuopfern und eine Strecke so schön und bemittel-tes Land verwüsten zu lassen, kann niemals einem General zur Klugheit gerechnet werden*, wenn eine *dure necessité* in kurzem eine Capitulation nach sich zieht. Durch die geschlossene Capitulation verblieben die Beurlaubten im Lande, und viele Ausländer kamen ins Canton zurück oder gingen zu des Königs Majestät Armee" (Hervorh.v.m., B.S.).

Auch der Kommandant von Küstrin vertrat die Meinung, dass "das Beste des Landes darin bestände, Stadt und Festung...vor Einäscherung zu bewahren und also ohne jeden Versuch von Widerstand zu übergeben". Derartige Argumente bezieht der Große Generalstab 1906 in das Urteil ein. Zusätzlich ergaben sich in Erfurt 10 000 Mann - einschließlich der Festung Petersberg. Weder der ehrwürdige Feldmarschall Moellendorf, noch ein ausgewachsener Prinz, sahen sich befleißigt, die Truppen herauszuziehen. Wiederum war die Untersuchungskommission nach 1807 genötigt, auch den Prinzen von Oranien, infolge des Schicksals seiner Familie in Holland und bei Auerstedt, in Schutz zu nehmen. Stettin fiel, obwohl der Feind keine nennenswerte Anzahl von Truppen dort zur Unterstützung seiner Absichten zeigen konnte. Ein Détachement Kavallerie übernahm nämlich die Festung auf deren "Wällen 7 gute Bataillons und 100 Stück [!] Geschütz standen". Weniger fallen in diesem Zusammenhang die Einzelfiguren Handelnder vor Ort ins Gewicht, als vielmehr die Details der militärischen Lage. Stets wurde im Urteil der königlichen Untersuchungskommission auf das hohe Alter, die schwache Gesundheit u.ä. der verantwortlichen Offiziere verwiesen. Es entsprachen sich allerdings diese gesamtgesellschaftlichen Gegebenheiten und der Zustand der preußischen Armee, und dies hinsichtlich Bewusstsein wie Ausbildung und Taktik im Kriegseinsatz. Die Generale der Preußischen Armee von 1806 waren zwischen 62 und 78 Jahre alt!

Wie konnte es, angesichts dieser Ergebnisse - schon der übergreifenden Untersuchungen – im Jahre 1906 dennoch zu einem positiven Urteil zum Zustand der preußischen Armee kommen? Zunächst solle diese, wie der Große Generalstab schreibt, eines "Feldherrn" ermangelt haben. Jedoch sei ein hoher Prozentsatz der verantwortlichen Offiziere in Befehlsstellung "ihren Posten von vornherein nicht gewachsen gewesen". Auch habe der "lähmende[n] Eindruck der neuen Kriegführung des Gegners" diese "jeden Halt" verlieren lassen. Doch scheint dann offenbar die Kriegführung der Revolutionskriege ohne jeglichen Einfluss auf die theoretische Weiterentwicklung der preußischen Armee geblieben zu sein, denn das Generalstabwerk schreibt 1906:

"Trotzdem stand vor dem Kriege der Glaube an die Unbesiegbarkeit Preußens in der öffentlichen Meinung ebenso unerschütterlich fest wie im Heere".

Damit fand die Situation von 1806 ihr Analogon in der Stimmungslage, die im deutschen Reiche vor 1914 vorherrschte. Denn nach der Marneschlacht des September 1914 wusste jeder deutsche General von Verstand und Kompetenz, dass die Friedensausbildung der deutschen Streitkräfte an der Realität des gegenwärtigen Krieges vorbeigegangen war. Interessant, dass dennoch der Generalstab die Frage eines Zeitgenossen von 1806 hervorhob:

"Alles deutet Ihr jetzt, was geschah, Ihr sahet es schon lange, wusstet das Wie, *doch warum sagtet Ihr es nicht vorher?*"

Aber wenn der Große Generalstab dies für 1806 monierte, warum wurde dann Colmar von der Goltz, der Chef des Festungs- und Pionierkorps (bis 1906), und zuvor Kommandierender General des I. Armeekorps in Königsberg, designierter Generalstabschef und wenige Jahre später als Reichskanzler gehandelt, sowohl als junger Offizier, wie auch 1883, als er sein kritisches Buch "Rossbach und Jena" just zum Verfall der alten wie der damalig gegenwärtigen Armee veröffentlichte, so wenig freundlich behandelt? Jedenfalls fand sich der Große Generalstab mit seiner Darstellung "1806. Das Preußische Offizierkorps und die Untersuchung der Kriegsereignisse" vordringlich bemüßigt, die 4600 betroffenen Offiziere der alten Armee zu verteidigen.

Aber eingestanden wurde durch den Oberkommandierenden, Fürsten v. Hohenlohe d. Oehringen, am 4.1. und 4.4.1808:

"Nicht die geschickten und schnellen Bewegungen des Feindes, (welcher alles gethan zu haben scheint, uns die Ausführung des Projekts, die Oder zu erreichen, zu erleichtern) haben den Untergang des Corps herbeigeführt, - nein, *die eigenen unzweckmäßigen Maasregeln, verbunden mit Unentschlossenheit und Unthätigkeit, haben das Verderben herbeigeführt*"(Hervorh.v.m., B.S.).

VERALTETE UND UNGENÜGENDE AUSBILDUNG.

Bereits beim Ausmarsche der Truppen habe "Ratlosigkeit" geherrscht. Der fehlende "Zusammenhang" sei der Führung des Fürsten Hohenlohe anzulasten. Nutzloses Hin- und Hermarschieren war Ausdruck dieser Gegebenheiten und fehlende Versorgung die Folge. Die Makrolage erscheint von Anfang an verfehlt – was mochte da im Mikrobereich noch zu bessern sein? "Allgemeine[s] Vertrauen" soll am Beginn der Schlacht vorgeherrscht haben. Doch Artillerie und Trains hatten Probleme, auf Grund unzureichender Ausbildung und Bespannung. So habe "aller guter Wille der Truppe" am Ausgang nichts ändern können. "Zersplitterung der Kräfte", so der Generalstab, habe "am 13." zum Verlust der Schlacht bei Jena geführt. 1906 wurde festgehalten:

"In vier von vornherein hoffnungslosen Einzelkämpfen zerschellten die Hohenlohesche und die Rüchelsche Armeeabteilung an der einheitlich geführten, an Zahl überlegenen Armee des Gegners bis zur völligen Auflösung; das Schicksal der Hauptarmee war durch unzweckmäßige Anordnung des Vormarsches schon in den ersten Morgenstunden des 14. in Frage gestellt. Bei Kappellendorf und Vierzehnheiligen folgten sich die widersprechenden Befehle so rasch, war die Ratlosigkeit ebenso groß, wie in dem dichten Nebel vor Hassenhausen, so dass sich nur zu bald die Unsicherheit auch in der Truppe fühlbar machte".

"Keine Befehle, keine Meldungen", ständig neue Unterstellungsverhältnisse, kein "Marschtableau" und "einander widersprechende Befehle", wie fehlende Orientierung, charakterisierten die Entwicklung der Verbände. "Von Disposition, Stellung des Feindes, Terrainkenntnis", war "keine Rede" und so kamen "einzelne Bataillone,...völlig erschöpft auf dem *champ de bataille* an'". Aber auch das Vorgehen der Kavallerie war mit Pannen gepflastert. So wurde "das Kürassier-Regiment Beeren ...beim Vormarsch auf dem Biwakplatz der Truppen vergessen". Die Attacke Blücher mit "zusammengerafften Eskadrons", das hoffnungslose Herumirren ganzer Regimenter abgeschlagener Kavallerie auf dem Gefechtsfeld, als "Zielscheiben", offenbaren den minderen Zustand preußischer Gefechtsführung. Diese Erscheinungen blieben in den Kämpfen und Schlachten dieses Krieges konstitutiv für die preußischen Truppen.

Offene Kritik übte der Große Generalstab einhundert Jahre später an der Ausbildung der friderizianischen Armee. Es wurde - vor dem Hintergrund der damaligen Ausbildung der Armee des Kaiserreichs erstaunlich - erklärt:

> "In schwierigen Lagen der eigenen Urteilskraft zu folgen und sich selber zu helfen, das hatte *die alte in ein starres Schema gezwängte Ausbildung und Taktik* die Offiziere nicht gelehrt, und, ,wenn einer oder der andere sich besser hätte nehmen können, so muß man vieles darauf rechnen, dass hier Fälle entstanden sind, auf welche *keine bisherige Norm* anzupassen war, und dass Neuheit in der Sache manchmal einen Entschluß hervorbrachte, den man höchst unrecht haben würde, der *Mutlosigkeit* zuzuschreiben; ich bin vielmehr fest überzeugt, daß jeder meiner Regimentskameraden zehnfach sein Leben aufs Spiel gesetzt haben *würde*, wenn er durch eine Weigerung seine Ehre zu beflecken gefürchtet haben *würde*'" (Hervorh.v.m., B.S.).

Das bekannte Major von Kleist vom Regiment "König". Abgewälzt wurde jedoch, seitens des 1906 auswertenden Großen Generalstabes, wie gesagt aus gutem Grund, dieser desaströse mentale und handwerkliche Zustand der preußischen Armee von 1806 auf deren „Armeeleitung und das System". Gleichzeitig konzedierte der Königsplatz,

> "Die Offiziere waren im Gelände ungeschult und *wenig an Selbständigkeit* gewöhnt" (Hervorh.v.m., B.S.).

Dieser Hinweis erinnert an die berüchtigten "Schiefertafeln" des Generals von Schlichting, der in den 1890iger Jahren die Taktikausbildung der Kaiserreichsarmee auf dem Exerzierplatz durchführte, was der Oberst von Barsewisch, für das Badische Leibregiment, just im Jahre 1905 in seinen Memoiren bezeugt.

Der Generalstab kritisierte einerseits die taktischen Zustände bei Auerstedt, ließ jedoch den Blick für die zeitgenössischen Realitäten vermissen. Es wurde moniert:

> "An ihren Platz im Gliede gefesselt, brachten die Truppenoffiziere zum Kriege wenig mehr mit, als auf ganz bestimmten Voraussetzungen beruhende *Exerzierplatzgewohnheiten*" (Hervorh.v.m., B.S.).

In welchem Masse nutzlos das Kurieren an den Fehlleistungen vor dem Feind allerdings blieb - bleiben musste - bewies der Fehlschlag des Prinzen Louis Ferdinand; der "einige Züge Freiwilliger aus der Linie [habe] vornehmen" wollen, "um sie à la débandade auf die feindlichen Tirailleure losgehen zu lassen", jedoch scheiterte, da den "Sächsischen Bataillonen (sic?)...das Kommando unbekannt war". Nur den "Sächsischen"? Das ist jedoch zu fragen. Dieses Kommando ad hoc, aus der Lage erforderlich, sei, so der Große Generalstab, "von den Truppen nicht zu erlangen" und "nicht einmal [oder gerade] den Kommandeurs begreiflich zu machen" gewesen. Gerade diesen - hätte die Kritik im Jahre 1906 folgern müssen. Preußische Ausbildungsrealität war allerdings, "sich nicht einen Schritt von ihren Vorderleuten zu entfernen, nicht ohne Befehl zu schießen". Auswüchse wie jener beim Korps Rüchel, wo den Kavallerieoffizieren "friedensmäßig" verboten war, von erschossenen Pferden auf "Dienstpferde" umzusteigen.

Die Vorstellung von den lohnenden Zielen, da nicht auf dem Gefechtsfeld zu erkennen, wirkte sich schädlich insofern aus, als Truppen im feindlichen Feuer aushielten, ohne zu attackieren und schließlich retirierten. Infanterie-Regimenter zogen sich zurück, weil das benachbarte so verfuhr, keine Befehle mehr durchkamen, dadurch frische Kräfte mitgerissen wurden und der allgemeine Rückzug und die Auflösung folgten. Friedensgewohnheiten, die sich in dem Kommando bei der Kavallerie "Kehrt Euch" – um zu verhindern, dass es beim Anprall zu Verletzten käme – manifestierten, da im Kampf automatisch vor dem Einbruch in feindliche Karrees ausgeführt, oder gar kommandiert, dass Offiziere allein in den Feind kamen.

TRADITIONELLE REZEPTE.

"Die alte eiserne Disziplin", der Pathos weckende „ Anblick der Fahnen", hielten auch in der Niederlage. Die große Zahl einzelner, nutzloser Heldentaten von Führern auf verlorenem Posten, wird 1906 betont. Nicht zu leugnen: ist

> "Mit hereinbrechender Dämmerung waren die Schlachten von Jena und Auerstedt völlig verloren, alle Ordnung hatte aufgehört. Die preußische Armee zeigte in den

Abendstunden des 14.Oktober *das in der Kriegsgeschichte aller Völker oft wiederholte Bild der Massenpanik eines bis zur Auflösung* geschlagenen Heeres" (Hervorh.v.m., B.S.).

Eine gewisse Neigung zur Verallgemeinerung klingt 1906 an, wenngleich das Eingeständnis des völligen Auseinanderbrechens, zunächst der preußischen Abteilungen und Verbände, unübersehbar bleibt. Allerdings wurde der Abgrund der Niederlage damit begründet, diese habe "um so größer sein" müssen, "je fester das Heer an seine *Unbesiegbarkeit* geglaubt" habe (Hervorh.v.m., B.S.). Fand der Große Generalsstab etwa eine Entschuldigung in der "fama"? Offensichtliche Ausreden finden sich auch im Folgenden. Exemplarisch wird das Beispiel des Regiments "Wedell" erwähnt:

> "Der linke Flügel des Regiments, welcher zuerst aufmarschierte, litt außerordentlich, fast alle Offiziere in den Zügen wurden in den ersten Minuten blessiert oder erhielten starke Kontusionen, aber keiner verließ seinen Posten; angefeuert durch das Beispiel ihrer Offiziere; schritten die ersten aufmarschierten Züge muthig vorwärts, bis die beiden vor uns aufmarschierten Regimenter, welche schon im Feuer begriffen waren, plötzlich die Waffen wegwarfen, Kehrt machten, die Flucht ergriffen und in regellosen Haufen zu fünfzig und hunderten auf unsere Züge stürzten, selbige durchbrachen und über den Haufen warfen. Dies böse Beispiel war gleichsam ansteckend und wirkte mehr auf den Soldaten, wie das fürchterliche feindliche Feuer. Der Haufen der Flüchtigen aller Gattung von Truppen vermehrte sich mit jedem Augenblick, panischer Schreck bemeisterte sich fast aller Gemeinen, kein Kommando wurde mehr gehört und befolgt, auch selbst das nicht, die Flüchtigen mit dem Bajonett wieder an den Feind zu treiben. Keine menschliche Gewalt und Autorität konnte die Züge mehr zur Ruhe und vorwärts bringen".

Der Große Generalstab zitiert - quasi im Gegenzug - zu dieser Darstellung des Leutnant von Kreckwitz:

> "*Es ist aber zu bemerken*, dass die im ersten Treffen angreifenden Regimenter des Rüchelschen Korps vollständig zusammengeschossen waren, ehe ihre Reste von der hier geschilderten Panik ergriffen wurden".

DER ZUSAMMENBRUCH PREUSSENS.

Die Armee war seit dem Großen Kurfürsten der Motor der staatlichen Entwicklung. Hier bei Jena und Auerstedt seien - so der Große Generalstab - "mit einem Schlage" jeder "Widerstand", "Hoffnung" und "Selbstbestimmung", auch "Gefühl für Verantwortung" und klare Gedanken vernichtet worden. Allerdings nicht die übergreifenden Gründe für diese vernichtende Niederlage (schließlich lediglich eine Schlacht), sondern postwendend die verantwortlichen und "schuldigen" Persönlichkeiten wurden in den Vordergrund gehoben. Allerdings, in Preußen war die Armee nahezu gleichbedeutend mit dem Gesamtstaat. So bedingten sich innere Entwicklung von Staat/Gesellschaft und Armee gegenseitig - durchdrangen einander und gingen folgerichtig - miteinander zugrunde. Diese Zusammenhänge berührte der Große Generalstab, zumindest unter dem Blickwinkel der bewaffneten Macht, indem ausgeführt wurde:

> "Mit jenem Abende begann die einer krankhaften Zwangsvorstellung gleichende Gedankenverwirrung bei Männern, wie Fürst Hohenlohe, Wartensleben, Massenbach, Hagen. Poser und zahllosen anderen ihre verderbliche Wirkung, die zu *den Tagen von Prenzlau, Pasewalk und Magdeburg* führte" (Hervorh.v.m., B.S.).

Doch ist bitter wie der Gesamtstaat zusammenbrach, und dies auf allen Ebenen der behördlichen Hierarchie. Weder die Armee, noch regionale Befehlshaber, Oberpräsidenten etc. regten auch nur einen Finger, um den Landesfeind zu hemmen, aufzuhalten und die Restitution der geschlagenen Armee zu begünstigen. Es genügte eine Schlacht außerhalb der Grenzen Preußens, um dieses kampflos Frankreich zu überlassen. Ein insgesamt - auch in der Kriegsgeschichte - ungeheuerlich-einziger Vorgang. Die preußische Armee löste sich auf. Es waren nicht die Regimenter Friedrich des Großen, nicht mehr die Armee von 1756, sondern das Heer des preußischen Staates von 1806; und damit dessen Verkörperung.

Der große Friedrich, ein Mann, hatte nach Kolin, Kunersdorf und Hochkirch wenige Tage benötigt, um seine Streitkräfte wieder zu sammeln und erneut ins Gefecht zu führen. Treffend das Zitat des Fürsten Hohenlohe, der, befragt nach seinen Befehlen, lediglich äußerte:

> "Die Nacht allein rettet uns".

Von Bülow berichtete am "14.Juny 1808":

> "So war bei der großen Ermattung der Truppen die Lage des Corps allerdings misslich, und es war sehr zweifelhaft, ob man das Corps glücklich nach Löknitz und Stettin würde führen können, allein dies gab keinen Grund zur Capitulation; man musste die Scheunen in Brand stecken, um den Feind am augenblicklichen Nachrücken zu hindern, und musste abmarschieren, wobei zu statten kam, dass zwischen Stettin und Löcknitz manche natürliche Deckungmittel waren, als z.B. Brücher, wo nur ein Weg hindurch geht, wie zwischen Baumgarten und Kleptow, wovon die Infanterie Nutzen ziehn konnte".

Doch solchen Gedanken habe wieder einmal der "General-Quartiermeister des Corps, der Obrist v. Massenbach" widersprochen, "ein Mann, der seit langen Jahren das Vertrauen des Fürsten besessen". Überdies - so v. Bülow - in dessen Co-Memorandum – bei Fürst Hohenlohe-Oehringen sei ein "gänzliches[n] Schwinden der physischen Kräfte, wobei allemal die Facultäten der Seele mit leiden müssen" zu verzeichnen gewesen, und so habe dieser "nicht seinem früheren Rufe gemäs" gehandelt. Unter dem 6.August 1810 referiert v. Bülow zum schicksalhaften Einfluss des Obristen von Massenbach, der falsch recognoziert und das für Preußen fatale Bündnis mit Russland im Auge gehabt habe. So sei es zur Kapitulation der preußischen Restarmee vor Prenzlau gekommen, obgleich gar kein erwähnenswerter französischer Truppenverband vor Ort gestanden habe.

Der Prinz Eugen von Württemberg, als Oberbefehlshaber einer preußischen Armee ein Anachronismus. Als solcher wurde dieser erst nach der Schlacht empfunden. "Fast alle Offiziere polnischer Herkunft desertierten". Ein Hinweis auf die landsmannschaftliche Zusammensetzung des preußischen Offizierkorps, aber auch der Mannschaftsränge. Handelte es sich bei dieser geworbenen Armee um eine tatsächlich preußische? Konnte von dieser die Verteidigung des Landes "bis zum letzten Mann" erwartet werden? Von hierher erklären sich die merkwürdigen Verhaltensformen von Offizieren, die infolge Müdigkeit, Krankheit, und Suche nach ihren Habseligkeiten u.ä. von ihren Truppenteilen abkamen und deren Spuren sich darauf in der Geschichte verloren. Aber, und auch das war richtig, "die preußischen Offiziere waren arm".

Die "kopflose Verwirrung...der widerstandsunfähigen Heerestrümmer" hinterließ tiefe Spuren im Gedächtnis der Gesellschaft, selbst über 1813 und 1815 hinaus. Die innere Distanz der Bevölkerung zum "Militärstand", die sicherlich einerseits in der Arroganz der Militärs gegenüber den Zivilisten begründet war, bestand als dominierendes Phänomen um die Mitte des 19. Jahrhunderts als Militärablehnung fort und lebte so recht erst wieder nach 1945 auf und gipfelte wohl 1968, als die Dachdecker in Hamburg hinter Fähnrichen der Bundeswehr in Uniform herpfiffen wie hinter "bunten Hunden". Es mag wohl eine Vielzahl von Offizieren gegeben haben, die versuchten, zu ihren Truppenteilen zurückzufinden, den Resten der Armee zu folgen etc. Überprüfend handelte es sich hier wohl um Teile des tragischen Ablaufs von untergeordneter Bedeutung; geringer als dies der Große Generalstab 1906 zu erkennen vermochte. Letztlich waren die Truppen vielerorts willig, sich dem Äußersten zu stellen. Doch anstatt diesem Willen zur Verteidigung zu entsprechen, schlossen die oberen Chargen, zur Überraschung der unteren, wie es damals hieß, „schändliche" Kapitulationen ab.

Mit einem gewissen Recht, auch dies anders als es der Große Generalstab 1906 sehen wollte, traf den Offizier der geschlagenen Armee "der schneidende Spott der eigenen Landsleute, von denen so mancher um die Gunst der Eroberer buhlte, und die Angriffe der Presse machten vorläufig eine gerechte Beurteilung unmöglich". Selbst diese Vorgänge waren ähnlich jenen der Jahre nach 1945, als den Offizieren von den eigenen Landsleuten die Schulterstücke von den Uniformen gerissen wurden und jeder Gedanke an Krieg, Soldat oder gar Offizier in den Familien der 50iger Jahre nachgerade verpönt war. Nicht zu Unrecht könnte der Titel aus dem Jahre 1808 "Betrachtungen eines Deutschen am Grabe der Preußischen Monarchie" über beide Epochen gesetzt werden.

Von 7096 Offizieren der alten Armee sollten 3898 "im Feuer der Befreiungskriege" stehen. 190 waren 1806/07 in Kämpfen "gefallen oder an Wunden gestorben". Weitere Einsicht ergibt sich aus der Statistik zur "Überalterung des Offizierkorps von 1806". Danach waren:

"Von den 142 Generalen	4 über 80
	13 über 70
	62 über 60.
Von den Stabsoffizieren	
u.z. den 540 der Fußtruppen:	7 über 70
	110 über 60
den 227 der Kavallerie:	187 über 50
	25 über 60
den 39 der Artillerie:	29 über 50
	4 über 70
den 14 der Ingenieure(etc.) :	22 über 60
	1 über 70
	2 über 60
	7 über 50,
und von den 65 nicht regimentierten (General- und Flügeladjutanten, General-Quartiermeisterstab, Kommandanten, Platzmajors usw.):	4 über 60
	5 über 50..."

Entscheidender, als die augenscheinlich vorhandene Überalterung der preußischen Offizierkorps, erscheinen die "Unredlichkeiten der Zivilbevölkerung" (Verkäufe, Verrat von Militäreigentum). Dazu ist ein genauerer Blick auf Art und Vorgang beim Verlust des Berliner Zeughauses, "der Pulvermagazinbestände", der Montierungsmagazine, der "königlichen Kassen, Magazin-, Holz- und anderen Vorräte" zu werfen.

Quasi einen "Persilschein" erhält das Offizierkorps von 1806 durch den Großen Generalstab, indem dieser verkündet:

> "*Unter seinen früheren Offizieren* hatte das verjüngte preußische Heer die Tage von Jena und Auerstedt, von Prenzlau, Pasewalk, Küstrin, Stettin und Magdeburg wettgemacht" (Hervorh.v.m., B.S.).

"Große Fortschritte" in "Ausbildung und Organisation" attestierte die Berliner Behörde der neuen preußischen Armee. Rückgrat dieser Zwischenkriegsarmee seien jedoch die Offiziere von 1806 geblieben, zum Teil jene, die diesen Krieg "schon in höheren Stellungen mitgemacht hatten". Selbst "Neubildungen, Reserve- und Landwehrformationen" seien "in erster Linie mit noch dienstfähigen Offizieren der alten Armee besetzt" worden. Die Verbürgerlichung des Offizierkorps griff, für den Moment der Not, Raum. Die Vorstellung, "das Portepee adele", vom Großen Generalstab 1906 betont, traf zu beiden Zeiten wohl kaum die Realität. Die Offizierkorps der Regimenter führten eine "Selbstüberwachung" insofern aus, als durch das Institut der "Offizierwahl" (über 1808 hinaus) auch künftig die einheitliche soziale Struktur desselben gewährleistet wurde. Selbst nach den Freiheits-, und nicht den "*Befreiungs*kriegen" wie der Große Generalstab schreibt, sei "der alte preußische Offiziergeist erhalten" geblieben (Hervorh.v.m., B.S.). Wenn das zutrifft, ist die folgende erneute Verkrustung in "dem Erbe der friderizianischen Armee" zu erkennen, aus welchem "das Offizierkorps die streng royalistische Denkweise, die den Fahneneid als ein persönliches Treuegelübde..., wie es der Vasall seinem Lehnsherrn leistete" aufgefasst habe. "Die strenge Auffassung von Pflicht und Dienst", ein "persönliches Unanhängigkeitsgefühl" und "Mut zur Verantwortung" wurden vom Großen Generalstab 1906 idealisierend betont. York bei Tauroggen wurde zum Sinnbild der folgenden 100 Jahre erhoben und gleichsam, mit dieser Abkehr vom Bild der Führerkönige, in die Realität des 20. Jahrhunderts blickend, behauptet, "dieser Geist des Offizierkorps" habe "Staat und Armee [nicht Monarchie] in heftigen Erschütterungen aufrechterhalten".

Bürgerliche Offiziere bildeten in dieser Perspektive gleichsam den Spaltpilz der Verhältnisse, wenngleich diese Sicht lediglich verklausuliert hervortrat. Die "große Zahl der Neulinge", welche die Freiheitskriege in die Armee gespült hatten provozierten im Gegenzug nach 1815, dass "die Regimenter die ihnen innerlich fremden Elemente" abstießen; erneut kehrte das ein, was nicht Ausgangspunkt von geistiger und materieller Evolution werden konnte, was aber von den Tatsachen abweichend so gefaßt wurde, nämlich:

"Mit der Wiederkehr ruhiger dauernder Verhältnisse bildete sich auch bei den neuen Truppenteilen ein fester Zusammenschluss nach außen, ein enges kameradschaftliches Verhältnis nach innen aus".

Allerdings, so wurde am Königsplatz konzediert, es habe in den "Zeiten politischer Stille" nach 1815 negative Entwicklungen gegeben. "Ein Rückfall in die Zustände, wie sie vor 1806 geherrscht" hätten, habe "nicht mehr eintreten" können. Doch "eine Art von Ermattung" wurde allerdings festgestellt. Selbst die Ausbildung der "Alten Armee" Friedrich II. wurde - bei allem offiziellen Lob - indirekt kritisiert, indem deren "künstliche[n] Revuemanöver[n]" in die Schusslinie von Kritik gerieten. Wie zuvor, so trat auch nach 1815 "im gesamten Leben des Staats auch im Heerwesen *eine Art von Ermattung*" ein (Hervorh.v.m., B.S.). Verschleiernd behauptete der Große Generalstab:

"Organisation und Ausbildung litten unter einer Verwaltung, die die ökonomischen Gesichtspunkte in die erste Linie zu stellen gezwungen war".

Zurücktretender Felddienst, die Herrschaft der Exerzierplätze, der "schematische[r] Zug" im Manöver und das "Streben nach schönen Gefechtsbildern, Vorherbestimmung des Verlaufs und Einteilung in ‚Momente'" verbanden sich zum Problem, da das Offizierkorps zunehmend alterte und "eine gewisse Enge des Gesichtskreises" um sich griff. Die Stabsoffiziere und Generale waren inzwischen wieder "mehr Truppeninspekteure, Kenner aller kleinen reglementarischen Einzelheiten, als Truppenführer, die ‚in das Große vom Kriege entrieten'". Der Große Generalstab spricht von einer "stillen Periode", ohne allerdings erkennen zu wollen, dass dies Kriterium zutraf, sowohl für die Armee vor 1806 wie für jene nach 1871 (Colmar v. der Goltz, Rossbach und Jena 1883; Von Rossbach nach Jena und Auerstedt, 1906). Zusätzlich ging die wesentliche Neuerung des Krieges von 1813, die Landwehr, ihrer blutig bezahlten militärischen, und damit auch politischen, Bedeutung verlustig. Die Entwicklung vom "Volksheer" der Freiheitskriege auf das Corps Royal des absoluten Königs zurückzudrehen, war das Bestreben der preußischen Heeresverwaltung. So sollte eines unverbrüchlich garantiert werden: "die Zuverlässigkeit der Armee" in der Konfrontation des monarchischen Staates mit der zweiten Revolutionswelle nach 1830. Somit war das militärisch- innenpolitische Problem seit 1815 kaum anders gelagert, als nach 1789. Wilhelm I. erlebte

"die ganze Geschichte der preußischen Armee seit dem Ausgange der Epoche Friedrichs des Großen. Er sah in seinen jungen Tagen den erschütternden Zusammenbruch des Heeres des alten Staates, er erlebte die Erhebung Preußens, und er war Zeuge, wie das Heer in den Jahren der Zersetzung seine Fahnen unbefleckt erhielt".

Doch Wilhelm II. sah vor seinem geistigen Auge immer wieder die Enthauptung Karls I. und die Berliner Revolution von 1848 erstehen.

So weist die Entwicklung von 1500 bis 1914 auf die stets latente Gefahr hin, die aus überbordendem Zentralismus und falsch verstandenen Siegen resultiert.

Im Inneren die Neigung, die Macht des Staates in die Hände von überschätzten - und zudem modischen - Kräften zu legen; in bewaffneter Macht, staatlicher Verwaltung etc. der Routine zu erliegen und wesentlichen Teilen der Gesellschaft die Initiative (Beteiligung) zu beschneiden, mündet zwangsläufig in die Verteidigungsunfähigkeit des Staates insgesamt.

Die Deutsche Geschichte ist somit nicht festgelegt auf die Monarchie, den Absolutismus oder den Militär- und Beamtenstaat. Freiheit, Initiative und Selbstbestimmung gilt es andererseits beständig zu fördern.

Kaiserreich 1918: Ende des Aufstiegs

Wilhelm II. – Epochenfigur und Versager.

Deutschland in den Krieg stürzen?[*]

BERND F. SCHULTE

Wilhelm II., während des Ersten Weltkrieges als kinderfressende Bestie dargestellt, war vor 1914 eine der schillernden Gestalten auf der Bühne der Geschichte. Von 1918 bis 1941 lebte er zurückgezogen und isoliert in seiner Traumwelt
auf Schloß Doorn, seinem holländischen Exil. Im Jahre 1988 jährte sich der Re-
gierungsantritt des letzten deutschen Kaisers zum 100. Mal. Anlaß genug für eine
Ende des Jahres 1987 vorgestellte Aufsatzsammlung zu Geschichte und Bedeutung dieser umstrittenen Epochenfigur.

Der Autor dieses Bandes, der englische Historiker John C.G. Röhl, ist aus sei-
nen Beiträgen zum ersten deutschen Historikerstreit der 60iger Jahre bekannt.
Damals ging es im Anschluß an die Arbeiten des Hamburger Historikers Fritz
Fischer um die deutsche Politik vor und im Ersten Weltkrieg; deren Anteil am
Ausbruch dieses Konfliktes und die Kriegsziele des Kaiserreiches zwischen 1914
und 1918. Röhl hat sich insbesondere der Innenansicht des Kaiserlichen
Deutschland gewidmet; und hier vor allem dessen Regierungssystem im Verlauf
der Staats- und Verfassungskrise der Nach-Bismarck-Ära. Widerspruch erntete er
damals hauptsächlich von Seiten der nationalkonservativen deutschen Historikerzunft. Seine enge These vom Kriegsentschluß des Führungszirkels um Wilhelm II., anderthalb Jahre vor dem tatsächlichen Kriegsbeginn, im Dezember
1912, ist bis heute mit Recht umstritten.

---

[*] J.C.G. Röhl: Kaiser, Hof und Staat. Wilhelm II. und die deutsche Politik, München (Beck) 1986
(Kartoniert: Beck'sche Reihe Bd. 1501/9. 2002). Diese Version der Besprechung des Röhl-Bandes
wurde im August 1988 vom NDR/Rundfunk gesendet. Rolf-Martin Corda, der über Jahre zuständige
Rundfunkredakteur, bemerkte damals befragt, weil die Sendung auf sich warten ließ, gegenüber dem
Verfasser, etwas säuerlich-arrogant, diese Rezension sei "sendbar" gewesen (Text und Titel hier
überarbeitet).

Unter dem Eindruck dieses Widerstandes verlagerte Röhl den Schwerpunkt seiner Forschungen auf die Rolle und den Einfluß des Kaiser-Intimus, Botschafters und ausgewiesenen Diplomaten, Philipp Eulenburg, welcher während der 1890er Jahre einer der Weichensteller wilhelminischer Personalpolitik war. Im Zuge neuer Einsichten in den informellen Führungsstil Wilhelms II., dessen latente Homosexualität, Skandale und Eigentümlichkeiten, drängte sich dem englischen Forscher zunehmend die Frage nach der tatsächlichen Bedeutung dieses Kaisers für die deutsche Geschichte des späten 19. und des beginnenden 20.Jahrhunderts auf.

Hier bleibt zu betonen, wie - unterschiedlich zur westdeutschen Geschichtsschreibung - im angelsächsischen und allgemein westlichen Ausland die Zäsur des Ersten Weltkrieges für die jüngere europäische und Weltgeschichte verstanden wird. 1914 ist hier der tiefste Einschnitt der modernen Geschichte.

Im Verlauf seiner Arbeiten, die vorerst in der umfassenden Edition des Eulenburg-Nachlasses gipfelten, schälte sich für Röhl heraus: Wilhelm II., dieses "verwöhnteste Kind Europas", wie ihn Churchill nannte, sei der Dreh- und Angelpunkt deutscher Politik von den 1890er bis zu den ersten Jahren des neuen Jahrhunderts gewesen. In gewissem Umfang relativierte Röhl selbst diese These mit dem Hinweis, seit den frühen Regierungsjahren habe dieser Kaiser unter dem zunehmenden Einfluß seiner militärischen Umgebung gestanden. Eine Behauptung, die Röhl mit vielfältigen Hinweisen auf die Flügeladjutantenphalanx und Politik um den Kaiser, dessen militaristische Neigungen bis hin zur Vorliebe für großgewachsene, gutaussehende junge Offiziere, zu stützen sucht.

Gewiß, der Hohenzollern-Regent besaß eo ipso, als Zentrum der höfischen Gesellschaft Preußen-Deutschlands, einige Gravitationskraft. Dennoch, und das bleibt das Hauptproblem des Röhl'schen Ansatzes, bleibt zu verifizieren, wie maßgebend der Berliner Hof für diesen großpreußischen Staat am Beginn des sich herausbildenden industriellen Zeitalters war, und dies unter Einschluß der großbürgerlichen Eliten. Neue Erkenntnisse vermittelte Röhl, indem er akribisch den byzantinistischen Regierungsstil des Kaisers nachzeichnete. Dabei erscheint wichtiger als das zeitgenössische Gerücht, Kaiser Wilhelm wolle auf jeder Jagd der Hirsch, die Braut auf jeder Hochzeit und die Leiche bei jeder Beerdigung sein, die Tatsache, daß der Hohenzoller zu den reichsten Männern Deutschlands zählte. Neben einem ungeheuren Privatvermögen verfügte er z.B. insgesamt über mehr als 40 Schlösser. Während schon vor 1910 der Berliner Hof täglich über 43.000.- Mark verschlang, kam in jener Zeit ein Arbeiter kaum auf 1.000.-- Mark Jahreslohn. Ein Dokument besonderer Art ist das im Grunde militärische Rang-Reglement des Berliner Hofes mit seinen 62 Stufen, das selbst das Zeremoniell der österreichischen und sächsischen Residenzen in den Schatten stellte und vor allem die Prävalenz der Armeevertreter vor Würdenträgern aus Klerus, Adel und Bürokratie heraushebt. Insgesamt ein wesentlicher Einblick in die preußisch-deutschen Verhältnisse, als die Momentaufnahme von Generälen, denen während einer der Nordlandreisen von Wilhelm II. die Hosenträger durchgeschnitten werden.

Röhl bewies insgesamt die Reichweite seines konventionellen, biographisch orientierten Ansatzes. In der Überfülle neu erschlossener Details, Akten und Dokumente, sah der englische Forscher mit Recht die Bedeutung seines Werkes, das einer lange Jahre vernachlässigten und pauschal verurteilten und verdrängten Persönlichkeit unserer Geschichte gilt. Doch gerade dieses Objekt der Röhl'schen Forschungen bereitet Schwierigkeiten. War Wilhelm II., dieser an sich unernste Mensch, als Monarch nicht eher "Guillaume le timide" ("Wilhelm der Schreckhafte")? Ein Vakuum auf der politischen Bühne *oder* - wie Röhl es versteht - der tatsächliche Initiator im politischen Kräftespiel?

Ein Beispiel: Wilhelm II. der Reisekaiser. Er floh vor seinen Aufgaben und Verpflichtungen von Berlin nach Korfu, ins Elsaß und nach Wiesbaden, Cowes, Wilhelmshöhe, Prökelwitz, Kiel, Springe am Deister, Rominten, Letzlingen, Liebenberg, Schlesien und Donaueschingen. Er fand es wichtiger, auf Hirsche anzusitzen, als seine Reichskanzler und Kommandierenden Generale zum Vortrag zu empfangen. Zusätzlich verließ ihn gerade dann stets der Mut, wenn es galt, internationale Krisenlagen nervlich durchzustehen. So fürchteten die deutschen leitenden Politiker des neuen Jahrhunderts - Bülow und Bethmann Hollweg - nichts so sehr, wie das Auftreten des Kaisers in solchen Wochen der Spannung. Sei es nun während der Marokkokrisen 1905 und 1911, der Bosnienkrise 1908/09 oder bei Kriegsausbruch 1914. Den wirklichen Kaiser zeigt wohl die Szene auf der Höhe des Taunus, nach der Beilegung der Marokkokrise 1911, als Wilhelm II., mit weitausholender Geste, in die Ferne wies und Bethmann Hollweg fragte:

"Und dieses Land soll ich wegen Marokko in den Krieg stürzen?"

Neben der Tatsache, dass hier über die Auslösung eines Weltkrieges verhandelt wurde, belegt diese Szene, wie gering die Bedeutung des Kaisers tatsächlich war (vgl. Quelle in B.F.Schulte, Die Verfälschung der Riezler Tagebücher, Bern-Frankfurt 1985. NL Peter Rassow, Kölner Historiker bis 1961) und demonstriert diese, gegen Röhl, bereits für 1911 ein völliges Zurücktreten des Kaisers; was mit Beginn des Krieges, und nach dem Scheitern der Marneschlacht 1914, vom Generalstab herbeigeführt, schließlich offenbar werden sollte.

Diese Hinweise schmälern jedoch keineswegs Röhls Verdienst, mutig eine derartig umstrittene Gestalt wie Wilhelm II. erneut in das Licht der Forschung gerückt zu haben. Dennoch scheint es riskant, sich dem Kaiser überwiegend psychologisierend zu nähern. Das Bild der Akten zeigt diesen, wenngleich im Zentrum der Verbindungen, so doch eher als Funktion seiner Umgebung. Den Reichskanzler Bethmann Hollweg, in der Vorbereitung auf einen großen kriegerischen Konflikt, als machtlos zu verstehen, bleibt angesichts dessen, von Röhl zitierten Gespräches mit dem Feldmarschall v.d. Goltz-Pascha im Dezember 1912 (aus: B.F.Schulte, Die deutsche Armee, 1900-1914, Düsseldorf 1977), unverständlich. Erst recht sollte ein weiterer Gegenstand Röhlscher Interpretation, der sogenannte "Kriegsrat" vom Dezember 1912, und der nach Röhl vorgeblich damit verbundene Entschluß des Kaiserreiches zum Krieg, keinesfalls lediglich als Einzelereignis von allgemein stilbildender Wirkung gesehen werden. Vielmehr würde dieser wertvolle Ansatz, übergreifend eingesetzt, indem das gesamte Spektrum der deutschen Kriegsvorbereitungen einbezogen würde, dessen volle Erklärungskraft entwickeln. Röhl sieht hier gleichfalls eine Schwäche seiner Argumentation, denn jener Teil der deutschen Führung, um den es hier entscheidend geht, die Militärs, ist bisher kaum angemessen dargestellt (das haben dessen Schülerinnen Hull und Mombauer inzwischen zu korrigieren versucht. Dazu in Kürze B.F. Schulte, Politik und Militär im Kaiserreich, 1888 bis 1914).

Röhl arbeitet seit diesem hier besprochenen Band an einer dreibändigen Biographie des deutschen Kaisers (2 Bände zwischenzeitlich erschienen). Die These von dem entscheidenden Einfluß der militärischen Führungselite auf Wilhelm II., und damit auf die deutsche Politik um die Jahrhundertwende, suchte der englische Historiker darin inzwischen neu belegen. Dieser Gedanke ist aller Voraussicht nach wesentlich tragfähiger, als das so oder so geartete Liebesleben des Kronprinzen Wilhelm und späteren deutschen Kaisers. Obwohl dieser Aspekt in Band 1 der Biographie erneut überbetont wurde. 1986 wurde Röhl von ungewohnter konservativer Seite akklamiert. Bereits 1978 hatte er nämlich seinen Frieden, z.B. mit Hans Herzfeld und der Bayerische Akademie der Wissenschaften geschlossen (Vgl. Nachlass Herzfeld). Röhl erhielt das Stipendium der Münchener Wissenschaftlichen Stiftung, die keinesfalls der kritischen historischen Schule zuzurechnen ist. Die internationale Forschung hat inzwischen die Biographie und auch Wilhelm II. neu entdeckt. Vor diesem Hintergrund können Röhls weitere Beiträge mit Recht und Spannung erwartet werden.

Diskussion um eine militärische Führerausbildung.

BERND F. SCHULTE

EINLEITUNG.

Über einer breiten Diskussion der Schwächen des französischen Führungssystems ging bis 1912 das Bewußtsein um die gravierenden Mängel der deutschen mittleren und oberen Führung verloren, die in der Vernachlässigung der taktischen Funktionen des Stabs- und Generalstabsoffiziers bestanden. Der Generalstabschef Helmuth v. Moltke d.J. kritisierte im Dezember 1912 in scharfer Form die Schwächen deutscher Generalstabsausbildung und Stabsorganisation. Angeregt durch die bittere Erfahrung der türkischen Niederlage, leitete Moltke ab dem 18.12.1912 die Verlagerung des Schwerpunktes der Ausbildung auf die elementaren Tätigkeiten der mittleren Führungsebene ein. Dieser Einfluß Moltkes setzte sich 1913 mit der Kritik des Generalstabes an der Neigung der Stäbe fort, von hinten zu führen.

Derartige Schwächen haben sich weiter erhalten, und dies trotz der seit 1905 andauernden Bemühungen um eine Vervollkommnung der Führungsmethoden. Es wurde angestrebt, durch die Vereinheitlichung der Führerausbildung ein Auseinanderlaufen der in größerem Maßstabe geplanten Heeresbewegungen auszuschließen. Mit dem Fehlschlag dieser Führungsmethode mittels Direktiven in der Generalstabsreise 1906, die den Angriff auf Frankreich unter nördlicher Umgehung der französischen Festungsfront durch Südbelgien probte, wurden grundsätzliche Mängel der Führungspraxis aller Ebenen offenbar. Die 1906 festgestellte Unfähigkeit, selbst der unteren Führung, den Zusammenhang der Heeresbewegungen zu garantieren, blieb bis 1911 unkorrigiert.

Die gravierenden Mängel, selbst auch der unteren Führung, gingen zurück auf die bereits während der achtziger und neunziger Jahre des 19. Jahrhunderts unterentwickelte Befähigung der Führer, auf ihren Ebenen angemessene Initiative zu entwickeln. Mit der, durch die gesteigerte Waffenwirkung, unausbleiblichen Auflockerung taktischer Formationen setzte die Entwicklung zu überzogener Eigenmächtigkeit ein. Dieser Tendenz wirkte seit 1888 ein neues Reglement entgegen, und mit dem neuen Jahrhundert begann, als Korrektiv, die Phase stärkerer Vereinheitlichung, die sich nach 1909 noch verstärken sollte. Indem die Initiative der unteren und mittleren Führung hinter Disziplinierung, Vereinheitlichung und Subordination zurücktrat, verringerte sich gleichzeitig jegliche Chance zu umfassender Adaption technischer Neuerungen. Ausdruck der Kriterien, welche die deutsche Führerausbildung beherrschten, bildeten die Gefechtsübungen des brandenburgischen III. A.K. unter Karl von Bülow, die sich durch überscharfe, an dem Maximum des Leistbaren orientierte, Anforderungen auszeichneten. Disziplinierung, wie Vereinheitlichung und Ausrichtung der Führer aller Grade auf den kodifizierten Buchstaben der Vorschrift hin, die naturgemäß von einem irrealen Idealfall ausging, töteten jegliche Initiative der Unterführer ab.

Die übersteigerte Disziplinierung der Truppe in Ausbildung und Führungsmethode war verknüpft mit überkommenen taktischen, militärpolitischen und sozialen Anschauungen, die unverändert die deutsche Beurteilung moderner Entwicklungen und zeitgenössischer Kriege dominierten. Wenn für die Jahre nach 1871 von einem relativen Rückschritt in der deutschen Ausbildungspraxis zu sprechen ist, dann bleibt für das erste Jahrzehnt des 20. Jahrhunderts die geringe Fähigkeit der Ausbildung auf taktischer und führungstechnischer Ebene zu konstatieren. Eine angemessene Berücksichtigung der, durch die Technik veränderten, Bedingungen des modernen Gefechts, war nicht festzustellen. Die deutsche Ausbildungspraxis bewies zwischen 1900 und 1914 eine nur begrenzte Befähigung zur Evolution.

DOKUMENTE.

1903
BESPRECHUNG DER SCHLUSSAUFGABEN 1903.[1]

1. Aufgabe.

Am 2.8. Abends sind die deutschen Armeekorps operationsfähig. Die Armeen sind aber noch nicht in sich aufmarschiert. Da geht die Nachricht ein, daß die schwache Garnison von Saarbrücken durch die Franzosen zum Rückzuge genötigt worden ist. Die Vermutung liegt nahe, daß dieses Gefecht als Einleitung einer französischen Offensive über die Saar gegen die 2. Armee zu betrachten sei. In dem Zustand, in welchem die 2. Armee sich befindet, kann sie nicht ohne weiteres dem anrückenden Feinde entgegenge-

---

[1] Bayerisches Hauptstaatsarchiv, Ab. IV – Kriegsarchiv, NL Krafft v. Dellmensingen, 332.

hen. Sie würde mit einzelnen Korps auf ihn stoßen. Erst muss auf marschiert und der Aufmarsch gesichert werden. Deshalb empfahl der Feldmarschall der 2. Armee zunächst eine Stellung hinter der Lauter einzunehmen.

Wir wissen, dass es nicht in der Absicht des Feldmarschalls lag den Feind ausschließlich in dieser Stellung zu erwarten. Damit wäre höchstens ein Abweisen des Angriffs zu erreichen gewesen. Das Bestreben mußte aber doch sein, dem Feinde, welcher eine schnelle Entscheidung zu suchen schien, auch eine schnelle Entscheidung zu geben und ihm eine vernichtende Niederlage beizubringen. Nicht alle Truppen durften daher in der Stellung untergebracht, (S. 2) ein möglichst großer Teil mußte vielmehr zum Angriff gegen Flanke und Rücken des Feindes verwendet werden. Dies ließ sich um so leichter bewerkstelligen, als 3 - 4 A. Ks. (G., IV., IX. und XII.) mehr als ausreichend zur Besetzung der vorgeschlagenen Linie Kaiserslautern - Lauterecken erschienen. Es war die Frage, wie die verbleibenden 2 A. Ks. (III. u. X.) Verwendung finden sollten.

Von vielen Herren werden sie einfach zur Verlängerung der Front bis zur Straße Kirn - Oberstein, rechter Flügel bei Fischbach oder Oberstein, benutzt. Damit war wenig erreicht. Der Feind konnte, wenn er auch schwächer war, gegen diese verlängerte Front in ungefähr gleicher Breite vorrücken. Sein frontaler Angriff wurde voraussichtlich frontal abgewiesen. Seine Vernichtung wurde nicht erreicht.

Um eine Überflügelung zu erzielen, führen andere Herren die 2 Korps im weiten Bogen durch den Hunsrück, stellen sie an geeignet erscheinender Stelle bereit und wollen im gegebenen Augenblick wie aus einem Hinterhalt gegen Flanke und Rücken des Feindes vorbrechen. Auf diese Weise werden den Truppen große Anstrengungen zugemutet, es wird sehr viel Zeit gebraucht, aber auch ob ein rechtzeitiges Eingreifen gelingen wird, ist durchaus zweifelhaft.

Einfacher ist es für einen Flankenangriff, die Unterstützung der 1. Armee in Anspruch zu nehmen, die am 3.8. von Trier und Bernkastel nach Losheim und Wadern marschieren soll. Beide Armeen (S. 3) werden freilich durch einen großen Zwischenraum getrennt. Um ihn auszufüllen müss[t]e das X. u. III. A. K. über Kirn - Oberstein und über Baumholder vorgehen. Wird nun noch das II. Bayer. A. K. bei Pirmasens vereinigt, so bildet sich binnen zwei Tagen ein Halbkreis innerhalb dessen der vormarschierende Feind erdrückt werden muss.

Zwei Bedenken sind gegen diese Anordnungen zur Sprache gebracht worden: als erstes, daß der Feind in diesen Halbkreis nicht hinein marschieren wird, darauf ist zu erwidern, daß der Halbkreis nicht vor Beginn der französischen Offensive besteht, sondern erst während des feindlichen Vormarsches sich bildet.

Als zweites Bedenken ist hervorgehoben worden, dass die 1. Armee, so lange sie isoliert ist, angegriffen und vernichtet und daß dann die ganze schöne Aufstellung vom rechten bis zum linken Flügel aufgerollt werden möchte. Die 1. Armee dürfte daher keineswegs nach

Bloßen Losheim und Wadern vorgezogen, sondern müsse an der Mosel zurückgehalten oder dürfe höchstens bis Zerf und Thalfang vorrücken. Ich glaube, daß bei näherer Betrachtung die Gefahr, welcher die 1. Armee ausgesetzt scheint, sich wesentlich verringert.[2]

Um dies festzustellen, hatte ich bei einer Anzahl von Herren angefragt, wie wohl die Franzosen eine allgemeine Offensive am 3.August ins Werk setzen würden. Es war dabei angenommen, daß im Laufe des 2. vielleicht auch schon (S. 4) am 1.8 das französische IV., III. u. G. A.K. an die Saar herangeführt worden wären. Die meisten darauf eingegangenen Arbeiten lassen die Franzosen gegen den rechten Flügel der Deutschen also gegen die 1. Armee vorgehen. Aber sie setzen sich über den Kernpunkt der Frage, wie wird die erste Armee vernichtend geschlagen, leicht hinweg. Sie nehmen eine Niederlage des VII. u. VIII. A.Ks. als vollendete Tatsache an und wenden sich rechts schwenkend nach Lauterecken, wo sie den rechten Flügel der 2. Armee, geduldig ausharrend, annehmen.

Es ist doch nötig auf das vor[her]gehende Gefecht mit der 1. Armee näher einzugehen.

Unmittelbar an Saarbrücken heran geschoben, konnten die Franzosen am 2.8. Abends nicht sein. Sie mußten, um überraschend auftreten zu können, sich diesseits ihrer Grenze zurückhalten. Am Morgen des 3.8., konnte eine Kolonne über Merzig, die andere Kolonne über Beikingen in der Richtung auf Trier vormarschieren. Nach einem Marsch von etwa 18 und 25 Km konnten beide Kolonnen in der Gegend von Losheim auf den Feind stoßen. Die Entwicklung von je zwei Divisionen hätte längere Zeit in Anspruch genommen und es wäre zweifelhaft, ob es noch an diesem Tage zu einem Angriff gekommen wäre, der aber jedenfalls dem stärkeren Feind gegenüber ungünstig ausgefallen wäre. Eine bessere Lage wäre nur dann zu erwarten gewesen, wenn noch eine 3. Kolonne über Dillingen nach 30 km Marsch zum Aufmarsch gelangt wäre. Da eine (S. 5) französische Division nur ungefähr 2/3 der Stärke einer deutschen hatte, so hätten sich dann gleiche Kräfte gegenübergestanden. Die Gefahr einer Niederlage wäre für die Deutschen keine beträchtliche gewesen, im Gegenteil hätten die Deutschen ihre anfängliche Überlegenheit wohl benutzen können, um die Franzosen zurück zu schlagen. Erst wenn

---

[2] Hier wird das operative Problem der ersten Schachzüge des Feldzuges 1870 berührt. Vgl. dazu: E. Kessel, Moltke, Stuttgart, 1957, S. 550ff. zur Rolle des Oberbefehlshabers der 1. Armee, von Steinmetz, der einseitig und unabgestimmt vordrang und so den Grundgedanken Moltkes konterkarierte. Berührt sei hier gleichzeitig die Erkenntnis dieser ersten Gefechte und Schlachten, die Moltke 1874 zog. Moltkes Kriegslehren. Die Schlacht, hrsg. Vom Gr.Generalstabe, Kriegsgeschichtliche Abteilung I, Berlin 1912, S. 163: „Meiner Überzeugung nach hat durch die Verbesserung der Feuerwaffen die taktische Defensive einen großen Vorteil über die taktische Offensive gewonnen. Wir sind zwar im Feldzuge1870 immer offensiv gewesen und haben die stärksten Stellungen des Feindes genommen, aber mit welchen Opfern? Wenn man erst, nachdem man mehrere Angriffe des Feindes abgeschlagen, zur Offensive übergeht, erscheint mir dies günstiger".

im Laufe des 4. eine 4. Kolonne etwa von Lons herangekommen wäre, konnte man eine französische Überlegenheit und ein Zurückdrücken der Deutschen gegen den Hochwald annehmen. Dann hatte aber der Sieger die Spitze des X. A.Ks. bei Nohfelden und des über Freisen weiter auf Tholey vorgerückten III. A.Ks. in seiner rechten Flanke und in seinem Rücken. Um sich dieses Feindes am nächsten Tage zu erwehren, mußten neue Kolonnen herangezogen werden, sodaß nun bald die ganze französische Armee nach Norden abgeschwenkt gewesen wäre und die 4 Korps hinter der Lauter kaum noch einen Widerstand gefunden hätten.

In welcher Formation auch immer die Franzosen ihren Vormarsch angetreten hätten, so würden sie durch das Erscheinen der 1. Armee bei Losheim und Wadern am 3., des X. und III. A.K. bei Nohfelden und Freisen am 4. gezwungen worden sein, nach dieser Richtung abzuschwenken. Dadurch hätten sie sich in der Front derartig geschwächt, daß durch den Vormarsch des G. IV. IX. u. XII. A.K. ihre Vernichtung ohne Mühe herbeigeführt worden wäre.

Von einigen Herren ist mit 1 französischen (S. 6) Korps oder 1 französischen Division eine Umkehrung des rechten deutschen Flügels zwischen Mosel und Saar über Saarburg oder Trier versucht worden. Letztere hätte mindestens 3 Tage in Anspruch genommen und wäre am 5. Abends wohl zu spät gekommen, erstere hätte durch das Seitendetachement, mit welchem das VII. A.K. sich in jener Zeit zwischen Mosel und Saar sicherte, an dem schwierigen Übergang bei Saarburg abgewehrt werden können.

Ich komme zu dem Resultat: das VII. u. VIII. A.K. durften weder bei Trier und Berncastel noch mitten im Gebirge zurückgehalten werden. Sie mußten durch Vormarsch ihre Vereinigung unter einander und mit der 2. Armee suchen. Die Punkte Losheim und Wadern welche der Feldmarschall der 1. Armee zur Vereinigung bestimmt hatte, konnten nicht zweckmäßiger ausgesucht werden. Von der 2. Armee durfte kein Korps zurückgenommen, keines seitwärts geschoben werden. Alle hatten vorwärts zu marschieren. Hätten die Franzosen am 3.8. die Offensive unternommen, so würde der Krieg bis zum 6.August beendet gewesen sein.

Dieses Resultat wäre mit 10 deutschen A.Ks. erreicht worden. Erfolgte die französische Offensive nicht, so wäre es für die späteren Operationen besser gewesen, dass wie es der Feldmarschall ursprünglich beabsichtigt hatte, nicht blos das II. sondern auch das I. Bayer. A.K. über den Hardtwald hinüber gezogen und die Offensive gegen die französischen Truppen im Elsaß den der 3. Armee verbleibenden (S. 7) 3 A.Ks. überlassen worden wäre.

2. Aufgabe.

Der ungefähre Ausgang einer französischen Offensive war schon am 2.8. vorauszusehen. Die Franzosen hatten daher auf jedes derartige Unternehmen verzichtet. Über ihre Aufstellung auf dem linken Ufer war das in der 2. Aufgabe Gegebene bekannt.

Es fragte sich, wie die Operationen seitens der Deutschen fortgeführt werden sollten. Die Antwort konnte doch nur lauten: man marschiert vorwärts und sucht den Feind auf. Nahm man diese Antwort an, und folgten die Korps den an die Saar führenden Straßen, auf welchen sie bereits standen, so gelangten sie fast von selbst bis zum 6. Abends in die führ die 4. Aufgabe gegebene Lage, d.h. die 1. Armee hat die Saar überschritten, der rechte Flügel der 2. Armee ist bis an die Saar herangekommen, der linke Flügel befindet sich noch weiter zurück mit dem IX. u. XII. A.K. an der Blies, mit dem II. Bayer. u. VI A.K. bei Hornbach und Pirmasens.

Die meisten Herren haben angenommen, daß der Feind die Saarlinie verteidigen wollte. Nach den für die 2. Aufgabe über den Feind gegebenen Nachrichten kann man dies kaum sagen, nur der zurückgebogene rechte Flügel II. A.Ks. und 1 Division des V. A.K. standen zwischen Saarbrücken und Saargemünd an der Saar. Das IV. A.K. bei Busendorf, das III. A. K. etwas weiter zurück in dem Zwischenraum (S. 8) zwischen dem IV. u. II. A.K., das G..K. auf dem linken Flügel zurückgehalten, hatten im wesentlichen die Front nach Norden. Gegen diese Front mußte der rechte deutsche Flügel vorgehen, selbstverständlich in der Absicht, den feindlichen linken Flügel zu umfassen, aber auch in dem Bewußtsein, daß diese Bewegung durch die Moselfestungen Metz und Diedenhofen und durch eine Verstärkung des feindlichen linken Flügels verhindert werden könnte.

Um eine Entscheidung herbeizuführen musste daher für alle Fälle eine Umfassung des französischen rechten Flügels eingeleitet werden.

Dies wäre die Natur gemäße Aufgabe der 3. Armee gewesen. Sie war aber noch weit zurück, hatte Feind vor sich und man konnte nicht wissen, ob sie noch rechtzeitig zum Eingreifen in die Operationen der beiden anderen Armeen würde herankommen können. Es mußte daher durch die 2. Armee für diese Umfassung Sorge getragen werden. Deswegen ist das XII. A.K. und das G.K. zu dem II. Bayer. A.K. gegen die Linie Saargemünd - Bitsch herausgeschoben und das inzwischen eingetroffene VI. A.K. über das Gebirge nachgezogen worden.

Man musste diesen Flügel besonders stark machen, um nicht nur zu umfassen, sondern sich auch gegen Bitsch decken zu können.

Mehrere Herrn sind in diesem Sinne verfahren. Einige haben sich aber auf allgemeine Andeutungen beschränkt. Sie geben Direktiven, während doch die Armeen schon so (S.9) nahe herangerückt waren und die Entscheidung so nahe bevorstand, dass, wie der Feldmarschall bei gleicher Lage ausdrücklich ausgesprochen, „es zulässig und geboten war, die Überlegungen der großen Heeresteile durch bestimmte Befehle von höchster Stelle zu lenken, wenngleich die Selbstständigkeit der Armeeführer vorübergehend dadurch beschränkt wurde."

Viele Herren begnügen sich nicht mit der nächst liegenden Aufgabe, den Feind dort wo er eben steht und wo man ihn findet, anzugreifen. Ihre Blicke schweifen weiter. Die

Einen denken schon daran, den Feind auch Paris zurückzutreiben, die anderen im Gegenteil eben von der Hauptstadt des Landes abzudrängen. Die einen wollen ihn nach Süden, die anderen nach Norden an die belgische Grenze geworfen wissen. Durch solche Erwägungen kommen Sie zu einem der schwersten Fehler, die man bei Operationen begehen kann: Man wartet die Wirkung einer Umfassung ab, ehe man gegen die Front vorgeht. In der Strategie wie in der Taktik gilt dieselbe Regel: wer umfassen will, muss in der Front fest angreifen, den Feind dort an jeder Bewegung hindern und dadurch es dem umfassenden Flügel ermöglichen zur Wirksamkeit zu kommen.

Die 2. Armee darf daher, auch wenn man die Umfassung der dritten Armee überlassen wollte, nicht in der Pfalz stehen bleiben. Sie muß an die Saar heran. Ihr rechter Flügel muß mit der 1. Armee vereint diesen Fluß überschreiten, (S. 10) um die von dem Feinde so ungünstig gewählte Front festzuhalten. Der Feind muß gezwungen werden, sich in der Front zu verstärken und dadurch dem linken Flügel der 2. Armee es zu ermöglichen, die Saar bei Saargemünd, Saarunion zur Umfassung des rechten französischen Flügels zu überschreiten.

3. Aufgabe.

Nr. 125.

Bleistiftentwurf von der Hand des Generals v. Moltke zu einem Schreiben Seiner Majestät des Königs an den General der Infanterie v. Steinmetz.

Ohne Datum (anscheinend den 8. August 1870).

In Betreff des Mir vorgelegten Telegramms, welches Sie unter dem 7. d. Mts. an das Oberkommando der Zweiten Armee gerichtet haben, mache Ich darauf aufmerksam, daß der Ersten Armee ursprünglich die Direktion auf Saarlouis gegeben war. Um dieselbe nicht zu isoliren, sondern damit sie in flankirender Stellung das Heranrücken der Zweiten Armee abwarte, wurde durch die Befehle vom 29. 7. und 3. 8. die Erste Armee auf der Linie Wadern — Saarburg, dann um Tholey — Lebach zurückgehalten. Indem die Armee ihre Kantonnements über letztgenannte Linie bis Ottweiler ausdehnte, ist dieselbe in die Marschdirektion des rechten Flügels der Zweiten Armee hineingerathen und wurde deshalb durch Befehl vom 5. d. Mts. für ihr weiteres Vorgehen auf die Straßen nach Völklingen und Saarlouis wieder verwiesen. Trotzdem hat dieselbe aber über Guichenbach und Fischbach die Richtung auf Saarbrücken — Forbach eingeschlagen, von wo ein weiteres Vorgehen durch die etwa noch bei Bolchen versammelte Streitkraft des Feindes flankirt sein würde.

Ich muß daher die von Ihnen der Zweiten Armee in Ihrem Telegramm gemachten Ausstellungen als unbegründet zurückweisen, erkenne vielmehr ausdrücklich an, daß die Zweite Armee durchaus Meinen Intentionen entsprechend vorgeführt worden ist, und habe dies dem General der Kavallerie Prinzen Friedrich Karl ausgesprochen.

Moltkes Militärische Korrespondenz. Aus den Dienstschriften des Krieges 1870/71, hrsg. Vom Großen Generalstabe, Abtheilung für Kriegsgeschichte, Erste Abtheilung, Der Krieg bis zur Schlacht von Sedan, Berlin 1896, S.207.

Bei allen Übergängen tritt ein bedenklicher Moment ein, wenn ein kleiner Teil des angreifenden Heeres das jenseitige Ufer erreicht hat, die Masse aber noch diesseits geblieben ist. In einem solchen Zustand der Gefahr befinden sich die Deutschen am Abend des 6.8. Eine rasche Offensive der Franzosen am Morgen des 7. gegen die übergegangenen Anfänge der deutschen Armeekorps hätte große Erfolge bringen können. Allein die französischen Armee Korps waren zu unglücklich gruppiert, als daß ein rascher Angriff mit einigermaßen namhaften Kräften möglich gewesen wäre. Der 7.8. mußte vergehen um die zurückstehenden Truppenkörper in vordere Linie zu ziehen. Während dessen gewannen aber auch die Deutschen die Zeit sich vollständig auf dem linken Saarufer festzusetzen. Es ist versucht worden, die früheren Fehler der französischen Führung durch Nachtmärsche wieder gut zu machen. Das muß aber als vergeblich angesehen werden. Nach einem Nachtmarsche von 20 - 30 Km kann man von einer Truppe (S. 11) kaum noch eine Waffentat verlangen. Überdies werden selten die Befehle so früh ausgegeben und so früh ihre Bestimmungsorte erreichen können, um noch Nachtmärsche von solcher Ausdehnung ausführen zu können.

Von denjenigen Herren, welche den 7.8. zum Aufmarsch benutzten, hat er die überwiegende Mehrzahl das VI.A.K. u. G.K. zwischen das IV.A.K. und die Mosel eingeschoben. Sie wollen hier am 8. die Offensive ergreifen, wenn sie nicht schon vorher vom Feinde angegriffen worden sind. Dieser Entschluß ist gewiß zu billigen. Fraglich dagegen ist, ob mit diesem Angriff des linken Flügels auch ein Angriff des rechten verbunden werden kann.

Eine Offensive dort mit dem V. A.K. allein trifft auf eine übergroße Überlegenheit. Auch wenn das III.A.K. zur Unterstützung des Angriffs herangezogen wird, kann man den 7 französischen Divisionen gegen 3 1/2 deutsche Armeekorps keine Aussicht auf einen Erfolg eröffnen. Am übelsten ist aber, dass bei einer solchen Kombination der Raum zwischen IV. und II. A. K. gänzlich offen bleibt. Drei deutsche Armeekorps können hier ohne Widerstand zu finden eindringen und den französischen Angriffen rechts oder links ein schnelles Ende bereiten. Will man mit dem linken Flügel angreifen, so muss jedenfalls der Raum zwischen Busendorf und Saarbrücken wenigstens soweit ausgefüllt werden, daß ein Durchbruch des Feindes abgewehrt werden (S. 12) kann. Gegen eine Umfassung des rechten Flügels muss zum mindesten das linke Saarufer verteidigt werden können. Wenn dann das V. A.K. bei Bitsch stehen bleibt, so wird eine Umfassung des rechten Flügels dem Feinde mindestens sehr erschwert werden.

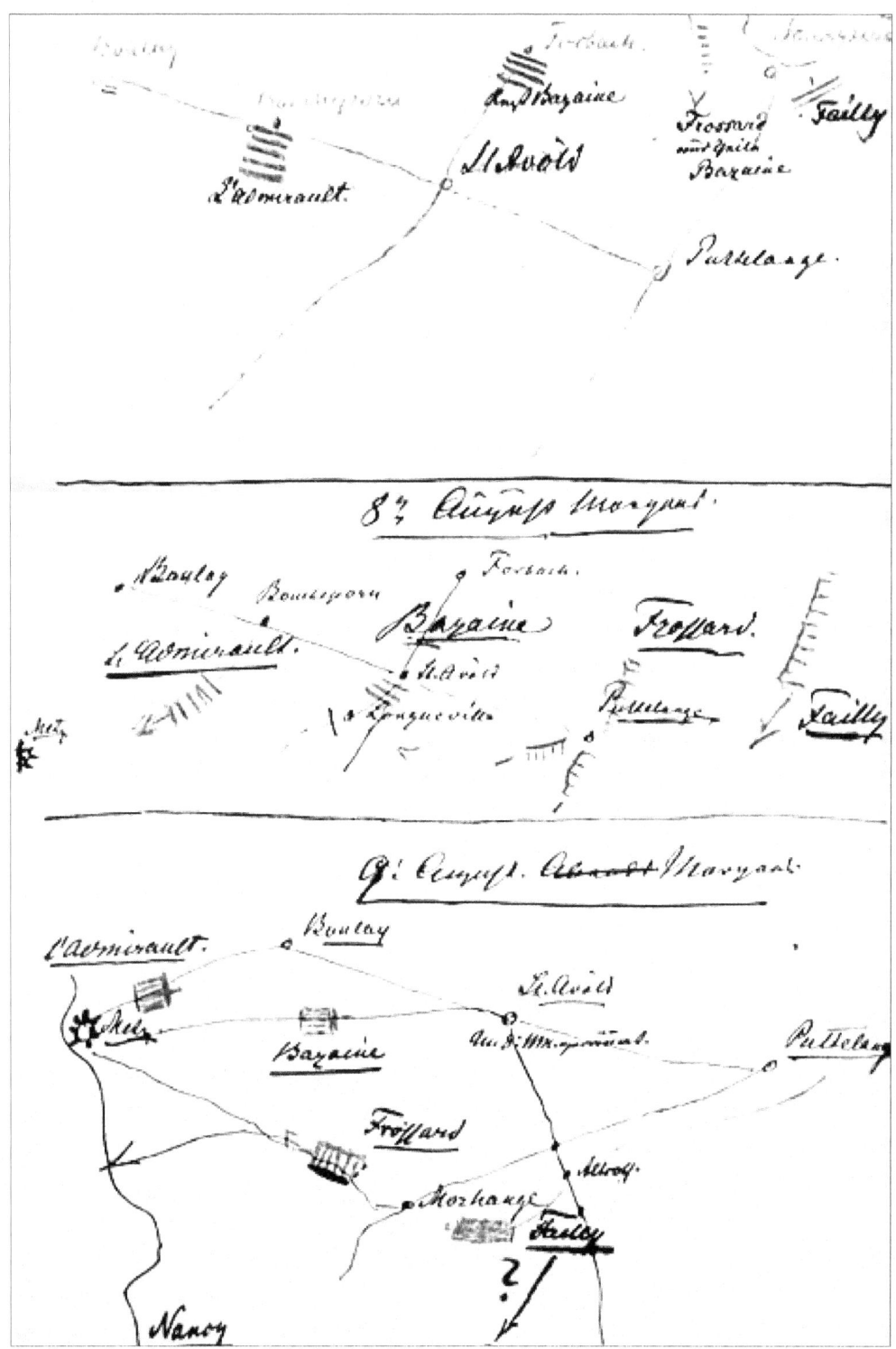

Aus: Grosser Generalstab, Moltkes Militärische Werke: I 3. Stellungen der französischen Korps am 7.8. und 9.August 1870.
Handzeichnung des Generals v. Moltke.Verlag d. Kgl. Hofbuchh. v. E.S. Mittler & Sohn, Berlin/Kochstr. 68/71.

Es ist erklärlich, dass mehrere Herrn den aussichtslosen Kampf aufgeben und hinter die Mosel zurückgehen wollen. Ich halte dies nicht für möglich. Ein Volk, das mit solcher Siegesfreude und lebhaftem Ausdruck vorzeitigen Triumphes in den Krieg ausgezogen ist, wie die Franzosen 1870, kann nicht schon bei Annäherung des Feindes die Flucht ergreifen. Der Kampf muß aufgenommen werden, so gut es geht. Zweifelhaft ist es überdies, ob der Rückzug hinter die Mosel ohne Gefecht und ohne Niederlage noch möglich war, und ob die Aussichten dort viel günstiger waren wie hinter der Saar.

Andere Herrn wollen ihren Rückzug nicht bis auf das linke Moselufer ausdehnen, sondern beschränken sich darauf in eine Stellung hinter der franz. Nied oder Rotte zurückzugehen und unter Anlehnung des linken Flügels an Metz. Das bedeutet aber bloß einen Aufschub der Niederlage, da der rechte Flügel nach einiger Zeit jedenfalls umfasst werden konnte und dann die Katastrophe um so bedenklicher wurde als die Mosel nahe hinter der französischen Armee lag.

(S.13)

4. Aufgabe.

Wenn man die sich Lage des französischen Heeres am 6. Abends betrachtet hat, so erscheint die Aufgabe der Deutschen für den 7. ungemein einfach zu sein. Es konnte aber alles in Frage gestellt werden, wenn sofort der weitere Marsch angetreten wurde. Die Korps hatten vom 3. bis zum 6. sehr große Marschleistungen gehabt. Ihre Tiefe war sehr bedeutend geworden. Nur schwache Anfänge waren zunächst verfügbar. Ein Vorgehen der 1. Armee wäre voraussichtlich auf einen Angriff auf eine starke Stellung des IV. franz. A.K. bei Busendorf hinausgelaufen. Ein Versuch eine solche Stellung mit dem VII. A.K. rechts zu umfassen, wäre aller Wahrscheinlichkeit nach auf einen Gegenstoß des VI. u. G.K. getroffen. Eine Umfassung der rechten franz. Flanke durch die noch weit zurückstehenden Korps X u. III wäre ebenso durch 1 Div. des IV. und 3 Div. des III. A.K. zu parieren gewesen. An der Stelle, an welcher der Feind am schnellsten seine Kräfte vereinigen konnte, war es nicht ratsam mit unzureichenden Kräften sich der Möglichkeit einer Niederlage auszusetzen. Durch einen Aufschub um 1 Tag vermochte der Feind seine Lage nicht zu verbessern. Je weiter er nach Norden der 1. Armee entgegenrückte, desto ungünstiger wurde für ihn der Rückzug im Fall einer Niederlage, während sich die Deutschen in 24 Stunden sich auf beiden Flügeln erheblich verstärken und (S.14) ihren linken Flügel näher heranziehen konnten.

Unter diesen Umständen blieben das VII.A.K. u. VIII.A.K. am 7.8. im Allgemeinen stehen und zogen nur ihre rückwärtigen Divisionen vor. Das X.. u. III. A.K. schoben ihre Avantgarden bis zur Bist vor, um dahinter aufzumarschieren, das IX.A.K. überschritt wenigstens mit 1 Division bei Völklingen die Saar, um jenseits Stellung zu nehmen. Zum Angriffe gegen die Spicherner Höhen war dann noch 1 Division des X. A.K. und des IV. A.K. verfügbar. Das XII. A.K. rückte in der Richtung auf Saargemünd etwa bis Bebelsheim nördlich der Blies vor, das G.K. bis Gisingen und die 12.Div. bis Weißkirchen, die 11.Div. bis Eppenbrunn.

Für den 8. wurde beabsichtigt, den Feind auf der ganzen Linie festzuhalten und zu versuchen, ihn auf seinem rechten Flügel zu umfassen. Das Festhalten durfte aber nicht in Abwarten bestehen, es musste auf der ganzen Linie mit aller Kraft angegriffen werden. Erst durch den Angriff hätte es sich gezeigt, wo die Schwächen des Feindes lagen und nur so hätten sie ausgenutzt und der Feind verhindert werden können, sich gegen die Umfassung zu wenden. Wahrscheinlich hätte der entscheidende Kampf bei Saargemünd stattgefunden. Um für diesen das XII. A.K. so stark wie möglich zu lassen, hätte es sich den schwierigen Übergang bei Blittersdorf gegenüber (S. 15) mit Wenigem behelfen können.

Für den Ausgang der Schlacht war es nicht von Bedeutung, daß der linke Flügel der Franzosen vollständig geschlagen wurde, wenn es nur gelang, ihn festzuhalten und zu verhindern über die Mosel auszuweichen. Sein Rückzug musste in südlicher Richtung genommen werden. Wenn dann der linke Flügel der zweiten deutschen Armee rasch vorwärts drang, so konnte es gelingen, die Franzosen noch einmal rechts der Mosel zur Schlacht zu zwingen, wenn sie nicht in voller Auflösung das linke Ufer aufsuchen wollten. Daraus geht hervor, von welcher Wichtigkeit es war, dass der linke Flügel der 2. Armee möglichst rasch und möglichst stark in Richtung Saaralben, Saarunion gegen die Mosel vordrang. An einer solchen Bewegung wurde er aber gehindert durch das bei Bitsch anzunehmende V. franz. A.K.

5. Aufgabe.

Mit der Deckung gegen dieses Korps war das II. Bayer. u VI. A.K. beauftragt. Wenn das V. franz. A.K. noch bei Bitsch stand, so wäre der Angriff auf dieses Korps voraussichtlich die Aufgabe der beiden deutschen A.Ks. gewesen. Eingegangene Meldungen machten es aber wahrscheinlich, dass das V. Korps nach dem Elsaß abgezogen wäre. Traf dies zu, so waren die beiden Korps ihrer Aufgabe ledig und konnten sich dem Vormarsch über (S. 16) die Saar ohne Aufenthalt anschließen, um bei der zu erhoffenden Vernichtung der feindlichem Hauptarmee mitzuwirken. Es war aber dabei zu bedenken, daß es einmal nicht gewiß war, daß das V. franz. A.K. auch völlig abgezogen war und andererseits, daß es, als es im Elsaß erschien, in die dort zu erwartende Schlacht vielleicht zum Nachteil der 3. Armee eingreifen konnte.

Unter diesen Umständen wird man den Entschluß derjenigen Herren, welche den Marsch gegen die Saar fortsetzten, weil sie es als das Wichtigste erkannt hatten, die feindliche Hauptarmee niederzuwerfen nur billigen können, obgleich ja dadurch möglicherweise die 3. Armee einer Gefahr ausgesetzt wurde. Die Herren setzten sich allerdings dem Risiko aus, daß der Feind doch noch bei Bitsch stand und gegen die marschierenden Kolonnen vorbrach. Aber auch in diesem Falle waren die beiden A.Ks. bei einiger Aufmerksamkeit im Stande nach links einzuschwenken und umfassend gegen den Gegner vorzugehen.

Viele Herren haben es für geboten erachtet, der 3. Armee zu Hülfe zu eilen. Bei der Größe des zurückzulegenden Marsches, bei den Schwierigkeiten die schlechte Gebirgswege boten, bei dem Aufenthalt, den selbst kleine feindliche Abteilungen bereiten konnten, lief man Gefahr weder der 3. Armee zu helfen noch bei der Hauptentscheidung zur (S. 17) Stelle zu sein.

Ebenso schlimm wird es denjenigen gegangen sein, welche durch einen Angriff in die Gebirgstäler hinein versuchen wollten, ob der Feind, der auf allen Straßen im Umkreis von Bitsch gemeldet war, bloß aus schwachen Vorposten bestand, oder ob noch stärkere Truppen dahinter zu suchen wären. Waren sie sich darüber klar geworden, dann wollten sie der 2. Armee nach der Saar folgen, sobald der Abmarsch des V. franz. A.Ks. festgestellt worden wäre. Wahrscheinlicherweise hätten sie den ganzen Tag über den wahren Sachverhalt nicht erkannt und wären an jedem tätigen Eingreifen nach der einen oder anderen Seite verhindert worden.

Die 3. Armee hatte voraussichtlich 2 Feinde vor sich, der eine stieg aus dem Gebirgstälern von Bitsch her in das Rheintal hinab, der andere sollte in einem Winkel dazu hinter der Nördlichen Zinsel stehen. Deckung gegen den ersteren Feind und Angriff gegen den rechten Flügel des letzteren erschien angezeigt. Es war nicht wahrscheinlich, daß dieser den seiner rechten Flanke drohenden Angriff abgewartet hätte, er würde die Front mehr nach Osten genommen und dadurch eine Umfassung erschwert haben. Immerhin blieb für die deutschen nichts anderes übrig, als hauptsächlich den rechten Flügel anzugreifen.

(S. 18)

Unter Berücksichtigung dieser Verhältnisse wäre das I. Bayer. A.K. bei Wörth mit einem Detachement bei Lembach - Fronsberg, das V. A.K. zwischen den Straßen Gunzstadt - Gundershofen und Walburg – Merzweiler aufzustellen. Das XI. A.K., die württembergische und badische Division hätte auf Hagenau und südlich vorzugehen, die Gardedivision gegen Straßburg aufzuklären gehabt.

Um am 8.8. diese Bewegungen ausführen zu können, mußten am 7. Nachm. noch verhältnismäßig starke Märsche zurückgelegt werden.

Ob die 3. Armee am 8., obgleich an Zahl nicht unerheblich überlegen, einen Sieg erringen würde, war zweifelhaft. Gewiß war, daß, nachdem der linke Flügel der 2. Armee am nächsten Tage Saarunion erreicht hatte, die Franzosen aus dem Elsaß in ungünstiger Richtung zurückgehen mußten.

Trotzdem musste am 8. angegriffen werden, um nicht die französische Elsaßarmee ungeschädigt entkommen zu lassen, um ihr nicht zu erlauben in das bevorstehende oder in ein noch zu erwartendes Gefecht der Hauptarmee einzugreifen, sondern um beide in ihrer Trennung zu erhalten.

Der Teil der Operationen von 1870, welcher die Grundlage dieser Aufgaben gebildet hat, ist aus hinreichend bekannten Gründen nicht nach den Absichten des Feldmarschalls durchgeführt worden.[3] Nach seinem Plan sollte die 2. Armee gegen die Saar, hinter der die feindliche Front angenommen wurde, vorgehen. Rechts von ihr sollte die 1. Armee den Fluß überschreiten, sobald sich jene ihm näherte ungefähr in der Art, wie es hier geschehen ist. Die 3. Armee sollte schon früher, womöglich am 1.8. in das Elsaß eindringen, den dort vorhandenen Feind zurückwerfen, durch ein Korps auf Straßburg verfolgen lassen, mit dem Rest aber über die Vogesen gehen um ungefähr gleichzeitig mit der 2. Armee an der Saar zu erscheinen. Eine Schlacht mit Umfassung beider Flügel war geplant.

In Bezug auf die 3. Armee ist bei den Aufgaben von dem Plan des Feldmarschalls abgewichen worden. Sie wurde zurückgehalten um die Aufgaben nicht allzu leicht zu machen.

Wenn sich trotz der großen Überlegenheit der Deutschen an Zahl in den Aufgaben 1 u 2 sowie 4 u. 5 Schwierigkeiten gefunden haben, so wird sich begreifen lassen, daß diese Schwierigkeiten sich einem gleich starken, oder vollends einem stärkeren Feinde gegenüber noch erheblich gesteigert hätten.

Die Armeen, mit welchen wir zu tun gehabt haben, waren recht große, wie es heißt, zu große. Es ist nicht die Aufgabe junger Offiziere, wird gesagt, Armeen und Heere zu führen. Ich sehe nicht ein, aus welchem Grunde die Zukunft nicht manchen von Ihnen meine Herren an die Spitze einer Armee stellen sollte. Jedenfalls hoffe ich das, daß Sie berufen sind einmal 1 Armeekorps oder eine Division zu führen, mindestens doch als Chef oder als Generalstabsoffizier einem höheren Truppenführer zur Seite zu stehen. Sie müssen aber dann die Bewegungen einer Armee zu beurteilen verstehen. Nur dann werden Sie im Stande sein, wenn sie mit Ihrem Armeekorps oder Ihrer Division vor eine selbstständige Aufgabe gestellt werden, und dies wird in einem zukünftigen Kriege sehr oft vorkommen, einen Entschluss zu fassen, der dem Ganzen zum Vorteil gereicht.[4]

---

[3] Moltke fixierte den Grundgedanken seiner operativen Planung 1869, 1870 und im Juli 1870. Vgl. Moltkes Militärische Korrespondenz. Aus den Dienstschriften des Krieges 1870/71, hrsg. Vom Gr.Generalstabe, Abteilung Kriegsgeschichte, I.Abt. Der Krieg bis zur Schlacht von Sedan, Berlin 1896, S. 128.

[4] Neben Einsichten zu Operationen in größerem Maßstab, die zumindest auf die Schlacht in Lothringen 1914 hinweisen, machte Schlieffen 1904/05 offen Front gegen die Tendenz, die Ausbildung junger Offiziere auf dem operativ-taktischen Felde im Funktionsrahmen von Bataillon und Regiment einzugrenzen. Vgl. Bernd F. Schulte, Die deutsche Armee 1900-1914. Zwischen Beharren und Verändern, Düsseldorf 1977, S. 296. Ebd., S. 466 (Anm. 1): „Wie Schlieffen im

Führungsbereich dachte, verdeutlicht sein Schreiben vom 14.10.1903 an den bayerischen Generalstab, in dem er sich gegen die verbreitete Unsitte wandte, den Generalstabsoffizier lediglich als ‚Unterführer', statt entsprechend seiner Ausbildung, als Führungsgehilfen zu verwenden. Vgl. KA-München. K.B.GenStab, Bd. 218, Chef des Generalstabes d.A., Nr. 8316II, Berlin, 14.10.1903, gez. Schlieffen: ‚Es genügt nicht, dass der Leitende die Operationen selbst in der Hand behält und seine Generalstabsoffiziere als Unterführer verwendet'". Es ging um ein latentes Problem deutscher Generalstabsarbeit seit 1858. Der jüngere Moltke, der Nachfolger Schlieffens seit Februar 1906, wiederum bezog Ende des Jahres 1912 gegen diese Vorstellungen Schlieffens Stellung und betonte am 18.12.1912, „bei der Ausbildung der Generalstabsoffiziere die taktische Befehlsschulung und die Stabsarbeit in den Vordergrund zu stellen. Kurz, weniger Strategen und mehr Taktiker auszubilden; vgl. B[undes]A[rchiv]-Koblenz, NL Bernhard Schwertfeger, Berlin 18.12.1912".

Kein Kriegsbündnis.

Die britisch-japanische Annäherung und die Allianz mit Japan 1902[*].

BERND F. SCHULTE

VERTEILUNG DER GEWICHTE ZWISCHEN WIRTSCHAFTSZIELEN UND DIPLOMATIE.

Vor der Jahrhundertwende blieb der englische Handel in China statisch. Dennoch gab es Bestrebungen, den großen chinesischen Markt zu erschließen und so die Absatzprobleme englischer Industrieüberlegenheit zu lösen. Auf diesem Weg schien der Krieg Japans mit China (1894) hilfreich, denn dieser mochte das Kaiserreich zwingen, sich dem Handel zu öffnen. Weitergehende Ziele von Handelskreisen (China Association), das Yangtze-Tal einer britischen Verwaltung – nach dem Modell Indiens und Ägyptens – zu unterwerfen, trafen auf den Widerstand des Foreign Office, welches keinen Anlaß zu "Piraterei" sah. China erfüllte in der englischen Politik bis 1895 die Funktion eines Dammes gegen den russischen Einfluß im Fernen Osten. Konfrontationen mit Japan in Korea traten nach der chinesischen Niederlage von 1895 nicht mehr ein, da die neue Bedeutung des Inselreiches eine Übertragung der Funktion des Kaiserreiches auf Japan nahelegte. Doch blieb China Objekt englischer Bestrebungen, dieses dem Handel zu öffnen (1842-1898).

---

* Grundlage für einen Seminarvortrag im SS 1972 an der Universität Hamburg (Historisches Seminar) zur Übung bei Prof.Dr.G.Jantzen (Direktor des Übersee-Institutes Hamburg) "Zur Geschichte des britischen Imperialismus". Professor Jantzen war Schüler Egmont Zechlins und beeindruckender Verfechter eines tieferen Einblickes in die Strukturen und Funktionsweisen des Britischen Commonwealth. Ich erhielt in dessen Übungen im WS/SS 1971/72, über die Beschäftigung mit der Geschichte Südafrikas, Australiens und der Übersee-Dominions die Anregung zu meiner Dissertation bei Fritz Fischer über den Grad der Retardierung deutscher militärischer Rüstung vor 1914. Der Misserfolg der englischen Armee im Burenkrieg, angesichts einer zerstreut kämpfenden Burenstreitkraft, regte mich zu der Frage an, ob die deutsche Armee aus diesen Vorfällen "gelernt" habe. Graf Baudissin (Friedensforscher an der Universität Hamburg und Direktor und Gründer des Instituts für Friedensforschung am Falkenstein) nahm diesen Gedanken auf und vermittelte hierzu eine Stellungnahme des MGFA-Chefs in Freiburg, Kpt.z.S.Dr.Schottelius.

Gestützt auf die reorganisierte Flotte, das Bündnis mit Russland, und damit auch auf ein gesteigertes Selbstbewusstsein, verkannte China die Stärke Japans und die zunehmende Neigung Englands, diesen neuen Faktor auf dem diplomatischen Schachbrett gegen das Zarenreich einzusetzen.

Die latente Bedrohung Indiens durch das Zarenreich, die sich abzeichnenden Probleme in Südafrika, wie die sich bedrohlich verschärfende Zuspitzung hinsichtlich der britischen Flottensuprematie in der Nordsee, zwangen England einem chinesisch-japanischen Konflikt zuzusehen. Erst durch unbedachte Schritte Deutschlands und Rußlands sah sich London gezwungen, sehr ausgewogen die eigene Stellung in China zu wahren (1898 Wei-Hai-Wei).

BÜNDNISOPTIONEN.

DAS DEUTSCHE BÜNDNIS.

Mit der Port-Arthur-Krise von 1897 wurde sich Großbritannien des Rivalen Rußland um so mehr bewußt, als die Seeherrschaft des Inselreichs bedroht war und sich dieses angesichts des französisch-russischen Zweibundes außerstande sah, ähnliches Gewicht entgegenzusetzen. Die Antinomie englischer Politik, Europa zugleich in Spannung und Frieden zu halten, schien die Politik der "splendid isolation" künftig unmöglich zu machen. -

Die einzig freie Macht Deutschland hatte sich in Ostasien darauf festgelegt, nicht gegen Petersburg optieren zu wollen und damit büßte dieser, zudem in Europa so gefährdete Partner, jegliche Anziehungskraft ein.

BRITISCH - RUSSISCHES BÜNDNIS?

Nach der Port-Arthur-Krise strebte Großbritannien auch die Abgrenzung der Einflusssphären an und erreichte diese in dem Eisenbahnabkommen vom 30.4. 1899. So schwenkte England nicht auf einen Kollisionskurs ein, sondern sicherte mit Wei-Hai-Wei lediglich sein Mitspracherecht in China und suchte, dort - wie in Persien und Afghanistan - die natürliche Position der Landmacht Rußland mit friedlichen Mitteln zu kanalisieren. Das schien um so unumgänglicher, als die Entwicklung der Kräfte - wie die strategische Position Petersburgs - sich zunehmend verbesserten, jene Londons dagegen einen Konflikt nicht auszuhalten vermochte. Indem der englische Vorschlag einer Zusammenarbeit in Persien (28.10.1901) am 4.11.1901 zurückgewiesen wurde, scheiterte das Projekt des britischen Unterstatssekretärs Lansdowne eines Bündnisses mit Petersburg.

Mit dem Frieden von Schimonoseki erhielt Japan aus britischer Sicht den Charakter eines Bollwerkes gegen die Ausdehnung Rußlands (17.4.1895). Eine zu bedeutende Machtausdehnung des Inselstaats war jedoch im Hinblick auf die Dominien nicht erwünscht und es erklärte sich so das Zögern Großbritanniens, ein Bündnis mit Japan einzugehen. Erst das Scheitern der Verständigung mit Petersburg stieß den Stein in die Richtung Japans, denn angesichts der eigenen militärischen Schwäche war Großbritannien zu vorsichtigem Taktieren gezwungen. Selbst als das Bündnis mit Japan geschlossen war, und London damit über einen Partner gegen den Zweibund verfügte, konnte sich das Inselreich noch keinen Krieg, zum Beispiel um Korea, erlauben. Unter militärischem Blickwinkel hatte das Foreign Office erst jetzt den weltstrategischen Gleichstand erreicht.

Als Aktiva sprachen aus britischer Sicht für Japan dessen moderne Armee und die neuerbaute Flotte (was an sich auch für Deutschland zutraf/Ferguson). Diese Machtfaktoren hatten Japan in den Kreis der Mächte eingeführt, zugleich jedoch die Militärpartei im Lande gestärkt (vgl. Deutschland 1857-1914). Entsprechend den ausgreifenden Plänen dieser Kamarilla, stellte Japan in der Strafexpedition des "Boxeraufstands" (1900) das größte Kontingent und scheute Tokio selbst die Konfrontation mit Rußland über Korea nicht. Die Partei der "Tauben" hatte das Moskauer Protokoll (1896) - und damit eine Politik des Ausgleiches mit Russland - verfolgt. Doch der Zugriff des Zarenreichs auf die Mandschurei und weiter Korea, berührte die Interessen Japans derart, daß andauernde Kriegsgefahr die Folge bildete. Mit dem fortschreitenden Ausbau der Transsibirischen Eisenbahn versteifte sich zusätzlich die Haltung Russlands, und beschleunigte sich so die Annäherung, des auf einen Krieg zusteuernden Japan, an England.

VERTRAGSPOKER.

RUSSLANDS ZIELE.

Die Rivalität zu Russland, und die damit verbundene Kriegsgefahr, belasteten aus britischer Sicht jegliche Bündnisoption. Das um so mehr, als die britische Politik einen Krieg zu vermeiden trachtete, Japan diesen jedoch gegen Petersburg als Präventivkrieg zu führen gezwungen war, um die Dominanz des Romanow-Reiches über Nordchina zu verhindern, und sich Korea als Einflußbereich zu sichern. So gewann die Reise des japanischen Regierungschefs Ito, am 30.11.1901 nach Petersburg, den Anschein einer Verschleierung, herrschte doch in Tokio spätestens seit dem 4.12.1901 die Ansicht vor, die britisch-japanische Freundschaft werde Petersburg dem Handel zuneigen lassen und China dem japanischem Export und der Einwanderung öffnen. Wobei nicht nur von der Mandschurei, sondern auch Sibirien gesprochen wurde (Komura).

BRITISCH - JAPANISCHE ANNÄHERUNG.

Parallel zu den britisch-deutschen Bündniskontakten seit 1898 erfolgte ein ähnlicher Anstoß in Tokio, der jedoch unter Rücksicht auf die japanisch-russischen Beziehungen von Tokio zurückhaltend beschieden wurde. Nachdem im Jahre 1901 die Bündniskontakte zwischen Berlin und London abbrachen, suchte Lansdowne nach einer Ersatzlösung, um eine Isolation des Inselreiches im Fernen Osten zu verhindern. Japan suchte der Unterstaatssekretär über wirtschaftlichen Druck zugänglicher zu machen, die aggressiven Ziele durch einen präzisen Vertragsentwurf zu entschärfen. Er suchte so ein Abwandern Japans ins russische Lager zu vermeiden; vor allem indem er sich im November 1901 bereit zeigte, zu Japans Bedingungen abzuschließen.

VERTRAGSVERHANDLUNGEN.

Erreichte Großbritannien auch nicht das Ziel, die bedrohte indische Grenze des Empire gegenüber Persien (Russland) zu schützen (J.Gooch), so arbeitete diesem Bestreben doch der russische Hochmut in die Hände, der einen japanisch-russischen Ausgleich über die Aufteilung von Korea und der Mandschurei ausschlug und damit Japan seines Pressionsmittels in den Verhandlungen beraubte. Ebenso verhalf Petersburg der Kriegspartei in Tokio zum Durchbruch und beschwor jenen Vertrag herauf, der das Kaiserreich in den Stand versetzte, nach der Mandschurei zu greifen. Beide Partner sicherten sich Einflusssphären in Korea und China zu und Großbritannien suchte sich gegen ein offensives Vorgehen Japans abzusichern, was allerdings nicht zweifelsfrei gelang. Die Entlastung der englischen Flotte wurde globalstrategisch erreicht und so erfüllte sich ein Nahziel englischer Politik. In weiterer Sicht offenbarten sich die Gefahren des Bündnisses nicht so deutlich, wie dessen Funktion, Rußland in Ostasien zu binden und so Britannien in Europa zu entlasten.

WIRKUNGEN.

Während Deutschland sich als nicht betroffen verstand, verbarg Paris allgemeinen Ärger hinter Spott und benutzte Petersburg die Maske glatter Höflichkeit. Tatsächlich waren die russischen Diplomaten völlig überrascht worden, glaubten jedoch immer noch, auf diese Art eine Atempause für den strategischen Aufmarsch in der Mandschurei zu gewinnen. Der Zweibund mit Frankreich von 1892 schien auch im Fernen Osten Rußland Unterstützung zu gewähren, doch beschränkte Delcassé geschwind dessen Gültigkeit auf Europa. Dennoch suchte Japan eine Verständigung. Allein scheiterte diese an der Weigerung des Zarenreichs, Korea Japan als Einflußgebiet zuzugestehen. Als Tokio sich zu dieser Konzession entschloß - die Isolierung Petersburgs war inzwischen offenkundig - war es zu spät. Japan brach die Verhandlungen ab (6.2.1904). Dessen Rüstungen waren beendet, England beobachtete strikte Neutralität, und so kam es zum Krieg; aus Sicht Tokios, um von Rußland nicht erdrückt zu werden. Die Finanzierung des Konfliktes gelang Japan nur unter harten Bedingungen. Aber Tokio schien zum Führer des Ostens berufen und so ging Japan bis an die Grenze der Belastbarkeit des Staates. Das Zarenreich hatte dagegen mehr Kredit und mußte sich nicht so stark verschulden, ging dafür andererseits schwächer gerüstet in den Krieg, da es das Heer an seiner Westgrenze disloziert hatte, anstatt die militärischen Mittel - entsprechend dem Schwerpunkt der Politik - im Osten zu konzentrieren.

DER RUSSISCH-JAPANISCHE KRIEG.

Japan führte einen kombinierten Land - Seekrieg, der bereits in der Anfangsphase, mit der Suprematie zur See (Überfall auf Port Arthur/Thushima) nahezu entschieden wurde. Der breit angelegte Aufmarschplan der russischen Armee (Oberbefehlshaber Kuropatkin) wurde unterlaufen und erst im Zuge einer Reihe von Schlachten traten die japanischen Streitkräfte in die Krise ein. Hohe Verluste in den Landschlachten, und die ungenügende finanzielle Vorbereitung des Krieges, zwangen Tokio zum Frieden von Portsmouth, in dem Japan die Oberhoheit über Korea, Südsachalin, Kiautung und Port Arthur mit Dalny erhielt. Unter ungeheuren Verlusten an Menschen hatte sich die effektivere militärische Organisation durchgesetzt; die ungenügende Versorgung der Russen in der Mandschurei hatte Japan die Überlegenheit gesichert. England wie Frankreich suchten zu vermitteln, denn im Falle eines Krieges mußte für London ein geschlagenes Japan wertlos sein. Deshalb erwog das Foreign Office eine Intervention. Aber Finanzen und Kräfte erlaubten dies nicht. So kämpfte Japan für England, mit der stillen Teilhaberschaft Amerikas im Rücken. In der Phase des Kulminationspunktes der Krise nutzte England die Schwäche des siegenden Japan, um den Zweibund-Vertrag zu erneuern und seinerseits auf Indien wie Siam auszuweiten. Tokio wurde ausschließlich Korea zugestanden, das Japan bereits in Händen hatte.

Mit dem Russisch-Japanischen Krieg brach in Petersburg die Revolution aus. Die sich daraus ergebenden Folgen sollten über achtzig Jahre hinweg das Gesicht der Welt verändern. In der Türkei, in Persien, China und schließlich Rußland auf den Weg gebracht, beeinflußte dieses neue politische Prinzip die Politik der Staaten. Im Rahmen der Sicherungspolitik des britischen Empire, bildete das Britisch-Japanische Bündnis den Hebel Großbritanniens gegen Petersburgs Bestrebungen in Afghanistan und an der Grenze Indiens. Dieses stärkte das Zutrauen des Inselreiches in die Zukunft und machte Rußland einer Annäherung an Großbritannien geneigter. Das um so mehr, als mit dem neuen Vertrag ein Revanchekrieg des Zarenreiches gegen Japan ausgeschlossen war. Auch im Falle eines Angriffes einer Macht werde England eingreifen, hieß es. Dennoch, die Wende britischer Politik, wie dies die ältere Forschung sah, kann mit dem britisch-japanischen Bündnis nicht angesetzt werden. Dieses stärkte Japan, ermöglichte diesem den Krieg mit dem Zarenreich und spielte damit Amerikas Spiel (Roosevelt an seinen Sohn, 10.2.1904). Jedoch bedeutete dies nur ein teilweises Abgehen von dem Prinzip der Isolation in der britischen Politik. Weltpolitik wurde auch in London nicht als Ganzes betrieben. Lediglich in einem Teil der Welt paßte das Inselreich seine Strategie den veränderten Verhältnissen an. Die Rückwirkungen auf Europa blieben den Politikern verschlossen. Es gab auch weiterhin keine Kriegsbündnisse. Dennoch machte das Modell Schule, bezog sich dieses doch zumeist auf Interessengegensätze zwischen den Partnern. Vor allem jene bindenderen Verpflichtungen, welche die neue "Epoche" englischer Politik charakterisieren sollten (Briefwechsel Cambon-Grey, 1912), wurden sorgfältig vermieden. Wenn diese sich in der Folge ergaben, dann ist die dazu gehörige Zäsur in den folgenden Jahren bis 1914 zu suchen.

Die Herausbildung des Kraftfahrwesens im deutschen Heer bis 1914.[*]

HELMUT OTTO

Mit dem ersten Weltkrieg begann die Motorisierung der Massenheere; ein Jahrzehnte andauernder Prozess, der das Militärwesen, den bewaffneten Kampf und die Kriegführung grundlegend veränderte. In seinem Verlauf kam es nach dem zweiten Weltkrieg zur vollständigen Motorisierung der Landstreitkräfte.[1] Daraus erwächst die Frage, in welchem Umfang die militärische Führung des deutschen Kaiserreichs das Kraftfahrzeug, eine der hervorragendsten technischen Pionierleistungen, in die langfristige Vorbereitung der kommenden militärischen Auseinandersetzung einordnete und dazu umfunktionierte. Die Geschichtsschreibung der DDR hat sich mit dieser Problematik für die Zeit vor 1914 kaum befasst, doch in Technik- und wirtschaftshistorischen Untersuchungen wird die primäre Bedeutung der objektiven Bedingungen (Stand der Kraftfahrzeugindustrie und Technik, Verbreitung der Kraftfahrzeuge in der Wirtschaft und Gesellschaft, Struktur des gesamten Verkehrswesens usw.) für eine militärische Verwendung herausgearbeitet.[2] Damit relativieren diese Publikationen in gewisser Hinsicht zugleich das Pauschalurteil von der technischen Ignoranz der deutschen Militärs, bzw. von deren mangelnder Erkenntnisfähigkeit,[3] das für den Bereich des Kraftfahrwesens einer detaillierten Untersuchung so nicht standhält.

---

[*] Entstanden um 1989.

[1] W. I. Lenin, Werke, Bd. 27, S. 183. W. I. Lenin über den qualitativen Charakter des ersten Weltkrieges und der Technik im modernen Krieg.

[2] Siehe dazu H. Mottek u. a., Wirtschaftsgeschichte Deutschlands, Bd. 3, 2. Aufl., Berlin 1975, S. 43ff.; P. Kirchberg, Das Wachstum der Produktivkräfte in der Geschichte des Kraftfahrzeugs, untersucht am Beispiel der Entwicklung der Technik des Kraftwagens in Deutschland von den Anfängen bis zur Wirtschaftskrise, Diss. B, Hochschule für Verkehrswesen „Friedrich List", Dresden 1978, S. 108 ff.

[3] Siehe dazu W. Oswald, Kraftfahrzeuge und Panzer der Reichswehr, Wehrmacht und Bundeswehr, 10., neu bearb. u. erw. Aufl., Stuttgart 1982, S. 10; W. J. Spielberger. Die gepanzerten Radfahrzeuge des deutschen Heeres 1905-1945, Stuttgart 1974, S. 9.

Ende des 19. Jahrhunderts verfügten die kontinentalen Großmächte im Kriegsfall über Millionenheere mit einem großen Bestand an Waffen und Kriegsgerät aller Art, der durch das Wettrüsten weiter anwuchs. Die Versorgung der Truppen mit Proviant, Munition, Ausrüstung, Waffen, Sanitätsdiensten usw. basierte vor allem auf der Eisenbahn sowie auf dem Einsatz hunderttausender Pferde und zehntausender Fuhrwerke für den Nachschub von den Eisenbahnendpunkten zur Front. Bereits im Deutsch-Französischen Krieg 1870/71 waren jedoch, infolge zerstörter Eisenbahnstrecken und Pferdemangels, ernste Versorgungsschwierigkeiten im deutschen Feldheer aufgetreten. Die Verwendung einiger Straßenlokomotiven blieb eine Ausnahme, und weitere Versuche nach 1871 verliefen im Sande. In der militärischen Literatur wurde jedoch immer wieder auf die entscheidende Bedeutung des Nachschubs und auf die außerordentlich steigenden Anforderungen in einem künftigen Krieg hingewiesen und die Reorganisation des stark vernachlässigten Trains, des auf dem Pferdezug beruhenden Nachschubwesens, gefordert.

Mitte der achtziger Jahre erfolgte die Erfindung des Kraftfahrzeugs mit Verbrennungsmotor durch G. Daimler, W. Maybach und C. Benz. „Der Motorwagen", so hieß es 1899 in der „Kriegstechnischen Zeitschrift",

> „kommt der modernen Kriegführung sozusagen wie gerufen für Lebensmittelnachschub und für Munitionsersatz, welche die wichtigsten Lebensinteressen der Armeen berühren."[4]

Zunächst aber stießen die primitiven „Benzinkutschen" und Krafträder in der deutschen Öffentlichkeit überwiegend auf Ablehnung, und auch Daimlers Angebot an die Heeresverwaltung, seine Fahrzeuge zu prüfen, hatte vorerst keinen Erfolg. Seit 1892 erprobte allerdings die Versuchsabteilung der preußischen Eisenbahnbrigade den Verbrennungsmotor für Feldbahnzwecke.[5] Die damaligen technischen Truppen (Eisenbahn-, Telegrafen- und Luftschiffertruppen) unterstanden noch keiner eigenen Waffenbehörde, und für Versuche mit neuen Verkehrsmitteln gab es keine militärische Fachstelle.

Erst Ende der neunziger Jahre wandte sich die Heeresleitung dem Kraftfahrzeug zu. Die Ursachen dafür waren: seine technisch-konstruktiven Fortschritte, die allmähliche Einbürgerung des Personenwagens und des Automobilrennsports in die Gesellschaft, das Aufkommen von Lastkraftwagen, und nicht

---

4 Layriz, Ueber die Verwendung der Motorwagen als Armeefahrzeuge, In: Kriegstechnische Zeitschrift (K. Zt.), 1899, H. 4, S. 159.
5 F. Mossler, Aus der Geschichte der Kampfwagen, in: Technikgeschichte, hrsg. von C. Matschoss, Berlin 1934, S. 101 (Beiträge zur Geschichte der Technik und Industrie, Bd. 23).

zuletzt, der Vorsprung Frankreichs in der Verbreitung von Kraftfahrzeugen in deren möglicher militärischer Verwendung.[6]

Im Sommer 1898 erarbeitete die Versuchsabteilung der Eisenbahnbrigade eine Denkschrift, über den Stand des Automobilwesens in Deutschland, die Kriegsminister H.v.Goßler für einen Vortrag bei Wilhelm II. benutzte.[7] Der von der Firma Daimler umworbene Kaiser und sein Bruder, Prinz Heinrich von Preußen, begannen sich, dem „Automobilismus" in Deutschland zuzuwenden. Noch 1898 wurde eine Kommission zur Förderung der Selbstfahrerfrage für Armeezwecke eingesetzt. Sie formulierte Bedingungen für den Bau von Militärfahrzeugen, regelte die Ausbildung von Offizieren an Verbrennungsmotoren und die Tellnahme der Versuchsabteilung an Übungsfahrten des „Mitteleuropäischen Motorwagenvereins", dem überwiegend Industrielle angehörten. Die weitere Entwicklung von Kraftfahrzeugen für das Heer lenkte seit dem 1.April 1899 die neugebildete Inspektion der Verkehrstruppen, der die völlig verschiedenen Bereiche des Eisenbahn-, Telegrafen-und Luftschifferwesens unterstanden, sowie das 1898 geschaffene kleine Selbstfahrer Kommando, das die Kraftfahrzeuge erproben sollte. Dafür hatte man erstmals gesonderte Geldmittel bereitgestellt. Ende März 1901 wurde schließlich die Versuchsabteilung der Verkehrstruppen gebildet, die aber nur 8 Offiziere und 5 Unteroffiziere zählte. Ihr oblag auch die Erprobung aller mechanischen Zugsysteme (Verbrennungsmotor, Dampf und Elektroantrieb). Damit waren Voraussetzungen für zielgerichtete Versuche zur militärischen Verwendung von Kraftfahrzeugen gegeben.

Im Hinblick auf die zu erwartenden raschen Fortschritte in der Kraftfahrzeugtechnik und die hohen Anschaffungs- und Betriebskosten,[8] hielt es die Heeresverwaltung für untragbar, einen armeeeigenen Fahrzeugpark aufzubauen; er wäre bald veraltet gewesen. Sie kaufte immer nur einige Versuchsfahrzeuge,

---

[6] Siehe dazu Geschichte der Technik, hrsg. von R. Sonnemann, Leipzig 1978, S. 302 ff.; Festschrift zum fünfundzwanzigjährigen Bestehen des Reichsverbandes der Automobilindustrie e.V. 1901-1926, Berlin 1926, S. 8 ff.; G. Arnold, Zeittafel zur Geschichte des Kraftwagens, in: Technikgeschichte, S. 114 f. (Beiträge zur Geschichte der Technik und Industrie, Bd. 23); Hbr., Automobile im Militärdienst, in: K.Zt., 1899, H. 1, S. 16 ff.; Bauer, Fuhrkolonne, Motorfahrzeug und Feldbahn, in: Ebenda. 1900, H. 3, S. 157 ff.

[7] Siehe dazu Das Königl. Preußische Kriegsministerium 1809 - 1.März 1909 (im folgenden: Kriegsministerium), Berlin 1909, S. 182 ff. Zu den Veränderungen bei den technischen Truppen siehe F. C. Stahl, Preußische Armee und Reichsheer 1871-1914, in: Zur Problematik 'Preußen und das Reich', hrsg. von O. Hauser, Köln-Wien 1984, S. 229 ff.

[8] Die Heeresverwaltung stellte Anfang 1907 für den Kauf eines nach bestimmten Bedingungen gebauten Personenkraftwagens 20 000 Mark zur Verfügung (Militärarchiv der DDR, im folgenden: MA) Sa 21762, Bd. 1, 20. 72 ff.). Im Vergleich dazu betrugen die Gestehungskosten eines älteren Feldgeschützes von Krupp etwa 14 000 Mark (B. Menne, Krupp. Deutschlands Kanonenkönig. Zürich 1937, S. 256).

die anhand gewonnener praktischer Erfahrungen verbessert wurden, bis sie als kriegsbrauchbar galten. Die Versuchsreihen, in denen es um die Berücksichtigung spezifischer militärischer Anforderungen vor allem bei den Lastkraftwagen ging, wurden nicht selten vom technischen Fortschritt überholt.[9] In den Manövern und anderen Übungen setzte man gemietete, von einzelnen Automobilfirmen zur Verfügung gestellte und armeeeigene Fahrzeuge ein. Im Kriegsfall sollte der Bedarf, wie bei Pferden und Fuhrwerken, aufgrund des Kriegsleistungsgesetzes vom 13. Juni 1873, durch die Aushebung der im Privatbesitz befindlichen Fahrzeuge gedeckt werden. Ebenso verfuhren auch andere Staaten. Bemerkenswert ist dabei die bisher nicht bekannte Tatsache, dass die deutsche Heeresleitung die Aushebung von Personen und Lastkraftwagen schon seit 1902/03 planmäßig vorbereitete.

In einer Denkschrift des preußischen Kriegsministeriums von 1903 hieß es, dass ohne die neuen technischen Hilfsmittel

> „die heutigen Massenheere weder mit den nötigen Bedürfnissen versehen noch mit Erfolg geleitet werden. Die Heeresleitung, welche die Technik in vollkommenster Weise ausnutzt, hat anderen Armeen gegenüber, die dieses versäumen, einen schwer einzuholenden Vorsprung."[10]

Im Widerspruch dazu standen jedoch innerhalb des Heeres objektive und subjektive Bedingungen, die auch die Herausbildung des Kraftfahrwesens hemmten. Dazu gehörten vor allem die Dominanz der traditionellen Waffengattungen gegenüber den Verkehrstruppen in Fragen der Heeresverstärkung, die vergleichsweise geringen Kräfte und Mittel für das Kraftfahrwesen, die einseitige Steigerung der Feuerkraft der Armee gegenüber dem Ausbau der Verkehrs- und Nachrichtenmittel, der Mangel an militärtechnischer Bildung bei der Masse des Offizierskorps und das geringere Ansehen der Techniker, das Beharren auf überlebten kriegsgeschichtlichen Erfahrungen sowie die Scheu und Ablehnung gegenüber dem umwälzenden Einfluss der Technik im Militärwesen überhaupt.[11]

---

[9] B. F. Schulte, die deutsche Armee 1900 -1914. Zwischen Beharren und Verändern, Düsseldorf 1977, S. 390. Es ist die material- und problemreichste neuere Darstellung auch zur Frage Militär und Technik in der kaiserlichen Armee.

[10] MA, W. 42.00/1, Bl. 40.

[11] Siehe dazu Schulte, Die deutsche Armee . . ., S. 61 ff., 148 ff., 311 ff.; Derselbe, Die Kaisermanöver 1893 bis 1913. Evolution ohne Chance, in: Von der freien Gemeinde zum föderalistischen Europa. Festschrift für Adolf Gasser zum 80. Geburtstag, hrsg. von F. Esterbauer u. a., Berlin (West) 1983, S. 243 ff. und: Derselbe: Weltmacht durch die Hintertür. Deutsche Nationalgeschichte in der Diskussion, Hamburg 2003, S. 299-321; Bundesarchiv-Militärarchiv (künftig: BA-MA), W 10/50575, Bl. 1 ff., „Denkschrift über die Technik im deutschen Heer" von Major Muths, 1919.

Die Herausbildung des militärischen Kraftfahrwesens hing entscheidend vom Stand der Produktivkräfte und von der Durchsetzung der Motorisierung ab, die in Deutschland langsamer verlief als z.B. in Frankreich und England.[12] Der Personenkraftwagen blieb bis 1914 weitgehend ein Luxusartikel. Auf besonders große Schwierigkeiten stieß die Einbürgerung von Lastkraftwagen in der Wirtschaft, in Handel und Verkehr. Deutschland verfügte über ein hochentwickeltes Eisenbahnnetz und ein sehr umfangreiches Pferdefuhrwesen (Nutzlast bis zu zwei Tonnen), mit denen alle Transportaufgaben erfüllt werden konnten. Für die kapitalistischen Unternehmen bestanden nur ein geringer Bedarf und kaum ein Profitanreiz, das neue Nutzlastfahrzeug einzuführen. Hinzu kamen das Nichtvorhandensein überwiegend befestigter Straßen, und bis etwa 1908, zahlreiche behördliche Einschränkungen für den Lastkraftwagenverkehr. Die niedrigen Produktionsziffern und die geringe Verbreitung schränkten zudem die Möglichkeit ein, aus der Fahrpraxis Erfahrungen für die technisch konstruktive Weiterentwicklung zu gewinnen. Alle diese Faktoren mussten sich auf die militärische Verwendung der Kraftfahrzeuge, insbesondere der Lastkraftwagen, hemmend auswirken.

Zu Beginn des 20. Jahrhunderts befand sich die deutsche Kraftfahrzeugindustrie noch im Anfangsstadium. 1901 zählte sie etwa 12 Betriebe mit rund 1800 Arbeitern und Angestellten, in denen die Fahrzeuge nach Bestellung gebaut wurden: 845 Personenwagen und Untergestelle, 39 Lastkraftwagen und 41 Motorräder. In den folgenden Jahren nahmen die Produktion und der Kraftfahrzeugbestand beachtlich zu. 1907 wurden insgesamt 7774 Kraftfahrzeuge hergestellt und 1912 bereits 32156. Im selben Zeitraum erhöhte sich der Gesamtbestand von 27 026 auf 70 006 Kraftfahrzeuge. Die Heeresverwaltung und die Inspektion der Verkehrstruppen arbeiteten anfangs vor allem mit der Daimler Motorengesellschaft zusammen, bald auch mit der Neuen Automobil-Gesellschaft und anderen Firmen, die sich um Heeresaufträge bemühten.[13] Dabei ging es um die militärischen Konstruktionsbedingungen, den Treibstoff, die Durchführung von Übungsfahrten, die technische Ausbildung von Offizieren und andere Fragen. Das Fehlen von Monopolunternehmen erleichterte dabei die Verhandlungspositionen der Militärbehörden. Enge Beziehungen wurden zu dem 1899 gegründeten „Deutschen Automobilclub" hegerstellt, der den Rennsport förderte und Konkurrenzfahrten sowie Automobilausstellungen organisierte, an de-

---

12 Geschichte der Produktivkräfte in Deutschland von 1800 bis 1945, Bd. 2, Berlin 1965, S. 36 ff., 120 ff., 238 ff.; Kirchberg, S. 99 ff., 122 ff.

13 Kriegsministerium, S. 182 ff.,; MA, Sa F 8861, Bl. 183 f.; Sa 21763 o.Bl., Briefwechsel zwischen den Audi-Automobilwerken Zwickau und dem Generalkommando des XIX. Armeekorps vom 19.1.1914; G. Hecker, Walther Rathenau und sein Verhältnis zu Militär und Krieg, Boppard a. Rh. 1983, S. 106 ff.

nen Militärfahrzeuge teilnahmen. Anlässlich der ersten Erprobung eines Kraftfahrzeugs im Kaisermanöver 1898 hieß es im „Militär-Wochenblatt":

> „So greift der Krieg im Frieden wieder auf ein neues Gebiet der Industrie und Technik über",

auf dem sich nun ein Wettlauf zwischen den Staaten entfalten werde, denn mit den Massenheeren wachse die Bedeutung der Verkehrsmittel.[14]

Von Anfang an wurde dieser Prozess von der zeitgenössischen militärischen Publizistik und Literatur in vielen Beiträgen reflektiert und stimuliert, insbesondere von der 1898 gegründeten „Kriegstechnischen Zeitschrift", aber auch vom offiziösen „Militär-Wochenblatt" und anderen Periodika sowie von den zahlreichen, z. T. von Offizieren der Verkehrstruppen verfassten, speziellen Schriften. Die Autoren untersuchten die vielseitigen militärischen Verwendungsmöglichkeiten des Kraftfahrzeugs in einem künftigen Krieg, berichteten über die Entwicklung in ausländischen Armeen und gaben prognostische Einschätzungen.[15] Der Verbreitung technischer Kenntnisse über das neue Verkehrsmittel im Offizierkorps diente auch der Unterricht über Kraftfahrzeuge an der 1903 gegründeten Militärtechnischen Akademie.

Die militärische Verwendung der Kraftfahrzeuge verlief in den beiden Hauptbereichen - den Personen- und den Lastkraftwagen - sehr unterschiedlich. Die rasche Entwicklung kriegsbrauchbarer Personenkraftwagen, gefördert durch die Autorennen, erfolgte ohne wesentliche militärische Unterstützung. Die erste Erprobung mehrerer Wagen und Motorräder zu Befehls- und Nachrichtenübermittlung und zur Beförderung von Offizieren im Kaisermanöver 1899 verlief zufriedenstellend, sodass die Motorfahrzeuge als nützliche Führungsmittel bereits in die Felddienst-Ordnung vom 1.Januar 1900 eingingen.[16] Nach der Erprobung im Kaisermanöver 1900 und 1901 wurden einige Typen großer Personenkraftwagen für kriegsbrauchbar erklärt. Noch gab es aber zahlreiche Skeptiker, wie z.B. den Generalstabschef A. v. Schlieffen, der meinte, die Automobile seien

> „unendlich Unfällen unterworfen".[17]

---

14 Motorwagen, in: Militär-Wochenblatt (MWBl.), 1898, Nr. 83, Sp. 2231.

15 Für die Hilfe bei der Erfassung des umfangreichen Materials dankt der Verf. R. Brunkau (Strausberg). Für die noch ausstehende Untersuchung des Verhältnisses von Militär und Technik vor dem ersten Weltkrieg ist die umfassende Auswertung der zeitgenössischen Militärliteratur unerläßlich.

16 Felddienst-Ordnung, Berlin 1900 (Neuabdruck vom 1.Januar 1900), S. 32; Verwendung von Motorfahrzeugen für militärische Zwecke, in: MWBl., 1901, Nr. 103, Sp. 2732.

17 Dienstschriften des Chefs des Generalstabes der Armee, Generalfeldmarschall Graf von Schlieffen, 7. (Kriegswissenschaftliche) Abteilung, Bd. 1: Die taktisch-strategischen Aufgaben aus den Jahren

Durch den Einbau stärkerer Motoren, den Bienenwabenkühler, das Vierganggetriebe, durch verbesserte Straßen, robuste Luftbereifung und andere technische Neuerungen war die Zuverlässigkeit des Personenkraftwagens so gestiegen, dass die Heeresleitung ihn seit 1902 und eingeschränkt als Hilfsmittel der höheren Führung anerkannte und dampfgetriebene Personenwagen endgültig verwarf. Weitergehende Vorschläge, die Personenkraftwagen bereits im Garnisonsdienst und für die Aufklärung im Felde einzusetzen, fanden noch kein Gehör.[18] Weitaus bedeutsamer waren jedoch die Verfügung des preußischen Ministeriums vom 21.März 1902 und der Erlass einer vertraulichen Dienstanweisung von 27.März 1903. Diese regelten im Mobilmachungsfall die Aushebung von Personenkraftwagen (einschließlich Omnibussen) in den Armeekorpsbezirken, ihren Verwendungszweck, die Aufstellung von Wagenparks, ihre Unterstellung usw.[19]

Da die Heeresverwaltung nur einige Wagen besaß und noch keine Kraftfahrformation für Ausbildungszwecke bestand, stieß die zunehmende Verwendung von Personenkraftwagen und Motorrädern bei den Kaisermanövern und anderen Übungen auf immer größere Schwierigkeiten. Nach britischem Vorbild wurden deshalb zivile Kreise mit herangezogen. Das preußische Kriegsministerium und das Präsidium des noblen „Deutschen Automobilclubs" einigten sich über die Bildung eines deutschen Freiwilligen-Automobilkorps (31.Januar 1905). Seine Mitglieder verpflichteten sich, im Frieden und im Krieg mit ihren Wagen in der Armee Dienst zu leisten. Ausgebildet wurden sie in verschiedenen Manövern und bei Übungsfahrten.

Da die Mitgliederzahl in dieser paramilitärischen Organisationen unter 100 Mann blieb, bildete sie zwar eine gewisse Reserve für Übungen und im Kriegsfall für den Einsatz bei den höheren Kommandobehörden, konnte aber das Fehlen einer Kraftfahrtruppe nicht ausgleichen.[20] Während sie die größeren Personenwagen

---

1891-1905, Berlin 1937, S. 84; Das Nachrichtenwesen im Kriege, in: v. Löbell's Jahresberichte über die Veränderungen und Fortschritte im Militärwesen (im folgenden: Jahresberichte), 28. Jg., Berlin 1901, S 451 f. Der Verf. gab noch dem Dampfselbstfahrer den Vorzug und riet, bei der Beförderung wichtiger Befehle durch Motorwagen einen Meldereiter oder Radfahrer hinterherzuschicken.

[18] Siehe dazu Verwendung von Motorfahrzeugen für militärische Zwecke, Sp. 2735 ff.

[19] Dienstanweisung für die Führer von Personenselbstfahrer-Parks vom 27.März 1903, Berlin 1902, S. 3 ff. Für die Mobilmachungsvorarbeiten war die Inspektion der Verkehrstruppen zuständig (MA, Sa 21775; Bl. 1 ff.).

[20] Beim Kaisermanöver 1904 wurden 24 Personenkraftwagen und 35 Motorräder verwendet (Cl. P. Stefanski, Das Deutsche Freiwilligen-Automobil-Korps, in: Zeitschrift für Heereskunde, 1988, H. 52, S. 23 ff.; M. Sa 21310, Bl. 65; Rbg., Gestaltung des Kraftfahrwesens, in: MWBl, 1910, Nr. 15, Sp. 341). Das Deutsche Freiwilligen-Automobilkorps hatte 1910 62 Mitglieder (MA, S. 21777, Bl. 373 ff). Das Kgl. Sächsische Freiwilligen-Automobilkorps zählte Anfang 1914 18 Mitglieder.

stellte (ab 16 PS), wurden die Kleinautos und Motorräder seit 1907 von Mitgliedern der „Deutschen Motorfahrer-Vereinigung" aufgebracht. Sie bildeten 1910 das „Deutsche Freiwilligen-Motorfahrerkorps", das aber keine größere Bedeutung erlangte.[21]

Die Heeresleitung war der Ansicht, im Kriegsfall stünden durch Aushebungen genügend Personenkraftwagen und Motorräder zur Verfügung. 1907 gab es davon 10115 bzw. 15954. In der Friedensorganisation des Heeres waren selbst für die höheren Kommandos und Behörden bis 1914 strukturgemäß keine Kraftfahrzeuge vorgesehen. Seit 1906 erhielten nur die Generalkommandos und Zentralbehörden je einen großen Personenkraftwagen zugeteilt, um sich im Dienstbetrieb damit vertraut zu machen.[22] Außerdem bekam das „Kommando der deutschen Kolonialtruppen" in Südwestafrika einen Wagen. In der neuen Felddienstordnung von 1908 wurden die Personenkraftwagen als „vorzügliches Werkzeug" der höheren Stäbe zur Befehls- und Nachrichtenübermittlung bezeichnet.[23]

Nach der zyklischen Krise 1907/08 nahm die Produktion der technisch verbesserten Kleinwagen zu. Sie wurden Zuverlässigkeitsprüfungen unterworfen, verstärkt in Manövern verwendet und für das Feldheer vorgesehen (für den Erkundungs- und Verbindungsdienst, als Begleitfahrzeuge, zur Überwachung der Etappe durch die Feldpolizei usw.) und begannen, die Motorräder zu verdrängen. Noch immer umstritten war der Einsatz von Personenkraftwagen zur operativen Aufklärung. Ende Juni 1911 fand an der Grenze zu Rußland und Österreich-Ungarn die erste große Automobilaufklärungsübung mit 50 Fahrzeugen statt. Ungeachtet bedeutender Fahrleistungen wurden ihre Ergebnisse skeptisch beurteilt, weil die Benutzung von Feldwegen bei einigen Wagen Pannen verursacht hatte.[24] Bereits 1909 waren im Kaisermanöver 100 Personenwagen und

---

[21] Rbg., Gestaltung des Kraftfahrwesens, in: MWBl, 1910, Nr. 15, Sp. 340 f.; Festschrift . . ., S. 43, Die militärische Brauchbarkeit des Kraftrades, in: MWBl: 1913, Nr. 107, Sp. 2398 ff.

[22] Siehe dazu: Der Weltkrieg 1914 bis 1918, bearb. Im Reichsarchiv. Kriegsrüstung und Kriegswirtschaft, Bd. 1, Berlin 1930, S. 280 f.; Rbg., Gestaltung des Kraftfahrwesens, Sp. 341. - Diese Personenkraftwagen (50 PS) boten 6 bis 8 Personen Platz, waren mit Klapptisch, elektrischen Kartenleselampen und Sprachrohr zum Führersitz ausgerüstet (MA, Sa 21763, o. Bl, Über besondere Konstruktionsbedingungen der Versuchsabteilung des Militärverkehrswesens für die Lieferung von Personenkraftwagen).

[23] D.V.E. Nr. 267. Felddienst-Ordnung vom 22.März 1908, Berlin 1908, S. 164, 168.

[24] Die erste kriegsmäßige Automobilaufklärungsübung, in: K.Zt., 1911, S. 352 ff.; Thomsen, Die Bedeutung der technischen Hilfsmittel für die Fernaufklarung im Felde, in: Vierteljahreshefte für Truppenführung und Heereskunde (Vierteljahreshefte), 1911, H. 2, S. 325 ff. - Thomsen, Chef der Technischen Sektion im Großen Generalstab, lehnte den Einsatz bewaffneter Personenkraftwagen als „Spähfahrzeuge" ab (siehe dazu auch D.V.E. Nr. 53, Grundzüge der höheren Truppenführung vom 1. Januar 1910, Berlin 1910, S, 61 ff.).

100 Motorräder eingesetzt, wenngleich der tatsächliche militärische Effekt, infolge mangelnder kriegsmäßiger Bedingungen, nicht allzu hoch gewesen sein dürfte. Bei den Verwaltungs- und den Großen Generalstabsreisen fanden ebenfalls vermehrt Kraftfahrzeuge Verwendung; doch gab es auch Kritik an ihrer mangelnden Ausnutzung.[25] 1912 erschien die erste Vorschrift über die Verwaltung, Benutzung, Unterbringung und Bedienung der Kraftwagen, in der betont wurde, dass sie die teuersten Verkehrsmittel seien.[26]

Ungleich schwieriger und kostspieliger verliefen die technisch konstruktive Entwicklung kriegsbrauchbarer Lastkraftwagen und deren militärische Erprobung, auf die aber die Heeresleitung von Anfang an das Hauptgewicht legte, um die steigenden Anforderungen an die Versorgung eines Millionenheeres erfüllen zu können. In den an feste Straßen gebundenen Lastkraftwagen sah man das künftige Haupttransportmittel der Etappe, das vor allem für den Nachschub von den Eisenbahnendpunkten zu den pferdebespannten Kolonnen und Trains der Armeekorps und Divisionen eingesetzt werden sollte. Die erstmalige, kaum bekannte Erprobung eines firmeneigenen Lastwagens im Kaisermanöver 1898 war fehlgeschlagen. Die Heeresverwaltung ließ nunmehr Militärlastwagen nach spezifischen Anforderungen bauen, deren Einsatz ein Jahr später „überraschend gute Erfolge" erbrachte, aber auch übertriebene Hoffnungen weckte.[27] Doch eine erste schwere Belastungsprobe im Jahre 1900 endete wiederum mit einem Rückschlag. Aber bereits im Kaisermanöver 1902 wurden acht neue Militärlastwagen für Proviantransporte zufriedenstellend verwendet.[28] Hauptmangel der damaligen Typen waren das relativ hohe Gewicht, die Ausrüstung mit Eisenreifen und die Tatsache; dass die Hersteller zu schwache Motoren von Personenkraftwagen einbauten. Die Heeresverwaltung orientierte sich dagegen auf schwere Lastzüge mit möglichst zwei Anhängern und forderte zunächst noch die Verwendung von Spiritus als Treibstoff, um angesichts der Blockadegefahr im Kriegsfall nicht vom Benzinimport abhängig zu sein. Die jahrelangen, z. T. durch

---

25 Der bayrische Oberst Zoellner erlebte die Generalstabsreise 1913 „nur im Kraftwagen" (Schulte, Die deutsche Armee ...., S. 333; zur Kritik des Generalstabschefs H. v. Moltke zum Kaisermanöver 1912 siehe MA, So 21310, Bl, 131).

26 D.V.E. Nr. 428. Der Personenkraftwagen der Heeresverwaltung, vom 18. Mai 1912, Berlin 1912, S. 2.

27 MA, So F 8861, Bl. 183.

28 Kriegsministerium, S. 184 ff.. Der mechanische Zug im Manöver 1902 beim III. Armeekorps„ in: MWBl., 1903, Nr. 97, Sp. 2323 ff. Die Heeresverwaltung ließ von 1898 bis 1902 14 Lastkraftwagen bauen, davon 8 1900/01. In Deutschland wurden 1901 insgesamt nur 39 Lastkraftwagen hergestellt (H. v. Lanzenauer, Die Verwendbarkeit des Automobils für militärische Zwecke, in: K.Zt., 1903, H. 1, S. 67). L. schrieb, der Generalstab habe Ende 1900 der Inspektion der Verkehrstruppen die dringende Aufgabe gestellt, das „Problem des militärischen Automobils" zu lösen.

Preisausschreiben stimulierten Versuche mit Spiritusmotoren blieben jedoch letztlich unbefriedigend. Deshalb entschied man sich nach 1902 für das einheimische Benzol. Der vorerst schleppende Verlauf der Entwicklung von Militärlastkraftwagen war auch dadurch bedingt, dass im Zuge der verlangsamten Heeresvermehrung die laufenden Ausgaben für Kraftfahrzeuge seit 1903 auf jährlich 100 000 Mark begrenzt wurden.

Das preußische Kriegsministerium überschätzte den erreichten Stand, als es bereits im April 1902 die Aushebung der Lastkraft- (und Dampfwagen) für den Kriegsfall plante und alle Generalkommandos anwies, die in ihren Bezirken vorhandenen Fahrzeuge zu erfassen.[29] Deren Zahl war jedoch so gering, dass Aushebungsbestimmungen vorerst unterblieben. General v. Einem verfügte aber am 11. Februar 1903 die Fortführung der statistischen Nachweise.[30] Die ersten Formationen für die Kriegsorganisation wurden 1904/05 mit den "Lotsenselbstfahrerparks" der Festungen Metz und. Posen aufgestellt.[31] Bei den Kriegsvorbereitungsstudien zum Feldverpflegungsdienst und den Verwaltungsgeneralstabsreisen rechnete man teilweise mit dem Einsatz einer größeren Zahl kriegsbrauchbarer Lastkraftwagen, als tatsächlich vorhanden war, um den Teilnehmern die modernsten Verkehrsmittel nahe zu bringen.[32]

Der unbefriedigende Entwicklungsstand der Lastkraftwagen trug dazu bei, dass man auch nach der Jahrhundertwende der militärischen Verwendung von Dampfwagen und Straßenlokomotiven für Schwertransporte, für den Geschützzug usw., teilweise noch den Vorzug gab und zahlreiche Versuchs- und Konkurrenzfahrten durchführte.[33] Dazu gehörte auch die kostspielige Neuentwicklung von Dampfwagenzügen mit bis zu sechs Anhängern, die sich aber nur in Ausnahmefällen verwenden ließen. Die Versuche wurden auch dann noch fortgesetzt, als die technische Überlegenheit des Lastkraftwagens, insbesondere sein weitaus größerer Aktionsradius, schon nachgewiesen worden war.

---

29 MA, Sa 21778, Bl. 1, Erste Uberlegungen zur Aushebung von Lastkraftwagen im Mai 1901.
30 Ebenda, Bl. 27.
31 Ebenda, Bl. 58 ff. - Beide Parks sollten je 30 Lastkraftwagen umfassen und jeweils 120 Fuhrwerke und 240 Pferde ersetzen.
32 H. v. Francois, Feldverpflegungsdienst bei den höheren Kommandobehörden, T. 1, Berlin 1904, S. 110 f., T. 2, Berlin 1906, S. 121.Gerechnet wurde mit 120 Lastkraftwagen (siehe dazu auch: Derselbe, Verwaltungs-Generalstabsreisen, Berlin 1910, S. 44, 125).
33 Siehe dazu Kriegsministerium, S 189 f., 194 ff.; A. Vorreiter, Motorwagen für Lastentransport, namentlich für militärische Zwecke, in: K. Zt., 1904, H. 5, S. 239 ff.; W. A. Th. Müller-Neuhaus, Aus der Geschichte der Heereszugmaschinen, in: Technikgeschichte; S. 126 ff. (Beiträge zur Geschichte der Technik und Industrie; Bd. 23) .

Seit 1906 bezog der Generalstab die Nachschubprobleme und die Verwendung von Lastkraftwagen stärker in seine strategisch-operativen Überlegungen ein. Generalstabschef A. v. Schlieffen war in seiner Denkschrift von Ende 1905 über den Krieg gegen Frankreich, dem sogenannten „Schlieffenplan", der doch eine weiträumige strategische Offensive vorsah, nicht darauf eingegangen.[34] Sein Nachfolger, General H. v. Moltke, befürchtete wegen Versorgungsschwierigkeiten den Stillstand der Operationen und drängte deshalb seit Ende 1906 auf die umfangreiche Verwendung von Lastkraftwagen, zumal sich der Train in völlig vernachlässigtem Zustand befand. 1907 gab es in Deutschland 1211 Lastkraftwagen, darunter aber nur 128 kriegsbrauchbare mit Motoren über 16 PS. Eine rasche Vermehrung war nach Ansicht der Militärs allein auf dem Wege staatlicher Subventionen zu erreichen. Am 12. April 1907 schrieb Moltke, es gelte die Scheu der Privatwirtschaft „vor ungewissen Kapitalanlagen" sowie behördliche Hemmnisse zu überwinden; dabei müsse die „Armee selbst bahnbrechend wirken".[35] Außerdem sei es erforderlich, eine Kraftfahrtruppe zu bilden. Unter Hinweis auf einen Krieg gegen Frankreich forderte General G. v. Alten, Militär und Industrie sollten gemeinsam einen kriegsbrauchbaren Lastkraftwagentyp entwickeln.[36]

So kam es nicht zufällig 1907/08 zu mehreren, für die Entwicklung des Kraftfahrwesens im Heer, wesentlichen Maßnahmen. Seit 1905 bereitete das Kriegsministerium eine große Transportübung mit allen mechanischen Zugsystemen vor, die über einen kriegsbrauchbaren Fahrzeugtyp entscheiden sollte. Dabei tendierte es vorwiegend noch zum schweren Lastzug mit mehreren Anhängern, um die pferdebespannten Nachschubkolonnen drastisch verkürzen zu können. Für die Übung reichte aber die bisherige „Versuchsabteilung der Verkehrstruppen" nicht aus; deshalb wurde am 1. April 1907 in der preußischen Armee eine Kraftfahrabteilung in Kompaniestärke als Lehr- und Versuchstruppe formiert, die aus etatmäßigen Offizieren, und Unteroffizieren sowie aus kommandierten Mannschaften anderer Truppenteile bestand. In der bayrischen Armee erhielt das Eisenbahnbataillon eine kleine Kraftfahrabteilung. In diesen be-

---

34 H. Otto, Schlieffen und der Generalstab, Berlin 1966, S. 101 f. Schlieffen rechnete weder bei den Großen Generalstabsreisen 1904 noch in dem Kriegsspiel von November/Dezember 1905 mit der Verwendung von Kraftfahrzeugen (MA, Pr. 3.2.14.5/8, Bl. 125 ff.). Die Bedeutung von Kraftfahrzeugen als Führungsmittel und besonders für den Munitionsnachschub betonte er aber, in seinem Aufsatz „Der Krieg in der Gegenwart" von Anfang 1909 (A. v. Schlieffen, Gesammelte Schriften Bd. 1, Berlin 1913, S. 15 ff.).

35 Der Weltkrieg 1914 bis 1918. Kriegsrüstung und Kriegswirtschaft, Anlagen zum ersten Band, Berlin 1930, S. 110, 414 f., 417.

36 G. v. Alten, Die Bedeutung der mechanischen Zugkraft auf der Landstraße für die Heeresführung, Berlin 1907; zit. nach: Das Lastautomobil, in: K. Zt., 1908, S. 106 ff.

grenzten Maßnahmen widerspiegelte sich das Zögern der Heeresverwaltung beim Aufbau der neuen Truppengattung.[37]

An der Transportübung 1907, der bisher größten und schwierigsten Übung, nahmen etwa 30 Fahrzeuge teil. Straßenlokomotiven und Vorspannmaschinen (gemischten Antriebs) mit bis zu 6 Anhängern, Dampfwagen, Lastkraftwagen mit einem, bzw. zwei Anhängern, Einzellastwagen, Schnellastwagen, Omnibusse, Werkstattwagen und Begleitfahrzeuge. In 25 Tagen wurden maximal 1315 Kilometer bewältigt. Die Entscheidung fiel zugunsten eines „leichten Armeelastzuges" mit Verbrennungsmotor (Motorwagen mit einem Anhänger) gegen die schwerfälligen Züge mit mehreren Anhängern und gegen den leichten Einzelwagen, der im französischen Heer dominierte, aber mehr Fahrpersonal und längere Kolonnen erforderte.[38] Das Kriegsministerium wählte zunächst Firmen aus, deren Fahrzeuge den geforderten militärischen und technischen Bedingungen entsprachen; später erhöhte sich die Zahl der Betriebe auf 17. Die technisch-konstruktiven Baubestimmungen entstanden in Zusammenarbeit zwischen den militärischen Sachverständigen und den Werksleitungen; die Lastzüge wurden von Offizieren abgenommen.

Mit der am 1. April 1908 beginnenden Subventionierung, für die im ersten Jahr 800 000 Mark zur Verfügung standen, wurde ein Teil der Lasten, die ein armeeeigener Fahrzeugpark erfordert hätte, auf die Privatwirtschaft abgewälzt. Der Käufer erhielt eine Beschaffungsprämie von 4000 Mark und eine Betriebsprämie von je 1000 Mark für fünf Jahre, in denen der Armeelastzug kriegsbrauchbar zu halten war. Die Heeresverwaltung besaß ein Kontrollrecht; der Verkauf des Fahrzeugs ins Ausland war verboten.[39] Im Subventionszeitraum 1908 bis 1913 wurden 825 Armeelastzüge abgesetzt. Einige kaufte das Heer für die spürbar verstärkte Ausbildungs- und Versuchstätigkeit der Kraftfahrabteilung. Seit

---

[37] Siehe dazu Kriegsministerium, S. 200; Jahresberichte, 34. Jg., Berlin 1907, S. 4. Die Kraftfahrabteilung bildete Berufskraftfahrer und andere Fachleute zu Wagenführern und Begleitmannschaften aus. Seit Januar 1908 wurde ein Beurlaubtenstand der Kraftfahrtruppe für den Mobilmachungsfall geschaffen.

[38] Kriegsministerium, S. 201, 204 ff. - Im Ergebnis der Übung wurden die militärischen Anforderungen an den Armeelastzug formuliert: Motorwagen für 4 Tonnen, Gesamtgewicht 7,5 Tonnen, mindestens 35 PS, Anhänger für 2 Tonnen Nutzlast, Höchstgeschwindigkeit bei Eisenreifen 12 km/h, bei Vollgummireifen 16 km/h, Steigleistung bei Vollast 1 : 8, Aktionsradius 250 km, Tagesleistung etwa 120 km; weitere Angaben siehe in: Schmiedecke, Die Verkehrsmittel im Kriege, 2., vollständig umgearb. Aufl., Berlin 1911, S. 323 ff.

[39] Zu den Subventionsbedingungen siehe Kriegsministerium, S. 202 ff.; Heinsius/Fries, Der Subventionswagen. Handbuch für Besitzer und Führer der von der Heeresverwaltung subventionierten Lastzüge, Braunschweig 1912.- Bayern hatte eigene Subventionsmittel: 1911 für 40 Armeelastzüge.

1908 fanden mehrere große Übungsfahrten statt, einige über mehr als 2000 Kilometer, an denen sich zahlreiche Firmen beteiligten.[40] Da der Generalstab weitere Lastkraftwagenkolonnen forderte, wurde die Subventionssumme 1910 auf eine Million Mark erhöht. Zweifel an der Rentabilität bei den Unternehmern und andere Gründe bewirkten aber, dass die jährliche Zahl der subventionierten Lastzüge von 1909 bis 1912 von 176 auf 120 zurückging. Die noch weit verbreitete Ablehnung der Lastkraftwagen, besonders in den östlichen Provinzen, versuchte die Heeresverwaltung, im Verein mit der Industrie, durch verschiedene Maßnahmen zu überwinden. Für den neuen Subventionszeitraum ab 1. April 1913 änderte das Kriegsministerium seine Konstruktions- und Einführungsbedingungen etwas und beschloss, auch Einzellastwagen zu subventionieren. Die Ursachen dafür waren Kritiken der Besitzer und Straßenbauämter sowie die Erfahrungen aus den Versuchsfahrten.[41]

Die Subventionierung beschleunigte die Herausbildung des Kraftfahrwesens im Heer spürbar. Im Zusammenhang damit stand Anfang 1908 die Bildung einer Technischen Sektion im Großen Generalstab, der auch die militärische Verwendung von Kraftfahrzeugen oblag, und der Verkehrsabteilung (A 7) im preußischen Kriegsministerium am 1. April 1908.[42] Von militärischer Seite wurde die Subventionierung als „planmäßige Lösung der Kraftwagenfrage" teilweise überschätzt, wenngleich die Prognose eintreffen sollte, dass die Lastkraftwagen in nächster Zukunft „ihren Siegeszug über die Erde" halten würden.[43] Nach der Krise 1907/08 setzte in Deutschland die erste große Motorisierungswelle ein[44] und trug zur Steigerung der Produktion und Verbreitung von Lastkraftwagen bei. Frankreich, Rußland und andere Staaten folgten auf dem Wege der Subventionierung. 1910 hieß es im "Militär Wochenblatt", Deutschland habe auf dem Gebiet des Kraftfahrwesens den Vorsprung des Auslands, namentlich Frankreichs, eingeholt und es im Lastkraftwagenbau sogar überholt. Nach wirtschaftshistorischem Fachurteil war der deutsche Kraftfahrzeugbau aufgrund seines technischen Niveaus international führend.[45]

---

40 Rbg., Neue Erfahrungen über Kraftwagen, in: MWBl., 1909, Nr. 1, Sp. 10 ff.; K.Zt., 1909, H. 7, S. 393 f.

41 Subvention von Lastkraftwagen durch die Heeresverwaltung, in: MWBl., 1914, Nr. 78, Sp. 1724 ff.

42 Siehe dazu Kriegsministerium, S. 28; Die Militärluftfahrt bis zum Beginn des Weltkrieges 1914. Textband 2., überarb. Aufl., Frankfurt a. M. 1965, S. 192; E. Ludendorff, Mein militärischer Werdegang, München 1934, S. 117 ff.

43 Rbg.. Planmäßige Lösung der Kraftwagenfrage, in: MWBl, 1908, Nr. 89, Sp. 2085.

44 Kirchberg, S. 99; zu der zahlenmäßigen Steigerung siehe Festschrift . . ., S. 135 f. - Die Einschätzung der Subventionen als „eklatanter Fehlschlag" (Oswald, S. 24) ist übertrieben.

45 Rbg., Gestaltung des Kraftfahrwesens, Sp. 339; Geschichte der Produktivkräfte . . ., Bd. 2, S.121.

Neben den genannten Arten von Kraftfahrzeugen wurden weitere für das Heer entwickelt und erprobt.[46] Seit 1905 erhielten einige Garnisonslazarette Krankenkraftwagen. Für den Kriegsfall waren umgebaute Omnibusse und Lastkraftwagen als Hilfskrankenwagen vorgesehen. Um die Kampfkraft der Kavalleriedivisionen zu erhöhen, entwickelte man den Kavallerie Lastkraftwagen (bis 3 Tonnen Nutzlast), der ab 1914 zur Subvention vorgesehen war. Vereinzelt wurden Kraftwagengeschütze für Ballon und Fliegerabwehr, Flugzeugtransporter, Fernsprech- und Funkkraftwagen, Tankwagen für Treibstoff, Gaswagen für Luftschiffe, Röntgenwagen und andere Spezialfahrzeuge gebaut und erprobt. Versuche mit Zugmaschinen für schwere Geschütze, mit allradgetriebenen Fahrzeugen und mit Panzerautos blieben erfolglos. Der Versuchstätigkeit setzte vor allem der damalige Stand der Technik Grenzen. 1912 wurde die Ausrüstung der Pioniertruppen mit Kraftwagen vorgeschlagen.[47]

Nach Einführung der Subventionslastzüge hatte am 1.April 1909 die planmäßige Aufstellung von Etappen Kraftwagenkolonnen, als dem Hauptbestandteil der Kriegsorganisation des Kraftfahrwesens, begonnen. Vom Kriegsministerium waren den Generalkommandos die Erfahrungen aus den Übungen von 1908 übermittelt worden.[48] Die Vorbereitung der Kriegsorganisation umfasste vor allem die Technik und die Truppenformationen. Die geheimen Bestimmungen für die Aushebung aller Arten von Kraftfahrzeugen und von Dampfwagen, die man 1905 und 1909 überarbeitet hatte, wurden am 1.Februar 1912 neu herausgegeben.[49] Sie betrafen die Gliederung des, Kraftfahrwesens im Feld- und Heimatheer, die Ausrüstung und Bewaffnung der Fahrtruppe, ausführliche Bestimmungen über Mobilmachungsvorarbeiten für die Kraftfahrzeuge und die Kraftfahrformationen, z. B. die Festlegung der Aushebungskommissionen, die Versorgung mit Betriebsstoff und andere Fragen. Auf dieser Grundlage wurde 1913 die offene Vorschrift „Kraftfahrtruppen im Felde" erlassen, die u. a. konkrete Angaben über, die technische Leistungsfähigkeit und die Transportleistungen der verschiedenen Fahrzeuge enthielt.[50]

---

46 Siehe dazu MA, W 10/50772, Bl. 30 ff.; O. Romberg, Das Verkehrswesen, in: Jahresberichte, 39. Jg., Berlin 1912, S. 352 ff.; G. Schmidt, Personen- und Lastkraftwagen im Sanitätsdienste, in: MWBl., 1911, Nr. 86, Sp. 1999 f.; Oswald, S. 27 f., 50 ff.; Spielberger, S. 11 ff.; Die Militärluftfahrt bis zum Beginn des Weltkrieges 1914. Anlagenband, 2., überarb. Aufl., Frankfurt a. M. 1966, S. 76 f., 138, 152; Schulte, Die deutsche Armee . ., S. 336.
47 Schwarz, Die Umwandlung der Fahrzeuge der Pioniere in Kraftwagen, in: Mitteilungen der Militärtechnischen Akademie, H. 1, Berlin 1912, S. 62 ff.
48 MA, Sa 21775, Bl. 21 ff.; Der Weltkrieg 1914 bis 1918. Kriegsrüstung und Kriegswirtschaft, Anlagen zum ersten Band, S. 415.
49 MA, Sa 21775, Bl. 51 f.; D.V.E. Nr. 427. Bestimmungen für die Aushebung von Kraftfahrzeugen, vom 1.Februar 1912, Berlin 1912.
50 D.V.E. Nr. 435, Kraftfahrtruppen im Felde, vom 27.März 1913, Berlin 1913.

Seit Anfang 1911 versuchte Generalstabschef v. Moltke, den Aufbau der Kriegsorganisation durch die Forderung nach mehr Kraftwagenkolonnen für den Munitionsnachschub, insbesondere für die schwere Artillerie, zu forcieren. Sein Programm einer sprunghaften Vergrößerung der Kriegsorganisation des Kraftfahrwesens vom Frühjahr 1914, das fast eine Verdoppelung der Etappen Kraftwagenkolonnen und die Formierung besonderer Munitionskolonnen verlangte[51], ist im Zusammenhang mit der sich herausbildenden unmittelbaren Kriegsdisposition der Führungseliten des Kaiserreiches zu sehen. Seit 1911 gab es außerdem intensive Bemühungen des preußischen Kriegsministers, zur Abwehr möglicher Blockadegefahren, eine ausreichende staatliche Benzinbevorratung für den Kriegsfall zu sichern. Zugleich drängte er darauf, vor allem den inländischen Betriebsstoff Benzol zu nutzen.[52]

Bis 1911 wurde die Kriegsorganisation faktisch ohne Bestehen einer selbständigen Kraftfahrtruppe aufgebaut. Das Kriegsministerium hatte eine kleine Lehr- und Versuchstruppe für die Ausbildung von Fahrpersonal für ausreichend angesehen, während die militärtechnischen Fachstellen und der Generalstab eine reguläre Kraftfahrtruppe forderten. Im Rahmen der vorwiegend militärtechnisch orientierten Heeresvermehrung von 1911 wurde in der preußischen Armee ein Kraftfahrbataillon in Stärke von drei Kompanien (einschließlich sächsischer und württembergischer Truppen) gebildet, das 1912 unter gleichzeitiger Erhöhung seiner Etatstärke eine vierte Kompanie erhielt. In der bayrischen Armee kam es 1914 zur Formierung einer selbständigen Kraftfahrkompanie. Bereits am 1. April 1911 wurde die Inspektion der Verkehrstruppen zur Generalinspektion des Militärverkehrswesens erhoben, worin die gestiegene Bedeutung dieses militärischen Bereichs zum Ausdruck kam. Das Kraftfahrwesen erhielt jedoch keine eigene Inspektion. Am 1. Dezember 1913 kam es schließlich zur Umwandlung der Versuchsabteilung der Verkehrstruppen in die Verkehrstechnische Prüfungskommission.[53]

Die Entwicklung des Kraftfahrwesens blieb in der Friedensorganisation des Heeres hinter den anderen Bereichen des Militärverkehrswesens - dem Eisen-

---

51 Urkunden der obersten Heeresleitung über ihre Tätigkeit 1916/18, hrsg. von Ludendorff, Berlin 1920, S. 10, 13; Der Weltkrieg 1914 bis 1918. Kriegsrüstung und Kriegswirtschaft, Anlagen zum ersten Band, S. 442 f.

52 Siehe dazu: I. Baumgarten/H. Benneckenstein.; Mineralölbevorratung von Heer und Marine in Deutschland 1911-1914, in: Militärgeschichte, 1988, H. 2, S. 174 ff.; Jahresberichte, 40. Jg., Berlin 1913, S.351. - Das preußische Kriegsministerium schrieb für Anfang 1914 eine sechstägige Fahrprüfung über 1200 km für Benzolvergaser aus. Um die Preissumme von 20 000 Mark bewarben sich 14 Firmen.

53 Der Weltkrieg 1914 bis 1918. Kriegsrüstung und Kriegswirtschaft. Anlagen zum ersten Band, S. 415, 442, 509; Stahl, S. 231.

bahn-, Nachrichten- und Luftfahrtwesen - zurück.[54] Es kennzeichnete die widersprüchliche Haltung der Heeresleitung zu den technischen Truppen und war typisch für den Konservatismus in der Militärpolitik, dass die bislang größte Heeresvermehrung 1913 an den Kraftfahrtruppen vorbeiging, aber die Kavallerie das traditionelle Versorgungsinstitut für adlige Offiziere noch einmal kräftig verstärkte. Bei Kriegsausbruch 1914 zählte die aktive Kraftfahrtruppe insgesamt nur knapp 1100 Offiziere, Unteroffiziere und Mannschaften; der Fahrzeugbestand war gering. Im Zuge der Kriegsvorbereitung war es zu einer gewissen Militarisierung des zivilen Kraftfahrwesens gekommen.

Am Vorabend des ersten Weltkrieges bildete das Kraftfahrwesen einen festen Bestandteil der Militärtheorie, Militärdoktrin sowie der Mobilmachungs-, Aufmarsch- und Operationsplanung. Es war in die Taktiklehrbücher für Offiziersschulen, in die taktischen Vorschriften, in das Handbuch für den Generalstabsdienst und nicht zuletzt in die Vorschrift „Grundzüge der höheren Truppenführung" von 1910 eingegangen.[55] General v. Falkenhausen sah in der Entwicklung des Kraftfahrwesens

> „eine Umwälzung . . ., die bei der Möglichkeit weiterer Ausdehnung vielleicht die größte, die unser technisches Zeitalter für die Kriegführung zu verzeichnen hat".[56]

Es entsprach dem damaligen Stand der Technik, dass der Pferdezug im Operationsgebiet noch für unersetzlich angesehen wurde, da die Kraftwagenkolonnen an feste Straßen gebunden seien. Während jedoch v. Bernhardi, und andere Militärschriftsteller, eine Anpassung des Kraftfahrzeugs an alle Geländebedingungen auch künftig grundsätzlich bezweifelten und deshalb z.B. dem Panzerwagen jeg-

---

54 Siehe dazu: Hesse, Der Einfluss der heutigen Verkehrs- und Nachrichtenmittel auf die Kriegführung, in: Beiheft zum MWBl., 1910, H. 1, S. 20; Denkschrift von Generalmajor Wandel vom 29. 11. 1911, in: Der Weltkrieg 1914 bis 1918. Kriegsrüstung und Kriegswirtschaft. Anlagen zum ersten Band, S. 134; Die Militärluftfahrt bis zum Beginn des Weltkrieges 1914. Anlagenband, Dock. 108. - Der Etat für die Luftrüstung betrug 1909 rund 3,3 Millionen Mark (für das Kraftfahrwesen rund 2,7 Millionen Mark einschließlich der Subventionen) und wuchs bis 1914 schneller als der aller anderen militärtechnischen Bereiche ((Hervorh.v.m., H.O.). Siehe dazu: B.F. Schulte, Vor dem Kriegsausruch 1914. Deutschland, die Türkei und der Balkan, Düsseldorf 1980, S. 102, Anm. 48.
55 D.V.E. Nr. 53, Grundzüge der höheren Truppenführung, S. 20, 105, 112 f. u a.; Leitfaden für den Unterricht in der Taktik auf den Königlichen Kriegsschulen, 17. Aufl., Berlin 1912, S. 93, 99, 104. - Darin wurde vorgeschlagen, Kraftfahrzeuge zur Beförderung von Sprengkommandos einzusetzen.
56 v. Falkenhausen, Der große Krieg der Jetztzeit, Berlin 1909, S. 250; H. v.. Beseler, Heeresfragen, in: Preußische Jahrbücher, Februar 1912, S. 288; Heeresverpflegung, hrsg. vom Großen Generalstab, Berlin 1913, S. 307 f.; nicht so klar F. v. Bernhardi, Vom heutigen Kriege, Bd. 1, Berlin 1912, S. 16, 167 ff.; A. Meyer, Der Krieg im Zeitalter des Verkehrs und der Technik, Leipzig 1909, S. 7. M. befürwortete bereits, den Armeekorps und Infanteriedivisionen Kraftwagenkolonnen zuzuweisen.

liche militärische Bedeutung absprachen, gab es Fachleute, die die technische Weiterentwicklung als prognostisch zutreffend einschätzten.[57]

Die Überlegenheit der Kraftfahrzeuge über den Pferdezug sah man einhellig in der höheren Mobilität, in besseren Transportleistungen und erheblich kürzeren Kolonnen, d. h. in der Ersparnis von Pferden und Personal. Für eine Etappen Kraftwagenkolonne wurde beispielsweise die dreifache Marschleistung gegenüber pferdebespannten Kolonnen veranschlagt. Hinsichtlich der schwierigen Frage nach den Leistungen von Kraftfahrzeugen und Kraftwagenkolonnen im Kriege, für die keine eigenen Erfahrungen vorlagen, rechnete man mit zu günstigen Bedingungen.[58] Die Heeresleitung, die den Bewegungskrieg plante, erwartete vom Kraftfahrwesen größere Beweglichkeit und Bewegungsfreiheit des Heeres und seiner Verbände. Dabei setzte sich vor 1914 die Ansicht durch, die motorisierten Kolonnen möglichst weit in das Operationsgebiet, den Munitionsnachschub unter Umständen bis zur fechtenden Truppe vorzuziehen.[59] Unterschiedliche Auffassungen bestanden in der wichtigen Frage größerer Truppentransporte.[60] Kontroverse Haltungen gab es zur Eingliederung von Kraftwagenkolonnen in das Trainwesen, die der Generalstab und andere Dienststellen forderten. Das Kriegsministerium lehnte jedoch eine Vermengung der verschiedenen Zugsysteme ab, vor allem mit dem von wenig technischem Verständnis zeugenden Argument, das Fahren im Schritttempo würde die Motoren überlasten.[61]

57 Bernhardi, Bd. 1, S. 171, 174; Bd. 2, Berlin 1912, S. 177; Schmiedecke, S. 330; M. B., Kraftfahrzeuggeschütze, in: K.Zt., 1912, H. 9, S. 412 ff.

58 D.V.E. Nr. 435, Kraftfahrtruppen im Felde, S. 7, 37. - Darin wurde davon ausgegangen, dass bei ungünstigen Wege- und Witterungsverhältnissen die Tagesleistungen um mehr als die Hälfte sinken würden. Es fehlte aber jeder Hinweis auf mögliche Verluste durch den Gegner, obwohl diese Gefahr bereits erkannt wurde (siehe dazu Wagner, S. 83); ein Beispiel formaler Berechnungen siehe bei Schmiedecke, S. 325 f.

59 D.V.E. Nr. 435, Kraftfahrtruppen im Felde, S. 16.

60 Siehe dazu: Schulte. Die deutsche Armee. ., S. 334 ff.; D.V.E. Nr. 435, Kraftfahrtruppen im Felde, S. 12 (mit zahlenmäßigen Angaben zur Beförderung von Mannschaften auf Lastkraftwagen); MA, W 10/50772, Bl. 51 ; Wagner, S. 84 (gegen „Automobilschwärmer", die die ganze Infanterie kutschieren wollten); M. Schwarte, Kriegsvorbereitung, Kriegführung, in: Technik des Kriegswesens, Leipzig-Berlin 1913, S. 700.

61 Siehe dazu: Der Weltkrieg 1914 bis 1918. Kriegsrüstung und Kriegswirtschaft, Anlagen zum ersten Band, S. 110, 415, 444; P.S., Ein neuer kriegsbrauchbarer Motorlastwagen, in: K.Zt., 1908, H. 8, S. 383; Entwicklung und Organisation der Verkehrstruppen, in: Ebenda, 1909, H. 10, S. 478 f.; D.V.E. Nr. 435, Kraftfahrtruppen im Felde, S. 8. Gegen die mangelnde technische Sachkenntnis wandte sich Schwarz (S. 63 f.). In einer Dienstanweisung (D.V.E. Nr. 321. Dienstanweisung für Bagagen, Munitionskolonnen und Trains, Berlin 1908, S. 154, 157) wurde bereits auf die mögliche Überweisung von Lastkraftwagenkolonnen zu den Etappentrains und Etappenfuhrparks orientiert.

Es gab somit vor 1914 durchaus eine mehr oder weniger entwickelte militär-theoretische Begründung des Kraftfahrwesens. Die Auffassung eines militärischen Fachmanns, der Kraftwagen sei zu einer

„Größe geworden, die in der Rechnung der Truppenführung ständig eingestellt werden"

müsse[62], war jedoch keineswegs Allgemeingut. Die Dominanz der Kampftruppen, bzw. der Waffentechnik unter dem Dogma der Vernichtungsschlacht, gegenüber den sogenannten technischen Hilfsmitteln, zu denen man das Kraftfahrwesen rechnete, der faktische Vorrang der Truppenführung und Kampfmoral als Bedingungen für den Erfolg, vor den Fragen der materiellen Sicherstellung, verbauten indes den Blick auf die grundsätzlich neue Bedeutung des Kraftfahrwesens für den bewaffneten Kampf.

Bei Kriegsbeginn 1914 gab es in Deutschland etwa 93000 Kraftfahrzeuge aller Art, darunter 61000 Personenkraftwagen und 22000 Motorräder. Von den 9689 Lastkraftwagen waren nur etwa 3500 für eine Nutzlast von 3 bis 4 Tonnen geeignet, darunter 650 Subventionslastwagen bzw. Züge, die sich ebenfalls nicht alle in kriegsbrauchbarem Zustand befanden.[63] Ausgehoben wurden etwa 4820 Kraftfahrzeuge; davon, 1700 Lastkraftwagen, die von den immobilen Kraftwagendepots bei den Automobilwerken, erst nach technischer Durchsicht bzw. Reparatur, ausgeliefert werden konnten. Sehr nachteilig wirkte sich die Vielfalt der Automarken und der Typen aus.[64] Die Kraftfahrtruppen des Feld- und des Heimatheeres zählten insgesamt über 200 Offiziere und fast 12000 Unteroffiziere und Mannschaften. Im Verhältnis zur Gesamtstärke des deutschen Heeres von 3,823 Millionen Mann, von 860000 Pferden, sowie vielen Zehntausenden Fahrzeugen, bzw. Fuhrwerken, die vor... allem für den Nachschub eingesetzt wurden, verfügte das Kraftfahrwesen über relativ geringe Kräfte und technische Mittel.[65] Die Versorgung der Feldheere der kriegführenden Staaten basierte neben den Eisenbahnen noch zum größten Teil auf pferdebespannten Bagagen, Kolonnen

---

62 Romberg, Militärkraftfahrwesen, in: MWBl., 1914, Nr. 32, Sp. 677.

63 MA, W 10/50772, Bl. 36 f., handschriftl. Beilage "Kraftwagenausstattung" vom 2.8.1914.-Nach Romberg wurden von 1908 bis 1914 rund 1200 Armeelastzüge und Lastkraftwagen subventioniert (Romberg, Militärkraftfahrwesen, Sp. 677) ; in Frankreich rechnete man für Ende 1912 mit mindestens 3000 kriegsbrauchbaren Lastkraftwagen (Die französische Armee, 2. Aufl., Berlin 1913, S. 145).

64 Es wurden Personenkraftwagen von 31 Firmen und Lastkraftwagen von 32 Firmen ausgehoben; es existierten etwa 100 verschiedene Größen von Luft- und 50 von Vollgummireifen (MA, W-10/50772, Bl. 37).

65 Meyer (S. 101) verdeutlichte 1909 das riesige Ausmaß des Trainwesens im Kriegsfall, wenn er für 23 mobile Armeekorps, die Zahl von etwa 45 000 bis 50 000 Fahrzeugen nannte.

und Trains. Von einer „Heeresmotorisierung" kann deshalb vor 1914 noch nicht gesprochen werden.

In Anlehnung an die Gliederung des Feldheeres besaß jede der acht Armeen einen Kommandeur der Kraftfahrtruppen, einen Etappen Kraftwagenpark und eine Anzahl von Etappen-Kraftwagenkolonnen. Eine oberste Kommandostelle für das Feldkraftfahrwesen bestand nicht. Der weitaus größte Teil der 114 Kraftfahrformationen des Feldheeres wurde in Übereinstimmung mit der Blitzkriegkonzeption zunächst im Westen eingesetzt: 66 Etappen Kraftwagenkolonnen; 10 Kavallerie Kraftwagenkolonnen, Sanitäts-Kraftfahrformationen usw. Der Generalstab konzentrierte die Masse der Kolonnen auf den vermeintlich kriegsentscheidenden äußersten rechten Flügel; bei der 1. und 2. Armee je 18. Etappen-Kraftwagenkolonnen und zusätzliche leichte Kraftwagenkolonnen.[66] Die Zahl der Lastkraftwagen reichte jedoch, nicht aus, den Armeekorps Kraftfahrformationen zuzuteilen. Die Mobilmachungsvorbereitungen, einschließlich der Bevorratung von Treibstoff (bis zum 40. Mobilmachungstag) und Bereifung, waren nur auf einen kurzen Bewegungskrieg ausgelegt und erwiesen sich selbst dafür als unzureichend.

1914 befand sich das Kraftfahrwesen in den Heeren der europäischen Kontrahenten, im Anfangsstadium seiner Entwicklung. Mit den, bei Kriegsbeginn verfügbaren Kraftfahrformationen war es noch nicht möglich, den Charakter des bewaffneten Kampfes wesentlich zu beeinflussen, wenngleich ihr massierter Einsatz für einzelne Operationen und Schlachten eine wichtige Rolle spielte.[67] Schon bald nach Beginn der deutschen Westoffensive, zeigte sich, daß der technische Stand der Kraftfahrzeuge, den außerordentlichen Anforderungen des Krieges in vieler Hinsicht nicht gewachsen war. Wie auf allen anderen Gebieten des bewaffneten Kampfes, entsprachen auch hier die Vorkriegsberechnungen nicht den tatsächlichen Bedingungen. Die veranschlagten Transportleistungen schrumpften auf die Hälfte, und weniger zusammen. Der Verschleiß der Fahrzeuge und die Verluste durch Kampfeinwirkungen, waren unerwartet hoch.[68] Eine „Denkschrift über die Technik im deutschen Heere", die unmittelbar nach Kriegsende im Generalstab entstand, enthielt das Eingeständnis, es habe „keine reale Vorstellung darüber bestanden", „was ein moderner Krieg", wie man ihn im Begriff stand zu führen, „für Anforderungen an das Kraftfahrwesen stellte".[69]

---

66 Siehe dazu: Der Weltkrieg 1914 bis 1918. Bd. 9, Berlin 1933, S. 446, 496.
67 Siehe dazu MA, W-10/50772, Bl. 41 ff.; Der Weltkrieg 1914 bis 1918, Bd. 9, S. 448 ff,
68 MA, W-10/50772, Bl. 44; Der Weltkrieg 1914 bis 1918, Bd. 9, S. 449.
69 MA, W-10/50757, Bl. 3. - Gegen diese Kritik verwahrte sich das Kriegsministerium mit einer ausführlichen Stellungnahme (ebenda, Bl. 18 ff.).

Nach dem Scheitern der Blitzkriegsstrategie wurde die Überlegenheit der Ententemächte auf diesem Gebiet, vor allem an der Westfront, von Jahr zu Jahr erdrückender. Im deutschen Feldheer blieb das Kraftfahrwesen, „insbesondere die Zahl der Lastkraftwagen", „immer mehr hinter den Anforderungen auf den verschiedenen Kriegsschauplätzen zurück". Darin kam der unlösbare Widerspruch zwischen den Kriegszielen der Führungseliten des Kaiserreiches und seinem ökonomischen und militärischen Potential zum Ausdruck, der schließlich zur Niederlage führte.

A House Divided Against Itself.

Über den deutschen Umgang mit Staatsgeheimnissen.

BERND F. SCHULTE

Der frühere Generalstabschef Helmut von Moltke führte im November 1914 vor der Berliner "Neuen Gesellschaft" aus:

> "Die *romanischen Völker* haben den Höhepunkt ihrer Entwicklung schon überschritten, sie können keine neuen befruchtenden Elemente in die Weiterentwicklung hineintragen. Die *slawischen Völker*, in erster Linie Russland, sind noch zu weit in der Kultur zurück, um die Führung der Menschheit übernehmen zu können. Unter der Herrschaft der Knute würde Europa in den Zustand geistiger Barbarei zurückgeführt werden. *England* verfolgt nur materielle Ziele[1]. *Eine günstige Weiterentwicklung der Menschheit ist nur durch Deutschland möglich*. Deshalb wird(!) auch Deutschland in diesem Kriege nicht unterliegen, es ist das einzige Volk, das zur Zeit die Führung der Menschheit zu höheren Zielen übernehmen kann...Dieser Krieg wird eine neue Entwicklung der Geschichte zur Folge haben, und sein Ergebnis wird der gesamten Welt (!) die Bahn vorschreiben, auf der sie in den nächsten Jahrhunderten voranzuschreiten haben wird".[2] (Hervorh.v.m., B.S.)

Vom „September Programm" Bethmann Hollwegs von 1914 bis zum Befehl „Verbrannte Erde" Hitlers aus dem Jahre 1945 spannt sich der Bogen negativer deutscher Tradition (Hitler lud sich – nach bereits „gewonnenem" Krieg - aus rasseideologischen Gründen, den Krieg mit der UdSSR auf). Auf das „Staatsgeheimnis" des Ersten Weltkrieges, nämlich wie dieses erste Verbrechen des 20.Jahrhunderts entfesselt wurde, deuten die Verschleierungsversuche hin, welche die auf deutscher Seite Informierten in Kontinuität unternommen haben. Hier wird es, am Beispiel des Nachlasses der österreichisch-jüdischen Publizistin Toni Stolper[*], unternommen, weitere Spuren von Äußerungen eines dieser „Wissenden" zu entdecken.

Was inzwischen bekannt wurde ist, dass dieser enge Mitarbeiter, zunächst des Pressechefs des Auswärtigen Amtes, Otto Hammann, sowie der Reichskanzler Bülow und Bethmann Hollweg, in seinen Aufzeichnungen mehr dazu gesagt hat, als uns bislang zugänglich gemacht wurde. So ist über die Etappen der

---

[1] K.Urbach/B.Buchner, Prinz Max von Baden und Houston Stewart Chamberlain. Aus dem Briefwechsel 1909-1919, in: Vierteljahreshefte für Zeitgeschichte, 52.Jg., H.1, Jan.2004, S. 142. Chamberlain an Max v.Baden (Bayreuth 22.9.1914): „In treuem Anschluß an ein starkes Deutschland könnte gewiß aus England noch etwas werden; so halte ich es für ganz verloren: dem Mammon, der Rohheit, der gänzlichen Entsittlichung anheimgegeben" (zit. als: V. Baden/Chamberlain). Ebd., S. 149. Max v. Baden an Chamberlain (Karlsruhe 1.4.1916): „Aber auch ich stehe vollkommen auf dem Standpunkt eines Krieges à outrance mit England, u[nd]. gehe so weit, dass ich einen glimpflichen Frieden mit Russland einem solchen mit England vorzöge."
[2] Vgl. Fritz Fischer: Zum Problem der Kontinuität in der deutschen Geschichte von Bismarck zu Hitler, in: Studia Historica Slavo Germanica - 1, Nadbitka (1970) (Zit als: F.Fischer, Kontinuität).
[*] Toni Stolper, die in den USA lebende Witwe des Heuss-Freundes Gustav Stolper (1947 verstorben) war mit dem Bundespräsidenten Theodor Heuss befreundet.

„Kriegsschuld-Diskussion" bei Kurt Riezler, von Herbst 1914 (Bülow, Tirpitz) bis zum Kriegsende hinweg, wenig bekannt. Schließlich, nach einem Zwischenspiel Ende der 20iger Jahre, hat eigentlich erst im September 1939 das Thema „1914" in privaten Vorlesungen wieder derart an Bedeutung gewonnen, dass die Publikation des zuvor als heikel eingeschätzten Materials selbst in den USA erwogen wurde. Riezler, der als Professor für Philosophie 1945 in Amerika blieb, griff nach dem Tod seiner Frau, 1952, erneut auf die Notizen aus der Zeit des Ersten Weltkrieges zurück und erwog nocheinmal deren Veröffentlichung. Die Frage bleibt: mit welchem Ziel? 1929 war geplant gewesen, die Weltkriegsmemoiren Handelnder – wie zum Beispiel Tirpitz – zu konterkarieren.[3] Aber 1952?

Näher als Historiker standen dem früheren Frankfurter Philosophen, Theodor Heuss und Toni Stolper. Die New Yorker Publizistin wusste sicherlich bereits zu diesem Zeitpunkt, von ihrem verstorbenen Mann Gustav Stolper,[**] Näheres über Kurt Riezlers Tagebücher und deren brisanten Inhalt. Das erklärt zusätzlich den äußerst angeregten Gedankenaustausch zwischen Heuss und Frau Stolper, Mitte der fünfziger Jahre, als es - nach Kurt Riezlers Tod - darum ging, zu entscheiden, ob dessen Aufzeichnungen verbrannt werden sollten. Das glaubte der Riezler-Bruder Walter als Auftrag seines Bruders verstanden zu haben. Letztlich waren es jedoch die Verschlingungen, welche - über die Jahre hinweg - durch Hinweise von Historikern wie Hans Rothfels, Hermann Heimpel, Peter Rassow und Karl D.Erdmann an Walter Riezler herangetragen wurden, die schließlich dazu führten, dass sich dieser, gegen die Mitte der 60iger Jahre, brüsk von den Themen „Publikation" und „Tagebücher" abwandte.

Bis zu diesem Zeitpunkt hatte Theodor Heuss mehr Anteil am Schicksal des Riezler Tagebuchs genommen, als wir das bislang wussten. Aus dessen Briefwechsel mit Toni Stolper konnte vom Verfasser erst im Herbst 2003 zitiert werden. Aus diesem geht hervor, dass Kurt Riezler, Theodor Heuss und Toni Stolper ganz und gar nicht daran interessiert waren, mit Hilfe der Tagebücher Kurt Riezlers die deutsche Politik vor 1914 zu belasten. Wer demnach mit dem Interesse, die alleinige Kriegsschuld des Deutschen Reiches zu beweisen, an Riezlers Aufzeichnungen

---

3 Vgl. Bernd F.Schulte, Die Verfälschung der Riezler Tagebücher. Ein Beitrag zur Wissenschaftsgeschichte der 50iger und 60iger Jahre, Frankfurt-Bern 1985, S. 70 Anm. 67, 71-85 (zit. als: Schulte, Riezler). Ders., Weltmacht durch die Hintertür. Deutsche Nationalgeschichte in der Diskussion, Hamburger Studien zu Geschichte und Zeitgeschehen, Bd.2, Hamburg 2003, (zit. als: Schulte, Weltmacht).
** Gustav Stolper war Wirtschaftsfachmann und während der Weimarer Zeit Herausgeber des "Deutschen Volkswirt". Er nahm als anerkannter Sachverständiger für wirtschafts- und finanzpolitische Fragen 1947 an der Hoover-Mission teil, welche die Grundlagen der amerikanischen Deutschlandpolitik neu bestimmte.

und das darüber Gesagte und Geschriebene herangeht, wird sich enttäuscht finden. Damit sind viele Ansätze der frühen 70iger Jahre, Riezlers Notizen für wissenschaftliche Theorien zur Erklärung des Kriegsausbruch 1914 heranzuziehen, obsolet.

Dennoch ist erkennbar, dass einer der Beiden die Originalnotizen aus dem Juni-Juli-August 1914[4] in der Hand hatte. So schrieb Heuss am 9.10.1957 an Walter Goetz, „Professor Hermann Heimpel, der Leiter des Max Planck-Instituts für Geschichte in Göttingen" habe sein „Exemplar der Notizen" Kurt Riezlers „einstweilen zur Prüfung einmal mitgenommen".[5] Der Göttinger Historiker wusste demnach sehr viel mehr, als er 1984, dem Verfasser gegenüber, zu erinnern vermochte. Warten wir also darauf, was dessen Nachlass aufweist.

Die amerikanische Publizistin stellte in diesem Zusammenhang (Gedankenaustausch mit Heuss) Angaben Riezlers zum Gegenstand einer möglichen Kriegsschuld Deutschlands fest.[6] Dass diese bis ins 21.Jahrhundert nicht zugänglich blieben, mag unterstreichen, für wie bedeutsam Riezlers Unterlagen dennoch, im Zusammenhang mit der Frage des Kriegsausbruchs 1914, gehalten wurden.

Im Einzelnen werden die Kontakte zwischen Toni Stolper und Theodor Heuss in der Einleitung des Verfassers zu „Weltmacht durch die Hintertür" (2003) dargelegt. Hier soll die Problematik einer wissenschaftlichen Kontroverse in den Zusammenhang der Zeit gestellt werden. Das geschieht an Hand der im Nachlass Toni Stolpers enthaltenen Briefe zu den Themenbereichen Deutschland und Europa, Erster Weltkrieg, Österreich und Zeitgeschehen, über die 30iger bis in die 70iger Jahre. Hier gewinnt deren Briefwechsel mit dem deutschamerikanischen Nationalökonom Carl Landauer zentrale Bedeutung. Schürzt sich doch, zu Beginn der 70iger Jahre, bei Gelegenheit einer Diskussion über die Festschrift des vormaligen Journalisten des „Berliner Tageblatts", Paul Scheffer, der Knoten unserer Fragestellung zu einer möglichen heranstehenden Veröffentlichung des Riezler Tagebuchs. Wenngleich auch durch Toni Stolper, weitgehend ausschließlich unter zeitgeschichtlichem Aspekt berührt, fand deren Darstellung der Rolle Österreichs vor 1914 die kritische Würdigung des amerikanischen Briefpartners und Freundes. Offenbar wandte sich Frau Stolper, nicht ohne Grund in diesem Zusammenhang, konzentriert der Rolle Österreichs zu[***].

---

4 Vgl., Bundesarchiv Koblenz (BA-Koblenz), Nachlaß Th.Heuss. F.v. Bethmann Hollweg an Th. Heuss, 6.10.1957, Bl. 110. Th. Heuss machte Notizen, die E. Pikart besitzt und W. Mommsen gezeigt hat.
5 Vgl. ebd., Th.Heuss an W.Goetz, 9.10.1957, Bl. 109. Der Nachlaß Heimpel müsste inzwischen benutzbar sein.
6 Vgl. Schulte, Weltmacht, S.17-20.
*** Hingewiesen sei hier auf die Unterredungen Chilhaud-Dumaines und Schebekos mit dem Grafen Berchthold am 2.8.1914. Ministère des Affaires Étrangères, Documents Diplomatiques Francais,

Landauer forderte von ihr, im Gegenzug ein schärferes Auge auf die deutsche Seite des Problems 1914 zu werfen.

Einbezogen in die Diskussion Frau Stolpers mit einigen ihrer Freunde, werden Dokumente aus dem Nachlass des Historikers Theodor Schieders vorgelegt, die zeigen, mit welchen Fragen sich gleichzeitig der deutsche wissenschaftliche „Alltag" beschäftigte. Zugleich demonstrieren Vorträge des Hamburger Historikers Fritz Fischer, aus den Jahren der Kontroverse, auf welcher Basis dessen Fragestellung ursprünglich stand, und zu welchen Zielen er diese weiterentwickelte. Mögen auch die einzelnen Stücke, welche die Grundlage dieser Untersuchung bilden, willkürlich gewählt erscheinen, so heben diese doch gleichzeitig die verschiedenen Ebenen der an dieser Stelle unternommenen Analyse ins Bewusstsein. Und schließlich repräsentieren diese das überlieferte Material aus dem Quellenbestand Toni Stolper. Diese Dokumente zeichnen sich zum einen durch die für die deutsche Sicht ungewohnte amerikanische Optik der Korrespondenz der Publizistin aus - und das über nahezu vierzig Jahre hinweg. Eingesprengt finden sich erhellende Quellen aus dem Archiv des französischen Außenministeriums, die seit einigen Jahren in einer neuen Reihe der „DDF", herauskommen. Weiter bietet der hier gewählte Ansatz, methodisch interessant, die gleichzeitigen Äußerungen deutscher Wissenschaftler und Journalisten im Verbund mit den Analyseebenen von Chronologie, Kausalität und Analogie. Alles dies bündelt sich um den Ersten Weltkrieg, die Figur Kurt Riezlers, dessen Tagebuch, und letztlich, die - 1983/84 skandalumwitterte - und durch Karl D.Erdmann vorgenommene, Edition dieser Quelle.

Dass versucht wird, eine Verbindung zwischen den Kriegsausbrüchen von 1914 und 1939, an Hand auch des Goebbels-Tagebuchs, herzustellen, mag unterstreichen, wie dicht inzwischen, auch in der bundesdeutschen Geschichtsschreibung, diese Zäsuren in deutscher, europäischer und Weltgeschichte zusammengerückt sind. Zuförderst Aufschluss über die tatsächlichen Formulierungen des hier erörterten Tagebuchoriginals zu erhalten, bleibt das vorherrschende Bestreben - und dies über die Hürden engmaschiger wissenschaftlicher Kontroversen und Interessen hinweg. Dazu soll das hier gebotene „Gespräch" zwischen Toni Stolper und Carl Landauer[****] verhelfen. Denn schließlich war der Erste Weltkrieg in historisch-politischer Konsequenz zu größeren Teilen eher ein

---

1914, Paris 1999, S. 3 (zit.als : DDF 1914).
[****] Der Wirtschaftswissenschaftler Carl Landauer (1891-1983) wurde in München geboren, und emigrierte 1933 in die Vereinigten Staaten. Er hatte im Sommer 1915 eine Assistentenstelle am Institut für Seeverkehr und Weltwirtschaft an der Universität Kiel erhalten.

grundsätzliches kulturelles Ereignis höchster Bedeutung, als bloßer militärisch-ökonomisch-machtpolitischer Schlagabtausch.

1. SZENE: 1935/38.
KRIEGS- UND REICHSGEDANKE.

(Aus Toni Stolpers Briefwechsel während der Jahre der Emigration europäischer Juden. Fragen zu deren finanzieller Unterstützung und Ausreise, möglicherweise in die USA. Einschätzung deutscher Innenpolitik und Zukunftsentwicklung. Zäsur des Jahres 1938 und deren Folgewirkung):

An Jochen Klepper[6a] *in Europa* schrieb Toni Stolper im August 1935, die Aussichten auf den herannahenden europäischen Krieg diagnostizierend, und damit das Jahr 1935 quasi neben das Epochenjahr 1912[7] stellend:

> "Es ist leichter, eigene Eindrücke zusammenzufassen als die eines anderen, wenn sie vielfältig und widerstrebend sind, wie eben die europäische Situation, und besonders, wenn man mit der Haupt-These des unmittelbaren Beobachters nicht ganz übereinzustimmen vermag. *Mein Mann beurteilte damals[1914] die Wahrscheinlichkeit eines europäischen Krieges in naher Zeit wie 50 zu 50.* Ich wehrte mich damals sehr gegen diese Diagnose, obwohl ich damals wie heute zugeben musste, dass kein Ausweg zu sehen ist. Aber ich schätze die Energie der Friedenskräfte, soweit es den europäischen Boden selbst betrifft, weit höher ein als die der Kriegs-Kräfte. Den Gedanken, Nutzniesser des europäischen Pazifismus zu sein, hat Hitler seit dem Mai 1933 voll erfaßt, und er hatte ihn bis hierher aussenpolitisch nicht schlecht geleitet. *Es kommt mir vor, dass wir selbst über den Höhepunkt der Hitler-Macht hinaus* - und ich rede mir nach Ihrem und anderen Berichten fromm ein, dass dieser bereits erreicht oder überschritten sei - mit dieser Hilfskraft des europäischen (insbesondere englischen) nach Kriegs-Pazifismus rechnen müssen. *Mit Hitler hat England begonnen sich über konkrete Dinge zu verständigen, und es meint mit Recht nicht schlecht dabei gefahren zu sein.* Was nach Hitler auf deutschem Boden passieren könnte, mag uns einstweilen noch mehr scheuen als ihn. *Ein Reichszerfall ist zunächst das Chaos, was immer später daraus werden mag, und dieses Chaos ist nicht des Pazifismus Freund.* Deshalb mag es sein, dass bei einem drohenden Zusammenbruch die inneren Feinde Hitlers nicht ausschließlich mit innerdeutschen Gegnern zu rechnen haben. - Im übrigen sehe ich noch zwei lästige Elemente, die sich einen drohenden Reichszerfall entgegenstemmen mögen: die Armee deren jetzige Machtfülle in einem zerfallenden Reich schon materiell undenkbar ist, und, auf die Dauer wohl noch wirksamer, die gesamte politisch überhaupt aktive Jugend Deutschlands, der der Reichsgedanke wohl für immer in Fleisch und Blut

---

6a Roman: Der Vater (über Friedrich Wilhelm I. von Preußen).
7 Vgl. J.D'Eudeville, 1912. Préface de la Guerre, Paris 1938.

übergegangen ist. Eine christliche Gegenbewegung, mag sie von noch so vielen verschiedenen Winkeln her vorgetragen werden, wird diesen Reichsgedanken nicht vernachlässigen dürfen, wenn sie nicht als reaktionäre Macht (im Sinn der Geschichte) an allen Schwächen der Reaktion kranken soll.-"[8] (Hervorh.v.m., B.S.)

Paul Hertz berichtete *aus Europa* am 4.Oktober 1938 über die Lage nach New York. Er schrieb völlig deprimiert, angesichts der Kapitulation der Westmächte vor Deutschland:

"Noch immer bin ich tief deprimiert durch den Ablauf der weltpolitischen Ereignisse. Mit jedem Tag wird deutlicher, daß die Alternative nicht war: Krieg oder Frieden, sondern in der Kapitulation oder Widerstand [bestand]. *Hätten die Staatsmänner in Europa nicht solche Furcht vor dem Bolschewismus, die Massen des Volkes größeres Verständnis für das vom Pangermanismus drohende Unheil, so wäre man jetzt in der Lage gewesen, das Kriegsgespenst für lange Zeit zu bannen.* So aber wird die Kapitulation von München das Unheil wohl nur kurze Zeit aufhalten. Augenblicklich herrscht allerdings bei den Massen des französischen Volkes eitel Freude über den gewahrten Frieden".[9] (Hervorh.v.m., B.S.)

2. SZENE: 1954/1956.
ZWEI EREIGNISSE, EIN ZUSAMMENHANG: 1914 UND 1939.

(Paul K.Schmidts, Trevor-Ropers und Carl Landauers Sichten zur Einordnung des III. Reiches und dessen Persönlichkeiten, Juli 1914 aus französischer Sicht, Kriegsausbruch 1939: das deutsche Kalkül um die Rolle Englands)

Eine besondere Leistung Paul K.Schmidts, in dessen Zeit-Artikel von 1954, bestand in der Verbindung, die hier – ähnlich Toni Stolpers Brief an Jochen Klepper - zwischen den Kriegskrisen von 1914 und von 1939 geschlagen wurde. In beiden Fällen erkannte Schmidt als entscheidend an:

- die allgemeine kriegsschwangere Atmosphäre in der internationalen Politik dieser Jahre,
- die Kriegsbereitschaft der betroffenen Staaten und Gesellschaften,
- sowie die Befähigung und berufliche Kapazität der Handelnden.

Für 1914 wie 1939 sah Schmidt weniger bedeutende Begabungen in Diplomatie wie Politik Englands, Frankreichs, Russlands, Österreichs und Deutschlands am Werk.[10] Leicht fiel es noch 1954, die hohen Militärs der Kriegstreiberei zu bezich-

---

[8] Leo Baeck Institut New York. Nachlass (NL) T.Stolper, AR 7212, Box 4, Folder 4, T.Stolper an J.Klepper, 6.8.1935.
[9] Ebd., P.Hertz an T.Stolper, 4.10.1938.
[10] P.C.Holm: Düsteres September-Gedenken. Der Krieg, in den die Welt "schlitterte" und der Krieg,

tigen, denn die kritische Phase der Aufarbeitung von Krieg und Zusammenbruch war noch nicht abgeschlossen. Die Defizite - hinsichtlich eines differenzierten Urteils über die englische, österreichische, deutsche und russische Politik - waren zeitgebunden und sind heute überwunden; dies nicht zuletzt durch die Forschungen Fritz Fischers. Dennoch erscheint von Bedeutung, wenn Schmidt für die Julikrise 1914 darauf hinwies, Churchill habe Befehle an die Admiralität erteilt, die

"er auf eigene Verantwortung noch vor der Mobilmachung Deutschlands am 30. und 31.Juli, und dann am 1. und 2.August, an die britischen Seestreitkräfte im Mittelmeer"

gegeben habe und die

"keine Parallele in den Generalstabs- oder Admiralstabsakten eines anderen Landes"

hätten. Paul K.Schmidt fuhr fort:

"Was Churchill vor Kriegsbeginn, ja, *vor der deutschen Mobilmachung* und damit noch mitten im diplomatischen Ringen um die Erhaltung des Friedens anordnete, war praktisch ein *Schießbefehl* an britische Schiffe gegen die deutschen Mittelmeer-Kreuzer ‚Goeben' und ‚Breslau'".[11] (Hervorh.v.m., B.S.)

Auch die Rolle des britischen Außenministers Edward Grey wurde durch Schmidt in Zweifel gezogen. Damit näherte sich der frühere Mitarbeiter des Auswärtigen Amtes der Sprachregelung deutscher Historiker vor 1939.

---

den Hitler vom Zaun brach, in: DIE ZEIT, Nr.35, 2.9.1954, S.3. Paul K.Schmidt, SS-Obersturmbannführer. Springer-Freund und als Paul Carell Militärschriftsteller ("Die Wüstenfüchse"(1959), zu Rommels Angriff auf Ägypten; "Sie kommen" (1964), zur Invasion 1944 und "Unternehmen ‚Barbarossa'", zum deutschen Angriff auf die UdSSR).
Machte das, auf die deutsche Seite konzentriert, vor was heute im deutschen Fernsehen, in sog. „Dokumentationen" zu militärischen Ereignissen des Zweiten Weltkrieges, versucht wird. Allerdings nun mit Schwerpunkt auf den O-Tönen der früheren Kriegsgegner. Sch. wirft zugleich interessantes Licht auf die politische Verortung der Wochenzeitung „Die Zeit" in diesen ersten Jahren nach 1949, aber auch auf "Kristall" und Spiegel, für die er gleichfalls arbeitete. B.v.Bülow, Die Krisis. Die Grundlinie der diplomatischen Verhandlungen bei Kriegsausbruch, Berlin ³1922, S.8: „Daß die deutsche Regierung 1914 nicht aus Pazifisten zusammengesetzt war, ist bekannt." (zit. als: Bülow, Krisis)
[11] P.C.Holm: Düsteres September-Gedenken. Der Krieg, in den die Welt "schlitterte" und der Krieg, den Hitler vom Zaun brach, in: DIE ZEIT, Nr. 35, 2.9.1954, S. 3. Vgl. DDF 1914, S. 19, Protokole des Conventions passés entre L'Amiralité Britannique et L'État-Major Général de la Marine Francaise, 6.8.1914.

Der deutsche Botschafter in Paris, Schoen, suchte am 28. Juli das beste Einvernehmen mit Frankreich zu suggerieren. Doch wurde sehr schnell deutlich, wohin der deutsche Weg wies. Der französische Außenminister vertraute einem Zirkular für die auswärtigen Vertreter an:

> „J'ai répondu à cette suggestion que la contre-partie de conseils que la France pourrait donner à Pétersbourg se trouverait dans des conseils de même nature à donner par l'Allemagne à Vienne, pour éviter des opérations militaires tendant à l'occupation de la Serbie. *L'ambassadeur m'ayant fait remarquer que cela était inconciliable avec la position prise par l'Allemagne, que la question ne regardait que l'Autriche et la Serbie*, je lui ais fait que la médiation à Vienne et à Pétersbourg pourrait être le fait des quattre alliées, puissances moins intéressées dans la question. *M. de Schoen répondit qu'il n'avait pas d'instructions à cet égard*, et je lui dis que de mon côté je ne me sentais pas autorisé, comme intérimaire, à agir à Pétersbourg et que je vous en référerais. »[12] (Hervorh. v. m., B.S.)

Dem französischen Außenminister drängte sich der Eindruck auf, Schoen versuche Frankreich in den Augen Russlands zu kompromittieren. Der deutsche Außenminister führte dem Botschafter Frankreichs in Berlin, Jules Cambon, gegenüber dagegen eine sehr viel schärfere Sprache. Cambon berichtete am 27.7.1914, einerseits habe Jagow wiederholt unterstrichen, Deutschland werde alles versuchen, einen Krieg, dessen Gründe dieses zudem nicht direkt berührte, zu verhindern. Andererseits betonte der Berliner Diplomat:

> „que si la Russie mobilisait, *l'Allemagne serait obligée de mobiliser aussitôt*, que nous y serions forcés également et qu'alors le conflit serait presque inévitable. Je lui ai demandé si l'Allemagne serait engagée à mobiliser quelles que fussent les mesures militaires prises par la Russie. *Il m'a dit que non et qu'elle ne mobiliserait que si la Russie mobilisait sur la frontière allemande.*»[13] (Hervorh. v. m., B.S.)

Analog zu Schoen in Paris, unternahmen es der deutsche und der österreichische Gesandte in London, via dem französischen Botschafter Paul Cambon, Unruhe über die Haltung Großbritanniens in dem zu erwartenden Konflikt in der

---

[12] DDF 1914, S. 302f. Le Ministre des Affaires Étrangères an die Botschafter in Kopenhagen, London, Berlin, Petersburg, Wien und Rom, 28.7.1914 (Abdruck in : Documents Diplomatiques 1914. La Guerre Européenne, I, Paris 1914/ Französisches „Gelbbuch"). Vgl. ebd., S. 304ff. Bienvenu Martin (Außenminister), Zirkular an die Gesandtschaften, 27.7.1914.

[13] Ebd., S. 307 Anm. 1: Telegramm Nr. 199, Berlin, 27.7.1914, 12 Uhr 55 Minuten von J. Cambon an Außenministerium.

Pariser Zentrale, zu streuen.[14] Diese Aussicht fand ihr Ende, als der britische Außenminister, am 31.Juli, dem deutschen Botschafter Lichnowsky mitteilte,

> „si *le conflit devenait général, l'Angleterre ne pourrait pas rester neutre* et, notamment, que si la France y était impliquée, l'Angleterre y serait entrainée ».

Paul Cambon kämpfte energisch um den Kriegseintritt Großbritanniens, indem er Grey darauf hinwies,

> „que les mesures déjà adoptées sur notre frontière par *l'Allemagne révélaient des intentions d'aggression prochaine*s, et que si l'on voulait éviter de voir se renouveler l'erreur de l'Europe en 1870, il convenait que l'Angleterre envisageait dès maintenant les conditions dans lesquelles elle nous donnerait le concours sur lequel la France comptait ».[15] (Hevorh.v.m., B.S.)

Am 1.August ließ der Brite erkennen, dass, angesichts der zwiespältigen Haltung Deutschlands in der Frage der Neutralität Belgiens, das Inselreich sich auf die Seite Frankreichs zu stellen beginne. Diese Entwicklung bestätigte sich am folgenden Tage weiter.[16]

SCHNITT: TELEOLOGIE DER JULIKRISE.

Am 21.Juli hatte Jules Cambon, der französische Geschäftsträger in Berlin, den zu erwartenden Verlauf der Krise vorausgesehen. Bienvenu Martin vermittelte den diplomatischen Vertretern der Republik in London, Petersburg und Wien:

> „M.Jules Cambon a des raisons très sérieuses de croire que lorsque l'Autriche fera à Belgrade la démarche qu'elle juge nécessaire à la suite de l'attentat de Sarajewo, *l'Allemagne l'appuiera de son autorité, sans chercher à jouer un rôle de médiation* ».[17] (Hervorh.v.m., B.S.)

Die Berliner Börse war mit Beginn der Krise eingebrochen. Pessimistische wirtschaftliche Einschätzungen machten die Runde und der deutsche Außenminister wollte den Vertreter Frankreichs Glauben machen, er wisse nichts über ein Ultimatum Österreichs an Serbien. Bienvenu Martin fasste die Lage zusammen:

> „Le cabinet de Vienne, se sentant débordé par sa presse et par le part militaire,

---

[14] Vgl. ebd., S. 310. P.Cambon an Bienvenu Martin, 27.7.1914.

[15] Ebd., S. 311. P.Cambon an R.Viviani (Außenminister), 31.7.1914.

[16] Ebd., S. 312f. P.Cambon an R.Viviani, 1.8.1914 und vgl. ebd., P.Cambon an R.Viviani, 2.8.1914.

[17] Ebd., S.320. Bienvenu Martin, Zirkular an Botschafter in London, Petersburg und Wien, 21.7.1914.

cherche dans les circonstances présentes, la supposition la plus favorable que l'on puisse faire est *que le à obtenir le maximum de la Serbie par une intimidation préalable*, directe et indirecte, et s'appuie sur l'Allemange à cet effet».[18] (Hervorh. v.m., B.S.)

Dass diese Haltung nicht zuletzt durch den deutschen Botschafter Tschirschky und dessen Attaché, Dietrich von Bethmann Hollweg, den Neffen des Reichskanzlers, unterstützt wurde, zeigt das Zirkular Bienvenu Martins vom 23.Juli. Der französische Außenminister schrieb an seine Botschafter in London, Berlin, Petersburg und Rom:

> „Dans le corps diplomatique de Vienne, *l'ambassadeur d'Allemagne préconise des résolutions violentes*, tout en laissant entendre que la chancellerie impériale n'est *pas entièrement* d'accord avec lui sur ce point :... »[19] (Hervorh.v.m., B.S.)

Mit dem Ultimatum Österreichs an Serbien, vom 23.Juli, war für Jules Cambon klar, dass Deutschland „se dispose à appuyer d'une facon singulièrement énergique l'attitude de l'Autriche". Die Frage, wer die Hand der Österreicher bei der Redaktion des Ultimatumtextes geführt habe, berührte der französische Botschafter bereits zu diesem Zeitpunkt.[20]

Tatsächlich schälten sich um den 25.Juli innerhalb der Triple Allianz gegenläufige Interessen heraus. So opponierte Paul Cambon gegen den Plan Greys, einer Aktion der Mächte, um die Krise zwischen Österreich-Serbien und Rußland zu „calmieren". Cambon befürwortete eher eine Aktion Berlins in Wien. Doch die deutsche Diplomatie zog geheime englisch-russische Pläne zu einer Marinekonvention „aus dem Hut", um die deutsche Zurückhaltung zu motivie-

---

[18] Ebd. S.321. Bienvenu Martin an Botschafter in London, Petersburg und Wien, 22.7.1914. Vgl. ebd., S. 320. A.Dumaine an Außenminister, 15.7.1914: „[Militärische Rundschau] *L'instant nous est encore favorable*, si nous ne nous décidons pas à la guerre, *celle que nous devrons faire dans deux ou trois ans au plus tard* s'engagera dans des circonstances beaucoup moins propices. Actuellement, c'est à nous qu'appartient l'initiative: *la Russie n'est pas prête*, les facteurs moraux et le bon droit sont pour nous, de même que la force. Puisqu'un jour nous devrons accepter la lutte, provoquons-là tout de suite...*Notre prestige, notre situation de grande Puissance*, notre honneur sont en question: plus encore, car vraisemblablement, *il s'agirait de notre existence, d'être ou ne pas être*, ce qui réellement est aujourd'hui la grande affaire ».(Hervorh.v.m., B.S.) Ferner Zitat der „Neuen Freien Presse".

[19] Ebd., S. 322. Bienvenu Martin an Botschafter in London, Berlin, Petersburg und Rom, 23.7.1914.

[20] Ebd., S. 326. J.Cambon an den Außenminister, 24.7.1914: „J'en suis à me demander si ce n'est pas en considération de l'Italie par *le gouvernement de Berlin veut se laver les mains de la redaction d'un texte si hautain à l'égard d'une puissance indépendente* ». Diese Tatsache leugneten (und leugnen) deutsche Diplomatie und Geschichtswissenschaft bis in unsere Tage.

ren.[21] Merkwürdigerweise schwenkte der deutsche Botschafter in London, Fürst Lichnowsky, erst nach einem Abendessen mit dem russischen Botschafter, einem Verwandten, in seiner, einer friedlichen Lösung der Krise gegenüber, optimistischen Position, abrupt um und verkündete nun, Deutschland werde in Wien keinen Vorstoß zugunsten eines Ausgleichs unternehmen.[22]

Parallel war für den französischen Regierungschef Viviani unverkennbar, dass der deutsche Botschafter Schoen offenbar den Auftrag hatte, jede mäßigende Aktion der Mächte, zwischen Serbien und Österreich, auszuschliessen.[23] Die deutsche Seite suchte zunächst und zuförderst, den Konflikt auf Österreich und Serbien zu begrenzen (Écho de Paris, 25.7.1914). Entsprechend erklärte der österreichische Botschafter in London, Graf Mensdorf, dem britischen Außenminister, Wien werde kein Ultimatum stellen, sondern eine Forderung mit einem begrenzten Zeitfenster. Auch würden lediglich Mobilmachungsvorbereitungen eingeleitet werden, keine militärischen Operationen. In Berlin wurde gleichzeitig der Presse ein „Maulkorb" verpasst. Nichts sollte Spannungen zu Rußland fördern.[24] Die Österreicher wurden jedoch von Berlin auf die Serben losgelassen. Jeglichen ausgleichenden Eingriffen in Wien verweigerte sich die Berliner Diplomatie. Das bedingte, dass London seinerseits in Petersburg nicht vorstellig werden wollte.[25]

Der französische Botschafter in London, Paul Cambon, berichtete am 10.8. 1914, nach Kriegsausbruch, eine Äußerung des britischen Außenministers, welcher entsprechend die grundsätzliche Neigung Grey'scher Politik gegenüber Deutschland gewesen war und blieb:

> „que le seul moyen de mettre fin à la la guerre était de *déterminer l'Allemagne à s'arrêter*, que personellement il avait toujours travaillé au maintien de la paix mais que la situation ne pourrait se modifier que lorsque les circonstances actuelles auraient changé. »[26] (Hervorh.v.m., B.S.)

Eine Frage, die letztlich der Klärung harrt.-

---

[21] Ebd., S. 328. Außenminister an Botschafter in Stockholm, Belgrad, London, Berlin, Wien, Petersburg und Rom, 25.7.1914.
[22] Ebd., S. 329. P.Cambon an Außenminister, 25.7.1914.
[23] Ebd., S. 329. Viviani an Bienvenue Martin, 25.7.1914.
[24] Ebd., S. 331. Außenminister an Vertretungen in Stockholm, London, Berlin, Petersburg, Wien, 25.7.1914.
[25] Vgl. ebd., S. 332. P.Cambon an Außenminister, 25.7.1914.
[26] DDF 1914, S. 30. P.Cambon (London) an Doumergue (Außenminister), 10.8.1914.

Im Gefolge von 1945 erlebte die Frage nach dem „Warum" und dem „Woher"
des Dritten Reichs eine ungeahnte Konjunktur. Abseits der veröffentlichten
Meinung schrieb Anfang August 1956 der deutsch-kalifornische Wirtschaftswissenschaftler Carl Landauer einen Leserbrief an den Herausgeber der New York
Times, die die Besprechung der Autobiographie Hjalmar Schachts durch den
englischen Historiker Trevor-Roper geduckt hatte. Schacht war der Finanz-
minister Hitlers, selbst über den Zeitpunkt hinaus gewesen, ab dem keine Finanzpolitik mehr notwendig gewesen war. Landauer warf Trevor-Roper vor, dieser

"failed to place the accents where they belong".

Landauer billigte Schacht gleichwohl, und aus eigenem Erleben, "a strong intelligence" zu. "But, on the darker side of the picture, it is not enough to blame him
for showing 'no trace of a really liberal spirit, no suggestion of culture, humanity or
even civilized doubt'", warf der Ökonom dem britischen Rezensenten vor. Landauer fragte sich, warum Schacht die Nationalsozialisten unterstützt habe. Vor 1923
habe dieser überall für liberal gegolten. Er sei einer der Gründer der Demokratischen Partei gewesen, der "DDP". Die Position des Reichsbankdirektors habe er
mit Unterstützung der Liberalen und Sozialisten gewonnen, gegen den verzwei-
felten Widerstand des konservativen Reichsbankdirektoriums. Als die Rechte immer mehr an Boden gewann, habe Schacht jedoch mehr und mehr in deren
Richtung tendiert. 1929 von der sozialdemokratischen Regierung als deutscher
Experte auf die Reparationskonferenz in Paris entsandt, sei ihm der Erfolg versagt
geblieben, was den Intentionen seiner Auftraggeber in Berlin entgegengekommen
sei. Schließlich habe Schacht in Paris ein Protokoll unterzeichnet, das die Basis des
Young-Plans wurde, den seine nationalsozialistischen Freunde überwiegend bekämpft hätten. Landauer betonte, Schacht habe diese Erniedrigung der republika-
nischen Regierung in Berlin nie verziehen. In den letzten Jahren der Weimarer
Republik, so Carl Landauer, erleichterte Schacht Hitlers Weg an die Macht wo er
konnte. Doch habe beide ausschließlich der Hass auf den demokratischen Staat
geeint. Landauer kritisierte, Schacht sei

"intelligent enough to know what the Nazis would do to Germany and the world".

Letztlich habe Schacht, so Landauer, in seinem ungeheuren Egoismus genauso
falsch in der Einschätzung Hitlers gelegen, wie die fehlgeleiteten Idealisten, die
geglaubt hätten, Hitler sei *ein Ritter in schimmernder Rüstung*. Landauer warf Trevor-Roper vor, dieser habe die dunkle Seite der Politik Schachts übersehen und
die Verbindung zwischen dessen Erniedrigung in Paris, und der folgenden Un-

terstützung für Hitlers Sache, unterbewertet. Im Ganzen habe der Fall Schacht eine drastischere Beurteilung verdient.[27]

SCHNITT: KRIEGSAUSBRUCH 1939.

Josef Goebels spricht im Juli 1939 davon, es gebe eine „Kriegsmöglichkeit", schützt jedoch vor, er könne „nichts Genaues sagen, da man die Situation nicht" kenne, „in der diese Frage akut" werde.[28] Das Auswärtige Amt sieht, analog zu 1914, Großbritannien in der Schlüsselrolle. Ebenso urteilt der Reichskanzler. Am Abend des 5.Juli äußert sich Hitler zur Methodik deutschen Vorgehens in der Krise:

> „Hass gegen England schüren. Das deutsche Volk muß *in ihm die Seele des Wider-*
> *standes gegen uns erkennen*. Dann wird es umso eher mürbe. Der Führer wünscht
> sich noch 10 Jahre Zeit. *Sein Ziel ist die Beseitigung des Westfälischen Friedens.*
> Und er wird es erreichen. Die Polen nimmt er garnicht ernst. *Frankreich muß in sei-*
> *nem Hegemoniestreben gebrochen werden*. Es will keine deutsche Einigkeit und kei-
> ne deutsche Macht". (Hervorh.v.m., B.S.)

Das Vertrauen in die deutsche Rüstung, das Goebbels ausspricht, erinnert an die Lagebeurteilung durch die deutsche militärische Spitze vor dem Kriegsausbruch 1914. Der Propagandaminister ist über „ein raffiniertes Meisterstück" orientiert, das Berlin vorhabe.[29] Es geht offenkundig um die Verhandlungen mit der UdSSR in Moskau über ein Neutralitätsbündnis, das dem Deutschen Reich die Flanke im Osten freihält. Ein nachgerade bismarckscher Plan.[30]

Wie die Krise vor diesem Hintergrund gesteuert werden soll, offenbart der Kanzler am 9.Juli. Goebbels zitiert:

> „*Er* glaubt nicht mehr, dass London und Moskau noch zu einem Abschluß kommen
> werden. Dann ist für uns die Bahn frei. *Stalin* kann keinen gewonnenen und keinen
> verlorenen Krieg gebrauchen. In beiden Fällen würde er fliegen. Den *Polen* muß
> man durch weitere stillschweigende Vorbereitungen zusetzen. Die verlieren in der
> entscheidenden Stunde die Nerven. *England* wird durch unausgesetzte Propaganda
> mürbe geschlagen. Und so wird die Sache vorläufig einmal vorangetrieben. Der Aus-
> gang kann kaum noch zweifelhaft sein".[31] (Hervorh.v.m., B.S.)

---

[27] Leo Baeck Institut New York, NL T.Stolper, AR 7212, Box 5, Folder 3: Correspondence, "M", C.Landauer an Herausgeber der New York Times, 2.8.1956.
[28] Die Tagebücher von Joseph Goebbels, hrsg. Von E.Fröhlich, Teil I, Bd.7, München 1998, S. 29, Aufz. vom 1.Juli 1939. (zit. als: Fröhlich, Goebbels).
[29] Ebd., S. 33. Aufz. vom 5.7.1939. Vgl. ebd., S. 35. Aufz. vom 6.7.1939. Vgl. ebd., S. 55. Aufz. vom 1.8.1939.
[30] Ebd., S. 38. Aufz. vom 9.7.1939.
[31] Ebd., S. 40. Aufz. vom 12.7.1939.

Dieses gebrochene Zutrauen in die eigene Krisenstrategie erhält sich Mitte Juli in der Bemerkung des Propagandaministers, die Briten würden „nachgeben, wenn wir ihnen eine goldene Brücke bauen. Und das werden wir schon tuen".[32] „Im günstigsten Fall" würden „die Demokratien Schritt für Schritt zurückweichen" lautete die Einschätzung des Ministers am 18. Juli. Diese Überlegung erhielt sich auch bei Hitler, der am 21. Juli „außenpolitisch außerordentlich optimistisch" war.[33] Der Kanzler sprach von der „aussichtlosen Lage, in der England sich" befände. Das Inselreich wolle letztendlich „keinen Krieg", so Goebbels.[34]

Doch Großbritannien greift das Reich propagandistisch ständig weiter und erbittert an. Das müsste an sich Warnung genug für Berlin gewesen sein, den Verlauf der Krise zu überdenken. Am 18. August drohen Großbritannien und Frankreich im Auswärtigen Amt mit Festigkeit und „Entschlossenheit zum Handeln". Auch Roosevelt stellt sich frontal gegen Hitler. Der Druck wächst.[35] Hitler befindet sich auf dem Obersalzberg und wartet. Wie Goebbels berichtet, blieb er „ganz ruhig". Der Angriff auf Polen war für den 23. August vorgesehen.

Generaloberst Keitel informiert am 22. August den Propagandaminister. Dieser berichtet äußerst optimistisch:

> „Alles ist bereit zum Angriff auf Polen. Nahezu 2,5 Millionen unter Waffen. Man wartet auf das Startzeichen vom Führer. Bis Ende dieser Woche muß es sich entscheiden. Über Tannenberg hinaus ist es nicht gut aufrechtzuerhalten. Es müßte ein Wunder geschehen, wenn der Krieg vermieden werden sollte".[36]

Die Bruchlinie bezeichnet – wie ein „deus ex machina" – der geheime Nichtangriffspakt des Reichs mit der UdSSR. „Das ganze europäische Kräftebild ist damit verschoben", urteilt der Propagandaminister. „Ein weltgeschichtliches Ereignis von [unüberseh]baren Konsequenzen". Nun scheint alles geregelt. „Die Militärtransporte rollen".[37] Die erste Konfrontation Hendersons am Obersalzberg trifft den Briten schwer. Auf dessen Ankündigung, „England sei bei einem Angriff auf Polen zum Krieg entschlossen", äußerte Hitler in einer „sehr scharfe[n] Antwort", „wenn London mobilisiert, dann erfolge [die] deutsche Mobilmachung. Den polnischen Provokationen werde ein Ende gemacht". Go-

---

32 Ebd., S. 45ff. Aufzgn. vom 18. und 21.7.1939.

33 Ebd., S. 50, 52. Aufzgn. vom 26. und 28.7.1939.

34 Ebd., S. 68. Aufz. vom 18.8.1939. Vgl., S. 67. Am 17.8. wurde nach Goebbels „ganz klar und unumwunden von Krieg gesprochen. Die große Nervenkrise hat begonnen. Wir werden sie bestimmt gewinnen". Gleichzeitig wurde der Krieg „mit einem gewissen Fatalismus erwartet".

35 Ebd., S. 71f. Aufz. Vom 22.8.1939. Roosevelt stellte sich bereits seit 1938 gegen Berlin.

36 Ebd., S. 73. Aufz. vom 23.8.1939.

37 Ebd., S. 74ff. Aufz. vom 24.8.1939.

ebbels umreißt in seiner Tagebuchnotiz vom 24. August die auf dem Obersalzberg entwickelten Vorstellungen:

> „Die Lage *Polens* ist verzweifelt. Wir werden es angreifen bei der ersten besten Gelegenheit. Der polnische Staat muß zerschlagen werden genau wie der tschechische. Es wird das nicht allzu viel Mühe machen. *Schwieriger ist die Frage, ob der Westen eingreifen wird.* Das kann man im Augenblick noch nicht sagen... *London* ist fester gelegt als im September 38. *Wir müssen also da sehr klug operieren.* England will wohl im Augenblick keinen Krieg. Aber es muß sein Gesicht wahren. London läßt alle Minen springen. Jedenfalls sind wir auf einen Angriff im Westen gefaßt.“ (Hervorh.v.m., B.S.)

Stalin fordert herzhaft aus dem europäischen Kuchen. Doch, so der Reichskanzler:

> „Die Frage des Bolschewismus ist im Augenblick von untergeordneter Bedeutung“.

In Tokio hatten sich die Generäle nicht durchsetzen können. „Der Osten Europas wird zwischen Berlin und Moskau aufgeteilt“. Rumänien, Bulgarien und die Türkei würden auf die deutsche Seite wechseln. Wie 1914 zwischen – zum Beispiel Riezler und Bethmann Hollweg – so 1939 zwischen Hitler und Goebbels war die Frage beherrschend: „Was wird England machen?“ Während der Kanzler den Rücktritt Chamberlains erwartet, sieht sein Minister die polnische Regierung zurücktreten.[38]

Hitler folgt nach eigener Aussage den Grundsätzen der Bismarckschen Außenpolitik. Ja, so Goebbels, er nehme „sie in gewissem Sinne wieder auf“; nämlich die Anlehnung des Reichs an Rußland. Der Krieg erscheint, analog zu 1914, als großes Spiel. Es werde „wieder um ganz großen Einsatz gewürfelt“.[39] Am folgenden Tag naht die Entscheidung. „Die geheime Mobilmachung soll mittags 14.30 beginnen“, so Goebbels. Hitler gibt

> „2 Aufrufe in Auftrag, einen an das deutsche Volk, einen an die Partei, Klarlegung der Notwendigkeit einer bewaffneten Auseinandersetzung mit Polen, Einstellung des ganzen Volkes auf den Krieg, wenn nötig auf Monate und Jahre. In der Nacht soll noch alles losgehen“.

Dann der britische Botschafter beim Kanzler. Hitler, analog zur Unterredung Goschens mit Bethmann Hollweg 1914, „bietet England nach Lösung der polnischen Frage weitgehende Zusammenarbeit an“. Doch das Ass sticht nicht

---

[38] Ebd., S. 76. Aufz. vom 25.8.1939.
[39] Vgl. ebd., S. 77f. Aufz. vom 26.8.1939.

mehr. Auch der französische Botschafter bestätigt, dass sein Land kämpfen werde. Schließlich Attolico: der Italiener verkündet Italiens Rückzug. Damit ist das deutsche Kalkül umgestürzt. Sämtliche militärischen Vorbereitungen werden folgerichtig gestoppt, doch läuft die Mobilmachung weiter.[40] Die „Stimmung in der Wehrmacht" sei „nicht besonders gut", so Goebbels. Die Haltung Großbritanniens habe sich, infolge des italienischen Rückziehers, versteift. Der französische und britische Botschafter kündigen sich beim Reichskanzler an. Die Lage sei „dumpf" vermerkt der Propagandaminister. Hat sich das Reich – wie 1914 – festgebluff? Ein Brief Daladiers eröffnet die „Kriegsschulddiskussion".

Hitler ist einstweilen dennoch „sehr zuversichtlich", hat „große Wut" auf Mussolini, der „damit einen Großteil seiner imperialen Wünsche begraben" müsse. Ein „Sonderdelegierter" ist nach London geflogen, während die Wehrmacht weiter mobil macht. Ein Druckmittel, so wird innerhalb des Führungskreises gedacht. Am Nachmittag des 28. August argumentiert der Kanzler gegenüber Goebbels:

> „Bzgl. *Polen* minimale Forderung Danzigs und der Korridor im Korridor. Maximal, das ist bekannt. Von der Minimalforderung kann der Führer nicht abgehen. Und das erreicht er auch. *Es ist schon eine Frage der Ehre geworden...*Der Führer ist froh, dass wir keine Monarchie mehr haben". (Hervorh.v.m., B.S.)

Zwischen den Zeilen ist ein Warten auf die Lösung (die Neutralität Englands) zu spüren, das dem der deutschen Führungsspitze im Sternsaal des Berliner Schlosses 1914 entspricht.[41]

Am folgenden Tag kommt das Ergebnis des Kontaktes zu Chamberlain: „England würde evtl. einer Abtretung von Danzig und einem Korridor im Korridor zustimmen. Dafür aber Garantie der polnischen Grenzen. Später auch Kolonialfrage diskutieren. Langer Friede mit England". Damit wäre alles erreicht gewesen, wofür Bethmann Hollweg zwischen 1909 und 1914 gewirkt hatte. Hitler zeigt erste Wirkungen der Nervenanspannung. Am Abend des 29. August „ist Henderson beim Führer", wie der Minister mitteilt. Der britische Botschafter unterbreitet den Vorschlag:

> „England will, dass mit den Polen in Berlin aufgrund der Reichstagsrede des Führers verhandelt wird. *Das genügt dem Führer nicht.* Henderson will noch mit London verhandeln und dann evtl. nochmal nach London fliegen." (Hervorh.v.m., B.S.)

---

40 Ebd., S. S.80f. Aufz. vom 28.8.1939.
41 Ebd., S. 82ff. Aufzgn. vom 29./30.8.1939. Es gibt keinen Kaiser, der im entscheidenden Moment „abschnappt".

Am 30. August überbringt der britische Gesandte Londons Bereitschaft, Polen zu Verhandlungen zu bewegen. Goebbels erläutert:

> „Der Führer will im Korridor eine Abstimmung unter internationaler Kontrolle. Er hofft dabei London von Warschau vielleicht doch noch loszueisen *und einen Anlaß zum Schlagen zu finden*.“ (Hervorh.v.m., B.S.)

Die Lage ähnelt dem Ringen um Serbien 1914. Parallel lässt sich Moskau „Zeit mit der Ratifizierung des" mit dem Reich "abgeschlossenen Vertrages". Der Propagandaminister spiegelt die Haltung der deutschen Seite, es dominiere Bismarcksche Interessen- oder Realpolitik. Hitler ist mit der „englischen Vermittlung einverstanden".[42] Am 31. August denkt der Kanzler, es komme „doch zum Ernstfall", da die Briten hart bleiben und abwarten, Polen mobil macht und abwartet und Italien auf deutscher Seite ausgefallen ist. Eine Situation, die der „Überraschung" mit der verspäteten österreichischen Kriegsbereitschaft 1914 entspricht. Goebbels teilt mit:

> „Der Führer hat ein Memorandum ausgearbeitet: Danzig deutsch. Korridor Abstimmung in 12 Monaten auf der Basis von 1914. 51 % entscheidet schon".

Doch England antwortet nicht ernsthaft. Goebbels greift aus den sich überschlagenden Ereignissen heraus:

> „Mittags gibt der Führer Befehl zum Angriff in der Nacht gegen 5ʰ. Es scheint, dass damit die Würfel gefallen sind. Göring ist noch skeptisch. *Der Führer glaubt auch nicht daran, dass England eingreifen wird*". (Hervorh.v.m., B.S.)

Damit gleicht die Lage, in deren entscheidenden Zügen, etwa jener des Juli/August 1914. Hier Polen, hinter welchem die „Entente" steht – dort Serbien, das zusätzlich Russland auf seiner Seite hat. Der entscheidende, „Bismarcksche" Unterschied: die UdSSR steht wohlwollend neutral auf Seiten des Deutschen Reichs und ermöglicht damit die Kriegsauslösung. Demnach eine Situation, die wesentlich vorteilhafter erscheint als 1914 und nahezu dem Krieg 1866 gleicht, wenn der günstigste Fall zur Wirkung gelangen würde.

> „Pakt mit Moskau einstimmig ratifiziert. Molotow hält eine glänzende Rede für uns und *gegen die Einkreiser*."[43]

---

[42] Ebd., S. 86ff. Aufzgn. vom 31.8./1.9.1939.
[43] DDF 1914, S. 99. J.Cambon (Berlin) an Doumergue (Außenminister), 22.8.1914.

3. SZENE: 1965.
HINTERGRÜNDE.

(Zur Standortbestimmung Kurt Riezlers, der Reichspolitik im Juli 1914 sowie deren Aufdeckung und schließliche Behandlung durch deutsche Politik und Historiker nach 1960)

Den Ausbruch aus der historiographischen Beengung der fortgeschriebenen Geschichtsbilder der 20iger und 30iger Jahre bedeuteten die Forschungsergebnisse des Hamburger Historikers Fritz Fischer. Die darauf folgende, und nach diesem benannte, Kontroverse der frühen 60iger Jahre veränderte das politische Klima in Deutschland und bereitete den politischen Wandel der Bonner Demokratie vor (Helmut Böhme).

Gegenüber den Historikern westdeutscher Prägung genauso skeptisch wie Kurt Riezler, faßte der Frankfurter Historiker („Paneuropa") Kurt Rheindorf, Ende 1965, seine Sicht der Fischer-Kontroverse zusammen. Er schrieb an den früheren Armeeführer und Gouverneur von Belgien, von Falkenhausen, Licht auf das Zustandekommen der weitgreifenden Planungen von 1914 werfend:

„Fischer hat darin [„Griff nach der Weltmacht"] den R[eichs]K[anzler] von Bethmann Hollweg als Annexionisten reinsten Wassers ‚ermittelt' und beruft sich dafür auf die Akten des A[uswärtigen]A[mtes] und andere Akten. (Sie haben den Streit sicher in den verschiedenen Aufsätzen in der ‚ZEIT' verfolgt). *Ob diese Akten des AA heute noch vollständig sind* – nachdem sie seit 1945 als ‚Beuteakten' durch die angelsächsischen Sammelstellen geschleppt worden sind – ist eine offene Frage. Ich persönlich bezweifele das nach meinen Erfahrungen, die ich bei Durchsicht der ‚restituierten' Akten gemacht habe. Das Polit[ische].Archiv des AA weiß das ebenfalls. Ich selber habe diese Akten schon vor dem Einbruch des Dritten Reiches gelesen für eine Arbeit, die damals das AA, dessen 1936 verstorbenen *St[aats]S[ekretär].B[ernhard].W.von Bülow*, und Riezler so sehr interessierte, dass mir die damals noch ‚im Geschäftsgang' befindlichen Akten zur Durcharbeitung zur Verfügung gestellt worden sind[.] (Meine Arbeit sollte im Herbst 1933 erscheinen. Sie ging unter, weil der Verleger auswanderte und kein Nachfolger vorhanden war. Im Brockhaus 1936 wird sie aber von dem Verfasser des Artikels ‚Paneuropa' als vorhanden – und natürlich von ihm gelesen – zitiert!). Damals habe ich nicht gerade selten B.W. von Bülow gefragt, was es mit diesem oder jenem Aktenstück auf sich habe. Bülow gab die Erklärung aus eigener Kenntnis; ebenso Riezler. *Ich erfuhr, dass manches in Aufzeichnungen das Gegenteil dessen besagte, was Bethmann Hollweg wollte, plante. Ich müsse – so von Bülow und Riezler – stets die Frage stellen, ob dieses oder jenes ‚in usum Caesaris' oder – seltener –‚in usum Delphini' geschrieben worden sei, denn vor allem der Kaiser habe unter den Einflüssen der Ludendorff, Tirpitz, der Alldeutschen, einiger Industrieller und – das betonten v.Bülow und Riezler mit sichtbarem Vergnügen – einigen ‚wild gewordenen Professoren' gestanden.* v.[V]Bülow meinte einmal angesichts solcher Aktenstücke:

‚Wenn die Historiker einmal über diese Akten kommen, dann wird das *ein Kolossalgemälde* werden. Aber mit der Wirklichkeit hat es nicht viel zu tun'.
Der Hamburger F[ritz].Fischer mit seinem Buch hat die Richtigkeit der Bülow'schen Formel bewiesen. Lebten v.B. und Rzl. noch, dann würden sie mich mit einem ironischen ‚Wir haben Ihnen das ja schon vorausgesagt' an ihre alte Meinung über die Historiker erinnern. *In den vergangenen Wochen wird bei mir Riezler aus den verschiedensten Gründen wieder lebendig. Ich muss angesichts der sogenannten Politik in der westgermanischen Republik oft an ihn denken. Und unsere fast täglichen Unterhaltungen in den kritischen Jahren nach dem Börsenkrach 1929.* (Rzl. war gerade einige Monate in Frankfurt, als sich die allgemeine Lage zu verfinstern begann). Da gab es oft sehr lebhafte Debatten, denn unsere Meinungen deckten sich keineswegs immer und um jeden Preis. Damals gehörte ich einem Kreis an, in dem sich das in einigen Exemplaren zusammengetan hatte, was man damals 'die Kriegsgeneration' nannte: ehemalige junge Offiziere, die sich dagegen wehrten, dass die Regierungen in Berlin sich dem wachsenden Nat[ional].Sozialismus nicht mit Schärfe entgegenstellten, die wir für die beste und richtigste Methode hielten, diese Sammlung von wild gewordenen Landsknechten, Rabaucken und Kriminellen bei Zeiten zu zerschlagen. Wir bildeten keinen ‚Verein', sondern wir kannten uns durch unsere dienstlichen Aufgaben und die Besprechungen, Konferenzen usw., an denen wir teilnahmen, sei es als z[ur]b[esonderen]V[erwendung] der jeweiligen Chefs, sei es als Vertreter unserer Dienststellen...". (Hervorh.v.m., B.S.)

BLENDE: 1914 – DEUTSCHLAND „SPIELT" HOHES RISIKO!

Dass dieses „Kolossaalgemälde" letztendlich verursacht wurde durch die deutsche Politik selbst, bestätigt der Bericht des französischen Botschafters in Berlin, Jules Cambon, über das entscheidende Gespräch zwischen dem deutschen Reichskanzler Bethmann Hollweg und dem britischen Botschafter Sir Edward Goschen. Cambon schrieb am 22.8.1914 an seinen Minister:

> „Le Chancellier a dit à Edward Goschen, *que l'Angleterre était l'auteur des évènements graves qui allaient se produire; qu'elle s'attachait à une pure question de forme; que l'Allemagne obéissait à des nécessités militaires évidentes en envahissant la Belgique et que l'Angleterre en se refusant à le comprendre, faisait peser sur elle-même la responsabilité des événements toute entière.* Sir Edward Goschen répondit au chancelier *que l'Angleterre faisait en effet la guerre pour une feuille de papier*, parceque cette feuille de papier portait sa signature; que si, par hasard, elle ne l'eut pas faire, il se demandait quelle confiance elle pourrait avoir dans les feuilles de papier que l'Allemagne lui promettait de signer, et quelle confiance l'Allemagne elle-même pourrait avoir dans les engagements de l'Angleterre.

La conversation a continué sur ce ton et s'est terminée par une sorte de rupture entre M.de Bethmann-Hollweg et Sir Edward Goschen.»[44] (Hervorh. v.m., B.S.)

Die Pariser Zentrale hatte am 26.Juli in einem Zirkular für die Botschafter in London, Berlin, Petersburg, Rom und Wien mitgeteilt,

«L'opinion russe manifeste *l'impossibilité politique et morale* pour la Russie de laisser écraser la Serbie.» (Hervorh.v.m., B.S.)

In London habe der britische Außenminister Grey dem russischen Vertreter versichert, es sei dem deutschen Botschafter Lichnowsky bedeutet worden,

«qu'il n' avait pas laissé de doute sur la partcipation probale de l'Angleterre.»

Am 29.Juli habe es so ausgesehen, als ob Österreich-Ungarn zurückziehe und so Raum für eine Intervention der Mächte bleibe. Doch habe sich der deutsche Außenminister Jagow zögernd und verzögernd dargestellt, sodass der Eindruck entstanden sei,

«Les Cabinets de Berlin et Vienne croient vraisemblablement que ceux de Pétersbourg et de Paris *seront retenues* par l'hésitation de l'Angleterre». (Hervorh.v.m., B.S.)

Realistisch fasste das französische Außenministerium zusammen:

«Il se produit une véritable explosion de chauvinisme à Berlin. L'empereur d'Allemagne revient directement à Kiel. M.Jules Cambon estime que, *aux premières mesures militaires de la Russie, l'Allemagne répondrait imédiatement et n'attendrait vraisemblablement pas un prétexte pour nous attaquer.*» (Hervorh.v.m., B.S.)

Der französische Gesandte in Wien erwartete, Österreich werde sich nach erfolgtem ersten Schlag zu einer „médiation" bereit finden. Dafür sprächen die *Risken eines langen Krieges und möglicher innerer Unruhen.* Grey setze – nach der Konferenz zwischen Sasonow, Buchanan und Paléologue in Petersburg - darauf, Russland und Österreich würden die Bewegungen ihrer Armeen einfrieren und so Großbritannien, Frankreich, Deutschland und Italien, Zeit geben zu verhandeln. *Deutschlands Teilnahme sei unverzichtbar,* da beide, Russland und Österreich, ausschließlich die Vermittlung befreundeter Mächte annähmen[45].

---

[44] DDF 1914, S. 297ff. Le Ministre des Affaires Étrangères (in Kopenhagen) an Président du Conseil, London, Berlin, Petersburg, Rom, Wien, 26.7.1914. Vgl. Schulte, Riezler, S. 68 (Aufz. vom 23.7.), Anm. 56 parallel zu: «Will der Zar nicht und rät das bestürzte Frankreich zum Frieden... (Splitter des originalen Tagebuchs)».

[45] Vgl. ebd., S. 301. Bienvenu Martin (Paris) an De Fleuriau (Chargé d'Affaires, London), 26.7.1914. Vgl. die Memoiren der fremden Botschafter in Berlin.

Russland und Frankreich suchten den Frieden trotz allem zu erhalten, auch zwischen Serbien-Österreich-Rußland.

BLENDE: NACHKRIEGSDEUTSCHLAND IN DER GESCHICHTSWISSENSCHAFT.

Im Verlauf des Machtkampfes innerhalb der deutschen Historikerschaft wurde Fischer, abseits der wissenschaftlichen Kontroverse um den Ausbruch des Ersten Weltkrieges, 1963 eine Vortragsreise in die USA durch die CDU/FDP-Regierung Konrad Adenauer/ Erich Mende verweigert. Anteil an den Fäden, die gezogen wurden, hatten - nach jüngsten Erkenntnissen - auch der Kieler Historiker Karl Erdmann und der Kölner Historiker Theodor Schieder. Neben Gerhard Ritter/Freiburg, der an den Außenminister Gerhard Schröder schrieb, "informierte" Erdmann, in einem neuentdeckten Brief, seinen Kölner Freund. Der Kieler Historiker schrieb:

> "Ich höre aus zuverlässiger Quelle, dass auf Veranlassung des Kulturattachés der d[eu]t[schen]. Botschaft in Washington Fritz Fischer im März eine Vortragsreise in die USA durchführen soll. Vielleicht wirst Du mit mir daran zweifeln, dass hier unsere auswärtige Kulturpolitik auf dem rechten Wege ist. Die Sache wird finanziert vom Goethe-Institut. *Du weisst, dass ich mich an Hand von Riezler mit Bethmann H[oll-weg]. befasse. Dabei ist mir klar geworden, wie grobschlächtig und namenlos Fischers Interpretationen sind.* Ich habe neulich in der Hamburger Universität einen Vortrag darüber gehalten. Fischer war da, aber hat sich der Diskussion entzogen. *Mögen ihn die ausländischen Universitäten einladen, wenns sein soll. Aber das wir mit eigenen finanziellen Mitteln die Verbreitung eines unabweislich falschen Bildes der d[eu]t[schen]. Geschichte im Ausland fördern helfen - das scheint mir nun doch etwas zu weit zu gehen. Ich werde - à titre prier - an Sattler schreiben. Könntest Du nicht auch etwas unternehmen?* Sollte die Behörde nicht zunächst wenigstens die Diskussion auf dem Berliner Historikertag 1964 abwarten, bevor sie gerade einen solchen Apostel auf Missionsreise schickt?"[46] (Hervorh.v.m., B.S.

Dass diese Auseinandersetzung zwischen der nationalen und der revisionistischen Linie innerhalb der deutschen Geschichtswissenschaft während dieser Monate auf einen spektakulären "Showdown" zutrieb, war nicht zuletzt dem Herausgeber der Historischen Zeitschrift, und Rektor der Kölner Universität, Theodor Schieder, bewusst. Wie fein das Netz der Anti-Fischer Gruppe geknüpft wurde, offenbart ein letzter Aufruf Fischers zur Güte aus dem August 1964. Kurz vor dem Historikertag in Berlin. Der Kölner Ordinarius hatte etwas unternommen. Er arbeitete seit 1959 in Kontinuität daran, Fischer an allen Fronten zu bekämpfen. Er

---

46 BA-Koblenz, N 1188. NL Th.Schieder, Bd.: Korrespondenz mit Prof. 1962-69, E-H.

zog - wie die „Spinne im Netz" - die Fäden zwischen den konservativen Kollegen - öffnete oder verschloss, förderte oder verzögerte, ganz nach Belieben, Publikationen - die, mehr oder weniger, in seinen Kreisen - unter dem Blickwinkel eines deutschnationalen Geschichtsbildes - bekriegt oder befördert wurden. Fischers jüngst aufgefundener und hier erstmals veröffentlichter Brief skizziert die bundesdeutsche "Gemütslage" typischerweise an Hand von "Verfahrensfragen" dieser Jahre treffend; und dies im Vergleich mit den Erörterungen, die Toni Stolper bewegten – und dies vor dem Hintergrund der Kenntnis um die Vorgänge um das Riezler Tagebuch:

"Aus der Korrespondenz mit Professor Herzfeld in seiner Eigenschaft als Leiter der Diskussion zur deutschen Kriegszielpolitik in Berlin im Oktober erfahre ich, dass der dritte Band von Gerh[ard].Ritter zu diesem Zeitpunkt erscheinen wird. Um so mehr bestürzt es mich, dass mein Aufsatz über ‚Die Krise des deutschen Imperialismus 1909-1914', dessen Manuskript ich Ihnen Ende September vorigen Jahres übersandte[!], noch nicht gedruckt ist. Am 21.Febr[uar]. schrieben Sie mir, dass Sie ihr Möglichstes tun wollten, es zum Druck zu bringen, aber noch ist keine Korrekturfahne gekommen. Wenn es schon nicht zum Juli/August, wofür es eigentlich geschrieben war, als Vorläufer eines viel umfänglicheren Buches, erscheinen konnte, so würde ich doch dringlich wünschen, dass wenigstens der erste Teil, der zu den Kritiken meines Buches Stellung nimmt, in diesem Herbst erscheint und damit das Ganze angekündigt wird; wenn auch, wie Sie wissen, der zweite Teil das eigentlich Neue enthält. Ich bin sowieso schon in der peinlichen Lage, dass ich im Oktober vorigen Jahres in Leiden, Ü[Ue]trecht, Amsterdam, Oxford, und im Dezember in Wien und Graz und im April u[nd]. Mai an 14 Universitäten in Nordamerika Vorträge hielt über dieses Thema und dabei diesen Aufsatz ankündigte, dementsprechend immer wieder danach gefragt werde, und ihn noch nicht vorweisen kann, obwohl viele andere sich auf meine Ideen beziehen können, ohne mich zitieren zu müssen. Und das wird sich in Berlin jetzt wiederholen.
Mit meiner Bitte um Aufnahme des Aufsatzes in die H[istorische]Z[eitschrift] wollte ich durchaus die Diskussion von den Provinzzeitungen auf die wissenschaftliche Ebene der Fachzeitschrift zurückverlegen, ahnte dabei allerdings nicht, dass ich damit einen solchen Verlust an Zeit und damit Priorität einstecken müsste. Deshalb möchte ich nochmals meine dringende Bitte an Sie wiederholen, doch alles zu versuchen, um den Aufsatz - *der doch inmitten einer großen im Gang befindlichen und von der gesamten historischen Welt auch außerhalb Deutschlands beobachteten Diskussion steht* - noch in diesem Jahr hera[us]zubringen".[47] (Hervorh.v.m., B.S.)

---

[47] Ebd., Bd.: Korrespondenz mit Prof. 1962-69; vgl. zu Schieders Verfahrensweisen 1963 und 1983: Schulte, Weltmacht, S. 149ff.,157-160.

(Toni Stolper als Beobachterin deutscher politischer Entwicklung seit 1945. Der Glaube an das „Gute" im deutschen Volk, dessen politische Führer sowie die Erklärung der innen- und gesellschaftspolitisch „unruhigen Jahre" seit 1966)

Toni Stolper, die ihre gedankliche Nähe zu Fischer in diesen Tagen mit der folgenden Auskunft erkennen läßt, ergänzte in einem Antwortschreiben an den deutschen und später Bielefelder Historiker Joachim Radkau die These ihres Mannes, Gustav Stolper, sei durchaus vergleichbar der Aussage eines Artikels in "Foreign Affairs" ("The Destruction of Capitalism in Germany"), "damals" hätten "viele Beobachter vermeint[en], die ‚Kapitalisten'" hielten "sich die Nazis zu ihrem eigenen Nutzen".[48]

SCHNITT : ZEITZEUGEN HEUSS, STOLPER UND LANDAUER.

Um die Mitte der fünfziger Jahre, als Deutschland weltpolitisch wie innenpolitisch hin und hergeworfen wurde, erwogen aktive Geister durchaus jene Schwächen des parlamentarisch-demokratischen Systems, die uns heute allgemein bewusst werden. Toni Stolper schrieb am 28.Mai 1955 an Theodor Heuss, von einer "eigentlich großartig mutigen und imponierenden Aktion", die "das heutige Deutschland in den historischen Gegensatz zu dem der dreißiger Jahren setzt".[49] Zugleich warnte die Publizistin, darin noch heute äußerst zeitgemäß, vor "ungehemmter Parteien-Künstelei". Irgendwie kam Landauer dem nahe, wenn er 1975 der "Zeitkrankheit" der Guerillaverehrung die "Unvollkommenheit der westlichen Demokratie" gegenüberstellte. Aber "seit Beginn der Geschichte", so der Nationalökonom gegenüber Toni Stolper, sei "jedes System" unvollkommen gewesen. Er sprach von der Sowjetunion als einem "buerokratischen Zwangsapparat" und fand andererseits in der Guerilla die "reine Glorifizierung der Spontaneität". "Manche sehen sie auch in China verkoerpert", bemerkte der Kalifornische Wirtschaftswissenschaftler. Von den "oesterreichischen Kämpfer[n] vom Februar 1934", als von "Guerillas" zu sprechen, verbot er sich jedoch und fuhr fort:

> "Die Tendenz, die deutsche Entwicklung mit der Bemerkung abzutun, dass die Republikaner sich kampflos den Fascisten ergeben haetten, ist auch weit verbreitet, und manchmal fuerchte ich, unausrottbar".[50]

---

48 Leo Baeck Institut New York. T.u.G.Stolper Collection, Reel 7, Box 5, Folder 3: Correspondence. T.Stolper an J.Radkau, 2.9.1969.
49 Vgl. K. Riezler an Th. Heuss, Sept. 1939. Im Gedankengang nahezu identisch.
50 Ebd., NL T.Stolper, AR 7212, Box 5, Folder 3: Correspondence, "M". C.Landauer an T.Stolper,

Toni Stolper befand sich augenscheinlich, im Großen und Ganzen, im Einklang mit der Politik Adenauers, obwohl sie, nach eigener Aussage, Schwierigkeiten gehabt habe, diese ihren befreundeten Gesprächspartnern zu begründen.[51] Darin beschrieb sie den offenen Charakter der damaligen geistigen Amplitude. Dem entsprach ihre Äußerung gegenüber dem Historiker Golo Mann, dem die Schriftstellerin die Jahre vor 1933, die sie selbst in Berlin erlebt hatte, "nicht als eine schwächliche, hoffnungslose, ausweglose, charakterlose" Phase deutscher Geschichte rekonstruieren wollte. Sie betonte:

"Da war Kraft, Hoffnung, Liebe, Tatbereitschaft, Tat, Intelligenz und gute Kenntnis der Zukunftskräfte; und da war schliesslich auch eine Volksmasse, die sich selbst am Tiefpunkt der materiellen und seelischen Krise gegen die Rotte der Verschwörer nicht ganz den Instinkt pervertieren liess - Novemberwahlen 1932. Der blosse ,Erfolg' der Verschwörung - für schäbigste zehn Jahre - sollte jene Züge im Geschichtsbild nicht ganz auslöschen"[52]

Unmittelbar verbunden mit dieser Interpretation der 30iger Jahre in Deutschland, sah die New Yorker Publizistin die Studentenbewegung der "68er"; in deren ganzer Orientierungslosigkeit, erkannte sie diese als aus der Gemütslage des geschlagenen Volkes der Deutschen gewachsen. Im April 1968 sagte sie:

"Und Ihr? Meine historische Auffassung sagte mir seit 1945 und sagt mir heute immer noch, dass aus der damaligen heillosen Fehlkonstruktion nichts Gesundes gedeihen, sich entwickeln kann. Die ältere Generation, zerbombt und verschüchtert und elenden Gewissens, nahm irgendwie vorlieb, um individuell leben zu können. Woran sollen sich aber diese Jungen halten, in einem Land, das kein Land ist (*Weit hinter Dahomei oder so was*). In Berlin, das keine Stadt ist? Um Berlin muss einem ja im Augenblick wieder besonders bang sein. ,A house divided against itself cannot stand' (Abraham Lincoln). Es steht aber seit 1945, und man will heraus; wie sollen die Studenten wissen, wie man das bewirkt? Kommt etwa aus Prag neuer Antrieb, so sehr verwirrt und so sehr gefährdet?"[53] (Hervorh.v.m., B.S.)

5. SZENE: 1968/1970.
„TAGEBUCHBRIEFE" - AUFRÄUMARBEITEN".

(Die Frage „Vernichten oder Erhalten" auch im Falle der Heuss-Papiere. Analogum zum Schicksal des Riezler Nachlasses)

20.10.1975.
[51] Ebd., T.Stolper an Th.Heuss, 30.5.1955.
[52] Ebd., T.Stolper Papers, Box 5, Folder 4, Correspondence, N-O. T.Stolper an G.Mann, 7.9.1956.
[53] Ebd., T.Stolper Papers, Box 5, Folder 4, Correspondence, N-O. T.Stolper an Pali, 21.4.1968.

Nicht aus dem blauen Himmel heraus gelangte Frau Stolper damit im Ausgang der 60iger Jahre dazu, eine Buchveröffentlichung aus ihrem Briefwechsel mit Theodor Heuss zu unterstützen. Dieses Projekt terminierte sie zunächst auf den Mai 1969. Eine erste Idee lief unter dem Titel:

> "Theodor Heuss berichtet...Tagebuchbriefe 1955-1963. Ausgewählt und herausgegeben von Eberhart Pikart".[54]

Ende 1969 waren die Druckfahnen gelesen, doch Fußnoten und Anmerkungen oder "gar der Titel" fehlten noch völlig.[55] Die Arbeit an über 1400 "engzeiligen Maschin[en-] Schreib-Seiten" gestalte sich zur "Fronarbeit", so Toni Stolper. Doch handelte es sich, nach ihrem Urteil, um "ein wertvolles Material für den künftigen Biographen und Historiker", das "jetzt beim Th.H[euss]-Archiv hinterlegt" sei.[56]

Sie stand diesem Plan durchaus skeptisch gegenüber und offenbarte das in einem Schreiben an ihren Brieffreund in Kalifornien:

> "Ich muss also doch nach Stuttgart, um an einem Projekt des Th.Heuss Archivs mitzuarbeiten, für das meine Mitwirkung unerlässlich ist. Es handelt sich um den Versuch einer einbändigen Briefedition, Auswahl aus den Briefen an mich, von denen ich Euch im März schrieb. Ich bin noch immer nicht ganz überzeugt, dass der Versuch befriedigend gelingt und bleibe bis zuletzt skeptisch, konnte mich aber doch nicht dem Experiment entziehen".[57]

Anfang des neuen Jahrzehnts, Eberhard Pikart von der Theodor Heuss Stiftung und "Vertrauensmann der Volkswagenstiftung wie der New School", hielt sich in den USA auf, um mit Toni Stolper in "intensiver Zusammenarbeit...an den letzten Phasen der lange anhängenden Edition von Heuss-Briefen(...); zur anderen Hälfte der Planung für den Theodor Heuss Chair an der New School" for Social Research zu arbeiten.[58] Genugtuung mag Frau Stolper an ihrem 80. Geburtstag ein einfühlsames Dankschreiben des deutschen Botschafters in den USA, Rolf Pauls, vermittelt haben. Der Gesandte schrieb mit feinnervigem Takt:

---

[54] Ebd., und G.Stolper Collection, Reel 2, T.Stolper an Julius, 14.8.1968.

[55] Ebd., T.Stolper Papers, Box 5, Folder 4, Correspondence , N-O. T.Stolper an K.-U.Majer, 13.11.1969.

[56] Ebd., NL T.Stolper, AR 7212, Box 5, Folder 3: Correspondence, "M". T.Stolper an C.Landauer, 1.3.1968.

[57] Ebd., T.Stolper an C.Landauer, 12.5.1968.

[58] Ebd., NL T.Stolper, AR 7212, Box 5, Folder 3: Correspondence, "M"; T.Stolper an C.Landauer, 23.2.1970; seit Ende der 60iger Jahre hatte T.Stolper "anhand der Originale" die "ausgewählten Texte" überprüft. T.Stolper an C.Landauer, 16.2.1969; vgl. ebd., T.Stolper an W.A.Landauer, 7.12.1968; vgl. ebd., T.Stolper Papers, Box 5, Folder 4, Correspondence "N-Ö". 12.11.1970.

"Ich habe mit gespanntem Interesse in dieser so über die Massen von der Persönlichkeit des ehemaligen Bundespräsidenten erfüllten Korrespondenz gelesen, und ich habe etwas von der Bereicherung gespürt, die Sie in jenen Jahren des Briefwechsels mit Theodor Heuss erfahren haben müssen".

Offenbar ging es im Umfeld der Heuss-Papiere, ähnlich wie im Fall der Tagebücher seines Freundes Kurt Riezler, um ‚Vernichten oder Erhalten'. Das offenbarte der Verleger Karl-Ulrich Majer Ende 1972. Er schrieb an Toni Stolper, nachdem die unschönen Verhältnisse zu Ende der Heuss-Stiftung Erwähnung gefunden hatten:

"Desto wichtiger fand ich, daß Theodor Heuss' Briefe an Sie trotz allen und Ihrer eigenen Bedenken erschienen sind. Ich meine deshalb auch, daß die Originale in irgend einer Form - sei es mit einer noch so langen Sperrfrist - der Nachwelt erhalten bleiben müssen. *Vielleicht sind sie tatsächlich in der Bibliothek einer amerikanischen Universität besser aufgehoben als hier.* Vernichten sollten Sie sie in keinem Fall (wenn ich mir diesen Rat erlauben darf)."[59] (Hervorh.v.m., B.S.)

Dieser Fingerzeig deutete in eben jene Richtung der Riezler Tagebücher, die just gleichzeitig diese Behandlung erfuhren.-

6. SZENE: 1971/1973.
STRAY RECOLLECTIONS: STOLPER, RIEZLER UND KRIEGSAUSBRUCH ‚14'.

(Kurt Riezler unter der philosophischen „Tarnkappe". Ausschließlich die österreichische Politik 1914. „Chancen" deutscher Flottenbau- und Weltmachtstrategie? „Überraschende" Hochachtung Toni Stolpers angesichts Erdmanns Riezler-Edition)

„*Le crime contre la civilisation, commis par le gouvernement allemand en rendant la guerre inévitable*, s'aggrave de la facon barbare dont les troupes allemandes se comportent »[60] (Hervorh.v.m., B.S.)

Die deutsch-amerikanische Publizistin besaß einen persönlichen Zugang zu Kurt Riezler, der zuvor auch zum Freundeskreis ihres Mannes, des österreichischen Nationalökonomen Gustav Stolper, gezählt hatte. Im Mai 1943, Riezler hatte sich gerade mit der Frage einer Veröffentlichung seiner Tagebücher von

---

59 Ebd., T.Stolper Papers, Box 5, Folder 4, Correspondence "N-Ö", K.-U.Majer an T.Stolper, 9.11.1972; K.U.Majer an T.Stolper, 6.8.1973. Toni Stolper hatte im August 1952 Kontakt mit Walter Riezler, der sich anlässlich des Todes seiner Schwägerin in New York aufhielt. Vgl. ebd., T. und G.Stolper Collection, Reel 7, W.Riezler an T.Stolper, o.D.
60 DDF 1914, S. 90. Cabinet du Ministère des Affaires Étrangères : Mémorandum. Appel aux puissances neutres, 20.8.1914.

1914 beschäftigt, schrieb sie, hier ganz konzentriert auf den Philosophen in Kurt Riezler:

"Es war besonders lieb von Ihnen, dass Sie mir den schoenen Homer-Aufsatz ge-schickt haben, der mir gestern eine 'durchsichtige' Stunde gegeben hat. Man kriegt so Lust auf mehr, und gluecklicherweise kommt ja immer mehr.
Die bedeutende Studie ueber ‚Scham' gibt mir noch viel Stoff zum Nachdenken und waehrend mich zuerst ihre Grazie entzueckte, zeigt der Gedanke mir immer neue Seiten. So fuehrt er an *das Raetsel der grossen historischen Schamlosigkeiten* heran - in Verfolgung des geliebten Idealbildes der Welt. Es liegt wohl an dieser Zeit, dass mir die ‚Gestalt' so oft zur Missgestalt sich zu verzerren scheint. Aber verzeihen Sie, das ich solche Abschweifungen an Ihre schoenen Lehren knüpfe".[61]

Kurt Riezler hatte 1947 deren durchschimmernde Frage nach dem Problem 1914 beantwortet; in der Sprache allerdings ebenso verschlüsselt wie die „Ant-wort":

„Not everything that actually happens has been probable, let alone necessary. So-metimes even the improbable happens in history; rather frequently indeed if the 'im-probable' is meant relatively to the knowledge of the present situation we actually possesss; less frequently if it is meant relatively to the maximum knowledge a finite intellect can possess; perhaps even in rare cases if it is meant relatively to a perfect knowledge of the present a divine observer may have. The historian avoids dogmatic preassumptions about the structure of his subject-matter. His main temptation and his capital sin against concrete history is to draw conclusions from the actual to its probability, from the probable to its necessity. Things are not so simple. In each dy-namic field the necessary and the contingent permeate each other in different and changing ways and mixtures. The particularity of their mixture is even the most rele-vant particularity of the 'structure' of such a dynamic field. It changes the day war is declared".[62]

Dieses Stück aus einem Vortrag aus dem Dezember 1947, gehalten an der New School for Social Research („The Historian and the Truth"), wurde dem Verfasser von Adolf Loewe (Kollege Riezlers in New York) 1983 in Wolfenbüttel übergeben.

---

[61] Leo Baeck Institute, T. and G. Stolper Collection, Reel 7, Reel 9 „Sattler", T.Stolper an K.Riezler, Mai 1943.
[62] Ebd., NL T.Stolper, AR 7212, Box 5, Folder 3: Correspondence, "M". T.Stolper an C.Landauer, 16.5.1971, DDF 1914, S. 91: Le triomphe du système allemand serait la négation totale des droits et de l'indépendance des nations. Vgl. B.F.Schulte, Die Verfälschung der Riezler-Tagebücher. Ein Beitrag zur Wissenschaftsgeschichte der 50iger und 60iger Jahre, Bern, Frankfurt, New York 1985.

Sollte Riezler, quasi per Gleichnis, versucht haben, über 1914 mehr zu sagen, als seine Tagebuchblätter hätten vermitteln können? Dass die Diskussion um die deutsche Politik vor 1914 zu Beginn der 70iger Jahre auch gewichtiger Gesprächsgegenstand zwischen Carl Landauer und Toni Stolper war, belegen Äußerungen der Briefpartner aus dem Frühjahr/Sommer/Herbst 1971. Theodor Heuss-Stiftung und Archiv wurden unter wenig förderlichen Umständen aufgelöst, der Nachlass des früheren Bundespräsidenten aufgeteilt und auf verschiedene Archive und Halter verteilt.[63]

Carl Landauer erörterte Mitte des Monats August in einem ausführlichen Schreiben Toni Stolpers Aufsatz zur "oesterreichischen Entwicklung" vor 1914. Der amerikanische Wirtschaftswissenschaftler betonte, auch gegen Frau Stolpers offenbare Rücksichten:

> "Ich halte es fuer ueberaus wesentlich, dass Du *die oesterreichische Entwicklung und ihre Rolle bei der Entstehung des Ersten Weltkrieges* dargestellt hast, und bedaure nur, dass der Artikel nicht in einer Fachzeitschrift erschienen ist, in der die professionellen Historiker ihn haetten zur Kenntnis nehmen muessen; ich fuerchte, die Schaeffer-Denkschrift wird nicht von vielen von ihnen gelesen". (Hervorh.v.m., B.S.)

Angesichts der grundsätzlich konservativen Ausrichtung der Gruppe Riezler-Stolper-Heuss war zu erwarten, dass die New Yorker Publizistin ganz auf die österreichische Seite abstellte. Dem wollte Landauer jedoch nicht folgen. Dieser entwickelte dagegen eine durchaus realistische Sicht der „Eckdaten", Fehlentwicklungen und Möglichkeiten internationaler Beziehungen vor 1914. Keinesfalls erweckten die Ausführungen des Wirtschaftswissenschaftlers, ganz im Gegensatz zu heutigen Vorstellungen in der deutschen Geschichtswissenschaft, den Eindruck einer zwangsläufigen, schicksalhaften Entwicklung hin zum großen Krieg. Landauer führte in extenso aus:

---

[63] Ebd., C.Landauer an T.Stolper, 15.8.1971. T.Stolper wusste worüber sie sprach. Sie vermittelte zu dem gleichfalls in New York wohnenden Kurt Riezler, ihrem guten Bekannten und Freund, wissenschaftliche Gesprächspartner. T.Stolper an DeWitt C.Poole, 15.3.1952: "I have informed Dr.Riezler of your inquiry and he is awaiting your calling him up with pleasure. Should you visit him at his home, you would see some lovely French Impressionists. *Naturally, he is no longer the dashing young diplomat* who stood at Count Mirbach's side". (Hervorh.v.m., B.S.) Ebd., T.Stolper Papers, Box 5, Folder 4, Correspondence 'N-O', De Witt C.Poole/Free Europe University in Exile/New York, 11.3.1952 an T.Stolper: "I was in Moscow in 1918 as American Consul General when Dr.Riezler was in the German Embassy and I should be much interested to talk with him some time about the things we both saw but then, unhappily, from opposite sides of the fighting line. Naturally I have always retained a lively recollection of the assassination of Ambasssador von Mirbach".

"Ich glaube, dass Du den reichsdeutschen Anteil an der Entstehung des Weltkrieges un-
terschaetzt. Richtig ist, *dass Bethmann-Hollweg essentiell ein Mann des Friedens* war
(und ich wuenschte, die Riezler-Memoiren wuerden veroeffentlicht, um die Verzerrung
des Bildes durch die Fritz Fischer/Schule zu korrigieren). Richtig ist auch, dass gerade
vor 1914 einige nicht erfolglose Anstrengungen gemacht wurden, die Spannungen in
Westeuropa zu vermindern, vor allem durch die (meines Wissens freilich nicht ratifizier-
ten) deutsch-englischen Abkommen ueber die portugiesischen Kolonien und die Bagdad Bahn. *Aber es gab doch sehr starke Kräfte in Deutschland (natürlich auch in
Frankreich, England und Rußland) die zum Kriege draengten.* Vor allem waren es *die
hohen Militärs*, die nicht nur den Wunsch aller Techniker hatten, die von ihnen aufgebaute Maschine zu erproben, sondern auch *von dem cauchemar beeindruckt waren,
dass Rußland sich modernisieren und dadurch mit seiner numerischen Überlegenheit
in die Lage kaeme, Deutschland zu erdrücken. (Die Vorstellung, dass der Moderni-
sierungsprozess weit genug gediehen sei, um der russischen Armee Ueberlegenheit
zu geben, wenn man ihr Zeit lasse zu mobilisieren, war ja die Ursache der fixen Idee,
daß man Frankreich in vier Wochen schlagen muesse* - daher der Einmarsch in Belgi-
en.) Vor allem aber war es doch nur die Einstellung Deutschlands mit ihrer Wirkung auf
die anderen Maechte, die den Krieg zu einem Weltkrieg werden liess. Der punctum sa-
liens war die deutsche Flotte. *Waere sie nicht oder nur in bescheidenem Mass gebaut
worden, so ist schwer vorzustellen, daß der russisch-britische Gegensatz ueberbrueckt
worden wäre.* In diesem Fall haette vermutlich England die freundliche Politik wieder-
aufgenommen, die es seit der Zeit Ludwigs XIV gegenüber Österreich und seit der Zeit
Disraelis gegenüber der Türkei verfolgte, haette Rußland zum Stillhalten gezwungen -
vielleicht Österreich nicht gestattet, Serben zu schlucken, aber doch auf einen Kompro-
miss hingewirkt - und Frankreich allein durch seine Nichtbeteiligung daran gehindert,
Deutschland im Elsass-Lothringen anzugreifen, falls Frankreich das überhaupt gewollt
haette. Trotzdem, darin gebe ich Dir Recht, haette sich Österreich wahrscheinlich nicht
gehalten. *Aber wäre es nicht möglich gewesen, im Interesse der wirtschaftlichen Ver-
nunft ein einigermassen einheitliches Wirtschaftsgebiet zu erhalten? Hätten sich
nicht vielleicht sogar Plaene, wie sie ja in der Zeit zwischen den Kriegen immer wieder entwickelt wurden, eines Zoll-Präferenz-Systems zwischen Balkanstaaten, Deut-
schoesterreich und der Tschechoslowakei, mit oder ohne deutsche und vielleicht sogar französische Beteiligung, verwirklichen lassen?* War nicht die obstinate Unvernunft
der Magyaren, wie Du mit Recht hervorhebst, zum Teil moeglich gemacht durch die
(bei der Karolyi-Gruppe ja ganz deutliche) Vorstellung, dass man fuer Westeuropa
optieren koenne, falls Oesterreich und Deutschland den ungarischen Sonderwuen-
schen nicht genug entgegenkomme, und haette ein ertraegliches Verhaeltnis
Deutschlands zu Westeuropa diese Haltung nicht gemildert? Ich will mit alledem nur
sagen, dass es mir nicht sicher erscheint, ob sich nicht von dem wirtschaftlichen
Sinn der Monarchie einiges haette retten lassen, wenn *das oesterreichische Problem
nicht sozusagen in den deutsch-westeuropäischen Gegensatz eingewickelt* gewesen
wäre".[64] (Hervorh.v.m., B.S.)

---

[64] Ebd., NL T.Stolper, AR 7212, Box 5, Folder 3: Correspondence, "M". T.Stolper an C.Landauer, 6.9.1971.

Toni Stolper hatte dieses Thema berührt und ihr Briefpartner war darauf eingegangen, angeregt durch, wie er schrieb, "eine Bemerkung" seiner Briefpartne-
rin. Offensichtlich hatte die Publizistin von der scheinbaren "Tolerierung" der
Gorschkow-Flotte der UdSSR, seit Anfang der 70iger Jahre, durch die USA geschlossen, es sei realistisch gewesen, von "einer Tolerierung des deutschen Flot-
tenbaus zu Anfang des Jahrhunderts" durch England auszugehen.

BLENDE: ÖSTERREICH BEFAND SICH IM KRIEG.

Toni Stolpers Sicht der Vorgänge im Wien des Jahres 1914 mag konservativ gewesen sein, letztlich wird diese um das gekreist haben, was der französische Botschafter dort, am 2. August, seinem Außenminister nach Paris berichtete. Chil-
haud-Dumaine schrieb, er habe den Grafen Berchthold eindringlich, und entsprechend den Vorstellungen des russischen Botschafters wie der Pariser Regierung, aufgefordert einen „commun accord" zu finden. Doch Berchthold habe
geantwortet:

> „Le gouvernement du tsar ne contribue-t-il pas aussi à aggraver le conflit par sa ma-
> nière d'en appeler à l'empereur d'Allemagne en même temps qu'il décrétait la mobi-
> lisation générale? »

Der österreichische Staatskanzler habe sich anschliessend über nichts anderes
mehr geäußert, « que de la situation de l'Allemagne vis-à-vis de la France et de la
Russie". Demnach befand sich Berchthold bereits mehr oder weniger gedanklich
im Kriege. Der französische Botschafter beschrieb die ganze Dramatik des historischen Momentes, indem er seine Bemühungen schilderte und betonte:

> „Mes pressantes instances pour qu'il obtienne de Berlin une abstention momen-
> tanée jusqu'à ce qu'il soit démontré qu'il n'existe pas de terrain d'entente entre
> Vienne et Pétersbourg se sont heurtés à son découragement ».[65]

BLENDE: VOM FLOTTENBAU ZUM KRIEGSAUSBRUCH.

Dies könnte insinuieren, weniger einschneidend möge demnach die Fehlent-
wicklung deutscher Intentionen mit dem Flottenbau gewesen sein. Frau Stolper
spielte am 6. September gegenüber Landauer auf ihren Aufsatz in der Festschrift
für Paul Scheffer an, dem Freund Kurt Riezlers. In diesem Zusammenhang kam
sie auf offensichtlich unbequeme Ansichten ihres verstorbenen Mannes, Gustav

---

[65] DDF 1914, S. 3. Chilhaud-Dumaine/Wien an Viviani(Außenminister), 2.8.1914.

Stolper, zur Politik des Kaiserreichs und der deutschen Flottenpolitik zu sprechen. Nämlich

> "fällt mir zu der *Frechheit des deutschen Flottenbaus* um die Jahrhundertwende (ebenso verspätet wie der Aufbau des deutschen Welthandels zur gleichen Zeit, während die Britische Flotte längst wegen des Aufbaus des britischen Welthandels aufgesprosst war) die schnippische Bemerkung ein: Wie lammfromm hat der Westen in unserer Zeit dem Ausbrechen der russischen Kriegsflotte auf die 'seven seas' zugesehen! *Also hätte vor 1914 vielleicht auch der tiefsitzende westliche Pazifismus das Unbehagen über die hohenzollerische Kriegsflotte verarbeitet - vielleicht, vielleicht auch nicht., wenn nicht....*" (Hervorh.v.m., B.S.).

SCHNITT: DEUTSCHLAND UND ÖSTERREICH - ABGEKARTETES SPIEL.

Dies war just die "deutsche Rechnung". Übrigens waren sich Deutschland und Österreich von Beginn an derart einig, dass beide Staaten versuchten,

> „que l'Autriche et l'Allemagne traitent avec la Turquie pour l'amener à prendre part à la guerre contre la Russie. La Turquie fournirait un corps d'armée sous le commandement de la mission militaire allemande. L'accord serait déjà prêt. D'après les mêmes renseignements un traité turco-bulgare aurait été également conclu sous les auspices de l'Allemagne.

Selbst Operationen der österreichischen Flotte in das Schwarze Meer hinein sollten geplant sein.[66]

Frau Stolper fügte, auf das Wesentliche kommend, an, "übrigens" habe ihr "Staudinger" mitgeteilt, "dass Erdmann-Kiel demnächst *wirklich* die Riezler-Tagebücher mit Kommentar herausbringt".[67] (Hervorh.v.m., B.S.) Im Frühjahr 1973 bemerkte sie, wiederum ihre im Grunde konservative Haltung offenbarend, Karl Erdmann habe "eine beträchtliche Leistung" mit dem "mächtigen Band, Tagebücher, Essays etc. von Kurt Riezler" vorgelegt.[68]

Landauer führte, detailliert auf diese - für den Kriegsausbruch 1914 - zentrale Frage eingehend, aus:

> "Erstens liegt das Mittelmeer und der Indische Ozean wesentlich weiter von den Vereinigten Staaten - der einzigen westlichen Macht, die etwas tun könnte - entfernt als

---

[66] Ebd., S.22f. Doumergue(Außenminister) an Bompard (Konstantinopel), 8.8.1914. Vgl. ebd.., S. 26. Doumergue an Bompard und P.Cambon (London), 8.8.1914 und ebd., S. 38. Doumergue an P.Cambon, 10.8.1914.
[67] Ebd., T.Stolper an C.Landauer, 6.3.1973.
[68] Ebd., C.Landauer an T.Stolper, 26.10.1971.

Wilhelmshafen und Kiel von der britischen Küste. Zweitens bedeutete Krieg damals etwas anderes als heute, und man wusste damals noch nicht, was ein moderner Krieg bedeutet. Sicher war der Pazifismus in Westeuropa tiefer verwurzelt als in Deutschland, aber doch nicht so tief, wie er bei richtiger Erkenntnis der materiellen und immateriellen Opfer gewesen wäre. *Ob England auch dann eingegriffen haette, wenn es eine richtige Vorstellung von der Dauer und den Kosten gehabt haette, ist eine offene Frage.* Ueberdies möchte ich nicht behaupten, dass die deutsche Flottenrüstung unter allen Umständen zum Krieg mit England führen musste. Sie war wohl der wichtigste in einer Reihe von Faktoren. *Aber vieles spricht dafuer, dass Englands Eingreifen erst sicher wurde, als zusaetzlich zu der Flottenrüstung die Gefahr auftauchte, dass Frankreich zerschlagen würde*; die Besetzung Belgiens war dann ein weiterer aggravierender Faktor". (Hervorh.v.m., B.S.)

1972 geriet Toni Stolper mittelbar in Kontakt mit dem Herausgeber des Riezler Tagebuchs, Karl D. Erdmann aus Kiel. Eine Doktorandin Erdmanns sprach wegen einer Arbeit zum deutschen Volkswirt vor ("Der deutsche Volkswirt in seiner Rolle in der Weimarer Zeit"). Toni Stolper bemerkte zusammenfassend gegenüber Landauer:

"Jedenfalls hat es mich gefreut, dass Erdmann (der ja die Riezler-Memoiren *verarbeiten* soll) das Thema für seine Doktoranden entdeckt hat".[69]

7. SZENE: 1961/1969.
FRITZ FISCHER: „DIE TREIBENDEN KRÄFTE IDEELLER UND MATERIELLER ART".[70]

«Pour qui n'a cessé de suivre attentivement, durant ces dernières années, l'évolution du problème balkanique, l'atttaque de l'Autiche-Hongrie contre la Serbie n'a pas été une surprise. Elle ne représente, en effet, qu'une étape nouvelle, qui devait se présenter inévitablement dans le mouvement progressif que suit, depuis une dizaine d'années, avec un évident regain d'acivité, *la poussée germanique vers l'est*».[71]

---

[69] Ebd., T. Stolper an C. Landauer, 3.5.1972. Aus T. Stolper spricht natürlich die Kenntnis der Äußerungen Th. Heuss zu diesem Thema.

[70] F. Fischer, Die Kriegszielpolitik des kaiserlichen Deutschland im Ersten Weltkrieg 1914-18, in: Deutschland-Jugoslawien. Referate der 4. Jugoslawisch-Deutschen Historikertagung Dubrovnik 1961. Internationales Jahrbuch für Geschichtsunterricht, Bd. 9, 1963/64, S. 41 (zit. als: Fischer, Kriegszielpolitik).

[71] DDF 1914, S. 44. Fontenay (Durazzo) an Doumergue (Außenminister), 12.8.1914. Dennoch, das Gerücht deutsch-russischer Friedenskontakte, nach der Schlacht von Tannenberg, erhielt sich. Vgl. ebd., S. 174f. Paléologue (Petersburg) an Delcassé (Außenminister), 8.9.1914. Ebd., S. 188. Paléologue an Delcassé, 11.9.1914. Andererseits bereitete Russland die Verschiebung seiner sibirischen und mandschurischen Divisionen (14) nach Westen vor (ähnlich wie im Herbst 1941 auf Grund der Agentenberichte Dr. Sorges an Moskau, Japan sei eher bereit, einen Krieg gegen die USA und England in Kauf zu nehmen, als auf die Rohstoffvorkommen Süd-Indochinas zu verzichten). Vgl. ebd., S. 208. Delcassé an Botschafter und Minister in London, Petersburg, Rom, Konstantinopel, Nisch, Sofia,

Es ging hinter diesen Kulissen vor allem um das Leitthema "Anklage und Apologie". Diesen Zustand wollte Fritz Fischer 1961 überwinden. Es galt, nach des Hamburger Ordinarius Vorstellung,

> "die tieferen Voraussetzungen, Bedingungen und treibenden Kräfte ideeller und materieller Art zu erfassen, die für Gesellschaft, Wirtschaft und Staat des deutschen Kaiserreiches vor und vor allem im Ersten Weltkrieg bestimmend waren".[72]

Imperialistische Politik, deutsches Risikohandeln 1914, und, damit unmittelbar verbunden, die Kriegsziele der Jahre zwischen 1912 und 1914, bildeten die Reizpunkte der Diskussion, sowohl innerhalb der Wissenschaft, als auch darüber hinaus. Über diesem Paukenschlag des Fischer-Vortrages von Dubrovnik (der allerdings ungehört verhallte) gerieten die weiteren 700 Seiten des im November 1961 veröffentlichten "Griff nach der Weltmacht" nachgerade zu Makulatur.[73]

Neben den Fragen an die deutsche Politik des "bewusst das Risiko eines Krieges mit Frankreich und Russland" auf sich Nehmens,[74] ging Fischer bereits 1961 den in Wahrheit für die allseitige Erregung entscheidenden Schritt weiter und berührte er das "Problem der Kontinuität in der deutschen Geschichte von Bismarck zu Hitler". Für den Hamburger Gelehrten war die Frage leitend,

> "inwieweit diese Grundlagen durch die Zäsuren der Umwälzung von 1918/19 und der sog. Machtergreifung Hitlers 1933 verändert wurden, bzw. inwieweit die gesellschaftlichen Grundlagen samt den ihnen zugehörigen innen- und außenpolitischen Zielsetzungen über diese Einschnitte hinweg fortwirkten".

Die Rolle gesellschaftlicher Eliten im Kaiserreich und ein ausdifferenziertes Spektrum aus Industrien und Verbänden, führten den Hamburger Wissenschaftler zu dem Bild einer mit der Ministerialbürokratie in der Zielsetzung "die wirtschaftliche, ja die politische Hegemoniestellung Deutschlands in Mitteleuropa" erstrebenden deutschen Staatlichkeit. Gerade die bis in die Weimarer Republik durchlaufenden Linien von Bildungsbürgertum, Handel, Banken und Industrie über die Parteien bis zu den Gewerkschaften - rückten die Systemzustände des Kaiserreiches in die Nähe des autoritären Ständestaats-Modells eines Franz von Papen. Selbst die wirtschaftsstrategisch implizierten Vorstellungen von Grossbanken, Chemie- und Elektroindustrie vor 1914, die sich in der Planung eines Großwirtschaftsraumes Mitteleuropa verfestigten, lenkten den Blick auf die Zwischen-

---

Athen, Cetinge, Bukarest, 14.9.1914.
[72] Fischer, Kriegszielpolitik, S.42.
[73] F.Fischer, Griff nach der Weltmacht. Die Kriegszielpolitik des kaiserlichen Deutschland, 1914-1918, Düsseldorf 1961.
[74] Fischer, Kriegszielpolitik, S.42.

kriegsperiode, in welcher diese Zielsetzungen wieder aufgenommen wurden. Eher militärischen Anschauungen verwandt, und von geringerer Reichweite und Strahlwirkung, blieben dagegen die territorialen Ambitionen der Schwerindustrie.

Fischer formulierte - im Gegensatz zur offiziösen deutschen Forschung – übergreifend die Frage, warum -

> "trotz der damals eingeleiteten Wendung zum parlamentarisch-demokratischen Staat die alten Machtstrukturen in Staat und Gesellschaft sich behaupteten, auch nachdem die sichtbare monarchische Spitze weggefallen war."

Das "Bündnis der Machteliten seit 1879" wurde, so Fischer, mit dem Zolltarif von 1924/25 erneut durchgesetzt. Die Gewerkschaften suchten in Verbindung mit der Industrie allgemeine Massenarbeitslosigkeit zu verhindern. Doch blieben Ruhrindustrielle wie Reusch, Thyssen, Springorum und Kirdorf dem Staat von Weimar gegenüber unversöhnlich. Mit den Deutschnationalen strebten sie den vorparlamentarischen Ständestaat an. Demgegenüber glaubte eine moderner denkende Gruppe (F.v.Siemens, Carl Duisberg, Deutsch, Raumer) um die Chemieindustrie, daran, über Begriffe wie Effizienz, Leistung und technischer Fortschritt mit der Arbeiterschaft kooperieren zu sollen.

Doch scheiterten diese Modernisierungsbestrebungen, so Fischer, in der Krise der Weimarer Republik an der rückwärts gewandten Schwerindustrie. Diese strebte - wie vor 1918 - danach, die Gewerkschaften zu zerschlagen. Das staatliche Schlichtungswesen und die Tarifverträge sollten aufgehoben, und ein Wiederaufschwung der Wirtschaft eingeleitet werden. Zugleich führte dieses Konzept zur Annäherung an Hitler, der, im Gegensatz zur antikapitalistisch-mittelständisch/ kleinbürgerlich-sozialrevolutionären Gruppe um Gregor Strasser die Beseitigung der sozialistischen Parteien und der Gewerkschaften versprach. Von hier (und den Banken) wurde bei Hindenburg die Berufung Adolf Hitlers betrieben. Angesichts schwacher bürgerlich-liberaler Kräfte, und einer zersplitterten Arbeiterschaft, kam es zum Wiederaufstieg der überkommenen Machteliten von Großgrundbesitz, Industrie, Armee und hoher Bürokratie, den scheinbaren Garanten für Ordnung und Wiederaufstieg. Hitler empfahl sich mit seinem Modell der Massenpartei, was ihn vor Papen auszeichnete. Zugleich garantierte er, die sozialistische Komponente innerhalb der NSDAP zu isolieren und versprach Schwerindustrie, wie Armee, die Aufrüstung. Leitend war beiderseits das Bekenntnis zum nationalen Machtstaat nach innen und außen.

Fischer führte Ende der 60iger Jahre aus:

> "Von hier aus erfuhren der Tag von Potsdam und die Vereidigung der Reichswehr auf Hitler nach Hindenburgs Tod ihre historische Dimension: durch das bewusste An-

knüpfen an die preußischdeutsche Tradition(...) wurde eine Kontinuität hergestellt und ein Geschichtsbewusstsein beschworen, das in der organisierten Unterordnung des Volkes unter die Träger der staatlichen Macht und in der kriegerischen Selbstbehauptung und Expansion unmittelbar die Brücken zum Kaiserlichen Deutschland schlug und die Weimarer Jahre wie einen kurzen Spuk von Desorganisation und Schwäche versinken liess".

Hitler industrie- und rüstungspolitisch "als verlängerter Arm der Chemiemonopole", der Friede von Brest-Litowsk als Vorbild deutscher Zwischenkriegspolitik in Mitteln und Zielsetzungen, das bleibende Element eines deutsch geführten Wirtschaftsblocks in Südosteuropa, und, damit verbunden das Streben nach der Wiederaufrichtung einer deutschen Hegemonialstellung in Mitteleuropa, sind unmittelbar verbunden mit der Politik Gustav Stresemanns - des Imperialisten von 1914. Mit dem Scheitern des Zollunions-Projekts von 1931 (hinter welchem Duisberg, Poensgen, Springorum, d.h. IG-Farben, Vereinigte Stahlwerke und Hoesch) standen, begann außen- und wirtschaftspolitisch ein Umlenkungsprozess auf die, zunächst die Tschechei ins Visier nehmende, deutsche Politik mit der Zielsetzung: Sprungbrett nach Südosteuropa".

Amerikanischer Sorge, angesichts französischer Hegemonialtendenzen in Europa, stand in Teilen der deutschen Industrie die bedeutendere Neigung gegenüber, mit französischem Kapital verbunden, den Plan der Südostexpansion Deutschlands zu betreiben. Vorstellungen der Armee sind heute keinesfalls isoliert von ideellen, allgemein politischen und wirtschaftlichen Vorstellungen zu sehen. Über die Stülpnagel/Schleicher-Denkschrift vom März 1926 hinweg bis zu den Plänen Neuraths nach 1933 reicht das Bestreben der Armee, die deutsche Machtposition in Mitteleuropa wieder aufzurichten. Fischer stellte zur Rolle der Armee im Machtkalkül Hitlers fest:

"Wohl hatte 1938 ein Teil der Generale Besorgnis, daß Deutschland in einem in seiner Rüstung noch unfertigen Zustand über der Anschluss- oder Tschechoslowakei-Politik in einen allgemeinen europäischen Krieg treiben würde. Aber, in der preussisch-deutschen Tradition gross geworden, waren sie nicht nur der Staatsführung, jetzt wieder der autoritären und nicht der schwachen demokratischen, gehorsam, sondern bejahten auch die antipolnische Politik, wie auch, wenn auch zögernder, die Auseinandersetzung mit Frankreich, dessen Niederwerfung die mitteleuropäische Neuordnung des Jahres 1938/39 endgültig sichern und zugleich, wie 1914, Luxemburg, Belgien, Holland in den deutschen Einflussbereich bringen sollte. Die Kontinuität in diesem Bereich ist ganz deutlich, und die Kontinuität des Irrtums, was Englands Haltung anbetrifft, ebenso."[75]

---

[75] Vgl., F.Fischer, Kontinuität.

196

(Kritik des Über-Sozialismus der 70iger Jahre. Die Grenzen des Sozialstaates. Gleichzeitig: Revolutionen sind teurer als Sozialversicherungen (Otto v. Bismarck). Konservative Nähe zu autokratischen Systemen)

Dieses Bewusstsein von einer übergreifenden Verantwortung für politische Entwicklungen, führte mitten in die Krise der 60iger Jahre hinein, die sich zunächst in der universitären und übergreifend gesellschaftlichen Diskussion auswirkte. Geradezu sinnbildlich, auch für die heutige Grundproblematik moderner Industriegesellschaften, faßte Landauer Anfang 1974 seine Sicht allgemein-gesellschaftlicher Entwicklungstendenzen zusammen. Er führte im Einzelnen, am Beispiel eines Heilbrunner-Aufsatzes, aus:

"Aber er verläßt sich zu sehr auf naturwissenschaftliche Voraussagen düsterer Art, denen sicherlich andere Naturwissenschaftler widersprechen und ueber die sich der Sozialwissenschaftler keine eigene Meinung bilden kann. Er tut das, glaube ich, weil ihm mit einem Teil seiner Seele der Beginn einer Zukunft passt, *in der die Industriegesellschaft to the end of its tether gekommen ist*; ich glaube aber auch, dass er mit dem anderen Teil seiner Seele seinen Schlussfolgerungen widerstrebt, aber offenbar hat der erste Teil die Oberhand behalten. Ist es nicht erstaunlich, *wie viele intelligente Leute, die an sich keineswegs die Gesellschaft umstürzen wollen* - von denen, die es wollen, braucht man gar nicht zu reden - *sich von einer erzwungenen Rückkehr zum "einfachen Leben" faszinieren lassen*, um sich klarzumachen, was das bedeuten wuerde, und den "nobel savage" in einer Art verherrlichen, die sich nur durch eine ausgebildetere soziologisch-anthropologische Terminologie von den naiven Aeusserungen des 18. Jahrhunderts unterscheidet?"[76] (Hervorh.v.m., B.S.)

Lediglich akzidentiell erscheinen die Bemerkungen Landauers zum internationalen Historikerkongress 1975 in Kalifornien. Seine Beurteilung der damaligen Gewichte innerhalb der Historikerszene rückt einige Akzente zurecht. Landauer schrieb an Toni Stolper:

"Die Russen waren, wie zu erwarten, schrecklich; sie gaben uns nichts als das alte Klisché, was die westlichen Historiker zwang mit dem antikommunistischen Klisché zu antworten, sodass dieser Teil der Diskussion auf reine Zeitverschwendung hinauslief. (Ich habe ueberdies gehoert, dass in anderen Diskussionsgruppen, z.B. der ueber Byzanz, die Sowjet-Historiker besser waren.) Gut bis sehr gut waren die Ungarn, die Polen eher maessig, die Ostdeutschen fast so schlimm wie die Russen.(siehe aber unten). Wir hatten einige gute Bundesrepublikaner, Kolb, Kocka und Mommsen, wenn mir auch M[ommsen]'s Referat ueber Finanzimperialismus nicht so inter-

---

[76] Leo Baeck Institute, NL T.Stolper, C.Landauer an T.Stolper, 29.3.1974.

essant schien, wie ich erwartet hatte".[77]

Mitte der 70iger Jahre fand der Wirtschaftswissenschaftler Gelegenheit, Toni Stolper seine Einschätzung der US-Regierung Ford zu vermitteln, und – im Vergleich – den Bogenschlag zu den sozialen, und bis zum Ende des Jahrhunderts in Deutschland fortdauernden, Gegebenheiten in Europa anzuschließen. Er schrieb am 20. Oktober 1975:

"Dass Hoover persoenlich ganz anders war als Ford - zunächst einmal viel gescheiter - würde ich ganz gewiss nicht bestreiten. Es handelte sich aber natürlich nicht um eine persoenliche Würdigung Hoovers. Dass sich in den Jahrzehnten seit Hoover Grundlegendes geaendert hat, ist natürlich auch klar genug. *Aber ich sehe in der Ford-Administration eine Tendenz, zu Hoover und sogar hinter Hoover zurückzugehen.* Dass dieser Trend international ist und von viel gescheiteren Leuten gestützt wird als Ford, macht die Sache nicht besser. *Natürlich war manches an der Wohlfahrtsgesetzgebung Korrekturbedürftig; auch ist die Frage, wie weit man die Arbeitsfaehigen belasten darf, um die aus sozialen oder physischen Gründen nicht Arbeitsfaehigen zu unterstuetzen, mit Recht auf das Tapet gekommen.* Aber die Tendenz geht weit darueber hinaus, in [den] USA, in der Bundesrepublik (siehe viele Artikel in der "Zeit") und anscheinend sogar in Skandinavien. *Dabei zu verdanken ist doch sicherlich zum grossen Teil der Sozialgesetzgebung, dass die gegenwaertige Arbeitslosigkeit nicht zu größeren Unruhen geführt hat*". (Hervorh.v.m., B.S.)

Der bekannte amerikanische Wirtschaftwissenschaftler betonte noch einmal die Bedeutung der sozialen Verschiebungen dieser Jahre, wenn er ausführte:

"Neben Hooverism, New York und einigen anderen beschäftigen mich jetzt vor allem zwei Dinge: die Zukunft der Demokratie in einer Zeit wirtschaftlicher Spannungen, wie sie durch Materialknappheit erzeugt werden können: hier finde ich mich im Gegensatz zu Toynbee und Heilbrunner, die behaupten, *dass solche Zustände eine autokratische Regierung verlangen*".[78] (Hervorh.v.m., B.S.)

Europäisch-amerikanische Querelen traten bereits vor dreißig Jahren auf. Landauer skizzierte die Situation 1974 dahin, Amerika habe "insofern recht, als ein nicht zu beseitigender Zusammenhang zwischen Sicherheitsvorkehrungen, Wirtschaftspolitik und Aussenpolitik" bestehe. Das führe in "kritischen Augenblicken" dazu, dass die führende, weil staerkste Macht zuweilen handeln" müsse, "ohne dass eine vorherige Konsultation mit den Verbuendeten möglich wäre". Jedoch räumte der amerikanische Nationalökonom 1974 ein, schon damals sei die "Behandlung der Beziehungen von [und durch] Connally bis Kissinger...ein-

---

[77] Ebd., C.Landauer an T.Stolper, 1.9.1975.
[78] Ebd., C.Landauer an T.Stolper, 20.10.1975.

fach unmoeglich" gewesen. Es erscheine überhaupt falsch, "den Streit in die Öffentlichkeit zu bringen, und daran" seien "die Amerikaner schuldiger als die Europäer (ausser den anscheinend restlos konfusen Franzosen)."[79]

Toni Stolper fasste ihre Sicht eines gebändigten amerikanischen Imperialismus in der Weltpolitik zusammen. Sie schrieb,

> "um die Jahrhundertwende, als die Philippinen sehr vorübergehend, und in deren Befreiungskampf [(]gegen Spanien und die Jesuiten) an Amerika kamen, war ‚Imperialismus' noch eine allgemeine ‚westliche' Krankheit. Populär war er in [den] USA nie, und ganz rasch vom ‚Isolationismus' abgelöst, der beinahe über die beiden Weltkriege überdauert hätte (wie sehr mussten sich die Deutschen und die Japaner anstrengen, um die friedenslüsternen Amerikaner schliesslich zu implizieren!) So bald es irgend ging, lösten sich die USA von allen Kolonien, halfen sogar, die anderen imperialen Mächte zum Verlassen der Ihren zu bewegen (Indonesien, Ägypten). Amerikanischer Imperialismus heute? Wollen die Amerikaner in Südost-Asien, in Berlin, in Europa bleiben? Keineswegs. Sie haben aber von der Weltgeschichte wieder einmal eine Rolle aufgezwungen bekommen: gegen den noch ganz virulenten osteuropäisch-asiatischen Imperialismus Notgrenzen zu verteidigen: in Berlin, Europa(?), Südost-Asien. Diese Rolle, so glaube ich, ist auch heute fast ausgespielt, weil das nach dem Zusammenbruch des Britischen Imperiums vorübergehend existierende komplette Kräfte-Vakuum sich durch eine pluralistische neue Kräfte-Konstellation zu füllen beginnt. Wie überglücklich wird sich diese pazifistischste Nation der Welt (aktiv pazifistisch, weil aktiv[e] demokratisch!) militärisch-politisch auf sich selbst zurückziehen! (Wirtschaftlich-pluralistisch ist ein ganz anderes Problem).-"[80]

SCHLUSS.

Wir mögen es wollen oder wissen, begrüßen oder ablehnen, die hier behandelte Phase des vergangenen Jahrhunderts hat uns alle geprägt, beeinflusst oder zumindest gestreift, die wir heute leben. So wie der Erste Weltkrieg – in dessen geistig-moralisch zertrümmernder Wirkung – die Generation der nach 1900 Geborenen in einer Welt tiefer Gegensätze – auf allen Gebieten des Erlebens – zurückließ, so bestimmten der Zweite Weltkrieg, und die diesen vorbereitenden Jahre, das aktive Erleben dieser Generation.

Aus der Sicht unserer Väter wissen wir über die - von den nach 1950 so grundsätzlich verschiedenen - Jahre seit 1914/17. Dass hier der Weg über die Sicht von Menschen gewählt wurde, die schließlich aus dem amerikanischen Raum heraus auf Europa blickten, hebt die Sichten „beyond the horizon" ins

---

[79] Ebd., C.Landauer an T.Stolper, 29.3.1974.
[80] Ebd., T.und G.Stolper Collection, Reel 2. T.Stolper an Dr.Arns, 24.5.1972.

Bewusstsein. Diesen Hintergrund auszumalen, mag von Wert sein, wenn es darum geht, die noch heute andauernde - zutiefst innerdeutsche Diskussion um Rang und Bedeutung der Riezler Tagebücher - zu qualifizieren.

Unterstützt wird die distanziertere Sicht Toni Stolpers und Carl Landauers durch den Blick auf die französischen Akten zum Kriegsbeginn 1914. Ob nun der eine oder der andere Staat dieser Jahre, mehr oder weniger, an den Vorgängen beteiligt war, ist − bei aller Bedeutung für die innerdeutsche Diskussion − übergreifend von nachgeordneter Bedeutung. Allerdings, und das wird mit den Äußerungen aus der deutschen Führungsspitze beim Kriegsausbruch 1939 greifbar, das Kontinuum im Wandel der reichsdeutschen Außenpolitik vom Ersten zum Zweiten Weltkrieg ist zu konstatieren, und beide Weltkriege rücken zu einer Epoche zusammen.

Dies nicht zuletzt, wenn das Eingangszitat des jüngeren Moltke, aus dem November 1914, quasi als Programm und Auftrag für die soeben vorgestellte Generation der 1939 etwa Dreißigjährigen verstanden wird. Ein Brief des Leutnants Ewald Schulte (Kp.-Chef 3./IR 67 im Verband der ID 23. Gefallen: 13.10.1941 ostwärts Wjasma) aus dem Rußlandfeldzug mag zeigen, wie sich geistiger Hintergrund der Epoche und Handlungsebene 1941 berührten. Schulte schrieb am 29.8.1941 an seine Tante Odorika, Oberin des Ordens der Vinzentinerinnen in Kirchborchen bei Paderborn:

„Nachdem ich in meiner nunmehr fast 5-jährigen Soldatenzeit bereits 2 Feldzüge mitgemacht habe, wirst Du Dir sicherlich schon gedacht haben, dass ich jetzt auch bei dem gegen die Russen nicht fehlen werde. 9 Wochen sind seit unserem Antreten am 22.6. bereits ins Land gegangen; über 1000 km sind wir in drei[ßig] Tagen marschiert und oftmals haben wir uns den Weg in harten Gefechten freikämpfen müssen. Unsere Strapazen waren aber auch nicht umsonst. Einzigartige Erfolge konnten wir erringen und mehrmals den sich uns in den Weg stellenden Russen vernichtend schlagen. Siegesstraßen der deutschen Waffen wie ich sie hier in Russland sah, habe ich weder in Polen noch 1940 in Frankreich zu Gesicht bekommen.
Und nun etwas über Russland und seine Bewohner. Daß das russische Volk und insbesondere die Bolschewisten sich einmal eingebildet haben uns Kultur bringen zu können, ist einfach ein Witz. Das weite Land weist so gut wie gar kein Straßennetz auf. Man kann mit Recht sagen, dass die Straßen allgemein nur angedeutet sind. In der sich weit dehnenden Landschaft liegen dann die schmutzigen russischen Dörfer mit ihren schwarzen und primitiven Holzhäusern, in die man sich vor Schmutz und Unrat nicht hineintrauen kann. Die Menschen selbst sehen zerlumpt und abgehärmt aus. Ich sah eigentlich noch gar kein richtig junges Gesicht hier. Man merkt überall, dass die Menschen seit frühester Jugend nichts als ihre Arbeit unter den primitivsten Umständen kennen. Ganz primitive Holzfässer – wie bei uns – gibt es in dem Dorf in dem ich jetzt gerade bin, überhaupt nicht. Das sind hier ausgehöhlte Baumstämme.

Auch landwirtschaftl[iche]. Geräte sind hier vorsintflutlich. Wir in Deutschland können uns freuen, dass die Bolschewiken uns all diese ihre „Kultur" nicht haben bringen können. Mir geht es wie immer noch gut. Ich hoffe, dass auch Du, liebe Tante, noch gesund bist, und dass ich Dich [bei] in einem meiner nächsten Urlaubstage in Paderborn besuchen kann. Im Februar traf ich Dich leider nicht an."

ANMERKUNG.

Verschiedene Formen und Wege der Annäherung an Quellen und Sujet schienen ratsam und wurden hier erprobt. Quasi Schnitten gleich, die durch ein Objekt gelegt werden, soll hier auf die chronologische, thematische und organisatorische Ordnung von Material und Darstellung aufmerksam gemacht werden; und dies durch die Begriffe „Szene", „Blende" und „Schnitt", die aus dem Filmhandwerk entlehnt wurden, sowie die Angabe der jeweiligen Jahre, in denen die geschilderten Ereignisse und Überlegungen stattfanden und so die Orientierung in den Ebenen von Darstellung und analytischem Zugriff bewusst erhalten werden.

Ohne Tabu.

Fritz Fischer und das deutsche Geschichtsbild.

BERND F. SCHULTE

SCHUSS AUS DEM DUNKEL.

Fritz Fischers Kritik am deutschen Protestantismus, die im Januar 2004 einem größeren Kreis von politisch Interessierten zugänglich gemacht wurde, wird zu einer Abwertung des berühmten Historikers missbraucht. Der Hamburger Historiker, der Ende 1999, im Alter von über 90 Jahren verstarb, war in seinem bislang bekannten wissenschaftlichen Leben sogar zu 90 Prozent mit anderen Fragen beschäftigt, als mit jenen, aus seiner frühen Phase stammenden Arbeiten um den preußisch deutschen Protestantismus und dessen politische Bedeutung.

Weshalb dieser Teilbereich Anfang des neuen Jahrtausends in die Aufmerksamkeit der bundesdeutschen Öffentlichkeit gehoben wird, erscheint rätselhaft. Erst durch die Verbindung dieser theologisch-historisch bestimmten frühen Phase wissenschaftlicher Betätigung, mit dem zeitgeschichtlichen Hintergrund der dreißiger Jahre, werden die zugrundeliegenden Absichten offenbar. Es geht, unter Verquickung fachtheologischer Diskussion innerhalb der evangelischen Kirche Deutschlands mit etwaigen nationalsozialistischen Tendenzen Fischers, um die Kompromittierung eines ertragreichen Forscherlebens; das ausgezeichnet ist durch ein tiefes Misstrauen gegenüber der politischen Auswirkung der protestantischen Kirche Deutschlands auf die politische Haltung der Deutschen im Kaiser- und III. Reich.

ESSEN "MIT DEM LANGEN LÖFFEL".

Dabei ist von besonderem Interesse, dass der Hamburger Historiker in den dreißiger Jahren als junger Wissenschaftler, anders als sein hochprotestantischer Gegner Gerhard Ritter, keinesfalls zur etablierten Crême der deutschen Historikerschaft zählte. In den zwanziger Jahren, aus fränkisch-süddeutschem Kleinbürgertum, über Abitur und erste Schritte an der Universität, zu wissenschaftlicher Förderung durch den Staat von Weimar gelangt, konnte sich Fritz Fischer nichts weniger leisten, als sich auszusuchen, wie er seine Karriere aufbaue. So gelangte er zunächst in die protestantisch-theologische Fakultät, dissertierte dort erfolgreich über Ludwig Nikkolovius und gelangte, über eine weitere theologiegeschichtliche Untersuchung zu Moritz August von Bethmann Hollweg zu seinem wahren Interesse - der Geschichtswissenschaft. Dass sich dieser Weg, auf Grund der familiären finanziellen Verhältnisse, nicht ohne die materielle Unterstützung des Staates bewerkstelligen ließ, war nichts weniger als zwingend. Allerdings war Fischer – wie jeder andere junge Wissenschaftler – durch diese Gegebenheiten in voller Breite den Einflüssen seiner Förderer, d.h. seiner wissenschaftlichen Lehrer, ausgeliefert. Dass ein junger Forscher, auf Grund der gegebenen Verhältnisse, und vor allem dem politischen Hintergrund seit 1918, nicht im luftleeren Raum existieren konnte, liegt auf der Hand.

Fischer hat aus dieser Situation nach 1945 kein Geheimnis gemacht. Noch 1988, anlässlich der Arbeiten für das Fernsehportrait des Verfassers zu seinem 80. Geburtstag, gab er diesem eine Erklärung, wie er, vor dem Krieg, zur Unterstützung durch das Institut von Walter Frank zur Erforschung der Geschichte des Nationalsozialismus gekommen sei. Ein Kommilitone habe ihm in der Berliner Staatsbibliothek, anlässlich eines Gespräches über Wissenschaftsförderung, den Rat gegeben, doch einmal bei Frank anzufragen, da die Unterstützung durch die bisherigen Geldgeber (DFG) außerordentlich gering ausfiel. Ausschließlich die Höhe der Unterstützung - es handelte sich um monatliche Beträge um durchschnittlich 100 RM - brachten Fischer, nach dessen eigener Aussage, zu dieser Verbindung mit dem Frank'schen Institut. Dass sein Stipendium, verbunden mit einem Forschungs-Projekt zum preußisch-protestantischen Pietismus, infolge des Krieges, nicht zur Ausführung kam, erscheint kennzeichnend für die gesamte hier behandelte Problematik. Neue Quellen aus dem II. Teil des Nachlasses Fischer zeigen, dass er um seine Berufung an die Hamburger Universität gerungen hat. Das Hauptproblem bildete allerdings nicht das Institut – noch Walter Frank – sondern die Wehrmacht, die Fischer nicht freistellen wollte.

FISCHER ZOG BILANZ (UND DIE ANDEREN?).

Fischer machte den Krieg - zuletzt als Offizier der Flakartillerie - im westlichen Reichsgebiet mit. Er geriet in Kriegsgefangenschaft, aus welcher er 1947 zurückkehrte. Noch während des Krieges hatte er, unter anderem durch Walter Frank und Gustav Adolf Rein (von Fischer im privaten Gespräch 1977 als ns-belastet charakterisiert) unterstützt, einen Ruf auf einen der historischen Lehrstühle an der Hamburger Universität erhalten. Dass dies so war, sei nicht zuletzt in der Tatsache begründet gewesen, so berichtete der Hamburger Gelehrte ebenfalls 1988, dass die damals vorgesehenen Bewerber gefallen seien. So gelangte er 1947 auf jene Professur, die er bis zu seiner Emeritierung, infolge Krankheit 1973, innehatte und welcher er zu Weltruf verhalf.- Übrigens wurde Theodor Schieder, der durch NS-Mitgliedschaft, und Verquickung mit dem System, nach 1945 zunächst kompromittiert war - und damit für Berufungen nicht in Frage kam - durch den ebenfalls umstrittenen Hermann Aubin (und Gerhard Ritter) für einen Moment in Verbindung mit dem Hamburger Lehrstuhl gebracht. Schieder musste sich jedoch, enttäuscht durch Fischers Wiederauftauchen, zurückziehen.

In den ersten Nachkriegsjahren orientierte Fischer sich wissenschaftlich neu, bezog die während des Zweiten Weltkrieges gewonnenen, und durch das persönliche Schicksal akzentuierten, politisch-historischen Verwerfungen ein, und entwarf, auf der Basis seiner früheren Forschungen, seinen berühmten Vortrag anläßlich des Münchner Historiker Tages von 1949. Wie nah ihm eben diese Thematik, der Einfluß der protestantischen Theologie im Rahmen der jüngeren und jüngsten preußisch-deutschen Geschichte blieb, zeigte sein Plan, nach der Emeritierung 1973, von der Geschichte des Ersten Weltkrieges - und der Diskussion um dessen Ursprünge - völlig Abstand zu nehmen und sich seinen früheren Forschungen erneut zuzuwenden. Dass dies den Verfasser, der just in dem Weltkriegs-Themenfeld seine wissenschaftliche Karriere suchte, außerordentlich verwirrte, mag bestätigen, wie unmittelbar diese Überlegungen dem Hamburger Forscher tatsächlich waren. Um so mehr erscheint bedeutsam, dass Fischers Kernthese aus dessen Vortrag zum deutschen Protestantismus, und zur deutschen Geschichte, 1949 bereits tiefe Gräben zur EKD und deren Mitglied, dem Freiburger Historiker Gerhard Ritter, aufgerissen hatte. Dass die wissenschaftliche Feindschaft, die um die Bewertung der Verantwortung an Ausbruch und Auswirkungen des Ersten Weltkrieges zwischen Ritter und Fischer zehn Jahre darauf offenbar wurde, hier in München ihren Anfang nahm, und in der nationalkonservativen Orientierung Gerhard Ritters wie der antinational-westlichen Basierung Fritz Fischers begründet war, gewinnt erst heute Kontur. Letztlich stellte Fischer, der diesen Aspekt in der Folge immer wieder schriftlich und mündlich betonte, die Verantwortung der protestantischen Staatskirche in Deutschland für den Ersten Weltkrieg am Beispiel der bereits seit 1911 anlaufenden, und breit ausgreifenden, Propagandawelle für den Krieg als politischem Weg heraus, publiziert in protestantisch-kirchlichen Zeitschriften, Flugschriften und Zeitungen (Klaus Wernecke). Die Vorgänge von München, und später in Fischers Veröffentlichungen, begründen den heutigen, vordergründig unmotiviert scheinenden, und damit vorgeblich parteilich unbelasteten, Angriff auf Fischers persönlich-menschlichen und wissenschaftlichen Leumund, der aus Historiker- und Theologenkreisen um die Universität Potsdam vorgetragen wurde. Dass ein derartiges Vorgehen bereits von Gerhard Ritter, im Zuge der berühmten Kontroverse um die "Kriegsziele des kaiserlichen Deutschland", 1962 - hinter vorgehaltener Hand - und vornehmlich gegenüber ausländischen Historikern - als Kampfmittel in der "Fischer-Kontroverse" eingesetzt wurde, charakterisiert Methode, Verfahren und Disposition dieser nationalkonservativ orientierten Kräfte. Damals wie heute ehrabschneiderisch motivierte Verdächtigungen, wie jene von Fischers Gefolgschaft des alldeutschen Kirchenhistorikers Erich Seeberg, oder die eines zu engen Verhältnisses zum Reichsinstitut Franks, erscheinen in diesen Tagen erneut als Kern völlig überzogener Angriffe auf den verdienstvollen Hamburger Gelehrten.

DIE REVISION DES REVISIONISMUS.

Dass sich "Frankfurter Allgemeine Zeitung", "Welt" und der Zechlinschüler Volker Ullrich bei der "Zeit", in quasi einer "konzertierten Aktion", des entlegen publizierten, und in der "Gartenlaube" einer wissenschaftlichen Fachzeitschrift versteckten, Beitrages des jungen protestantischen Theologiehistorikers Große-Kracht annehmen, und dies obendrein in breit angelegten Artikeln bereitwillig ausmalen, ist, angesichts des bislang üblichen Umganges in den bundesdeutschen Medien, völlig ungewöhnlich und damit schon als Phänomen, und an sich bedeutsam. Dass diesen Zeitungen, zumindest der "Welt" (Herr Möller) und der FAZ, seit Herbst 2003 das Buch des Verfassers ("Weltmacht durch die Hintertür") vorliegt, mag zunächst nicht bedeutsam erscheinen. Da jedoch der zentrale Aufsatz dieses Buches, in deutscher und englischer Sprache ("Blick in ein Schwarzes Loch" und "Beware of the Wolves"), die Frage thematisiert, was die Äußerungen Gerhard Ritters über Fritz Fischers NS-Vergangenheit von 1962, im Umkehrschluss für die Historiker-Gegner Fischers im Dritten Reich nahe legen, erscheint die Kampagne dieser überregionalen Zeitungen gegen Fischer zusätzlich als Gegenangriff auf den quellenmäßig breit abgesicherten Vorwurf des Verfassers gegen Gerhard Ritter, Theodor Schieder, Werner Conze, Hermann Aubin, Egmont Zechlin, Hans Herzfeld, Karl Erdmann, Erwin Hölzle, Wolfgang Serpahim und Giselher Wirsing (dazu die für den „Eiertanz" deutscher Historiker typische Dissertation bei Klaus Saul/Osnabrück: D. Frees, Egmont Zechlin (1896-1992). Biographische Studie eine Historikers vom Kaiserreich bis zum Ende des Nationalsozialismus, zwischen wissenschaftlicher Autonomie und politischer Anpassung, Diss. Oldenburg 2004).

Ergänzt um eine weitere Publikation, nämlich die Titelgeschichte des nationalliberalen Spiegel, vom 16.Februar 2004 ("1914-1945. Der zweite Dreißigjährige Krieg"), gerät die Kontroverse um Fritz Fischer nachgerade zur Farce. Eröffnet durch eine mittelmäßige Einführung, die, zu großen Teilen, auf dem

Forschungsstand der zwanziger Jahre des vorigen Jahrhunderts basiert, wendet sich der Spiegel, ohne auf Fritz Fischer detaillierter zu verweisen, dem, besonders in angelsächsischen Ländern, gern beschworenen, und publikumswirksamen, Bild von der "Urkatastrophe" des Ersten Weltkrieges zu (vgl. Anhang 2). Diese Aufgabe übernimmt der bekannte Bielefelder Historiker Hans-Ullrich Wehler (Schüler Theodor Schieders sic!), der in einem mehrseitigen Parforceritt vom Ersten zum Zweiten Weltkrieg, jenen Bogen schlägt, und jene Kontinuität behauptet, für die Fritz Fischer, bis zu seinem Tode, immer wieder geschmäht wurde. Es sei hier ausdrücklich verwiesen auf die Rezension des Ritter Adepten Ernst Schulin von 1981 (MGM/1/81, S.166) zu Fischers "Bündnis der Eliten. Zur Kontinuität der Machtstrukturen in Deutschland 1871-1945, Düsseldorf 1979". Schulin kam nicht umhin, gegenüber des Hamburger Historikers nachgerade modernem strukturgeschichlichen Denken, auf die traditional diplomatiegeschichtlich und kriegsgeschichtlich fundierte konkurrierende, aber rückständige Darstellung Andreas Hillgrubers zu verweisen.

BLASSER ABKLATSCH ZUM KAISERREICH.

Bezieht Wehlers "Bogen-Darstellung "ihren Rang ganz aus der detaillierten Ausführung des Fischerschen Kontinuitätsgedankens, so fällt das Interview mit dem Wilhelm II-Spezialisten John Röhl/Brighton demgegenüber völig ab. Ist doch Wolfgang Mommsen (Schüler Theodor Schieders) inzwischen klar geworden, dass die Phase wissenschaftlicher Periodisierung, nach einem "Zeitalter des Wilhelminismus", oder gar Wilhelms II., völlig überholt ist, so verharrt Röhl auf seinem problematischen biographischen Ansatz. Ob es die Forschung so sehr viel weiter bringt, wie viele uneheliche Kinder Wilhelm II. hatte, oder mit wie vielen Frauen der Kaiser gleichzeitig ins Bett ging, um nun zu sagen, der Kaiser sei - trotz Eulenburg u.ä. - nicht homosexuell gewesen, mag heute, wie schon 1986 ("Kaiser Hof und Staat", meine Rezension im NDR-Rundfunk), dahingestellt bleiben. Nichts erfahren wir über die Stringenz der militärischen und politischen Vorbereitung auf den Ersten Weltkrieg. Nichts erfahren wir über die zielgerichtete Methodik Bethmann Hollwegscher Politik um den Kaiser herum, und schließlich setzt Röhl, in völliger Abkehr von Fritz Fischer, ein Fragezeichen hinter die von ihm angerührte (und von Fischer und dem Verfasser übernommene) Frage nach den Auswirkungen des "Kriegsrates" vom 8.Dezember 1912 auf Planung und Auslösung des Ersten Weltkrieges. So entsteht ein eher anekdotenhaft irreales Bild deutscher Politik und eines Kaisers, der ganz unter das Kautel überbordenden Antisemitismus gezwungen wird.

Dass all' diesen Versuchen, deutsche Geschichte um die Leistungen Fritz Fischers herum darzustellen, ein wesentliches Element gemeinsam ist, nämlich jenes einer handwerklich wenig sauberen Arbeit und Argumentation, mag in unseren Zeiten gesamtgesellschaftlicher Abschwächung nicht weiter überraschen. Dass aber Fritz Fischer, der in den dreißiger Jahren mit geringen Beiträgen aus der Reichskasse - und nicht ausschließlich von den Nationalsozialisten - unterstützt wurde, den Krieg als Soldat erlebte, ist zu unterstreichen, und demgegenüber zu betonen, dass andere - ohne Kriegseinsatz - hochdotiert, und breit gefördert, ihren wissenschaftlichen Werdegang vollenden konnten (vgl. Anhang 1). Nicht zuletzt soll darauf hingewiesen werden, dass der international anerkannte und geehrte Hamburger Historiker, als akademischer Lehrer, über einhundertzwanzig Doktoranden zu Arbeiten anregte, die insbesondere den Übergang vom Kaiserreich in die Weimarer Republik und deren Aufgehen im Dritten Reich zum Gegenstand hatten. Das "erste Buch", der "Griff nach der Weltmacht", und der zweite Band "Krieg der Illusionen", sollten, so Fischers Planung, münden in das sogenannte "Dritte Buch", das - wie "Bündnis der Eliten" und zwei weitere Paperbacks offen ließen - vor allem die ökonomisch-wirtschaftliche Seite des aufziehenden nationalsozialistischen Staates beleuchten sollte. Trotz dieses nicht abgeschlossen dritten Bandes über die deutsche Politik zwischen 1918 und 1945 und der damit letztlich ausstehenden Antwort Fischers auf die Frage nach der Kontinuität in der deutschen Geschichte, die er bereits 1961, zur großen Beunruhigung seiner Gegner, anklingen ließ, bewirkte der Hamburger Hochschullehrer weitreichende und fortdauernde Entwicklungen der in- und ausländischen Geschichtswissenschaft. Dies zumindest hat bislang noch niemand zu bekritteln gewagt.

1. BEZÜGE DEUTSCHER HISTORIKER 1933-1945

	M. Göhring	Th.Schieder	W.Conze	H.Aubin	F.Fischer	G.v.Rauch	W.Hubatsch	H.Herzfeld	G.Ritter	M.Freund	E.Zechlin	K.Erdmann
Geb.-Datum	21.11.1903	11.04.1908		1885	5.3.1908			22.6.1892	6.4.1888		27.6.1896	29.04.1910
NS-Mitgl.		5284680/5.3 7			5846569/5.3 7	1928					1933	307351/12.34
Akad. Werdegang	19.1.38, Habil	12/33 Promot.			1/35 Inaug.			35 Wiss.Prüf.		37 Dr.rer.pol.	1921 Promot.	
NS-Funktion	Pol.Leiter	10/30 VKV 4/35 Büro NK 11/38 Mil.Leiter der NSDAP Ostpr.Mitarb. 11/39 Inaug. 2/40 Dozent 5/43 Prof. Königsberg			11/33 SA	Amt VII RSH	6/43 Olt.		DVP	1918/19 B.R. 8.39-1.41, Gen.Gouvern. 1943:Amt Rosenberg	1929 Inaug. 1/36 Doz.Gött 37/38 Hamb. 4/39 Vertr.HH 12/39 Doz. 7/40 Prof.Bln 8.40 Paris 3/41 Italien 40/43 Amt Rosenberg	NSLB 33/34 DAAD Paris 34 NSLB 36/37 Habil. Vorh. Schuldienst Real Schule Köln 40 Felten & Guillaume 10/40 Stud.Ass. 1/43 Beamter 39/45 Kriegsd.
Zuwendungen/ Gehälter	1.39 400 RM	2/36 600 RM 2/39 2000 RM 2/39 1120 RM	11.37 270 RM	13.600 RM	DFG 150 RM 1/38 180 RM 2160 RM 700 RM 3/40 180 RM 7/40 70 RM		2/40 400 RM	7/36 1200 RM 3/37 4410 RM 7/37 1200 RM 6/38 800 RM 8/38 800 RM	14-12.600 RM plus Zulagen		1/36 3920 RM 6/36 400 RM 41 700 RM 2/41 700 RM 41 50 RM 6/41 163 RM 4/41 6000 RM 4/41 6500 RM 4/41 3100 RM 4/41 275 RM 9/41 2450 RM 3/42 2625 RM 4/42 3000 RM 4/42 9450 RM 6/42 4500 RM 4/43 16960 RM	

Quelle: Bernd F. Schulte, Weltmacht durch die Hintertür, Hamburg 2003

2. PUBLIKATIONEN FRITZ FISCHERS.

Moritz August von Bethmann-Hollweg und der Protestantismus (Religion, Rechts- und Staatsgedanke), Berlin (Dr. Emil Eberling) 1937.

"Das vorliegende Buch will ein Bild der Persönlichkeit des Rechtsgelehrten und preußischen Kultusministers der "Neuen Ära" Moritz August von Bethmann Hollweg geben. Die Religion steht dabei im Vordergrund, da sie neben Wissenschaft und Politik das dieses Leben beherrschende Element war. Die Rechts- und die Staatsanschauung Bethmann Hollwegs empfangen, wie unsere Untersuchung zeigt, durch die religiöse Eigenart des Mannes ihr charakteristisches Gepräge. Eben diese besondere Note seiner Religiosität und dadurch bestimmt seiner politischen Ideen trennt ihn auch von den Lutherisch-Konservativen und den Liberalen." (Vorwort, Fritz Fischer, Berlin, im Sommer 1937).

Griff nach der Weltmacht. Die Kriegszielpolitik des kaiserlichen Deutschland 1914/18, Düsseldorf (Droste) ⁴1971.

"Auf der anderen Seite weist das Buch über sich hinaus, indem es bestimmte Denkformen und Zielsetzungen für die deutsche Politik im Ersten Weltkrieg aufzeigt, die weiterhin wirksam geblieben sind. Von daher gesehen dürfte es auch ein Beitrag zu dem Problem der Kontinuität in der deutschen Geschichte vom Ersten bis zum Zweiten Weltkrieg sein". (Vorwort, Fritz Fischer, Hamburg, 1.Oktober 1961, S. 12).

Germany's Aims in the First World War, New York (W.W.Norton&Company) 1967.

"The suppression of critical appraisals of German history during World War I greatly assisted the spread of the nationalist legends and lies on which National Socialism fed. Hegel was wrong when he said that if a historical tragedy was repeated at all it would go on stage as a comedy. World War II was an even greater tragedy than World War I, and the two wars were closely related. It is one of the great merits of Professor Fischer's book to have brought this connection clearly to light. I believe that his main thesis will eventually be generally accepted also in Germany, though over some subordinate questions the historians on both sides of the Atlantic may conduct learned debates. For a long time to come Professor Fischer's massive presentation will not only be the chief source on German foreign policy in World War I but also an invaluable introduction to the history of our own age". (Introduction to the American Edition, Hajo Holborn, Yale University, p.XV).

Krieg der Illusionen. Die deutsche Politik von 1911 bis 1914, Düsseldorf (Droste) ²1969.

"Weiterhin glaube ich den Nachweis bringen zu können, dass das Zusammenspiel von Wirtschaft und Politik keine nachträglich konstruierte Hypothese ist, sondern ein Faktor, der die diplomatischen Aktionen ebenso wie die Tendenzen der inneren Politik ganz wesentlich mitbestimmte; dass sogar gewisse soziale Gruppen Entscheidungen erzwangen, die man gemeinhin nur der ,über den Gruppeninteressen' stehenden hohen Bürokratie zuschreiben möchte. Damit ist die Frage nach dem sozialen Standort der Regierung und des Monarchen gestellt, und von hierher erfahren auch die Problemkreise, ,Parlamentarisierung' und ,Demokratisierung', die spätestens seit 1912 die Diskussion bestimmten, erst ihre eigentliche Dimension. Gerade die sogenannte ,Politik der Diagonale' Bethmann Hollwegs zeigt an, dass die Regierung ihre Entscheidungen eben nicht in einem luftleeren Raum zu treffen vermochte, sondern dass sie ganz konkrete soziale Gegebenheiten und Machtverhältnisse berücksichtigen musste." (Vorwort, Fritz Fischer, Hamburg im August 1969).

War of Illusions. German Politics from 1911 to 1914, New York (W.W. Norton & Company) 1975.

"But when the critics have had their way and the work he begun has been carried further (often by his owen pupils), I believe that Professor Fischer will emerge with his main thesis vindicated and with the satisfaction of knowing that he is one of the few historians in his field of whom it can be said that after his work had been published, nothing ever looked the same again". (Foreword, Alan Bullock, St.Catherine's College, Oxford, June 1974).

Hitler war kein Betriebsunfall, München (Beck) ³1993.

"Dieser Vulkan an Energie, Willen und Leidenschaft ist ohne die gesellschaftlich-sozialen wie die ideellen Bedingungen Deutschlands im Kaiserreich und in der Weimarer Republik nicht denkbar. Jedenfalls kam Hitler nicht aus der Hölle oder vom Himmel und war kein ‚Betriebsunfall'. Er gehört, gemessen an den Voraussetzungen, die sein Wirken und sein Auftreten ermöglichten, wie an seiner Gedankenwelt, tief in die deutsche Geschichte des 19. und 20. Jahrhunderts hinein".

3. PUBLIKATIONEN AUS FISCHERS UMFELD.

Dirk Stegmann, Die Erben Bismarcks. Parteien und Verbände in der Spätphase des Wilhelminischen Deutschlands, Sammlungspolitik 1897–1918, Köln (Kiepenheuer & Witsch) 1970.

"Die Ideologien, mit denen sich dieses Bündnis abzusichern versuchte, waren bereits der Spätbismarckzeit verpflichtet; gerade Bismarck war es gewesen, der in den sogenannten produktiven Volksklassen - in Landwirtschaft, Handwerk, Industrie und Gewerbe - die staatstragenden Schichten erblickte. Ihr Zusammenleben galt es zu fördern gegenüber den ‚Konsumenten', den ‚unproduktiven' sozialen Schichten. Im Kern lief diese Propagierung eines Bündnisses der produktiven Stände, der ‚schaffenden Stände', hinaus auf einen Zusammenschluß von Junkertum und Großindustrie, dem sich die kleinen Unternehmer in Handwerk und Gewerbe anzuschließen hatten". (Einleitung, Dirk Stegmann, Hamburg im September 1969, S. 13).

I. Geiss, B.-J. Wendt (Hrsg.), Deutschland in der Weltpolitik des 19. und 20. Jahrhunderts, Düsseldorf (Bertelsmann) 1973 (Festschrift für Fritz Fischer zum 65. Geburtstag).

"Ein 1938 vom damaligen ‚Reichsinstitut für Geschichte des neuen Deutschlands' in Berlin vergebenes Stipendium sollte die Möglichkeit bieten, unbelastet von Lehrverpflichtungen die Bethmann-Hollweg-Biographie in bereits konzipierten zwei weiteren Teilen über 1848 hinaus bis in die ‚Neue Ära' Preußens weiterzuführen und dabei zugleich die Rolle des Protestantismus und der Amtskirche im politischen und sozialen Leben Deutschlands im 19. Jahrhundert eingehender zu klären, als 1939 nach inzwischen erfolgter Umhabilitierung von der Theologischen in die Philosophische Fakultät in Berlin der Zweite Weltkrieg und anschließende Kriegsgefangenschaft die wissenschaftliche Tätigkeit für mehr als sieben Jahre unterbrachen". (Ebd., S.11).

Claus-Dieter Krohn, Stabilisierung und ökonomische Interessen. Die Finanzpolitik des Deutschen Reiches 1923–1927. Studien zur modernen Geschichte Bd. 13, Düsseldorf (Bertelsmann) 1974.

"Erst in jüngster Zeit, als die Fragwürdigkeit der nationalkonservativen Historiographie in der Fischer-Kontroverse offenkundig geworden war, verstärkte sich das Bedürfnis nach Aufarbeitung längst überfälliger sozialökonomischer Problemstellungen, deren Inhalt erst die Voraussetzung für diplomatiegeschichtliche Erklärungen liefert. Das wiederum warf Fragen nach der Methode auf, die von der tradierten bürgerlichen Historiographie - trotz Max Webers Vorarbeiten - kaum beantwortet worden waren". (Einleitung, Claus-Dieter Krohn, S.9).

Die Riezler-Affäre im Fernsehen.

Es geht um Erdmann.

BERND F. SCHULTE

Wie während der 70iger Jahre allenthalben, ging es den deutschen Historikern entweder um Theorien oder die komparatistische Methode. Wer erinnert für wie zentral die Zunft den Kampf gegen die Fischer-Schule erachtete, der wird ermessen, dass diese beiden "Lieblingskinder" vornehmlich auf Methode und Untersuchungsrichtung Fischers zielten. So traf auch den Verfasser diese Denkrichtung mit dem Besuch Hans Joachim Kochs in Hamburg. Was dieser Deutsche in England im Verlauf der Kontroverse um die Echtheit der Riezler Tagebücher daraus im Briefwechsel mit Zechlin machte, steht auf einem anderen Blatt. Deshalb hier das damalige Schreiben des Verfassers (im Auszug) zu den Problemen, die Nachwuchswissenschaftlern präsentiert wurden (Dok.1).

Dem Kontakt mit Koch vergleichbar, da es offenbar auch Berghahn eher um den Ausgleich, denn um die Auseinandersetzung mit den Leitungsvorgaben der Zunft während der Weltkriegsdiskussion ging, der Brief an den Wissenschaftler in Coventry. Aufgerührt durch einen bissigen Brief Gerhard A. Ritters, des Münchener Ordinarius und Spezialisten für deutsche Sozialpolitik, der sich – an Stelle von Gerhard Ritter - in "konkret" abgelichtet fand, äußerte der Verfasser einige Sätze zur Erklärung der insgesamt schlampig gemachten Publikation des Satire-Blattes zu den Riezler Tagebüchern und Erdmanns Rolle bei deren Veröffentlichung. Aber, will es nun in unseren Kopf oder nicht, damals war kaum ein Ort für das Thema Erster Weltkrieg zu finden. Hatte doch die konservative Zunft, qua Einfluss auf die Medien, bewirkt, dass dieses Epochenthema totgeschwiegen wurde (1974,1984). Das erschien aus deren Sicht zumindest besser, als immer wieder die Fischer-These zu hören. Aber hat sich inzwischen in diesem Zusammenhang etwas verändert? Ja spiegelbildlich schon, denn nun ist die nationalkonservative Sicht zunehmend im "Jahr 17" nach der erneuten "Reichseinigung" zu vernehmen (Dok. 2).

Als ein, allerdings fremdartig schillerndes, Beispiel in diesem Konglomerat aus überkommenen Taktiken und Verfahren der Historiker mit dieser ihrer "politischsten aller Wissenschaften" stellte sich die Attacke des Verfassers auf Karl D. Erdmann und dessen Methode in den Medien heraus. Erschreckt darüber, dass hier Salve auf Salve aus ungewohnter Richtung erfolgte, suchte sich dieser, mit Hilfe seiner politischen Beziehungen über Stoltenberg zur CDU, und damit zum Intendanten des NDR, F.W.Räuker, aus der Affäre zu ziehen. In der Folge erwirkte der Kieler Emeritus in Hamburg den Kotau eines zweiten (oder Anti-) Berichtes zu dort erhobenen Vorwürfen unsauberer Arbeitsweise bei seiner Riezler-Edition. Das war umso pikanter, als der Verfasser seit 1978, aus dem damals noch geheimen Nachlass Gerhard Ritters, Erdmanns Motive kannte, die diesen zu seinem Vorhaben bewogen hatten. Es ging nämlich um das Niederkämpfen der Fischer-These - und das mit allen Mitteln. Da dies die Riezler Erbin Mrs. Mary White ahnte, kam es zu dem bewussten Tauziehen um die Tagebücher, das jahrelang diese Quelle im Dunkel beließ. Wie engagiert Erdmann jedoch seinen eigenen Nimbus als Forscher mit der Publikation dieses Dokumentes verband, zeigten dessen wiederholte Mitteilungen daraus (u.a. auch an der Hamburger Universität) jeweils mit bedeutungsschwangerer Betonung, wie Fischer nicht entging. So trafen die Ausführungen des Verfassers am 27.April 1984 voll ins Schwarze. Erdmann, der seit dem Besuch des Verfassers im Januar dieses Jahres in Kiel, genau wusste, dass ein Damoklesschwert über ihm hing, nahm dessen Ausführungen in Wahrheit dann auch viel ernster, als die aus gutem Grund lediglich technisch ausgefallenen Ausführungen des Göttinger Habilitanden Bernd Sösemann zur Authentizität der Tagebücher Kurt Riezlers. Dass dieser sich über die Ausführungen des Hamburger Kontrahenten im NDR-Fernsehen dann peinlicherweise bei diesem brieflich mehrmals beschwerte, es sei ihm etwas weggenommen worden, erstaunte den Verfasser ad hoc einerseits und entbehrte andererseits nicht der Komik. Schließlich wusste der Göttinger Historiker von den neuen Funden des Verfassers und hatte sich kooperativ, im Sinne einer "Gruppenbildung" mit Fischer und dem Verfasser, erklärt. Dieser Vorgang stellte sich als doppelt kompliziert heraus, da einerseits der Göttinger Historiker schließlich vor der eigenen Courage zurückschreckte, und andererseits Fischer wiederum peinlich eine Gruppenbildung zu dritt vermied. Dass die Formulierung des Verfassers, das Riezler Tagebuch habe die "Waffe der Historikerzunft gegen Fischer" gebildet, sich im Jahre 2001 bei Sösemann in der FAZ findet, bestätigt wohl, dass dieser inzwischen seine "verletzte Eitelkeit" von 1984 überwunden hat (Dok. 4).

So sollte der 29.Juni 1984, das Interview Erdmann-Reck, den Streit mit der Fischer-Schule siegreich beschließen. Doch Fischers Brief an den NDR-Intendanten Räuker bewies (Dok. 6), dass Erdmann - zumindest legal und im freien Schlagabtausch - angeschlagen war. Es blieb und bleibt ein bitterer Nachgeschmack, der noch verstärkt wurde durch die Methodik mit der dessen Assistentin, Agnes Blänsdorf, in den 90iger Jahren den Nachlass Erdmanns für den Verfasser, und u.U. andere Forscher, sperrte (Briefwechsel mit Blänsdorf und Dr. Real/BA-Koblenz). Erst nach der Pensionierung des Archivars Jürgen Real, im Bundesarchiv Koblenz, öffnete sich die Tür zu dem Bestand weiter als zuvor.

So sah sich die Zunft aus allen Richtungen (Magazin- und Tagespresse, "Lübecker Nachrichten", Fernsehen etc.) attackiert. Doch mit dem 5-teiligen Fernschreiben von Hartmut Heß (Associated Press) über ein Interview mit dem Verfasser zu dessen neuem Buch ("Die Verfälschung der Riezler Tagebücher", 1985), erschienen in der Regionalpresse Artikel zu Bethmann Hollwegs "Kriegswilligkeit", und dem vermuteten tatsächlichen Inhalt der "Riezler Memoiren" (wie das Material auch hieß). Unter den Überschriften: "'Herrschendes' Geschichtsbild beruht auf einer ,Verfälschung' von Quellen" (1), "Vorlesungen aus den Tagebüchern in den USA!" (2), "Zähes Tauziehen um die Quellen" (3), "Alle historischen Perspektiven verschoben"(4) und "Dauerbrenner Historischer Forschung" (5), vermittelte der Hamburger AP-Korrespondent die Dimensionen hinter dem Reizwort "Riezler Tagebücher". Die Überschrift "Kriegslustig und Kriegswillig" führte dementsprechend viele Redakteure auf die Spur des Reichskanzlers von 1914 und machte diese weiter auf Hergang, Umfang und Motive des Tagebuch-Editors Erdmann aufmerksam. Dieses Interesse hat sich bis heute nicht verflüchtigt, ist doch das Epochenthema Erster Weltkrieg, oh welche Wandlung, inzwischen en vogue.

So konnte der Verfasser in "Weltmacht durch die Hintertür" im Jahre 2003 erstmals aus dem Nachlass Toni Stolper nachweisen, dass der tatsächliche Umriss der Originaltagebücher XXX(a) und XXX(b), die Riezler im Juni/Juli 1914 führte, bereits die Frage einer "Kriegsschuld" erörterte. Dass diese 1939 in den USA ein Thema von Vorlesungen Riezlers im engeren Kreis der Emigranten gewesen sind, ist zu erwarten (Brief an Th. Heuss). Diese Teile erschienen 1956 politisch nicht opportun und waren 1962 für Erdmann nicht publikationswürdig. Umso erklärlicher ist deren offensichtliches Verschwinden - aus welchen Gründen und durch welche Hand - auch immer.

DOKUMENTE

1. BERND SCHULTE AN HANNS JOACHIM W. KOCH, 22.6.1977.

Entschuldigen Sie bitte meine verspätete Antwort auf Ihren so detaillierten und hilfreichen Brief. Gerade die Frage eines neuen Themas, die mich unverändert weiter beschäftigt und deren Lösung ich bis auf das Jahresende verschoben habe, erörtern Sie in einer für mich erweiterten Dimension.

Die Frage komparativer Methoden - für mich gleichfalls ein anzustrebendes Optimum unserer Disziplin - scheint jedoch auf eine "Lebensarbeit" hinauszulaufen. Da es - betrachten wir die hochschulpolitische Situation - wohl in Zukunft wieder einer Habilitation bedarf, um in der deutschen Wissenschaft etwas zu werden und seine Lebensinteressen - auch materieller Art - zu sichern, scheint mir rein arbeitsökonomisch naheliegend, in dem erarbeiteten Bereich Positionen weiter auszubauen. In welche Richtung dies geschehen könnte, dazu wäre mir Ihr Rat sehr wertvoll, zumal Sie die wissenschaftlich-berufliche und die den Forschungsstand und das Forschungsinteresse bedingenden Faktoren eingehender beurteilen können als ich.

Der Problemkreis der deutschen Armee vor 1914, und im Krieg - so wie man ihn sich vorstellte und auch vorstellen mußte - bis November 1914, scheint mir unter den in meiner Dissertation entwickelten elementaren Aspekten noch nicht erschöpfend behandelt. Es ginge hier nach einer strategischen und personenbezogenen Geschichte des Ersten Weltkrieges um eine Sozialgeschichte der unteren Ebenen militärischer Führung.

2. PROF. DR. K. D. ERDMANN AN DEN PRÄSIDENTEN DER GEORG-AUGUST- UNIVERSITÄT GÖTTINGEN, HERRN PROF. DR. KAMP, 28.7.1983.

Mit einiger Überraschung las ich die unter Ihrer Herausgeberschaft von der Pressestelle der Göttinger Universität veröffentlichte Pressemitteilung Nr. 101 vom 25.7.1983. Den Hinweis auf eine Fernsehdiskussion zu der Kontroverse über Echtheit oder Unechtheit der Aufzeichnungen vom Juli/August 1914 in den Riezlertagebüchern verbindet der Verfasser dieser Pressemitteilung der Universität mit einer längeren unkritischen Darlegung der Thesen von Dr. B. Sösemann, ohne die Gegenargumente auch nur in Betracht zu ziehen, die meiner Überzeugung nach eindeutig die Thesen Sösemanns als unhaltbar erweisen, daß nämlich 1. der Bruder Kurt Riezlers, der bekannte Beethovenbiograph Walter Riezier die Vorkriegstagebücher seines Bruders verzerrt und verfälscht habe; daß 2. die in der Handschrift Kurt Rieziers überlieferten Aufzeichnungen vom Juli/August 1914 in Wirklichkeit eine frühestens nach dem ersten Weltkrieg hergestellte, die ursprüngliche Aussage verfälschende Neufassung darstelle; und daß 3. der "Schatten des Herausgebers" diese beiden Sachverhalte verdunkelt habe.

Über diese Fragen wird die Fachwissenschaft in Abwägung der Argumente beider Seiten ihr Urteil zu fällen haben. Es liegt aber doch wohl kaum in der Kompetenz einer Universitätspressestelle, durch einseitige Information den Eindruck zu erwecken, als obliege es ihr, das Urteil der Fachwissenschaft zu präjudizieren.

Gravierender als dieser Mangel, an kritischer Ausgewogenheit sind in dem Text Ihrer Pressestelle einige halb ausgesprochene ehrenrührige Verdächtigungen.

1. In der Pressemitteilung heißt es: "Diese Tagebucher wurden 1972 von Erdmann veröffentlicht, überraschenderweise wurden anschließend die Originale der Tagebücher im Bundesarchiv gesperrt". Der nicht informierte Leser wird durch diese Formulierung zu der Annahme verleitet, die Sperrung könnte durch mich veranlaßt worden sein. Das Gegenteil ist richtig: a) Ich habe mich von dem Augenblick an, in dem mir die Tagebücher durch Walter Riezler übergeben wurden, bei ihm und bei der Tochter Riezlers dafür eingesetzt, daß die Tagebücher ihre Aufbewahrung im Bundesarchiv finden sollten, b) Die Tochter Riezlers hat sich als nach dem Tode Walter Riezlers allein Verfügungsberechtigte ausdrücklich das Recht vorbehalten, über den Zugang zu den Tagebüchern allein zu entscheiden. c) *Ich habe mich ebenso wie der Präsident des Bundesarchivs bei der Tochter Riezlers dafür eingesetzt, daß Herrn Sösemann die Benutzungsgenehmigung erteilt wurde* (Hervorh. v.m., B.S.). d) Die Bemühungen führten schließlich im November 1980 zur allgemeinen Freigabe der Tagebücher für die wissenschaftliche Benutzung.

2. Die Pressestelle der Universität Göttingen referiert, ohne zu fragen, ob dies vielleicht falsch sein könne, den Vorwurf Sösemanns, daß meine Edition der Tagebücher "den Leser ... auf Irrwege zu führen" vermöge, um dann einige Zeilen weiter festzustellen; "Die ‚Zeit' zog denn auch[!] in ihrem Dossier den Schluß, daß offensichtlich [!] deutsche Historiker im nationalen Interesse die Wahrheit über die Kriegsschuld unterdrücken wollten." Ich nehme an, Herr Präsident, daß Sie sich von einer solchen unter Ihrem Namen als Herausgeber kolportierten ehrenrührigen Anschuldigung in angemessener Weise distanzieren werden.

3. In der Pressemitteilung heißt es, "daß Sösemann und Fischer flugs zu Bundesgenossen gemacht" wurden. offenbar, so soll es wohl verstanden werden, durch mich. Dazu ist festzustellen: Nicht ich habe die Beziehung zwischen Fischer und Sösemann hergestellt, *sondern Fischer in seinem roro[ro]-Pamphlet* (Hervorh.v.m., B.S.). Er macht sich die Manipulationsthese Sösemanns unter ausdrücklichem Bezug auf eine frühere Veröffentlichung von diesem zu eigen, ohne an Hand des Nachlasses eine Überprüfung vorzunehmen. Dies ist der von mir in der Historischen Zeitschrift und in der "Zeit" festgestellte, ganz unbestreitbare Sachverhalt.

Zum Schluß möchte ich mir erlauben, Herr Präsident, Sie an den Ihnen wahrscheinlich bekannten Sachverhalt zu erinnern, daß ich als ordentliches Mitglied der Göttinger Akademie der Wissenschaften laut § 4 der Satzung das Recht habe, "an der Universität Göttingen Vorlesungen zu halten". Ich besitze also an Ihrer Universität die Ehre des Gastrechts. Im Hinblick hierauf bitte ich Sie, angesichts der von Ihrer Pressestelle unter der Herausgeberschaft des Universitätspräsidenten verbreiteten Einseitigkeiten und Diskriminierungen um ein an die gleichen Adressaten - gerichtetes klärendes Wort.

3. BERND SCHULTE AN VOLKER R. BERGHAHN, 19.2.1984.

Für Ihren Brief von 14.ds. möchte ich Ihnen danken und postwendend antworten.

Leider schätzen Sie die Dinge auch etwas negativ ein. Das betrübt mich sehr. Natürlich habe ich mir die Reaktionen der "Zunft" ausmalen können. Dennoch bin ich über Briefe und Anrufe vor allem aus München etwas überrascht. - Aber es gibt auch andere Stimmen, und beide Voten halten sich etwa die Waage.

Überrascht hat mich, daß Sie nichts zur Sache sagen. Erlaubt ist scheinbar nur das, was niemandem weh tut. Doch die Wahrheit hat nun einmal die Angewohnheit, meist unbequem zu sein. So erklärt sich auch der ungewöhnliche Ort der Publikation. Aber, daß Sie quasi "deliberately" auch die Sicht übernehmen, mit der Publikation des Herrn Köhler würde ich mich identifizieren, überrascht mich doch sehr. Genannt werde ich zwei Mal. Es geht nicht mehr daraus hervor, als daß ein Buch von mir kommen wird, das das Thema neu beleuchtet. Daraus ist einiges der "konkret" bekannt geworden.

Leider war eine Publikation im Stern, der ZEIT, dem SPIEGEL aus vielerlei Gründen nicht möglich und auch wissenschaftliche Möglichkeiten habe ich bewußt nicht ausgeschöpft. So bot sich, in der leider etwas verengten bundesrepublikanischen Medienlandschaft, die "konkret" an. Sie wissen vielleicht nicht, dass auch in Rundfunk und Fernsehen die Möglichkeiten für das Thema 1914 noch enger geworden sind als schon bislang.

Einige schrille Misstöne und Nachlässigkeiten bedaure ich sehr und stehe auch nicht an, den Herrn Köhler zu decken, der es nicht einmal für nötig hielt, sich mit mir zu unterhalten.

So gesehen also eine durchaus "durchwachsene" Veröffentlichung. Doch sie transportiert m.E. das, worum es geht.

FREITAGSMAGAZIN

FILM:	Deutsche Historiker. Aus Vaterlandsliebe Geschichte verfälscht?
Autor:	Günther Specovius
Länge:	7 '00"
Sendung:	27.April 1984

Text

Schulte	Dr. Schulte: Die entscheidende Position von Herrn Professor Erdmann in Kiel. ist die, daß er quasi der Vertreter heute ist einer Historiker-Generation, die das Bild Deutschlands von seiner Geschichte sauber halten will.
Soldaten	Deutsche Historiker: Als Vaterlandliebe Geschichte verfälscht?
Relief	
Beckmann	Jörg Beckmann: Aus Vaterlandsliebe Geschichte verfälscht? Wie Sie wissen, meine Damen und Herren, gibt es seit Jahren unter den deutschen Historikern Streit, ob wir Deutschen in den Ersten Weltkrieg nur so "hineingeschlittert" seien oder ob wir ihn verursacht hätten. Nun stellen Sie sich einmal vor, es gäbe einen einleuchtenden Beweis, daß Deutschland tatsächlich "kriegslustig" war. Und stellen Sie sich weiter vor, dieser Beweis gerät ausgerechnet in die Hände solcher Historiker, die das einfach nicht wahrhaben wollen. Und stellen Sie sich dann vor, diese deutschen Historiker lassen solch wichtiges Dokument, salopp ausgedrückt, unter den Tisch fallen. Aus Vaterlandsliebe. Genau dies behauptet ein junger Hamburger Historiker, Bernd F. Schulte. Günther Specovius berichtet.
0' 08" Hochschule der Bundeswehr Schild Ranfahrt an Fahne	Hochschule der Bundeswehr in Hamburg. Hier werden nicht nur typische Militärfächer, wie Wehrkunde und Menschenführung gelehrt, sondern hier geht man auch der Frage nach: Wie entstehen Kriege? Dabei steht der Ausbruch des Ersten und der des Zweiten Weltkriegs im Vordergrund des Interesses. Hitler war "kein Betriebsunfall der deutschen Geschichte". Das behauptet der Hamburger Historiker Bernd F. Schulte.
Schulte im Seminar	O-Ton Dr. Schulte

Meine Herren, wir befinden uns heute nahezu 70 Jahre nach dem Beginn des Ersten Weltkriegs. Der Erste Weltkrieg ist belastet durch die sogenannte Diskussion um die Kriegsschuld. Und diese Kriegschuld war in erster Linie ein Vorwurf gegen die deutsche Seite. Ich glaube, wenn man die Dokumente zum Ersten Weltkrieg betrachtet und wenn man den Ausbruch des Zweiten Weltkriegs heranzieht, der Zweite Weltkrieg in seiner Entstehung nicht denkbar ist ohne den Ersten.

1' 03" 3 Bücher von Schulte	Dr. Bernd F. Schulte hat sich besonders mit Problemen des Ersten Weltkriegs beschäftigt. Er hat ein umfangreiches Buch über die Armee des Kaisers geschrieben. In zwei anderen Werken befaßte er sich mit der Vorgeschichte des Ersten Weltkriegs.
1' 21" Zeitungsausschnitte Schultes Forschungen	Bei seinen Forschungen gelangte Dr. Schulte, wie vor ihm schon andere Wissenschaftler, zu der Ansicht, daß Deutschland keineswegs in den Ersten Weltkrieg "hineinschlitterte". Schulte fand heraus, daß der Kanzler des Kaisers, Bethmann Hollweg, den Krieg wollte, "kriegswillig", ja "kriegslustig" war. Die Presse hat über diese Behauptungen berichtet, die Schulte demnächst in einem Buch näher belegen will.
1 ' 45" Riezler-Tagebuch Erdmann	Diese Tagebücher Kurt Riezlers gelten vielen Historikern als Schlüsseldokument. Riezler war ein enger Mitarbeiter Bethmann Hollwegs, des damaligen Kanzlers. Riezlers Tagebücher hat der Kieler Historiker Karl Dietrich Erdmann herausgegeben. Erdmann soll jedoch, behauptet Dr. Schulte - und mit dieser Behauptung steht er auch nicht allein -, entscheidende Stellen der Tagebücher nicht korrekt wiedergegeben haben.
Schulte geht zu seinem Arbeitszimmer	Schulte sagt, Professor Erdmann habe bei den Aufzeichnungen Riezlers zum Kriegsausbruch 1914 nicht vermerkt, - daß es sich um Nachschriften handelt. In ihnen ist nicht mehr von der deutschen Kriegswilligkeit die Rede, wie im ursprünglichen Text.
2' 26" Schwenk auf Relief mit Soldaten	Schulte ist der Ansicht, daß die Forschung seit der Veröffentlichung der Tagebücher Riezlers vor mehr als zehn Jahren mit einer gefälschten Quelle gearbeitet hat.
2' 44"	Professor Erdmann hat es uns gegenüber leider abgelehnt, zu den Vorwürfen Schultes Stellung zu nehmen.

O-Ton Dr. Schulte

Schulte - in seinem
Arbeitszimmer

Der Historiker ist zur Wahrheit verpflichtet. Gerade dieses Problem trifft aber im Fall des Professors Erdmann in Kiel auf eine relativ große Angriffsfläche. Professor Erdmann in Kiel hat das Schlüsseldokument, wie er sagt zumindest, die Riezler-Tagebücher zum Ausbruch des Ersten Weltkriegs veröffentlicht. Herr Erdmann hat allerdings - und das ist der Kern des Problems - nicht die entscheidenden Passagen zum Kriegsausbruch 1914, nämlich zum Juni/Juli/ August 1914 veröffentlicht, die in Tagebuch-Heften niedergelegt waren durch den engen Mitarbeiter des Reichskanzlers Bethmann Hollweg, Kurt Riezler. Herr Erdmann hat vielmehr eine spätere Nachschrift aus den Tagebüchern, die Kurt Riezler selbst in der 20er, 50er Jahren angefertigt hat, als Grundlage benutzt zur Darstellung dieser entscheidenden Wende der deutschen Politik vom Frieden zum Krieg.

Tagebuch vom
15.8.1914

Wiedergabe dieser
Seite in der Edition
E.s

Auffallend ist, daß das Original-Tagebuch vom 15.August 1914 auf seiner ersten Seite Aufzeichnungen enthält, die Aufschluß darüber gaben, daß Bearbeitungen stattgefunden haben, die für die Edition entscheidend gewesen wären. Herr Erdmann hat diese Angaben nicht aufgenommen in seine Edition, obwohl er an anderen Stellen falsch gesetzte Kommata berichtigt hat und einen auffallend großen Anmerkungsapparat bemüht hat.

4´ 10"

Diskussion mit Erdmann (BR)

Professor Erdmann zu diesen Vorwürfen, die auch von anderen Historikern erhoben wurden, in einer Sendung des Bayerischen Rundfunks vom vergangenen Jahr .

O-Ton Erdmann

4´17"
Erdmann

Meine Vorstellung ist die gewesen, daß ich die Aufzeichnungen Riezlers, gleichgültig ob sie auf Blättern waren, ob sie in den blauen Heften waren, ob sie in den schwarzen Heften waren und die im allgemeinen wenig hergeben für die Ereignisgeschichte, mit Ausnahme vielleicht des Juni 1914, sondern die sehr wichtig sind für die Entwicklung des politischen Denkens und für die Lagebeurteilung Kurt Riezlers - daß ich die in einer chronologischen Reihenfolge gebracht habe, nicht wahr. Und so habe ich sie präsentiert. Und so ist in der Tat ein lesbares Buch daraus geworden. Man kann mir natürlich vorhalten, daß es schlimm wäre, wenn

	man aus einer Edition ein lesbares Buch machen will.
4' 58"	Lesbar schon, aber es fehlt das Entscheidende.
Ritter Bethmann Hollweg	Der große deutsche Historiker Ritter wußte ebenfalls daß Riezler-Aufzeichnungen existieren, die Bethmann Hollweg "kriegswillig" darstellen. Erdmann verschweigt das.
	O-Ton Specovius
Specovius Schulte	Specovius: Warum hat er das gemacht? Dahinter stehen augenscheinlich Motive national-konservativer Herkunft. Herr Erdmann war in der Verpflichtung, auf ein Buch eines berühmten Hamburger Kollegen, Fritz Fischer, zu antworten und sich so mit einer Antwort in die Phalanx der deutschen Historikerzunft einzureihen. Er hatte praktisch die Aufgabe, im Namen der deutschen konservativen Historikerschaft, Fischer zu bekämpfen, der behauptet hatte, daß Deutschland den Ersten Weltkrieg zu großen Teilen mit- verursacht habe [Ton geschnitten durch Sp.]. Das Riezler-Tagebuch war die Waffe der Historikerzunft gegen Fischer. Und es war von der Historikerzunft so motiviert und so gedacht, Fischer durch eine Quelle, die ein Schlüsseldokument darzustellen schien, zu entwaffnen.
	Also, die deutsche Kriegsschuld soll praktisch ausradiert werden. Das ist der Dienst, den Herr Erdmann glaubt, der deutschen Geschichtswissenschaft und dem deutschen Geschichtsbild liefern zu sollen.
6 ´20" Hapag-Haus Ranfahrt Straßenschild Ballindamm	Ob die Tagebücher Kurt Riezlers in ihrer Bedeutung für die Kriegsschuldfrage überschätzt werden, können wir hier nicht erörtern. Merkwürdig ist, daß man sich bei dieser Auseinandersetzung kaum eines Zeugen bediente, der noch heute in Hamburg unvergessen ist: Albert Ballin.
6 ´39" Gemälde Ballin Ranfahrt an Briefstelle der Ballin-Biographie	Ballin kannte sich nicht nur in der Schifffahrt aus, sondern auch in der internationalen Politik. Der größte deutsche Reeder war ein Freund des Kaisers. Eine Woche vor seinem Tode, am 1.November 1918, schrieb Ballin einen Brief, der erst 1960 von dem ehemaligen Hamburger Senator Peter Franz Stubmann veröffentlicht wurde. Darin heißt es: "Den Krieg haben wir gemacht ...".

Als dem für das Fernsehen zuständigen stellvertretenden Direktor des Funkhauses Hamburg bitte ich Sie um Ihre Stellungnahme in folgender Angelegenheit:

Von einer Reise zurückgekehrt, erhalte ich von der Tonbandnachschrift einer Fernsehsendung Kenntnis, die in Ihrem Verantwortungsbereich am 27.April d.J. in der Nordschau unter dem Titel "Deutsche Historiker: Aus Vaterlandsliebe Geschichte verfälscht?" durchgeführt wurde. Diese Sendung hat diskriminierenden Charakter. Sie strotzt vor unwahren Behauptungen. Ich greife einige Punkte heraus:

1. Der NDR behauptet, deutsche Historiker hätten ein "wichtiges Dokument - salopp ausgedrückt - unter den Tisch fallen" lassen. Dabei wird die Absicht unterstellt, die Wahrheit über die Verantwortlichkeit für den Ausbruch des Ersten Weltkrieges verschleiern oder verschweigen zu wollen. Demgegenüber ist festzustellen, daß für die angebliche Existenz eines solchen Dokumentes jeder Wahrheitsbeweis fehlt. Niemand kennt es. Was bisher in der historischen Diskussion an Behauptungen über die angebliche Existenz eines solchen Dokumentes vorgebracht wurde, hat allenfalls hypothetischen Charakter. Es ist dem NDR bekannt, daß ich mich wiederholt mit diesen für unhaltbar erachteten Hypothesen kritisch auseinandergesetzt habe.

2. In Ihrer Sendung wird mitgeteilt, daß Ihr Gewährsmann die Beweise für seine Behauptungen erst später in einem Buch vorlegen wolle. Sie lagen also auch nicht vor, als die diskriminierende Sendung ausgestrahlt wurde [und „konkret"?, B.S.]. Das hat den NDR nicht daran gehindert, gegen mich als den Herausgeber der Riezler-Tagebücher die Anschuldigung zu erheben, gegen die Wahrheitspflicht des Historikers verstoßen zu haben. Ich verwahre mich mit Nachdruck gegen diesen Vorwurf, der mein Ansehen als Historiker tangiert und berufsschädigenden Charakter hat.

   Ich erinnere die öffentlich rechtliche Rundfunkanstalt des NDR an die ihr obliegende Pflicht eines sorgfältigen Umgangs mit der Wahrheit und mit der Ehre der Mitbürger.

3. Der NDR verbreitet, ohne sich davon zu distanzieren, die Behauptung Dr. Schultes, die Tagebücher Riezlers seien von mir unter der "Verpflichtung" veröffentlicht worden, damit auf ein Buch Fritz Fischers zu antworten. Ich hätte mit dieser Edition die "Aufgabe" übernommen, im Namen der "deutschen konservativen Historikerschaft" Fischer zu bekämpfen. Mit der "konservativen Historikerschaft" kann nur die Historische Kommission bei der Bayerischen Akademie der Wissenschaften gemeint sein. Denn Jedermann, der die Edition einmal in der Hand gehabt hat, weiß, daß sie in einer von der Historischen Kommission herausgegebenen Schriftenreihe erschienen ist. Dazu ist festzustellen: Der Beschluß der Historischen Kommission, sich um eine Veröffentlichung der Tagebücher zu bemühen, datiert vom Oktober 1957. Das Buch

von Fischer wurde aber erst Anfang 1962 ausgeliefert. Der von Ihnen insinuierte Zusammenhang zwischen dem Beschluß zur Edition und der Auseinandersetzung mit dem Buche von Fritz Fischer besteht also nicht.

4. Es ist eine Unterstellung, der Historischen Kommission als dem Auftraggeber der Edition der Riezler Tagebücher und mir als dem Auftragnehmer die Absicht zuzuschreiben, die in Ihrer Sendung mit den Worten beschrieben wird: "Also soll die deutsche Kriegsschuld praktisch ausradiert werden". Richtig ist vielmehr, daß der Inhalt der Tagebücher Riezlers zu einer differenzierten Betrachtung der Kriegsschuldproblematik anleitet, wie in meinen verschiedenen Veröffentlichungen nachzulesen ist. Die Tagebücher Riezlers machen es einerseits unmöglich, Deutschland, das in der Julikrise 1914 eine aktive Rolle gespielt hat, aus der Mitverantwortung für den Ausbruch des Krieges herauszunehmen; andererseits aber sprechen die Tagebücher Riezlers gegen die bekannte These Fritz Fischers, die deutsche Reichsregierung hätte den allgemeinen europäischen Krieg von langer Hand geplant und bewußt in Verfolgung europäischer Hegemonialabsichten herbeigeführt.

5. Es ist falsch, wenn in der Sendung behauptet wird, ich hätte es "abgelehnt, zu den Vorwürfen Schultes Stellung zu nehmen". Richtig ist vielmehr, daß ich angeboten habe, mich im NDR ausführlich mit den Hypothesen zum Riezler-Tagebuch auseinanderzusetzen. Ich gab zu erwägen, dies in einem längeren Interview zu tun. Abgelehnt habe ich es jedoch in den drei bis vier Sendeminuten, die man mir zugedacht hatte, mein Nichteinverständnis mit den Unterstellungen und Diskrimierungen zu erklären, die Herr Schulte, der in der gleichen Sendung hatte auftreten sollen, seit einiger Zeit in der Öffentlichkeit an den Mann zu bringen versucht. Eine solche Verfahrensweise, wie sie mir vorgeschlagen wurde, führt bei den nicht einfachen quellenkritischen Überlegungen, die angestellt werden müssen, zu gar nichts. Da der NDR auf mein Angebot nicht einging, habe ich es lieber bei der alten Verfahrensregel bewenden lassen: niedriger hängen.

Mir ist nicht bekannt, sehr geehrter Herr Dr. Reck [CDU, B.S.], inwieweit Sie über Inhalt und Form dieser Sendung unterrichtet sind, für die, wie mir berichtet wird, als Hintergrund eine Unterrichtsstunde vor Offizieren der Bundeswehrhochschule in Hamburg gewählt wurde. Auf jeden Fall bitte ich Sie um eine Stellungnahme zu meiner Kritik.

Durchschlag des Schreibens an den Intendanten des Norddeutschen Rundfunks, Herrn F.J. Räuker und andere.

Film:	70 Jahre nach Sarajewo
	Professor Erdmann zur Kriegsschuldfrage
Autor:	Ralf Reck
Länge:	51
Sendung:	29.Juni 1984

Trailer

Erdmann

Prof. Erdmann: Keine der großen Mächte hat im Jahre 1914 den allgemeinen europäischen Krieg bewußt und planmäßig herbei geführt. Aber keine der großen Mächte war bereit, den Preis für den Frieden zu zahlen.

Moderation

Beckmann

Jörg Beckmann: Professor Erdmann zur Kriegsschuldfrage. Meine Damen und Herren, vielleicht erinnern Sie sich. Das "Freitagsmagazin" ließ vor einigen Wochen den Hamburger Historiker Bernd F. Schulte zu Wort kommen. Titel unseres damaligen Berichts: "Aus Vaterlandsliebe Geschichte verfälscht?" Dieser Vorwurf richtete sich vor allem gegen den bekannten Kieler Historiker Professor Erdmann. Und das ist das umstrittene Buch, das Professor Erdmann herausgegeben hat: "Kurt Riezler, Tagebücher Aufsätze Dokumente". Ein sehr interessantes Werk. Und dazu gibt es eine ebenfalls sehr interessante Streitschrift des Hamburger Historikers Fritz Fischer: "Juli 1914 wir sind nicht hineingeschlittert".

Buch

Fischer, Juli 1914

Im Kern geht es um die Frage, ob Deutschland in den Ersten Weltkrieg hineingeschlittert sei oder ob Deutschland den Krieg wesentlich mitverschuldet habe. Heute geben wir Professor Erdmann die Gelegenheit zu einer Erwiderung. Ein Bericht von Ralf Reck.

Historische Aufnahmen

Reck: Vor genau 70 Jahren, am 28.Juni 1914, besucht das österreichische Thronfolgerpaar Serbien. Großherzog [Franz] Ferdinand und seine Frau Sophie besteigen ihr Auto in Sarajewo, der bosnischen Landeshauptstadt, um zum Rathaus zu fahren. Auf dem Weg dorthin springt der Student Gavrilo Princip, Terrorist der großserbischen Nationalistenbewegung "Schwarze Hand" aus der Menge und erschießt aus nächster Nähe das österreichische Thronfolgerpaar. Hier die Festnahme des Attentäters. Einen Monat später beginnt der Erste Weltkrieg.

In allen Ländern Europas herrscht, aufgeputscht durch nationalistische Strömungen, Kriegsbereitschaft. Ähnlich, wie hier auf diesem Bild aus Deutschland ziehen auch die Bürger anderer Staaten begeistert in den Krieg. Er führt durch ein Tal von Blut und Tränen. Zehn Millionen Menschen sterben.

Europa wird neu geordnet. Wer war schuld an diesem Krieg, dieser blutigen Völkerschlacht? Der englische Premierminister Lloyd George sagte, wie auch die meisten Historiker: "Europa ist in den Krieg hineingeschlittert". Aber es gibt auch andere Stimmen, die Deutschland allein als bewußten Kriegstreiber darstellen, ein Komplott zwischen Militärs, Kapital und Kaiser. Der Hamburger Historiker Professor Fischer mit seinen Schülern vertritt diese These. Jetzt, 70 Jahre nach Kriegsausbruch, tobt ein erbitterter Gelehrtenstreit, der auch vor persönlich diffamierenden Angriffen nicht zurückschreckt.

Einer der bekanntesten deutschen Historiker, der Kieler Professor Karl Dietrich Erdmann, muß als Angriffsziel herhalten. Er persönlich hatte eine neue, wichtige Quelle erschlossen: die Tagebücher von Kurt Riezler, einem engen Mitarbeiter des deutschen Reichskanzlers Bethmann Hollweg. Die Tagebücher beschreiben die Zeit vor und während des Krieges.

Der Fischer Schüler [Dr.] Bernd [F.] Schulte, ebenfalls aus Hamburg, geht mit seiner Kritik jetzt soweit, daß er Professor Erdmann bewußte Fälschung dieser wichtigen Quelle vorwirft, im Auftrag der wie Schulte behauptet - "nationalkonservativen Historikerschaft" habe Erdmann "durch Verfälschung dieser Quelle die deutsche Kriegsschuld ausradieren" wollen. Der härteste Vorwurf also, der gegen einen Wissenschaftler erhoben werden kann: bewußte Quellenfälschung aus politischen Gründen. Beweise dafür konnten bisher nicht erbracht werden.

Erdmann   Prof.Erdmann: Ich habe den Eindruck, daß die Tagebücher Kurt Riezlers für eine bestimmte These, nämlich daß der Krieg von Deutschland *willkürlich* vorbereitet und entfesselt worden sei, unbequem ist. Nun möchte man diese Tagebücher vom Tisch wischen, so ähnlich wie Kort, nicht wahr. Man argumentiert, daß nicht sein kann, was nicht sein darf. (Hervorh.v.m., B.S.)

Reck	Reck: Können die Riezler Tagebücher als Beleg dafür genommen werden, daß Deutschland am Ersten Weltkrieg völlig unschuldig ist?
Erdmann	Erdmann: Nein, das können sie keineswegs. Und sie können ebenso wenig als Beweis herangezogen werden für die von Fischer und Schulte und anderen vertretene These, daß Deutschland den Weltkrieg bewußt seit mehreren Jahren planmäßig herbeigeführt und dann im Juli 1914 entfesselt habe. Denn die Aussage der Riezler Tagebücher ist eine völlig andere. Das heißt, die Riezler Tagebücher sind der Reflex dessen, was damals Bethmann Hollweg über die Situation dachte und sagte. Die beste Quelle, die wir darüber haben. Nämlich, daß die Herausforderung, vor die sich Österreich gestellt sah durch diesen Terrorismus, dem der Erzherzog zum Opfer fiel, daß Österreich darauf reagieren mußte und daß Deutschland bereit war, diesem letzten Bundesgenossen, den es noch besaß, in dieser Notsituation *beizustehen*. Man war sich von Anfang an bewußt in Berlin, daß dies zum allgemeinen europäischen Kriege führen könnte. Aber man wollte keineswegs den europäischen Krieg, sondern, wie das aus unendlich vielen Zitaten nachweisbar ist aus den Riezler Tagebüchern, man hat sich bemüht, den Krieg lokalisiert zu halten, war allerdings nicht sicher, ob das gelingen würde. Schon aus diesen Gründen wollte man ihn lokalisiert halten, weil man wußte, es würde ein Krieg nicht nur sein gegen Frankreich und Rußland, sondern auch gegen England und aus einem anderen Grunde, weil Bethmann Hollweg überzeugt war, daß ein Krieg, völlig gleichgültig wie der Ausgang sein würde, wer Sieger oder Besiegter sein würde, zu einer revolutionären Umgestaltung der europäischen Verhältnisse führen würde. Und Bethmann Hollweg war ein Konservativer, und das wollte er unter gar keinen Umständen.
Reck	Reck: Welche Lehre könnte man denn aus der damaligen Zeit für heute ziehen?
Erdmann	Prof. Erdmann: Damals hat keine der großen europäischen Mächte, weder Deutschland, noch Österreich, noch Frankreich, noch Rußland, noch England es darauf angelegt, einen allgemeinen europäischen Krieg, einen Weltkrieg zu entfesseln. Alle waren mehr oder weniger entsetzt über das Massenmorden, was hinterher das Ergebnis war. Auf der anderen Seite kann man sagen, jede der Mächte wäre in der Lage gewesen, den Ausbruch des Krieges zu

verhindern: Deutschland, wenn es nicht Österreich bis zum Letzten unterstützt hätte, Rußland und Frankreich wenn sie nicht die Serben bis zuletzt unterstützt hätten, die Engländer, wenn sie ihre Haltung von vornherein klarer deutlich gemacht hätten. Aber keine der großen Mächte war bereit, den Preis für den Frieden zu zahlen, was bedeutet hätte, ganz bestimmte Abstriche zu machen von dem, was man als im nationalen Interesse liegend betrachtete.

Reck   Reck: Herzlichen Dank.

Beckmann   Beckmann: Eine der Folgen, meine Damen und Herren, des Ersten Weltkriegs war Hitler.

                   (Danach Film über ehemalige Hamburger Jüdinnen, die ihre Geburtstadt besuchen.)

7. PROF. DR. FRITZ FISCHER AN DEN LEITER DES FUNKHAUSES DES NDR, HERRN GRÜNDLER, 20.7.1984.

Ich erlaube mir, Ihnen in der Anlage eine Kopie meines Schreibens an Herrn Räuker zu Ihrer Kenntnisnahme zuzusenden. Es handelt sich um meine Stellungnahme zu der Sendung des "Freitagsmagazins" vom 29.Juni d.J.

8. PROF. DR. FRITZ FISCHER AN DEN INTENDANTEN DES NDR, F.W. RÄUKER, 20.7.1984.

Erst heute komme ich dazu, zu einer Sendung im "Freitagsmagazin" vom 29.Juni Stellung zu nehmen, in der meine Ansichten über den Ausbruch des Ersten Weltkrieges völlig verzerrt wiedergegeben worden sind. - Herr Dr. Reck sagte, meine "These" stelle "Deutschland allein als bewusste[n] Kriegstreiber" dar, als ein Komplott zwischen Militärs, Kapital und Kaiser". Professor Erdmann-Kiel sagte, es sei meine These, "daß der Krieg von Deutschland willkürlich vorbereitet und entfesselt worden sei", und daß "Deutschland den Weltkrieg bewußt seit mehreren Jahren planmäßig herbeigeführt und dann im Juli 1914 entfesselt habe".

Ganz gleich, welches meiner Bücher zum Weltkrieg und welche Auflage man aufschlagen möge, so finden Sie nirgendwo derart einseitige Behauptungen. Von einem "Komplott", sozusagen einer Verbrechergruppe, ist bei mir nirgends die Rede. Vielmehr analysiere ich auf breitester Quellengrundlage alle außen- und innenpolitischen, sozialen und ökonomischen, strategischen und rüstungstechnischen, aber ebenso die ideellen und psychologischen Faktoren, die die Gesamtsituation des Deutschen Reiches bestimmten, und die den Gedanken an einen Präventivkrieg aufkommen ließen, um einer für die Zukunft befürchteten Übermacht der Gegenseite zuvorzukommen. Daß auch die anderen am Krieg beteiligten Mächte einen Anteil an der Auslösung des Krieges tragen durch Behauptung ihrer Bündnisse und ihrer Interessen, habe ich nicht geleugnet, sondern ausdrücklich ausgesprochen. *Doch ist das Ergebnis meiner Forschungen, daß Deutschland nicht nur eine "Mitverantwortung", wie Erdmann es sieht, sondern durch seine Politik eine "Hauptverantwortung" für den Krieg zukommt* (Hervorh.v.m., B.S.), eine Meinung, die heute (mit nur wenigen Ausnahmen) von allen Historikern des In- und Auslands geteilt wird. Im Übrigen wurde ein Krieg damals von allen Staaten, worauf ich ausdrücklich hinwies, als ein Instrument der Diplomatie betrachtet.

Herr Erdmann hat, was die Entstehung des Krieges angeht, seit 1963 immer wieder und so auch in der Sendung vom 29.Juni, behauptet, daß die von ihm 1972 edierten Riezlertagebücher meine Ansichten widerlegen würden, was nicht haltbar ist. Es handelt sich dabei nicht um "die" Riezlertagebücher, wie Erdmann sagt, von denen nach Riezlers Tod die ersten zwei Drittel, einschließlich der drei Vorkriegsjahre, verbrannt worden sind, (geschlossen veröffentlicht sind die Nummern 548-751 vom 15.8.14 bis zum 11.11.18), sondern um 19 lose Blätter DIN A5 mit 7 Eintragungen für die Zeit vom 7. bis zum 26.Juli und eine vom 14.August 1914 mit einer eigenen von der durchlaufenden Zählung abweichenden Zählung Nr. 1-8. Die Authentizität der Eintragungen auf diesen 19 Blättern wurde von zwei völlig unabhängig voneinander arbeitenden Historikern (Prof. F. Fellner- Salzburg 1973 und Dr. B. Sösemann- Göttingen 1974 und 1983) kritisch in Frage gezogen; obwohl von Riezler selbst geschrieben, stellen sie nach dem Urteil dieser Historiker spätere Überarbeitungen oder Neufassungen dar. Allein auf diese 19 Seiten gestützt, glaubt Herr Erdmann zahlreiche andere Quellen, die ich heranzog, und auch die neueste, das Tagebuch von Theodor Wolff, das er 1914-19 geführt hat, ignorieren zu können.

Was die Behauptung angeht, Dr. Bernd Schulte hätte Herrn Erdmann unterstellt, ein Fälscher zu sein, so hat Herr Schulte in der in Frage stehenden Sendung vom 27.April nicht davon gesprochen, Herr Erdmann habe eine Quelle gefälscht, sondern lediglich davon, daß Herr Erdmann eine "gefälschte" Quelle, d.h. eine mit hoher Wahrscheinlichkeit vom Tagebuchschreiber Riezler selbst später veränderte Quelle benutzt, ohne auf deren Andersartigkeit aufmerksam gemacht zu haben.

Gerade in einem Moment wie dem jetzigen, wo im In- und Auslande durch das 70-Jahr-Gedenken an den Ausbruch des Ersten Weltkrieges die Bemühungen um das richtige Verständnis dieses welthistorischen Vorgangs erneuert werden, muß ich größten Wert darauf legen, daß die von mir geleisteten Beiträge zur historischen Wahrheitsfindung nicht entstellt weitergegeben werden. Ich möchte Sie, sehr geehrter Herr Räuker, auffordern dahin zu wirken, daß in Zukunft solche Äußerungen wie die Ihres Mitarbeiters Dr. Reck nicht mehr gebracht werden, der in seiner Einleitung zu der Sendung vom 29 Juni die extremen Ansichten von Professor Erdmann übernahm und noch überbot.

A Simple Illusion.

Prewar Politics and the Military Elite in Germany, 1888 to 1914.

BERND F. SCHULTE

Germany became reunified in 1990. This revival of a major power in central Europe may in future effectuate tendencies in political and military evolution, resembling the dangerous path Germany did follow at least since 1890. The background of conductable local non nuclear wars, even around Europe again (Singer, Michigan, "Decline. Dispute and War, 1816-1980/ January 1984), throws new light on the political and especially military decisions before 1914 when the shadow of a great war did merge.

Up to 1961, and Fritz Fischers famous work "Germany`s Aims in the First World War", this conflict became estimated to be one of the best analysed chapters of German and European history. In 1984 an East German scholar (Helmut Otto, Militärgeschichtliches Institut der NVA) told me about his success in revealing military documents which disappeared in 1945. This archive material, derived from the "Forschungsanstalt des Heeres" at Potsdam, nowadays gives us a more detailed impression of German military thinking before 1914.

At the same time, we got to know that the so called "Reichs-" and later on "Heeresarchiv" was not eager to publish the "full truth" (Schulte, MGM 1/79, Europäische Krise, 1983 and www.forumfilm.de 'Streitkraefte im Spannungsfeld'). Officers of the "old army" and historians took over the political targets of the Weimar Republic and the following "Third Reich". The topic of future warfare had to be researched and the future war was openly said to be the natural outcome of upcoming events "in spite of 'Völkerbund' and other peaceful dreams".

So "Reichsarchiv" and "Wehrmacht" were preparing the second attempt to rereach German world power standard. In order to correct the treaty of Versailles, the "Reichsarchiv" tried to describe military history under the perspective of former German military doctrine, which became formulated in the means of the so called "Schlieffen-Groener-Tradition" (Kuhl, v.Kluck). This school of

German military thinking tended to influence public discussion upon the First World War. First, Groener and his associates tried to prepare society in general for future war. The major argument sounded: in 1914 the German Army suffered more or less from a shortcome of efficient military leadership.

The well known controversy, on the outbreak of the First World War, is still going on. Right now, new documents dealing with military questions around 1914, lay open a more intense view on the German role before war became declared. When in 1973, I was analysing the influence of military potential, aims and factors, on political decisions, those essential papers weren't at our disposal. Nowadays a younger group of the national-conservatives among German historians is trying to use this material, in order to renew the arguments of Gerhard Ritter's [Mommsen-School]. As planned, work and influence of the so called 'Fischer-School' at Hamburg should become annihilated by this new attack (remember the Riezler-Diary-Affair between Ritter – Erdmann - Schieder/Schulte, 1984/85).

Sociological and politological aspects - as well as modern research on conflict and peace - lead to a far more detailed outlook on the German Empire of 1871/1918 and its going to war in 1914. Gerhard Ritter's work, on Prussian-German militarism, sought to defend Germany against article 231 of the Versailles Treaty. Fischer's book on the war aims of Imperial Germany uttered a catalytic influence in the 1960ies, as well on Germany's historiography as on it's politics. In 1966 Ritter, so I did declare in the Riezler Diary affair, had become "defeated" (a new: B.F.Schulte, Weltmacht durch die Hintertür, Hamburg 2003).

Nowadays military history is affected by theories, dealing with the role of the former General Staff in German society. It has been tried to point out that this military elite, not being convinced to possess the "mirage of success", all the same did push the political leader, chancellor v. Bethmann Hollweg, to make war "as soon as possible".

Today there exists the chance to reveal, by help of new archive material, the prevailing view of the military leaders at Berlin. The first time, for at least 52 years of research, we may put an eye on the papers the most central figures in German military circles fixed their ideas upon. Material, science did look for in course of the so called "Fischer Controversy". The "decision making process" around emperor William II., and his military advisers, as well as during the time of the chancellors v. Bülow and v. Bethmann Hollweg, will get more distinct. Besides the image of future warfare, the methods and aims of research, the "Reichsarchiv" in between 1919 and 1946 did follow, this Institution will be shown mobilising the whole of German society (as well teachers as lawyers and economists), in order to conduct a second World War. On the other hand, attempts to declare German military leaders inefficient and lacking distinct plans, and further on being influenced by "dreams and nightmares" (D.Groh and St.Foerster, 1974/1995), such pictures will become cut down to reality. Discussion on the German operational plan of 1914 and strategy in general, falsely called "Schlieffenplan", hasn't yet been put into the right context as well (see the recent publication of a symposium, held by the MGFA Potsdam, on the Schlieffen-plan). Even Gerhard Ritter's book "Schlieffenplan. Critics of a Myth" (1956), in those times severely opposed by the national-conservatives like Wolfgang Foerster, influences a new current German research. By this, historiography falls back in obsolete and unholy tradition. We will have to discern between Fieldmarshall Alfred Count v. Schlieffen's work up to 1905/06 and the plans his successor, Helmuth v. Moltke, the younger, developed up to 1914. This study[*] will not undergo former apologetic attempts, like Gerhard Ritter's thesis that German politics had been dominated by Prussian-German militarism. Even to show German military forces as "Staat im Staate" (Gordon Craig/1955), doesn't match historic reality. Any of these descriptions tries to dessine a German circle of decision, more or less unable to make war. But by what means then exactly this took place at all?

The theory of a paralysed decision-group, especially alluding to army and fleet right before the outbreak of the First World War, became already published by Hans Herzfeld in 1921. Up till now unpublished documentary material, derived from the secret archives of the General-Staff, does show to me a completely different picture. The so called "polycratic basis" of German politics in the "Era of Bethmann Hollweg" will be put to a test. The question is: The German "Reich" of 1914, was it completely unable to act? This aspect will become developed in a more realistic manner than before, correlating to the state of the inflicted minds and work.

In between 1914 and 1918, in Germany, the military sector was at least able to conduct a war that "tout à fait" got more and more total. "Army, industry and labour", as well as strategy, supply of goods and manpower, even war-industries, the German political system was able to unite. But the problem laid open before 1914, how to prepare war on financial, economical and military means, has to be dealt with as well. The documents do not support conservative historians like Lothar Burchardt, Stig Foerster and Wolfgang J. Mommsen, pleading for an imperfect state of German preparedness. Saying: for Imperial Germany wasn't prepared for a World War of *four years*, it can't have been planning a war at all. This

---

* Work in Progress: Prewar Politics an the Military Elite in Germany, 1888-1914 by B.F. Schulte.

study will show: German political, industrial and military leaders did plead for a completely flexible solution of this central problem of war planning, when Germany went to war in 1914 (and 1939). Those intentions have basically been linked with the concept of the "short war".

This leads to the concept of war, Imperial Germany did follow. In contrast to the technical evolution of fire-power on the battlefield, the unbroken dominance of attack, in strategic and tactical means, or the antique thinking of traditional main arms - as infantry, artillery and cavalry, in the main run - the German Army became outtimed in the years in between 1888 and 1909 (Schulte, Armee/1977). All the same, this study has to lay stress upon the first battles at the Belgian-French border, which did show that German tactical doctrine, as well as the French or English, didn't adequately observe the strength of tactical defense. This, up to 1911, to the French fighting force a leading doctrine, became omitted when the new strategic concept, "Plan XVII", had been set into work. Up till now, these questions haven't been discussed in a comparative method. Problems, in our times again of interest, especially because of the aspects of local non nuclear conflicts, even in Europe (Singer/1984), may become actual (in the meantime already in Croatia, Bosnia and Serbia, Afghanistan, Grosny, Irak, Sudan, Kongo, Gaza, Westbank, Afghanistan, Libanon and Sudan).

Combined with this strategic and tactical change, taking place in the first years of the 20th Century, the leading aspects of German military thinking were following for example the basic concept of war against Russia or France/England, with main accent put upon the first battles, fought with the confronting western powers. Moltke (the younger) did work out Germany's military planning. His decisive neighbourship to the chancellor Bethmann Hollweg will have to be explained, as well in doctrine as in dogmatic sense. There has been no struggle between these central figures, taking part in the game of political power. On the contrary, they were linked together with the leading elites of Empirial Germany by the older tradition of the "Prussian Wochenblatt Party", which, in the 1850ies, tried to establish an arrangement with England against Russia, when France and England fought the Crimean War against this eastern power. So Moltke, in December 1911, wrote a central paper for Bethmann Hollweg dealing with the political-military situation, saying, "the leader of the military operations" would be "opposed to a task which would only be soluable, if his preparations would take place by intense intercourse with the political standards of the state". A close look at the parallelism of diplomatic development in the times of Bismarck, as well as under the rule of William II., which will bring about stringent military planning, combined with close support from the political leaders at any time. Military leadership and politics will show that during the Weimar Republic Fieldmarshall Alfred Count of Schlieffen has become broadly overestimated. This, as the "Reichsarchiv" firstly tried to deny any German offensive thinking before 1914. Secondly, Schlieffen became a function, in course of new arrangements, declaring, the younger Moltke mislead the preparations for war as well as the military operations of August/September 1914. What wants to say: to Imperial Germany in 1914, there existed a realistic chance to win the War; Germany's fighting for supremacy in Europe - and, at the same time - world power Standard. This thinking, in the meantime we do know the outcome of World War Two, has been laid open to be wrong. In short: it's unveiled as a simple *Illusion*.

EXKURS.
FORSCHUNGSFÖRDERUNG IN DER BUNDESREPUBLIK.

1995 suchte der Verfasser, für das hier vorgestellte Projekt zunächst Unterstützung bei dem Bielefelder Historiker Hans-Ulrich Wehler, darauf bei einem (seit 1974) guten Forscher-Bekannten, dem englischen Historiker John Röhl in Brighton, der Deutschen Forschungs[G]esellschaft und der Wodrow Wilson Institution/Washington nach. Wehler, der sich um finanzielle Förderung bei ihm bekannten Kreisen bemühen wollte, äußerte sich darauf zunächst nicht, sodass ihm am 13. Juni die Frage zuging, "inwieweit mit einem Erfolg" seiner "Bemühungen noch zu rechnen" sei. "Mir läuft inzwischen die Zeit weg", schrieb der Verfasser damals.

Am selben Tag baute er, infolge eines sich regenden unguten Gefühles im Fall Wehler (vgl. die Kontakte 1981 und 1983 zu Riezler Tagebuch), bei Paul M. Kennedy in Yale für ein Stipendium des Wodrow Wilson Instituts vor. Der Verfasser berichtete zum Fortgang der Riezler-Tagebuch-Affäre, erläuterte den Eindruck des Kennedy-Buches zu „Aufstieg und Verfall der großen Mächte" auf einen General der NVA, und erläuterte die jüngsten Erfahrungen, die er in der Berichterstattung aus der DDR über die Wende deutscher Geschichte gehabt hatte. Zu der geplanten Untersuchung ließ er ein wenig "die Katze aus dem Sack", indem er bemerkte:

"Ich habe bereits einige Monate in Freiburg an den o.e. Akten gearbeitet, Spannendes gefunden und beabsichtige in jedem Fall eine umfassende Auseinandersetzung mit der Polykratielehre der deutschen Zunft zu schreiben. Dabei fuße ich auf breiten Materialsammlungen der letzten 20 Jahre, die z.T. unveröffentlicht sind. ...Die Herren Wehler, Mommsen etc. werden mich nicht stützen, sondern eher behindern (Wehler sucht angeblich seit März ein Stipendium für mich - findet aber keins, denn Frauen und DDR-Historiker gingen vor![so telefonisch]). Sehen Sie eine Chance nach meinen Publikationen in irgendeiner Weise - wo auch immer auf der Welt - mit meinem Anliegen voranzukommen?"

John Röhl erwähnte mir gegenüber einen Kontakt mit einem Industriellen südlich von Stuttgart, den er wohl zwei Mal in einem Londoner Club getroffen hatte. Dieser habe sich als Wissenschaftsmäzen vorgestellt und verfüge anscheinend über beträchtliche finanzielle Mittel. Diesen sprach der Verfasser, auf Röhls Empfehlung hin, gleichfalls im Juni an und suchte diesen Dr. Axel Schulte, Geschäftsführer der Gottlieb Binder GmbH & Co in Holzgerlingen, am 13.Juni auf. Nach einem Rundgang durch die Firma, während welchem dem Verfasser die finsteren Gesichter der Belegschaft auffielen, kam es zu einem Essen in einem Schulte wohlbekannten Restaurant. Doch weder der Duktus des Gespräches, noch Art und Weise wie der Gesprächspartner mit Personen und Sachen umging, ließen Erquickliches erwarten. Es wurde, nach einigem bombastischen Getue in dessen etwas enger Privatwohnung, ein Konzeptvorschlag mit finanziellem Grobansatz vereinbart, der Axel Schulte kurz darauf zuging und zunächst unbeantwortet blieb.

Am 17.Juni schrieb der Verfasser ergänzend, er würde sich „sehr freuen, wenn die Dinge, so wie in Aussicht genommen, Realität werden könnten". Setzte jedoch hinzu:

> "Zu unserem Projekt kann ich nur noch einmal betonen, dass es mir um eine grundlegend neue Sicht deutscher Vorweltkriegspolitik geht. Zentral sind dafür die neuen Militärakten [Akten des Forschungsamtes des Heeres, dem Verfasser bereits 1983 durch Helmut Otto in Potsdam angedeutet], die naturgemäß die Entscheidungen vor und im Kriege neu beleuchten. Herr Röhl ist insofern Konkurrent, als er sich gerade mit dem gleichen Zeitraum, und unter ähnlichen Prämissen, beschäftigt. Gleichwohl bin ich ihm persönlich verbunden und stehe auch wissenschaftlich zu ihm nicht im Gegensatz. Werde mich mit ihm auch fachlich austauschen. Meine breiten Archivstudien seit 1973 haben umfassendes Material zutage gefördert und sollen in das Buchprojekt eingehen. Allein im letzten Jahr habe ich ca. DM 10.000,- in die Arbeit investiert. Bitte lassen Sie mich recht bald wissen, wie es weitergehen kann, damit die zeitliche Disposition zügig fortgeschrieben wird".

Nachdem der Verfasser Hans-Ulrich Wehler, angesichts seiner oben erwähnten Argumentation, seine Enttäuschung mitteilte, und um Vertraulichkeit, wie die Rücksendung der zur Verfügung gestellten Materialen bat, antwortete der Bielefelder Ordinarius am 20.6.1995:

```
Lieber Herr Schulte,

besten Dank für Ihren Brief vom 13.6., der zusammen mit der
letzten Absage einer Förderungsinstitution bei mir eintraf. Ich
sehe keine Möglichkeit, wie ich Ihnen mit diesem Projekt und -
verzeihen Sie - angesichts der Überschreitung der überall gelten-
den Altersgrenze noch weiterhelfen kann. Das tut mir leid, da ich
es gern getan hätte.

Soviel für heute, wie immer

mit freundlichen Grüßen
von Ihrem
```

Darauf setzte Wehler am 27.Juni "noch eins drauf":

```
Lieber Herr Schulte,

besten Dank für Ihren Brief vom 22.6. Ich kann die Reaktion der
Stellen, an die ich mich gewandt habe, auch nicht ändern. Jeden-
falls habe ich getan, was ich konnte. Ihre Unterlagen schicke ich
Ihnen zurück. Natürlich ist Ihre Angelegenheit vertraulich behan-
delt worden.

Für heute


mit freundlichen Grüßen
von Ihrem
```

Mitte August kam schließlich eine Faxantwort aus Stuttgart. Der Verfasser schrieb dazu John Röhl:

> "Ich glaube, es ist von Wert mögliches Unheil von anderen Forschern abzuhalten. Jedenfalls überlasse ich es Ihnen, Ihre Schlüsse zu ziehen".

Röhl hatte inzwischen ähnliche Erfahrungen mit Sch. gemacht und die Herausgeber der wissenschaftlichen Karl-May-Edition, die Sch. ebenfalls gemacht haben wollte, wussten von nichts. So holte der Verfasser bei nächster Gelegenheit seine Belegexemplare in Holzgerlingen formlos wieder ab und buchte das Ganze, wieder um eine Erfahrung im wissenschaftlichen Getriebe reicher, unter Verlust ab. Merkwürdig allerdings, und das wurde ihm erst langsam klar, mit welcher Harmlosigkeit, um es freundlich zu nennen, Röhl in der Sache agiert hatte.

Wehler antwortete inzwischen, unter Angabe der referierten kurzärmeligen Argumente, am 22.Juni. Daraufhin antwortete der Verfasser diesem richtigstellend:

> "Zuletzt hatte ich Ihnen unter dem 13.6.ds. geschrieben, dass mir in der Sache ‚Politik und Militär im Kaiserreich' inzwischen die Zeit weglaufe. Nun erhalte ich Ihre Absage vom 20.6.1995. Ich kann Ihren verschiedenen Argumentationen und Mit-

teilungen nicht folgen. Zudem ich von kompetenten Seiten Gegenteiliges erfahre. Nichts desto Trotz ist mir diese Erfahrung wertvoll...".

Daraufhin beantragte der Verfasser am 27. Juli ein Forschungsstipendium der DFG. Als Gutachter benannte er Prof. Dr. Klaus Hildebrand. Sein Antrag beim Wodrow Wilson Institut wurde durch Manfred Messerschmidt, Paul M. Kennedy und John Röhl (Inhalte des GA dem Verfasser nicht bekannt) gutachtlich unterstützt, aber für den Moment abgelehnt. Einen avisierten zweiten "Moment" nahm er nicht mehr in Anspruch, sondern schreibt inzwischen die Untersuchung (hier der Antrag im Auszug) - wie bereits zuvor die Bücher seit dem Balkanstudie (1980) - auf eigener Basis.

Tiefpunkt 1933-1945

Großdeutsche Historiker, die weiter machten.

Theodor Schieder und Werner Conze: Das ist nicht Affinität zum Nationalsozialismus. Das ist Nationalsozialismus.

BERND F. SCHULTE

"Wer versucht, der Geschichte zu entkommen, muß auf Dauer gesehen scheitern" (Johannes Fried, Frankfurter Historikertag, 8.9.1998)

EIN EHRENHAFTER VERSUCH.

Wie letztlich doch mutig Johannes Fried in Frankfurt die Dinge um Schieder und Conze ansprach, wird jeder ermessen, der mit der Hierarchie der Historikerzunft in Deutschland, um die Zentren nachkriegsdeutscher Wissenschaftlichkeit herum, in Berührung gekommen ist. Fried fasste das Problem im September 1998 bei den Hörnern und formulierte in seiner, für einen Präsidenten des Verbandes Deutscher Historiker mutigen Eröffnungsrede des Historikertages:

> "Wie also jenen Laudator des ‚Dritten Reiches' betrachten, der nach dessen Ende sich zu dessen integren Opfern stilisierte und für berechtigt hielt, ‚Charakterlosigkeit und Opportunismus' anderer Professoren anzuprangern? Wie jenen Denkschriftenautor von 1939 verstehen, der ganz zeitgemäß größte Umsiedlungsaktionen plante und sich dazu souverän des Wörterbuchs des Unmenschen bediente? Wie jenen jungen Gelehrten würdigen, der am 10.Mai 1933, dem Tag der Bücherverbrennung, sich jener Schläger- und Terrorbande im Braunhemd anschloß, die den Unrechtsstaat herbeigeprügelt und herbeigemordet hatte, der SA, um dann, kurz vor Beginn des Krieges, im wissenschaftlichen Traktat die ‚Entjudung' polnischer Städte zu fordern?"

Die ganze "Crux" der Friedschen Position, die zugleich hinter Verbandstüren umstritten gewesen sein soll, und jedenfalls zuvor gekürzt wurde, umschrieb der Frankfurter Mediävist mit der Bemerkung, die letztlich blanke Hilflosigkeit ausdrückt: diese Wissenschaftler seien *"unsere* Lehrer" gewesen "und als Forscher *unsere* Vorbilder" (Hervorh.v.m., B.S.).

Doch fasste Fried dann entschlossen zusammen:

"In der Tat, Ost- und Westforscher, Althistoriker, Mediävisten, Neuzeithistoriker *fundierten* - wiederum, und dies muß noch einmal betont werden, keineswegs sie allein - Historiker *verbreiteten und legitimierten*, oftmals *der Entwicklung vorauseilend*, jenen übersteigerten Nationalismus, jene völkischen Überzeugungen mit Einschluß des ‚zeitüblichen' Honoratioren-Antisemitismus, jenen Antiliberalismus, jene Feindschaft zur Demokratie, jenen radikalen Antimarxismus, jene Verherrlichung des Führerprinzips sowie der autoritären, totalen Staatsmacht und *mit diesen Wertsetzungen jene katastrophalen geistigen Bedingungen, die tatsächlich*, wenn auch nicht immer bewusst und gewollt *dem Nazi-Regime Wege geebnet haben*" (Hervorh.v.m., B.S.).

Verweise auf Percy Ernst Schramm (Hamburg/Göttingen), Hermann Heimpel (Göttingen) und Johannes Haller (Halle) liefen jedoch Gefahr, die Konzentration auf das Schieder-Conze-Syndrom zu verwässern, zeigten allerdings drastisch die Breite und Qualität des Krebsschadens innerhalb der deutschen historischen Wissenschaft; damit auch der Nachkriegszeit. Wenn Fried den Hamburger Historiker Hermann Aubin einen "radikalrevisionistischen Ost- und Volkstumsforscher" nannte, dann kann dies nur als blasse Verharmlosung von tatsächlicher Rolle und politischer Bedeutung dieses Mittelalter-Historikers während des III. Reichs verstanden werden[1].

Der Blick auf die ersten Ergebnisse der ernsthaften Erforschung von Geschichtswissenschaft im Dritten Reich, förderte in Frankfurt zusätzlich Namen wie den von Franz Petri (Münster), zu Tage. Recht schwächliche Urteile, wie jenes, "viele Historiker hätten Hitler und seinem Regime ‚frei und willig gedient'", verloren an Überzeugungskraft, als Götz Aly in der Sektion "Deutsche Historiker im Nationalsozialismus", zu Theodor Schieder und Werner Conze, Stellung bezog. Ethnische "Flurbereinigung" und der Terminus "Vordenker" der nationalsozialistischen Vernichtungspolitik weckten hingegen erneut Widerspruch. Der breit gestreckte Rahmen der nationalsozialistischen Geschichtsforschung, weit in die Expansionsräume des Großdeutschen Reiches hinein, beleuchtete dagegen zwangsläufig krass den Wiener Mediävisten Otto Brunner, der mit der "Publikationsstelle Wien" der "Südostdeutschen Forschungsgemeinschaft" zusammen arbeitete und damit eng mit der SS verbandelt war.

---

[1] J.Fried, Eröffnung des 42. Deutschen Historikertages in Frankfurt am Main, in: M.-L.Recker, D.Eisenhöfer, St.Kamp (Hrsg.), Intentionen und Wirklichkeiten. 42. Deutscher Historikertag in Frankfurt am Main 1998, München 1999, S. 1-7 (zit.als: Intentionen).

Äußerlich heftig, wenngleich strukturell kaum ernst zu nehmen, der Widerstand von Söhnen, Schülern und Verwandten der inkriminierten Wissenschaftler. So behauptete etwa Wolfgang Schieder, sein Vater habe sich, während der Kölner Jahre – im Bewusstsein seiner Schuld – als Hochschullehrer betont liberal gezeigt. Ich habe davon – bezogen auf meinen Konflikt mit F. Ritter, Erdmann und Booms – nichts bemerkt.[1a] Aber was bedeuten dann die Machinationen um und gegen Fritz Fischer in den 60iger bis 80iger Jahren, an deren Lenkung und Leitung der Kölner Historiker ursächlichen Anteil hatte? Oder die wenig substantiellen Winkelzüge des Schieder-Schülers Hans-Ulrich Wehler, der sich bemüßigt fand, nach den "Kriterien" zu fragen, welche einer Beurteilung der Lebensleistung Schieders zu unterlegen seien. "Vor-1945" gegen "Nach-1945" aufrechnen? Wer schachert da, ist hier die Frage. Vorwürfe einer "Collagetechnik", und ähnliche versuchte Gegenangriffe (J. Kocka), änderten wenig am im Grundsatz enthüllten Sachverhalt. Das alles wurde mit Hans Mommsens "au fond" klärendem Auftritt vom Tisch gewischt. Der frühere Bochumer Historiker stellte klipp und klar fest, es handele sich bei dem Krankheitsbild Schieder-Conze um einen "Verlust der Substanz von Geschichtswissenschaft *überhaupt*", und:

> "Das ist nicht *Affinität* zum Nationalsozialismus, das ist der Nationalsozialismus" (Hervorh. v. m., B. S.).

Da gibt es nichts hinzuzufügen. Damit müssen wir alle, die Väter aus dieser Zeit hatten, klarkommen. Rettungsversuche, wie der eines weiteren Schieder-Schülers, Wolfgang Mommsen, verloren vollends im brüderlichen Zwist jegliche Konsistenz, denn eine Unterscheidung zwischen national*konservativen* und national*sozialistischen* (Hervorh. v. m., B. S.) Historikern ist, wie etwa bei Offizieren, Richtern, Bankiers und Industriellen überholt. Wieder, wie im Fall Fritz Fischer – bezogen auf den deutschen Kriegsentschluss 1914 – bereits praktiziert, hatte Mommsen erneut versucht, Götz Aly, und anderen "Entdeckern", einseitiges

---

[1a] Es ging 1984 um die Publikation, zunächst von „Konkret", dann in „Die Verfälschung der Riezler Tagebücher" (erschienen 1985) aus dem Nachlaß von Gerhard Ritter. Klaus Schwabe brachte in seiner offiziösen Sammlung ausschließlich die Briefe Ritters. Mein Buch veröffentlichte dagegen auch Schieder, Erdmann, Zechlin u. a. in Vorbereitung der Schlacht mit Fischer. Der Plan, seitens der Crème der deutschen Historikerschaft gehegt, wurde enthüllt, das Riezler Tagebuch als „Waffe" gegen den Hamburger Historiker umzufunktionieren. Booms, beeinflußt durch Erdmann, Schieder und Ritter (F.) verpaßte mir ein „Berufsverbot" im Bundesarchiv. Übrigens: wenn ich das, auf Grund meiner Forschungen und Funde seit 1978, formulierte, was nahm ich damit Bernd Sösemann weg, der sich übernervös bei mir brieflich beschwerte? Bildete dieser Vorgang u. U den Teil eines „Kuhhandels" S.'s mit der Zunft?

Moralisieren vorzuwerfen. Hans Mommsen hatte dagegen begriffen. Er konstatierte:

"Wir hatten die *Vordenker der Vernichtung* im eigenen Lager[2]" (Hervorh.v.m., B.S.).

FAKTISCHE ODER THEORETISCH-MORALISCHE BEDEUTUNG?

Schulze, Helm und Ott bleiben kennzeichnenderweise im Tagungsband des Historikerverbandes eher nur tastenden Versuchen verhaftet. Es geht dabei, äußerst behutsam, nur um das "Sich-Einlassen einer ganzen Generation von Historikern mit dem Nationalsozialismus". Doch keineswegs wird verschwiegen, dass es zu Kriegsbeginn leitende Überzeugung gewesen sei, die Geschichtswissenschaft in Deutschland habe

"die Pflicht, *das „geschichtliche Rüstzeug'* für den Krieg und die bevorstehende Neuordnung Europas bereitzustellen" (Hervorh.v.m., B.S.).

"Willige Helfer", als Begriff in die Forschung eingeführt, erscheint gleichwohl wiederum als zu blaß gewählt und die Betonung liegt insgesamt zu stark auf bloßer "Verführung" (erinnert sei hier an die politisch geförderten Bewältigungsphasen der 50iger und 60iger Jahre). Doch das Zwielicht um die "Gründerväter" der bundesrepublikanischen Geschichtswissenschaft wird gleichwohl konstatiert, allerdings erneut mit der Einschränkung versehen, diese hätten nur "*mit*geholfen" bei der "Diskriminierung der Juden", der "Legitimation des Führerstaates" und einer "Volksboden- und Großraumpolitik" (Hervorh.v.m., B.S.). Viel war jedoch 1998 bereits getan, wenn Schulze-Helm-Ott Karl Dietrich Erdmann, zusätzlich zu der Affäre um die Riezler Tagebücher, mit dem Vorwurf, dieser sei als "Propagandist der Partei" aufgetreten, belasteten, habe "ein Schulbuch mit antisemitischer Tendenz verfasst[e]", und "noch im April 1945 für den ‚Führer' bewundernde Worte" gefunden (Thimme/Kröger).

Peter Schöttler konnte, in deutlicher Unterschätzung der Forschung seit Fritz Fischer, schließlich dennoch nicht umhin, krass verzeichnend zu behaupten, es seien nur "*manche* der Kriegziele des Kaiserreichs *gedanklich* am Leben erhalten" worden (Hervorh.v.m., B.S.). Aber glaubt irgendjemand, praktische nationalsozialistische Politik habe sich zum Beispiel ausschließlich auf den sprachgeschichtlichen Studien der Westforscher Franz Petri und Franz Steinbach gegründet? Dass diese Forschungsrichtung nach 1945 auf "europäische Zusammenarbeit" um-

---

2 Vgl. V.Ullrich, Späte Reue der Zunft. Endlich arbeiten die deutschen Historiker die braune Vergangenheit ihres Faches auf, in: Die Zeit, Nr. 39, 17.9.1998, S. 53.

schwenkte, mag zusätzlich aufschlussreich sein für die in größerem Zusammenhang leitende Europaidee und deren Wirkung auf die deutsche Außenpolitik nach dem Krieg. Die Historiker sollten sich, ähnlich wie die Politologen, in ihrer Bedeutung für die praktische Politik, damals wie heute, nicht derart maßlos überschätzen. Dennoch ist, ergänzend zu aller zweifelhaften Kompatibilität von historisch-wissenschaftlicher Theoriebildung und praktischer Eroberungspolitik vor 1945, an mangelnder "Bereitschaft zur Verantwortung bei Figuren wie Petri oder Steinbach" zu zweifeln. Hier, wie auch im Fall Hermann Heimpel, fehlte es der Sektion des Historikertages an schneidender Schärfe des Urteils. Zuviel wurde - trotz aller Kritikbereitschaft im Grundsatz - bemäntelt, abgeschwächt oder übersehen. Die ganze Vermessenheit des späteren Göttinger Historikers, und Bundespräsidenten-Kandidaten Heimpel, klingt nur in den "Parallelen zwischen dem universalen Imperium der Staufer und dem nationalen Deutschen Reich" an sowie der Absicht, Burgund in den Reichsverband zurückzuführen. Abstruse Ideen, wie Fritz Fischer einmal dem Verfasser gegenüber äußerte. Nicht "trotzdem", sondern *tatsächlich* "hat sein Werk die nationalsozialistische Eroberungspolitik", nach Willen und Ziel, "wirksam unterstützt". Und dies genügt.

SCHIEDER UND CONZE: SPÄT, ABER MIT RECHT VERBANNT.

Demgegenüber, vergleichsweise erbarmungslos, dagegen das Urteil von Schulze-Helm-Ott, Volksgruppen seien "herabgezwungen" und in Begriffen wie "Umvolkung" und "Entjudung" gedacht worden; und das alles von Schieder und Conze formuliert. Diese Historiker wurden in Frankfurt, ohne Verbrämung und weiteres Deuteln, klar abgesetzt angesprochen. Nach 1945 lief folgerichtig diese Forschungsrichtung in deren verdientes Abseits. Doch Schulze-Helm-Ott formulierten abschließend Fragen zu einem ernstzunehmenden Phänomen Nationalsozialismus, das noch gründlich zu erforschen *ist*, und dem Nationalsozialismus als "Konglomerat ideologischer Anleihen". Das führte allerdings nicht zu einem abschließenden Ergebnis, sondern deklarierte sich, entsprechend guter überkommener Wissenschaftler- und Kongreß-Übung, stattdessen als Ausgangspunkt künftiger Forschung[3].

Diese typische "Kongress-Diskussion" fand in den Wortmeldungen Hans Ulrich Wehlers und Wolfgang Mommsens eine kaum geeignete Würdigung. Götz Aly, der mit anderen jüngeren Historikern, Teile der belasteten Vergangenheit Theodor Schieders und Werner Conzes ans Licht gebracht hat, fasste daraufhin in der Frankfurter Allgemeinen Zeitung (Februar 1999) seine Sicht dieser, trotz allem

---

[3] Winfried Schulze, Gerd Helm, Thomas Ott: Deutsche Historiker im Nationalsozialismus, in: Intentionen, S. 209-214.

bedeutenden, Historiker noch einmal zusammen[4]. Mit Recht garnierte der Berliner Wissenschaftler und Journalist die Diskussion um die Historiker im Dritten Reich mit dem Hinweis, deren Rolle könne wohl kaum anders behandelt werden, als jene von "Ärzten oder Juristen, Offiziere[n] oder Dirigenten".[4a] Diese Diskussion, so Aly, hätte bereits 1992 beginnen können, als Angelika Ebbinghaus und Karl Heinz Roth "ein Bevölkerungsgeschichtliches Geheimgutachten" ediert hatten, das "Schieder im September 1939" ausgearbeitet hatte. Alys Ausführungen gewinnen deshalb an Bedeutung, weil diese in seltener Kompression, die Diskussion um Theodor Schieder und Werner Conze zusammenfasste und deren Äußerungen aus den dreißiger und vierziger Jahren ins Licht hob. So bildet das inzwischen berühmte Schlüsseldokument aus dem September 1939 den Ausgangspunkt allen Argumentierens. Die durch Aly gewählten Zitate skizzieren, für den Betrachter eindringlich, die Szenerie dieser Jahre. So wurde bereits mit Beginn des Polenfeldzuges

> "die Deportation mehrerer hunderttausend Polen vorgeschlagen und - 'dem Aufbau einer gesunden Volksordnung' zuliebe - 'die Entjudung Restpolens gefordert'".

Dass über Jahrzehnte diese Dokumente in bundesdeutschen Archiven geschlummert haben, ohne bekannt zu werden, scheint nur möglich, wenn entweder an diesen vorbeigesehen oder diese gar der Forschung gezielt vorenthalten wurden[5]. Eine, wie die Forscher zur Vorgeschichte des Ersten Weltkrieges wissen, vielgeübte Praxis. Der Schulterschluss der arrivierten Senior-Historiker reicht von Wehler bis Mommsen, und selbst bis Winfried Schulze/München, und darüber hinaus soweit, dass dieses zentrale Dokument in einem an sich verdienstvollen Sammelband über "Deutsche Historiker im Nationalsozialismus" keinen Platz fand. Unerträglich sei dieses für die Schüler des Kölner Meisters deshalb gewesen, so Aly, weil "darin bereits im September 1939 die Idee der 'Volkstumsbrücken' und der 'Einkesselung' entwickelt" wurde. Aly zitiert:

> "Das eingekesselte restpolnische Gebiete der Tucheler Heide bis Dirschau, außer dem

---

4 Götz Aly: Stakkato der Vertreibung, Pizzikato der Entlastung. Welche Sprache ersetzt die Rhetorik der Rassenordnung? Eine Entgegnung auf Hans-Ulrich Wehler, in: FAZ Nr. 28, 1.2.1999, S. 46. Schon diese Überschrift der damals hochkonservativen Zeitung verharmlost gröblich das im Artikel gebotene brisante Material. Denn die Frage, ob sich Schieder und Conze ihrer Vergangenheit gestellt hätten, lenkt von den historischen Fakten ab. Wieder wird eine Diskussion um Haltungen und "Befindlichkeiten" begonnen, die von der brennenden Frage nach dem Grad der Beteiligung an den ungeheuerlichen, jedes Kriegsrecht übersteigenden, Operationen deutscher militärischer und politischer Stellen im Osten ablenken soll.
4a Bundesarchiv Berlin, NSDAP-Parteiarchiv. Herbert v. Karajan. CIA-Bericht zur Untergrundtätigkeit K.'s (von Bayern aus) im Vorfeld des „Anschlusses" Österreichs 1938.
5 Vgl. Bernd F. Schulte, Weltmacht durch die Hintertür. Deutsche Nationalgeschichte in der Diskussion. Hamburger Studien zu Geschichte und Zeitgeschehen, Bd.2, Hamburg 2003, S. 61ff. und S. 137ff. (zit. als: Schulte, Weltmacht).

der südlich der Volkstumsbrücke Netze-Bromberg-Thorn liegenden Raum mit einem Vorstoß von Posen über Kosten nach Lissa, der die polnische Ausbuchtung westlich Posen abschneidet."

Schieder dachte keineswegs lediglich in vergleichsweise harmlosen theoretischen Entwürfen, sondern erwähnte gezielt polizeiliche Umsetzungsmaßnahmen:

"Die Schaffung einer Generalvollmacht für den Staat zur Einziehung von ländlichem und städtischem Grundbesitz aus polnischer Hand. Die sofortige Einziehung der Besitztümer geflüchteter oder rechtskräftig wegen deutsch feindlicher Ausschreitungen verurteilter Polen. Die Ausweisung aller 1919 nach Posen-Westpreußen zugewanderten Polen. Dazu vorausgehend die Ermittlung des Wohnsitzes der Bevölkerung im Jahr 1914."

In einem weiteren Geheimgutachten argumentierte Schieder:

"Bei der jetzigen Lage der Dinge, solange während des Krieges die deutsche Besiedlung noch nicht voll anlaufen kann, ist es nützlich, die Russen aus ihrer Verflechtung mit der polnischen Umwelt, die heute noch weitgehend durch Zusammenleben der beiden Volksteile gegeben ist, zu lösen."

Um eine Umsiedlungspolitik für den jüdischen Volksteil in der "Region Bialystock" zu begründen, griff Schieder, mit der Historikern eigenen Manier, auf die Schilderung der Genesis von volkstümlicher Verteilung und Lebensumständen, und das 14. bis 16. Jahrhundert zurück. Auffallend, wie kritisch die Zusammenarbeit zwischen "bolschewistischer Organisation" und "jüdisch-russische[n]m Funktionärstum[s]" kommentiert wird[6].

Eindeutig der überscharfen Teilhabe am nationalsozialistischen Gedankengut überführt ist jedoch Schieder erst seit 1998.-

Ganz anders Werner Conze. Dessen Überzeugungen, so Aly, hätten bereits vor Jahrzehnten aus seinem Schrifttum heraus entlarvt werden müssen. Dass Conze während seines Studiums, und noch vor Beginn des Krieges, ausgreifende und politisch relevante Erkundungen ostwärts der deutschen Grenzen durchführte, ist heute bekannt. Trotz Kriegsdienst gelangte er die wissenschaftliche Stufenleiter hinauf. 1943 befand sich Conze im Auswahlverfahren für eine Professur an der Reichsuniversität Posen. Das ist nur erklärlich durch seine eindeutige Stellungnahme für die "völkische und antisemitische[r] Propaganda" der damaligen Machthaber. Seine vielgelobte Dissertation über die "deutsche Volksinsel Hirschenhof" entfaltete nicht nur vor diesem politischen Hintergrund, sondern selbst in der bereits

---

[6] Vgl. ebd., B.F.Schulte, Blick in ein Schwarzes Loch. Die Fälschung der Riezler-Tagebücher und deren Motive. Theodor Schieder: Im Dienst der Aggression, S. 125ff. und: Ders.: Beware of the Wolves. Theodor Schieder: Serving Aggression, 185ff.

etablierten Bundesrepublik Deutschland, beträchtliche Wirkung innerhalb einer sich kometenhaft entwickelnden "neuen" deutschen Sozialgeschichte der 70iger Jahre. Letztlich ging es in Conzes Buch um nichts anderes, als um das Beispiel eines "Volksdeutschen Vorpostens" gegen "den Ansturm der chaotischen, ungezügelten Volkskraft des Ostens", wie das bis 1945 hieß. Dass Conze sich einseitig dem nationalsozialistischen Denken hingab, zeigen seine Kommentare zu jüdischen Bevölkerungsgruppen in Wilna und Zitate über "stark verjudete Marktflecken" in Litauen. Heute wissen wir, wie das Bild vom Juden, aus den dreißiger Jahren und über 1945 hinaus, in die deutsche jüngere und jüngste Vergangenheit hinüberstrahlen konnte. Die nationalsozialistische Politik gründete in den besetzten Ostgebieten nicht zuletzt auf Einschätzungen, wie sie Conze vertrat. Begriffe, ähnlich jenem der "sozialen Schichtung" - oder jenem der "Arbeits- und Sozialverfassung" - beflügelten Mitte der 70iger Jahre geschichtswissenschaftliche Oberseminare, und öffneten Geldhähne für Forschungsfelder, ohne dass Jemand auch nur geahnt hätte, wo dieses Instrumentarium zuvor erprobt worden war[7]. Alles, was nicht jüdischen Volksteilen nutze, sei zu unterstützen, so Conze noch kurz vor dem Krieg. Handlungsanweisungen für die politische Exekutive, die Conze entwickelte, strahlten in Randbereiche aus, die den Schritt zu kriegerischen Lösungen inaugurierten.

Angesichts der inzwischen unzweifelhaften Mittäterschaft Theodor Schieders und Werner Conzes, der Parade-Historiker in der Bundesrepublik der 60iger und 70iger Jahre, bei den Plänen und Aktionen der Führungsinstanzen des Nationalsozialismus - sowie deren aggressivsten Zielen - sollte eine Verteidigung kaum für möglich gehalten werden. Wenn dies Hans Ulrich Wehler und Wolfgang Mommsen dennoch unternahmen, dann wirft dies Vorgehen ein bezeichnendes Licht auf die Rolle dieser, Schieder und Conze in den 80iger und 90iger Jahren nahtlos auf dem Olymp der deutschen Historikerschaft nachfolgenden Vertreter einer neo-konservativen Sicht deutscher Nationalgeschichte[8]. Dass sich neben Wehler und Mommsen, selbst Rüdiger vom Bruch um die Überhöhung der Schiederschen und Conzeschen Rolle im Dritten Reich bemüht, beweist keinesfalls, diese hätten sich nach 1945 kritisch mit

---

[7] Vgl. ebd., Werner Conze: Vordenker deutscher Ostexpansion, S. 105ff. und: Werner Conze: Forerunner of German Eastern Expansion, S. 168ff.

[8] Sehr genau entsinne ich die Oberseminare bei Rainer Wohlfeil/Frühe Neuzeit, Hamburg (1973-76), die unter der einseitig theorielastigen Mode der Zeit litten. Und erst recht das aussschließlich sozialwissenschaftlich ausgerichtete Denken und Arbeiten bei Dietrich Hilger/Fachbereich Sozialwissenschaften, Hamburg, der mit Conze am "Wörterbuch Historischer Grundbegriffe" (Herausgeber: Otto Brunner) zusammenarbeite. Conzes Heidelberger Institut, eine der damals angesehensten wissenschaftlichen Adressen – und mit finanziellen Mitteln reich gesegnet, bezahlte die Hilfsassistenten für die Begriffe "Herr und Knecht" und "Kapital". Darunter auch den Verfasser. Otto Brunner bleibt diesem im Gedächtnis als der Zigarre rauchende „Grantler" von fast unverständlicher Diktion. Fritz Fischer besuchte, in dessen Spätzeit, immer wieder den alten Kollegen.

ihrer eigenen Geschichte auseinandergesetzt und zeigt nichts weniger, als mit welch' gravierender Verzeichnung der Realitäten deutsche Historiker, auch der Gegenwart, beschäftigt sind. War es doch vor allem Schieder im Verein mit Erdmann, der die Angriffe auf Fritz Fischer, Ludwig Dehio und andere organisierte, um zu erreichen, dass der Forschungsstand in der Weltkriegs- und Kriegsschuldfrage von 1939 aufrecht erhalten bliebe[9]. Sorgfältig wurden dazu die Macht- und Regelpositionen (zum Beispiel: Institut für Zeitgeschichte/Historische Zeitschrift, Bayerische Akademie der Wissenschaften, Göttinger Akademie, Bundesarchiv) der bundesdeutschen Wissenschaftsorganisation untereinander aufgeteilt und besetzt. So gesehen, erübrigen sich die von Aly aufgespürten Belege für eine potentielle Umkehr dieser Protagonisten der großdeutschen Expansionspolitik. Ausgesprochen wurde an entscheidender Stelle nichts, eingestanden noch weniger. Erst recht bestand und besteht der Geist der alten Kameraden, das "bataillon carré" der geistig Unbelehrbaren fort. Der Gang der Fischer-Kontroverse, bis über 1985 hinaus, beweist das[10].

DER SKANDAL WEITET SICH AUS - ODER UNTAUGLICHE SCHADENSBEGRENZUNG.

Bereits auf dem Historikertag 2000 in Aachen war dieses Thema zu großen Teilen Makulatur. In der Einführung zur Sektion "Historiker im Banne der Vergangenheit" wurden Namen wie Hans Rothfels, Albert Brackmann, Johannes Haller, Rudolf Kötschke und Hermann Aubin genannt. Dass die institutionalisierte Geschichtswissenschaft die "immer wieder aufflackernde Debatte über die Rolle der Geschichtswissenschaft während des Dritten Reiches" nicht besonders goutiert, bestätigte sich gleichfalls. Dies, obwohl "tiefe Abdrücke in der NS-Zeit" auch von besonders hervorstechenden Historikerpersönlichkeiten sich nicht leugnen ließen. Wie stets in solchen Fällen, die Ausrichter des Aachener Historikertages verordneten der Sektion "Historiker im Banne der Vergangenheit" das erprobte Verfahren früherer Jahrzehnte. Es gälte, qua "lex historici", einen "Einblick in den größeren Wirkzusammenhang zu vermitteln", hieß es wie gewohnt. Dennoch, und das wurde im Jahre 2000 nicht verleugnet, habe es auf dem Sektor der Ostforschung - zumindest wie bei Richtern, Offizieren, Journalisten etc. - auch hier "junge, ehrgeizige, national-konservative Forscher" gegeben. Und schließlich sollen, unter Hinweis auf die möglicherweise fruchtbare Verlängerung der Volkstumsforschung des Dritten Reiches in der Sozial-, Struktur- und Alltagsgeschichte (zum Teil des „Heidelberger Kreises"/Werner Conze), von dieser neue

---

9 Vgl. Schulte, Weltmacht, S. 61-220 und: S. 53ff.
10 Vgl. Bernd F. Schulte, Die Verfälschung der Riezler Tagebücher. Ein Beitrag zur Wissenschaftsgeschichte der 50iger und 60iger Jahre, Bern-New York 1985, S. 116-119 und jüngst Schulte, Weltmacht, S. 86ff. und 217ff.

methodische Ansätze ausgegangen sein[11]. Ganz im Banne des Urvaters Schieder begab sich Hans Ullrich Wehler in Aachen erneut auf die schiefe Bahn von Erklärung und Unterscheidung. Diesmal ging der Bielefelder Historiker von rechtem und linkem Totalitarismus, als Deutungsmuster des Verhaltens „einer ganzen Generation von jungen Rechtsintellektuellen in den 20er und 30er Jahren", aus.

Eilig wandte sich zudem Willi Oberkromes Beitrag "Zur Kontinuität ethnozentrischer Geschichtswissenschaft nach 1945" den Nachkriegsaktivitäten der NS-Verbündeten Petri und Aubin zu. Folgerichtig und beiläufig drang die Erkenntnis einer Dichotomie zwischen "nationalsozialistischen Funktionseliten" und dem "ethnozentrischen Modell" der Volkstumshistoriker durch, die Wissenschaft demnach - damals wie heute - letztlich geringen Einfluss auf praktische Politik ausübte. Eine Erkenntnis, die überfällig ist. Umso gespannter war dem Vortrag Hans-Erich Volkmanns zu „Hermann Aubin, Historiker in politischer Absicht" entgegenzusehen. Ohne dessen leitende Rolle bei der Konzeption des "Generalplans Ost" auch nur im Ansatz zu erwähnen, dekuvrierte Volkmann den gesamten Hintergrund der deutschnational-rassisch geprägten Ambitionen Aubins, bezogen auf die Restituierung der deutschen Ostgrenze von 1914. Propagandaministerium, Wehrmacht und hohe NS-Funktionäre waren des Breslauer Historikers, und frühen Wissenschaftsmanagers, Auftraggeber und Verbündete. Hier greift idiographisch die präsumtive Unterscheidung zwischen Historikern und Politikern nicht. Ob Kockas "Kriterien" einer Beurteilung der Aktivitäten von Historikern im III. Reich oder Wehlers Entlastungsvorstoß über die "Nachkriegsverdienste" belasteter Historiker, im Fall Aubin ist für die Zeit nach 1945 keine grundsätzliche Kursänderung festzustellen. Denn nun ging es - statt gegen Polen und Juden - gegen die Sowjets. So verstand sich die mit Rothfels, Markert, Oberländer, Schlesinger, Schieder, Conze, Hubatsch und den Petry(i)s 1949 neu etablierte Ostforschung. Nonchalant wurden alte Aufsätze Aubins - auch im neuen Deutschland – erneut ediert und zog der Hamburger Kollege Fritz Fischers, Hermann Aubin, der Reisende in Germanenmythologie, die Linien seiner restaurativen Schemata tief in die Nachkriegszeit. Dass Volkmann höchstens mit einem Auge sah, zeigt die Begründung seines abschließenden Urteils:

> "Sein [Aubins] Verhältnis zum NS-Regime erklärt sich aus der *tendenziellen* Identität seines historiographisch begründeten politischen Anliegens mit der NS-Volkstumsideologie. *Das NS-Regime bot die Chance, historische Erkenntnis in politische **Botschaft** umzuformulieren*" (Hervorh.v.m., B.S.).

―――――――――――――
11 M.Kerner (Hrsg.), Eine Welt - Eine Geschichte? München 2001, S. 322f. (zit.als: Kerner, Eine Welt).

Aber was heißen „tendenziel" und "Botschaft", angesichts der Mittel, mit welchen die deutsche Politik umgesetzt wurde? Volkmann erreichte, mit Hilfe überkommener Wissenschaftsterminologie, im Rahmen der Aachener Veranstaltung, den Gipfel der Verharmlosung. Es erscheint nur rechtmäßig, wenn Aubin nach 1945 arge Probleme hatte, überhaupt in den akademischen Bereich zurückzukehren. Dem Verfasser ist es nun erklärlich, dass sich seine Tochter, Frau Berg, 1983 außer Stande sah, ihm - im Rahmen seiner Riezler-Nachforschungen - Einblick in Hermann Aubins Nachlass zu gewähren[12]. Und: gab es in Aachen dazu eine nennenswerte Diskussion? Wohl kaum.

---

12 Ebd., 325f. Vgl. Schulte, Weltmacht, S. 172ff. ("Anticipating Extermination?").

Hat der Dritte Weltkrieg bereits begonnen?

Historische Methode und Gegenwart.

BERND F. SCHULTE

Kuwait- und Irakkrieg ließen den Blick Anfang 2003 zurückschweifen auf den 1. September 1939. Die Erinnerung an die Mitteilung meines Vaters, er habe "am 1.September - morgens in der Straßenbahn in Hildesheim, nur in graue Gesichter" geblickt, ließ mich fragen, ob mit dem Irakkrieg bereits ein dritter Weltkrieg begonnen habe. Diese Frage stellte ich verschiedenen Gesprächspartnern in Freundeskreis und wissenschaftlichem Umfeld[1]. Die Antworten werden im Auszug in der Reihenfolge der Antworten abgedruckt.

Dass nicht sämtliche Befragten konkret antworteten, mag normal sein. Dass der eine oder andere sich erstaunt zeigte, dass ich ihn für schon "so alt" hielte, mag in der unterschiedlichen Bedeutung begründet sein, die wir dieser Frage beimessen. Altbundespräsident Richard von Weizäcker, den ich in einer Traditionsfrage zur 23. Infanteriedivision/Potsdam befragte, ließ auf dessen Memoiren hinweisen[2]. Diese enthalten zum Kriegsausbruch 1939, mehr oder weniger den Hinweis, dass im Morgengrauen ausgerückt wurde. Rudolf Morsey verfügte über keine "persönlichen Erinnerungen an den 1.September", verwies jedoch auf einen "anderen Ausschnitt aus" seiner "Vita", der "unter dem Titel ‚Von der Geschichte des Rheinlandes und Westfalens zur Landesgeschichte Nordrhein-Westfalens' in einem Sammelband ‚Lebensbilder-Landesbilder'...bei Aschendorff in Münster" veröffentlicht sei[3]. Der frühere Leiter des Bundesarchiv-Militärar-

---

[1] B. Schulte an M. A. Stolper, 25.3.2003: "Es scheint mir ein wesentliches Element des Verständnisses, zu klären, ob Krieg ein völlig andersartiges Leben heißt (vgl. Tagebuch Goebbels). Mein Vater sagte mir, er habe am Morgen des 1.September, in der Straßenbahn nur in graue Gesichter' geblickt. Auch scheint mir mit Afghanistan und weiteren Vorereignissen wie jetzt im Irak, möglicherweise ein neuer Weltkrieg bereits begonnen zu haben - ohne dass wir das bemerken. Meine These: war das 1939 u.U. ähnlich?"

[2] C.A. von Stenglin an B. Schulte, 1.4.2003.

[3] Prof. Dr. R.Morsey an B.Schulte, 1.4.2003.

chiv Freiburg, Manfred Kehrig, schloss, eingehend auf meine Frage, einen neuen "allgemeine[r]n Weltbrand" nicht aus. "Diese Auseinandersetzung" "im Vorderen Orient" könne "sicherlich Jahrzehnte dauern und sich ungefähr wie der 30-jährige Krieg abspielen"[4]. Professor Heinz Duchardt, der Leiter des Instituts für Europäische Geschichte an der Universität Mainz, ist - wie andere - jüngeren Alters. Mein Fehler, aber gewohnheitsmäßig siedele ich "professores" immer noch im gesetzten Alter an. Doch Herr Duchardt sah mir diesen "lapsus" nach und formulierte verbindlich, "mentalitätsgeschichtlich" sei "das ein interessanter Versuch", den ich da unternähme[5].

Interessant auch, wie Ernst Nolte schreibt, dass nicht der Kriegsausbruch 1939, sondern der 30. Januar 1933 und der 22. Juni 1941 als tiefeinschneidender empfunden wurden. Oder die Beobachtung, die an verschiedenen Orten auftaucht, dass die Einführung der Lebensmittelkarten als besonderer Einschnitt verstanden wurde. Ähnlich die Beobachtung eines Freundes, der mit seinen Eltern auf der Rückfahrt aus dem Urlaub von Garmisch nach Norden, in Würzburg, nur mit Unterstützung eines verwandten Offiziers beim Wehrbereichskommando, ein paar Liter Treibstoff erhielt.

So lassen sich verschiedene Schnitte durch die Äußerungen legen, die schließlich vorlagen. Die persönliche Färbung der Aussagen, unterschiedlich je nach politischem Standort, Beruf oder persönlichem Lebensschicksal, offenbaren vielfältige Nuancen der Thematik. Dabei erscheinen die Äußerungen, welche das historische Erleben unmittelbar spiegeln, von besonderem Wert. Die Urteile "ex post" fallen dagegen von vornherein ab. Die unterschiedlichen Blickwinkel nach Bekenntnis, Hemisphäre - aus welcher die Vorgänge gesehen wurden und werden - bis zu überraschend abweichenden Sichtweisen, bedingt durch diametral gegensätzliche Blickwinkel auf die Ereignisse um 1939, eröffnen ein differenziertes, kritischeres Urteil zur Politik der USA im Irak, bereits zu Beginn des Jahres 2003. So ist diese Miszelle eher eine Anregung zu weiterem Nachdenken, und genauerem Hinsehen, denn abschließendes Urteil und Festlegung auf die Behauptung, der Dritte Weltkrieg habe bereits begonnen.

---

[4] Dr. M. Kehrig an B. Schulte, 24.3.2003.
[5] Prof. Dr. H. Duchardt an B. Schulte, 21.3.2003.

DOKUMENT 1.

Prof. Dr. Fritz Fellner[6], 20.März 2003.

Sie wollen wissen, wie ich den 1.September 1939 erlebt habe? Nicht anders als junge Menschen heute: wir waren von einer monatelangen Propaganda so verhetzt, dass wir wirklich glaubten, so bedroht zu sein, dass nur eine Vernichtung des Feindes durch einen Präventivkrieg unsere Existenz sichern kann.

Konkret: ich war damals noch nicht siebzehn Jahre alt, hatte den Sommer trotz der zunehmend auf Krieg ausgerichteten Propaganda in einem zweigeschlechtlichen Ferienheim fröhlich verlebt, war dann in der letzten Augustwoche auf einem H.J. Lager bei Frain, auf dem Gebiet des damaligen Protektorats gewesen. Dort wurde die Propaganda über Bedrohung so stark, dass wir dumm genug Wachen aufstellten, um uns vor Überfällen zu schützen! Das Abkommen mit Russland schien für einen Augenblick die Kriegsgefahr zu bannen, aber die Propaganda über polnische Greueltaten und Bedrohungen wurde immer stärker. Das Lager wurde vorzeitig abgebrochen, als ich am Sonntag Vormittag (es war der 27. (oder 28.?) August) heimkam, lagen die Lebensmittelkarten auf dem Tisch. Damit war klar, dass der Kriegsausbruch bevorsteht. Am 1.September morgens hörten wir in den Radionachrichten, dass eine Hitlerrede zu erwarten ist. Da wir einen alten Apparat aus 1928 hatten, haben mein Bruder und ich unsere Ersparnisse dazu verwendet, einen neuen Radioapparat zu kaufen. Über den hörten wir dann am Vormittag die Rede: "...seit 4.45 wird zurückgeschossen." Wir Jungen waren von der Richtigkeit dieser Aussage und von der Notwendigkeit einen "Präventivkrieg" zu führen, überzeugt, die Eltern waren besorgt, sie hatten bereits einen Krieg mitgemacht, der auch angeblich zur Abwehr einer Bedrohung begonnen worden war. Es war eine Stimmung des Hinnehmens einer notwendigen Entscheidung, nicht die geringste Spur einer Kriegsbegeisterung, aber die Überzeugung, dass wir uns mit einer von aussen aufgezwungenen Entscheidung abfinden müssten. Der Alltag ging überraschenderweise unberührt weiter, die noch am gleichen Tag beginnenden Sondermeldungen liessen hoffen, dass der Krieg schnell vorübergehen wird. Soviel als spontane Antwort auf Ihre Anfrage.

DOKUMENT 2.

Prof. Dr. Ernst Nolte[7], 22.März 2003.

Auf diese sehr aktuelle Frage kann ich Ihnen nur eine unzureichende Antwort geben. Ich erinnere mich sehr genau an den Abend des 30.Januar 1933 und auch an den 22.Juni 1941. Vom 1.September 1939 meine ich mich an das "...wird zurückgeschossen" zu er-

---

[6] Historiker (em.) Universität Salzburg.
[7] Historiker (em.) Freie Universität Berlin.

innern, aber viel deutlicher ist mir die Nachricht von der Einführung der Lebensmittelkar-ten (einige Tage vorher) im Gedächtnis geblieben. Damals war ich während der Ferien in Paderborn statt an dem Wohn- und Schulort Hattingen. Ist dieser amerikanische Angriff gegen den Irak nicht weit mehr ein "Überfall" als damals der Feldzug gegen Polen? Die Überstarken gegen die Schwachen, die kaum Widerstand zu leisten vermögen!

DOKUMENT 3.

Gerd von Paczensky[8], 23.3.2003.

Ich muß passen. Der 1.Sept. 39 war elf Tage nach meinem 14. Geburtstag. Mein Vater war schon tot, meine Mutter und meine Großmutter (die bei uns lebte) waren wohl ver-dattert, aber da habe ich keine präzise Erinnerung. Ich weiß nicht einmal mehr, ob das noch unsere Ferienzeit war (glaube es beinahe); in Liegnitz (Niederschlesien) hatten wir Ferien zur Erntezeit im August, und ich machte Feldarbeit in der Umgebung auf einem Gut. Das einzige, was ich genau erinnere, leider ohne Datum, war, wie ich mit vielen Liegnitzern von der Autobahnbrücke am Stadtrand aus die endlosen Militärkolonnen Richtung Osten bestaunte, Lastwagen und Panzer. Das andersartige Leben kam für die Deutschen nach meiner Erinnerung zunächst eher mit der Lebensmittel- und Zigaretten-rationierung und der "Verdunkelung". Wegen der Erfolge in Polen und dann im Westen hatten wahrscheinlich nur wenige das Gefühl, nun habe sich wirklich viel geändert. Das brachte wohl erst der Rußlandkrieg. Aber wie gesagt, die Erinnerung eines damals 14-jährigen bringt nicht viel.

DOKUMENT 4.

Dr. Max A. Stolper[9], April 3, 2003.

I am indeed old enough to remember the outbreak of the war in Europe in 1939. As you know, the United States did not become involved until over two years later, by which time I was in my last year of high school and the editor of my school newspaper, but most of us in the United States, and particularly recent immigrants from Germany like my parents, were emotionally involved from the outset on the side of the Allies and against Hitler. To analogize our current efforts to replace Saddam Hussein in Iraq to the overwhelming necessity to remove Adolf Hitler seems to me rather far fetched. I perso-nally am no admirer of George Bush or his closest advisers and think that our attack on Iraq is likely to turn out to have been a mistake, for the United States if not for Iraq

---

8 Redakteur "Panorama" NDR-Fernsehen (60iger Jahre), Autor und Publizist.
9 Sohn von Dr. Toni (Publizistin/New York) und Gustav Stolper/Nationalökonom

(being conquered by the United States is one of the best things that can happen to people). But neither George Bush nor, for that matter, Saddam Hussein are monsters of the Hitler or Stalin dimension. Moreover, Europe is now a very different place, and the world's other population and economic centers, such as Russia, China, India, Indonesia, Japan, Korea, are all now governed by mostly rational régimes.

DOKUMENT 5.

Probst Walter Hiltenkamp, 6. 4. 2003.

Mit bestem Dank habe ich Ihren März Brief erhalten. Sie stellen darin eine Frage, die sehr einfach klingt und doch nicht leicht zu beantworten ist. Ich will es versuchen:

Im Jahre 1939 bereitete ich mich im Paderborner Seminar auf die Priesterweihe vor, die Ostern 1940 stattfinden sollte. Wir Theologen waren nach der Subdiakonatsweihe vom Wehrdienst freigestellt, mußten aber, nachdem "zurückgeschossen" wurde, auch damit rechnen, eingezogen zu werden. Darum wurde unser Weihetermin auf den ungewöhnlichen 7.Januar 1940 vorverlegt. Unser Leben im Seminar änderte sich meiner Erinnerung nach kaum. Wir hatten unser Ziel im Blick und warteten das äußere Geschehen ab.

Einen Krieg konnten wir uns noch nicht vorstellen, obwohl wir im ersten Weltkrieg geboren waren. Damals drangen Schießen und Zerstörung ja noch nicht bis in die Heimat. Es gab zwar wenig zu essen; aber davon wußten wir später nur noch vom Erzählen.

Im Herbst 1939 ging zwar ein Erschrecken durch die Welt, und man sah gewiß in besorgte Gesichter. Aber daheim ging zunächst das Leben weiter, zumal eine Siegesmeldung der anderen folgte.

Nach der vorgezogenen Weihe wurden einige von uns durchweg zum Sanitätsdienst eingezogen. Ich mußte einen Vikar in Ober-Castrop, der einberufen war, zunächst vertretend ablösen. Ich blieb danach noch eineinhalb Jahre in der Pfarrgemeinde, bis mich Ende November 1941 schließlich auch der Gestellungsbefehl erreichte. Ich weiß noch, daß wir uns damals fragten, ob eine soldatische Ausbildung überhaupt noch sinnvoll sei. Wir hätten nicht für möglich gehalten, daß wir noch über drei Jahre lang auf verschiedenen Kriegsschauplätzen zum Einsatz kommen würden und schließlich noch die Zerstörung der Heimat hätten erleben müssen.

In der Rückschau sieht manches anders aus. Es ist gewiß gut, verschiedene Antworten zusammenzutragen und damit ein einigermaßen gültiges Bild des damaligen Bewußtseins zu erhalten.

Johannes A. Aehrenthal[10], 7.4.2003.

Ihre sehr interessante Frage kann ich nicht beantworten, weil der 1.September 39 für mich kein erlebtes Datum ist. Der Kriegsbeginn (WK II) liegt für mich im Herbst 38 und zwar nach München und vor dem Einmarsch in das Sudetenland. Es war die Flucht von zu Hause (Böhmen) vor dem Nazi-System zu Verwandten nach Ungarn. Traumatisch in...zu langen Wartezeiten und schikanöse Behandlung an Grenzen mit erstmals etwas wie "existentielle Angst" die sich unauslöschbar in das Gedächtnis des damals 5 jährigen eingeprägt hat.

Das Ende dieser Katastrophe war nicht die lebensbedrohende und gewaltsame Deportation 1945 nach Pirna (Sachsen), sondern die 2. Flucht aus Böhmen (CSR) nachdem uns tschechische Freunde meines Vaters illegal in die CSR zurückgebracht hatten. Diese 2. Flucht erfolgte im April 1946 diesmal vor dem national kommunistischen System.

Ob ein neuer WK begonnen hat, weiß ich nicht. Ich meine aber, dass die wieder aufgestandenen Apeasement-Apostel von München über Belgrad bis Sadam Hussein (nicht vollzählig) ...in Feigheit triumphieren. Die Vorgehensweise der USA ist natürlich eine Katastrophe, hauptsächlich für die Agierenden, aber dennoch unausweichlich notwendig; wenn auch zu spät. Es ist leider nicht nur unterhaltsam wie sich längst tot geglaubte ehemalige Friedensmarschierer mit ewig gestrigen und noch immer Kommunisten verbunden eine Antikommunismus Welle schüren.

Die Nagelprobe ist und war bisher eine Lösung des Israel-Problems. Die wütenden Proteste gegen T.Blair, als er kürzlich eine einforderte, lassen diesbezüglich offenbar leider keine Fortschritte zu.

So gesehen sehe auch ich - ein Optimist - ausgenommen besorgt in die Zukunft.

Prof. Dr. Georg Iggers[11], 9.4.2003.

Ich war damals zwoelf Jahre alt, war mit meinen Eltern am 7.Oktober 1938, noch wenige Woche vor dem Novemberpogrom emigriert, und mit ihnen im Januar 1939 nach Richmond (Virginia) gekommen. Obwohl ich Nazi Deutschland als eine grosse Gefahr betrachtete, hatte ich doch noch vor Kriegsausbruch sehr gehofft, dass es eine friedliche Loesung geben wuerde. Ich hasste Krieg. Der Hitler Stalin Pakt hatte mich sehr geschockt. Ich hatte allerdings keine Vorstellung, wie schrecklich der Krieg werden wuerde

---

[10] Nachkomme des Österreich-Ungarischen Staatskanzlers Baron v. Aehrenthal (bis 1910).
[11] Professor (em.) Universität Göttingen (Max-Planck-Institut für Geschichte).

und keine Ahnung vom Genozid. Ich hoffte, nach dem Nazi Einmarsch in Polen, dass die Englaender und Franzosen es diesmal mit ihrem Ultimatum ernst meinten, was dann auch mit der Kriegserklaerung gegen Deutschland am 3.September geschah. Ich war dann enttaeuscht, dass die Franzosen sich hinter der Maginot Linie verschanzten und den Polen keine wirksame militaerische Hilfe leisteten. Meine Sympathien waren ganz auf der Seite der Polen.

DOKUMENT 8.

Prof. Dr. Helmut Otto[12], 13.4.2003.

Ich erinnere mich, daß die Stimmung meiner Eltern und der engeren Verwandten sehr gedrückt war, denn sie hatten ja den ersten Weltkrieg erlebt. Mein Vater war in Rußland und in Frankreich an der Front gewesen und 1918 bei einer der letzten Offensiven verwundet worden. Bei seiner Einberufung im September 1939 (Landsturm, Besatzungstruppen in der Tschechoslowakei) weinte meine Mutter. Ich habe damals meinen Vater zum Bahnhof begleitet, tags zuvor haben wir noch einen ausgedehnten Spaziergang um unsre Heimatstadt gemacht.

Etwas anders war die Stimmung unter und in der Schulklasse, wo die wichtigste Nachricht war, wessen Vater eingezogen wurde. Bei den meisten Jungens war, wenn ich mich recht errinnere, sogar eine gewisse Erleichterung zu spüren, daß der "Alte" nun erst einmal Weg war, d.h. die Aufsicht in der Familie nicht mehr so streng war. Im übrigen haben die Nazis sich um die "Soldatenfrauen" bzw. "Kriegerfrauen", wie es wohl damals hieß, vergleichsweise weitaus mehr gekümmert als es 1914ff. geschah. Sie hatten aus der Geschichte in dieser Hinsicht wohl gelernt. Mehr kann ich Ihnen dazu nicht sagen.

---

[12] Professor (em.), vormals Institut für Militärgeschichte der Nationalen Volksarmee der DDR Potsdam.

Christians Duty. 60 Years Later.

The Relevance and Application of Bonhoeffer's Ethic of "Responsible Action".*

JOHN A. MOSES

The cataclysmic end to the Second World War signified to the doyens of both the disciplines of history and theology in Germany that the time for a paradigm change had arrived, a challenge to set new agendas for the comprehension of the nature of political power since old ones had proved so disastrously out of joint with the times. One searched for the roots of the "German Catastrophe" and the nature of the "German Problem", indeed the demonic dimensions of power[1]. What is of central significance was that both historians and theologians independently of each other felt obliged to reflect on the Lutheran heritage of submission to the "powers-that-be" to establish whether it had somehow contributed to the obviously problematic course of German history. It is important to take note of this in order to appreciate the key position that Protestantism occupies in the formation of German political culture. This allows us to see Bonhoeffer's revolt in starker relief.

For example, the once revered professoriate of German historians, the self-appointed political mentors of the nation in politics only resumed their annual Congresses in 1949. The venue they chose was the once proud city of Munich, then still in a considerable state of ruin, and the main theme, understandably, was ex-

---

* „Key-Note address" für eine ökumenische Gedenkfeier, die am 15. -16.April 2006 in einem anglikanischen Priester-Seminar bei Newcastle veranstaltet wurde.

[1] The then leading German historians, Friedrich Meinecke and Gerhard Ritter immediately after 1945 began the painful process of *Vergangenheitsbewältigung*, coming to terms with the legacy of the past. Numerous other historians followed suite, but see their reflections : 1) Friedrich Meinecke, *The German Catastrophe:Reflections & Recollections* (Boston: Beacon Press, 1963); 2) Gerhard Ritter, *Die Dämonie der Macht* (München:Leibniz Verlag, 1948) appeared in English first as *The Corrupting Influence of Power* then revised as *The German Problem* (Columbus: Ohio State University Press, 1965).

plaining how the catastrophe could have occurred. One professor, Fritz Fischer of Hamburg, gave a key note address on the subject of Protestantism and politics in the nineteenth century[2]. He thereby unleashed a bitter controversy with his older colleague, the famous Luther scholar and apologist for the Prussian tradition, Professor Gerhard Ritter of Freiburg who had an interesting connexion with Bonhoeffer.

Fischer argued that the German Lutheran-dominated Protestant tradition, in contrast to the more Calvinist influenced political tradition of the West, principally Britain, had led to the development of a most unfortunate political culture in Germany, namely the tradition that Luther had inculcated in the population an attitude of unconditional obedience to the secular authorities. As Fischer put it, the greatest sin of which a subject could be guilty in Germany was disobedience to the Prince, i.e. to the secular order of things. Luther was an advocate of absolutist monarchy by the grace of God. So resistance to the powers-that-be, *die Obrigkeit*, in a reference to St Paul's Epistle to the Romans, Chapter XIII, was tantamount to disobedience to God's commandment.

In England, as Fischer pointed out, the Protestant tradition in politics derived from Calvin, and this expressly denied the divine right of kings and went even further to demand the deposition of monarchs who violated the social contract, in short those who misused their power. Indeed, that was the greatest sin in public life, namely the irresponsible use of power. This crucial theological difference between England and Germany led to the emergence of the parliamentary system in the West on the one hand and the retention of princely absolutism in Central Europe on the other, virtually until the revolutions that occurred at the end of the First World War when the kings and princes were forced to depart. So Fischer's 1949 address was unequivocally an indictment of the absolutist tradition, underpinned as it was by the Lutheran Church, in which he perceived the roots of the even more inhumane dictatorship of Adolf Hitler.

As one might expect, Gerhard Ritter was appalled by this thesis and he laboured passionately until the end of his life to deny that there was any continuity between absolutism, especially that of Hohenzollern Prussia and the barbaric Nazi dictatorship[3]. Curiously, both Fritz Fischer and Gerhard Ritter were

---

[2] Fritz Fischer „Der deutsche Protestantismus und die Politk im 19. Jahrundert", *Historische Zeitschrift* Bd. 171, 1950 pp.437-518.

[3] All of Ritter's considerable post war output pursued this theme relentlessly in a vain attempt to exhonerate the Lutheran-Hegelian doctrine of the State from any culpability for the emergence of the aberration of the Third Reich. See his study, *Staatskunst und Kriegshandwerk: Das Problem des Militarismus in Deutschland* 4 Vols. (München: Oldenbourg Verlag 1965-68).

brought up devout Lutherans, although it was Fischer who had actually joined the Nazi party in his youth, clearly persuaded then that Hitler was a legitimate head of state, while the older Ritter had always been a staunch opponent of the Nazi regime. At some point prior to the end of the war or just after, Fischer underwent a quasi Augustinian conversion to become a militant, Western-oriented liberal. Ritter, on the other hand, remained unshakably a conservative Lutheran with a deep-seated aversion against the liberal, especially what he called the Anglo-Saxon West. Somewhat paradoxically, it was Ritter who had organized early in the war a group of very conservative Freiburg professors and others including the former Mayor of Leipzig, Carl Goerdler, into a group of anti-Hitler conspirators calling themselves the "Bonhoeffer circle"[4]. But what is of relevance here is that a secular historian had recognized that at the core of the "The German Problem" was the peculiar character of German Protestantism, and said so very publicly.

The question now is how did the Protestant theologians assess the contribution of Lutheranism to German political culture? Prior to the Munich Historians' Congress there occurred two significant meetings of Protestant pastors in Germany. They had similar concerns to the history professors, being at pains to explain what role the Lutheran tradition may have played in the emergence of the criminal, racist and anti-Christian regime of Adolf Hitler. The first one was held 18-19 October, 1945 in Stuttgart at the behest of the then newly inaugurated World Council of Churches and instigated by its then secretary, the Dutch theologian Visser t'Hooft.

This Stuttgart meeting was memorable for two things: first, among its key personalities was at least one former ally of Dietrich Bonhoeffer, namely Martin Niemöller, and secondly because the meeting formulated the so-called *Stuttgart Declaration of Guilt*. But Bonhoeffer would have been disappointed with the ensuing declaration since it was watered down by the more conservative personalities present to prevent an open admission of any complicity in the Nazi Jewish policy, i.e. failure to protest[5].

---

4 See Helmut Thielicke, (ed) In der Stunde Null : *Die Denkschrift des Freiburger „Bonhoeffer-Kreises". Ein Versuch zur Selbstbesinnung des christlichen Gewissens in den politischen Nöten unserer Zeit* (Tübingen: J.C.B. Mohr, Paul Siebeck, 1979).

5 Donald Shriver, *An Ethic for Enemies: Forgiveness in Politics* (New York: Oxford University Press, 1995) 85-87. Even though the *Stuttgart Declaration of Guilt* was extremely conservative and restrained, it nevertheless drew severe criticism from leading German theologians such as Helmut Thielicke who called attention to the guilt of other nations for some of the excesses of Nazism. It certainly did not attract the whole-hearted endorsement of the wider Lutheran Church.

The second church congress that dealt with this question was held 8 August 1947 in Darmstadt, and this was notable especially for a statement formulated by Bonhoeffer's friend and collaborator, Hans-Joachim Iwand. He was decidedly more frank and open in his criticism of the authoritarian tradition in politics that the Lutheran Church had traditionally supported. He levelled four specific charges against the political-ecclesiastical culture of Germany. These were:

> First, its "dream of a special Germany mission to the world, which set our nation on the throne of God"; (2) the denial of the democratic right of revolution against "abso-lute dictatorship" and with this denial an upholding of authoritarian hierarchy and patriarchy; (3) the formation of a "front of good against evil" such as was implemen-ted in the war against the Soviet Union; and (4) a failure "to make the business of the poor and deprived the business of Christianity, as Germany was prodded now to do by the challenge of Marxism"[6].

These criticisms, a pointed rejection of the continued naive acceptance of the inherited Lutheran-derived political culture, were not everywhere welcome either, even though the *Darmstadt Declaration* also refrained from mentioning anti-Semit-ism and the Holocaust, not to speak of the depredations of the German armies in the East and elsewhere. Obviously, had Bonhoeffer still been alive the wording of these declarations of guilt would conceivably have been stronger. Nevertheless, Iwand's formulation that the Germans had dreamt of a "special mission to the world" and had identified the State with the will of Almighty God, was a cour-ageous indictment of German nationalism and the Hegelian philosophy that had imparted to it its unique conscienceless or amoral endorsement of aggression. Above all it was a distinct echo of Bonhoeffer's now silenced voice.

Once Bonhoeffer's critique of the Nazi regime had begun to filter into Ger-man Protestant Synods, there gradually emerged more direct confessions of guilt. Again in Darmstadt on 8 April 1948 the council of Brethren of the Evangelical church issued a "Message Concerning the Jewish Question" such as one Synod

---

[6] Ibid. 8. Although "Darmstadt" was a decided improvement on "Stuttgart" it still lacked a totally open statement about the details of the persecution of the Jews. Bonhoeffer himself had already in his Ethics manuscript made a full and honest declaration of guilt on a full range of questions where the Church had not lived up to the requirements of the Gospel in the peculiar situation in which it found itself in Nazi Germany. Specifically Bonhoeffer pilloried the cowardice of the Church in not raising her voice on behalf of the victims [of the Nazi regime] and "has not found ways to hasten to their aid. She is guilty of the deaths of the weakest and most defenceless brothers of Jesus Christ". See *Ethics* (New York: Touchstone Books, 1995) 114. See also Victoria Barnett, *For the Soul of the People: Protestants Against Hitler* (Oxford/New York: OUP, 1998) 230, 234 and Matthew D. Hockenos, *A Church Divided: German Protestants Confront the Nazi Past* (Bloomington & Indianapolis: Indiana University Press, 2004). The full texts in translation of both the Stuttgart Declaration and that of Darmstadt are reproduced on pages 187, 194).

in 1950 under the presidency of Gustav Heinemann, the later president of the Federal Republic, which affirmed: "We declare that through negligence and silence before the God of mercy, we have shared in the guilt for the crime which was committed by men of our nation against the Jews"[7]. It meant that some German Lutherans at least were beginning to read Bonhoeffer's *Ethics* and to assimilate his unprecedented and corrosive critique of the powers-that-be, indeed of the political culture that could lead, above all, Lutheran theologians to endorse Adolf Hitler as a legitimate authority in Germany[8].

We need to grasp that Bonhoeffer's views were perceived as essentially revolutionary in Lutheran circles, and they had developed steadily from the beginning of his confrontation with the injustices of the Nazi regime especially towards its subjects who were denied the status of Germans because of their racial derivation and/or religious affiliation. These revolutionary views gained their final expression in the fragments we now have as *Ethics*. A detailed examination of this text reveals Bonhoeffer's essentially Lutheran concepts of "righteous action", and we shall attempt here to trace the evolution of his ideas that, even today in some Protestant circles in Germany, have not been accepted as legitimate. Bear in mind, too, that Bonhoeffer continued to be regarded officially as a traitor for his part in the conspiracy against Hitler, not only by the legal profession but also by many leading church dignitaries until quite recently[9].

I

Even prior to the Nazi seizure of power in January 1933, Bonhoeffer was becoming acutely aware of the illegal character of the Nazi movement. In this he was influenced to a large extent by his brothers-in law, Hans von Dohnanyi, Rüdiger

---

[7] Ibid, 88.

[8] The first edition of Ethics dates from 1948. See Bethge's preface to the first through to the fifth German edition in the 1995 first English language edition by Touchstone Books (Simon & Schuster) published in the United States. As well see the Foreword to *Ethik*, Vol. 6 of *Dietrich Bonhoeffer Werke* [edited by Ilse Tödt, Heinz Eduard Tödt, Ernst Feil & Clifford Green] (Gütersloh: Chr. Kaiser/ Gütersloher Verlagshaus, 1992) 10. The English edition has now appeared as Volume 6 in the series *Dietrich Bonhoeffer Works*. While in prison Bonhoeffer continued to put his thoughts on *Ethics* on paper but a 100 page Ms on which he was working has been irretrievably lost, presumably in Flossenbürg, Bonhoeffers last place of incarceration prior to his execution. [Personal communication from Dr Ilse Tödt, 14/4/05].

[9] I have reported on the final exculpation of Bonhoeffer from the formal indictment of treason which took effect when the *Landgericht* (State Court of Berlin) did actually repeal the death sentence on Bonhoeffer and the other executed conspirators in "Dietrich Bonhoeffer as Conspirator against the Hitler Regime: The Motivation of a German Protestant Revolutionary", *War & Society* (Vol. 17, No. 1, May 1999) 28.

Schleicher who were high-ranking public servants in Berlin, and Gerhard Leib-holz, a lawyer. They had early recognized that Hitler and his followers were essentially criminal, certainly contemptuous of the rule of law and the Weimar constitution, and it is not surprising that these conscientious public servants very early conceived of the necessity of having Hitler arrested and placed on trial for high treason[10].

The very first expression of Bonhoeffer's opposition to Nazi ideology and the fantastic claims of Adolf Hitler to be the leader who personally determined what the law was, was actually written just prior to Hitler's appointment as Chancellor. This was the famous radio talk in Berlin that was scheduled for 1st February 1933, two days after Hitler assumed office, and which was cut off the air once the station management realised that Bonhoeffer was subtly attacking the Nazi concept of authority. "The Leader and the Individual in the Younger Generation", as the talk was entitled, made the point that it was impossible for the individual German to submit his will to a leader who was in reality a misleader. Here the German is far more incisive because Bonhoeffer made a pun on the words *Führer* and *Verführer*, literally leader and seducer. Without mentioning Hitler by name, Bonhoeffer had designated Hitler a seducer of the German people, particularly the youth. Indeed, the only authority to which one must submit was that that of Almighty God Himself[12].

From then on Bonhoeffer found himself in irreconcilable conflict with the so-called *German Christians* who were demanding, contrary to Bonhoeffer's stance, that indeed, one must submit oneself, especially as a Christian to the will of the *Führer* who was the new expected one, in fact the "saviour" of the German people. A more heretical demand can scarcely be imagined, but thousands of German Protestants, were persuaded to follow the *German Christian* line. And this meant the complete endorsement of the Nazi Party program, including especially its racial policies.

There ensued then the famous split in the Protestant Church in Germany leading to the formation of the Confessing Church of which Bonhoeffer was one of the key personalities alongside Karl Barth and Martin Niemöller[12]. But

---

[10] Dohnanyi, for example, as an official in the Reich ministry of justice, had kept a diary of all Hitler's criminal, i.e. non-constitutional, acts with a view to using them to indict Hitler at some appropriate time when the opposition had wrested political power. See Christoph Strohm, *Theologische Ethik im Kampf gegen den Nationalsozialismus: Der Weg Dietrich Bonhoeffers mit den Juristen Hans von Dohnanyi und Gerhard Leibholz in den Widerstand* (München: R. Oldenbourg, 1991) 11-12.

[12] Still the most readable and lucid account of these events is to be found in John S. Conway, *The Nazi Persecution of the Churches* (London: Weidenfeld & Nicholson, 1968).

Bonhoeffer emerged as the most rigorous and energetic opponent of the Hitler movement and its misguided Protestant supporters in Germany. We can discern two main phases in Bonhoeffer's development as a revolutionary from 1933 up until his death in April 1945.

The first is the propagandistic phase consisting of mainly writing, preaching and agitating against the theology of the *German Christians* and the policies of the Nazi regime. He did this both within Germany itself and also abroad as an active advocate of the then ecumenical movement. His main themes were the absurdity and wickedness of the Nazi Jewish policy and, of course, he stressed the point that the *German Christian* dominated German Evangelical Church, by being so blatantly submissive to the *Führer*, was really no church at all. The true Church in Germany was the Confessing Church that remained faithful to the full Lutheran heritage, in particular to the authority of the whole of Scripture, not just to selected parts of it as was the case with the *German Christians*.

With regard to Nazi Jewish policy Bonhoeffer composed an essay, "The Church and the Jewish Question", 15 April, that appeared in print in June 1933, as a direct protest against the anti-Jewish discriminatory Nazi legislation known as the Aryan paragraph (7 April 1933). In it Bonhoeffer censured the State that had declared war on its own citizens. This was not what a legitimate State under God would do. Again, the implication that the Nazi regime was not a legitimate State is clear. The question was what should people with a Christian conscience do about it? And here Bonhoeffer gives the very first glimmer of his notion of "righteous action", in the now famous passage:

> All this means that there are three possible ways in which the church can act to-wards the state: in the first place…it can ask whether its actions are legitimate and in accordance with its character as state, i.e. it can throw the state back on its re-sponsibilities. Secondly it can aid the victims of state action. The Church has an un-conditional obligation to the victims of any ordering of society, even if they do not belong to the Christian community. 'Do good to all men'. In both these courses of ac-tion, the church serves the free state in its free way, and at times when laws are changed the church may in no way withdraw itself from these two tasks. The third possibility is not just to bandage the victims under the wheel, but to put a spoke in the wheel itself. Such action would be direct political action, and is only possible and demanded when the church sees the state fail it is function of creating law and order, i.e. when it sees the state unrestrainedly bring about too much or too little law and order. In both these cases it must see the existence of the state, and with it its own existence, threatened. There would be too little law if any group of subjects were deprived of their rights, too much where the state intervened in the character of the church and its proclamation, e.g. in the forced exclusion of baptized Jews from our Christian congregations or in the prohibition of our mission to the Jews.

Here the Christian church would find itself in *statu confessionis* and here the state would be in the act of negating itself. A state which includes within itself a terrorized church has lost its most faithful servant. But even the third action of the church, which on occasion leads to conflict with the existing state, is only the paradoxical expression of its ultimate recognition of the state; indeed, the church itself knows itself to be called here to protect the state qua state from itself and to preserve it. In the Jewish problem the first two possibilities will be the compelling demands of the hour. The necessity of direct political action by the church is, on the other hand, to be decided at any time by an 'Evangelical Council' and cannot therefore ever be casuistically decided before hand[13].

One may judge this passage as containing the seeds of Bonhoeffer's later fully matured concept of "righteous action". From hereon we see him responding to the situation in Germany with increasing vigour and determination.

Next in this first phase Bonhoeffer had accepted the pastorate of two German parishes in London, and while there he had deepened his friendship with Bishop Bell of Chichester and collaborated with him in easing the lot of the many German-Jewish refugees to Britain. As well, Bonhoeffer informed himself about theological education in England by visiting as many theological colleges as he could, including, significantly, the Anglican religious communities at Kelham and Mirfield. This experience was to have some considerable impact on Bonhoeffer's views concerning the theological/spiritual formation of pastors when, on return to Germany in 1935 he was commissioned by the Confessing Church leadership to found an illegal seminary for the training of ordinands, first at Zingst, then notably at Finkenwalde.

It was also in this first phase of Bonhoeffer's development as an opponent of the Nazi regime and its church supporters that he wrote his most profound critique of German Protestantism for its failure to see the evil dimensions of National Socialism, namely *Nachfolge*, in English, *The Cost of Discipleship* (1937). In this work Bonhoeffer formulated and denounced what he understood as "cheap grace", meaning the tendency of German Protestants to rely entirely on the promise of God's forgiveness and to neglect to lead lives consciously in the service of others. Indeed, the diaconal dimension had largely disappeared from German Lutheran piety. There was an over-reliance on the "powers-that-be" that resulted in an abdication of a sense of personal responsibility for what happened in society and the world of politics.

In particular, the issue of the State's policy towards the Jews had gained unequivocal endorsement from wide sections of the Protestant Church who were

---

[13] In: *No Rusty Swords* 225-6.

still committed to a so-called *Theologia Gloriae*, meaning that the Church triumphs over the Synagogue, even though they had become members of the Confessing Church[14]. As late as the tenth Sunday after Trinity in 1937, Pastor Hans Assmussen could preach as follows:

> The time of the Jews is passed. Israel failed to recognize God's great hour. [...] It came to this because they distorted their service to God. Indeed, the Jews made out of the house which was rightly God's house, a temple in which they worshipped Mammon. For this reason the advent of Christ incarnate was something alien. They hated Him of necessity because he made manifest their end. The New Covenant recognizes no peace with the Jews or the heaven. Both stand with regard to the Church in irreconcilable hostility as long as the Church is still the Church"[15].

This is a graphic example of how deep-seated the anti-Jewishness of German Protestantism went and how far Bonhoeffer had distanced himself from it. He saw the possibility of overcoming the seemingly unbridgeable gulf separating Church and Synagogue by locating the Church and the Synagogue in a reciprocal relationship whereby the Church kept permanently in mind its Jewish roots from which it could not be separated and still be the Church. To do this he re-evaluated Romans 11: 17-18:

> Some of the branches of the cultivated olive tree have been broken off, and the branch of the wild olive tree has been joined to it. You Gentiles are like that wild olive tree, and now you share the strength and rich life of the Jews. So then, you must not despise those who were broken off like branches. How can you be proud? You are just a branch; you don't support the root-the root supports you. *[Good News For Modern Man]*

The logic of this was perfectly clear to Bonhoeffer, but not, of course, to most of his co-religionists at the time. But challenging the entrenched *Theologia Gloriae* to replace it with a *Theologia Crucis*, that acknowledged the Churches undeniable roots in Judaism, was the pre-condition for righteous action. By 1937 Bonhoeffer had tried to exploit through his agitation within the Ecumencial Movement all propagandistic means to bring home to the international Christian

---

[14] For a perceptive definition of *Theologia Gloriae* and its opposite *Theologia Crucis* see Robert Michael, "Theological Myth, German Antisemitism and the Holocaust: the Case of Martin Niemöller" *Holocaust and Genocide Studies* Vol. 2, No, 1, 1987. *Theologia Gloriae* celebrates the triumph of Ecclesia over Synagogia, i.e the Christianity has replaced the religion of the Jews in the history of salvation. In which case the Jewish religion has lost its legitimacy entirely. The only way for a Jew to be saved is for him to submit to baptism. This was Luther's position. Bonhoeffer witnessed courageously against this theology, stressing that the Church may never deny its Jewish roots.
[15] Cited after Asta von Oppen, *Der unerhörte Schrei: Dietrich Bonhoeffer und die Judenfrage im Dritten Reich* (Hannover: Lutherisches Verlagshaus, 1996) 76.

community the fact that the Hitler regime was working in the cause of the *Antichrist* and consequently, the Reich Church that supported that regime was not a true Church. When his earnest remonstrations with the general secretary of the *Faith and Order Movement*, Canon Leonard Hodgson, not to recognize the Reich Church as the true German Church were ignored that avenue of propaganda was cut off and so Bonhoeffer was forced to confine his protests to developments inside Germany.

II

On the night of 9 November 1938, *Reichskristallnacht*, (the Night of Broken Glass) the Synagogues were torched, Jewish owned shops vandalized and hundreds of Jews maltreated and even killed. Bonhoeffer marked in his Bible Psalm 74, verse 8: "They wanted to crush us completely; they burnt down every holy place in the land". But again, the majority of Lutheran theologians saw in these events the proof that the Jews were under a curse for having rejected Christ. Bonhoeffer, on the other hand, predicted that, "if today the synagogues burn, tomorrow the churches will be set on fire"[16].

At this time Bonhoeffer began seriously to reflect on the Biblical sources that gave insight into the relationship between Church and Synagogue, the key passages being in Romans, 9: 4-5; and 11: 1-5[17]. What was happening in Germany now reversed the traditional criticism of Israel by the Church into a criticism of the Church. Indeed, only a Church that took the part of the persecuted Jewish brothers and sisters of Jesus would be consistent with the Jewishness of Jesus and aware of the significance that His people had for Him.

Gradually, but only gradually, were others in the Confessing Church beginning to evaluate the situation along these lines and to preach accordingly. This led to the arrest of many pastors accused of treason for simply pointing out that what was happening was a violation of the Ten Commandments or for calling

---

[16] Ibid. 72.

[17] Romans 9: 4-5 "They are Israelites, and to them belong the sonship, the glory, the covenants, the giving of the law, the worship, and the promises; to them belong the patriarchs, and of their race, according to the flesh, is the Christ, who is God over all, blessed for ever". And Romans 11: 11-15, "So I ask, have they stumbled so as to fall? By no means! But through their trespass salvation has come to the Gentiles, so as to make Israel jealous. Now if their trespass means riches for the world, and if their failure means riches for the Gentiles, how much more will their full inclusion mean! Now I am speaking to you Gentiles. Inasmuch then as I am an apostle to the Gentiles, I magnify my ministry in order to make my fellow Jews jealous, and thus save some of them. For if their rejection means the reconciliation of the world, what will their acceptance mean but life from the dead? If the dough offered as first fruits is holy, so is the whole lump; and if the root is holy, so are the branches.".

the nation to repentance and for praying for forgiveness that the nation might be spared the judgment of Almighty God. Under these circumstances the Church leadership had to take a stand, so at a rally held in Berlin-Steglitz 10-12 December 1938 sufficient moral courage was manifested in a declaration protesting against the arrest of pastors, and at the same time, urging solidarity with *converted Jews* calling them brothers and sisters. This was indeed an advance on the 1933 Protestant position which was to be rid of Jews of all persuasions. Five years later they had to face the probability of being arrested for speaking out for the Jews. Indeed, if the Church had taken on board in 1933 what Bonhoeffer at that time upheld as the role of the Church, namely to admonish the State regarding its duty towards all citizens regardless of their racial origins, the situation could conceivably have developed differently. However, the Protestant Church in Germany, given the deeply embedded tradition of obedience towards the powers-that-be, the idea of assuming the role of conscience of the State was still far remote. Further, the possibility that the Church under certain circumstances, might embark on a path of active opposition, indeed, responsible action, by "putting a spoke in the wheel" of the State was beyond comprehension at the time. Bonhoeffer occupied a lonely outpost.

Here we need to re-iterate that Bonhoeffer's idea of opposition to the State, triggered off by the Nazi Jewish policy, was entirely theologically derived. Initially, he saw State authority was being misused against a defenceless minority, and that violated not only the traditional notion of the State as being instituted by God to maintain law and order and to dispense justice without fear or favour, *for all subjects*. It also conflicted with basic Christian ethics. And the Church, under these circumstances, could not stand idly by without admonishing the State about its true role in history. This, indeed, was Bonhoeffer's point of departure. And the more he pleaded for the Jews the more he got to hear from his co-religionists the theological rationale for not intervening on their behalf, namely that they had incurred the wrath of God by rejecting the crucified Jesus as Messiah. Therefore, what was happening to them was the natural consequence of their original willfulness and disobedience to God's call.

Until 1939 Bonhoeffer had proceeded by establishing a theological rationale for opposition to Nazi policy as his protests at various Synods illustrated. But the only fruit of those protests had been the above-mentioned Synod at Berlin-Steglitz 10-12 December 1938, and that was little more than a pathetic cry of the now embattled and powerless Church. It symbolised the limit of the traditional Church's capacity to demand any realistically effective change in the policy of manifestly criminal regime that had total contempt for the rule of law or a divinely authorised moral code.

It was at this point in Bonhoeffer's career that he made the transition from theological protest, and agitation to conspiratorial action against the Godless tyranny that held the nation in thrall. Crucial in explaining this was Bonhoeffer's family tradition of upper middle-class liberalism. Certainly, both sides of his family were *Bildungsbürger* imbued with a high sense of decency and justice that included an abhorrence of all manifestations of discrimination and violence against defenceless fellow citizens, including, especially Jews. Further, as indicated, together with his brother Klaus and his brother-in-law Hans von Dohnanyi, plus his two other brothers-in-law, Bonhoeffer had become hypercritical of the Nazi contempt of the constitution. Dohnanyi was already in clandestine opposition to the Nazis and it was he who introduced Bonhoeffer into the circle of conspirators around Admiral Wilhelm Canaris, head of military counter-intelligence (*die Abwehr*).

This occurred at a time in 1939 when Bonhoeffer was experiencing doubts about his ability to effect a change of heart among sufficient numbers of his co-religionists to make a difference. It appeared to him for a short time that it would be best to continue the struggle from outside Germany, in the USA, where he had the opportunity to take a teaching post and also act as chaplain to the American-committee for Christian-Jewish Refugees in New York, an example of binding up the wounds of the victims[18]. This option was, after only a few weeks in New York (June-July) 1939 rejected in favour of returning to Germany to identify with his people and to fight for the preservation of Christian civilization. He therefore seized the opportunity to work as an agent of the *Abwehr*, an appointment that afforded him the opportunity to travel outside Germany to intensify contact with the Ecumenical Movement. The posting also exempted Bonhoeffer from obligatory military service. He now graduated from being a theological agitator to becoming a political activist. A recent commentator has formulated it this way:

> The task he fulfilled in the seminaries on behalf of the Church Bonhoeffer now exchanged for the role of an underground political activist. The ecclesiastical reformer became a political conspirator. Whereas his theology had caused him to become active in the church, he now reflected upon his bourgeois roots that he saw as co-responsible for the current political situation in Germany. This led to his recognition of the shared guilt of the upper bourgeois class (*die grossbürgerliche 'Kaste'*) for the political devastation and confusion, and persuaded him of the necessity to conspire with like-minded citizens to undermine those in power in order, either peacefully or

---

[18] Von Oppen, 80.

with violence if necessary, to eliminate them[19].

This insight into the shared guilt of the *Bildungsbürgertum* was at the core of Bonhoeffer's conspiratorial/revolutionary behaviour, and his reflections on what constituted, in this situation, righteous and responsible action. And so, during his time as an *Abwehr* agent Bonhoeffer had the opportunity between assignments to intensify his work on systematizing a "Protestant ethic", a task to which he had been encouraged by the Confessing Church leaders to follow on his successful *Cost of Discipleship*[20].

As Bonhoeffer became more and more aware of the extent of the moral derailment of his people, especially in regard to the Jewish policy of the regime, the more he became convinced of the need for *responsible or righteous action*. That this in the end demanded the endorsement of tyrannicide was a necessity that Bonhoeffer, the declared pacifist, willingly confronted, though it was a decision taken only after mature and prayerful reflection. The violation of the commandment, "Thou shalt do no murder" posed an ethical problem of the highest order. Of course, he was in no doubt that Hitler had to be deposed and put on trial. However, that would only have been possible if a *coup d'état* executed by the highest ranking army officers could have been organized. That, in the event, was a totally unrealistic expectation since the officers had all sworn an oath of personal allegiance to the *Führer* which effectively paralyzed them from contemplating any revolutionary action[21]. Circumstances then prescribed the ultimate solution: assassination by conspirators who derived their ethics from a source higher than an oath sworn to a tyrant.

Bonhoeffer explores this issue in *Ethics* on which he began writing in September 1940. His thoughts there stamp him as very much in the tradition that derives from Luther's exposition of St. Paul's Epistle to the Romans, chapter 13, viz. that the secular order of the world is intrinsically part of the divine plan for the world. The powers-that-be (*Obrigkeit*) are ordained of God, and Bonhoeffer in *Ethics*, echoes this when he wrote that, "According to Holy Scripture, there is no right to revolution; but there is a responsibility of every individual for preserving the purity of his office and mission in the polis[22]."

---

[19] Ibid. 83.
[20] Ilse Tödt, "Paradoxical Obedience: Dietrich Bonhoeffer's Theological Ethics, 1933-1943", *Lutheran Theological Journal* (Vol. 35, No. 1, May 2001) 9.
[21] Heinz-Eduard Tödt, "Conscience in Bonhoeffer's Ethical Theory and Practice", in: *Bonhoeffer's Ethics* edited by Guy Carter et al. (Kampen: Kok Pharos Publishing House, 1991) 53.
[22] *Ethics* (1995) 346.

It is Bonhoeffer's concept of responsible action here that enables him to find a way to deal with the regime of the Antichrist which is, through its destructive war and racial policies, sending both Germany and the world to perdition. Action against it is an inescapable necessity; it is the duty of the responsible subject who derives his ethics from Christ, the one who is the only true arbiter of the world. Indeed, "The words of Jesus are the divine commandment for responsible action in history in so far as this history is the reality of history as it is fulfilled in Christ alone[23]".

The question that now must be posed is how did Bonhoeffer, the traditional Lutheran, come to endorse tyrannicide as the implementation of 'responsible action'? Clearly, the policies of the Nazi regime are an offence to Christ. He affirms that, "The world remains the world because it is the world which is loved, condemned and reconciled in Christ. [...] The 'world' is thus the sphere of concrete responsibility which is given to us in and through Jesus Christ[24]".

Consequently, the Christian's task is to live in the world attentive to realities, to be aware of the necessity in a given situation, "to observe, to weigh up, to assess and to decide, always within the limitations of human knowledge in general". And Bonhoeffer goes on, one might say, in typical conservative Lutheran manner, to advise as follows: "One must risk looking into the immediate future; one must devote earnest thought to the consequences of one's action; and one must endeavour to examine one's own motives and one's own heart. One's task is not to turn the world upside down, but to do what is necessary at the given place and with due consideration of reality[25]".

Bonhoeffer's concept of responsible action is therefore a strictly circumscribed one; it is not a license to unleash mayhem. And finally, it includes also accepting guilt for one's action. He links this with the guiltless Jesus who voluntarily assumed the guilt of the world in the following way:

> Freedom from sin and the question of guilt are inseparable in Him [Jesus]. It is as the one who is without sin that Jesus takes upon Himself the guilt of His brothers, and it is under the burden of this guilt that He shows Himself to be without sin. In this Jesus Christ, who is guilty without sin, lies the origin of every action of responsible deputyship. It is a responsible action, if it is action which is concerned solely and entirely with the other man, if it arises from selfless love for the real man who is our brother, then precisely because this is so, it cannot wish to shun the fellowship of human guilt. Jesus took upon Himself the guilt of all men, and for that reason

---

23 Ibid. 226-27.
24 Ibid. 229.
25 Ibid. 230.

everyman who acts responsibly becomes guilty. If any man tries to escape guilt in responsibility he detaches himself from the ultimate reality of human existence, and what is more he cuts himself off from the redeeming mystery of Christ's bearing guilt with sin and he has no share in the divine justification which lies upon this event[26].

So Bonhoeffer's concept of responsible action is rigorously Christocentric. And the uniqueness of his reasoning, as well as its rigour, is summed up in his concluding comment on responsible action:

When a man takes guilt upon himself in responsibility, and no responsible man can avoid this, he imputes this guilt to himself and to no one else; he answers for it; he accepts responsibility for it. He does not do this in insolent presumptuousness of his own power, but he does it in the knowledge that his liberty is forced upon him and that in this liberty he is dependent on grace. Before other men the man of free responsibility is justified by necessity; before himself he is acquitted by his conscience; but before God he hopes only for mercy[27].

Clearly, the Christian theologian, Bonhoeffer, can only conceive of a political order that is just, where the rulers are conscious of their responsibility to rule on behalf of Almighty God. Rulers are to be at all times conscious of their function as *Obrigkeit*, the powers-that-be ordained by God. The Nazi regime was judged to be a false *Obrigkeit* precisely because it made war upon its own subjects, the Jews, and against harmless neighbouring States for reasons that had nothing to do with statecraft but only to do with the insane ambitions of a deluded man who had usurped power.

What this clearly shows is that there is never an apolitical theology. The tradition in which Bonhoeffer was trained, but then repudiated, was a theology that had been devised to underpin the policies of the Power State, i.e. specifically the rise of Prussia to Great Power status within the Concert of Europe followed by the emergence of the Prusso-German empire. The Protestant Church willingly supplied the rationale needed by the Hohenzollern dynasty especially to sanctify a bureaucratic, authoritarian domestic policy augmented by a Machiavellian foreign policy, both of which, it was presumed, stood in an indissoluble reciprocal relationship. It was certainly not the case that first the theology was formulated and then the politics. It was always the reverse: Theology grew out of concrete social and political structures. This can be seen to have been particularly the case in Germany from Luther's time onwards when the Bible was used to justify what the powers-that-be deemed to be in the interests of the State.

---

[26] Ibid. 237-38.
[27] Ibid. 244.

Bonhoeffer's great merit lies in the fact that he virtually single-handedly was able to analyse the formerly dominant Lutheran theology of the State and demonstrate how it was essentially flawed. The breakdown of the old system, known since the time of Friedrich the Great (1740-1786) as the *Rechtsstaat*[28] and perpetuated essentially until the collapse of Bismarckian-Wilhelmine Germany in 1918, signaled its total unsuitability for the modern industrial State in which the working class, on whose labour-power the wealth of the State ultimately depended, demanded political and economic emancipation.

In a real sense the phenomenon of the Nazi dictatorship, the organizing principle of which was unconditional obedience to the leader, the so-called *Führerprinzip*, with its doctrine of the *Volksgemeinschaft*, the egalitarian national (read; racially pure) community, was a flawed attempt by some Germans to revise a system of government evolved for an agrarian society in the 18th century and apply it to a large modern industrial society. The Western democratic/parliamentarian model, the Weimar Republic, had been tried and then brutally rejected by those Germans who held Western political concepts to be totally inappropriate for the German people. Indeed, the doctrine of the *Volksgemeinschaft* had won enthusiastic support in wide sections of the population, including those of Bonhoeffer's class who had prioritized seductive notions of a great imperial national destiny. But some of these, as we have seen from the example of Bonhoeffer's family, came early to recognize the Hitler regime as essentially criminal, in fact very un-German, and therefore they conspired against it. Others, the majority, of the same class continued to serve the regime, particularly in the public service and armed forces, though in numerous instances, with a bad conscience. And Bonhoeffer recognized this very clearly. It was that which prompted him to lament and question in 1943 whether his class was still of any use since they had virtually committed moral treason by serving the regime of the Antichrist[29].

Bonhoeffer's resort to "responsible action" was the response of the educated Lutheran *Bildungsbürger* who had early perceived that the doctrine of the two kingdoms which had hitherto been the basis for Protestant political behaviour in Germany, was no longer tenable under a criminal regime. He rejected emphatic-

---

[28] The concept of the *Rechtsstaat* in Prussia, is chiefly attributable to the work of the jurist Samuel von Cocceji (1679-1755) who became chief of the Prussian justice department in 1738 instituting a legal system appropriate to the absolutist state known as the *Corpus iuris Friedericiani* between 1749 and 1751.

[29] See the text of Bonhoeffer's essay, "After Ten Years", in: *Letters and Papers from Prison* (London: Folio Society Edition - Macmillan, 2000) 4-16.

ally the concept of thinking in two spaces which allowed the State complete autonomy in its own sphere that included total freedom to pursue priorities of its own devising without reference to the ethical restraints of the Gospel[30].

This brings us to reflect whether such "responsible action" on behalf of Christian citizens as Bonhoeffer both justified and demanded for the overthrow of the Third Reich, is still relevant today when we live under the rule of law, in short, in a State where there exist constitutional checks and balances precisely to ensure the preservations of civil liberties. And here one could argue that to compare the situations of life in a State based on the rule of law with conditions under a dictatorship in which the only law is the will of the leader, is totally pointless.

However, this view is based on the assumption that statesmen in democracies will never be seduced into a misuse of their power to carry out policies that conflict with the Christian conscience. This raises the problem of how do the divided Churches respond to governments who pursue policies that violate the Gospel ethic. Here we have to confront the government's treatment of asylum seekers as well as participation in wars that arguably do not have anything to do with national security. Certainly, the Churches need to reflect on what might constitute "responsible action" within the context of our times. And that imposes the necessity on the churches within the Ecumenical Movement to collaborate in order to identify those issues which are an affront to the Christian conscience. And here it will be pointed out that there is already a long history of frustrated ecumenical dialogue that was focused on such divisive issues as atomic disarmament and Apartheid. It proved impossible to get sufficient agreement among the Churches in order to formulate an across the board condemnation of these particular evils[31].

Bonhoeffer's original proposal back in 1934 at Fanø that the Churches of the world should unite in a uniform condemnation of war as a solution to the world's problems was warmly applauded but in practice dismissed as utopian[32]. We still wait for a realization of Bonhoeffer's courageous vision. And this reduces itself to a theological problem.

As one of the foremost Bonhoeffer scholars in Germany today, Professor Wolf Krötke, has recently urged, there will be no chance of a united Christian voice against war, racism or genocide until there is theological agreement on the role

---

[30] *Ethics* 195. "There are not two realities but only one reality, and that is the reality of God, which has become manifest in Christ. In the reality of the world".

[31] Wolfgang Huber, *Protestantismus und Protest. Zum Verhältnis von Ethik und Politik* (Reinbek bei Hamburg: Rowohlt 1987) 130-39.

[32] Jørgen Glenthøj, „Dietrich Bonhoeffer und die Ökumene", in: *Mündige Welt II*, München, 1956.

of the Church in the world[33]. Concerted ecumenical witness, argues Krötke, with Bonhoeffer, is the pre-condition for international and racial tolerance and peace. And we could add the voice of Hans Küng who has gone even further to demand inter-faith dialogue, something that Bonhoeffer undoubtedly would have endorsed[34]. The problem then reduces itself to how one achieves Christian unanimity when so many so-called Christians, imprisoned as they are all around the world in a "little flock" mentality, are light years away from prioritising these issues. And this is why I say with Wolf Krötke, that the burning issue for the Churches in the world today is the need to speak with one voice on the things that threaten, devalue and demean life, indeed even threaten the very environment that supports life itself. It is therefore a priority first and foremost to intensify the ecumenical dialogue. But the problem is a grotesque one, if I may speak as an Anglican in this gathering, for Anglicans throughout the world, because we are crippled by virtually irreconcilable internal divisions that make speaking with one voice on these issues illusory, at least for the time being[35]. But the same problem confronts other communions where the fundamentalist-driven "little flock" mentality predominates. Until this can be overcome and agreement reached about the mission of the Church in the world we are back in the position that Bonhoeffer confronted at Fanø in 1934. He said then, "We want to give the world a whole word, not half a word - a courageous word, a Christian word. We want to pray that this word may be given to today. Who knows if we shall see each other again another year?[36]"

---

[33] Wolf Krötke, " 'Nur das ganze Wort ist mutig' [forthcoming in *Das Bonhoeffer Jahrbuch 2005*]. This was a key note address at the 11th International Bonhoeffer Congress held in Rome, June 2004.

[34] Hans Küng, *Theology for the Third Millenium* (New York: Double Day, 1988) ; *Projekt Weltethos* München, Piper Verlag, 1990) and *Paradigm Change in Theology* (with David Tracy) eds (New York: Crossroad,1989).

[35] See the exposé of the aims of the Sydney Anglican Diocese under the regime of Archbishop Peter Jensen in this regard, by Chris McGillion, *The Chosen Ones - the Politics of Salvation in the Anglican Church* (Sydney: Allen & Unwin, 2005). The Sydney Diocese wants to discard traditional Anglican structures, the Prayer Book liturgy, the three-fold ministry, the sacramental system etc and to denominationalise the Church entirely. In doing so it totally rejects the aims of the ecumenical movement in which the Anglican Church world wide is centrally involved, and create a so-called "Bible-based" niche church consisting of the "little flock" of true believers. For them there is essentially no organizational church at all. "Church", Ecclesia exists only when the "little flock" are together studying the Bible. After that there is no visible "Church" in the accepted sense. Nothing could be more removed from the mind of a Dietrich Bonhoeffer.

[36] "The Church and the Peoples of the World", in: *No Rusty Swords* 292.

Der Kampf um Wien 1945 und der österreichische militärische Widerstand.

PETER BROUCEK

EINLEITUNG

Bei der Begegnung in Berchtesgaden im Februar 1938 meinte Adolf Hitler zu Kurt Schuschnigg, österreichischer Bundeskanzler und Landesverteidigungsminister, drohend:

> „Wir sind daran, die beste Wehrmacht zu schaffen, über die das deutsche Volk jemals verfügt hat. Es wäre unverantwortlich vor der Geschichte, dieses Instrument nicht zu gebrauchen...“[1]

Schuschnigg und Staatssekretär General der Infanterie Wilhelm Zehner haben das Bundesheer etwa vier Wochen später den deutschen/nationalsozialistischen Angriffsabsicht gegen die Tschechoslowakei nicht zur Verfügung gestellt und General Zehner war der erste österreichische Offizier (Generalstäbler), der dann dafür mit seinem Leben bezahlen mußte oder wollte[2]. Bundeskanzler Schuschnigg wurde mit KZ-Haft gepeinigt. Sein Vorgänger Engelbert Dollfuß, ebenfalls für die Landesverteidigung zuständig, war einem ausdrücklich als Militärputsch des Bundesheeres getarnten Mordanschlag von 1934 der österreichischen NSDAP zum Opfer gefallen[3]. Auch im Bedenken jener Tatsachen, sind der Einmarsch der Deutschen Wehrmacht in Österreich am 12.März 1938 und die Siegesfeier

---

[1] Zitiert nach: Golo Mann, Einer aus Niemandsland, in: Rudolf Augstein, 100 Jahre Hitler (Spiegel Spezial), Hamburg 1989, S.27 f.

[2] Daniela Angetter, Gott schütze Österreich. Wilhelm Zehner (1883–1938). Porträt eines österreichischen Soldaten, Wien 2006 (= Österreichisches Biographisches Lexikon – Schriftenreihe: 10).

[3] Gottfried Karl Kindermann, Österreich gegen Hitler. Europas erste Abwehrfront 1933-1938, München 2003. Andreas Hillgruber, Das Anschlußproblem (1918-1945) aus deutscher Sicht, in: Robert A. Kann und Friedrich Prinz (Herausgeber), Deutschland und Österreich. Ein bilaterales Geschichtsbuch, Wien 1980, S.161-178.

samt Parade am Tag darauf Teil der österreichischen oder mitteleuropäischen Militärgeschichte[4].

Gewiß gibt es viele Gründe, die den Reichskanzler und Parteichef bewegten, um diese Politik, die er bereits 1933 und 1937 sowohl im Großen angekündigt als auch dann 1938 gegenüber Österreich und Tschechoslowakei bewerkstelligt hatte, durchzuführen: Großdeutschland, Rassenwahn („Schlawiener"), Lebensraum-Idee, Kriegslust, Rache und Revanche für Versailles und St.Germain 1919, Beutegier nach Goldreserven und „Soldaten- oder Menschenmaterial", und Erprobung der Modernität der Luftwaffe, insgesamt also nicht nur „Platz an der Sonne" (Reichskanzler Bülow) sondern Teilhabe an der Weltmacht in der inhumansten und brutalsten Form des „Kampfs ums Dasein"[5].

Was die Existenz Österreichs speziell betrifft, so hat sich Adolf Hitler im Siegesrausch 1941 deutlich geäußert.[6] Und der Propagandist Josef Goebbels hat Hitler mit Bezug auf Wien knapp vor dessen Tod zugestimmt[7]. Der österreichischen Historiker mit speziellem Interesse für Militärgeschichte, Ludwig Jedlicka hat jene Beweggründe einmal, kurz nach Erlangung des Staatsvertrages unter dem Schlagwort „Die Ostmark war schlechter daran" nochmals aufgezählt und kurz analysiert. Er verwies auf: radikalen Volkstumsgedanken, Ablehnung des österreichischen Geschichtsbewußtseins, Absicht der Zersplitterung des österreichischen Staates in kleine der Berliner Zentrale unterstellte Reichsgaue, Herab-

4 Johann Christoph Allmayer Beck, Das Heerwesen in Österreich und Deutschland, in: Kann und Prinz (Anm. 3), S. 490-521; Ludwig Jedlicka, Politische Parteien, Heer und Staat in Österreich 1918-1938, in: Herbert St. Fürlinger und Ludwig Jedlicka (Hg.), Unser Heer, Wien – München - Zürich, 1963, S. 315-341.

5 Ernst Nolte, Der Nationalist und der Ideologe, in: Augstein, 100 Jahre... (Anm. 1), S.34-37; Ernst Nolte, Faschismus. Von Mussolini zu Hitler, Schnellroda 2003.

6 Adolf Hitler, Monologe im Führer-Hauptquartier 1941-1944: Die Aufzeichnungen Heinrich Heims herausgegeben von Werner Jochmann, Hamburg 1980, S. 64: (21.9.1941) „Die Aufgabe der Hohenzollern wäre es gewesen, die Habsburger Monarchie dem russischen Streben nach dem Balkan aufzuopfern... Eine Dynastie ist zum Untergang verurteilt, wenn sie statt dessen- wie es der Kaiser getan hat - sich lediglich von dem Wunsche nach Aufrechterhaltung des Friedens und nach dem Wohlwollen fremder Höfe leiten läßt" .S.152: „ Schönerer hatte...eine ganz radikale und rücksichtslose Einstellung dem Haus Habsburg gegenüber, es war der erste Versuch, dem Monarchismus das blutgebundene Volk gegenüberzustellen"....S. 217: Hätten sich die Habsburger nicht mit der Gegenseite verbündet, so wären die neun Millionen Deutsche mit den fünfzig Millionen anderen fertig geworden." Bemerkung des Autors: Unter „Kaiser" ist von Adolf Hitler der Hohenzoller, Wilhelm II. gemeint.

7 „...warum dann überhaupt noch leben !". Hitlers Lagebesprechungen am 23., 25., und 27.April 1945, in: Der Spiegel, 20.Jg., 10.Januar 1966, 32-46. „(27.4.1945)....Goebbels: Auch alle ostmärkischen Gauleiter sagten damals, die Revolution hätte einen Schönheitsfehler. Es wäre besser gewesen, Wien hätte (1938 beim Anschluß Österreichs an das Reich, Spiegel) Widerstand geleistet und wir hätten alles kaputtschlagen können."...

setzung Wiens gegenüber Berlin als einer nach Hitlers Meinung anachronistischen Reichshaupt- und Residenzstadt der Habsburger sowie Kulturmetropole[8].

Es sind schon viele Untersuchungen über Österreicher als Täter im Sinne des Nationalsozialismus und als Opfer dieser Ideologie, sowie als willige Vollstrecker verfaßt worden. Gerade bei den Soldaten und bei den Widerstandskämpfern ist es oft schwierig, Verbrechen, Mitläufertum, Opportunismus, rücksichtslosen Überlebenswillen und anerkenneswerten oder falsch verstandenen Idealismus voneinander zu unterscheiden[9]. Trotzdem ist es notwendig, Tatsachen hervorzuheben oder zumindest festzustellen[10]. Es ist der „Lüge von der Lebenslüge" entgegenzutreten, wie dies der kritische Gerald Stourzh, der bedeutende Historiker des Staatsvertrages: getan hat: nämlich dem Gerede, daß der Nationalsozialismus sehr stark „hausgemacht" sei und der Anschluß mehrheitlich erwünscht gewesen wäre.[11]

Der Verfasser hat sich als Archivar bemüht, diesbezüglich aufklärend zu wirken[12]. Er möchte den Widerstand oder den ernstgemeinten und möglichen Freiheitswillen aus dem nicht-revolutionären Lager an einem der letzten chronologisch mög-

---

[8] Ludwig Jedlicka, Die Ostmark war schlechter dran, in: FORUM, Jänner 1955, Heft 13, S. 6 f.

[9] Siehe etwa: Walter Manoschek / Heinz Safrian, Österreicher in der Wehrmacht: in: Emmerich Talos, Ernst Hanisch, Wolfgang Neugebauer (Herausgeber), NS-Herrschaft in Österreich 1938-1945 (= Österreichische Texte zur Gesellschaftskritik, Bd. 36), S.331-359; Lothar Höbelt, Österreicher in der Deutschen Wehrmacht, 1938 bis 1945, in: Truppendienst, Heft 5/1989, S.417 bis 445. Siehe auch: Divisionspfarrer Dr. Rudolf Gschöpf, Mein Weg mit der 45. Inf.-Div., 1. Aufl. 1955, Neuauflage 2002; Johann Christoph Allmayer-Beck, Die Österreicher im Zweiten Weltkrieg, in: Fürlinger - Jedlicka, Unser Heer (Anm. 1) S.342-375. Über die Österreicher in anderen Armeen siehe: Siegwald Ganglmair, Österreicher in den alliierten Armeen 1938 bis 1945, in: Truppendienst, Heft 6/1990, S.523-536; Alfred Palisek / Christoph Hatschek, Landesverräter oder Patrioten? Das österreichische Bataillon 1943 bis 1945, Graz-Wien-Köln 2001; Willibald Hugo Holzer, Die österreichischen Bataillone im Verband der NOV I POJ. Die Kampfgruppe Avantgarde/Steiermark. Die Partisanengruppe Leoben - Donawitz. Die Kommunistische Partei Österreichs im militanten politischen Widerstand, Wiener Dissertation 1971.

[10] Johann Christoph Allmayer - Beck, Die Österreicher im Zweiten Weltkrieg, in: Fürlinger - Jedlicka, Unser Heer (Anm. 4), S. 342-376.

[11] Gerald Stourzh, Die Lüge von der „Lebenslüge", in: Die österreichische Nation, Neue Reihe, Band 5, 7. Jahrgang, Dezember 1990, S.12-15; Bruno Kreisky, Gedanken eines Österreichers, in: Augstein, 100 Jahre Hitler (Anm. 1), S.83: „Ich war vor einiger Zeit Gast auf einem englischen Schloß und in Gesellschaft mit einem der Brüder eines berühmten französischen Staatsmannes. Als wir uns im vertraulichen Gespräch befanden, habe ich ihm ein bißchen zögernd, die Frage gestellt, wie groß denn seiner Meinung nach der Prozentsatz jener gewesen sei, die sich nach dem Sieg Hitlers über Frankreich Pétain und Laval anschlossen? Die Antwort, die ihm keine lange Überlegung kostete, lautete: ‚Mindestens 80 Prozent !' " Siehe sonst vor allem: Radomír Luža, Österreich und die Großdeutsche Idee in der NS-Zeit, Wien-Graz 1977; Bruce F. Pauley, Der Weg in den Nationalsozialismus. Ursprünge und Entwicklung in Österreich. Aus dem Amerikanischen übersetzt von Gertraud und Peter Broucek, Wien 1988.

[12] Marcel Stein, Österreichs Generale im Deutschen Heer 1938-1945. Schwarz/Gelb – Rot/Weiß/Rot - Hakenkreuz, Bissendorf 2002, S. 1 und passim.

lichen Beispiele, an der Befreiung Wiens im März/April 1945 nochmals kurz zeigen[13]. Der Präsident des Internationalen Komitees „Geschichte Zweiter Weltkrieg", Henri Michel, hat dazu die Definition gegeben, die dem Autor zusagt[14]:

> „Die Widerstandsbewegung ist ein patriotischer Kampf für die Befreiung des Vaterlandes. Sie ist darüber hinaus ein Kampf gegen den Totalitarismus, für Freiheit und Menschenwürde".

DIPLOMATISCH – MILITÄRISCHES VORSPIEL.

Nach der Dreimächtekonferenz in Stresa mit einer neuerlichen Bekräftigung des Interesses an der Unabhängigkeit Österreichs hatten eben diese Mächte das Land politisch im Stich gelassen. Sie waren einverstanden oder drängten – wie Mussolini – Österreich zum Juliabkommen von 1936 mit der eindeutigen wenn auch vorerst geheimen Versicherung Österreichs, daß es der deutschen Politik überhaupt Gefolgschaft leisten werde[15]. England hatte mit Hitler das sogenannte Flottenabkommen abgeschlossen und ebenfalls 1936 die Rheinlandbesetzung zugelassen, ja Frankreich de facto vor militärischen Maßnahmen abgehalten, die über den Bau und die Besetzung der Maginotlinie hinausgingen. Frankreichs Generalstabschef Gamelin hatte zwar Absprachen mit Italien für den Fall Österreich und zum Anschluß geäußert: „C' est la guerre !" Er hatte das Anerbieten des deutschen Chefs des Generalstabes General Ludwig Beck 1937 über eine zweigeteilte Vormacht in West- beziehungsweise Mitteleuropa unbeantwortet gelassen[16]. Frankreich blieb aber, was die Politik, die Aufrüstung und daher auch

---

[13] Peter Broucek, Die österreichische Identität im Widerstand 1938-1945, in: Österreich in Geschichte und Literatur, 43. Jg., 1999, S. 146-159; Die wichtigsten Werke zum österreichischen Widerstand sind nach wie vor: Otto Molden, Der Ruf des Gewissens. Der österreichische Freiheitskampf 1938-1945. Beiträge zur Geschichte der österreichischen Widerstandsbewegung, 1.u.2. Auflage Wien-München 1958; Radomír Luža, Der Widerstand in Österreich 1938-1945, Wien 1985; Fritz Molden, Die Feuer in der Nacht. Opfer und Sinn des österreichischen Widerstands 1938-1945, Wien-München 1988.

[14] Barbara Therese Gahr, Widerstand und Widerstandsgruppen in Österreich. Mit besonderem Augenmerk auf den bürgerlich - konservativen und katholisch motivierten Widerstand, Wiener Magisterarbeit 1995, S. 18.

[15] Siehe die Beiträge zu: Das Juliabkommen von 1936. Vorgeschichte, Hintergründe und Folgen (Veröffentlichungen der Wissenschaftlichen Kommission....zur Erforschung der österreichischen Geschichte der Jahre 1927 bis 1938, Band 4), Wien 1977. Besonders siehe: Reinhold Wagnleitner, Die britische Österreichpolitik 1936 oder „The Doctrine of Putting off the Evil Day", hier S. 53-83 u. S.363-374; Ludwig Jedlicka, Die Auflösung der Wehrverbände und Italien im Jahre 1936, ebendort S.104-118 u. S. 387-392.

[16] Nicholas Reynolds, Beck. Gehorsam und Widerstand. Das Leben des deutschen Generalstabschefs 1933-1938, S. 98-101.

die Offensivkraft betrifft, von Englands Meinung abhängig[17]. Beide Mächte hatten den Abbessinienkrieg Italiens zu bedenken und die Intervention der Sowjetunion, Deutschlands wie Italiens im Spanischen Bürgerkrieg[18]. Das britische Foreign Office stufte zwar schon 1934 das Deutsche Reich als potentiellen Feind ein, unterschätzte aber stark das Tempo der deutschen Aufrüstung und betrieb sodann angesichts der genannten Krisen eine „Doppelstrategie von entspannungsorientierter Friedenswahrung und weltpolitischer Selbstbehauptung als internationale Ordnungsmacht, ...lange unter dem Primat der Friedenswahrung"[19]. Das britische Kabinettsmitglied Halifax bot denn auch Hitler gegen dessen Ruhehaltung in der Frage der ehemaligen deutschen Kolonien eine Revision der Friedensverträge von 1919 an, Grenzkorrekturen unter Einschluß Österreichs, der Tschechoslowakei und Danzigs.

Bekanntlich hielten die Mächte stille als Hitler diese Konzessionen als Auswirkungen eines infamen Kalküls, eines schlechten Gewissens oder als Feigheit einstufte, einmal bei der Annexion Österreichs, der Annexion des sogenannten Sudetenlandes, dem Einmarsch in Prag, sowie dem Einmarsch ins Memelgebiet (Litauen) als Vorstufe einer Abrechnung mit Polen und der weiteren Zuwendung zur deutschen Ostgrenze. Bei Österreichs Einverleibung hatte noch Jugoslawien applaudiert[20]. Ungarn wenn auch geringe Erwartungen bezüglich des Burgenlandes gehabt, weit größere und zum Teil erfüllte in der Frage der Slowakei der Karpathoukraine und später auch Siebenbürgens[21]. Mitglieder des englischen Kabinetts kommentierten den Anschluß wegwerfend und zynisch[22]. Frankreich

---

[17] Manfred Funke, 7.März 1936. Fallstudie zum Aussenpolitischen Führungsstil Hitlers, in: Wolfgang Michalka, Nationalsozialistische Aussenpolitik, (= Wege der Forschung Bd. CCXCVII), Darmstadt 1978, S. 277-324.

[18] Ludwig Jedlicka, Österreich und Italien 1922-1938, in: Derselbe, Vom alten zum neuen Österreich. Fallstudien zur österreichischen Zeitgeschichte 1900-1975, St. Pölten 1975, S.311-336.

[19] Gottfried Niedhart, Sitzkrieg versus Blitzkrieg. Das attentistische Konfliktverhalten Großbritanniens in der Krise des internationalen Systems am Vorabend und bei Beginn des Zweiten Weltkrieg, in: Wolfgang Michalka (Hg.), Der Zweite Weltkrieg. Analysen, Grundzüge Forschungsbilanz, München 1989, S.49-56.

[20] Arnold Suppan, Anschluß und Anschlußfrage in Politik und öffentlicher Meinung Jugoslawiens, in: Anschluß 1938 (= Veröffentlichungen der Wissenschaftlichen Kommission.... 15), Wien 1981, S.68-85).

[21] Miklós Szinai, Ungarn und der Anschluß (1918-1938), in: Österreichische Osthefte, 30. Jg., 1988, S.168-177.

[22] Lothar Höbelt, Die britische Appeasementpolitik. Entspannung und Nachrüstung 1937-1939 (= Militärgeschichtliche Dissertationen österreichischer Universitäten herausgegeben von Manfred Rauchensteiner, Band 1), Wien 1983, S.50: „Ein Kabinettsmitglied in der außerordentlichen Kabinettssitzung am 12.3.1938 meint: ‚This thing had to come. Nothing short of an overhelming display of force could have stopped it.' Unterstaatssekretär Cadogan seufzt auf: ‚Thank Goodness, Austria is out of the way.' Siehe auch: Österreich wurde geopfert.....Interview mit Otto von Habsburg...., in: Academia., 54. Jg., März 2003, S. 23 f.

hatte, wenn auch ungern, zugeschaut und ging mit Großbritannien erst in der Polenfrage in den Krieg. Dieser half zunächst Polen gar nichts, da die Westmächte es 1939 nur auf einen „Sitzkrieg" ankommen ließen.

Es war, so meinen gerade deutsche Historiker des Widerstandes, der deutschen militärische Opposition, eine letzte Chance im Sinne einer sehr weitgehenden Nationalstaatsidee gegeben. Sie konnte diese oben aufgezählte Beute - oder sehr radikale Revision der Pariser Vororteverträge – insoferne „einbringen" als sie diese zum Gegenstand von Fühlungnahmen der sogenannten „Schwarzen Kapelle" über Papst Pius XII. nach England im Winter 1939/1940 machen konnte. Im sogenannten „Plan X" wollte die Opposition unter Führung von Beck und Admiral Canaris mehrheitlich vor allem über Polen feste Zusagen machen, über Tschechoslowakei reden, beim Fall Österreich aber nur nach 5 Jahren eine Volksabstimmung über dessen Zugehörigkeit zum Reich konzedieren. Bevor dann infolge des deutschen Angriffs im Westen diese Fühlungnahmen gänzlich abgebrochen wurden, brachte Großbritannien Österreich ausdrücklich zur Sprache[23]. Der deutschen Opposition hatte die Voraussetzungen für weitere Verhandlungen nicht zu erfüllen vermocht, denn ihr war weder die Eliminierung Hitlers und seiner Gefolgsleute noch die Verhinderung der Ausweitung des Krieges nach Dänemark, Norwegen, Holland, Belgien und Luxemburg, schließlich Frankreich, gelungen.

Um dieses Kapitel der deutschen Militäropposition, bei der bekanntlich Offiziere aus Österreich in einigen wenigen bemerkenswerten Positionen bis zum 20.Juli 1944 mitarbeiten, abzuschließen: bei den Bemühungen der deutschen Opposition in der Zeit nach 1941, also nach dem Angriff auf die Sowjetunion, österreichische Politiker zur Mitarbeit zu gewinnen, wurden feste, wenn auch freundliche, Absagen erteilt. Carl Goerdeler, der vorgesehene Regierungschef der Verschwörer, hielt schließlich fest[24]:

> „Österreich hat in allen Schichten seines Volkes dem Deutschen Reich innerlich die Gefolgschaft aufgesagt. Das war bei den seit 1938 angewandten Methoden klar voraussehbar. Mit Worten ist diese Abkehr nicht mehr zu ändern"

Hitler griff schließlich die Sowjetunion an, wie dies immer schon sein ideologischer Hauptgedanke gewesen war und erwies dadurch einmal mehr und ent-

---

[23] Reynolds, Beck, (Anm.16), S.88-91.

[24] Erika Weinzierl, Der österreichische Widerstand, in: Erika Weinzierl – Kurt Skalnik (Hg.), Österreich Die Zweite Republik, Band 1, Graz-Wien-Köln 1972, S.109-128, S.544-547, hier S.119. Siehe auch: Siegbert Kreuter, Dollfuß & Bernardis, in: Internationale Österreichische Reservisten Gemeinschaft I. R. Ö. G., Nr. 3/2004, S.50 f.

scheidend seinen Unwillen, Staatsmann oder Feldherr zu sein. Als seine Truppen vor Moskau scheiterten, war dies vielleicht bereits für Hitler der Anlaß, mit der Kriegserklärung an die Vereinigten Staaten das Deutschen Volk sowie dessen Mitgefangene, vor allem das jüdische Volk und die slawischen Völker, in der „Festung Europa" in ein möglichst fulminantes, nämlich todbringendes, Kriegsende zu führen[25].

Die Westmächte, USA und Großbritannien, dann auch das freie Frankreich unter der Führung General De Gaulles, antworteten mit der Atlantikcharta und der sogenannten Casablanca-Formel der „Bedingunglosen Kapitulation" an Deutschland – Italien - Japan. Grundlage für das Verhältnis zur Sowjetunion blieb das Versprechen Roosevelts für Wirtschaftshilfe an die Sowjetunion vom Sommer 1941 das auf Analysen des amerikanischen Generalstabs basierte, auch um Rußland zum Kriegseintritt gegen Japan zu gewinnen. Es wurde konkretisiert im Abkommen vom 11.6.1942. Die Verträge die zunächst nur England mit der Sowjetunion abschloß als erstes schon der Vertrag vom 26.5.1942, der jeden Sonderfrieden mit Deutschland ausschloß, sind für uns bereits relevant. Zunächst wurde Stalin sein Verlangen die sowjetische Westgrenze von 1940 mit Ausnahme der russisch-polnischen Grenze konzediert. Mehr oder weniger im Grundsätzlichen abgeschlossen, nämlich in der Verteilung der Einflußsphären in Europa, wurden dann die Abmachungen in der Konferenz von Teheran. Die bereits im Oktober 1943 einvernehmlich eingesetzte European Advisory Commission hatte diese Einigungen in Einzelvorschläge umzusetzen[26]. Schließlich stellte sich bei der Konferenz von Jalta heraus, daß bezüglich Griechenland, Bulgarien, Jugoslawien und Ungarn jene Einflußsphären festgeschrieben wurden, die bereits bei einem Treffen von Churchill und Stalin im Oktober 1943 in Moskau vereinbart worden sind. Was damals in Jalta neu hinzukam war, ist die grundsätzliche Einigung über die polnische Ostgrenze (ehemalige Curzon-Linie) und die polnische Westgrenze (spätere Oder-Neiße-Linie) gewesen[27].

Im Politischen waren die Westmächte, was Deutschland betrifft, von der 1941 bis 1943 anhaltenden Ansicht Präsident Roosevelts, daß Deutschland zerstückelt werden müsse, 3fach oder 15fach bis zu 107 kleinen Teilen. Sie hatten sich

---

[25] Andreas Hillgruber, Der 2. Weltkrieg. Kriegsziele und Strategien der großen Mächte, Stuttgart – Berlin – Köln Mainz 1982; Derselbe, Zweierlei Untergang, die Zerschlagung des Deutschen Reiches und das Ende des europäischen Judentums, Berlin 1986. Siehe auch die allerdings umstrittene aber gewiß bedenkenswerte Arbeit von Heinz Magenheimer, Entscheidungskampf 1941. Sowjetische Kriegsvorbereitungen - Aufmarsch -Zusammenstoß, Bielefeld 2000.

[26] Darüber insgesamt, Hans-Adolf Jacobsen, Der Weg zur Teilung der Welt. Politik und Strategie von 1939 bis 1945, 2. Auflage Bonn 1979.

[27] Ferdinand Otto Miksche, Das Ende der Gegenwart. Europa ohne Blöcke, München 1990, S. 92 f.

schließlich über die Absicht einer weitestgehenden Dezentralisation eines deutschen Staatswesens samt Wiedergutmachungen verständigt[28]. Dazu kamen noch zeitweise weitgehende französische Gebietsansprüche, die schließlich von den französischen Politikern selbst zurückgestellt wurden[29]. Diese Tendenz der Bestrafung des deutschen Volkes und Staates, ausgerückt zunächst auch im sogenannten Morgenthau-Plan, hatte dann doch einer Ansicht Churchills, die dann „Pastorisierung" der Deutschen genannt wurde, Platz gemacht[30]. Dabei spielten sowohl wirtschaftliche als auch militärische Interessen eine Rolle. Schon Mitte 1944 drängten das Imperial Chiefs of Staff Committee (vor allem General Sir Alan Brooke) deshalb auf eine Zerstückelung Deutschlands, damit zumindest ein Teil des westlichen Deutschland in einen europäischen Block gegen eine künftige Bedrohung durch die Sowjetunion hineingezogen werden könnte.

Auch die Sowjetunion, Stalin und Molotow, waren lange Zeit an einer Zerschlagung Deutschlands interessiert und wünschten überhaupt in Ostmitteleuropa möglichst eine Wiederherstellung der Staatenwelt von 1937 – eben mit den Ausnahmen der politischen und militärischen Bedürfnisse der Sowjetunion, auf weitere Sicht auch deren ideologischen Interessen[31].

Wie schon aus dem oben Gesagten hervorgeht, war die Wiederherstellung Österreichs seit Kriegsbeginn lange Zeit mit der Zukunft Deutschlands verknüpft[32]. Dies hatte nicht zuletzt im Fehlen einer Exilvertretung seine Ursache[33], sieht man von den lebhaften Bemühungen der Mitglieder des Hauses Habsburg, besonders Dr. Otto von Habsburgs (Erzherzog Otto von Österreich) und Robert Habsburg-Lothringen, ab. Sie hatten dafür auch herabsetzende Bemerkun-

---

[28] Warren F. Kimball, Aus der Sicht Washingtons. Die Aussichten Deutschlands in den Jahren 1943 - 1945, in: Manfred Messerschmidt – Ekkehard Guth (Hg.), Die Zukunft des Reiches. Gegner, Verbündete und Neutrale (1943-1945) (= Vorträge zur Militärgeschichte, Band 13), Herford – Bonn 1990, S. 57-79.

[29] Briand Bond, Britische Ansichten über die Zukunft Deutschlands 1943-1945, ebendort, S. 13-35.

[30] Yves Durand, Deutschland aus der Sicht der Franzosen (November 1942 bis Mai 1945), ebendort, S. 37-56.

[31] Wolfgang Müller, Sowjetisches Österreich – Planungen 1938-1945, in: Ernst Bruckmüller (Hg.), Wiederaufbau in Österreich 1945 – 1955. Rekonstruktion oder Neubeginn?, Wien 2001, S. 27-54.

[32] Siehe grundsätzlich: Fritz Fellner, Die außenpolitische und völkerrechtliche Situation Österreichs 1938. Österreichs Wiederherstellung als Kriegsziel der Alliierten, in: Erika Weinzierl und Kurt Skalnik, Österreich – Die Zweite Republik, Band 1, Graz - Wien – Köln 1972, S.53 - 90 u. 539 - 542.

[33] Franz Goldner, Die österreichische Emigration 1938 bis 1945 (=Sammlung Das einsame Gewissen VI), Wien 1972; Emilio Vasari, Dr. Otto Habsburg oder Die Leidenschaft für Politik, Wien – München 1972, S. 255-305. Neuestens auch: Gerhard Plöchl, Willibald Plöchl und Otto Habsburg in den USA. Ringen um Österreichs „Exilregierung" 1941/42, hrsg. v. Dokumentationsarchiv des österreichischen Widerstandes, Wien 2007.

gen von offizieller britischer und amerikanischer Seite hinzunehmen[34]. Winston Churchill hatte sich zwar bereits 1940 eindeutig geäußert, hielt aber bis zum Kriegsende als Anhänger einer konstitutionellen Monarchie an seiner Sorge über die wirtschaftliche Lebensfähigkeit Österreichs und an seiner monarchischen Lieblingsvorstellung einer Donaukonföderation fest[35]. Maßgebend wurde schließlich ein Memorandum des britischen Diplomaten Geoffrey Harrison für das Foreign Office, das für Österreich die vier Möglichkeiten festhielt: Eine Fortsetzung der bisherigen Verbindung mit Deutschland, eine Süddeutschen Föderation samt Österreich, ein selbständiges Österreich und eine Donaukonföderation Die Diskussion dieser Vorschläge fand zwar die Zustimmung Churchills im Juni 1943. Sie wurden aber von. Molotow nach der Zuleitung an ihn abgelehnt. So kam es zu gemeinsamen Vier-Nationen-Erklärung (USA, GB, UdSSR, China) über die Wiederherstellung Österreichs vom 1. November 1943 mit jenem Annex, der für unser Thema von Bedeutung ist:

> „Österreich wird aber auch daran erinnert, daß es für die Teilnahme am Krieg an der Seite Hitler-Deutschlands eine Verantwortung trägt, der es nicht entrinnen kann, und daß anläßlich der endgültigen Abrechnung Bedachtnahme darauf, wieviel es selbst

---

[34] Siehe den Ausspruch Antony Edens, in: Otto von Habsburg, Ein Kampf um Österreich 1938-1945, aufgezeichnet von Gerhard Tötschinger, Wien-München 2001, S.26: „Fünf Habsburger und hundert Juden- das ist Österreich". Weiters Emilio Vasari, Dr. Otto Habsburg oder Die Leidenschaft für Politik, Wien-München 1972, S.291: „Cordell Hull hatte sich am 11.September (1944) auf einer Pressekonferenz mit sehr rüden Worten über Österreich geäußert und erklärt, die Moskauer Konferenz habe Österreich zwar die Unabhängigkeit versprochen, doch laste schwere Schuld auf diesem Land, das bis zum Schluß an der Seite Hitlers kämpfe. Man halte jedenfalls in Evidenz, was Österreich für seine eigene Befreiung getan habe und was nicht. Es sei an der Zeit, daß in Österreich etwas geschehe. In seiner Antwort auf Fragen von Journalisten gebrauchte Cordell Hull den Ausdruck, daß Österreich „Buße tun müsse". Er beanstandete, daß Österreich zuwenig Widerstand an den Tag gelegt habe, und erwähnte, daß ‚Hitler in Österreich geboren' sei" .Siehe aber auch: Friedrich Engel-Janosi, Bemerkungen zur Österreichischen Widerstandsbewegung 1938-1941, in: Derselbe, Geschichte auf dem Ballhausplatz. Essays zur österreichischen Außenpolitik 1830-1945, herausgegeben von Fritz Fellner, Graz-Wien-Köln 1963, S. 261-288, hier S.266: „Sicherlich war es nicht der britische Botschafter in Berlin allein, der im Winter 1937/38 in diplomatischen Kreisen äußerte, es sei für ihn schwierig zu verstehen, weshalb die Österreicher versuchten, sich dem von den Nationalsozialisten gewollten Anschluß zu widersetzen, da sie doch wie Bayern, Sachsen etc. auch Deutsche seien. Soviel dem Verfasser bekannt ist, wurde bisher kein Beweis dafür erbracht, daß Hitler log, als er Schuschnigg in Berchtesgaden sagte: ‚Dort wo Sie sitzen, ist vor kurzem erst ein englischer Diplomat gesessen.... der ist verstummt und sehr nachdenklich geworden, er hat mir nicht widersprochen. Von England haben Sie nichts zu erwarten.' ". Zum ganzen Komplex der Taten Dr. Otto Habsburgs für Österreich siehe auch die im Privatbesitz des Autors befindliche Maschinschrift: Erwin Bader, Dr. Hugo Portisch: Die II. Republik – ohne Habsburg?, Hörbranz, 24.06. 2006, ca. 148 Seiten. Herzlichen Dank an Herrn Bader, Salvatorstraße 46, A-6912 Hörbranz.
[35] Siehe speziell: Reinhold Wagnleitner, Großbritannien und die Wiedererrichtung der Republik Österreich, Salzburger Dissertation 1975.

zu seiner Befreiung beigetragen haben wird, unvermeidlich sein wird“.[36]

Im Protokoll der Konferenz von Jalta wurde schließlich festgehalten, daß die britische Delegation über den Verlauf der italienisch - jugoslawischen und der italienisch - österreichischen Grenze Noten vorgelegt habe, die von der amerikanischen und der sowjetischen Delegation studiert werden würden[37]. Schon Ende 1944 gab es in der EAC Irritationen und Aufregungen, daß Roosevelt lange Zeit höchstens in Wien selbst eine schwache US-Division stationiert haben wollte und er erst überzeugt und überredet werden mußte, damit er es erlaube, daß den Amerikanern schließlich eine Besatzungszone, möglichst das Gebiet nahe Süddeutschlands, zugewiesen erhielt[38]. Frankreich bekam schließlich im Zuge der Jalta-Konferenz sowohl in Deutschland als auch in „Österreich“ Besatzungszonen und Sitze in den geplanten Kontrollkommissionen, also ein Mitspracherecht. In Paris wurden zunächst die zuständigen alliierten Vertretungen für die zu besetzenden Gebiete stationiert.

In Casablanca hatte zwischen Roosevelt und Churchill Einverständnis geherrscht, daß noch 1943 eine Landung mit Vormarsch in Sizilien/Unteritalien, dann erst die später „Overlord“ genannte Operation, die Invasion an der französische Westküste, vorgenommen werden würde. Wegen seiner Absicht, den Balkan und Ostmitteleuropa unter die Herrschaft des Kommunismus oder Rußlands zu bringen, hatte es Stalin im Vorfeld der bereits erwähnten Außenministerkonferenz von Oktober/November 1943 erreicht, daß diese Planungen bezüglich Ostmitteleuropa zurückgestuft wurden. Auch die dann erfolgte gemeinsame Erklärung scheint von jenem Einverständnis Churchill – Stalin abhängig gewesen zu sein. Dem Unternehmen „Overlord“ folgte im August/September 1944 die Operation „Dragoon“, die Invasion Südfrankreichs. Schon als diese noch im Gange war schlug der Supreme Allied Commander für den Mittelmeerraum, der britische General Wilson, im August 1944 eine Fortsetzung der italienischen Landoperationen durch General Sir Harold Alexander in die Poebene als nächsten Schlag vor und eine amphibische Operation gegen die Halbinsel Istrien. „um durch die Lücke bei Laibach („Ljubljana gap“) in die Ebenen Ungarns einzufallen“. Dieser Vorschlag wurde zunächst zugunsten einer Gewinnung weiterer nordfranzösischer Häfen, die General Eisenhower wünschte zu-

---

36 Siehe Fellner, a.a.O. S.72, und auch: Heinz Vetschera, Der österreichische Staatsvertrag, in: ÖMZ, Jg. 1980, S.204-213.

37 Arthur Conte, Die Teilung der Welt Jalta 1945, Düsseldorf 1965, S.341. Hier das Protokoll über die Verhandlungen, 11.2.1945, Punkt IX.

38 Gordon Brook-Shepherd, Otto von Habsburg Biografie, Graz 2002, S.266 f. Siehe auch die diesbezüglichen Texte bei: Erich Feigl, Otto von Habsburg – Profil eines Lebens, Wien-München 1992, S. 174-182.

rückgestellt[39]. Besonders warm unterstützte Churchill derartige Bestrebungen, und hier kommt in den militärischen Quellen erstmals auch der Name Wien vor. Doch zunächst blieben in den Diskussionen und auch Planungen für ein Unternehmen „Armpit" die Experten die Oberhand, welche die Untiefen vor Triest, die Barriere der Julischen Alpen und den Mangel an Schiffsmaterial sowie gepanzerten Fahrzeugen als Argumente gegen ein solches Unternehmen vorbrachten[40]. Es gab auch die Pläne des Einsatzes von 6 Luftlandedivisionen bei Triest. „Im November 1944 arbeitete Wilson neue Pläne für die Landung auf Istrien aus, mit Februar 1945 als vorgesehenen Termin"[41].

Hier ist noch eine weitere Episode zu erwähnen. Der Chef des Office of Strategic Services in Bern, der amerikanische Diplomat Allen Dulles, hatte vom ehemaligen sogenannten Deutschen General in Agram, General der Infanterie Edmund von Glaise-Hortenau ein Angebot erhalten, daß hohe Generäle am Balkan, nämlich der Oberbefehlshaber Südost Generalfeldmarschall Maximilian Reichsfreiherr von und zu Weichs, der Befehlshaber der auf dem Rückzug aus Griechenland befindlichen Heeresgruppe, Generaloberst Alexander Löhr, er, Glaise-Horstenau, und Exponenten der kroatischen Armee befürwortete[42]. Der mit der Einleitung von erwünschten Verhandlungen beauftragte OSS-Agent, Franklin Lindsay schreibt dann in seinen Memoiren:

„These enforced days of waiting gave me time to reflect on the months in Stajerska. The Partisan movement was far different than what I had thought it to be before my drop to Slovenia. At its core, it was a nationalist Communist political movement, not just a guerilla army fighting a war against the Germans."

Lindsay schildert denn auch, daß die von Dulles beabsichtigte Weiterentwicklung der Fühlungnahme gleich in ihren Anfängen am Unwillen und Mißtrauen Titos, der ja gemäß geltender Vereinbarungen mit eingeschaltet werden mußte, scheiterte.

---

39 J.F.C. Fuller Generalmajor, Der Zweite Weltkrieg 1939-1945. Eine Darstellung seiner Strategie und Taktik, Wien - Stuttgart 1950, S.378-383.
40 Thomas M. Barker, The Ljubljana Gap Strategy: Alternative to Anvil/Dragoon or Fantasy?, in: The Journal of Military History, vol. 56, No. 1, p.57-85.
41 Brook-Shepherd, Otto von Habsburg, S. 262 u. S. 348.
42 Franklin Lindsay, Beacons in the Night. With the OSS and Tito's Partisans in Wartime Yugoslavia, Stanford, California 1993, S.203-224; zu Glaise-Horsenau siehe: Peter Broucek (Hg.), Ein General im Zwielicht. Die Erinnerungen Edmund Glaises von Horstenau, Band 3: Deutscher Bevollmächtigter General in Kroatien und Zeuge des Untergangs des „Tausendjährigen Reiches", 2. ergänzte Auflage, Wien-Köln-Graz 2005.

Der Historiker Radomír Luža hat erforscht und Fritz Molden hat es nochmals zusammengefaßt, daß in Österreich etwa 100.000 Personen im Widerstand tätig gewesen sind, etwa 20.000 Personen aus Österreich in den alliierten Armeen gedient haben und in den Partisanenarmeen außerhalb Österreichs etwa 5.000 Männer und Frauen aus Österreich kämpften[43].

Die früheste Organisation, die zwecks Beschaffung und Verwertung politischer Nachrichten außerhalb der amtlichen staatlichen Stellen tätig war, war das Informationsbüro, dann Operationsbüro der Vaterländischen Front, das im Oktober 1935 gegründet worden ist unter der Leitung des Generalsekretärs Hans Becker[44]. Er war 1938 im Ersten Transport nach dem Konzentrationslager Dachau. Nach seiner Rückkehr im Mai 1941 wurde diese Organisation in erster Linie von ehemaligen KZ-Häftlingen geheim sozusagen wiedererrichtet zwecks „Schaffung einer gesamösterreichischen Widerstandskoalition" und es gab bald „Vermittlungsstellen" (also sogenannte Meldeköpfe) in Linz, Wels Innsbruck, Graz und Klagenfurt[45]. Mitarbeiter aus der Zeit in Dachau, die 1945 in Wien noch eine Rolle spielten waren der sozialistisch eingestellte Schriftsteller Georg Fraser[46], mit einer

---

[43] Fritz Molden, Feuer, S.26.

[44] Über Dr. Hans Sidonius von Becker siehe die Arbeit, die Beckers Hinterlassenschaft auswertete: Elisabeth Gotschim-Jauk, Hans Becker. Ein Beitrag zu seiner Biographie unter besonderer Berücksichtigung seiner Opposition zum Nationalsozialismus, Wiener Dissertation 1990, (311 Seiten !!); siehe auch Zeitgenössisches: Hans Becker, Österreichs Freiheitskampf. Die Widerstandsbewegung in ihrer historischen Bedeutung. Im Verlag der Freien Union der Ö.V.P., Wien 1946; Prof. Felix Romanik unter Mitarbeit von Dr. Johann Wollinger, Der Anteil der Akademikerschaft am österreichischen Freiheitskampf, Wien o.J. (1946/1947); Hans Becker (Pola, 22.9.1895-16.12.1948, Santiago de Chile) Sohn eines k.u.k. Admirals, seit 1913 Jusstudent, 1914 Einjährig-Freiwilliger beim 1. Tiroler Kaiserjäger-Regiment, Reserveoffizier, angeblich Überlebender der Sprengung des Gipfels des Col di Lana 1916, sodann Angehöriger von Fliegerkompanien, 1.2.1918 Oberleutnant der Reserve, 29.10.1918 als Berufsoffizier aktiviert, nach Kriegsende wieder in den Reservestand; Arbeit als Straßenbauingenieur und Studium der Amerikanistik (14.7.1941 Dr. phil.), nach 1933-1938 Propagandaleiter der „Vaterländischen Front", 1941-1945 auch Arbeit als Innenarchitekt, 1946 in den diplomatischen Dienst der Republik Österreich als Geschäftsträger in Rio de Janeiro, dann in Chile; seit 1941 verheiratet mit Etta Becker-Donner, der bedeutenden Wissenschaftlerin und Museologin auf dem Gebiet der Völkerkunde.

[45] Bei Gotschim-Jauk, Becker, S.189 Nachzeichnung einer Graphik aus dem Nachlaß Beckers: „Bericht über die mir bekannten Kopfstellen der österreichischen Freiheitsbewegung", ohne Datum.

[46] Über Georg Fraser siehe auch: Dokument des Dokumentationsarchiv des Österreichischen Widerstands (künftig: DÖW) Nr. 7930: Fraser an den sowj. Stadtkommandanten Blagodatow, 3.5.1945: Fraser (1945 fünfzig Jahre alt) wird von Rathkolb als Einheitssozialist bezeichnet, konnte 1938 einer Anzahl von Künstlern und Schriftstellern die Ausreise ermöglichen und hat sich damals auch dem tschechischen Nachrichtendienst angeboten, bis er im Dezember 1938 verhaftet und sodann bis März 1939 in KZ-Haft, von Februar 1943 bis Jänner 1944 in „Schutzhaft" war. Seine Frau starb im KZ. Er baute eine Gruppe auf, der es unter anderem gelang, auf den ehemaligen Wiener Polizeivizepräsidenten (1938-1945), seit 1.8.1944 SS-Gruppenführer und Generalleutnant

eigenen Widerstandsgruppe, der Gewerbetreibende Eduard Seitz (nicht verwandt mit Altbürgermeister Karl Seitz) mit Kontakten zu den Sozialdemokraten, sowie Viktor Müllner[47], der ehemalige stellvertretende Bürgermeister von St. Pölten, ein Lehrer, angehörten. Eine weniger aktive Gruppe von Offizieren, vor allem Stabsoffizieren des (1.) Bundesheeres, hatte Major Emil Oswald (zeitweise auch :Oszwald) zu ihrem Sprecher und wurde als monarchisch angesehen[48]. Fritz Molden bezeichnet Becker als die Zentralfigur des österreichischen Widerstandes.

In den Richtlinien für Beckers Organisation lautete der Punkt 5: „Herstellung des Kontaktes zu den Alliierten". Diese sind wahrscheinlich über einige tschechische Widerstandsgruppe gelaufen, mit denen Beckers Organisation seit 1943 eng zusammenarbeitete. Sicher aber hatte einer der engsten Mitarbeiter

---

der Waffen-SS Josef Fitzthum, einen tödlichen Mordanschlag zu verüben. Fitzthum war seit 1.8.1944 Höherer SS- und Polizeiführer in Albanien. Dieses Attentat galt lange als tödlicher Unfall. (Siehe auch: Nikolaus v. Preradovich: Österreichs Höhere SS – Führer, Berg am See 1982, S. 98. Dort wird ein „Autounfall" in der Neunkirchner Allee südlich von Wien angegeben). Fraser war auch der Verfasser des Aufrufs zur Kapitulation an die Wiener, den Major Szokoll bei der ersten und einzigen Besprechung mit den Führern der zivilen militanten Widerstandsgruppen von ihm verlesen ließ. (Text: Carl Szokoll, Die Rettung Wiens 1945. Mein Leben, mein Anteil an der Verschwörung gegen Hitler und an der Befreiung Österreichs, Wien 2001, S.327).

[47] Über Müllner siehe: Karl von Vogelsang-Institut (Hg.), Gelitten für Österreich. Christen und Patrioten in Verfolgung und Widerstand, Wien o.J. (nach 1988). Viktor Müllner (Wien, 10.7.1902-12.7.1988) Lehrer und Funktionär der Vaterländischen Front, 24.5.1938 nach dem KZ Dachau transportiert, Juni 1942 entlassen, sodann Hilfsarbeiter, stieß auch nach der Entlassung zu Bumbala und schreibt über ihn: „„Er hatte mit dem Ausland eine erstklassige Verbindung. Ich habe diese Verbindung erst später erfahren. Sie war so unglaubwürdig, weil sie so einfach war. Er hatte nämlich in der Roßauer - Kaserne in der Nachrichtenabteilung einen Vertrauten. Wenn die Funktionäre und leitenden Offiziere spät nachts um 3.00 Uhr, alle betrunken waren und geschlafen haben, kein Gespräch geführt oder telegraphische Nachrichten hinausgegeben haben, dann war absolute Ruhepause. Diese Ruhepause, die diese Mittelsperson genau gewußt hat, hat er benützt, um für 05 Funksprüche hinauszugeben, die auf einem Kriegsschiff im Mittelmeer aufgenommen und von dort entweder nach Washington oder Moskau oder London weitergeleitet wurden...." Müllner nennt diese männliche Mittelsperson nicht, muß aber ihren Namen gekannt haben. Es scheint sich um einen Offizier der Kosakendivision gehandelt zu haben.... Müllner beschreibt dann Sabotageaktionen der Fremdarbeiter usw. und fährt fort: „Bumbala war über alle Bewegungen und Ereignisse bis ins einzelne informiert, obwohl niemand gewußt hat, wieso er diese Informationen hat. Er war im wahrsten Sinne ein Meister der Nachricht, ein Meister der Recherche, ein Meister im Knüpfen von Verbindungen in jeder Richtung"....Müllner wurde später noch Landesobmann des ÖAAB von Niederösterreich und auch Landeshauptmann - Stellvertreter. Er wurde 1968 in einem Sensationsprozeß wegen finanzieller Machinationen zu 4 Jahren Kerker verurteilt, die er aber als Schwerkranker nicht absitzen mußte.

[48] Emil Oswald (Pinkafeld, 29.5.1897-16.12.1974, Wien), war Berufsoffizier und 1918 Leutnant im Infanterieregiment Nr. 83. Er war nach 1918 Adjutant des Kommandanten der ungarischen Nationalarmee in Westungarn, des Ritters des Militär-Maria Theresien-Ordens Oberst Anton Freiherrn von Lehár. Mit ihm war Oswald an den beiden Restaurationsversuchen Kaiser und König Karls I. (IV.) führend beteiligt. Der Autor der vorliegenden Studie konnte mit ihm über jene Aktionen Gespräche führen. Vgl. diesbezüglich: Peter Broucek (Hg.), Anton Lehar, Erinnerungen. Gegenrevolution und Restaurationsversuche in Ungarn 1918-1921, Wien 1973, siehe Personenregister. Oswald war nach 1945 in der Privatwirtschaft tätig.

Beckers, der Schriftsteller Raoul Bumballa[49], der 1943 aus dem KZ Buchenwald zurückkehrte die Funkverbindung zu den Briten Wahrscheinlich war er ein Agent des SIS, des British Secret Intelligence Service, auch M I 6 genannt.

Ab Herbst 1942 wurde die Organisation zu einem „Zentralkomitee Österreich" ausgeweitet, sie nahm 1944 den Namen 0 5 an. Von den Gruppen, die spätestens 1943 in der lockersten Form mit der Organisation Beckers in Kontakt standen und in Wien eine Rolle spielten, ist einmal die Gruppe „Prinz Eugen"

---

[49] Über Raoul Bumballa (Troppau/Opava, Öst. Schlesien, 10.9.1895-26.7.1947, Wien?) siehe Oliver Rathkolb, Raoul Bumballa, ein politischer Nonkonformist, in: Unterdrückung und Emanzipation. Festschrift für Erika Weinzierl zum 60. Geburtstag, hg. v. Rudolf G. Ardelt - Wolfgang J. A. Huber - Anton Staudinger, Wien - Salzburg 1983, S. 295-317; vergleiche jedoch dazu: Otto Molden, Der Ruf des Gewissens, (nur !) 3. Auflage, Wien 1958, S.204 ff. und siehe dort das Register. Rathkolb stellt in seiner materialreichen sehr kritischen Biographie Bumballa diesen de facto als Hochstapler dar, da er sich den Offiziersrang, das Doktorat und die kleinadelige Abkunft angemaßt habe. Laut den Dokumenten hat Bumballa tatsächlich die Reserveoffiziersprüfung nicht bestanden und war bis Kriegsende Einjährig Freiwilliger-Zugsführer. Er erklärt zum Beispiel, nicht Dr. jur. der Wiener Universität, sondern Dr. phil. der Münchener Universität gewesen zu sein. Dafür spricht auch seine spätere Profession als Schriftsteller. Hier könnte er sich auch den Nome de guerre Bumballa-Burenau zugelegt haben. Bumballa gab gegenüber den Quellen Otto Moldens sechs Kopfverletzungen und den Abschuß während eines Luftkampfes als Feldpilot oder Artilleriebeobachter an. Zu den bürgerlichen Milieuvorstellungen sollten wohl die militärischen Milieuvorstellungen sowie die Ideen der Fliegerkameradschaft hinzugefügt werden, ganz besonders aber die nur zum Teil dokumentierten außergewöhnlichen Verwundungen, die ihn kriegsuntauglich machten. Siehe zum Fliegermilieu vor allem: Oswald Kostrba-Skalicky, Die Luftstreitkräfte Österreich-Ungarns im Ersten Weltkrieg, in: Peter Broucek -Fritz Baer (Hg.), Weltkrieg 1914-1918. Heereskundliche – Kriegsgeschichtliche Betrachtungen siebzig Jahre danach. Materialien zum Vortragszyklus 1988. Heeresgeschichtliches Museum Wien Gesellschaft für österreichische Heereskunde, Wien 1989, S.131-150; Derselbe (unter dem Pseudonym Christian Willars), Die Helden und die Toten. Altösterreichs Luftstreitkräfte, die Presse, 6./7.9.1980, Zeichen der Zeit, III f. Bumballa wurde nie zum sogenannten Tapferkeitsoffizier befördert, wie andere k.u.k. Fliegerunteroffiziere nach 1938. Bumballa war vom 27.4.1945 bis 20.12.1945 Unterstaatssekretär im Staatsamt für Inneres bzw. Staatssekretär im Bundesministerium des Innern. Am 2.11.1946 trat er als Vizepräsident der Österreichischen Volkspartei zurück und schied aus der ÖVP aus. In einem Interview aus jenem Anlaß (Der Fall Dr. Bumballa. Aus der Oesterreichischen Volkspartei ausgetreten, Wiener Kurier, 15.11.1946), machte Dr. Bumballa noch die folgenden Angaben, die für unser Thema relevant sind: „Der Unterstaatssekretär, die über die Vorbereitungen für den 20.Juli 1944 genau informiert war, erklärte, daß er eigentlich gegen diese Aktion war, denn hätte damals der Anschlag Erfolg gehabt, so wäre wohl unter Umständen das Naziregime früher zusammengebrochen, jedoch gewisse fanatische Anhänger der Partei hätten erklären können, daß es nur deshalb so gekommen sei weil eben Hitler nicht mehr die Führung innegehabt habe. So aber, nachdem Hitler das deutsche Volk in das grenzenlose Chaos geführt hat, ist sein Nimbus der Unfehlbarkeit für immer und ewig zerstört". Interessant ist ferner noch über die Persönlichkeit des Unterstaatssekretärs zu erwähnen daß dieser schon von 1925 bis 1934 in Berlin im „Zentralbüro gegen den Faschismus" tätig war (laut Otto Molden gemeinsam mit Dr. Becker, der Autor), daß er Jahre 1934 im „Columbia - Haus" in Berlin – dem Vorläufer des deutschen KZ – inhaftiert war und nach einem halben Jahr nach Danzig entlassen wurde. Von 1934 bis 1938 stand er die ganze Zeit hindurch gegenüber der Regierung Schuschnigg und Dollfuß in Opposition. Der Unterstaatssekretär hat bei dem Zusammenbruch Österreichs und dem Einmarsch der Deutschen den damaligen

des Leutnant a.D. Willy Prinz von Thurn und Taxis zu nennen[50]. In der legitimistischen Gruppe „Müller-Thanner", spielte der Militärakademiker Nikolaus (Freiherr von) Maasburg eine sehr aktive Rolle[51].Er baute einen Kurierdienst zu den slowenischen Partisanen auf und hielt den Kontakt zu dem Wiener Widerstandskämpfer Dr. Hubert Ziegler. Dieser war Angehöriger einer aus „österreichischen Deserteuren" bestehenden Kampfgruppe im Bachergebirge in der Untersteiermark, die über Wien den Funkkontakt zum Hauptquartier der Alliierten in Caserta hatte. Nicht vergessen werden darf auf die Gruppe Revolutionärer

Bundeskanzler Dr. Schuschnigg dringend ersucht, wenigstens einen Schuß als Demonstration abfeuern zu lassen, worauf ihm der Bundeskanzler erwiderte, daß mit einem Schuß das Leben von 20.000 bis 30.000 Menschen aufs Spiel gesetzt werden würde. Hierzu meinte Dr. Bumballa: Lieber 20.000 bis 30.000 tot, als im anderen Falle 200.000 oder 300.000 Österreicher früher oder später dem Tode geweiht." Otto Molden führt noch Bumballas Bekanntschaft mit den ehemaligen österreichischen Regierungsmitgliedern Eduard Ludwig, Friedrich F. G. Kleinwächter, sowie dem Schriftsteller Dr. Rudolf Kalmar an. Zur Beschuldigung des Schmuggels siehe die Kopien von Dokumenten in: DÖW 21106.
[50] Die Angaben über Willy Prinz von Thurn und Taxis gründen sich auf abgelichtetem Material, jetzt im Öst. Staatsarchiv/Kriegsarchiv, Nachlaßsammlung (künftig: KA, NLS), sign. B/1637 zusammengefaßten Archivalien. Es handelt sich um Abschriften von Tonbandinterviews aus dem Archiv der Stadt Wien, Material der Kommission 1945, sowie des ÖSTA/Archiv der Republik. Dazu kommt ein zumindest vorläufig gesperrtes, weil bruchstückhaftes Memoirenwerk, das sich auf Wunsch der Erben nach Thurn und Taxis in einer Ablichtung im Besitz des Autors befindet und erst später einmal ins Kriegsarchiv gelangen soll. Diese Memoiren behandeln, was die Tätigkeit der Gruppe „Prinz Eugen" betrifft, offenbar die Leitfigur des Obmannes, sowohl was das Kavalleristentum als auch den Reichsgedanken betrifft, nur einen einzigen Aspekt der Ereignisse 1943- 1945, nämlich das Schicksal eines Gruppenangehörigen, das noch zur Sprache kommen wird. Ferner konnte der Autor mit Willy Thurn und Taxis kurze Interviews machen. Willy Thurn und Taxis (29.3.1919, Mzell, Bezirk Poděbrad, Tschechoslowakei - nach 2000, Wien) Frequentant von Volksschule und Mittelschulen in Bad Gleichenberg bzw. Seckau und Seitenstetten, Matura, trat am 30.9.1937 als Einjährig –Freiwilliger ins österreichische Dragonerregiment 1 ein, wurde mit 1.7.1938 zum Fahnenjunker im (deutschen) Kavallerieregiment Nr. 9 in Fürstenwalde befördert, aber von der Offiziersprüfung zurückgestellt und ab Dezember 1938 als Reserveoffiziersanwärter (Gefreiter) eingestuft. Diese Behandlung dürfte gemäß Andeutungen in den Memoiren auf antipreußische Äußerungen vor oder während der Prüfung, speziell Bemerkungen über König Friedrich II. von Preußen zurückzuführen sein. Thurn und Taxis machte den Polenfeldzug bei einer Kavallerieeinheit und den Norwegenfeldzug bei einem Radfahrbataillon mit und wurde mit 1.4.1940 zum Leutnant befördert, mit 17.2.1941 entlassen. Thurn und Taxis hat sich bis 1943 mehrmals über diese Zurücksetzung bei den zuständigen Stellen vom Reichsstatthalter Baldur v. Schirach abwärts beschwert und Familientradition sowie große Liebe zum Offiziersberuf angeführt, wurde aber aus „politischen Gründen" und weil er für den „Nationalsozialismus nichts übrig" habe, die Familie „völlig monarchistisch eingestellt" sei, abgewiesen. In seiner Widerstandsgruppe befand sich Dr. Georg Zimmer-Lehmann, nach 1939 Angehöriger der Rundfunküberwachung West (Intervention General Lahousen) und Dr. Ludwig Jedlicka (Schützling von General Edmund Glaise-Horstenau) sowie der wie Jedlicka, schwer enttäuschte ehemalige HJ-Angehörige Roman G. (Name dem Autor bekannt), weiters Dr. Wilfried Gredler. Soweit erkennbar einte die Gruppe die schlechte Behandlung von Österreichern im Dritten Reich und die Sorge, daß Wien das Schicksal von Warschau, Budapest und Breslau erleide. Über Thurn und Taxis sowie Maasburg siehe auch: Gudula Walterskirchen, Blaues Blut für Österreich. Adelige im Widerstand gegen den Nationalsozialismus, Wien - München 2000.
[51] Über ihn vgl.: Christine Maasburg, Nikolaus Maasburgs Rolle im Widerstand und bei der

Sozialisten mit Felix Slavik, der zu Becker spätestens seit 1944, wohl über den Prälaten Jakob Fried, Verbindung hatte[52]. Besonders hingewiesen werden muß auf einige Gruppen, die aus der sogenannten Jugendbewegung hervorgegangen sind, etwa den „Österreichische Kampfbund", entstanden aus dem Freikorpsfähnlein Helmut Wenger, bereits im März 1938 aktiv, in dem Johannes Eidlitz und Herbert Braunsteiner nebst andere etwa 100 Personen zusammengeschlossen waren[53].

Die Kapitulation der deutschen 6. Armee in Stalingrad am 1. Februar 1943 und die Kapitulation der deutschen Heeresgruppe Afrika am 13. Mai 1943 war im eu-

---

Wiederherstellung eines unabhängigen Österreich, Wiener Magisterarbeit 1997. Nikolaus Freiherr von Maasburg (Marburg an der Drau, Steiermark, heute Maribor, Slowenien, 18.11.1913-9.8.1965, Wien), Vater gefallen als Berufsoffizier 1914, Nikolaus besuchte eine technische Mittelschule, wobei er bereits Mitglied von legitimistischen schlagenden Corps war und meldete sich 1936 als Einjährig-Freiwilliger beim Infanterieregiment Nr.11 in Leoben, ab 1937 war er in der EF-Kompanie der Flieger. Er gründete dort unter den Akademikern eine Gegenorganisation gegen Kameraden, die dem NS-Soldatenring angehörten, unter diesen waren der spätere Major und Helfer General Liebitzkys bei der Errichtung des (2.)Bundesheeres Georg Gaupp v. Berghausen und der spätere kanadische Major Leizner, vor allem aber der spätere Mitarbeiter Major Szokolls Hauptmann Huth. Maasburg wurde mit 1.4.1939 Fahnenjunker-Unteroffizier, wurde aber aufgrund einer Anzeige aus der Milak am 9.4.1939 entlassen. Maasburg organisierte sodann über Marburg eine ständige Nachrichtenverbindung zu Otto v. Habsburg und stand vor allem mit Felix Habsburg in Kontakt, der ja ebenfalls Frequentant der Milak. gewesen war, aber am 11.3.1938 flüchten konnte. 1939 wurde Maasburg erstmals verhaftet, später noch 6 mal. Es gelang ihm bei der Abwehrstelle Klagenfurt nach Kriegsausbruch Dienst zu leisten, dann war er beim Ersatztruppenteil des Gebirgsregiments Nr. 137, und wurde später nach Norwegen versetzt, von dort desertierte er im Spätsommer 1944 und nahm Verbindung mit den Partisanen im Bachergebirge auf, er war weiters sowohl mit der Gruppe Müller-Thanner, aber auch mit der Gruppe Prinz Eugen in Beziehung.
[52] Felix Slavik (Wien, 3.5.1912-16.10.1980, Wien) führte eine Gruppe Revolutionärer Sozialisten, stand aber schon 1938 über die Gruppe Müller-Thanner und über Prälat Jakob Fried mit Becker in Beziehung. Slavik und Fried wurden im Sommer 1939 verhaftet und 1943 rückwirkend zu 2 Jahren Kerker verurteilt. Slavik verlor im KZ ein Auge. Er wurde nach seiner Freilassung sofort wieder aktiv und stieß schließlich zur O 5. Slavik wurde in der Provisorischen Wiener Stadtregierung Stadtrat für Wohnungswesen, bald Bundesrat und 1949 Nationalrat, 1970 bis 1973 war Slavik Bürgermeister von Wien. Jakob Fried, der letzte Vorsitzende des Provisorischen Österreichischen Nationalkomitees, war eine Art Feldkaplan der Widerstandsbewegung (Eibesthal, NÖ., 25.7.1885-18.5.1967, ?). Vgl. über ihn: Martin Riedlinger, Prälat Jakob Fried. Anmerkungen zum 70. Geburtstag, Wien 1955. Einige Daten: 1909 Priesterweihe, seit 1914 im Zentralrat des Katholischen Volksbundes, zeitweise Generaldirektor, 1934 päpstlicher Hausprälat, Mitglied der CV-Verbindung Amelungia und des Korps Ottonen. Fried vertrat den Gedanken eines mitteleuropäischen Kaisertums, er war von November 1939 bis Mai 1944 in Haft, wurde 16mal von einem Kerker in den anderen geschafft, lebte angeblich auf Rat des hohen Gestapobeamten Oberregierungsrat Dr. Ebner als sogenanntes U-Boot in Wien. Er war vor und nach seiner Haft vor allem in der Gruppe Müller-Thanner seelsorglich und spirituell tätig. (Dr. Ebner war SS-Obersturmbannführer und Chef - Stellvertreter der Staatspolizeileitstelle Wien). In den entscheidenden März- und Apriltagen 1945 war Prälat Fried in den Sturmlokalen bzw. im Palais Auersperg. Eine seiner Publikationen: Nationalsozialismus und Katholische Kirche in Österreich, Wien 1947.
[53] Über Johannes Eidlitz und Herbert Braunsteiner schreibt Fritz Molden, daß sie zur „Jungen Garde" im Hauptquartier der O 5 gehörten. Sie waren führende Köpfe des „Österreichischen Kampfbundes". Eidlitz, der Enkel des k.k. Ministerpräsidenten Seidler (1916-1918) war enger Mitarbeiter von Fritz Molden im

ropäischen Raum die Wende des 2. Weltkrieges. Die Eroberung der Insel Pantelleria, des „italienischen Malta", am 11. Juni 1943 war der Beginn des Feldzugs der Westalliierten samt Franzosen und Polen in Italien. Für jene nun beginnende letzte Phase des sogenannten „Großen Krieg" waren mehrere Ereignisse rund um Österreich ihrer Signal- oder Beispielswirkung von Relevanz: und wurden daher auch von der österreichischen Militärgeschichtsschreibung beachtet: Die große Erhebung des polnischen Volkes in Warschau, der Kampf um Monte Cassino, der Rückzug der Heeresgruppe E aus Griechenland und dem Westbalkan, der Slowakische Aufstand, die Belagerung Budapests[54]. In den letzten Jahren hat die Erforschung des Geheimen Krieges, des Kampfes der sogenannten „Dienste" und der Spezialoperationen beachtliche Fortschritte gemacht, vor allem seitdem laufend betreffende Aktenbestände - gewiß noch nicht alle - freigegeben worden sind. Neben den Diensten der Westalliierten, sowie der von ihr, wie das Beispiel Kim Philby zeigt, nicht ganz zu trennenden Diensten der Sowjetunion, kommt dem Nachrichtendienst der Schweizer Armee eine wichtige Nebenrolle zu[55].

Über die Tätigkeit des bereits genannten britischen Auslandsgeheimdienstes in Österreich also dem SIS (auch M I 6), und seiner Unterabteilung für Sabotage und „Betreuung" der Widerstandsbewegungen, der Special Operations Executive, wissen wir für die Zeit vor 1943 fast nichts, nur daß sie offenbar auch in Österreich aktiv war – aber nicht sehr[56]. Ab November 1942 wirkten in Bern, dem amerikanischen

Verlagswesen und, wie der Autor aus persönlichen Gesprächen weiß, vom Gedanken des österreichischen Staates durchdrungen. Er war wegen einer Tbc- Erkrankung aus der Wehrmacht entlassen worden.

[54] Siehe die Bibliographie der Aufsätze Heinz Magenheimes in ÖMZ und Die Presse der Jahre 1985 bis 1995 bei: Peter Broucek – Kurt Peball, Geschichte der österreichischen Militärhistoriographie, Köln-Weimar-Wien 2000, S.499-506 besonders S.505; siehe die Aufsätze von Siegbert Kreuter bei: Broucek-Peball, Militärhistoriographie, S. 494 f. Von Kreuters Aufsätzen in der ÖMZ, in der Zeitschrift Truppendienst und in Die Presse seien hervorgehoben: Kommandounternehmen im Zweiten Weltkrieg. Ihre Auswirkungen auf Operation und Strategie, in: ÖMZ, Jg., 1987, S.334-347; Fehleinschätzung und Weitsicht. Der Weg deutscher Militärs in den Widerstand, in: Die Presse, 7./8.11.1987; Operationsziel Rom. Die Schlachten bei Monte Cassino und Anzio 1944, in: ÖMZ, 1988, S. 441-449 u. 535-542; Die Slowakei 1918-1944. Zur Geschichte des Nationalaufstandes 1944, in: ÖMZ, 1989, S. 483-491; Der Weg nach Budapest Der Kleinstaat als Kriegsschauplatz der Großen, in: ÖMZ, 1985, S. 305-317; Der Rückzug der Heeresgruppe E aus Griechenland, in: ÖMZ, Jg. 1982, S.111-117. Siehe weiters: Janusz Piekalkiewicz, Kampf um Warschau. Stalins Verrat an der polnischen Heimatarmee 1944, München 1994.

[55] Janusz Piekalkiewicz, Weltgeschichte der Spionage, München 1988, S.413 ff.; ders., Spione, Agenten, Soldaten. Geheime Kommandos im Zweiten Weltkrieg, München 1969; ; vor allem, S.42 ff: Hans Rudolf Kurz, General Henri Guisan (Persönlichkeit und Geschichte, Band 37), Zürich – Göttingen - Frankfurt 1967.

[56] Siehe Janusz Piekalkiewicz, Spione, Soldaten. Geheime Kommandos im Zweiten Weltkrieg, München 1969, hier S.42-61 das Kapitel: S. O. E. London schult Saboteure. Geschichte der Special Operations Executive, der in London gegründeten Organisation zur Unterstützung des Widerstandes in den besetzten Gebieten.

Geschäftsträger formal unterstellt, Allen Dulles als Chef des Office of Strategic Services (OSS), mit der sogenannte ihm unterstellten Gewerkschaftsabteilung jenes Dienstes unter Gerhard (Gary) Van Arkel. Ebenfalls Dulles oder dem OSS unterstellt war dessen Secret Operations Branch, der die Sabotageaktionen der Widerstandsbewegungen in den von den Deutschen besetzten Gebieten durch Infiltration, nämlich Absprung, von Agenten, förderte. Das zweite Zentrum jenes Dienstes neben Bern war Istambul. Auch über Zusammenarbeit und Rivalität zwischen jenen Dienststellen sind wir kaum informiert[57]. Aber grundsätzlich hatte Allen Dulles die Aufgabe, die amerikanischen und britischen Dienste zu koordinieren.

Zur Zeit der Casablanca-Konferenz, so wissen wir nunmehr aus britischen Akten, hatte Dulles eine Verhandlungsrunde mit dem aus Österreich stammenden SS-Offizier Reinhard Spitzy und einem Vertrauensmann Admiral Canaris, des Chefs des deutschen Amtes Ausland/Abwehr im Oberkommando der Wehrmacht (OKW), Prinz Max von Hohenlohe-Langenburg. Thema war „a compromise peace ......maintain the Anschluss....a cordon sanitaire around Russia"[58]. Es gibt Vermutungen, daß diese Fühlungnahme und vielleicht auch andere mit den zwei Attentaten auf Hitler, die dann im März 1943 versucht beziehungsweise geplant wurden, in Zusammenhang zu bringen sind[59]. Dem aus Österreich

---

57 Siegfried Beer, Die britische Besatzungsmacht in Österreich, 1945 – 1955, in: Ernst Bruckmüller, (Hg.), Wiederaufbau in Österreich 1945 – 1955, Wien 2006, S.55-89, bes. S.67 f.; Ders.; Rund um den „Dritten Mann": Amerikanische Geheimdienste in Österreich 1945-1955, in: Österreich im frühen Kalten Krieg 1945-1958. Spione, Partisanen Kriegspläne, Wien-Köln-Weimar, S.73-99; James Jay Carafano, Deconstructing U.S. Army Intelligence Operations in Postwar Austria: The Early Years 1945-1948, ebendort, S.55-71. Insgesamt jedoch: Joseph Persico, Geheime Reichssache. Der US-Geheimdienst im Untergrundkampf gegen die deutsche Kriegführung, Wien – München – Zürich - Innsbruck 1980. Allen Welsh Dulles (Watertown N.Y., USA 7.4.1893- ?) Diplomat, 1953-1961 Leiter der CIA, Abkürzung für Central Intelligence Agency. Er war der jünger Bruder des amerikanischen Außenministers John Foster Dulles. Dulles leitete seine Organisation als „Special Legal Assistant" („Sonderrechtsberater") des amerikanischen Botschafters in Bern, Leland Harrison. Zu Dulles' Biographie siehe: Persico, S.63-67. Die Behauptung des Autors Kimball (Anm.28, hier S.76), Dulles hätte „persönlichen Ruhm" im Sinne gehabt und vor allem die Verhinderung des sowjetischen Einflusses, ist erstaunlich. Mitteleuropa verdankt ihm nach Meinung des Autors sehr viel.
58 Siehe Richard Bassett, Hitler's Spy Chief, London 2005, p. 263 f. Reinhard Spitzy, So haben wir das Reich verspielt, München Wien 1986, S.446-456, betont in seiner Schilderung der Unterredung mit Dulles, S. 446 ff. die Gedanken einer großdeutsch-österreichischen Oppositionsgruppe (nicht Widerstandsgruppe !) gegen Hitler und den Nationalsozialismus, besonders Erwägungen der Kriegsbeendigung ohne „bedingungslose Kapitulation" und Erwägungen der wirtschaftlichen Rekonstruktion neben den oben genannten Motiven Dulles'.
59 Siehe jetzt: Michael Mueller, Canaris. Hitlers Abwehrchef, Berlin 2006, S.388 ff.; weiters: Hans Adolf Jacobsen, (Hg.) Spiegelbild einer Verschwörung". Die Opposition gegen Hitler und der Staatsstreich vom 20.Juli 1944 in der SD-Berichterstattung, 2. Band, Stuttgart 1984, S.370. Lahousen führte zum Zeitpunkt der Attentatsversuche von März und April 1943 infolge Erkrankung des Kommandeurs die Infanteriedivision z.b.V. 800 Brandenburg.

stammenden und eine Wiederherstellung Österreichs wünschenden Generalstabsoffizier und Sabotagereferenten des Admiral Canaris wäre dabei eine wichtige Rolle zugefallen[60].

Ob diese Fühlungnahmen, welche die Interessen der Sowjetunion und „unconditional surrender" außer Acht ließen von jener Macht ernsthaft Waffenstill-
standsfühlungnahmen sozusagen „beantwortet" wurden, ist fraglich." Sicher
scheint zu sein, daß jedenfalls dem „Bund Deutscher Offiziere" in der sowjetischen Kriegsgefangenschaft ein nicht näher präzisiertes Angebot wegen Österreich
gemacht worden ist[61].

Nach der Moskauer Erklärung vom Oktober 1943 scheint es derartige Fühlungnahmen nicht mehr gegeben zu haben. In die Zeit Herbst 1943 und Frühjahr bis Sommer 1944 fallen die spektakulären Ergebnisse der großangelegten
Waffenindustrie-Spionage der Gruppe Maier-Messner-Legrady[62]. Ihr Chef war
der österreichische Patriot und Kaplan DDr. Heinrich Maier[63]. Hinter dieser

[60] Siehe Peter Broucek, Ein Verschwörer gegen Hitler und für Österreich. Der Generalstabsoffizier
Erwin Lahousen, in Österreich in Geschichte und Literatur, 49.Jg. 2005, 61-97. Spitzy, a.a. O.
(Anm. 58), schreibt S.382: „Oberstleutnant Lahousen, der Sabotagefachmann, ein österreichischer
Offizier und glühender Feind Hitlers."
[61] Hans-Adolf Jacobsen, Der Weg zur Teilung der Welt. Politik und Strategie von 1939 bis 1945, 2.
Auflage, Koblenz-Bonn 1979, 610: Ende August 1943: „In Lunjowo unterbreitet General Melnikow i. A.
der sowjet. Regierung dt. Generalen den Vorschlag, Moskau würde sich für ein Dt. Reich mit „den
Grenzen von 1938 (mit Österreich) und die Erhaltung der dt. Wm. einsetzen, falls es dem Offiziers-Bund
gelinge, die dt. Wehrmachtführung zu einer Aktion gegen Hitler zu bewegen, die den Krieg beende, noch
bevor er auf dt. Boden ausgefochten würde." S. 612: Juli-August 1944: Sowjets geben Vertretern des
„Nationalkomitee Freies Deutschland" zu verstehen, die SU bedürfe dieser Organisation nicht länger um
Hitler-Deutschland endgültig zu schlagen". Soweit dem Verfasser dieses Artikels mitgeteilt wurde, war in
der Generalität des Österreichischen Bundesheeres der 2. Republik Herr General der Infanterie Erwin
Jetzl als Major der Deutschen Wehrmacht und bei Stalingrad gefangen genommener Regiments-
Kommandeur Mitglied des „Bundes Deutscher Offiziere". Siehe: Rainer Blasius, Zweifel an Uncle Joe's
Treue? Chancen eines sowjetischen - deutschen Sonderfriedens vor Casablanca im Urteil des Foreign
Office, in: Wolfgang Michalka (Hg.) Der Zweite Weltkrieg. Analysen – Grundzüge - Forschungsbilanz,
Weyarn 1997, S.155-173. Glaubt, daß weder vor noch nach „Casablanca", nämlich ab dem Vertrag von
1941, eine Chance für einen deutsch-sowjetischen Sonderfrieden bestand oder auch nur ein diesbezüg-
licher ernsthafter Verdacht der britischen Führung gegeben war.
[62] Siehe: Siegfried Beer, „Arcel/Cassa/Redbird". Die Widerstandsgruppe Maier-Messner und der amerikanische
Kriegsgeheimdienst OSS in Bern, Istambul und Algier 1943/44, in: DÖW - Jahrbuch 1993, S.75-100.
[63] Über DDr. Heinrich Maier selbst siehe: Gelitten für Österreich (Anm., S.77 f.); Josef Skopik, DDr.
Heinrich Maier. Priester im Widerstand, in: Derselbe, Groß[e]weikersdorfer. Lebensbilder bedeutender
Ortsbewohner, Wien Selbstverlag 2002, S. 1-41 (Für die Beschaffung herzlichen Dank an Volksschuldirek-
tor i.R. Sepp Zahel). Kaplan DDr. Maier fiel der letzten Hinrichtung am Wiener Straflandesgericht am
22.3.1945 zum Opfer. Hier sei an einen zweiten Priester erinnert, der im Dienst der Briten zur Bekämpfung
Hitlers stand: Elmar Eisenberger (Graz, 23.7.1909-16.11.1988, Graz), Dr. phil., 25.8.1929 aufgenommen
in den Souveränen Malteser-Ritter-Orden / Großpriorat von Böhmen, 8.10.1933 Profeß, 22.9.1934
Priesterweihe, 1939 Urlaubsaufenthalt in England und Internierung nach Kriegsausbruch, ab 1942

Gruppe, über sie offenbar völlig informiert und ihr „Schutzherr", war der Stadt-kommandant Wiens Generalleutnant Heinrich Stümpfl.

Lesen wir, was ein Kurier jener Gruppe in die Schweiz, die Pianistin Barbara Issakides, über Stümpfl im Rahmen einer Erklärung nach dem Krieg (7.9.1945) bestätigt hat[64]:

> „Es ist mir durch Herrn Dr. Maier, der schon seit vielen Jahren in der Familie des Herrn General Stümpfl verkehrt, bekannt, dass Herr General Stümpfl jederzeit bereit war, die für die Widerstandspartei notwendigen und wichtigen Auskünfte zu geben als auch aktiv einzugreifen, soweit es ihm möglich war. Herr General Stümpfl wusste von unserer Verbindung mit den Alliierten im Auslande und gab uns unter anderem schon seinerzeit Informationen über den Stand der Wehrmacht in Wien und Österreich sowie deren Verhältniszahlen betreffs Reichsdeutscher und Österreicher, die wir auch weiterleiteten. Herr General Stümpfl erklärte sich auch bereit, in dem von den alliierten festgesetzten Termin das Kommando in Wien bzw. Österreich zu übernehmen."

---

regelmäßige Tätigkeit für den britischen Geheimsender „Christus der König" unter dem Decknamen Pater Andreas, 1946 Stadtpfarrer von Fürstenfeld, 1948 Austritt aus dem Orden und Verehelichung mit Maria geb. Perše, 3 Kinder, seit 1.1.1958 Bibliothekar der steirischen Arbeiterkammer, 1963 kirchliche Trauung durch Bischof Schoiswohl. Siehe: Max J. Hiti, Elmar Eisenberger, Priester im Widerstand gegen Hitler – Stadtpfarrer in Fürstenfeld – Kulturschaffender und Familienvater in Graz, in: Fürstenfelder Kulturmagazin, no. 20, 1992, S.18-29. Der Autor dankt seinem Ordensbruder im Souveränen Malteser - Ritterorden Dr. Robert (von) Dauber für freundliche Hilfe.

[64] Die Angaben über Heinrich Stümpfl beruhen auf: Bundesarchiv/Militärarchiv (in: Freiburg im Breisgau), sign. Pers 6/949 (=Personal-Nachweis Stümpfl Heinrich), sowie auf: ÖSTA/KA, sign. B/1399 (=Nachlaß Heinrich Stümpfl): Heinrich Stümpfl (Cilli, Steiermark, heute Celje, Slowenien, 18.12.1884-20.3.1972, Wien): 1902 eingetreten in die k.u.k. Armee aus der Infanterie-Kadettenschule Marburg an der Drau, im 1. Weltkrieg Generalstabsoffizier, in der Deutschösterreichischen Volkswehr, dann bei steiermärkischen Grenzschutzkommandos, übernommen als Major ins Österreichische Bundesheer und Dienst als Gehilfe der Führung bei Brigadekden und bei Heeresverwaltungsstellen (= de facto der im Staatsvertrag von Saint Germain verbotene Generalstabsdienst), 1.1.1934 Stabschef des Heeresinspektors, dann Brigadekommandant, 26.1.1934 Generalmajor, 21.6.1934 Kommandant der 1. (= Wiener) Division, 1.5.1938 beauftragt mit der Wahrnehmung der Geschäfte der Kommandantur Wien, 3.11.1938 eingeteilt als Kommandant von Wien, 1.4.1939 charakterisierter Generalleutnant, 17.5.1940 befördert zum Generalleutnant, 1.4.1944 kommandiert zum Kommandeur der Kriegsgefangenen im Wehrkreis VIII zur Einweisung in die Geschäfte eines Kommandeurs der Kriegsgefangenen im Wehrkreis XVII.,, später Übernahme jener Funktion, 25.3.1945 versetzt in die Führerreserve des OKH (Oberkommando des Heeres). Laut Befragung des Unteroffiziers Edelmayer, Heeresstreife Groß Wien, erteilte der am 20.7.1944 in Wien weilende Stümpfl jenem Unteroffizier den Auftrag, die SS-Kaserne am Fasangarten zu beobachten und sofort zu melden, wenn eine Alarmierung der SS erfolgen sollte, dies war bis zum Abend nicht der Fall. Im Nachlaß Stümpfl findet sich ein Personalausweis der Österreichischen Widerstandsbewegung/Oberösterreich, ausgestellt im April 1945 samt Rot-Weiß-Roter Armschleife. Der jüngere Sohn Stümpfls, Kurt Stümpfl, war ein Vertrauensmann des DDr. Maier. Der ältere Sohn Otto, geb. 1918, ist als Offizier der Deutschen Wehrmacht gefallen. Stümpfl lebte bis 1955 unter dem Schutz der britischen Besatzungsmacht in Graz, dann permanent schwer erkrankt in Wien, und ist in Graz begraben.

Daß das OSS bereits den Kontakt zu einzelnen Truppenkörpern des Wehrkreises XVII besaß, wird durch einzelne Zeugenaussagen bestätigt. Wahrscheinlich gab es diesen Kontakt auch bereits zu Offizieren, wenn nicht auch zum Kommando der sogenannten Kroatischen Ausbildungsbrigade in Stockerau[65].

Indirekt bestätigt wird die Aussage von Barbara Issakides durch den in der Widerstandsliteratur bisher wenig bekannten ältesten Sohn des ehemaligen Bürgermeisters von Wien Richard Schmitz, Bruno Schmitz[66]. Dieser weist ausdrücklich darauf hin, daß Stümpfl drei große österreichische Widerstandsgruppen unterstützte.

---

[65] Im Institut für Zeitgeschichte befindet sich, übergeben aus dem Nachlaß von Alphons Stillfried, ein Konvolut alphabetisch geordneter nach Befragung gestalteter „Auszug aus dem Tätigkeitsbericht des." über dessen Widerstandtätigkeit als Zivilist oder Angehöriger der Deutschen Wehrmacht, also von Überlebenden, die im Mai 1946 vom Büro der von Alphons Stillfried gegründeten Vereinigung „Liga der demokratischen Freiheitskämpfer" durchgeführt wurde. Kopien dieser Dokumente des Widerstandes wurden nunmehr in: ÖSTA, KA, sign. B/2130, nr. 3, hinterlegt. Bei Major Otto Schick heißt es „Führer der Wehrmachtsgruppe Landesschützenbataillon 866 mit den angeschlossenen zivilen Verbänden"...als Kommandeur einer Wachtruppe in Wien Ausrichtung dieser Truppe für den Kampf für Österreich. Bereitstellung von Waffen für angeschlossene zivile Verbände...Verhandlungen mit Secret-Service wegen Luftlandetruppen zur Unterstützung einer Aufstandsbewegung. Verhinderung als Kampfkommandant der Errichtung von Verteidigungsanlagen im Südosten Wiens....Kopien jener Dokumente zum Teil auch im Dokumentationsarchiv. Über die Kroatische Ausbildungsbrigade siehe: Franz Schraml, Kriegsschauplatz Kroatien. Die deutsch-kroatischen Legions-Divisionen 369., 373., 392. Inf.Div. (kroat.) – ihre Ausbildungs- und Ersatzformationen, Neckargemünd 1962. Im September/ Oktober 1941 wurde vom Wehrkreiskommando XVII auf dem Truppenübungsplatz Döllersheim das „Kroat. Inf.-Ers.-Batl. 369" aufgestellt. Dieses verlegte Ende November 1941 nach Stockerau und erhielt bald die Bezeichnung eines Ersatzregiments mit gleicher Nummer. Im Sommer 1943 erwuchs aus diesem Regiment die „Kroatische Ausbildungsbrigade" mit Brigadestab in Stockerau, Prinz Eugen - Kaserne. Dortige Angehörige des Widerstandes waren u.a. Oblt. Otto Scholik, Oblt. Wolfgang Krauss, Oblt. d. Res. Dr. Georg Zimmer-Lehmann.
[66] NLS, B/1399 nr. 21, Erklärung Schmitz vom 21.8.1945.
Barbara Issakides, die spätere Gattin des berühmten österreichischen Internisten Karl Fellinger, war als Konzertpianisten, der mutige und zugleich wichtigste Kurier der Gruppe Maier – Messner – Legradi zu Allen Dulles. Bruno Schmitz, ältester Sohn des ehemaligen Bürgermeisters von Wien, Richard Schmitz (Wien, 13.6.1912-25.9.1975, Linz), Volksschule, Mittelschule, Besuch der juridischen Fakultät der Universität Wien, Sprachen deutsch, englisch, französisch, Mitglied der ÖCV-Verbindung Norica, 5.11.1934 Einberufung ins Bundesheer als Präsenzdiener im Militärassistenzkorps, 5.11.1934 Beendigung der Präsenzdienstzeit und entlassen, Waffenübungen 1936, 8.7.1937 Kadett-titular-Feuerwerker, Angestellter des Wiener Stadtbauamtes; 1938 Verehelichung, Wehrdienst und Frontdienst ab 1938 in der Deutschen Wehrmacht, Sudetenmedaille, Ostmedaille, EK II, EK I, Sturmabzeichen, 1941 aus politischen Gründen als Offiziersanwärter nicht zugelassen: „überaus aktiver Gegner der Bewegung", 1.1.1942 Oberwachtmeister, 15.10.1942 Zuteilung zur Heeresstreife Groß-Wien nach Lazarettaufenthalt, Abschluß des Studiums und Dr. jur., 14.11.1944 festgenommen und 21.11.1944 Einlieferung ins KZ Mauthausen, 9.12.1944-15.2.1945 Gestapohaft am Morzinplatz, 16.2.1945-19.5.1945 im KZ Mauthausen (Befreiung am 5./7.5.1945). Schmitz erkannte Walter Hanslik 1945 in Gmunden und zeigte ihn gemäß dem Kriegsverbrechergesetz an. Notiz im Gauakt (ohne Datum, Herbst 1945)."Laut Bericht der Gestapo Wien wurde Schmitz wegen Verdacht des Verbrechens des Hochverrats angezeigt. Unterstütze Mjr. Szokoll bei der beabsichtigten illegalen mil. Neuorganisation der aufgelösten ehemaligen Widerstandsgruppen mit dem Ziel die derzeitige prov. Staatsregierung zur Absetzung zu bringen....1946 Strafverfahren eingeleitet". Laut frdl. Mitteilung von Dr. Georg Schmitz: „Nach der Entlassung aus dem KZ wurde Bruno Schmitz alkoholkrank"....31.5.1949 von einem Wiener Schöffengericht wegen Unterschlagungen verurteilt.....In den an die Strafhaft anschließenden

Damit kommen wir aber bereits zu den Ereignissen des 20.Juli 1944 im Wehrkreis XVII, speziell in Wien[67]. Es ist bisher durch Zeugenaussagen bekannt, daß General Stümpfl, der zu jenem Zeitpunkt bereits aus Wien versetzt worden war, aber sich dienstlich in der Stadt aufhielt, von den Vorbereitungen des Putsches wußte und sie an jenem Tag beobachten ließ, aber in diese offenbar nicht eingebunden war. Hauptperson in Wien war wohl der erst kurz vorher von der Abwehrstelle des Wehrkreises XVII entfernte, aber im Wehrkreiskommando weiterhin stationierte Oberst Rudolf Graf von Marogna-Redwitz[68]. Er wurde

---

Jahrzehnten befand sich Bruno Schmitz (ausgenommen die Zeit einer Beschäftigung im Stift St. Florian, die im November 1951 endete) bis zu seinem Tod in Psychiatrischen Krankenhäusern....In Kondolenzbriefen wird es als spätes Opfer des Krieges bezeichnet".

[67] Dazu vgl.: Ludwig Jedlicka, Der 20.Juli 1944 in Österreich (Sammlung Das Einsame Gewissen Band II), Wien-München 1965; Peter Broucek, Der österreichische Widerstand in Beispielen und Dokumenten, in: Manfried Rauchensteiner, Der 20.Juli und Österreich (Begleitband zur Sonderausstellung im Heeresgeschichtlichen Museum 2004, Wien 2004, S. 32-71. Einige neue Einzelheiten bieten: Walter Görlitz, 20.Juli 1944. Wie es war in den Wehrkreisen, in: Ders., Griff in die Geschichte. Menschen und Ereignisse aus 250 Jahren, Düsseldorf 1979, S.242-251; dort Aussagen General Esebecks); Eduard Frauendienst, Der 20.Juli in Wien. Eine Richtigstellung, in: Deutsche Wochenzeitung Nr. 37 v. 10.9.1971 (Kopie: DÖW 4623/1, fol 83). Die Frage der Mitwisserschaft von Oberst Heinrich Kodré an den Zielen der Verschwörer des 20.Juli muß wohl offenbleiben. In einem sehr ausführlichen Interview, das Ludwig Jedlicka mit Kodré führte, geht Kodré in keiner Weise auf diese Frage ein, obwohl Kodré das Interview zur Korrektur erhielt und auch vieles korrigiert hat (NLS, B/1465, nr. 49, 9.5.1962, 29 Seiten Maschinschrift). Die These des hochinteressanten Aufsatzes von Karl Glaubauf, Oberst i.G. Heinrich Kodré. Ein Linzer Ritterkreuz-träger im militärischen Widerstand, in: DÖW-Jahrbuch 2002, S.41-68, hier S.66 f., daß Kodré wegen der Nichtzuerkennung eines Opferfürsorgeausweises bzw. weiterer Erwägungen, die ihre Wurzel in der Zeit nach 1945 haben, sich nicht zum Widerstand bekannte, erscheint dem Autor nicht stichhaltig. Entweder er wußte wirklich nichts, oder er wußte sehr wohl für wen Dr. Bruno Schmitz arbeitete: (siehe die im Text folgende Quelle), wollte dies aber später nicht bekanntgeben. Eine Verwechslung mit Hauptmann Szokoll ist auszuschließen.

[68] Siehe über ihn: Elisabeth v. Loeben, Graf Marogna-Redwitz. Opfergang einer bayerischen Familie, München 1985. Vgl. auch: Alphons Stillfried, Zum Gedenken, Leserbrief in: Die Furche, 19.4.1958, S.13. Zur Familie siehe: Nikolaus von Preradovich, Der 20.Juli 1944. Ziele – Personen – Irrtümer. Eine kritische Studie. Berg am Starnberger See 1994 S.115 f. Rudolf Graf von Marogna - Redwitz (München, 15.10.1886-12.10.1944, hingerichtet durch den Strang in Berlin - Ploetzensee) Dienst im Kgl. Bayerischen 1. Schweren Reiter Regiment Prinz Carl von Bayern, 1916 schwer verwundet und Verlust eines Auges. Nach 1918 sowohl in der Reichswehr als in der Deutschen Wehrmacht bis 1918 in München (zuletzt Wehrkreis VIII) im deutschen geheimen militärischen Nachrichtendienst als zuständig für Süddeutschland und Österreich leitend tätig (bis 1935 als Zivilist, dann wieder als Offizier), 1938 – 1944 Leiter der AST des Wehrkreises XVII, 1936/1937 inhaftiert in der Schweiz wegen seiner Tätigkeit, vielleicht dort in der Haft. Bekanntschaft mit Dr. Bumballa, spätestens 1938 Angehöriger des Kreises um Admiral Canaris in der Opposition gegen den Nationalsozialismus, bei der Übernahme des Amtes Ausland/Abwehr durch den SD enthoben, im Mai 1944 für die Führer-reserve angefordert, zuletzt zuständig für die sogenannte „Urlauberaktion", der Bereitstellung von Urlaubern für den Einsatz angesichts des Zusammenbruchs der Heeresgruppe Mitte, 21.7.1944 aufgrund eines der Fernschreiben vom 20.7.1944, in welchem er als politischer Beauftragter genannt worden war, verhaftet, Prozeß vor dem Volksgerichtshof.

verhaftet, verhört und hingerichtet. Er brachte es aber zustande von sich aus niemanden zu belasten. Gemeint sind dabei vor allem sein Mitwisser Major Alphons (Freiherr von) Stillfried (und Rathenitz) Leiter der Auslandsbriefzensurstelle des Wehrkreis XVII und der Offizier in der Organisationsgruppe der Generalstabsabteilung, I b Org Hauptmann Karl Szokoll, für Wien ein besonderer Vertrauensmann des Oberst Claus Schenk Graf von Stauffenberg. Der Chef der Generalstabsabteilung war der gebürtige Österreicher Oberst Heinrich Kodré. Von ihm wurde bisher eher angenommen, daß er nicht Eingeweihter war.

Nach der flüchtigen Aufzählung einiger Sabotageaktionen in Wien und Niederösterreich fährt ein auf April 1945 zu datierender in Ablichtung aufgefundener, 7 Seiten in Maschinschrift starker „Report of the activity of the Austrian Resistance Movement later united in the „O 5" in fehlerhafter englischer Sprache, vermischt mit französischen Ausdrücken, fort[69]:

---

[69] Es muß hier kurz auf jene eigenartige Quelle eingegangen werden. Sie ist seit dem Ableben des Dr. Wilhelm Höttl in dessen Schriftennachlaß hinterlegt (KA, NLS, sign. B/1226, nr.347). Dr. Höttl ließ sich nach 1980 Kopien von Akten aus Beständen der Washingtoner National Archives anfertigen, vornehmlich, um für die Zeit nach 1945 endgültig nachzuweisen, daß er kein Doppelagent im Kalten Krieg gewesen ist, und auch um sein drittes Buch zu schreiben. Unter den ihm zugeschickten Materialien fand sich auch jene oben zitierte Quelle bei den Ordnungsarbeiten durch den Verfasser der vorliegenden Studie in seiner Dienstzeit. Sie hat keinen Autor. Dem Text nach könnte es sich um einen Angehörigen der Gruppe „Prinz Eugen" oder einen Sympathisanten dieser Gruppe gehandelt haben. Es wurde offenbar eine Schreibmaschine älterer Bauart und schlechtes Papier verwendet. Es gibt eine Gliederung und ordnende Unterstreichungen, die es möglich erscheinen lassen, daß der Text nach Konzept oder Diktat, jedenfalls aber mit Hilfe von Aufzeichnungen oder genaueren Erinnerungen ab dem 1.4.1945 in „Military Headquarter District Vienna" oder „Central Council" der Widerstandsgruppen verfaßt wurde: dem Wortlaut des Textes nach im Palais Auersperg. Die Aufzeichnung ist im Detail auch fehlerhaft, etwa bei der Tatsache, daß der Kommandeur des Wehrkreises XVII, General der Infanterie Schubert, abgesetzt worden sei. Hier fand eine Verwechslung mit General Adolf Sinzinger, dem Stadtkommandanten und Nachfolger Stümpfls statt. Der Autor vermutet eine Verfasserschaft des Dr. Wilfried Gredler, („a permanent service under...was established) Mitglied der Gruppe „Prinz Eugen" und die Arbeit einer weiblichen Kanzleichefin, etwa von Frau Maidy Alwen bzw. Marie-Theres Kaan, (siehe Carl Szokoll, Die Rettung Wiens 1945.....Wien 2001, S. 291 u. S.295). Der oder die Verfasser wußten von Bruno Schmitz offenbar nur von Hörensagen – oder vom „secretary general....Captain Oswald", seit Ende März 1945, der durchaus die Führung eines „Kriegstagebuchs" angeordnet haben könnte. Zu Werner Höttl (geb. Wien, 19.3.1915): Dr.Höttl erhielt seine politischen Anschauungen von seiner Familie und vom Deutschen Turnerbund, er trat mit jungen Jahren in den illegalen österreichischen Zweig der SS ein und fungierte als Student der Geschichte an der Wiener Universität gleichzeitig als ein Weitergeber politischer Nachrichten zum Teil aus dem Bundeskanzleramt, an das Reichssicherheitshauptamt. Er war während seines Studiums ein Freund Dr. Ludwig Jedlickas, der ebenso wie er bei Univ. Prof. Dr. Heinrich R.v. Srbik promovierte. Der Taufpate eines Kindes von Dr. Höttl war General Edmund Glaise von Horstenau. Dr. Höttl hatte als Referent des Amtes VI mehrere Disziplinarverfahren, wegen unangebrachten Ehrgeiz aber auch wegen „weltanschaulicher Unzuverlässigkeit (gemeint waren sowohl seine Ansichten über die römisch-katholische Kirche als auch über „Österreich") zu bestehen, wurde 1942 zur Frontbewährung kommandiert, aber 1943 ins Amt zurückgeholt. Höttl wurde von

„Word has been given out to all headquarters of military districts and units to keep the Austrian units in Austria, that sufficient for ces (sic !) were available when the July revolt should be started. One Austrian Tankregiment stood ready to march into Vienna. At the codword „Holzgas" Schmitz and Wilbogen under command of Colonel Kodré had to arrest the leaders of the Nazis in Vienna. The plan failed because the attentat against Hitler was a failure. But in consequence a close collaboration between the military and civilian sektor was established (n.c. officer Dr. Zimmer-Lehmann, Lieutenant Barth, Dr. Gredler, n.c. officer v. Maasburg acted as liaeson ((sic)) between the groups.) The division IB-org. of the Vienna Headquarter (Wehrkreiskommando XVII) was working large scale sabotage. Transport of goods most urgently needed at the front, were kept back or misdirected, ammunitions and other stocks were sent to the wrong places. The O.K.W. intervened and the military high Commander in Vienna General Schubert, was removed. During September the Volkssturm-formations were taken firmly in hand of the resistance movement. Connection was established with the Partisan groups of the Wiener Wald and Totes Gebirge (part of the Austrian Alps)...."

Wir wissen, daß nach diesem mißglückten Putschversuch zahlreiche Österreicher, die als Gegner des Regimes galten, von der Gestapo verhaftet wurden, aber auch Persönlichkeiten, denen man bis Kriegsschluß nur nachweisen konnte, daß sie den Walküre-Befehl durchgeführt oder unterstützt haben, wie der Stadtkommandant von Wien und Träger des goldenen Parteiabzeichens, Generalleutnant

---

Ernst Kaltenbrunner, Chef des Reichssicherheitshauptamts ab 1943 für die „Operation Herzog" herangezogen, die ihm die „legale" aber auch willkommene Gelegenheit bot, 1943 den Angestellten des Heeresgeschichtlichen Museums und schwer zurückgesetzten Angehörigen der Hitler, Jedlicka ebenso in die Gruppe „Prinz Eugen" einzuschleußen, als auch 1944 den SS-Offizier Roman Gamota (über ihn weiter unten). Dr. Jedlicka war nach gesicherten Zeugenaussagen (freundliche Hinweise von Dr. Gertrude Enderle-Burcell) ab 1941 den Argumenten eines österreichischen Patriotismus sehr zugänglich und überdies ein Aktivist. Für Dr. Höttl blieb die Vermeidung der Zerstörung des Deutschen Reiches durch die Nationalsozialisten und der Kampf gegen den Kommunismus ein Hauptanliegen, aber auch die Erhaltung der Römisch-Katholischen Kirche und eine Wiedererrichtung eines Deutschen Bundes von 1815-1866. 1944 Obersturmbannführer (= Major) kam er über die Industriellenfamilie Westen spätestens ab Herbst dieses Jahres in Kontakt mit Allen Dulles, aber bis zum Kriegsende nur über Mittelsmänner etwa den österreichischen Widerstandskämpfer, Bankier und seit 1943 Berater des Allen Dulles, Dr. Wilhelm Grimm. Höttl wurde, als er im März/April 1945 in die Schweiz reiste, um eine Kapitulation der Deutschen Streitkräfte im österreichischen Raum gegenüber den Westalliierten zu erreichen, abgewiesen. Er stellte sich als Zeuge der Anklage beim Nürnberger Prozeß den Westalliierten zur Verfügung und später sich selbst sowie die von ihm geleiteten Angehörigen des Sicherheitsdienstes der SS (des SD) den Westalliierten. Über alle weiteren zahlreichen Aspekte seines Lebens als Nachrichtenmann, Historiker und Leiter einer privaten Mittelschule mit Öffentlichkeitsrecht siehe seine Bücher, seine Nachlaßpapiere, seine zahlreichen schriftlichen Auskünfte und Fernsehinterviews usw. Seine Bücher: Walter Hagen, Die Geheime Front. Organisation, Personen und Aktionen des deutschen Geheimdienstes, Linz und Wien 1950 (Übersetzung in mehrere Sprachen); Walter Hagen, Unternehmen Bernhard. Ein historischer Tatsachenbericht über die größte Geldfälschungsaktion aller Zeiten, Wels und Starnberg 1955; Wilhelm Höttl, Einsatz für das Reich, Koblenz 1997.

Sinzinger, sowie eben der Chef des Stabes des Wehrkreises Oberst Kodré. Unter den Verhafteten waren auch jene Persönlichkeiten, die von den Verschwörern als „Politische Beauftragte" Österreich vorgesehen waren, ohne daß diese, wie sie schließlich glaubhaft versichern konnten, in die Verschwörung irgendwie eingebunden worden waren – den Grafen Marogna–Redwitz ausgenommen. Ludwig Jedlicka sieht darinnen bereits eine bestimmte vorgesehene „Sonderbehandlung" der früheren „Donau- und Alpen-Reichsgaue", wie diese Gebiete ja schon damals nicht einmal mehr genannt werden durften. Wir wissen, daß Hans Becker angeblich nur durch den tschechischen Nachrichtendienst von einem bevorstehenden Attentat erfuhr und es gibt keine Quelle darüber, daß Marogna-Redwitz oder Stillfried von Maier, Stümpfl oder Bruno Schmitz oder dem genannten „Wilbogen" wussten. (Bei letztgenanntem Namen könnte es sich um Hörfehler der Namen von Adolf Woboril oder Heinrich Woboril, christliche Gewerkschafter im Widerstand seit 1938, handeln).

Sicher ist nur, daß die Verschwörer des 20.Juli grausam liquidiert wurden. Sie hatten ja zuletzt zumindest teilweise nicht mehr an einen Erfolg geglaubt, wollten aber zumindest ein Zeichen setzen und sich für ein „besseres Deutschland" opfern[70]. Politisch und militärisch hat es 1943 noch den zweifelhaften Erfolg der Befreiung Mussolinis und mehrmalige Abwehrerfolge in den Schlachten um Monte Casino sowie gegenüber weiteren Landungsversuche der Westmächte gegeben. Erst am 4.Juni 1944 war Rom von den deutschen Truppen geräumt worden. Die Fortschritte in Italien hatten aber den Westalliierten die Möglichkeit der Luftangriffe auf den südlichen deutschen Machtbereich eingeräumt. Am 11.September 1944 gab es den ersten Luftangriff auf Wien. An 52 Tagen erfolgten weitere Angriffe bis März 1945[71].

Nach der Invasion am 6.Juni 1944 (Unternehmen Overlord) hatten die Amerikaner erst Ende Juli 1944 den Durchbruch bei Avranches zum Bewegungskrieg in Frankreich geschafft. Im Osten hatten die Absetzbewegungen der Deutschen Wehrmacht nach der letzten mißglückten Offensive, der Schlacht um Kursk (5. bis 7.Juli 1943), ohne weitere Niederlage stattgefunden. Die Deutschen hatten nach den vergeblichen Sonderfriedensversuchen Ungarns, dieses Land im Unter-

[70] Joachim Fest, Staatsstreich. Der lange Weg zum 20.Juli, Berlin 1994; Manfried Rauchensteiner, Warum Hitler nicht getötet wurde, in: Die Presse, 16./17.Juli 1994, Spectrum, S. I - III. Rudolf Hecht / Landesverteidigungsakademie (Hg.), Der Ruf des Gewissens. Widerstand gegen Nationalsozialismus zwischen „Walküre" und „Radetzky" (= Schriftenreihe der Landesverteidigungsakademie, 5/2005), Wien 2005.
[71] Manfried Rauchensteiner, Vor 50 Jahren: Bomben auf Österreich. Österreich im Luftkrieg ab 1943, in: Trupppendienst 5/1994, S.427-433; Ders., Wien brennt, Die Oper geht in Flammen auf. Der 12.März 1945 laut den Akten der US-Luftwaffe, in: Die Presse, Spectrum, 9./10.3.1985, S. I.

nehmen Margarethe" am 21.März 1944 kampflos besetzen können und eine deutschfreundliche Militärregierung bei Belassung des Reichsverwesers Horthy erzwungen[72]. Dann aber erfolgten die Kapitulation Rumäniens am 23.August und die Kapitulation Finnlands am 2.September 1944, sowie die Kriegserklärung Bulgariens an Deutschland am 8.September 1944. Sie waren Folge der Kriegslage überhaupt, aber natürlich auch der erfolgreichen russischen Offensiven ab 20.August 1944, dem Zusammenbruch der deutschen Heeresgruppe Mitte und dem Erreichen des Flusses Theiß bei Szegedin (Szeged) nahe dem ehemaligen - und zukünftigen - Dreiländereck Rumänien / Ungarn / Serbien.

Zu dieser Zeit gelang der Deutschen Wehrmacht ein „letzter Sieg", nämlich die Abwehr des britischen Luftlandeunternehmens „Market Garden" auf Süd- und Mittelholland hinter den deutschen Linie im Raum Arnheim – Nymwegen (17.9.-26.9.1944)[73]. Der zum Befehlshaber des Ersatzheeres nach den Ereignissen des 20.Juli 1944 ernannte Reichsführer SS Heinrich Himmler hatte einen weiteren Erfolg: Der (zeitweilige) Sieger im Warschauer Aufstand, SS-General von dem Bach-Zelewski und der „Mussolini-Befreier" Otto Skorzeny konnten die bereits angelaufenen Versuche der ungarischen Regierung, mit den Sowjets einen Waffenstillstand abzuschließen und einen Frontwechsel der ungarischen Armee vorzunehmen, am 15.Oktober zunichte machen[74]. Von dem Bach-Zelewski hatte von Warschau her schwere Artillerie zur Verfügung mit der er bereit gewesen wäre, auch Budapest zusammenzuschießen[75]. Auf Antrag Skorzenys

---

[72] Franz v. Adonyi – Naredy, Ungarns Armee im Zweiten Weltkrieg. Deutschlands letzter Verbündeter, Neckargemünd 1971 (= Die Wehrmacht im Kampf, Band 47); Peter Gosztony, Endkampf an der Donau 1944/45, Wien-München 1969 (= Molden-Taschenbuch 126). Über die Paraphierung eines Waffenstillstandes zwischen den Westmächten und Ungarn am 8.9.1943 siehe Brook-Shepherd, Otto v. Habsburg, S. 253 f.

[73] Janusz Piekalkiewicz, Arnheim 1944. Deutschlands letzter Sieg, München – Berlin 1994.

[74] Über Skorzeny siehe: KA, NLS, sign. B/2158 und zahlreiche Literatur. Kurzbiographie bei: Nikolaus Preradovich, Österreichs Höhere SS-Führer, (Wien, 12.6.1908-5.7.1975, Madrid). Diplomingenieur der Technischen Hochschule in Wien, Inhaber der „Meidlinger Gerüstebauanstalt", Angehöriger von Burschenschaften und des Studentenfreikorps des Steirischen Heimatschutzes, seit 1934 Angehöriger der illegalen SS, 1938 Versuch, Bundespräsident Wilhelm Miklas auszuschalten, 30.1.1939 Untersturmführer, September 1939 freiwillige Meldung zur Waffen-SS, Frontdienstleistung, 28.4.1943 Hauptsturmführer, 1.9.1943 „Befreiung" Mussolinis und Beförderung Skorzenys zum Sturmbannführer d. R., Oktober 1944 Obersturmbannführer, 20.4.1945 Standartenführer d.R., Mai 1945 bis September 1947 in amerikanischer Haft, 1945 Haftbefehl gegen Skorzeny in Österreich und Beginn gerichtlicher Vorerhebungen, die in den Sechziger Jahren eingestellt wurden. Seine Memoiren: Otto Skorzeny, Lebe gefährlich, Erster Band, 2. Auflage Königswinter 1973; ders, Wir kämpften- wir verloren, 2. Auflage Königswinter 1973; Otto Skorzeny, Meine Kommandounternehmen. Krieg ohne Fronten, 3. Auflage Wiesbaden und München 1977.

[75] Siehe die zitierten Werke unter Anm. 71, sowie die Memoiren Skorzenys (Anm. 74).

wurden weiters 2000 Frequentanten der Kriegsschule Wiener Neustadt per Bahn nach Budapest geschafft, um bei jenem schließlich rasch erfolgreichen Handstreich auf die Budapester Burg mitzuhelfen[76]. Ferenc Szálasi, ehemaliger Generalstabsoffizier und Führer der am stärksten rechts stehenden Partei Ungarns, der „Pfeilkreuzler", wurde am 16.Oktober Diktator Ungarns[77]. Dem Major Schick in Wien wurde nach dessen Zeugnis bedeutet, daß vorläufig eine englische Aktion (wohl irgendeine größere Luftlandung im österreichisch-südmährisch-westungarischen Grenzraum) nicht stattfinden könne.[78]

Der Krieg ging weiter. Am 21.10.1944 fiel Aachen nach wochenlangen Kämpfen in die Hände der 9. US-Armee. Am 29.August hatte der in erster Linie von der Armee getragene Slowakische Aufstand begonnen, er wird beendet mit der Eroberung von Banska Bystsrica durch die deutsche Kampfgruppe „Schill" und die 18. SS-Panzergrenadierdivision „Horst Wessel". Am 4.12.1944 empfing Hitler Szalasi und versprach ihm eine deutsche Offensive in Ungarn. Doch schon am 8.Dezember begann eine sowjetische Großoffensive, die bis zum 24.Dezember 1944 zur Abschließung Budapests vom Westen führte. Am 16.Dezember hatte im Westen Deutschlands das Unternehmen „Wacht am Rhein", die Ardennen - Offensive mit dem Ziel Antwerpen begonnen, die aber bereits am 18.Dezember in den meisten Abschnitten, besonders bei der 6. SS-Panzerarmee (SS-Oberstgruppenführer Sepp Dietrich), zum Stehen kam. Sie hielt aber dennoch bis zum 10.Jänner 1945 an, dem Tag des Rückzugs auf den Westwall. Nach der Auffrischung dieser Armee gebildet aus Panzerkorps der Waffen-SS, begann gemäß der Entscheidung Adolf Hitlers ihre Verlegung nach Ungarn über Wien im Jänner 1945. Am 11.Februar 1945 war die Besatzung von Budapest von der Roten Armee überwältigt worden.

Und dennoch: Ab September 1944 entstanden, auch im Wehrkreis XVII die sogenannten „Gneisenau" – Einheiten für die Sicherung der Wehrkreise gegen innere Unruhen, für Notstandsfälle, für Abwehr feindlicher Luftlandeunternehmen. Am 25.September 1944 erfolgte der „Erlaß des Führers über die Bildung des Deutschen Volkssturmes", der alle wehrfähigen Männer zwischen dem 16 und 60

[76] Johann Christoph Allmayer-Beck, Militärakademie Kriegsschule Fahnenjunkerschule. Wiener Neustadt 1938 – 1945; publiziert 2006 unter www.bundesheer.at.

[77] Ferenc Szalasi (Kaschau, 6.1.1897-12.3.1946, hingerichtet in Budapest) wurde 1915 als Leutnant aus der Theresianischen Militärakademie ausgemustert und nach 1918 in die ungarische Armee übernommen. Dazu vor allem: Magyar Hadtudományi Társaság (Hg.), Magyarország a Második Világhaboruban. Lexikon A-Zs, Budapest 1996 (Ungarisches Kriegswissenschaftliches Institut, Ungarn im Zweiten Weltkrieg........).

[78] DÖW 4623 bzw. KA, NLS, sign. B/1647 nr. 1: Otto Schick, Das Landesschützenbataillon 866 und die Widerstandsbewegung, 3 Seiten Masch.

Lebensjahr betraf. Am 27. bzw. 31.Oktober 1944 wurden dem Wehrkreis XVII die Rückführung des ungarischen Ersatzheeres sowie die Betreuung ungarischer bzw. italienischer Soldaten im Wehrkreis aufgetragen und es entstanden zwei „Auffang- und Betreuungsstäbe" am Truppenübungsplatz Bruck an der Leitha und im Lager Kaisersteinbruch.[79] Ungarische Soldaten wurden auch in die Kroatische Ausbildungsbrigade aufgenommen. Mit Führerbefehl vom 1.9.1944 wurden die Gauleiter als Reichsverteidigungskommissare mit dem Bau von Befestigungsanlagen entlang der Reichsgrenze betraut. Es entstand der „Südostwall", ein Teil der Reichsschutzstellung[80].

Über den Wert aller dieser Maßnahmen gaben sich nur fanatische Parteigenossen - und diese gab es nach wie vor auch unter den Militärpersonen - irgendwelchen Illusionen hin. Immerhin wurden zwischen September 1944 und Oktober 1944 etwa eine halbe Million Menschen für die Wehrmacht „assentiert", Großdeutschland hatte Ende 1944 10 Millionen Menschen mehr oder weniger militarisiert.

Noch im September 1944 berichtete OSS Bern, daß eine Alpenfestung vorbereitet werde. Alliierten Schätzungen gemäß würde ein Kampf um eine solche ausgebaute Stellung den Krieg um sechs Monate bis 2 Jahre verlängern[81]. Im Dezember erfuhr Fritz Molden in Bern die Auffassung der Amerikaner, die 5. US-Armee bzw. die 8. Britische Armee würden aus dem nördlichen Oberitalien Slowenien und Kroatien besetzen und sich schließlich ungefähr im „österreichisch"-ungarischen Grenzgebiet mit den aus dem Osten kommenden sowjetischen Truppen vereinigen. Frühestens ab April könnte es, so die Amerikaner, eine massive Überschreitung des Rhein geben[82].

UNTERNEHMEN „RADETZKY"

Der Name Österreichisches Zentralkomitee für die Spitze der erweiterten und sehr lockeren Organisation Hans Beckers ist offenbar erst im April 1945 kurze Zeit gegenüber der sowjetischen Besatzungsmacht verwendet worden, ihre Chiffre O 5 jedoch wurde spätestens Mitte 1944 affichiert. Durch die Publika-

---

79 Othmar Tuider, Die Wehrkreise XVII und XVIII. 1938-1945 (Militärhistorische Schriftenreihe, Heft 30), Wien 1975.
80 Leopold Banny, Schild im Osten. Der Südostwall zwischen Donau und Untersteiermark 1944. (Eigenverlag Leopold Banny) Lackenbach 1985. Der Autor dankt Herrn Dr. med. Leopold Banny sehr für die freundliche Widmung 1985.
81 Siehe Persico, Geheime Reichssache, S.26. dort auch die zustimmende Meinung General Eisenhowers.
82 Fritz Molden, Feuer, S. 35.

tionen Fritz Moldens wissen wir, daß er über private Kontakte an Oberst La-housen von der Abwehr verwiesen wurde, als er sich in Berlin zur Gegnerschaft des Nationalsozialismus bekannte und zugleich zum Unternehmen für die Sou-veränität Österreichs bereit fand. Lahousen veranlaßte, daß Molden 1943 zu ei-ner Oppositionszelle in zu einer deutschen Division versetzt wurde, bei der es eine Zelle des Widerstandes oder der Opposition im Offizierskorps gab. Dort erreichte ihn, zu einer Zeit als Oberst Lahousen bereits längst bei der Truppe an der Ostfront war, die Aufforderung von Major Alfons Stillfried im Wehrkreis XVII, in der Schweiz den Kontakt mit Dr. Grimm und den Briten (sic !) zu su-chen[83]. Stillfried war seit 1938 im Einverständnis mit Marogna-Redwitz und La-housen und konnte auch nach dem 20.Juli nicht als Gegner des Nationalsozialis-mus enttarnt werden. Spätestens seit 1944 hatte er jedoch Kontakt zu Becker[84].

Für den aus der bündischen Jugend hervorgegangenen Gymnasiasten, Angehö-rigen einer Strafkompanie, dann eines Wehrwirtschaftsstabes, in Rußland verwun-deten Fritz Molden sprachen sein Elternhaus und Bruder, deren Verbindung zu den Christlichsozialen und den liberalen Anhängern des Ständestaates, auch den Legitimisten, mit anderen Worten, zu Vertretern einer österreichischen Identität[85]. Es gelang Fritz Molden, diesem Bündel an jugendlicher Tatkraft, Intelligenz, Mut und Lauterkeit der Gesinnung, das Vertrauen und die Anerkennung des militäri-schen Nachrichtendienstes der Schweiz, der österreichischen Emigration in der Schweiz und über diese Stellen und Persönlichkeiten den Kontakt zu den Westal-liierten insgesamt, also zu Allen Dulles herzustellen und durch mehrere höchst ge-fährliche Reisen nach „Österreich" und zurück bis März 1945 aufrechtzuerhalten:

83 Karl Schwarzenberg (Hg.), Fepolinski revisited. Fritz Molden zum 75. Geburtstag, Wien 1998: Hier der Beitrag von Joseph E. Persico, S.25-32.

84 Alfons Freiherr Stillfried von Rathenitz (Wien, 20.11.1888-26.7.1974, Wien), 1.11.1917 Hauptmann im k.u.k. Schweren Feldartillerieregiment Nr. 22, 31.3.1919 pensioniert, tätig in der Privatwirtschaft und im patriotischen Flügel des Österreichischen Heimatschutzes, 1938/1939 Gestapohaft, 1939 bis 1945 als Major der Reserve in der Auslandsbriefzensur des Wehrkreis XVII. sodann Ende 1945 Gründer der Liga Demokratischer Freiheitskämpfer, die 1946 vom Bundesministerium für Inneres untersagt wurde (Materialien in Kopie in: KA, NLS, sign. B/2130).Fritz Molden betrachtet Alfons Stillfried als eine der bedeutendsten Figuren des österreichischen Widerstandes auf der „bürgerlichen" Seite. Die Herausgabe der im Familienbesitz befindlichen Memoiren dieser Persönlichkeit darf mit Spannung erwartet werden.

85 Die Memoiren von Fritz Molden zum Widerstand: Felopinski und Waschlapski auf dem berstenden Stern, Wien - München - Zürich 1976; Besetzer, Toren, Biedermänner, Wien 1980; Der Konkurs, Wien 1984; Widerstand, gegen Hitler – und heute....Broschüre der Österreichischen Widerstandsbewegung, 13 Seiten Wien o.J. (um 2000). Serie: Fritz Molden über Österreichs Weg zum Frieden, in: Der Standard, 11 Fortsetzungen, 23.2.1995-23.11.1995. Eine Kontroverse bietet: Widerstand im Zweiten Weltkrieg und die Zusammenarbeit mit den Alliierten – Siegfried Beer gegen Hitler – und heute...in: Die Presse, 28.11.1998. Ein für unser Thema relevantes Geschichtswerk Moldens ist: Die Österreicher oder die Macht der Geschichte, Wien-München 1986.

eine überragende Leistung[86]. In der Schweiz erhielt Fritz Molden vertraglich den Status eines Bona-fide-Deserteurs und zivilen vertraglich anerkannten Mitarbeiter des militärischen Nachrichtendienstes. Bei den Westalliierten erlangte er den Rang eines Stabsoffiziers (Oberstleutnant) der US-Army.[87] Erst ab Herbst 1944 setzten die Westalliierten, darunter auch die Franzosen, Fallschirmagenten in bemerkenswerter Zahl ein, die auch als Kämpfer unter den österreichischen Partisanen in den Einsatz gingen. Erst durch Fritz Molden entstand eine regelrechte Funkverbindung zunächst zwischen den zivilen Widerstandsgruppen und den Westalliierten[88].

---

[86] Dazu neben den Publikationen Moldens: Franz Goldner, Flucht in die Schweiz. Die neutrale Schweiz und die österreichische Emigration 1938 – 1945, Wien – München – Zürich 1985.
[87] Interview: Ein österreichischer Patriot: Fritz Molden:
http://zoom.mediaweb.at//zoom_4596/molden.html, 20.06.2002.
[88] Siehe dazu neben dem Buch von Joseph Persico: Siegfried Beer, Alliierte Planung, Propaganda und Penetration. Die künftigen Besatzungsmächte und das wiederzuerrichtende Österreich. Von der Moskauer Deklaration bis zur Befreiung, in: Stefan Karner (Hg.), Das Burgenland im Jahr 1945, S. 67-88; dort zahlreiche Graphiken über die geplanten Zonengrenzen, vor allem aber Kartenskizzen über Erkundungsunternehmen der Westmächte und Aktivitäten der sowjetischen Frontaufklärungstrupps. Fritz Molden, Feuer, S.128, zählt eine Anzahl besonders hervorgetretener Offiziere auf, die zum überwiegenden Teil erst ab September 1944, absprangen. Sie stammten vorwiegend aus den USA und Frankreich. Joseph Persico, Geheim Reichssache, S. 30 f. schreibt darüber: „Im Herbst 1944 war in Deutschland keine ernstzunehmende Bewegung gegen das NS-Regime übriggeblieben…Der Sicherheitsgürtel, den der OSS durchdringen mußte, wurde immer dichter, je weiter man sich nach Deutschland hineinwagte. Er war um vieles dichter als in den besetzten Ländern und im Gebiet der Alpenfestung waren die Sicherheitsmaßnahmen am dichtesten. …In Österreich ließ die Gestapo ihre eigenen Spitzel als Agenten der Alliierten auftreten, die vorgaben, sichere Unterkünfte zu suchen, um durch diesen Trick an österreichische Widerstandsgruppen heranzukommen. Wen konnte der OSS für die Durchdringung Deutschlands rekrutieren? Die Engländer zeigten sich von Anfang an gegenüber Operationen innerhalb Deutschlands höchst pessimistisch und ermutigten die Amerikaner kaum. Sie hielten nichts davon Agenten in ein Land zu schicken, in dem es keine Widerstandsbewegung gab, die ihnen Hilfe leistete…Die britische Gegenspionage hatte buchstäblich den gesamten deutschen Spionageapparat in England ausgehoben und dessen Agenten „umgedreht". Diese Agenten blieben, wurden weiterhin von den Deutschen bezahlt, arbeiteten aber für die Engländer. Der britische Geheimdienst fürchtete, daß durch eine Verhaftung von Agenten, die aus England nach Deutschland geschickt worden waren, dieses großartige Spinnennetz des „Doublecross" auffliegen könnte…"(Der Autor der vorliegenden Studie weist ausdrücklich darauf hin, daß Persico, wie sein Text zeigt, Deutschland und Österreich zu unterscheiden weiß, aber diese Unterscheidung zugunsten des damaligen militärischen und ideologischen Freund/Feind Denkens zurückstellte). Fritz Molden hat einem gebürtigen Österreicher und Abkömmling einer österreichischen Militärfamilie ein literarisches Denkmal gesetzt: Ripsky, in: Fritz Molden, Aufgewachsen hinter grünen Jalousien. Vergessene Geschichten aus Österreichs bürgerlicher Welt, Wien 1999, S.113-126. Rudolf Karl von Ripper/Charles Ripper (Klausenburg/Kolosvár, heute Cluj, 1905-8./9.6.1960, auf Mallorca), Sohn eines k.u.k. Generalmajors, heimatzuständig nach Salzburg, 1925 zur Fremdenlegion, Maler in Berlin, Gestapohaft mit Folter, KZ-Aufenthalt, 1936 zur Internationalen Brigade nach Spanien, Absturz als Kampfflieger, 15.2.1938 von Wien nach Rotterdam und USA, 1941 zur US-Army, Captain, höchstdekorierter Offizier der 5.US-Armee in Italien, springt als „Carl Reber" im Auftrag der OSS

Die weitere Entwicklung des „militärischen" Widerstandes in Österreich hat zunächst auf den Umstand zurückzugreifen, daß die Militäropposition in Berlin um Generaloberst Beck und Admiral Canaris mitverschworene Offiziere, suchten. Im Herbst 1943 testeten sie durch Oberstleutnant im Generalstab Robert Bernardis, den Mitarbeiter von Oberst Claus Schenk Graf von Stauffenberg in Berlin, den Walküre-Referenten im Stellvertretenden Generalkommando XVII. Armeekorps[89]. Es war der Absolvent der Theresianischen Militärakademie beziehungsweise der Kriegsschule Wiener Neustadt, der als gvh. (garnisonsverwendungsfähig-heimat) beurteilte Hauptmann Carl Szokoll[90].

über Österreich ab, Anschluß an die Widerstandsgruppe Ziegler, Kämpfe auf der Pack, Steiermark, 1956 in Ungarn auf der Seite der Erhebung.

[89] Über Bernardis siehe: Karl Glaubauf, Robert Bernardis – Österreichs Stauffenberg, Eigenverlag, Wien - Statzendorf 1994.

[90] Über Carl Szokoll (Wien, 15.10.1915-25.8.2004, Wien) unterrichten die in KA, NLS, sign. B/1647 gesammelten Dokumente in Kopien. Sie stammen aus dem Bundesarchiv/Militärarchiv (Personalnachweis des OKH-Heerespersonalamt; im Original abgetreten an das ÖSTA), aus dem ÖSTA/Archiv der Republik, sowie aus dem Dokumentationsarchiv des Österreichischen Widerstandes. An Druckwerken unterrichten autobiographische Schriftsätze und Graphiken Szokolls, sowie mehrere Interviews und ein von Szokoll mitgestalteter und eingeführter Fernseh-Spielfilm über sich selbst. Der Autor konnte nur 2002 und dann 2004, bei der Ausstellungseröffnung im Heeresgeschichtlichen Museum, also kurz vor dessen Tode, von der Persönlichkeit Carl Szokoll einen flüchtigen Eindruck gewinnen. Druckwerke: Tätigkeitsbericht über die militärischen Planungen und den Einsatz von Österreichern zur Beschleunigung der Befreiung vom Nazismus, 10.5.1946 dem Bundespräsidenten überreicht (DÖW 590; weitere Beschriftungen im Druck: Druckschrift, nur 50 Exemplare, Exemplar Nr. 00012); ohne Verfasser, Der Kampf um Wien, in: „Film". Die Österreichische Illustrierte Zeitschrift, Nr. 21, Jänner/Februar 1948, S. 10-13 (Photos und Planskizzen mit Erklärungen; ein Teil der Vorlagen dieser offensichtlich von Szokoll stammenden Werke in DÖW 4623 „Dokumente der Militärischen Widerstandsbewegung des Major Szokoll und der Befreiungsaktion im April 1945); Carl Szokoll, Der gebrochene Eid. Wien – München - Zürich 1985 (S. 429: „Personenverzeichnis. Der Roman erhebt den Anspruch, auf autobiographischen Ereignissen zu beruhen. Die Romanfiguren decken sich weitgehend mit den folgen Personen deren wahre Erlebnisse romanhaft verarbeitet wurden."); Carl Szokoll, Die Rettung Wiens 1945. Mein Leben, mein Anteil an der Verschwörung gegen Hitler und an der Befreiung Österreichs, Molden Verlag und Amalthea Verlag Wien 2001 (am Einband und am Vorsatz vor dem Titelblatt eigenhändige Planskizze Szokolls mit Text unter dem Titel: Tatsächlicher Verlauf der Kampfhandlungen (Operation Radetzky) zur Befreiung Wiens, vom 6.-13.April 1945); Autobiographischer Fernsehfilm: Operation Radetzky, Regie: Toni Reizenstein (erste Ausstrahlung: 25.10.1992); Werke über Szokoll: Helga Thomas, Mahner – Helfer – Patrioten. Porträts aus dem österreichischen Widerstand. Eine Dokumentation, Klosterneuburg 2004 (dieses Buch enthält S.7 f. ein Geleitwort von Szokoll und S. 169-176 eine Biographie Szokolls, unter wesentlicher Heranziehung von Erzählungen Szokolls und seiner Gemahlin); Felicitas Montzka, Carl Szokoll. Biographische Stationen eines österreichischen Widerstandskämpfers, Magisterarbeit Wien 2005 [157 Seiten Computerschrift]. (Frau Mag. Montzka stand der Personalakt zur Verfügung, sowie Carl Szokoll selbst,, mit Frau Mag. Montzka gut bekannt, durch Interviews); Der Vater Szokolls war Spenglergehilfe und später Berufssoldat, er erhielt als Gemeiner im 1. Weltkrieg die Goldene Tapferkeitsmedaille, wurde im (1.) Bundesheer Unteroffizier und wurde 1938 nach dem Anschluß als Offizier in den Ruhestand versetzt; Carl Szokoll maturierte im Mai 1934 am RG 3, meldete sich im Juli dieses Jahres als Einjährig-Freiwilliger zum IR. 4, ging

Er blieb am 20. Juli 1944 infolge seines hervorragenden konspirativen Verhaltens im Amt, ja wurde nicht nur Leiter des Referates I b org in der Generalstabsabteilung des Wehrkreises, sondern rückwirkend ab 1. August 1944 auch dortiger Leiter der Außenstelle des Befehlshabers des Ersatzheeres Reichsführer-SS Heinrich Himmler. In Großdeutschland wurden etwa 5.000 Todesurteile gefällt und damit war Deutschland zum SS-Staat geworden[91].

Als Molden am 7. September 1944 erstmals in Wien aus der Schweiz eintraf und mit seinen Eltern sowie dann mit Alfons Stillfried zusammenkam, erhielt er Kontakt" mit Leutnant Wolfgang („Hasi") Igler, Szokolls neuen Ordonnanzoffi-

---

als Kurs-Erster des EF-Kurses ab 30.9.1935 an die Theresianische Militärakademie, 1.4.1938 Leutnant und versetzt zum Kradschützenbataillon 2, am 8.5. 1939 (vom Kommandeur der 2. Panzerdivision befürwortet) Versetzung zum Schützenregiment 3, Briefdurchschlag: Eisenstadt, 8.5.1939 „Bitte um Versetzung des Leutnant Szokoll... Hat als Wachtmeister Sommer 1937 eine Dame kennengelernt, die kurz vor dem Umbruch erklärte,... Mischling zu sein....Szokoll hat sich nun entschlossen,.. Beziehung aufzugeben....Versetzung....erforderlich" (Es handelte sich um Szokolls Verlobte seit 1938, Christl geb. Kukulla, der Szokoll die Treue hielt). Mehrmals versetzt zu Grenadierregimentern, im Polenfeldzug, als zum Kompaniechef geeignet beurteilt, im Juni 1940 Bataillonsführer bei IR. 512, Lazarettaufenthalte vor und nach Teilnahme am Frankreichfeldzug („vor dem Feind hervorragend bewährt", Eisernes Kreuz II. und I. Klasse,); Laut Autobiographie im Sommer 1940 an der Kanalküste in einen Hinterhalt der Resistance geraten und schwer verwundet; laut Autobiographie sei im Krankenblatt gestanden: „Zerstörtes Trommelfell, chronische Mittelohreiterung, Verdacht auf Magendurchbruch und Nierensand" (Krankenblätter im Archiv nicht mehr erhalten); laut Beurteilung vom 27.11.1940 im Personalakt: „nicht behebbare Magenkrankheit (Gastritis)"; laut Beurteilung vom 1.3.1941: „wurde mit 30.1.1941 wegen eiternder Mittelohrentzündung und hartnäckigem Magenleiden ins Lazarett eingeliefert und wird entweder längere Zeit oder überhaupt nicht zum Bataillon zurückkehren", im Juli 1941 Versetzung in die Führerreserve des Wehrkreis XVII, 16.1.1941 versetzt in den Stab des Stellvertretenden Generalkommandos XVII. Armeekorps, Abt. I b/org. Beurteilungen vom 1.3.1943. und 1.3.1944 stammen vom Oberst Kodré; „1.3.1944:....hat infolge seiner außergewöhnlichen Begabung auf diesem Gebiet (d.i. Fragen der Organisation) die Abt. Ib/org. selbständig mit besonderer Umsicht geführt und sich die Anerkennung seiner Vorgesetzten und Achtung seiner Untergebenen gesichert..." 7.1.1945 Geburt eines Sohnes. Laut Schreiben des Allgemeinen Heeresamtes vom 10.1.1945: "....außerordentliche Leistungen. Durchführung von Neuaufstellung und Rückführung des ungarischen Heeres als Leiter der Außenstelle des OKH für die ungarische Aktion...hervorragende Umsicht und Tatkraft weit über das normale Aufgabengebiet....; Schreiben vom 26.2.1945....ist mit Wirkung vom 1.3.1945 zum Major befördert". Szokoll war 1945 in russischer Haft, angeklagt als „Amerikanischer Spion", dann in russischer Kriegsgefangenschaft, dann in österreichischer Untersuchungshaft wegen der Beschuldigung des Hochverrats, 16.3.1946 entlassen. Er verehelichte sich nach eigenen Angaben im Juni 1945 standesamtlich und am 16.5.1946 kirchlich. Ab 1947 war Szokoll Künstler, Filmproduzent, der Werke wie „Die letzte Brücke" oder „Der letzte Akt" schuf. Urteil des Autors: Carl Szokoll hat sich bei den absichtlichen Fehlmeldungen in seinen autobiographischen Angaben etc. abwechselnd Ironie, künstlerische Freiheit und andererseits auch verschwörerisches Tarnen und Täuschen geleistet.

[91] Eugen Kogon, Der SS-Staat und das System der deutschen Konzentrationslager, München 1946; Emil Franzel, Das Reich der braunen Jakobiner. Der Nationalsozialismus als geschichtliche Erscheinung, München 1964.

zier, dessen Hand seit Stalingrad verkrüppelt war. Major Stillfried wurde also die Persönlichkeit, die „Walküre"- Planungen und „Radetzky"- Hoffnungen zusammenführte[92]. Ein Netz an Unteroffizieren, die eine Art österreichische Fronde bildeten, gab es bereits, ihr wichtigster Koordinator war der Mitarbeiter des IIa im Wehrkreiskommando XVII, des Oberst Dyes, der Feldwebel Franz Studeny[93]. Er nannte seine Organisation bezeichnenderweise „Unterstab stellvertretendes Generalkommando XVII. Armeekorps". An Offizieren außerhalb der Wehrkreisverwaltung sind nur zwei Persönlichkeiten festzustellen, nämlich der bereits hier gewürdigte – aber seit Juni 1944 versetzte und offenbar „ausfallende" - General Stümpfl, sowie der Kommandeur der Heeresstreife Groß-Wien Major Karl Biedermann[94]. Auch andere Mitarbeiter kamen nun in den „Stab"

---

[92] Otto Molden stellt fest, daß das Kennwort Radetzky nicht erst im März 1945 ausgegeben wurde, sondern wesentlich früher „vorgesehen war".

[93] Siehe seinen ausführlichen Bericht in DÖW 2834: Tätigkeitsbericht der Widerstandsgruppe Unterstab des Stellv. Generalkommandos XVII. A.K. Wien, im April 1946, fol. 35-49.

[94] Die Angaben über Karl Biedermann stützen sich auf die Personaldokumente im KA. darunter auch den Gaupersonalakt, auf Dokumente aus dem Besitz von Frau Else Biedermann und auf: Otto Molden, Ruf des Gewissens, nur (!) 3. Auflage, S. 343, Anm. 118a. Karl Biedermann (Miskolcz, Ungarn, 11.8.1890-8.4.1945 hingerichtet in Wien-Floridsdorf), 18.8.1910 als Fähnrich (und Klassenerster) aus der Artilleriekadettenschule Traiskirchen ausgemustert, Dienst bei Feldkanonenregimentern, auch Turnierreiter, 1914 bis 1918 fast ohne Unterbrechung Dienst an der Front, 1.11.1918 Hauptmann, Dienst im Militärliquidierungsamt, 18.6.1919 geändert die Heimatzuständigkeit von „Pilsen" auf „Wien", 1.9.1920 Ruhestand, Eintritt in die Postsparkasse, seit 1928 Mitglied des Wiener Heimatschutzes ab dessen Gründung, im Februar 1934 stürmte er als Kommandant des Jägerbataillons III der Wiener Heimwehr den Wiener Karl-Marx-Hof, der daraufhin einige Zeit „Karl Biedermann-Hof" genannt wurde, von Februar 1934 bis Sommer 1934 leitete Biedermann als Kommandant eines Bataillons des Freiwilligen Schutzkorps die Maßnahmen gegen die nationalsozialistischen Terroranschläge in der Umgebung von Salzburg und Hallein, er war dann Stabschef der 2. Jägerbrigade im Heimatschutz und ab 1935 bei der Kameradschaft der Staatsbediensteten. Nach 1938 galt Biedermann laut dem Gauakt von Seiten der NSDAP mehrmals als „untragbar" und wurde bei Beförderungen in der Postsparkasse übergangen, er leistete ab 1939 Kriegsdienst und wurde mit 1.11.1940 zum Major der Reserve befördert, Teilnahme an den Feldzügen in den Niederlanden, gegen Frankreich, am Balkan und gegen Rußland, Divisionsnachschubführer, 1941/1942 Führer einer Kampfgruppe im Rahmen der 2. Panzerdivision, (offenbar) ab Mitte 1942 Kommandeur der Heeresstreife Groß-Wien. Seine ehemaligen Kameraden vom Heimatschutz und auch der Vaterländischen Front, die sich der NSDAP besonders auch dem NSKK (Nationalsozialistisches Kraftfahrkorps) oder dem Kyffhäuserbund zugewandt hatten, intervenierten für ihn, darunter 1942/1943 besonders der NSKK - Standartenführer und schließliche Leutnant Walter Hanslik, der von General Hubicki, Kommandeur der 2. Panzerdivision, einen Brief mit Beurteilung Biedermanns vom 16.11.1943 erhielt. Erreicht wurde dadurch mit 26.7.1944 die Zustimmung der Gauleitung zur Beförderung Biedermanns zum Amtmann (Gauakt Biedermann, fol. 4: „falls Postsparkasse beantragt.....einwandfreie Haltung beim Putschversuch 20.Juli 1944"). Wie aus dem Gauakt hervorgeht, hat keiner seiner Befürworter geschweige denn er selbst behauptet, daß Biedermann jemals Mitglied der NSDAP gewesen sei. Dem Bundesministerium für Inneres lag 1953, wie bestätigt wurde, eine derartige Behauptung nicht vor. Ein diesbezüglicher Hinweis von Heinrich Drimmel, Vom Kanzlermord zum Anschluß. Österreich 1934-1938, Wien 1987, S.429, dürften auf

Szokolls wie Hauptmann Huth[95] und Szokolls Referent für die Angelegenheiten der Volksgrenadierdivisionen Feldwebel Ferdinand Käs[96]. Auf andere Offiziere, die bei Ausbildungs- und Ersatzeinheiten des XVII. Armeekorps eine Rolle spielten und in die neuerliche Verschwörung eingebunden waren, kann hier lediglich aus Platzgründen nicht verwiesen werden. Bedeutungsvoll für die vorliegende Darstellung ist, daß sich diese Kämpfer eindeutig und bis zum „Kampfende" um Wien Szokoll unterstellten und dieser schließlich persönlich bzw. eindeutig (anfänglich über Igler) die Leitung innehatte. Er hat sich – nachweisbar –

[95] ÖSTA, AdR, Personalakt des Heerespersonalamt/OKH: Huth Alfred (geführt bis Februar 1945). Alfred Huth (Wien, 30.8.1918-8.1945, zum Tode verurteilt und gehenkt in Wien-Floridsdorf), Vater Obstlt. a .D. und Firmendirektor, Besuch einer ungarischen Volksschule und einer „reichsdeutschen" Mittelschule in Budapest, 1.9.1936 als EF-Kanonier zum Schweren Artillerieregiment des Öst. Bundesheeres, 1.10.1937 an der Milak, 1.4.1938 Fahnenjunkerunteroffizier, 1.1.1939 Lt., 1.10.1940 Oblt., 2.10.1941 als Batteriechef durch Kopfschuß verwundet, 3.10.1941 Artillerie-Ersatz-Abteilung 17, 1.1.1942 Stab Stellvertretendes Generalkommando XVII.A.K., 1.4.1942 dort Abteilungsleiter der Abteilung Ia/Ausb., 30.4.1943 Hptm., 24.4.1944 versetzt in den Stab des Generals der Deutschen Wehrmacht in Ungarn, Februar 1945 Führer des Auffang- und Betreuungsstabes (ung.) in Bruck an der Leitha (Außenstelle des Oberbefehlshabers des Ersatzheeres/Allgemeines Heeresamt beim Stellvertretenden Generalkommando XVII. Armeekorps, Ib/org).

[96] Die gedruckten Erlebnisberichte oder autobiographischen Abrisse weisen unterschiedliche Dichte der Aussagen auf, aber keine Diskrepanzen wie bei Szokoll. Alle Unterlagen sind in Original oder Kopie gesammelt in: NLS, Sign. B/1533. Das war „Radetzky" in: Die Furche, 26/1961, S. 3 f., Wien - Frühling 1945, in: Wiener Monatshefte, 37. Jg., Februar 1963, S.2-5 und März 1963, S.6-9; Wien im Schicksalsjahr 1945, Wien-Frankfurt-Zürich 1965; Über den Fahneneid, in: Sacerdos et pastor semper ubique. Festschrift Franz Loidl, 3. Band, Wien 1971, S.67-72; DÖW: 6944, Der Beitrag der militärischen Widerstandsbewegung zur Befreiung Wiens in den Apriltagen des Jahres 1945, Wien am 2.4.1960, 14 S. Masch. (es dürfte sich um einen ähnlichen Text handeln wie den nicht erhaltenen eines Vortrages vor dem „Arbeitskreis für österreichische Geschichte", 22.6.1961 im Palais Palffy); Text einer Rede in Hochwolkersdorf am 26.10.1987, 3 Seiten Maschinschrift; Ausführliches Interview bei: Friedrich Vogl, Widerstand im Waffenrock. Österreichische Freiheitkämpfer in der Deutschen Wehrmacht 1938-1945 (Materialien zur Geschichte der Arbeiterbewegung Nr. 7), Wien 1977, S. 21-47; DÖW 4623. Weiterer ungedruckter Bericht ex 1945 höchstwahrscheinlich von Ferdinand Käs, „Lage zwischen 4. und 6.April" 3 Seiten (ist eine der Zeugenschriften zur Entlastung von Szokoll während seiner Inhaftierung bei der sowjetischen Besatzungsmacht, jedoch zum Unterschied der anderen Schriften in jenem Konvolut undatiert). Weiterer Bericht „Unternehmen, am 3.5. übergeben, 4 Seiten Masch.": höchstwahrscheinlich von Käs über Ereignisse am 6.4. ab 2 Uhr früh verfaßt. Ferdinand Käs (Brüssel, Belgien, 7.3.1914-19.8.1988, Wien) nach Abbruch des Studiums am Wiener Technischen Gewerbemuseum im 2. Studienjahr am 20.3.1933 als Infanterist zu IR.4, 1936 Zugführer, 1.1.1938 Übernahme in den Zolldienst, 17.11.1938 Eheschließung mit Else geb. Drozda, ab Februar 1941 Wehrdienst, zuletzt Oberfeldwebel, 1.1.1946 als Hilfsgendarm in die Bundesgendarmerie eingetreten, 10.10.1958 Matura am Stiftsgymnasium Melk, 1962 Gendarmerieoberstleutnant, Kommandant der Gendar-

im März 1945, den politischen Leitlinien jener Persönlichkeiten gefügt, die sich für die Wiedergewinnung der österreichischen Identität einsetzte, nämlich Hans Becker und Alfons Stillfried.

Alle Quellen und Darstellungen sind sich darinnen einig, daß im Herbst 1944 eine bedeutende Verstärkung der Widerstandtätigkeit stattfand, sowohl was die Quantität als auch die Qualität anlangt: Sprengstoffanschläge, Brandstiftungen, Desertion mit Verbergung von Soldaten und militärischem Gut, Verkehrsbehinderungen und –fehlleitungen, getarnte Waffenansammlungen, Zerstörungen, Konspirationen, Propaganda, besondere Mitarbeit der Militärärzte, Bevorzugung der „Österreicher" auf den verschiedensten Gebieten der zivilen und militärischen Verwaltung. Um den 13. November 1944, wurde von militanten zivilen Widerstandsgruppen der sogenannte Siebener-Ausschuß eingerichtet, ein Komitee, das so etwas ähnliches wie einen Koordinations- und Informationsausschuß darstellte[97]. Bei der dritten Reise Moldens war es dann soweit: Am 18. Dezember 1944 abends kam es zur Bildung des „Provisorischen Österreichischen Nationalkomitees" kurz genannt POEN[98].

Im Rahmen einer weiteren Reise Fritz Moldens, diesmal nach einem Aufenthalt in Paris mit Verbindungsaufnahme zu allen europäischen militärischen Vertretern der Anti-Hitler-Koalition, erfolgte am 25. Februar 1945 die erste Unterredung mit dem Rechtsanwalt Dr. Adolf Schärf. Der Vertrauensmann der sozialdemokratischen Emigration und französische Offizier Erich Lemberger (Nome de guerre: Lambert), hatte diesen persönlich mit Molden. zusammengeführt. Am 27. Februar 1945 kam es zu einem Treffen von POEN-Vertretern mit Schärf und zu dessen Beitritt in jene Vereinigung. Um diese Zeit wurden linksliberale oder linkssozialistische oder kommunistische Persönlichkeiten gesucht und es wurden Kontakte mit Dr. Norbert Bischoff (Diplomat) sowie Dr. Viktor Matejka (Volksbildner) hergestellt.

---

merieschule des Bundesministeriums des Innern, 1958 – 1962 Studium an der Universität Wien (Geschichte), 13.7.1962 Promotion zum Dr. phil., dann Gendarmerieoberst und bis zum Ruhestand Sektionschef im Bundesministerium für Inneres.

97 Dem Siebener-Ausschuß gehörten an: Hans Becker als Vorsitzender, Bumballa, Viktor Müllner, Georg Fraser, Eduard Seitz, Emil Oswald und als Vertreter der Kommunisten Mathilde Hrdlicka. Szokoll urteilte: 1 parteiloser Vorsitzender, 2 Sozialdemokraten, 2 „Katholiken", 1 Liberaler (Bumballa), 1 Kommunistin.

98 Diesem gehörten zunächst an: Heinrich Otto Spitz (ehemaliger Bundeswirtschaftsrat), Dr. Josef Graf v. Ezdorf (Monarchist), Prof. Dr. Alfred Verdross (Rechtsgelehrter), Dr. Ernst Molden (Diplomat und Journalist), Dr. Hans Becker, Major Alphons Stillfried, Berta Lemberger (vorläufige Vertreterin der Sozialdemokratie).

Molden und Lemberger waren am 25.Februar abends auch mit Vertretern des militärischen Widerstandes zusammengetroffen, mit den Oberleutnants Otto Scholik[99] und Wolfgang Igler, mit Alfons Stillfried und Jörg Untereiner. Sie reisten am nächsten Tag frühmorgens ab. Schon an diesem Abend war aufgefallen, daß die Polizei eine Information bekommen hatte und die Zusammenkunft ausheben wollte, aber von Wachen und Bedeckung der Verschwörer und Widerstandskämpfer, vor allem aus der Heeresstreife, daran gehindert werden konnte. Am 2.März begann eine Verhaftungswelle der Gestapo, der eine Anzahl der POEN-Mitglieder (Ernst Molden mit Paula v. Preradovic, Ezdorf, Stillfried, Becker) zum Opfer fielen, unter teilweise dramatischen Umständen mit Schußwechsel und Fluchtversuchen. Die Verhafteten wurden nach scharfen Verhören in Sammeltransporten um den 1.April nach Mauthausen gebracht. Andere wie Berta Lemberger oder Spitz gingen in den Untergrund[100]. Im Zuge dieser Ver-

---

[99] Die Angaben über Scholik erfolgen aufgrund von Recherchen im Kriegsarchiv und aufgrund seiner wichtigen Publikation, dem erweiterten publizierten Manuskript eines Vortrages vom 1.11.1994: Otto Scholik, Der österreichische-militärische Widerstand. Die Rettung Wiens 1945. Die Operation Radetzky, in: Neue Blätter. Die Zeitschrift der K. Ö. L. Maximiliana, 11. Jg., Nr. 3a, Oktober 1996, S.1-34, zahlreiche Graphiken. Vorworte von Dr. Otto von Habsburg, Dr. Thomas Klestil, Werner Fasslabend, General i.R. Viktor Fortunat, Major a.D. Carl Szokoll, Dr. Georg Zimmer-Lehmann. Otto Scholik (Wien, 25.9.1916, lebt in Wien). 1.9.1935 Eintritt ins österreichische Bundesheer als Einjährig-Freiwilliger, V/1938 - II/1942 bei Artillerieregiment Nr.86 als Fahnenjunker-Unteroffizier, Fähnrich, Oberfähnrich, III/1942-V/1943 Leutnant, Oberleutnant, Batterieoffizier, Lazarettaufenthalt; VI/1943 - VII/1944 Ia der Kroatischen Ausbildungsbrigade, ab VIII/1944 im Stellvertretenden Generalkommando XVII. AK., II/1945 Referent des OKH für das Volksartilleriekorps im Wehrkreis XVII, III/1945 Ordonnanzoffizier beim Ia des Kampfkommandos Wien, V/1945 – I/1946 Referent in der Organisationsabteilung der Staatskanzlei/Heeresamt, II/1946 - VII/1948 Bundesministerium für Inneres, Referent in der Generaldirektion für Öffentliche Sicherheit, Adjutant des Staatssekretärs, VII/1956 übernommen als Hauptmann ins Öst. Bundesheer, 10.8.1977 Generalmajor, 30.9.1977 Ruhestand.

[100] Fritz Molden schreibt, daß nie geklärt werden konnte, wer die Verschwörer an die Gestapo verraten habe. Es bleibe dahin gestellt, ob die Gestapo den Funkverkehr abhören konnte. Es ist aber auch möglich, daß eine Persönlichkeit in der Gruppe Prinz Eugen, sich die entsprechenden Nachrichten hatte verschaffen können. Laut Mitteilungen an den Verfasser von der Seite mehrerer Verstorbener und den Memoiren von Willy Thurn und Taxis, könnte dies Roman Gamota gewesen sein. Roman Gamota (Wien,10.4.1917 - zuletzt in Wien um 1960 gesehen), Gymnasium-Matura mit Auszeichnung, Medizinstudent, wegen Betätigung für die NSDAP religiert, seit 1932 bei der HJ, seit Mai 1935 bei der illegalen SS, anläßlich einer Aktion der 11. SS-Standarte am 31.3.1936 verhaftet, 1.11.1936 Flucht nach Deutschland, seit April 1937 Studium in Halle, ab 1940 im Iran als Angehöriger des Amtes Ausland/Abwehr im Einsatz, ab 1942 tätig für den SD im Iran als Ausbilder junger Nationalisten, sodann angeblich gelungene Flucht nach Deutschland, 1943 im Reichssicherheitshauptamt in der Abteilung VI, Referat C 13 (Spionage im russischen und japanischen Einflußraum/Iran als SS-Hauptsturmführer tätig), da aus nervlichen Gründen nicht mehr in der SS einsetzbar vom Angehörigen des Amtes VI, Dr. Wilhelm Höttl, zur Widerstandsbewegung delegiert, Verehelichung, gemäß Nachforschungen nach 1945 als tschechoslowakischer Offizier aufgespürt. Siehe: Gert Buchheit, Das „Attentat" auf die großen Drei. Entlarvung einer Geschichtsfälschung, in:

haftungswelle wurden auch die meisten Mitglieder des Siebener-Ausschusses verhaftet oder verfolgt und fielen daher für die Widerstandtätigkeit aus.[101] Szokoll erfuhr durch Maasburg von jenen Aktionen und beauftragte diesen einerseits und andererseits Scholik nunmehr mit einer Verbindungsaufnahme mit einem sich neu konstituierenden Ausschuß der militanten nicht-kommunistischen Widerstandsgruppen und er hatte am 25.März 1945 mit diesem neuerlichen Ausschuß eine erste und anscheinend auch einzige Besprechung, die de facto eine Zusammenarbeit, ja eine Unterstellung des zivilen militanten Widerstandes unter den militärischen Widerstand erbrachte[102]. Es wurden 9 Sturmlokale fest-

---

Ders., Spionage in zwei Weltkriegen. Schachspiel mit Menschen, Landshut 1975, S.303-317.

[101] Fritz Molden, Feuer 148 f. Gotschim-Jauk, Hans Becker, 213 f.: „Laut Untereiner war damals der Hauptdiskussionspunkt, wer von den Alliierten zuerst in Wien sein würde, wobei Becker auf das rechtzeitige Eintreffen der Engländer hoffte; aus Sicherheitsgründen sollte aber der Kontakt mit der kommunistischen Seite intensiviert werden".

[102] Gemäß dem Journalisten und ORF-Intendanten Helmuth Andics, Hakenkreuz und Rot-Weiß-Rot, 54. Folge dieser Serie in: Bild-Telegraf, Oktober 19... bis Jänner 19.....(liegt dem Autor komplett aber nur in Ausschnitten ohne ersichtliche Jahresangabe vor), hatte Szokoll eine Unterredung mit Bumballa, bei der dieser offensichtlich aus westlichen Quellen Szokoll darauf ansprach, daß er mit den Sowjets bereits Funkkontakt habe. Andics weiter: „Szokolls Verbindung zu den Sowjets war über den Deutschmeister-General Franek hergestellt worden, der in der Wiener-Neustädter Akademie als Szokolls Lehrer gedient hatte. Dann war Franek in sowjetische Kriegsgefangenschaft geraten." In dem Werk: Hellmut Andics, 50 Jahre unseres Lebens. Österreichs Schicksal seit 1918, Wien – München - Zürich 1968 ist diese Angelegenheit nicht angeführt. (Der Autor dankt Frau Dr. Hertha Jansa, Ministerialrat i.R. sehr für die Zurverfügungstellung der oben angeführten Zeitungsausschnitte). Szokoll selbst schildert in seinem Memoiren (Rettung Wiens, vgl. Register), mehrmals Unterredungen mit Franek, den er offenbar als Lehrer sehr schätzte. Dieser ist, seinem umfangreichen Nachlaß im KA und im DÖW nach, Vorsitzender des Antifaschistischen Büros österreichischer Kriegsgefangener in Rußland gewesen. Karl Frick, Umdenken hinter Stacheldraht. Österreicher in der UdSSR, Wien-Frankfurt-Zürich 1967, S. 45 ff.: „Der Österreicher Franek ließ nie den geringsten Zweifel darüber, daß er dem Kommunismus als Weltanschauung ablehnend gegenüberstehe, daß er es aber für notwendig erachte, das unsinnige und verbrecherische Sterben an den Fronten möglichst rasch zu beenden..... Er schrieb auch einen Brief an die Sowjetregierung, in dem es heißt: ‚Ich trete daher in meinem Namen und im Namen all jener österreichischen Offiziere und Soldaten, die den Wunsch haben, mit der Waffe für die Befreiung Österreichs zu kämpfen, an die Regierung der Sowjetunion mit der Bitte heran, sobald wie möglich österreichische Kampfformationen in einem geeigneten Rahmen aufzustellen und sie zur Mitwirkung bei der Vernichtung der deutsch-faschistischen Herrschaft in Österreich einzusetzen'. Franek hat auch eine Schallplatte besprochen, in der er im Jänner 1945 die Österreicher aufforderte, vor der Roten Armee nicht die Flucht zu ergreifen und keine Zerstörungen vorzunehmen. Ein Flugblatt dieses Inhalts, unterzeichnet von Franek wurde abgeworfen. Über Generalleutnant (öst. Oberstleutnant) Dr. rer. pol. Fritz Franek, siehe: Marcel Stein, Österreichs Generale, S. 333-337.

Es ist notwendig, jene neuen Mitglieder des Führungsgremiums der Widerstandskämpfer kurz vorzustellen: Eugen (Ritter von) Luschinsky (Graz, 11.12.1881-11.6.1948, Wien), Absolvent der Technischen Militärakademie, ab 1909 zugeteilt dem Geniestab, 1.8.1917 Major des Geniestabes, übernommen ins Bundesheer, 1923 Oberst, 1930 Generalmajor, 1931 Telegrapheninspektor, 16.10.1932 bestellt zum Kommandanten der 2. Brigade und Stadtkommandanten von Wien, 1934 Leiter der Sektion II im Bundesministerium für Landesverteidigung, 30.9.1936 Ruhestand, Pensionskürzung im 2. Weltkrieg. Gemäß eigenen Angaben im KA, Versorgungsakt: „Ich war Mitglied des

gelegt, Waffenbestände festgestellt, und die Aufgabenstellung der Besetzung von Militärgebäuden und Rundfunk einerseits, politischen Zentralen andererseits „verteilt". Damals wurde bereits das Palais Auersperg genannt, wo Nikolaus Maasburg bei der verwandten Besitzerin, einer Prinzessin Croy, als „U-Boot" lebte.

Ein für die Verschwörung anscheinend ebenso wichtiges wie für die Forschung gesichertes Datum ist der 19.März 1945, an dem Hitler den „Nero-Befehl" erließ, der die zuständigen Stellen verpflichtete, die sogenannten ARLZ–Maßnahmen

Siebener Ausschusses der österreichischen Widerstandsbewegung O 5: allererste provisorische Regierung vom 10. bis 23.April 1945". Über Dr. Franz Sobek (Brünn, 29.5.1903-?) unterrichtet der Gauakt im ÖSTA sowie seine auf die Widerstandtätigkeit Bezug nehmender Schriftennachlaß in DÖW 7936. Wird in den NS-Korrespondenzen als Sobek-Stojanek bezeichnet unter Betonung der tschechischen Herkunft. Studium an der Universität Wien, 1928 Eintritt in den Polizeidienst, 1935 in den Bundespressedienst, 11.3.1938 verhaftet, bisVIII/1943 im KZ Dachau, gilt laut Otto Molden als Verbindungsmann Hans Beckers zu Leopold Figl, im Nachlaß: „Kalender", d.i. Gedächtnisnotizen über Zeitraum 2.4.1945 bis 20.4.1945. „besetzte" am 12.4.1945 das Bundeskanzleramt und berief dorthin am 14.4. die Beamten ein, zahlreiche andere Aktivitäten, 20.4.1945 zeitweise von den Sowjets verschleppt, später (1946?) Ministerialrat im Bundeskanzleramt, betraut mit KZ-Angelegenheiten und zur persönlichen Verwendung des Bundeskanzlers, dann im Bundespressedienst, III/1955 Direktor der Österreichischen Staatsdruckerei. Bernhard Scheichelbauer (Wien, 1.11.1890-?), Besuch der juridischen Fakultät der Universität Wien, 1.10.1911 als Einjährig-Freiwilliger zu IR. 4, aktiviert, 1.1.1913 Lt., Kriegsdienstleistung, nach Verwundung als Ordonnanzoffizier in die Nachrichtenabteilung des AOK, bis Mai 1919 (Liquidierung), freier Journalist in Kärnten, Pressereferent der Kärntner Landesregierung, 1933 auch Konsulent des Bundespressedienstes, 19.8.1934 Regierungskommissar zur Bekämpfung staats- und regierungsfeindlicher Bestrebungen in der Privatwirtschaft im Bundesland Kärnten, auch Vertreter des Sicherheitsdirektors von Kärnten, März 1938 Reise nach Meran, 1940 Rückkehr nach Wien und Abschluß des Studiums mit Dr. jur., Urteil 1941 im Gauakt „ ..ist Freimaurer und der übelste und gehässigste Gegner"; nach eigenen Angaben: seit 1940 Besprechungen mit Nikolaus Maasburg, Verbindungsmann von Hans Becker zu Felix Hurdes und dem ehemaligen Landbund-Funktionär Schumy, Angehöriger der Gruppe Fraser. Bernhard Scheichelbauers Sohn Heinz Scheichelbauer (Velden, Kärnten, 1.12.1921-?), besuchte die Militär-Mittelschule in Graz Liebenau, im 2. Weltkrieg als Leutnant Adjutant im Wiener Wehrbezirkskommando II, April 1945 Ordonnanzoffizier des Ersten Generalstabsoffiziers im Festungskommando Wien und Informant des Stabs der O 5. Bernhard Scheichelbauer war 1951 Alt-Großmeister der „Großloge der alten freien und angenommenen Maurer von Österreich"; von ihm stammen Publikationen in Sammelwerken über die Freimaurerei und diesbezügliche selbständige Publikationen. Rudolf Raschke (Bleiburg, Kärnten, 21.6.1925-8.4.1945, hingerichtet in Wien-Floridsdorf), 25.10.1940 als Kriegsfreiwilliger ins Deutsche Heer, zweimal schwer verwundet, Verlust des linken Auges, Oktober 1944 freiwillig zum Volksartilleriekorps an die Westfront, 15.1.1945 neuerlich verwundet und Lazarettaufenthalt, 8.2.1945 zu Generalkommando XVII.AK., I b org als „Gneisenau- und Blücher-Sachbearbeiter". Die Mitglieder oder Führer der Gruppen, die verhandelten, waren: Fried, Bumballa (Anführer), Slavik, Bernhard Scheichelbauer, Franz Sobek, Eugen Luschinsky, sowie als Vertreter Szokolls Hauptmann Huth und Oberleutnant Raschke. Otto und Fritz Molden geben an, daß jene Persönlichkeiten ca. 1500 aktive Kämpfer vertraten (Molden schreibt auch: „15 zivile Kampfgruppen).Diese Autoren geben für Wien an als „Mitarbeiter" die Zahl von 18.000 bis 20.000 Menschen, als Sympathisanten die Zahl von 40.000 bis 50.000 Menschen. Radomir Luža hält diese Angaben für realistisch. Andere Quellen sprechen von etwa 6.000 Bewaffneten. Szokoll wieder spricht zuletzt, was das Militär betrifft, von Kampfgruppen in der Stärke von 10 Bataillonen.

zeitgerecht einzuleiten.[103] Er kam am 20.März auf Szokolls Schreibtisch und mag für ihn persönlich der Zwang zur Entscheidung gewesen sein, zumindest aus der Deckung des Verschwörers hervor zu kommen. Seinen Angaben in mehreren Quellen nach, hatte sich Szokoll schon vorher an Regierungspräsident Hans Delbrügge gewandt, mit Angaben über die bevorstehende Trinkwassernot und so weiter in Wien. Er ventilierte mit diesen Argumenten den Versuch, Wien nicht in Kampfhandlungen einzubeziehen, Hinweise, denen Delbrügge grundsätzlich zugänglich war. Gemäß Szokoll hatte jener hohe Funktionär jedoch in Berlin nicht den geringsten Erfolg[104].

Inzwischen hatte sich die militärische Situation innerhalb und außerhalb des Widerstandes im Wehrkreis XVII erheblich geändert. Der erhoffte Zusammenbruch des Dritten Reiches kam zeitlich immer näher; territorial jedoch auch die Front. Was Szokolls Planungen im November/Dezember 1944 betrifft, so berichtete dieser 1946 dem nunmehr gewählten österreichischen Bundespräsidenten[105]:

> „Anläßlich meiner letzten Fahrt nach Budapest gab ich an meinem dortigen Verbindungsoffizier den Auftrag, dem englischen Geheimdienst einen Vorschlag zu unterbreiten, der zum Inhalt hatte, auf die bindende Zusicherung eines Entsatzes durch Luftlandetruppen innerhalb von drei Tagen einen allgemeinen Aufstand durchzuführen."

Ziel war es dabei immer, Wien zur „freien Stadt" oder „offenen Stadt" zu erklären, möglichst „durch fingierten Abzugsbefehl des Oberkommandos der Deutschen Wehrmacht". Es gab weiters das Stichwort „Herbstlaub 44......weil mit dem Zusammenbruch im Herbst 1944 gerechnet worden war"......Sobald jenes Stichwort gegeben war, sollten „österreichische Truppen, die im Raum Groß-Wien stationiert waren, „Wien...besetzen"[106].

---

103 ARLZ-Maßnahmen : Auflösug-Räumung-Lähmung-Zerstörung.
104 Szokoll, Rettung Wiens, 289 ff.
105 Siehe DÖW 4623. Siehe auch: Szokoll, Rettung Wiens, 288 f (Angaben Moldens nach 1945 an Szokoll).
106 Siehe West, Als Wien in Flammen stand. Der grosse Erinnerungsbericht über die Apriltage von 1945(=aktuelle Probleme unserer Zeit, Nr.7/8), Verlag des österreichischen Gewerkschaftsbundes, Wien 1960. West ist ein Pseudonym für den Journalisten Richard Kurfürst-West, der in der Arbeiterzeitung bereits eine Serie zu diesem Thema unter gleichem Titel verfaßt hatte: 22 Beiträge vom 3.4.1960 bis 30.4.1960. Alles dieses Material zum Teil mehrfach im Nachlaß Ludwig Jedlicka. Eine Beteiligung von Prof. Jedlicka an dieser Arbeit scheint dem Autor möglich, eine Beteiligung von Ferdinand Käs sehr wahrscheinlich; interessante Kartenskizzen. West gibt auf S.26 f. 8 Einheiten (Regimenter, Bataillone, Abteilungen) an, die in Wien stationiert, von Szokoll hätten herangezogen werden können; er gibt weitere Einheiten aus Hainburg, Stockerau, Amstetten, Enns, Steyr, Wels und Ried im Innkreis an, die heranmarschieren sollten. Weitere derartige Angaben bei Otto Molden, Ruf, S.141 f. (18 Einheiten für Wien) Fritz Molden, Feuer, S. 47, hebt die Heeresstreife Groß-Wien, die Kroatische Ausbildungsbrigade und ein Bataillon des (Wiener) IR. 134 hervor.

Dieser Plan hatte offensichtlich, nach Ansicht des Autors dieses Aufsatzes eine intelligente und mutige Adaptierung von Durchführungsbestimmungen der Aktion „Walküre" zur Grundlage. Wann er mit den Ideen einer politischen und militärischen Zusammenarbeit mit den Alliierten, Stichwort „Radetzky", im Sinne der österreichischen Staatlichkeit verschmolzen wurde, ist ungewiß. Dies wird höchstwahrscheinlich erst ab Spätsommer 1944 erfolgt und mit den früheren Versuchen, der Idee beziehungsweise dem Versprechen oder der Vorbereitungen einer Luftlandung, kombiniert worden sein. Dafür hatten Szokoll und seine Mitarbeiter „österreichische Soldaten und Offiziere von der Front zurückgeholt oder vor ihr zurückgehalten". Dieser Plan wurde gemäß Augenzeugen zumindest noch ernsthaft erwogen und an Teilnehmer am militärischen Widerstand weitergegeben, für den Fall, daß russische Luftlandetruppen westlich von Wien auftauchen würden und die Existenz „österreichischer" Wehrmachtsverbände im Anmarsch aus dem westlichen Teilen des Wehrkreises XVII zur Kenntnis nehmen würden[107]. Erst nach dem Zusammenbruch der deutschen Front in Ungarn, erst bei einer Besprechung am 2. April – man muß annehmen: nachdem „Caserta" per Funk eine entsprechende Mitteilung gemacht hatte - teilte Szokoll vor versammelten Offizieren und Unteroffizieren laut einem Augenzeugen mit:

> „Die österreichischen Truppen sind zu schwach....um Wien vor der Vernichtung zu bewahren. Der Kampf würde nur noch mehr Blut kosten. Wir müssen daher – die Amerikaner stehen erst in Bayern, die Engländer noch in Italien – mit den Russen in Verbindung treten. Ihnen gegen die Erfüllung unserer Forderungen die Übergabe der Stadt anbieten, die Schlacht um Wien vermeiden ! Wer von Ihnen, meine Herren ist bereit, den Auftrag zu übernehmen und die Verhandlungen mit dem russischen Oberkommando zu führen?"

Es war der Oberfeldwebel Ferdinand Käs. Am 30. März, Karfreitag, waren Teile der geschlagenen 6. SS-Panzerarmee vom Süden nach Wien eingerückt: es war für eine persönliche Verbindungsaufnahme mit der Roten Armee die allerhöchste Zeit[108].

---

[107] West, Als Wien in Flammen stand, 24 ff.

[108] Horst Magenheimer, Das Kriegsende 1945 in Europa. Letzte Operationen und Abläufe, in: ÖMZ, XXIII. Jg., 1985, 189-202; John Toland, Das Finale. Die letzten Hundert Tage, Bergisch-Gladbach 1978 (= Bastei-Lübbe-Taschenbuch Nr. 65005); Andreas Hillgruber - Gerhard Hümmelchen, Chronik des Zweiten Weltkrieges. Kalendarium militärischer und politischer Ereignisse 1939-45, Düsseldorf 1978; Peter Gosztony, Endkampf an der Donau 1944/45, Wien 1969; Theo Rossiwall, Die letzten Tage. Die militärische Besetzung Österreichs 1945, Wien 1969; Theodor Rossiwall, Schlachtfeld Niederösterreich, St. Pölten 1978, S.115 ff.; Manfried Rauchensteiner, Der Krieg in Österreich `45, Wien 1995; Hans Egger - Rudolf Jordan, Brände an der Donau. Das Finale des Zweiten Weltkriegs in

Anfangs Februar war Budapest gefallen und schon vorher, am 20.1.1945, hatte die ungarische Gegenregierung in Debrecen (Debrezin)mit der UdSSR einen Waffenstillstand geschlossen. Bereits am 12.Jänner waren russische, polnische, bulgarische und jugoslawische Verbände von der Ostsee bis Dalmatien zu einer Großoffensive angetreten, die zunächst von der Weichsel bis zur Oder führte, im Mittelabschnitt zur Einschließung Breslaus (etwa ab dem 11.Februar), im Süden zur Räumung des Frontbogens um Sarajewo (ab 20.März). Am 7.März konnten die Amerikaner auf der Eisenbahnbrücke von Remagen den Rhein überschreiten und in der Folge einen Brückenkopf bilden. Zwischen 14. und 23.März entbrannte vom unteren Rhein bis zur Schweizer Grenze die letzte und entscheidende Großoffensive der Westmächte. Am 8.März begannen die Geheimverhandlungen des höchsten SS- und Polizeiführers in Italien, Obergruppenführer Wolff mit Vertretern des alliierten Oberkommandos in der Schweiz (Allen Dulles) und dem Schweizer Generalstab mit dem Ziel, günstige Sonderwaffenstillstandsbedingungen für die deutschen Streitkräfte in Italien zu erreichen[109].

Hitler hatte zum Schutz der ungarischen Erdölfelder, und um den ungarischen Diktator Szálasi an der Macht zu halten, eine Entlastung der Heeresgruppe Süd und der ungarischen Armee befohlen. Zur operativen Bereinigung der dortigen Lage kam ab Anfang Februar die 6. SS-Panzerarmee unter Oberstgruppenführer Sepp Dietrich nach Ungarn. Am 15.März hatte sich die am 6.März begonnene Offensive „Frühlingserwachen" erschöpft, bei der auch vom Süden her über die Drau hinweg angegriffen wurde. Sie hatte der SS-Panzerarmee einen Großteil ihres schweren Materials gekostet. Die Sowjets konnten die letzten Erdölfelder Ungarns, die von Nagy-Kanizsa, am 2.4.1945 besetzen, am 4.4.1945 war Ungarn „befreit". Doch inzwischen war die Katastrophe der Durchstoßung der sogenannten Reichsschutzstellung am 29.März 1945 vor sich gegangen. Die 3. Ukrainische Front unter Marschall Tolbuchin, die mit der 2. Ukrainischen Front (Marschall Malinowskij) der Heeresgruppe Süd gegenübergestanden war, hatte sich zur „Operation Wien" bereitgestellt Tolbuchin konzentrierte seine Kräfte in zwei Stoßrichtungen. Einmal mit seinem rechten Flü-

Wien, Niederösterreich und Nordburgenland, Graz 2004. Zu Rossiwalls Werken siehe: Johann Chr. Allmayer-Beck, Am Material, aber nicht nur an ihm gescheitert, in: Die Presse, 17.1.1970.
Zu den Kämpfen um Wien: Manfried Rauchensteiner, Der Kampf um Wien,in: ÖMZ., VIII. Jg. 1970, S.98-106, 181-189, 271-279; Ders., Kriegsende und Besatzungszeit in Wien, in: Wiener Geschichtsblätter, 30. Jg., 1975, S.197-220; Gerald Theimer, Von der letzten deutschen Offensive im Osten: „Unternehmen Frühlingserwachen" bis zum Kampf um Wien 1945, Wiener Magisterarbeit 1992.; Werner Stanzl, Alltag zwischen den Ruinen 1945, Serie in: Der Standard, 18./19.3.1995 bis 14.4.1995, 24 Folgen.
[109] Michael Olsansky – Hans Rudolf Fuhrer, Antreiber und Getriebene. Die deutschen Beteiligten und das frühzeitige Kriegsende in Italien 1945, in: Militärgeschichtliche Studien II (= MILAK Schrift Nr. 7), Zürich 2006, S.13-52.

gel an der Donau die Angriffstruppen, die Wien zu nehmen hatten, und weiter südlich eine Umfassungskraft, die entlang der Linie Sopron (Ödenburg)-Wiener Neustadt nach St. Pölten zu stoßen hatte, um von dort nach Norden drehend die Donau etwa bei Krems zu erreichen. Diese Offensive begann am 16.März und hatte den Erfolg der Durchbrechung der deutschen zurückgehenden Abwehrfront noch in Ungarn ab 23.März. Sie erreichte ungefähr zwischen Szombathely (Steinamanger) und Köszeg (Güns) die damalige Reichsgrenze. Die Heeresgruppe Süd war nicht vernichtet worden, wich aber rasch nach Westen aus, Teile ihrer Streitkräfte wurden von den Russen im raschen Vormarsch doch überholt. Über das Oberpullendorfer Becken stieß die Rote Armee nun fächerförmig vor, einen geschlossenen deutschen Widerstand gab es dann nicht mehr. Die Offensive erreichte das Steinfeld, am 2.April wurde Wiener Neustadt besetzt. Die Ödenburger Pforte und die Brucker Pforte waren im Rücken bedroht. Durch diese hatte sich die 6. SS-Panzerarmee zurück gekämpft beziehungsweise in der Reichsschutzstellung zu halten versucht. Das I. Korps dieser Armee erreichte über Ödenburg die „rettenden" weil für den Aufbau einer Abwehrfront geeigneten Talausgänge der Pitten und der Traisen aus dem Alpenvorland. Ihr II. Korps konnte sich am 2.April ganz knapp vor der 46. Armee der 2. Ukrainischen Front in eine Riegelstellung am südlichen Stadtrand von Wien in kurzfristige Sicherheit bringen.

Das Hauptquartier der Heeresgruppe Süd hatte von Esterhaza nach Eisenstadt, dann nach Mauerbach (auf den Tulbinger Kogel) verlegt. Dort erfuhr Oberleutnant Igler, es wird am 1.April gewesen sein (im Auftrag von Szokoll) vom I b der Heeresgruppe, Major i.G. Stotten, daß „seine" Heeresgruppe Wien nicht verteidigen werde. Dasselbe hatte Sepp Dittrich, der seine Befehlsstelle in einem Schloß bei St.Pölten nahm, gegenüber Reichsstatthalter Baldur von Schirach bei einer persönlichen Begegnung in Wien Hohe Warte erklärt. Womit er bewußt die Anordnungen Heinrich Himmlers, der von Hitler noch nach Ungarn gesandt worden war, ignorierte.

Das Wehrbezirkskommando Wien hatte in jenen Wochen alles was es an Ausbildungseinheiten und Ersatzeinheiten hatte, aber auch in Niederösterreich liegende Pioniereinheiten, im Rahmen der sogenannte Aktion „Gneisenau" in den Kampf geworfen. Dafür hatte auftragsgemäß der Chef des Stabes Oberst Bachmayer gesorgt[110]. Im Rahmen der „Aktion Leuthen" war ab 30.3.1945 von Pan-

---

[110] Josef Bachmayer (Kaschau, 11.9.1887- ?), k.u.k. Offizier, Absolvent der Kriegsschule, Generalstabsoffizier nach 1918 Bankbeamter in Salzburg, kein Dienst im Öst. Bundesheer, nach 1938 Beförderung zum Oberst i.G., nach 20.7.1944 Chef des Stabes des Stellv. Generalkommandos XVII. A.K. lebte nach 1947 in Wien, 1947/1948 Untersuchungshaft und

zereinheiten in Böhmen, Mähren und Niederösterreich ein Panzerausbildungs-Verband „Donau" in Aufstellung begriffen, der aber vor der Zangenbewegung um Wien der Ukrainischen Fronten nicht mehr in die Kämpfe um Wien eingreifen können würde. Aus Oberitalien wurde die Neuaufstellulng einer 710. Infanteriedivision zum Einsatz in „Niederdonau" erwartet.[111] Hitler hatte erst am 30.März das Zurückgehen der Heeresgruppe auf die Reichsschutzstellung genehmigt, zwei Tage nach ihrer Überwindung durch die Rote Armee. Nun, am 1.April, schickte er von der Oderfront, die er für stabil hielt, zwei Divisionen zur Verstärkung zur Heeresgruppe Süd. Der eine Grund war bereits ausgesprochen: Schutz der letzten Erdölfelder im deutschen Machtbereich, diesmal der in Niederösterreich. Ein zweiter scheint tatsächlich eher den Gedankengängen von Joseph Goebbels entsprungen zu sein und auch denen von Heinrich Himmler, nämlich das Halten der Front, um Zeit für die Einrichtung der Alpenfestung zu gewinnen, um das Auseinanderdriften der Alliierten abzuwarten oder wenigstens Zeit für Verbindungen nach dem Westen zu erhalten. Daß Hitler dann noch wenige Zeit später, die sogenannte Führer-Grenadier-Division nach Wien abdrehte, um dessen Fall hinauszuschieben, paßt durchaus ins Bild. Am 28.März hatte der alliierte Oberbefehlshaber General Eisenhower, aufgeschreckt durch Geheimdienstberichte, Stalin telegraphisch mitgeteilt, daß es sein Ziel verfolge, „auf der Linie Erfurt gegen die obere Elbe vorzugehen und dort die Russen zu erwarten. Mit der Masse seiner Streitkräfte wolle er das deutsche „Alpen-Reduit" erobern[112].

In der Nacht vom 31.3. auf den 1.4.1945 erhielt das Wehrkreiskommando unter ihrem Befehlshaber General der Infanterie Albrecht Schubert den Befehl zur Rückverlegung nach Freistadt in Oberösterreich, Zwischenstation Krems. Im Wehrkreis wurden Brünn, Olmütz und Preßburg „zu Festungen befohlen". (Die Verlegung des Wehrkreiskommandos erfolgte zwischen 2.4. und 4.4.). Am

Voruntersuchung am Landesgericht für Strafsachen wegen Vergehens gegen das Kriegsverbrechergesetz (Fragment der Aktenlage mit Zeugenaussagen unter KA, B/1418, nr. 48).

111 Dazu Georg Tessin, Verbände und Truppen der deutschen Wehrmacht und Waffen SS im 2. Weltkrieg 1939-45, 14 Bände, Osnabrück 1980 ff.

112 Toland, Finale 213 ff., 247 ff. Dort auch die massive Kritik, die jene Entscheidung Eisenhowers bei den Briten hervorrief. Der amerikanische Nachrichtendienst war auf eine Desinformationskampagne für einige Zeit hereingefallen. „Mit dem raffinierten Einsatz von Agenten und Spielmaterial ist es Goebbels gelungen, sensationelle Berichte über Stärke und Umfang der deutschen Alpenfestung in westliche Presseagenturen zu lancieren, die letztlich in der Endphase des Krieges die gesamte Strategie der Westalliierten mit bestimmt haben". Andererseits hat der Historiker Piekalkiewicz auch erforscht, daß Skorzeny (nach eigenen Angaben am 31.3.1945) von Hitler den Auftrag erhielt, ein SS-Schutzkorps Alpenland" aufzustellen. Zitat nach: Janusz Piekalkiewicz, Dr. Joseph Goebbels baut eine Festung, in: Ders., Spione Agenten Soldaten. Geheime Kommandos im Zweiten Weltkrieg, (= Fischer-Taschenbuch 2004). Frankfurt am Main 1971, S.271-287.

2. April war auch Wien zum Verteidigungsbereich erklärt worden, Dittrich hielt eine Radioansprache an die Wiener, der Volkssturm wurde einberufen. General Rudolf v. Bünau war zum Festungskommandanten ernannt worden. Er traf am 3.4.1945 in Wien ein. Noch bei General Schubert hatte sich der ganze militärische Stab der O 5 einem früheren Führerbefehl folgend zwecks Verteidigung der Heimat freiwillig für den Kampfeinsatz in Wien gemeldet. Szokoll wurde I b des Festungskommandos, I a (Erster Generalstabsoffizier, de facto Chef des Stabes) wurde der bisherige I a des Wehrkreiskommandos Major i.G. Albert Neumann und I c (Nachrichtenoffizier) Major Karl Stephani[113].

Ende März konnte Igler nach Caserta funken: „Aktion Dampfschiff durchgezogen; alles erwartet Justine". („Dampfschiff" stand für die Widerstandsbewegung, „Justine" für die Rote Armee, der Code für die USA war „Monika").[114] Da die Sowjets zwar bereits den Code der Wiener Widerstandsbewegung kannten, es aber offensichtlich aus technischen Gründen nicht möglich war, die Verbindung herzustellen, entsandte Szokoll den Oberfeldwebel Käs mit dem Fahrer Obergefreiten Johann Reif, die sich freiwillig gemeldet hatten, ins Semmeringgebiet zu Verhandlungen mit der Roten Armee. Sie konnten in der Nacht vom 2./3. April die Kampflinie überschreiten und wurden nach Hochwolkersdorf, ins Hauptquartier der 9. Gardearmee gebracht, wo deren Kommandant im Auftrag Tolbuchins mit Käs zu Verhandlungen bereit war.

Szokolls Bitten, die Wasserversorgung Wiens zu ermöglichen und auch die Westalliierten zu veranlassen, die Bombenangriffe auf Wien einzustellen, wurden zustimmend aufgenommen und es wurde schließlich auch für deren Erfüllung gesorgt. „Das Ersuchen allerdings, österreichischen Kriegsgefangenen eine andere Behandlung als den deutschen angedeihen zu lassen, blieb praktisch unbeantwortet"[115]. Weiters informierte Käs die Russen anhand von Skizzen auf einem Meldeblock über die Verteidigungsmaßnahmen Wiens und gab, wie er schreibt, Informationen und „Empfehlungen" ab[116]. Sie beinhalteten Stärkeangaben und

---

113 Dr. Karl Stephani (geb. 8.11.1916, Wien war nach dem 2. Weltkrieg Bundesbeamter und Staatssekretär für Landesverteidigung vom 15.7.1956-16.7.1959. Hellmuth Andics, 50 Jahre unseres Lebens, Österreichs Schicksal seit 1918, Wien-München Zürich 1968, S.448: Hier heißt es....verfügte Szokoll noch über die Verteidigungspläne des Festungskommandanten.... Diese Pläne hatte ihm der Hauptmann Dr. Karl Stephani gezeigt.....Warum sich Szokoll für diese Pläne so interessierte, wußte Hauptmann Stephani damals nicht. Hätte er es gewußt, so bekannte er später offen, hätte er den Major Szokoll diese Unterlagen nicht studieren lassen...."
114 Fritz Molden, Feuer, S.169.
115 Andics, 50 Jahre unseres Lebens, S. 449 f, auch mit weiteren „farbigen" Details über die Unterredungen Käs'.
116 Szokoll hatte auf einer Karte von Wien - Umgebung Abwehrstellungen und natürliche Verteidigungslinien eingezeichnet. Er hatte dazu die Empfehlung für den Angriff im Westen skizziert,

Gedanken eines Festungskriegsspiels Wien, die einen Flankenstoß von Truppen der Heeresgruppe Süd aus dem Alpenvorland in die von Süden nach Norden auf Wien angesetzten Truppen der 3. Ukrainischen Front (3 Armeen etc.) vorsahen. Gegen dieses angenommene Vorhaben wurde ein schnelles Abblocken durch russische Kräfte im Raum des Triesting- und Piesting-tales und eine Abriegelung Wiens vom Westen her durch einen Stoß nach Nordwesten ausgehend vom Raume Baden bei Wien von den „Österreichern" vorgeschlagen. Ein Einbiegen vom Westen gegen Wien, etwa durch das Wiental als schwächste Stelle in der Verteidigungsfront wäre dann vorteilhaft. Ferner wurde den Russen mitgeteilt, daß zwei Eisenbahntransporte an Verstärkungen für die Deutschen in Wien zu erwarten seien und diese rechtzeitig, etwa durch eine Armee der 2. Ukrainische Front nördlich der Donau abgefangen werden sollten[117]. Weiters wurden die Russen über die Absichten der Widerstandseinheiten informiert, etwa über das Verbringen widerstandsfreundlicher Einheiten von Stockerau nach Wien.

Mündlich wurde schließlich Käs die Absicht der Sowjets vom Westen einzugreifen zugesagt, auch die Absicht, nördlich der Donau vorzugehen. Es wurde von den Widerstandskräften die Funkverbindung mit der Roten Armee und die möglichst schnelle Besetzung und Verteidigung von Brücken, Verbindungspunkte zur roten Armee und Lotsendienste vereinbart. Die Verbindungsleute sollten

wo im Raume Hadersdorf die Volkssturm-Einheiten sowie das HJ-Bataillon aufgestellt sein würde, über deren Einsatz er, der Ib des Festungskommandos, mitbestimmen hatte können, als es am 2. April zu einer ersten Besprechung mit Offizieren des II. SS-Panzerkorps gekommen war. Auf dieser Karte wurden dann die Verbindungsstellen zwischen den österreichischen Widerstandsgruppen und der russischen Armee eingezeichnet (abgebildet in: West, Als Wien in Flammen stand, S.41; Ablichtung der Karte im Konvolut DÖW 4623).

[117] Es war Szokoll gelungen, mit Hilfe einer Widerstandszelle in der Nachrichtentruppe und mit Radiotechnikern des Senders Bisamberg die Telefonverbindungen aus dem Wehrkreiskommando abzuhorchen. Dadurch erfuhr er, daß auf der Nordbahn und der Franz-Josephs-Bahn die Truppentransporte „Bernstein" und „Diamant" Richtung „Niederdonau" zu erwarten seien. Es ist durch Zeugenaussagen nachgewiesen, daß diese Truppentransporte durch eine Brückensprengung im Raum Gmünd behindert und durch eine absichtliche Fehlinstradierung des zweiten Transports weit nach Osten, nach Südmähren, dann ins Marchfeld von Widerständlern zeitraubend gestaltet werden konnten. Der erste Transport konnte nur verzögert werden und ist am 5.April in Floridsdorf entladen, am 6.April in Wien eingesetzt worden. Bei diesen Einheiten handelte es sich um die Führer-Grenadier-Division und um die 25. Panzerdivision. Beide Divisionen waren an der Oderfront in Stellung. Hitler, der glaubte, daß die dortigen Brückenköpfe der Russen im Zaum zu halten seien, sandte gegen den heftigen Widerstand der dortigen Befehlshaber sowie des am 28. März in den Erholungsurlaub geschickten Chefs des Generalstabs des Heeres Generaloberst Guderian jene Einheiten nach der Ostmark, der niederösterreichischen Erdölfelder wegen. Er ließ sich aber bewegen, den einen Transport mit der Führer-Grenadier-Divison Richtung Wien abzuzweigen. Die 25. Panzerdivision konnte im Norden Niederösterreichs in die Kämpfe eingreifen, diese Verstärkung verhinderte aber den Marchübergang von Truppen der 2. Ukrainischen Front und den Fall von Preßburg am 4.4.1945 nicht mehr.

einen Zivilrock tragen eine weiße Armbinde, in der rechten Hand ein weißes Tuch, Losungswort „Moskau". Die auf Seiten der Aufständischen kämpfenden Soldaten in deutscher Uniform sollten (jedoch auch !) dieses Losungswort verwenden sobald sie auf russische Soldaten stießen, mit einem weißen Tuch in der rechten Hand und bei Heben der Waffe über den Kopf. Käs und Reif wurden über Soos in die Nähe der Frontlinie zwischen Baden und Alland gebracht am 4.April vormittags und es wurde ihm noch bei einem vorgeschobenen russischen Divisionsstab in Soos mitgeteilt, daß Karl Renner auf dem Weg ins Hauptquartier der 3. Ukrainischen Front sei.[118]

Sie überschritten die Front und kamen glücklich nach Wien zurück. Käs konnte Szokoll berichten, der sofort für den Abend eine Besprechung der Offiziere und Unteroffiziere im Widerstand einberief, die auch zustande kam[119]. Es wurde dort ausgemacht, daß das Zeichen der Roten Armee das den Beginn ihres Angriffs anzeigen sollte, für die nächste Zeit zu erwarten sei und dieses Signal auch der Beginn der militärischen Aktion sein sollte, Diese hatte nach wie vor zum Inhalt, daß der Festungskommandant, der baldigst vom Stadtkommando, wo er sich seit seiner Ankunft am 3.April aufhielt und von wo er baldigst in das Wehrkreiskommando übersiedeln sollte, dort überwältigt werden sollte. Er sollte gezwungen werden, einen von Szokoll konzipierten Befehl zur Einstellung der Kampfhandlungen zu unterzeichnen, die aufgrund einer Erklärung Wiens zur „offenen Stadt" durch das OKW zu erfolgen hätte. Die Teilnehmer stimmten diesem Aktionsplan zu, der für dem Kommandanten der Heeresstreife Groß Wien, Major Biedermann die Hauptaufgabe vorsah, die Besetzung des Senders Bisamberg mit der Bekanntgabe dieser Nachricht, für die weitere Aktionen, die einem Kampf gegen die SS voraussehen ließen, Besetzung von Brücken und Bahnhöfen wurden die rasch verfügbaren Einheiten in Wien und Stockerau eingeteilt. Besonders wichtig war, daß man versuchen würde, das Hauptquartier der SS am Parkring durch eine Batterie der Kroatischen Ausbildungsbrigade auszuschalten. Das Stichwort „Radetzky wurde den Offizieren und Unteroffizieren bekanntgegeben.Von den zivilen Gruppierungen wurde offenbar nur die Gruppe „Prinz Eugen" mit Signalpatronen zur Erwiderung des russischen für alle Eingeweihten klaren Angriffszeichens versehen.

---

[118] Alles nach den Aussagen von Käs in seinem ersten erhaltenen Vortragsmanuskript DÖW 6944 und seinem Aufsatz in der „Furche" (Anm. 96).

[119] Teilnehmer dieser anscheinend rein militärischen Besprechung samt einem zivilen Techniker des Senders Bisamberg werden aufgrund der Aussage von Käs von: Vogl, Widerstand im Waffenrock, S. 38, aufgezählt.

Es war also klar, so die Beurteilung des Autors, daß Szokoll trotz der Mitteilungen von Käs den Aufforderungen und Befehlen der Russen nur zum Teil zu folgen beabsichtigte, oder, was wohl ebenso der Fall war, nur mit der fiktiven und aus dem Unternehmen Walkür entlehnten Erklärung, diesmal die Ausrufung Wiens zur nicht mehr weiter Krieg führenden „offenen Stadt" ohne besonders blutigen Umsturz, die Militärs auf seiner Seite halten konnte.

Das Signal der Russen wurde erwartet, um 1 Uhr nachts am 6. April gegeben und von den Leuten des Widerstandes, von Militärs und Zivilisten, erwidert. Der russische Angriff begann im 06,30 Uhr am 6. April. Doch bei den Vorbereitung der Widerstandsbewegung war eine fundamentale Friktion eingetreten Sie machte das Vorhaben Szokolls, der eben trotz der Vorgaben der Russen als selbständig handelnde Kraft aufzutreten beabsichtigte, zunichte.

Im Zuge der Vorbereitungen hatte Major Biedermann am 5.4. – noch war die Verlegung des Personal des Wehrkreises nicht abgeschlossen – den in die Verschwörung eingebundenen Hauptfeldwebel Gass mit der Auswahl von geeigneten Männern für die von Szokoll übernommene Senderbesetzung und so weiter beauftragt und dieser wieder zog dafür einen ihm ebenso besonders geeigneten Mann, den zum Kriegsdienst zuletzt eingezogenen Maturaschulbesitzer Dr. Erich Roland heran[120]. Unter den Leuten, die dieser auswählte und informierte war ein gewisser Obergefreiter Dr. Karl Pawek, der offenbar aus Angst, in russische Gefangenschaft zu geraten, sich mit der Meldung an seinen Vorgesetzten Leutnant Hanslik wandte. Dieser aber war (der bereits in der Anmerkung 96 erwähnte) Parteigenosse seit 1932, Reserveoffizier, höhere NSKK Funktionär und in seinem Bereich auch NSO (Nationalsozialistische Führungsoffizier) und ging den in solchen „bedenklichen" Fällen vorgeschriebenen Weg. Er wollte sich nicht an den militärischen Vorgesetzten im Festungskommando, den Ersten Generalstabsoffizier (I a) Neumann wenden, wurde aber an den stellvertretenden Gauleiter Scharitzer verwiesen und dieser ging mit ihm zu Gauleiter Baldur v. Schirach und den gerade anwesenden Sepp Dittrich. Bünau bestellte Biedermann für 13 Uhr zu sich. Biedermann kam dieser Aufforderung, obwohl ihm angeblich Unheil schwante, nach. Aufgrund der Äußerungen Biedermanns leitete Bünau eine Vernehmung durch die Gestapo ein und schließlich kam es zur Einberufung eines Standgerichts beim Festungskommando. Im zweiten Teil der Tagung dieses Gerichts brach Biedermann zusammen angeblich erst nach Gegenüberstellung mit dem Unteroffizier Gass und mit Hanslik. Er legte in der Nacht vom 5. auf den 6. April, nach 24

---

[120] Dessen Angaben in einem Akt des Volksgerichtshofes (DÖW 6384 A) und in einer Zeugenschrift der Liga demokratischer Freiheitskämpfer (KA, B/2130).

Uhr, ein Geständnis ab, das auf die Abteilung I b/org hinwies und das Losungswort „Radetzky" preisgab[121].

Der Ia des Festungskommandos, Major i.G. Neumann reagierte schnell und konnte mit jenem Losungswort an der Spitze von Offizieren und Mannschaften des alarmierten und damals in Wien stationierten SS-Jagdverbandes Südost in das Wehrkreiskommando am Stubenring eindringen.

Was war inzwischen dort geschehen?[122] Szokoll hatte zu Mittag des 5.April noch einmal eine Besprechung abgehalten, in der möglicherweise Fraser den geplanten Aufruf vom Sender vorlegte und in der Szokoll einen abgestuften Aktionsplan besprach, in dem nach dem Signal der Russen über den Abschluß ihrer Bereitstellung und dem Angriffsbeginn als X-Zeit ein Zeitraum von etwa 14 Stunden angenommen wurde, bis der Widerstand in Wien der Roten Armee, die inzwischen wie geplant gegen die deutschen außerhalb und innerhalb der Verteidigungslinien der Stadt die Oberhand gewonnen hätten. Scholik und Igler sollten den zivilen Widerstandsgruppen diesen Plan nahebringen und als Koordinatoren wirken. In diesem Plan waren Erhebungen in südlichen und westlichen Vorstadtbezirken, vor allem in Favoriten und Simmering vorgesehen, die mit den noch nicht informierten Kommunisten und den Sozialisten, bei denen man mit Felix Slavik einen Verbindungsmann zu haben glaubte abgesprochen werden sollten.

Eine bedingte Vereinbarung mit einer kommunistischen Gruppe und deren Anführer „Fritz" kam erst in der Nacht zum 6.April in persönlichen Verhandlungen mit Szokoll zustande, der um diese Zeit auch mit Bumballa als dem Vorsitzenden des Siebenerausschusses verhandelt hatte. Szokoll versprach den kommunistischen Partnern die Übergabe von Waffen aus einem dem militärischen Widerstand zugänglichen Depot und deren Transport in den 2. Bezirk. Inzwischen war um ca. 01,00 Uhr des 6.April die Verständigung von Seiten der Russen durch Leuchtsignale erfolgt und wurde von der Seite der zivilen Widerstandskräfte erwidert. Die Offiziere Szokolls (Scholik, Igler, Huth) hatten aber auch etwas ganz anderes erfahren: Gegen 22 Uhr hatte sie „Ihr Mann" im Festungskommando, Leutnant Scheichelbauer, telephonisch davon verständigt, daß Biedermann von der Gestapo verhört werde. Die Offiziere baten Scheichelbau-

---

121 Diese Angaben nach den Akten des Volksgerichtsprozesses gegen Hanslik, Pawek und Roland. In diesem Prozeß wurden Hanslik und Dr. Pawek mit Urteil vom 21.11.1947 zu lebenslänglichem Kerker verurteilt. 1952 wurde dieses Urteil aufgehoben und Hanslik erhielt nur eine Kerkerstrafe wegen Denunziation, die er damals bereits abgesessen hatte.
122 Das Folgende in erster Linie nach den Erinnerungen Scholiks und dem Interview von Vogl mit Käs, weiters den Zeugenaussagen der Sekretärinnen Margarethe Netsch und Charlotte Rohrer, in: Vogl, Widerstandstand im Waffenrock (Anm. 96), S. 21-53.

er, sie auf dem Laufenden zu halten und versuchten Szokoll zu erreichen, was nicht gelang. Sie urteilten, daß gewartet werden müsse, ob Biedermann reden werde. Der Mitverschworene Leutnant Noske von der Nachrichtentruppe sollte gegebenenfalls die Aufgaben Biedermanns übernehmen. Es wurde die Verständigung der Roten Armee, für den Fall daß der Plan der Widerstandsmilitärs auffliegen würde, die Herstellung der Verteidigungsbereitschaft des ehemaligen Kriegsministeriums vorbereitet, sowie das Untertauchen aller Genannten, außer von Huth und Raschke, um der zu erwartenden Personenjagd auszuweichen.

Als Szokoll um zirka 03 Uhr zurückkehrte (nach Käs), scheint er für „Abwarten und Weitermachen" eingetreten zu sein. diktierte der Sekretärin Netsch jenen Befehl für die Erklärung Wiens zur „offenen Stadt" besprach Verbindung mit der Roten Armee (nach Netsch) und verließ wieder das Haus[123]. Er scheint sich in die Roßauer Kaserne zur Heeresstreife und zur Gruppe Prinz Eugen (Thurn und Taxis und Maasburg) begeben zu haben und versucht haben sie zu einem Eindringen in das Stadtkommando zu bewegen. Er erhielt Absagen, wobei es auch so war, daß er Thurn und Taxis nicht über Biedermanns Festsetzung unterrichtete[124]. Um etwa 4 Uhr kam die Nachricht zum Stab Szokolls, daß Biedermann zu reden beginne. Er bekam nun auch Verbindung mit Szokoll, der (so Scholik), die Maßnahmen seiner Leute billigte. Um dieselbe Zeit kam Raschke vom Festungskommando zurück und bestätigte jene Mitteilungen. Käs suchte daraufhin Szokoll mit einem Krad (Motorrad), fand ihn nicht, kehrte zurück und wartete, bis Szokoll um ca. 5,30 Uhr eintraf. Nun befahl Szokoll, wohl den Vorbereitungen seines Stabes folgend, die Verteidigungsbereitschaft des Wehrkreiskommandos sowie die Auswechslung der dortigen Wache mit Raschke als

---

[123] Abbildung bei Otto Molden, Ruf des Gewissens, S. 225 f.; der Befehl ist mit 6.4.1945 datiert und enthält auch die unrealistische Weisung unter Ziffer 2, daß sich die 6. SS-Panzerarmee auf die Linie St. Andrä–Wördern, Mauerbach, Pressbaum, Alland zurückzuziehen habe. Der Befehl dürfte also spätestens am 3.April konzipiert worden sein.

[124] KA, NLS, sign. B/1637, Nr. 4 (leider nur sehr kurzes Interview des Autors mit Willy Thurn und Taxis, 20.7.1995); siehe diesbezüglich auch die Serie : Wer erschoß Leutnant Barth? in: Deutsche Wochen - Zeitung, 4 Fortsetzungen von 4.2.-20.2.1971. (ÖSTA, Bibliothek, sign. Brosch. 1401). Der Verfasser ist fast sicher der Kriegsberichterstatter bei Einheiten der Waffen-SS Erich Kern (Pseudonym für Erich Knud Kernmayer), der Herausgeber jener Zeitung (in neonazistischem Geist, der Autor vorliegender Studie). Kerns Romane zu unserem Thema: Die letzte Schlacht. Ungarn 1944 - 45, Starnberg 1960; vor allem aber: Die Uhr blieb stehen. 1. Auflage Wels 1953, 3. Auflage Wels und Starnberg 1961. Wegen Herabsetzung des Widerstandes („Gosse", „Widerstandsbluttat" usw.) wurde die erste Auflage in Österreich beschlagnahmt. Ihre Lektüre mag dazu beigetragen haben, daß eine Abordnung der Gendarmerie bei Bundesminister für Inneres Oskar Helmer gegen die Beschimpfungen ihres Kameraden Ferdinand Käs protestierte, wie aus Zeitungsmeldungen hervorgeht. Helmer identifizierte sich laut Pressemeldungen mit der Geisteshaltung dieses Widerstandskämpfers und trat für ihn ein.

Kampfkommandant und die möglichst schnelle Besetzung des Senders Bisamberg durch die Kradmelder des Wehrkreiskommandos unter Hauptmann Huth. Sie sollte aber noch vorher bei der Bereitstellung der Waffen für die Kommunisten helfen. Raschke sollte alle Personen mit dem Kennwort „Gneisenau", die ins Gebäude kommen würden, sofort verhaften. Käs sollte die Kampfgruppe der Kroatischen Brigade, die bereits im Arsenal eingetroffen war, dafür gewinnen, den Militärs im Wehrkreiskommando zu Hilfe zu kommen. Im Auftrag Szokolls sollte der Gefreite Reif an zwei Verbindungspunkten die Russen verständigen, was nach dessen Erzählung an Käs auch geschehen ist. Scholik und Igler verließen um die gleiche Zeit, etwa 5,30 Uhr das Gebäude zu ihren Ausweichquartieren, also um „unterzutauchen". Dies war für Scholik seine Wohnung. Auch Szokoll verließ das Gebäude und alarmierte nochmals die Gruppe Prinz Eugen. Doch etwa 20 Minuten nach dem Abgang dieser Persönlichkeiten wurde unter dem Kennwort „Radetzky" wie oben geschildert, das Gebäude besetzt und die beiden anwesenden Offiziere Huth und Raschke verhaftet.

Diesmal war Thurn und Taxis bereit zu helfen. Zimmer-Lehmann wurde auf Erkundung ausgeschickt, gelangte nach 8 Uhr unter einem Vorwand nach Passierung einer SS-Wache ins Gebäude und Thurn-Taxis fuhr sogar mit einem Panzerfahrzeug vor, aber beide erkannten die Aussichtslosigkeit einer Aktion mit ihren Leuten. Dasselbe war bei Lt. Herbert Nossek von der Nachrichtentruppe beziehungsweise dem Stab Bünaus der Fall, der gemäß einer plötzlichen Idee Szokolls am 5. April eine Festnahme des Baldur v. Schirach mit einer militärischen Widerstandsgruppe hätte versuchen sollen, bevor Schirach sich in die adaptierten Kelleranlagen der Wiener Hofburg zurückzog.[125] Ebenso sollte nun in den Morgenstunden des 6. April die in der Artillerie-Kaserne am Rennweg zum Einsatz bereitstehende Batterie der Kroatischen Ausbildungsbrigade unter Oberleutnant Walter Kraus gegen das Stubenring-Gebäude zum Einsatz geholt werden. Sie wurde aber noch am Ring von der SS aufgehalten und abgeleitet. Kraus selbst konnte sich schließlich ins Palais Auersperg retten und war später in der Liga demokratischer Freiheitskämpfer aktiv. An diesem Tage passierte es auch, daß zwei „Gruppen" nämlich Käs alleine und Maasburg mit dem Angehörigen des zivilen Widerstandes, dem mehrmals verwundeten ehemaligen Leutnant Dkfm. Dr. Walter Barth, den Major Szokoll in der Wohnung von Georg Fraser suchten, im dunklen Hausflur aufeinanderstießen und Käs den Walter Barth irrtümlich erschoß noch bevor Maasburg eingreifen konnte[126].

---

125 Vogl, Widerstand im Waffenrock, S.54 ff.
126 Anm. 124. In dem dort zitierten Zeitungsartikel auch die Lebensdaten des Dkfm. Dr. Walter Barth.

Käs überstand den gescheiterten Versuch einer planvollen Leitung des „militärischen" Widerstandes, wenn man nicht – was man aber tun sollte – die vorgesehen Desertion und Flucht vieler Volkssturmangehörigen, Angehörigen von Luftwaffenfeldeinheiten, von Ausbildungs- und Ersatzeinheiten im Westen Wiens zu dieser „Operation Radetzky" dazuzählen wollte. Sie führte dazu, daß am 7.4. bereits der Gürtel verteidigt werden mußte – und dies durch die als Verstärkung eingetroffene Führer-Grenadier-Division. Sowohl das Festungskommando als auch der Befehlshaber der 6. SS-Panzerarmee unterstellte General Bünau dem Kommandeur des II. SS. Panzerkorps General Bittrich. Meldungen nach Berlin, daß Wien revoltiere und nicht zu halten sei, basierten auf weit übertriebenen Vorstellungen von der Stärke des Widerstandes in Wien aber auch auf Erfahrungen der Kämpfer auf deutscher Seite mit Schüssen aus dem Hinterhalt, lokalen Revolten, Verweigerungen, Drohungen und so weiter. Meldungen bewirkten Wutanfällen und ein scharfe Telegramm Hitlers[127]. Sehr bald, am 7. April, flüchtete auch bereits Baldur v. Schirach aus Wien und nahm einen Großteil der Wiener Feuerwehr mit. Die zurückgebliebenen oder auch freiwillig zurückkehrenden Feuerwehrleute begingen in Wien anläßlich der ausbrechenden Brände fast Wunderwerke der Einsatzbereitschaft und Tapferkeit.

Rudolf von Bünau wurde erst am 13. April zum Kampfkommandanten von Wien ernannt, als die Kämpfe im Stadtgebiet fast abgeschlossen waren. Die Russen hatten nicht gemäß den Empfehlungen Szokolls mehr Truppen über ein verstärktes „Mechanisiertes Korps" hinaus zum vorrücken durch das Wiental angesetzt, sondern je eine Armee von Klosterneuburg her und auch vom Südosten her entlang der Donau: dort als Hauptstoß. Die Geländeverhältnisse hätten auch schwer etwas anderes als diese Zangenbewegung und den Stoß aus Süden erlaubt. Die Zange sollte geschlossen werden, als ab 6.4. eine ganze Armee von Haslau und Hainburg aus über die Donau gebracht wurde. Die Einschließung gelang nicht, erst am 15. April fiel das Schlupfloch Bisamberg der aus Wien zuletzt über die Floridsdorfer Brücke abfließenden Nachhuten der Deutschen in die Hände der Roten Armee: Die Waffen-SS- hatte um ihr Leben, die Heimkehr und die Vermeidung der russischen Gefangenschaft oder Liquidierung gekämpft. Ein HJ-Volkssturm-Bataillon, das im Westen eingesetzt war, hatte sie im Gedanken an Großdeutschland tatkräftig und fanatisch unterstützt[128]. Dem Ver-

---

127 Siehe etwa: Vogl, Widerstand im Waffenrock, S.46, Anm. 1 und Rauchensteiner, Wien, S.104 u. S. 106, Anmerkungen: „Gegen die Aufständischen in Wien mit den brutalsten Mitteln vorgehen. Hitler."
128 Dazu: Fred Borth, Nicht zu jung zum Sterben. Die „Hitler-Jugend" im Kampf um Wien, Wien-München 1988; Ralf Roland Ringler, Illusion einer Jugend. Lieder, Fahnen und das bittere Ende. Hitler-Jugend in Österreich. Ein Erlebnisbericht, St.Pölten - Wien 1977, S.155 ff.

nehmen nach hat die SS noch am 6. April in der Roßauerkaserne Erschießungen an „österreichischen" Militärpersonen durchgeführt und die Heeresstreife einem SS-Offizier unterstellt. Ab 12. April wurde in Wien die deutsche Militärverwaltung durch eine russische Stadtkommandantur ersetzt.

Vom Stab Szokolls waren also Scholik, Igler und dann auch Käs entkommen. Er selbst rief nach 8 Uhr in seinem Dienstzimmer an, bekam seine gerade erst wieder in den Dienst gekommene Sekretärin Charlotte Rohrer an den Apparat, doch diese konnte ihn, indem sie ihn als Frau ansprach, zu verstehen geben, daß sie überwacht würde. Damit wußte er genug. Er verschwand, offenbar abwechselnd zu zwei Widerstandsgruppen, und zwar solchen die erst spät, anfangs 1945 zustandegekommen waren, den Gruppen „Kampfgruppenkommando I – Freies Österreich" unter Ralph Svetlik und „Adlon" unter Dr. Erich Rubak, beide mit Sitz in der Köstlergasse. Szokoll hat nicht, wie er in seinen späteren Stellungnahmen und Büchern erzählte, ohne Erfolg versucht, Hilfe bei den Russen zu holen: bei diesen ist er erst einige Tage später erschienen. Dies ist eine der vielen bei dem älteren Szokoll so oft vorkommenden Dramatisierungen.

In der Quelle des „O 5 Tagebuchs" das bis 10.4. reicht, heißt es[129]:

> „Major Szokoll with sergeant Nietsche tried to establish connection with the Russian forces by radio…The men of the O 5 had also to hide, because SS was out to arrest them. In consequence of the many arrests the connection between the military and civilian part of the Resistance Movement was interrupted from time to time. Some of the assault centres were taken by the Gestapo, so for instance the Nibelungengasse and the motorpark of Engeneer Denzel, and so the connection to the different groups had to be established."

In den kommenden Tagen erschien er dann wieder bei der Zentrale der Widerstandsgruppen, die sich zunächst am Schmerlingplatz befand und dann am 7. oder 8. April von jenem Sturmlokal aus ins Palais Auersperg übersiedelte. Jene drei Lokalitäten wurden damals „Festungsdreieck" genannt[130]. Ihr Feind war nunmehr zunächst nicht nur die Waffen-SS, sondern auch die Gestapo, bei der Kriminalrat Sanitzer mit der schleunigsten Aufklärung der Zusammenarbeit zwischen deutschem Militär und der Roten Armee beauftragt worden war.

Die drei Häftlinge aber ereilte ein trauriges und tragisches Schicksal derjenigen, die nach Meinung des Autors „den rechten Kampf" gekämpft hatten. Otto Skorzeny hatte nach seinem Einsatz in dem Unternehmen „Greif" während der Ardennenoffensive einen neuen Auftrag, nämlich die Zusammenstellung eines

---

129 KA, NLS, sign. B/1226 („Kriegstagebuch"), nr. 347, S.6.
130 Otto Molden, Ruf des Gewissens, 3. Auflage, 247.

Kampfverbandes für die „Alpenfestung" erhalten und war dafür höchstwahrscheinlich mit den gleichen weitestgehenden Vollmachten ausgestattet wie bei seinem vergangenen Unternehmen[131]. Er kam dem Auftrag von Berlin am 7.April morgens wegfahrend und bei der Heeresgruppe Mitte konferierend nach. Er wollte offenbar die von ihm aufgestellten „Jagdverbände" für jenen Zweck sozusagen einsammeln[132]. In Wien hatte er noch für Mutter zu sorgen, und stellte fest, daß eine seiner Formationen bereits nach Krems abgezogen, die andere aber offenbar bei dem Fall „Biedermann" usw. beschäftigt war[133]. Er konnte Schirach nicht mehr sprechen, der bereits ein Quartier am nördlichsten Stadtrand hatte und erfuhr von Sanitzer daß die drei Gefangen vom Morzinplatz infolge der Annäherung der Russen an den Franz-Josefs-Kai nach Wien-Strebersdorf gebracht worden waren. Skorzeny ging zu den in einer Schule, dem behelfsmäßigen Gestapohauptquartier, untergebrachten Gefangenen. Dort suchte Skorzeny diese drei Persönlichkeiten auf, riß ihnen die Schulterstücke herunter, beschimpfte sie und schlug ihnen vielleicht auch ins Gesicht. Er verlangte von Sanitzer ihre Justifizierung. und die Sippenhaftung. Dem war die Gestapo durch Verhaftung von Frau Biedermann bereits zuvorgekommen und kam ihr dann durch die Inhaftierung von Christl Kukula nach. Dies wurde möglich, da Sanitzer nochmals Verhöre der beiden einzigen Persönlichkeiten, die ihm als Auskunftspersonen zur Verfügung standen, der Sekretärinnen Netsch und Rohrer, ab der Nacht vom 7. auf den 8.April ansetzte und durchführte, wobei Charlotte Rohrer, den Aussagen Netschs nach, schließlich die Wohnung Szokolls, nämlich die seiner Lebensgefährtin Christl Kukula und ihrer Eltern, preisgab.[134]

---

[131] Janusz Piekalkiewicz, Unternehmen Greif, in: Ders. Spione, Agenten Soldaten.....S.248-270.

[132] Bunte Woche, 17.2.1963, S. II:„Skorzeny ist ohne Rücksicht auf den Dienstrang von allen Wehrmachts- und SS-Angehörigen Folge zu leisten. Seine Anordnungen gelten als ob sie von mir erteilt worden wären. Adolf Hitler."

[133] Zu den Jagdverbänden vgl. vor allem: Horst Voigt, Die „verlornen Haufen". Sondertruppen zur Frontbewährung im 2. Weltkrieg. Ein Beitrag zu ihrer Geschichte, Teile IV, V, VI, VII: die SS-Sturmtruppen, in den Deutschen Soldatenjahrbüchern der Jahrgänge 1983, 1984, 1985, 1986. Siehe auch das Material „Uwe Lang" im Nachlaß Skorzeny im ÖSTA, Kriegsarchiv. Demnach hat Skorzeny im Spätherbst 1944 sieben Jagdverbände: Mitte, Ost, Südost, Süd, West, Nordwest, und „Jagdeinsatz „Donau" aufgestellt. In Wien waren zu dieser Zeit der Jagdverband Südost und der „Jagdeinsatz Donau" nach Skorzenys Memoiren, Wir Kämpften – wir verloren, 2. Aufl. Königswinter 1973, S. 200. In einem Aktenvermerk zu dem Verfahren von 1961 gegen Skorzeny (dessen Nachlaß) wird festgestellt, daß die Angeklagten in den Volksgerichtsverfahren von 1947 bzw. 1948, Johann Sanitzer und Dr. Viktor Sigl angaben, ihre Aussagen von damals, Skorzeny habe sie zur „Ermordung" von Biedermann Huth und Raschke aufgefordert, eine „Übertreibung" gewesen sein. Diese Aussagen sind aber auch im Verfahren gegen den „Henker" Kleedorfer gemacht worden (DÖW 5932).

[134] Zeugenschrifttum dieser beiden Persönlichkeiten anläßlich der Verhaftung der Persönlichkeiten des Stabes Szokoll durch die Russen ex 1945 in DÖW 4623. Siehe auch den Bericht Christl Kukulas im Kapitel „Christl, der Lockvogl", in: Szokoll, Die Rettung Wiens 1945, S. 340 ff.

Schon am Morgen des 8.4. ist dann ein Standgericht der Sicherheitspolizei Wien, bestehend aus SS-Offizieren in Strebersdorf zusammengetreten. Mit Huth und Raschke, wurde sehr kurzer Prozeß. Nach je einer Anhörung wurden sie zum Tod durch den Strang und Aberkennung der bürgerlichen Ehrenrechte verurteilte[135]. Das Urteil wurde am Nachmittag des 8.April mit einem der Gestapo zugeteilten SS-Unterscharführer als Henker und italienischen Fremdarbeitern als dessen Helfer vollstreckt: unter abstoßenden und qualvollen Begleitumständen, wie mehrere Augenzeugen aus dem Publikum berichteten.[136]

Die von Rohrer unter Mißhandlungen erpreßte Aussage hatte zur Folge, daß nochmals am 8.April vormittags in der Kundmanngasse, dem Wohnhaus der Familie Kukula im dritten Wiener Gemeindebezirk nachgeforscht wurde. Unter besonders dramatischen Umständen, die der zufällig einem SS-Leutnant in die Hände gefallene Presseoffizier des Wehrkreiskommandos und frühere österreichische Staatsanwalt in Leoben, nunmehr Hauptmann Dr. Otto Lachmayer in seinen ungedruckten Memoiren schilderte. Die Aktion blieb erfolglos und konnte auch nicht wiederholt werden[137]. Skorzeny fuhr an jenem Tag nach Jaid-

---

[135] Das Urteil vom 6.4.1945 in der Strafsache gegen Biedermann ist abgedruckt bei Ludwig Jedlicka, Dokumente zur Geschichte der Ereignisse um Wien im April 1945, in: Österreich in Geschichte und Literatur, Jg. 1961, S. 127-130. Die in den Akten des DÖW aufgestellte Behauptung, Huth und Raschke seien von jenem Gericht freigesprochen" worden ist wohl so zu interpretieren, daß jene Verfahren gar nicht eröffnet worden sind. Auch bei Biedermann wurde jenes Urteil zunächst nicht vollstreckt, weil man angeblich ihn noch als Zeugen anzuführen gedachte. Die Urteile gegen Huth und Raschke sind in Verhandlungsschriften eines Sondergerichts des Kommandeurs der Ordnungspolizei Wien vom 8.4.1945 eingebunden. Richter und Beisitzer waren SS-Offiziere, der Ankläger war ein Sekretär der Feldpolizei. Siehe diese Niederschriften in: DÖW 4623.

[136] Mehrere Augenzeugenberichte im Akt des Verfahrens gegen Kleedorfer vor dem Volksgerichtshof: DÖW 5932 (dort sind auch spätere Leserbriefe mit Augenzeugenberichten über die Hinrichtungen beigelegt).

[137] KA., NLS, B/662, nr. 2: Otto Lachmayr, Und dies alles in nur einem Leben (Ein Memoirenbuch), 1. Band, S. 392 f.: Darauf forderte er, der mein Soldbuch behalten und mir auch die Dienstpistole abgenommen hatte, mich auf, ihn in das gegenüberliegende Haus zu begleiten. Seine Männer hatten das Haus mittlerweile umstellt, während Gareis mit seinem Wagen auf der Straße blieb und den Verlauf des weiteren Geschehens abwartete. Im Hause nahm der Oberleutnant eine Vernehmung der verstört wirkenden Hausmeisterin vor, die bestätigte, daß Sokol in diesem Hause wohne und nach ihrer Meinung sich im Augenblicke auch im Hause aufhalte. Der Oberleutnant ließ sich die genaue Lage der Wohnung beschreiben und forderte mich auf, mich in diese Wohnung zu begeben und nach Szokoll zu fragen. Ich leistete mit geradezu fatalistischen Gefühlen dieser Aufforderung Folge. Ich persönlich hatte mit Szokoll nur wenige förmliche Worte in meinem Leben gewechselt, was sich schon aus dem Umstande ergeben haben mag, daß ich um einiges älter war als er, und es ihn gestört haben mochte, daß ich als Älterer ihm, dem infolge seiner Berufslaufbahn Ranghöheren, die Ehrenbezeigung zu leisten hatte. Über den Standort unserer Gesinnungen hatten wir niemals auch nur je ein Wort gewechselt. Wir wußten aber sicher beide davon, daß unsere Standpunkte verwandt seien. Wie wird also Szokoll mein plötzliches Erscheinen deuten? Ich verwechselte absichtlich das Stockwerk, läutete an der Wohnungstür unterhalb der angegebenen Wohnung wiederholt vergeblich

hof ins Kampftal und inspizierte dort eine Einheit seiner Jagdverbände, dann kehrte er in den Wiener Raum zurück.

Darüber schrieb David Irving[138]:

> Von dort berichtete SS-Obersturmbannführer Skorzeny..., daß den Panzern der Sprit ausgehe, während fliehende Luftwaffeneinheiten „Mädchen und Möbel" auf ihr Lastwagen lüden. „Energische und klare SS-Führer könnten, mit Sondervollmachten ausgestattet weitere Auflösungserscheinungen verhindern – er selbst habe soeben veranlaßt, daß „drei Verräteroffiziere „auf der Floridsdorfer Brücke gehängt werden".

---

an. Mit diesem negativen Ergebnis kehrte ich zu dem Oberleutnant zurück, der eine mehrmalige peinliche Befragung der Hausmeisterin vornahm. Sie blieb dabei, daß Szokoll im Hause sei. Nun stellte der Oberleutnant eine Patrouille zusammen, mich voran, rechts und links vorn eine SS-Charge, er mit zwei weiteren Soldaten hinter mir. Nun vor der richtigen Wohnung mußte ich anläuten, worauf nach einigem Zögern die Wohnungstür sich öffnete und bei der Wohnungstür ein Herr erschien in Begleitung seiner sichtlich sehr aufgeregten Frau und einer kleinen älteren Dame, die er als Schwiegermutter vorstellte. Der Oberleutnant frage, ob Szokoll daheim wäre und nach der Verneinung dieser Frage erklärte er, eine Hausdurchsuchung vornehmen zu müssen. Bei dieser Gelegenheit merkte man die Unerfahrenheit dieses jungen die Bedeutung seiner Aufgabe bewußt genießenden Offiziers. Er besichtigte die Garderobe des Majors, soweit sie im Vorzimmer hing, und beschlagnahmte sie mit der genüßlichen Bemerkung, daß sie die Haussammlung des Winterhilfswerkes bereichern werde. In Szokolls Zimmer fand er einige Landkarten, anscheinend bedeutungsloser Art und einige Aufzeichnungen. Dann ging er daran, über seine Tätigkeit eine Niederschrift abzufassen, wo sich so recht seine ganze Unerfahrenheit und Hilflosigkeit zeigte. Nun glaubte ich ihm helfen zu müsse. Ich legte ihm also ein Hausdurchsuchungsprotokoll hin, das alle zünftigen Finessen besaß, das ihn in Begeisterung versetzte. Dieser Hilfe dürfte ich es zu verdanken gehabt haben, daß er mir nach Beendigung des Protokolls Soldbuch und Pistole aushändigte und mich entließ. Ich bin außerstande die Skala meiner Gefühle und Gedanken wiederzugeben, die ich in diesen 90 Minuten durchlebt hatte, von dem Augenblick angefangen, da die Wohnungsglocke schrillte und die Tür sich zögernd öffnete ! Was wird meine Anwesenheit auf Szokoll für eine Wirkung haben? Wird er in mir jenen Verräter erblicken, der die Schächter zu dem verratenen Christus geführt hat? Wird es ihm gelingen sich zu verstecken und wird er der Exekution dieses Urteiles entgehen, das über ihn, den Mutigen, der sich zur Rettung der österreichischen Heimat an die Spitze einer erfolgreichen Widerstandsgruppe gestellt hatte, gefällt wurde? Ich bin heute noch überzeugt, daß die alte als Schwiegermutter vorgestellte Dame der durch seine Kleinheit bekannte und verkleidete Szokoll gewesen ist. Dem unerfahrenen Oberleutnant ist es gottlob nicht eingefallen, die vorgestellten Hausgenossen durch die Hausmeisterin zu überprüfen. All diesen spannungsgeladenen Gedanken habe ich eine schicksalsergebene Gleichgültigkeit gegenübergesetzt, erfüllt von den Worten des Vaterunsers: Dein Wille geschehe !
Otto Lachmayer (Göllersdorf, Niederösterreich, 8.6.1896 - ?), Oberleutnant in der Reserve in der k.u.k. Armee, Infanterie, im Ersten Weltkrieg, Dr. jur. Universität Wien, 1934 Staatsanwalt in Leoben, 1938 gemaßregelt, 1939 bis 1945 Kriegsdienst, zuletzt als Hauptmann d.R. im Wehrkreis XVII, 10.4.1945 am Weg zu Theodor Körner auf der Kärntnerstraße verhaftet und in die Sowjetunion verschleppt, 4.6.1955 Rückkehr aus der Kriegsgefangenschaft bzw. der Zwangsarbeit in der Sowjetunion, 30.11.1955 Vorsitzender Rat beim Oberlandesgericht Wien, Präsident des Oberlandesgerichts Graz. 31.12.1966 Ruhestand.
[138] David Irving, Hitlers Krieg. Götterdämmerung 1942-1945, München - Berlin 1986, S. 431 f.

Noch am 8. April wurde Szokoll von einem Mitglied Widerstandsgruppe Kampfverband I das erste Mal ins Palais Auersperg gebracht. In der Nacht vom 9. auf den 10. April verließ General Bünau das Gebäude am Stubenring und der Donaukanal wurde Frontlinie.

Die am 7. April im Sturmlokal am Schmerlingplatz wieder zusammengetretene Spitze der zivilen militanten Widerstandsbewegungen wurde in diesen Tagen über die Kämpfe vor allem im Süden Wiens durch Angehörige der Gruppe Gustav Weihs-Tihany-Mainprugg informiert, vor allem auch durch Franz Suppan-Wertheimer. Diese Gruppe verrichtete unermüdlich Lotsendienste für die vorgehenden Panzer- und Infanterieeinheiten der Roten Armee und gab an die Leitung der Widerständler Skizzen mit dem Stand der Dinge weiter. In der Nacht vom 9. auf den 10. April war es dann soweit. Ludwig Jedlicka mit seinen Leuten konnte am linken hinteren Turm des Rathauses eine rot-weiß-rote Fahne hissen und dann das „Gauhaus" (Parlament) besetzen, Eidlitz wagte sich mit seinen Leuten ins Gestapo-Hauptquartier am Morzinplatz, das Polizeipräsidium am Schottenring wurde besetzt und Gamota gelang es, am Turm des Stefansdomes ebenfalls eine rot-weiß-rote Fahne weithin sichtbar anzubringen. Sie rettet leider nicht den Dom vor Funkenflug und Brand. Von den Donaukanalbrücken des 9., 1. und 3. Bezirks konnte wenigstens die Augartenbrücke vor einer totalen Sprengung bewahrt werden: von einer Kampfgruppe unter Hauptmann Rothmeyer, die dafür bestimmt gewesen war. Am 9. März wurde noch durch Leutnant Scheichelbauer telefonisch das Palais Auersperg über letzte Pläne des Festungskommandos informiert. Und nun, am 10. April, entschloß sich Szokoll zu einer Fühlungnahme mit einem höheren Kommando der Roten Armee, wahrscheinlich dem des 9. Garde-Mech.-Korps, die in dessen Gefechtsstand, einem Jagdhaus bei Gablitz zustande kam. Er wurde dort zunächst als „Verräter" behandelt, dann aber aufgenommen und angenommen und zurückgeführt, wobei es, wie Szokoll mehrmals berichtet, zu einem Unfall bei einer gesprengten Wienflußbrücke kam, den Szokoll und seine Begleiter knapp überlebten[139].

---

[139] Szokoll hat in seiner Autobiographie und dem Fernsehfilm jenen Besuch bei dem Korpskommando der Roten Armee auf den 6. April datiert, vorher aber, in seinem Bericht an den Bundespräsidenten und in frühen Interviews (z.B. Toland) das richtige auch von anderen Zeugen genannte Datum erwähnt. Es dürfte sich nicht um eine Gedächtnislücke handeln, sondern um einen Versuch, der Anschuldigung zu entgehen,, er hätte Huth und Raschke im Stich gelassen oder durch seine Handlungsweise ihre vorhersehbare Verhaftung geschehen lassen. Jenen Ansichten kann der Autor dieser Studie nicht beipflichten.

Am 16. April begann die sowjetische Großoffensive an Oder und Neiße, die am 2. Mai zum Abschluß der Eroberung von Berlin führte. Erst am 18. April wurde der deutsche Widerstand im Ruhrkessel eingestellt. Am 30. April bereits, dem Todestag Hitlers, war die sogenannte „Gruppe Ulbricht" von Moskau nach Berlin eingeflogen worden. Am 7. Mai erfolgte in Reims die bedingungslose Kapitulation der Deutschen Wehrmacht. Sie wurde am 9. Mai in Berlin-Karlshorst wiederholt.

Der Präsident der tschechoslowakischen Exilregierung in London Edvard Beneš besuchte vom 18. März bis 23. März Moskau, am 5. Mai brach der Prager Aufstand von Nationalisten und Kommunisten los, am 16. Mai kehrte Beneš nach Prag zurück, doch der nicht-kommunistische Außenminister Jan Masaryk, der Sohn des Staatsgründers, kehrte erst am 30. Juli aus dem Exil zurück und übernahm das Außenministerium. Amerikanische Truppen hatten erst am 2. Mai den äußersten westlichen Zipfel Tschechiens, die Stadt Aš (Asch), erreicht, die Rote Armee zog am 9. Mai in Prag ein.

Marschall Tito besuchte seit dem 5. April Moskau und am 11. April wurde dort der Abschluß eines Freundschafts- und Bündnisvertrages zwischen der UdSSR und Jugoslawien bekanntgegeben. Die Truppen Titos hatten am 8. Mai Kärnten erreicht, bei der Besetzung Klagenfurts war ihnen jedoch die 8. britische Armee zuvorgekommen. Die jugoslawischen Einheiten mußten sich auf Druck der Briten aus Kärnten zurückziehen. Graz war aber am 9. Mai von der Roten Armee besetzt worden. Am 2. Mai war der Aufstand der Widerstandsbewegung 0 5 in Innsbruck erfolgreich, die Amerikaner rückten erst am nächsten Tag dort ein und anerkannten am 3. Mai die provisorische Landesregierung unter Dr. Karl Gruber[140].

Am 13. April 1945 berichtete der Moskauer Rundfunk über den Kampf um Wien in deutscher Sprache wie folgt[141]:

> Die Bevölkerung Wiens und anderer Teile Österreichs hat der roten Armee Unterstützung gewährt und die Deutschen daran gehindert, die Kämpfe zum Stehen zu bringen. Indem sie bei der Befreiung der Stadt also mitgeholfen haben, haben sie sich das große Verdienst erworben kulturelle Denkmäler sowie lebenswichtige Einrichtungen gerettet zu haben; was aber wohl das Bedeutendste ist, sie haben die Ehre der österreichischen Nation gerettet".

---

[140] Michael Gehler, Anpassung, Mittun, Resistenz und Widerstand. Charakteristika, Probleme und Ambivalenzen von Oppositionsverhalten am Beispiel des Karl Gruber 1934-1945, in: DÖW - Jahrbuch 2002, S.69-87.
[141] Alfred Kasamas, Österreichische Chronik, Wien 1949, S.667.

Major Carl Szokoll scheint ab dem 13. April als offenbar vom sowjetischen Stadtkommandanten eingesetzter und im Rathaus amtierender Kommandant einer Hilfspolizei auf[142]. In Schriftstücken des Dr. Sobek, der ab 16. April im Gebäude des Bundeskanzleramtes amtierte und dorthin Beamte zum Dienst einberief, wird Szokoll als „Stadtkommandant von Wien" angesprochen. Am 16.4. den Quellen nach wurde Szokoll von der russischen Militärpolizei verhaftet, verschleppt und wochenlang verhört. Dies geschah nicht nur ihm sondern den Quellen nach auch den Widerstandskämpfern Maasburg und Sobek, während Thurn und Taxis sowie laut diesem auch Igler sich der Festnahme durch zum Teil waghalsige Flucht entziehen konnten. Bumballa zum Beispiel wurde nicht verhaftet, sondern Unterstaatssekretär des Innern in der am 27. April gebildeten und von den Sowjets anerkannten Provisorischen Staatsregierung Dr. Renner[143]. Am 23. April hatte der russische Stadtkommandant durch Befehl Nr. 4 den Siebener-Ausschuß aufgelöst, mit: „Habt Dank". Szokoll wurde irgendwann im Mai von der Anklage, „amerikanischer Spion" zu sein, freigesprochen, aber sofort neuerlich inhaftiert, nunmehr als Kriegsgefangener, und in ein Offizierslager in Kaiser-Ebersdorf transportiert. Er konnte von dort während einer Außenarbeit entfliehen[144].

Entweder lebte er sodann als U-Boot und wurde erst Ende Oktober, wie auch Hans Becker, von der Wiener Staatspolizei neuerlich verhaftet. „Szokoll war angeklagt, in Zusammenarbeit mit Wolfgang Igler, Johannes Eidlitz und Bruno Schmitz...die militanten Widerstandsgruppen wieder zusammenfassen zu wollen und letztlich....auf eine Beseitigung der prov. Staatsregierung mit Hilfe der westlichen Alliierten' abzuzielen.[145]" Aus dem vom Innenministerium weiter verwendeten „Gaupersonalakt" geht hervor, daß mit dieser Begründung damals auch nach Bruno Schmitz gesucht wurde, der sich allerdings nicht im sowjeti-

---

[142] Alles vor allem nach den Akten in einem Konvolut aus dem Nachlaß oder der Donation Sobeks, (DÖW 7936), sowie den Memoiren Szokolls. Über die Wiener Polizei dieser Zeit informiert: Gerald Theimer, Die Wiener Staatspolizei in den Jahren 1945-1947, Wiener Dissertation 1995, hier S. 23 ff. Demnach wurde der (1.) Polizeipräsident Wiens der Straßenbahner und Kommunist Rudolf Hautmann. Als (erster) Vizepräsident fungierte allerdings der (bürgerliche) bei Otto Molden, Ruf des Wissens, mehrmals genannte Widerstandskämpfer Dr. Hüttl, ehemals Polizeihauptmann.
[143] Über Renner nunmehr: Walter Rauscher, Karl Renner. Ein österreichischer Mythos, Wien 1995, S. 310 ff.; Manfried Rauchensteiner, „Lieber Genosse Stalin", in: Die Presse, spectrum, 23.4.2005, S. I f.
[144] Diese Studie wäre überfrachtet, würde noch auf die interessante Geschichte des Staatssekretariats für Heerwesen in der Staatskanzlei 1945 eingegangen werden. Dazu gibt es mit den Nachlässen Heydendorff und Winterer im AdR, im KA. bzw. im DÖW. neues Material. Siehe bis dahin: Hans Michael Roithner, Österreichische Wehrpolitik zwischen 1945 und 1955. Hausarbeit zur Erlangung des Lehramts für Höhere Schulen aus Geschichte und Sozialkunde, Wien 1974, 178 Seiten Maschinschrift.
[145] Gotschim-Jauk, Becker, S. 267 ff.

schen Machtbereich befand. Szokoll weist in seinem Memoiren und dem auto-biographischen Roman diese Anschuldigungen zurück. Am 16.März 1946 wurde Szokoll freigelassen und im Herbst dieses Jahres bestätigte ihm das Innenministerium ein Widerstandskämpfer gewesen zu sein. Er wurde Filmschaffender und erhielt nach 1989 ein russische Medaille als Opfer des Stalinismus.

Alphons Stillfried gründete 1945 die „Liga demokratischer Freiheitskämpfer“, eine Vereinigung, die 1946, angeblich wegen Mitgliedern, die des Faschismus beschuldigt wurden, vom Innenministerium untersagt wurde. Eines der Verdienste dieser Gruppierung, die also in den nunmehr beginnenden Kampf in der Innenpolitik hineingezogen worden war, ist unbedingt die Herausgabe einer Publikation gewesen:

Gerechtigkeit für Österreich **Rot-Weiss-Rot-Buch**
Darstellungen; Dokumente und Nachweise zur Vorgeschichte und Geschichte der Okkupation Österreichs (nach amtlichen Quellen)
Erster Teil Wien 1946.

Sie umfaßt 224 Seiten.

Die politischen und die militärischen Aktionen der O 5 haben also die Voraussetzungen geschaffen, daß die Regierung Renner und die ihr nachfolgenden Regierungen bis 1955 so agieren konnten, wie sie regiert haben: also außen- und innenpolitisch, mit den Besatzungsmächten, und eben mit allen vier Mächten, nicht nur mit einer. Die Freiheit und die Demokratie wurden gewonnen, der Staat wiedererrichtet, die Teilung des Landes erspart, die Grenzen von 1937 erhalten.

Es hat einen gesamtösterreichischen Widerstand gegeben. Es wurde das Österreichbewußtsein erneuert und gestärkt. Für Wien ragt Carl Szokoll heraus, daher noch einige Vergleiche.

Wer denkt bei dem Offizier, Künstler und Patrioten nicht, an seine Zeitgenossen Wladyslaw Sikorski, der vor Szokoll ein Opfer des Stalinismus wurde, oder an Jan Masaryk, der es nach jenem geworden ist? In ihren beiden Fällen mit dramatischem und tödlichen Ausgang ihrer Bestrebungen sowie langer Knechtschaft ihrer Völker[146]?

---

146 Über Sikorski siehe fürs erste: Gert Buchheit, General Sikorskis rätselhafter Tod, in: Ders., Spionage in zwei Weltkriegen. Landshut 1978, S.265-279.
Über die Bestrebungen Jan Masaryks, der am 10.März 1948 eines ebenfalls rätselhaften Todes starb, siehe: Alfred Payrleitner, Adler und Löwe. Österreicher und Tschechen. Die eifersüchtige Verwandtschaft, Wien 1990, S.165: „...Dahinter steckt ein politisches Endziel, das der tschechische Außenminister eineinhalb Jahre später am 20.Mai 1935, seinem österreichischen Amtskollegen so darstellt: Eine Entente Österreich-Ungarn-Tschechoslowakei, also doch eine neue Art von

Szokoll ist die Kapitulation gelungen. Es ist ihm von seinem Plan, den er höchstwahrscheinlich zum guten Teil, was die „miliitärtechnische" Idee betrifft gekonnt übernommen hat, wenigstens die Schwächung des Gegners, der nationalsozialistischen Waffen-SS, gelungen: durch die Gewährung der Möglichkeit der Desertion. für viele Angehörige des Deutschen Heeres und auch der Deutschen Luftwaffe. Es waren in der großen Mehrheit Österreicher, denen diese politisch-militärischen Wohltaten zuteil wurden. Alles andere konnte nicht gelingen, da verschiedene Voraussetzungen sich rasch änderten: Das Einrücken der Waffen-SS nach Wien, das Fernbleiben der Westalliierten, das Verhalten der Roten Armee.

Weiters ist darauf hinzuweisen, daß Szokoll einer Kampfgruppe vorstand, bei der es Todesopfer gegeben hat. Diese Persönlichkeiten waren zu jenem Opfer bereit. Ihrer wird zu Recht gedacht. Er hat auch Vorgänger gehabt, war also Teil einer Bewegung. Alphons Stillfried, Hans Becker, Heinrich Stümpfl und Erwin Lahousen sind hier besonders zu nennen.

Da diese Studie die Befreiung Wiens zum Thema hat, sei zuletzt noch Fritz Molden das Wort gegeben, der am 5. April 1995 schrieb[147]:

> „Trotz Fiasko Held von Wien: ....Der kaum 30jährige gebürtige Wiener, Absolvent der altehrwürdigen Militärakademie in Wiener Neustadt, der 1938, als Hitler Österreich besetzte, ausgemustert und von der Wehrmacht auf den Führer vereidigt wurde, hatte einen langen Weg des inneren und später äußeren Kampfes hinter sich.... 1942 war Szokoll, der sich stets als Österreicher fühlte, schließlich so weit, zur Aktion gegen Hitler und sein Regime anzutreten....Szokolls Leben stellt ein österreichisches Schicksal par excellence dar. Stets das Ganze wollend, mußte er sich oft mit dem Halben begnügen. Der verdiente Dank der Nation wird ihm erst heute, als fast Achtzigjährigem, zuteil".

Donaukonföderation, unter offenkundiger Führung Prags. „Was wir auseinandergeschlagen haben, müssen wir jetzt wieder zusammentun, sonst kommt keiner weiter", bekräftigt damals der Gesandte Man Masaryk." siehe auch: Karel Kaplan, Das verhängnisvolle Bündnis. Unterwanderung, Gleichschaltung und Vernichtung der Tschechoslowakischen Sozialdemokratie 1944-1954, Wuppertal 1984.

147 Fritz Molden, Trotz Fiasko Held von Wien, in: Der Standard, Mittwoch, 5. April 1995, S.32.

Bundesrepublik: Auf- oder Abstieg?

Die nicht eingetretene Alternative.

Aspekte zu Manövern der Volksmarine der NVA.

HEINZ-LUDGER BORGERT

Inwieweit aus Manöverplanungen und –abläufen Rückschlüsse auf ein konkretes „Kriegsbild", gar auf ein an der mutmaßlichen Realität orientiertes Kriegsszenario gezogen werden können, ist und bleibt umstritten. Wie in einem Schießkino spiegeln sie unbestritten nicht die volle Wirklichkeit wider, sind aber gleichwohl annähernd realistische Übungen in einer „virtuellen Welt". Sie erlauben das Erwerben und die Schulung von solchen Fertigkeiten, die im Falle einer kriegerischen Auseinandersetzung für notwendig erachtet, anders aber sinnvoller weise nicht erprobt werden können oder sollten.[1] Hier wird nun die „Virtuelle Realität" der „Manöver der Volksmarine" aufzuzeigen versucht, diese – gottlob - nicht eingetretene Alternative gedachter möglicher kriegerischer Handlungsabläufe zur See bei einem angenommenen West-Ost-Konflikt.[2]

EINLEITUNG
DIE IDEOLOGISCH-POLITISCHE EIN- UND UNTERORDNUNG DER VOLKSMARINE

Obwohl seinerzeit an sich hinlänglich bekannt, muss heute an diesen Aspekt erinnert werden. So übersandte im Dezember 1964 Admiral Verner, Politische Hauptverwaltung der NVA, dem Minister für Nationale Verteidigung der DDR, Armee General Hoffmann, eine „Sonderinformation" über ein beim „Institut für Deutsche Militärgeschichte" abgehaltenes Symposium zum Thema: „Die Bundeswehr – ein gefährliches, aber zugleich perspektivloses Instrument des westdeutschen Imperialismus und Militarismus". Weitere Empfänger waren u.a. Walther Ulbricht und Erich Honnecker. Darin hieß es einleitend:

---

[1] Für den Krieg in Mitteleuropa vgl. jüngst die Tagung: Warfare in the Central Sector 1948 – 1968, Conference of the Netherlands Institute of Military History, Münster. 22. – 23.März 2007 (zit. als: Warfare).
[2] Vgl. Warfare

„Das Ziel des Symposiums bestand darin, mit der Methode der militärhistorischen Analyse den gegenwärtigen Stand und weitere Entwicklungstendenzen der Bundeswehr in Schwerpunkten darzulegen und damit die Wissenschaftlichkeit der von der Sozialistischen Einheitspartei Deutschlands getroffenen Einschätzungen über die Rolle der Bundeswehr zu zeigen. Mit dem Symposium sollte ein Beitrag zur weiteren Vertiefung und Konkretisierung eines realen Feindbildes geleistet und damit die politisch-ideologische Erziehungsarbeit in der NVA unterstützt werden".

In der Retrospektive – mehr als 50 Jahre danach – mag man über die seinerzeit „wissenschaftlich" festgestellte „Perspektivlosigkeit" der Bundeswehr schmunzeln mögen, aber diese Aussage gehörte damals zum Bestandteil des politisch-ideologischen Überbaus in der DDR, gehörte zu ihrer öffentlich nicht widersprochenen „Lebenswirklichkeit".

Bevor über diesen Text zur Tagesordnung übergegangen werden kann, sollten also als fixe Größen für das seinerzeitige militärische Denken in der DDR festgehalten werden:

- der umfassende politisch-ideologisch-gesellschaftliche Führungsanspruch der Partei;
- die unbedingte Unterordnung des Militärs unter diesen „wissenschaftlich" untermauerten Anspruch;
- das daraus abgeleitete „Feindbild" und
- dessen „Instrumentalisierung" für die tägliche politisch-ideologische Erziehungsarbeit.

Was das aus politisch-ideologischer Sicht bedeutete, machte zum Beispiel 1975 der Leiter der Politischen Verwaltung, Konteradmiral (KA) Kutzschebauch, deutlich. Ausgehend von der „historischen Mission der Arbeiterklasse" und den Erfahrungen des „Klassenkampfes" sollten sich

„die Angehörigen der Volksmarine [...] im Ergebnis der politischen Arbeit noch entschlossener mit den Zielen unserer sozialistischen Militärkoalition identifizieren, sich selbst als Vollstrecker eines Klassenauftrages von wahrhaft historischer Größe fühlen, so dass der Gedanke von der historischen Rolle unserer Streitkräfte zu einem möglichst wirkungsvollen Motiv bewussten militärischen Handelns wird. Es ist folglich notwendig und nützlich, immer wieder den Standpunkt von Karl Marx verständlich zu machen, wonach die revolutionäre Gewalt die Geburtshelferin der neuen Gesellschaft ist und das sowohl national als auch international".

Und nur unter Berücksichtigung des Klassencharakters bei der Auseinandersetzung mit dem Imperialismus lasse sich auch die Frage nach der militärischen Macht des Sozialismus zutreffend beantworten, denn

„[...] wenn von der militärischen Überlegenheit des Sozialismus die Rede ist, dann denken viele zunächst an die moderne Bewaffnung, mit der die Streitkräfte ausgerüstet sind. Selbstverständlich verfügen die Armeen des Warschauer Vertrages über Waffen, Waffensysteme und andere technische Kampfmittel, die denen des Gegners überlegen sind. Aber es wäre ein unfruchtbares Unterfangen, nur durch die formale Gegenüberstellung der Anzahl und der verschiedenen technischen Parameter der Bewaffnung und Militärtechnik eine Antwort auf die Frage nach dem militärischen Kräfteverhältnis zwischen den Systemen suchen zu wollen. Bekanntlich stellen sich immer Fehlurteile ein, wenn man versucht, gesellschaftliche Erscheinungen allein mit dem Rechenstab oder dem Computer zu ergründen. Die Zusammenfassung der militärischen Kampfkraft im Bündnis des Warschauer Vertrages ist eben nicht nur als eine Addition von Divisionen, Flotten, Geschwadern, Panzern, Flugzeugen und Kampfschiffen zu verstehen, sondern als militärischer Ausdruck der vereinten Kraft der sozialistischen Staaten, des sozialistischen Internationalismus. [...] Wenn auch die imperialistische Militärmacht auf Teilgebieten oder örtlich gesehen gleichzieht oder sogar ein zeitweiliges Übergewicht erlangen kann, so ändert das nichts an der eindeutigen Überlegenheit der sozialistischen Militärmacht".

Aus diesem Grunde beruhte für KA Kutzschebauch auch „die imperialistische Gleichgewichtstheorie [...] nicht auf einer exakten wissenschaftlichen Einschätzung der tatsächlichen militärischen Kräfteverhältnisse", sondern stand vielmehr unter einem Ideologieverdacht. Entsprechend hatte sich für ihn das Kräfteverhältnis in der Ostsee weiterhin zum Nachteil für die NATO verändert, da hier die WP-Staaten sowohl bei den Überwasserschiffen als auch bei den Flugzeugen eine große Überlegenheit besitzen würden. „Es wäre jedoch ein großer Irrtum anzunehmen, daß sich die NATO-Führung und insbesondere die Admiralität der Bundesmarine damit abfinden würden. [...] Er will zunächst die ständige Präsenz seiner Flottenkräfte auf der Ostsee und besonders im Gebiet östlich Bornholms aufrechterhalten und ausbauen".

DER MILITÄRISCHE GRUNDSATZ DES „WORST CASE"

Neben diesen ideologisch motivierten Aussagen gilt es ferner den allgemein das militärische Denken durchziehenden Grundsatz zu beachten, dass zwar die gegnerischen Möglichkeiten des Handelns wie die eigenen zu ermitteln sind, aber, „um das für die eigene Vorgehensweise ungünstigste Verhalten des Gegners einzukalkulieren", insbesondere dessen Stärken zu berücksichtigen sind.

Aus diesem Prinzip der Annahme eines „worst case" folgt außerdem, dass bei gegnerischen Möglichkeiten des Handelns grundsätzlich davon auszugehen ist, dass er all die militärischen Aktionen unternimmt, „die ihm seine Mittel unter den gegebenen/analysierten Rahmenbedingungen ermöglichen und die ihn da-

bei sein Operationsziel erreichen lassen. Es wird von der für die eigene Seite un-
günstigsten Anwendung seiner Fähigkeiten ausgegangen".

BESTANDTEILE DER MILITÄRISCHEN PLANUNG.

Schließlich sollten noch die allgemeinen Bestandteile einer militärischen Pla-
nung erwähnt werden als da sind:
- Beurteilung der Lage und Entschluss
- Entwicklung des Planes
- Operationsbefehl und
- Überwachung der Ausführung.

In der Lageanalyse werden alle Faktoren untersucht, die einen wesentlichen
Einfluss auf die eigenen und gegnerischen Möglichkeiten des Handelns haben.
Neben der Darstellung der politischen und militärischen Gesamtlage sowie der
Auflistung der Streitkräfte, die in einem Operationsgebiet auftreten und die Erfüllung des eigenen Auftrages negativ beeinträchtigen können, gehören dazu auch
besondere Merkmale des Operationsgebietes wie Bevölkerung, Gesellschaftsord-
nung, Wirtschaft und Infrastruktur und insbesondere auch feststehende Faktoren,
die sich z.B. aus den vorliegenden geo- und hydrographischen Gegebenheiten ableiten lassen.

Überschlagend sollte bedacht werden:
- Der sowjetische Generalstab, das für den gesamten Warschauer Pakt zuständige militärische Planungs- und Führungsorgan, definierte als glo-
  balen Planungsrahmen ein System von Kriegsschauplätzen (TVD), mit
  dem alle denkbaren Kriegshandlungen weltweit strategisch eingeordnet werden konnten. Die entscheidenden Kriegsschauplätze in diesem
  System waren diejenigen, welche das Gebiet der UdSSR und ihrer
  Verbündeten unmittelbar berührten, nämlich:
- der Fernöstliche Kriegsschauplatz,
- der Nah-/Mittelöstliche (oder Südliche) Kriegsschauplatz, sowie
- der Europäische Kriegsschauplatz, der in die drei TVD Nordeuropa,
  Mittel-/Westeuropa (auch Zentraleuropa) und Südeuropa (oder Süd-
  west) untergliedert wurde.

Im nicht-sowjetischen Warschauer Pakt-Bereich wurden die drei europäischen
TVD den beiden anderen gleichgestellt und deshalb meist von fünf TVD ausgegangen.

Die geographischen und wirtschaftlichen Bedingungen eines Kriegsschau-
platzes wurden in der DDR und bei der NVA vom Fach „Militärgeographie"

analysiert und gelehrt. Die genannten strategischen Räume gliederten sich wiederum in Kriegsschauplätze und letztere unterteilten sich gegebenenfalls in verschiedene Operationsrichtungen.

Für das hier darzustellende Thema handelt es sich mithin um den
- strategischen Raum: Ostseeausgänge und die
- jütländische Operationsrichtung und – wegen des unmittelbaren Zusammenhanges - die
- Küstenoperationsrichtung durch die norddeutsche Tiefebene in Richtung auf die Niederlande.

Einen Eindruck, wie diese abstrakten Angaben im militärischen Alltag umgesetzt und mit Leben gefüllt wurden, soll der nachstehende Abschnitt vermitteln, der sich mit einer militärischen Karte aus dem Jahre 1964 befasste und die „bayerische Operationsrichtung" zeigte. Ohne auf die darin angegebenen operativen Einzelheiten und die Frage der sachliche Zuordnung dieses Dispositivs hier näher eingehen zu wollen, die Karte selber kann als authentisch gelten.

DER AUFMARSCHPLAN DES WARSCHAUER PAKTES

Als in der „Neuen Zürcher Zeitung" am 27.05.2000 ein Christian Müller diese Planungen unter dem Titel: „Im Tschechenpanzer in neun Tagen nach Lyon? Die militärischen Pläne des Warschaupakts", veröffentlichte, löste er eine allgemeine Diskussion gerade auch in Österreich und in der Schweiz aus. Nicht viel anders verhielt es sich in der dänischen Öffentlichkeit, als ihr die „polnischen Angriffspläne" bekannt wurden.

Und von solchem „Kriegsgeschrei" mag sich am 9.Mai 2006 möglicherweise auch die Tageszeitung „Die Welt" eine gesteigerte Aufmerksamkeit erhofft haben, als sie an prominenter Stelle den Beitrag von Gerhard Gnauck veröffentlichte: „'In sieben Tagen am Rhein'. Der Warschauer Pakt plante einen Blitzkrieg gegen Westeuropa. Bremen wäre mit Atomraketen beschossen worden".

> „[...] Dicke rote Pfeile aus dem Jahr 1970 strecken sich, den Armen einer Krake gleich, von Mecklenburg aus nach Schleswig-Holstein und Niedersachsen und von dort weiter nach Dänemark und den Niederlanden. Am Tag D 3, dem dritten Kriegstag, steht die 10. Panzerdivision der polnischen Armee bereits bei E[n]schede an der holländischen Grenze, andere Einheiten haben Flensburg erreicht. Am Tag D6 ist Dänemark erobert.
> Über Bremen, Bremerhaven, Wilhelmshaven, Cuxhaven und Emden, sowie über Amsterdam und Antwerpen sind kleine rote Bomben eingezeichnet: Hier gehen Atombomben nieder. Nördlich von Hannover schließlich zieht sich ein mächtiger Keil gen Westen bis nach Holland hinein: Dies ist der Weg der "2APanc (A.R.)", der

2. Panzerarmee der Sowjetarmee. Die blaumarkierten Nato-Einheiten am Weges-
rand scheinen sie wenig zu beeindrucken. [...]
Weiter im Süden war der Vormarsch sowjetischer Verbände und der Nationalen
Volksarmee der DDR in Richtung Rhein und Ruhr geplant. Am sechsten oder sieb-
ten Tag sollte der Rhein erreicht und überschritten werden, fast ebenso schnell sollten die Truppen am Ärmelkanal stehen. Frankreich, das der militärischen Struktur
der Nato nicht angehörte, und selbst die neutralen Länder Österreich und Schweden
wurden als Feindstaaten betrachtet".

Trotz dieses „Aufreißers" scheint die deutsche Öffentlichkeit im Wesentlichen
unbeeindruckt geblieben zu sein. War das ihr alles längst bekannt, lediglich „alter
Wein in neuen Schläuchen"? Hatte doch beispielsweise schon 1967 der Gene-
ralinspekteur der Bundeswehr, General de Maizière, Wasser in den - offenbar vor
Begeisterung überschäumenden - Wein angehender Stabsoffiziere der Bundesmarine nach einem Kriegsspiel an der Führungsakademie in Hamburg mit den
Worten gegossen:

> „Es nützt uns nichts, wenn wir mit einer exzellenten Marine die Ostseeausgänge ver-
> teidigen und der Russe am Rhein steht".

Oder will man solche Kriegsszenarien - als „Tataren"-Meldungen und
„Schnee von vorgestern" durch die deutsche Einigung 1990 obsolet geworden
– einfach nicht mehr zur Kenntnis nehmen, verdrängt man dieses „Damoklesschwert" aus der Zeit des Kalten Krieges?

Die dritte Möglichkeit, dass diese Fakten überhaupt noch nicht der breiten
Öffentlichkeit bekannt gewesen sind, mithin gesteigertes Interesse an sich geboten sein könnte, diesen Eindruck suchte augenscheinlich der Autor des Artikels
zu vermitteln, indem er Oberst Dr. Winfried Heinemann, der am Militärgeschichtlichen Forschungsamt in Potsdam das Projekt "Militärgeschichte der
DDR im Bündnis" leitet, die Äußerung unterstellte, solche Karten wie die jetzt
in Polen freigegebenen noch nicht zu Gesicht bekommen zu haben.

> „Sie sind eine wichtige Quelle. Karten zur scharfen Einsatzplanung aus DDR-Beständen
> sind uns nicht zugänglich, denn diese wurden 1990 nach Moskau zurückgegeben."

Allenfalls Übungspläne und auch dann eher solche aus der Spätphase der
DDR lägen deutschen Wissenschaftlern heute vor. Dazu ist zu sagen, dass die
hier in Rede stehenden und ausgewerteten polnischen Unterlagen tatsächlich
zum Teil erst im März 2002 vom „Operations Department of the Polish General
Staff" dem „Archives of the Central Organizations of the Ministry of Defense"
in Modlin übergeben wurden, aber ihre Einstufung als Verschlusssache „Streng
geheim" aus der kommunistischen Zeit behalten hatten. Hinter den Veröffentli-

chungen steht zum Teil auch das „Parallel History Project on NATO and the Warsaw Pact (PHP)". Liegt der Grund für die Zurückhaltung in Deutschland vielleicht auch darin begründet, dass die Nutzung dieser Archivunterlagen noch zu beschwerlich erscheint?

Dem soeben geschilderten Phänomen der unterschiedlichen Wahrnehmung, des Hervorrufens von Aufmerksamkeit, soll hier – in Bezug auf die Volksmarine - nachgegangen werden. Dabei muss auch die Frage gestellt werden dürfen, ob nicht im Zuge eines gewollten Verständnisses als „Marine der deutschen Einheit" gleichzeitig bewusst oder unbewusst derart ein „Verdrängungsmechanismus" ausgelöst wurde, den Anteil und die seinerzeitige Rolle der Volksmarine als Teil einer gegnerischen Militärkoalition „kleiner" zu reden im Sinne „einer eher unbedeutenden Marine im Ostseebereich", wenn nicht gar entsprechend dem in der NVA offenbar früher verbreiteten Spruch einer „Südschwedische[n] Trachtengruppe, die mit mittelalterlichen Mitteln versucht, den Gegner aufzuhalten bis echtes Militär kommt."

HAUPTTEIL:
ZU DEN MANÖVERN UND ÜBUNGEN DER SEESTREITKRÄFTE/VOLKSMARINE
DIE ANFANGSZEIT (1956 – 1961/1967)

Vom Kommando der Volksmarine, Abteilung Militärwissenschaft, selbst noch veranlasste Forschungsstudien weisen für den Zeitraum 1956 – 1987 insgesamt 75 Kommandostabs- und Truppenübungen aus[3]. Diese Aufstellungen enthalten jedoch nicht alle tatsächlich durchgeführten Übungen und Manöver, denn A. Kästner führt in dem von ihm für das seinerzeitige Militärarchiv der DDR erstellten „Inventar" weitere Übungen auf, die m.E. zu dem Themenbereich gehören.[4] Angesichts der damit zu vermutenden Gesamtzahl an größeren Manövern und Übungen, die kleineren auf taktischer Ebene bleiben sowieso ausgeklammert, versteht es sich von selbst, dass nicht alle genannt, geschweige denn vorgestellt werden können.

Die erste gemeinsame Übung der Seestreitkräfte (SSK) der NVA der DDR im Rahmen des Warschauer Vertrages war die taktische Übung der Flottenbasis Swinemünde der Baltischen Rotbannerflotte (BRF) der UdSSR und der Flottenbasis „Ost" in der Zeit vom 16.07. – 18.07.1956. Sie diente der Verteidigung des Operationsgebietes der Flottenbasis „Swinoujscie" in Verbindung mit der

---

[3] Volker Seibt / Peter Köhnen: Forschungsstudie zum Thema ‚Kommandostabs- und Truppenübungen der Seestreitkräfte/Volksmarine 1956 – 1970' bzw. ‚[...] der Volksmarine 1971 – 1987', 2 Bde.
[4] Albrecht Kästner und Autorenkollektiv: Inventar Manöver und Übungen 1956 – 1970, Potsdam 1975.

Seestreitkräften der Flottenbasis Peenemünde der DDR gegen See-, Luft- und Landangriffe. Der Übung lag u.a. die Idee zugrunde, dass „Rot" und „Orange" in am Ostufer der Trave eingenommenen Abschnitten die Landfront verteidigen, während die Flotte von „Rot" in der Ostsee die Küsten und Basen sichert, Truppen- und Materialtransporte auf dem Seeweg durchführt und mit Flieger-kräften, kleinen Einheiten sowie U-Booten die Seewege von „Blau" bedroht.

Die Flottenbasis Ost beteiligte sich schon mit
- 10 M[inen]L[ege- und]R[äum]-Schiffen,
- 18 K[üsten]S[chutz]-Booten und
- 47 R[äum]-Booten.

Sie sollten vor allem bei der Seeraumbeobachtung (Aufklärung), zur Minen-abwehr und zur U-Boot-Bekämpfung eingesetzt werden.

Bei der zweiten Übung wurde zusammen mit der 8. I[fanterie]D[ivision] der NVA im Zeitraum 5.09. – 07.09.1956 „die Organisation der Verteidigung eines Streifens der Meeresküste im Zusammenwirken mit See- und Luftstreitkräften, Abschlagen von See- und Luftlandungskräften des Gegners bei Anwendung der Atomwaffe" geübt. Gemäß Ausgangslage bereitete „Blau" während einer Frie-densperiode einen Angriff vor und plante dabei, die Landfront mit einer See-Luftlandung an der Ostseeküste der Insel Rügen zu unterstützen. Auf Grund der für „Rot" offensichtlichen Angriffsvorbereitungen galt es entsprechende Vertei-digungsmaßnahmen vorzubereiten.

Dem Kriegsbild der nächsten Übung, 27.05. – 29.05.1957, lag die Annahme einer bereits seit 6 Wochen bestehenden Kriegszustandes zwischen „Blau" und „Rot" zugrunde. Die Seite „Rot" bereitet nun mit der 5. und – südlich an-schließend – der 3. Armee einen Gegenangriff vor. Außerdem will „Rot" im Zusammenwirken mit den S[ee]S[treit]K[räften] 2 weitere U-Boote der Ostflot-te zur Verstärkung der Beobachtung der Nord- und Westpassage stationieren. Deren nächtliches Auslaufen aus Swinemünde in das Seegebiet nördlich Rügen soll durch die SSK gesichert werden, die dazu ein „günstiges operatives Re-gime" zu schaffen und aufrechterhalten haben. Die Auswertung dieser Übung zur „Sicherstellung der Überführung eines U-Boots-Geleits von Swinemünde in das Seegebiet nördlich Rügen und Schutz der Stützpunkte gegen Luft- und Seeangriffe," erbrachte neben der Feststellung, dass die Lehrziele erreicht wur-den, für die beteiligten Stäbe noch die vernichtende Kritik, „die Stabskultur" sei „bei den erarbeiteten Dokumenten auf einem niedrigen Niveau" verblieben.

Vom 25.06. – 27.06.1957 wurde - gleichsam in einem größeren Maßstab - mit den befreundeten Nachbarflotten (sowjetische Baltische Rotbanner Flotte

[BRF] und Polnische Seekriegsflotte [PSKF]) die „Sicherung der Entfaltung von U-Booten aus dem Hafen von Swinemünde zur Durchführung von Kampfhandlungen auf See und die Verteidigung der Häfen und Küsten" erprobt. Als Mängel stellten sich heraus:

- Fehlen eines gemeinsamen Planes zur Verteidigung der Küstengebiete zwischen den dort stationierten Kräften BRF und SSK;
- kein aufeinander abgestimmtes tägliches Melde- und Beobachtungssystem;
- teilweise unbefriedigende Kontrolle, ob Befehle auch tatsächlich ausgeführt wurden.

Der Abstellung erkannter Mängel und der Verbesserung des Zusammenwirkens der Kräfte der verbündeten sozialistischen Ostseeflotten bei gemeinsamen Kampfhandlungen diente das nachfolgende Manöver mit dem Thema

> „Sicherung der Stationierungsräume und der Entfaltung der Flottenkräfte zur Durchführung von Blockadehandlungen im westlichen Teil der Ostsee unter den Bedingungen der Anwendung von Massenvernichtungsmitteln (MVM) und aktiven Funkstörungen".

Als Hintergrund wurde der Versuch von „West" angenommen, eine starke Kriegsschiffgruppierung durch Sund und Belt in die Ostsee zur Verstärkung der dort bereits stationierten Seestreitkräfte zu verlegen und diese später für die Deckung der in Küstenrichtung (ostwärts) handelnden eigenen Truppen zu verwenden. Zur Verhinderung/Erschwerung dieser Absicht plante „Ost" die Verminung der Meerengen aus der Luft und durch schnelle Minenleger (T[orpedo]S[chnell]-Boote) sowie – im Falle eines Durchbruchs - deren Bekämpfung mit Flugzeugen, Zerstörern, KS-Schiffen, TS-Booten und U-Booten.

Wiederum zeigten sich Mängel. Kritisiert wurden insbesondere die unzureichenden Kenntnisse bei den SSK über die beiderseitigen Gefechtsmöglichkeiten und der taktisch-technischen Daten und das noch nicht genügend einheitliche taktische Niveau, teilweise bedingt durch das Fehlen wichtiger Grundsatzvorschriften.

Mit zwei Übungen, einer gemeinsamen einseitigen, zweistufigen Kommandostabsübung mit Nachrichtenmitteln vom 17.06. – 18.06.1958, und einer gemeinsamen dreistufigen, taktischen Übung der SSK, BRF und PSKF vom 19.07. – 21.07.1958, wurde praktisch dasselbe Thema weiter vertieft. Aufgabe der SSK sollte sein:

- im Zusammenwirken mit der BRF und PSKF, Basis Swinemünde, die Minen- und U-Bootabwehr zu organisieren und den Geleitdienst gewährleisten;
- aktive und Verteidigungsminensperren zu legen;
- bereit zu sein, mit TS-Booten gegnerische Schiffe in der Mecklenburger und Lübecker Bucht anzugreifen, verstärkt um TS-Boote aus der Flottenbasis Swinemünde der BRF.

1958 wurden vor einem ähnlichen Bedrohungshorizont – erweitert um eine Landungskomponente bei „Blau" – erstmals die seit Mitte April 1958 für die verbündeten Flotten in Kraft gesetzten gemeinsamen Grundsatzdokumente, so zum Fahrtregime, dem Melde- und Erkennungsdienst sowie für die Nachrichtenverbindungen erprobt. Im Rahmen der gemeinsamen dreistufigen Übung vertiefte man 1959 das Thema:

> „Gemeinsamer Einsatz der Kräfte der Flo[tten]ba[sis] Swinoujscie der BRF und der SKFd[er]V[olks]R[epublik]P[olen], den SSK der DDR, den Fliegerkräften der sowjetischen Heeresgruppe in Deutschland (GSSD), der Heeresgruppe „Nord" und den Kräften der BRF zur Sicherung der Stationierung und Entfaltung der Flottenkräfte für die Führung von Kampfhandlungen in der südwestlichen und mittleren Ostsee in der Anfangsperiode eines Krieges".

Im Ergebnis ergab sich für die SSK die Forderung, bei ihrer Organisation die Besonderheiten des Seekriegsschauplatzes, die geographischen und hydrographischen Verhältnissen und „die Lage der DDR sowie die Absicherung vor dem wahrscheinlichen Gegner und die daraus erwachsenden Aufgaben für die Seestreitkräfte" zu berücksichtigen.

Das im September 1959 gemeinsam mit der 8. M[otor]S[chützen]D[ivision] durchgeführte Manöver:

> „Organisation der Verteidigung an der Meeresküste. Abwehr einer Landung und Vernichtung gelandeter See- und Luftlandetruppen im Zusammenwirken mit See- und Luftstreitkräften bei gleichzeitigem Überwinden eines breiten Wasserhindernisses. Umgruppierung und Übergang zum Angriff längs der Meeresküste mit Durchführung einer taktischen Seelandung",

griff bereits die grundsätzliche Themenstellung späterer Übungen auf.

Das Übungsgeschehen 1960, das dem Erlernen der „Führung der Kräfte bei der Durchführung gemeinsamer Kampfhandlungen zur Aufrechterhaltung günstiger Bedingungen in der Ostsee" diente, endete mit der Feststellung, dass „die operativ-taktische Ausbildung der Stäbe konkreter auf die Aufgaben auszurich-

ten ist, die sich für die Seestreitkräfte der DDR in einer möglichen Spannungs-
zeit und der Anfangsperiode eines Krieges ergeben".

BEOBACHTUNGEN UND FESTSTELLUNGEN DER SSK/VOLKSMARINE BEI MANÖVERN DER BUNDESMARINE

Die Bundesmarine hatte nach ihrer Gründung, 1956, zunächst ebenfalls eine schwierige Situation zu überstehen. Nach über zehnjähriger weitgehend militä-rischer Abstinenz mangelte es neben Personal und Material vor allem an der notwendigen Ausbildung. Es galt daher, zunächst wieder „Seebeine" wachsen zu lassen. Über die Übung „Seewolf" 1957 mit 2000 Mann und allem was zur See fahren konnte, nämlich 60 Einheiten, davon ein Drittel Kriegsfischkutter, von Kiel nach Skagen und zurück und den Manövern der „Wallenstein"-Serie 1958 – 1961 führte die Ausbildung zu „Doorkeeper 62".

Die Übungen und Manöver der Bundesmarine wurden natürlich von den SSK resp. Kräften der Volksmarine aufgeklärt, analysiert und ausgewertet.

DIE NATO-ÜBUNG „FALLEX 60" AUS DER SICHT DER SSK DER NVA

Nach Meinung der Aufklärungsabteilung bewies z.B. die NATO-Übung „Fallex 60" mit ihren Teilmanöverphasen "HOLD FAST" und "BONE DRY" die Ein-beziehung des Gebietes der Ostsee-Eingänge in die Planungen der NATO. Sie ließ sich durch Übungsannahmen nicht täuschen, denn für sie konnten grund-sätzlich die Angriffshandlungen von ORANGE genauso gut "gespiegelt" in Richtung Osten gedacht werden; insbesondere wegen der ähnlich gearteten meteorologischen und geographischen Bedingungen.

Vor allem bemerkenswert erschien der massierte Einsatz von Kernwaffen und die erstmals festgestellte umfangreiche triphibische Operation sowie der Kampf-schwimmer-Einsatz (ORANGE: Chef des Kommandos der Amphibischen Streitkräfte KzS Kretschmer).

DAS MANÖVER „DOORKEPPER 62" DER BUNDESMARINE

Das Manöver „Doorkeeper 62" bildete die bisher größte nationale Flotten-übung der Bundesmarine mit 129 schwimmenden Einheiten und 30 Flugzeu-gen der Marineflieger sowie rund 15250 Mann. Aus der Sicht eines jungen Of-fiziers bei der Historisch-Taktischen-Tagung der Flotte (HiTaTa) 1998 sah sie eine Unterteilung in zwei Phasen vor, die als Zwei-Parteien-Übungen wie bei „Wallenstein" abgehalten wurden.

Die erste fand hinter dem Tor statt, wobei man die Belte und den Sund als Tor bezeichnete. Sie umfaßte als Ausgangslage einen Durchbruch des Gegners aus der Ostsee durch das Tor ins Kattegatt. Seine Kräfte sollten im Skagerrak gebunden und sein Zugang zur Nordsee verhindert werden. Die zweite Phase spielte sich vor dem Tor ab. Sie entsprach der ‚Konzeption der Marine', der NATO-Strategie der „massiven Vergeltung", im Sinne der offensiven Vorneverteidigung. „Ein Binden der Kräfte des Gegners bereits in seinem Aufmarschgebiet sowie die Durchführung von Landungsoperationen waren vorgesehen".

Diese „Umschreibung" muss m.E. präzisiert werden, wenn hinter der Abfolge der beiden genannten Etappen mehr als eine bloß zufällige chronologische Reihung, etwa eine Annahme über einen Moment im historischen Ablauf (z.B. Szene im Schema des Historischen Materialismus) verstanden wird. Die NATO-Strategie der massiven Vergeltung (MC 14/1 vom 9.Dezember 1952) sah nämlich für den Fall eines sowjetischen Angriffs auf Westeuropa folgende gegliederte operative Maßnahmen vor:

1. Phase: Verzögern eines Feindangriffs durch den Einsatz aller verfügbaren konventionellen Streitkräfte so weit ostwärts des Rheins wie durchführbar. Gleichzeitige nukleare Gegenoffensive der strategischen Luftstreitkräfte mit dem Ziel, die Entscheidung der Abwehrschlacht indirekt herbeizuführen.
2. Phase: Auffangen des sowjetischen Angriffs als Voraussetzung für eine alliierte Gegenoffensive.
3. Phase: Alliierte Gegenoffensive.
4. Phase: Wiederherstellung der Integrität und Sicherheit des NATO-Bündnisbereiches.

In welchen Zeitphasen handelten nun welche „Door-keeper"-Etappen, in der zweiten oder dritten? Die richtige Zuordnung bereitete auch der Aufklärungs-Abteilung der Volksmarine Schwierigkeiten. Gemäß den Feststellungen ihrer Auswertung lag dem Manöver „Doorkeeper 62"

> „[...] eine strategische Ausgangslage T + 3 zugrunde. So wurde zu Beginn des Manövers angenommen, dass die Seite ‚Orange' den größten Teil Schleswig-Holsteins und Dänemark besetzt hatte. Flottenkräften [von ORANGE] war es gelungen, durch den Sund und Großen Belt in das Kattegat durchzubrechen.
> Die Flottenkräfte der Seite ‚Blau' hatten die Aufgabe, die eingedrungenen Flottenkräfte der Seite ‚Orange' im Kattegat und Skagerrak zu vernichten, die alte Ausgangslage im Zusammenwirken mit allen Streitkräften wieder herzustellen und Vorbereitungen für gemeinsame Angriffshandlungen in Richtung der mittleren und östlichen Ostsee zu treffen, mithin Phase 2 im Rahmen der Maßnahmen zur ‚Massiven Vergeltung'.

[...] In der 2. Etappe hat die Seite 'Blau' im Seegebiet zwischen Karlskrona und Bornholm sowie zwischen Bornholm und Kolobrzeg [Kolberg] zur Aufklärung und Torpedierung von Konvois U-Boote entfaltet [...].

An dem Landungsunternehmen am der Westküste der Insel Fehmarn waren Truppen-Einheiten [...] der 6. Panzergrenadierdivision beteiligt. Daraus ist zu ersehen, dass speziell die Truppeneinheiten von der 6. PGD als Landetruppen ausgebildet werden".

Cum grano salis könnte man sagen, dass ein solches Szenario der 3. bzw. 4 Etappe etwaiger Operationen im Rahmen der Massiven Vergeltung entsprochen haben könnte, vielleicht auch dem „Kriegsbild", das Konteradmiral a.D. Wagner bereits 1952 seiner Petersberger Denkschrift zugrunde gelegt hatte, sicher aber nicht mehr dem, das Flottillenadmiral Wegener für seine Konzeption der Bundesmarine im Herbst 1962 entworfen und die Zustimmung im Führungsstab der Marine gefunden hatte.

„KEYSTONE 63"

Bereits ein Jahr darauf gelangte die Aufklärungsabteilung der Volksmarine zu einer umgekehrten zeitlichen Zuordnung. Als Ausfluss des neuen NATO-Kommandos COMBALTAP mit einer Ausdehnung bis 6° E handele die Übung „KEYSTONE 63" erstmalig gleichzeitig sowohl in Nord- und Ostsee. Der I. Etappe (26.08.- 30.08. 1963) lag die Annahme zugrunde, ORANGE sei der Durchbruch bis zur Elbmündung und durch den Nord-Ostsee-Kanal gelungen.

Das würde nach operativ-strategischer Auffassung der NATO angeblich den Zeitraum T 6 bis T 9 umfassen.

BLAU hat die Aufgabe:

- Organisation der U-Bootabwehr in der Nordsee;
- Aufrechterhaltung eines günstigen operativen Regimes in seinem Verantwortungsbereich entlang der jütländischen Westküste;
- Verhinderung der Umklammerung Jütlands von der Seeseite;

II. Etappe (01.09. - 05.09.1963): Die Ostküste Seelands wird nach wie vor von BLAU als Hauptrichtung einer triphibischen Landungsoperation seitens ORANGE angesehen. Entsprechend richtet BLAU seine Hauptanstrengungen auf die Verteidigung der Meerengen im Arkona-Becken (nach der operativ-strategischen Auffassung der NATO etwa der Zeitrahmen T bis T 3). Das mag genügen um aufzuzeigen, dass natürlich auch subjektive Einflüsse, wie z.B. das eigene Kriegsbild, die sachgerechte Analyse des Feindbildes erschweren können.

Zur besseren Einschätzung der historischen Situation, vor der sich damals das Manövergeschehen abspielte, folgen hier einige Daten und Fakten. 1961 war bekanntlich das Jahr, in dem sich die „Berlin-Krise" zuspitzte und in dem die „Berliner Mauer" errichtet wurde. Plakativ seien genannt:

Zeittafel:

Januar 1959
Die Regierung der UdSSR veröffentlicht den Entwurf eines Friedensvertrages mit beiden deutschen Staaten.

März 1959
Chruschtschow erklärt in Leipzig, die Frist für eine Regelung der Berlin-Frage könne über den 27. Mai 1959 hinaus verlängert werden. Sollten die Westmächte einen Friedensvertrag mit beiden deutschen Staaten ablehnen, werde ihn die UdSSR allein mit der DDR schließen.

29. März 1961
Der Politische Beratende Ausschuss des Warschauer Paktes fordert den Abschluss eines Friedensvertrages mit beiden deutschen Staaten und die Umwandlung West-Berlins in eine entmilitarisierte Freie Stadt.

Mai 1960
Ein Gipfel der USA, der UdSSR, Frankreichs und Großbritanniens (DDR und BRD als Berater) über europäische Sicherheit, die deutsche Wiedervereinigung und die Stellung Berlins scheitert, da sich die US-Regierung weigert, für den Spionageflug einer U-2 über der UdSSR eine Entschuldigung abzugeben.

25. Juli 1961
In einer Rundfunk- und Fernsehansprache verkündet Präsident John F. Kennedy "three essentials" für eine Regelung in der Berlin-Frage.
Die drei wesentlichen Forderungen der amerikanischen Politik besagen:
"1. die Freiheit der Bevölkerung von Westberlin, ihr eigenes politisches System zu wählen;
2. die Anwesenheit westlicher Truppen, solange sie von der Bevölkerung gewünscht und benötigt werden; und
3. den ungehinderten Zugang zur Stadt auf der durch sowjetzonales Gebiet führenden Autobahn sowie auf den Luft- und Wasserwegen".

5. August 1961
Tagung der Warschauer Vertrages bestätigt am 5. August in Moskau offiziell die UdSSR-Forderung nach einem Friedensvertrag mit Deutschland sowie die wenige Tage später erfolgte Grenzschließung zu Westberlin.

6. bis 7. August 1961

Der sowjetische Kosmonaut German Titow umkreist für 25 Stunden im Raumschiff "Wostok II" die Erde.

13. August 1961

Beginn der Absperrmaßnahmen der DDR gegenüber Westberlin

1. bis 2.9.1961

Für den sowjetischen Astronauten German Titow, der am 6. August mit dem Raumschiff "Wostok II" den zweiten bemannten Raumflug der UdSSR erfolgreich beendet hatte, wird in Ostberlin ein triumphaler Empfang inszeniert.

20.9.1961

Die Volkskammer der DDR beschließt das "Gesetz zur Verteidigung der DDR". Gleichzeitig wird in einer Sitzung des von Erich Honecker geleiteten "Zentralen Stabes" über den Stand der Grenzsicherung in Berlin beraten. Danach formuliert Honecker den "Kampfauftrag zur Sicherung des Friedens an der Staatsgrenze", worin gefordert wird: "Alle Durchbruchversuche müssen unmöglich gemacht werden".

Oktober 1961

Chruschtschow verkündet auf dem XXII. KPdSU-Parteitag in Moskau die Aufhebung des »Berlin-Ultimatums«.

MANÖVER UND ÜBUNGEN 1961

1.1 „Die Führung der Kräfte bei der Durchführung gemeinsamer Handlungen mit den Infanterietruppen zur Beherrschung der wichtigsten Stützpunkte des Gegners an der Küste in der Anfangsperiode des Krieges". Hierbei handelte es sich um eine gemeinsame Nachrichtenübung der Stäbe der BRF, der SKFdVRP und der Volksmarine (VM) der DDR, Dauer: 16.05. – 18.05.1961.

1.2 Vom 23.05. – 30.05.1961 führte die VM eine Kommandostabsübung mit dem Thema „Die Überprüfung der operativen und taktischen Fähigkeiten der Kommandeure und ihrer Stäbe zur Organisation, Planung und Durchführung moderner Gefechtshandlungen" durch. Dazu rechnete auch das Durchspielen einer taktischen Landung auf der Insel Fehmarn mit dem Ziel, die Insel zu besetzen, um günstige Voraussetzungen für das Forcieren des Fehmarn-Belt durch eigene Stoßkräfte zu schaffen".

1.3 Parallel wurden offenbar auch gemeinsame zweistufige Kommandostabsübungen in den Militärbezirken III und V sowie den LSK/LV durchgeführt. Dazu gehörte auch die Planung der „Spezialpropaganda" zur Hebung der eigenen und zur Zersetzung der Kampfmoral des Gegners.

1.4. „Die Schaffung und Aufrechterhaltung günstiger operativer Bedingungen in der westlichen Ostsee. Durchführung gemeinsamer Kampfhandlungen mit den Kräften der verbündeten Flotten und mit den Landstreitkräften zur Besetzung der Sund- und Beltzone. Der Schutz der eigenen Seeverbindungswege". Flottenübung der VM, westliche Ostsee, Verantwortungsgebiet der 1. und 4. Flottille, 31.07. – 12.08.1961.

In diese Übung integriert war vom 1.08. – 7.08.1961 eine „Gemeinsame Reedeübung", Puck-Wiek, mit einem Teil eines Verbandes der VM zum Thema: „Das taktische Zusammenwirken von U-Jagdeinheiten der BRF, der SKFdVRP und der VM bei der gemeinsamen Suche und Bekämpfung gegnerischer U-Boote. Das taktische Zusammenwirken von TS-Booten der drei befreundeten Flotten beim Führen gemeinsamer Torpedoangriffe auf gegnerische Kriegsschiffe".

DIE KOMMANDOSTABSÜBUNG VOM 28.09. – 10.10.1961

Nachdem also bereits im Mai 1961 eine KSÜ zur Überprüfung der Gefechtsbereitschaft der Stäbe der NVA und GSSD stattgefunden hatte, erfolgte nunmehr eine „Überprüfung der Gefechtsbereitschaft der Truppen und der Führungsorgane der Teilnehmerländer des Warschauer Vertrages". Hierbei handelte es sich um eine „Operativ-strategische Kommandostabsübung der Vereinten Oberkommandos" unter Leitung des Oberkommandierenden, Marschall der Sowjetunion Gretschko. Teilnehmer waren Stäbe der Sowjetarmee, der Polnischen Armee, der Volksarmee der CSSR und der NVA.

Diese war vom „Politischen Beratenden Ausschusses" des WP auf seiner Sitzung am 29. März 1961 im Grundsatz beschlossen worden.

> „Die Idee [...] beruhte auf einer der möglichen Varianten der Kampfhandlungen in der Anfangsperiode eines Raketen-Kernwaffenkrieges auf dem westeuropäischen Kriegsschauplatz".

Ihr sollten außerdem die auf dem Kriegsschauplatz real vorhandenen Streitkräfte zugrunde liegen. Den Teilnehmern der VM wurde in einer Vorbesprechung lediglich allgemein erläutert:

> „Die Ausgangslage wird nur mündlich mitgeteilt und ist in keinem schriftlichen Dokument enthalten. [...] Westberlin verbleibt weiterhin Ausgangszentrum von Provokationen. In der letzten Zeit nahmen die Provokationen zu, was die Sperrung der Land- und Luftverbindungen zur Folge hatte".

Die Gründe für diese Zurückhaltung lassen sich aus dem späteren Vortrag des Verteidigungsministers der DDR, General Hoffmann, zum Abschluss der Übung erschließen. Er stellte darin nämlich diese Übung in den Zusammenhang mit der Absicherung des beabsichtigten „Friedensvertrags-Abschlusses" mit der DDR. Sie sollte den „Westen", insbesondere die Bundesrepublik Deutschland, abschrecken, militärische Gegenmaßnahmen zu ergreifen. Als weitere Stichworte nannte er in diesem Zusammenhang die „Berlin-Krise" mit dem Mauerbau, die Notlandung zweier westdeutscher Jagdbomber in Westberlin sowie die Umbildung des NATO-Oberkommandos in Nordeuropa. Auf der Haben-Seite verzeichnete er beispielsweise die Weltraumflüge der Kosmonauten Gagarin und Titow.

Für ihn ergab sich insgesamt folgende Ausgangslage:

> Der Friedensvertrag mit der DDR ist abgeschlossen, ab 4.10., 24.00 h ist die Verbindung der „Westalliierten" mit ihrer Garnison in Westberlin nur noch mit Zustimmung der Regierung der DDR möglich. Die „Westlichen" versuchen, mit einer Division gewaltsam den Zugang nach Berlin längs der Autobahn in Richtung Magdeburg zu erzwingen, sie scheitern und setzen deshalb am 6.10., 12.00 h, Raketen-Kernwaffen ein.

Angesichts der damaligen Zeitumstände würde ich diese „Idee" tatsächlich als eine „der möglichen Varianten der Kampfhandlungen in der Anfangsperiode eines Raketen-Kernwaffenkrieges auf dem westeuropäischen Kriegsschauplatz. [...], bezeichnen. Und nun ist genau auf die Zeitangaben zu achten! [L.B.] Den Krieg entfesselten die ‚Westlichen' am 6.10., 12.08 Uhr, mit Schlägen ballistischer Raketen und der Luftwaffe. [...], auf Grund der Aufklärungsergebnisse und Meldungen vom Anflug führten die „Östlichen", [L.B.] als Antwort um 12.05 Uhr den ersten massierten Raketen-Kernschlag. Es entwickelten sich auf der gesamten Frontbreite, von der Ostsee bis zur nördlichen Grenze Österreichs, schwere Begegnungsschlachten. Auf Grund des ersten Schlages der ‚Östlichen', gelang es den ‚Westlichen' nicht das Kräfteverhältnis zu ihren Gunsten zu verändern".

Diese nur dreiminütige Differenz: hier 12:08 h und da 12:05 h verdeutlicht die Dichotomie zwischen einem „nuklearen Erstschlag" und einem „nuklearen Ersteinsatz" der späteren militärstrategisch-politischen Diskussion. Das Kommando des Militärbezirk III (Leipzig) nahm an der Übung in der Rolle der 40. Armee, der MB V (Neubrandenburg) in der des 41. AK's teil – mithin eher untergeordnete Kommandostäbe. Die 40. Armee sicherte im Zusammenwirken mit der benachbarten Südwestfront den Vormarsch der Zentralfront in Richtung auf den Rhein. Das 41. AK wurde der 31. Armee unterstellt.

Größere Aufmerksamkeit kam daher, aus der Sicht des Verteidigungsministers und in dessen Analyse des Übungsgeschehens, den Kommandos der Luftstreit-kräfte/ Luftverteidigung und der Volksmarine zu, letztere insbesondere infolge

> „der besonderen Bedeutung der westlichen Ostsee für die Erweiterung der Operations-zone der vereinigten baltischen Flotten und der Sicherung ihres Durchbruchs in die Nordsee".

Erstmals wurde die Volksmarine für diese Übung operativ dem Chef der BRF in seiner Eigenschaft als Chef der Vereinten Baltischen Flotten unterstellt. Nach der Manöver-Chronologie begann die VM mit der Herstellung erhöhter Ge-fechtsbereitschaft ab 1.10.1961. Abschluss am 6.10.1961. Beginn der Kampf-handlungen durch „West" am 6.10.1961, 12.00 Uhr. Bereits in der Spannungs-zeit erfolgte zum Teil die Verstärkung der Kräfte der VM durch Einheiten der BRF, insbesondere um:

1 Küstenraketenregiment „Sobka";
3 Raketenschnellboote mit Raketen vom Typ „P-15" (Napalm?);
4 KS-Schiffe;
1 TS-Bootsabteilung;
1 130-mm-Küstenbatterie;
1 100-mm-Küstenbatterie;
1 größere Zahl von Räumkräften, zum Teil mit Spezialgeräten ausgerüstet;
1 Brigade von Zerstören.

In Abhängigkeit von der Lage wurden der VM die folgenden Aufgaben ge-stellt:

- Seeaufklärung westlich der Linie Moen-Arkona;
- Selbständig und im Zusammenwirken mit verbündeten Flotten Schiff-gruppierungen des Gegners in der Sund- und Beltzone zu vernichten;
- Sicherung von Überführungen auf See sowie Stationierung von Kräf-ten der VOF im Operationsgebiet der VM;
- In Verbindung mit einer Landung polnischer Kräfte in der Köge- und Fakse-Bucht selbständig mit Kräften der 50. Armee eine Landung auf der Insel Falster durchzuführen und den Hafen Gedser einzunehmen;
- Entsprechend den Möglichkeiten der VM die Handlungen der Küsten-front im notwendigen Maße durch aktive Handlungen zu unterstützen;
- In der eigenen und erweiterten Operationszone günstige operative Be-dingungen zu schaffen und aufrechtzuerhalten unter besonderer Be-rücksichtigung des Minenräumens in den Belten, der Kieler, Mecklen-burger und Helgoländer Bucht.

Im weiteren Verlauf der Übung wurden entsprechend der entstandenen Lage die Aufträge an den Chef der VM präzisiert:

- Unterstützung des Vormarsches der 50. Armee in Richtung Nordspitze Jütlands durch Vernichtung gegnerischer Überwasserkräfte im Kleinen Belt und im Kattegat sowie durch Inbesitznahme der wichtigsten Häfen Fredericia, Aarhus, Aalborg und Frederikshavn;
- Einrichtung der besetzten Teile von Schleswig-Holstein und forciert den Nord-Ostsee-Kanal nutzbar machen zur Sicherstellung der Überführung von Stoßkräften der VBF in die Nordsee;
- Herstellung einer gesicherten Nachschubverbindung von Warnemünde nach Seeland;
- die Überführung, Basierung und Entfaltung von Stoßkräften der VBF zur Führung von Kampfhandlungen in der Nordsee zu sichern.

Die VM rühmte sich anschließend, die Übung habe insgesamt den aktiven und offensiven Charakter der Kampfhandlungen der VM deutlich erkennen lassen.

Der Verteidigungsminister zollte bei seinem kritischen Resümee dem Kommando der Volksmarine auch allgemein Lob, bewertete jedoch das Zusammenwirken mit der Küstenfront und hier vor allem mit der unmittelbar benachbarten 50. Armee als völlig unzureichend organisiert:

> „Bei der Berechnung der Kräfte und Mittel zur Beseitigung der Kernwaffenschläge auf dem Rügendamm [... und] beim Räumen des Nord-Ostsee-Kanals von zerstörten Brückenteilen, bei der Bergung bzw. Beseitigung der gesunkenen Schiffe und der Zerstörung der Kanalschleusen wurde die Bereitstellung von Spezialkräften noch ungenügend beachtet.[...] Die Erarbeitung der Unterlagen für die Anlandung auf der Insel Falster genügte noch nicht den Anforderungen".

Überhaupt müsse das Kommando der Volksmarine seine Kenntnisse über den Gegner zu Land noch verbessern. Zusammenfassend urteilte der Minister, dass das Kommando der Volksmarine sich insbesondere davor zu hüten habe,

> „die Seekriegshandlungen in der Anfangsperiode allzu sehr unter dem Gesichtswinkel der Verteidigung und Sicherung zu betrachten. Unsere Vereinten Flotten stellen eine große Macht dar und sind der NATO-Flotte insgesamt als auch in Bezug auf die Ostsee überlegen. Deshalb besteht unsere Hauptaufgabe in aktiven Handlungen zur Zerschlagung der gegnerischen Flottenkräfte in den Ostseegewässern und im Erzwingen der Zugänge zur Nordsee. Das ist die Hauptaufgabe; und ihr müssen wir in Zukunft die Ausbildung und Vorbereitung mehr unterordnen".

Wird berücksichtigt, dass es sich bei dieser Übung um eine operativ-strategische Aufgabe des Vereinten Oberkommandos gehandelt hatte, dann lassen sich selbst die teilweise bekannten Zitate aus weiteren polnischen Quellen nahtlos einbeziehen, d.h. es handelte sich mutmaßlich um ein und dieselbe Übung.

Daraus lässt sich ein, zumindest stellenweise, um den Nuklear-Einsatz erweitertes Szenario erschließen:

> Operational Directive No. 002 of the Staff of the Maritime Front [i.e. Küstenfront], 4 October 1961.
> „Within the framework of the exercise "Burza" [Storm], the Warsaw Pact command has a 1 to 2-day advance notice of a NATO attack. Simultaneously with the attack, the Polish Maritime Front launches an offensive through the the Netherlands and, in cooperation with the Soviet Baltic Fleet, into Denmark. It proceeds toward victory while the Warsaw Pact launches nuclear strikes".
> (Archives: Archives of the Organizations of the Ministry of National Defense, Modlin, Collection Main Directorate of Combat Training, File 18/91/30.)

> Report Concerning the Planning of Nuclear Strikes by Missile Forces, undated [October 1961].
> „Within the framework of the exercise "Burza" [Storm], the Maritime Front supports air- and sea-borne landings in Denmark by delivering five nuclear strikes against enemy Nike missile launchers and coastal defenses. In support of the main army operations, it delivers 31 additional tactical nuclear strikes against military targets in Denmark and northern Germany and requests from the Unified Command of the Warsaw Pact the delivery of strategic nuclear strikes against Wesermünde and Wilhelmshafen".

> Situation Report of the Commander of the Maritime Front, 10 October 1961.
> „Within the framework of the exercise "Burza" [Storm], the forces of the Maritime Front proceed with the final liquidation of the enemy forces in Denmark, northern Germany, and the Netherlands. They utilize the effects of nuclear strikes to capture Copenhagen and the Hague, and prepare for advancing toward Calais".

Nach diesem Duktus des Vortrages[5] des Ministers für Nationale Verteidigung lagen damit dem Manöver nachfolgende Annahmen zugrunde:

Raum: Westgebiete der UdSSR, die VRP, ČSSR und DDR sowie „die möglichen Kampfhandlungen der Truppen auf dem Territorium Westdeutschlands, Dänemarks, Belgiens und Frankreichs studiert. Alle Fragen der möglichen „Handlungen der Flotten in der Ost- und Nordsee wurden durchgearbeitet". „Östliche" rissen auf Grund des Erstschlages die Initiative an sich und erreichten zum Ausgang des zweiten Kampftages (7.10.1961) in der Ruhr-, Frankfurter- und Münchner-Richtung Tiefen von 80 – 160 km. Den „Westlichen" hingegen ge-

---

[5] DVW 1/6103: Reden und Referate des Ministers für NV: Vortrag über die Auswertung der op.-strategischen KSÜ des Vereinigten Oberkommandos vom 28.09. – 10.10.1961, Sekretariat, Eingangs-Stempel 14.Nov. 1961.

lang nur ein Raumgewinn in der Küsten- und in der Leipziger Richtung von 40 – 50 km, um von dort „Flankenangriffe" gegen die 1. Zentralfront zu führen.

Am Morgen des 2. Kampftages führten die Östlichen die Truppen der polnischen Küstenfront in der Hamburger Richtung ein, am 3. Tag wurden die Truppen der Westfront in die Ruhr- und die der 2. Zentralfront in die Stuttgarter Richtung eingeführt.

Die Fronten erhielten den Auftrag, am 10. Kampftag den Abschnitt Seine, Burgunder Kanal, Charlon-sur-Saône, Morez zu erreichen. Mit der Entschlussfassung der Oberbefehlshaber der Fronten endete die Übung.

Die Auswertung der Planübung auf der Ebene Verteidigungsminister der UdSSR und OB der VSK ergab – bezogen auf die NVA – u.a. nachstehende Kritikpunkte:
- Schulungsbedarf für Kommandeure und Stäbe hinsichtlich der wirksamen Anwendung und Ausnutzung der Raketen-Kernwaffenschläge;
- Verbesserung der Zusammenarbeit untereinander und mit den Nachbarn;
- Verbesserung bei der Infrastruktur im Nachrichtenwesen.

Zu den Mängeln wurde insbesondere gerechnet, dass der Kernwaffeneinsatz nach Abschnitten und nicht nach Richtungen geplant wurde.

> „So wurden zum Beispiel bei der Planung der Operation die Fragen des Kernwaffeneinsatzes nach Abschnitten in der Angriffsrichtung der Truppen berechnet, ohne zu prüfen, welche konkreten Ziele in diesen Richtungen lagen. Bei der Verteilung der Kernwaffen nach Etappen der Operation wurde der voraussichtliche Verlauf der Kampfhandlungen nicht berücksichtigt".

Kernwaffen dürften auch nicht schablonenhaft eingesetzt werden, z.B. 60% der verfügbaren für die erste Aufgabe, die verbleibenden 40 % für die weiteren Aufgaben.

> „Der Einsatz der Kernwaffen hat nicht nach einer Schablone, sondern nach der konkreten Lage zu erfolgen. Die Kernwaffe ist eine teure, nicht unbegrenzt verfügbare Waffe, daher Ziel mit dem geringsten Aufwand die größte Wirkung zu erzielen".

Die hinter diesen Nuklear-Angriffen offenbar steckende Überlegung umschrieb der polnische General Zygmunt Duszynski 1961:

> "It is desirable to consider (...) nuclear attacks on such centers as Hannover or Brunswick, Kiel and Bremen. The destruction of these cities will likely cause a complete disorganization of political life, the economy, etc. It will significantly influence the creation of panic in areas of nuclear strikes. The exploitation of the effects of

strikes by our propaganda may contribute to the spread of panic among enemy armies and populations (...). In order to exclude Denmark from the war as quickly as possible, nuclear strikes should be launched at Esbjerg (an important strategic point in the NATO system) and Roskilde (Zealand Island), and subsequently a widespread special propaganda action aimed at deepening the existing panic should be conducted to warn Denmark's troops and civilian population of the consequences of further resistance and the threat that, in the event of continuation of the war, further atomic strikes will occur."

(Excerpt from a presentation by the commander of the Polish Front, General Zygmunt Duszynski, in 1961)

Ende der Übung 10.10.1961, 13.00 h Moskauer Zeit. Zur ungewollten Dramaturgie jener Tage gehörte dann wohl auch, dass sich am 27.10.1961 in Berlin am „Checkpoint Charlie" sowjetische und amerikanische Panzer unmittelbar bedrohlich gegenüber standen.

ÄHNLICHE ÜBUNGEN UND DIE ÜBUNG "LETO-67"

Im Rahmen solcher operativen Übungen und Planspiele dürfte auch der bereits erwähnte „tschechische Operations-Plan" entstanden sein. Wegen des inneren Zusammenhanges soll hier – abweichend von der Chronologie – noch kurz auf die folgende Übung eingegangen werden.

„LETO – 67"
ÜBERPRÜFUNG DES VERTEIDIGUNGSSYSTEMS DER VRP, 27.05. – 04.06.1967

Die Landesverteidigung der VRP hatte damals zwei Funktionen zu erfüllen:
- die äußere Funktion, d.h. Teilnahme an der Zerschlagung einer gegnerischen Aggression im Bestand der 1. Strategischen Staffel der V[ereinten]S[treit] K[räfte] und der V[ereinten]O[stsee]F[lotten] auf dem europäischen Kriegsschauplatz;
- die innere Funktion, d.h., die Gewährleistung der Verteidigungsfähigkeit des Landes und in der Sicherstellung der Bewegungsfähigkeit der das Territorium des Landes passierenden Verbände der VSK.

In der Ausgangslage wurde davon ausgegangen: BRD beabsichtigt mit Rückendeckung durch die NATO die handstreichartige Besetzung der DDR und der West- und Nordgebiete Polens: NATO-Manöver „EINHEIT – 67". Einsatz von MVM nur bei kritischen Lagen, bei entschlossenem Gegenmaßnahmen bzw. als „politisches Druckmittel" seitens der NATO geplant.

Die „Östlichen" sind entschlossen zur Gegenwehr, bilden aus den Kräften der GSSD und NVA die Westfront, MVM sollen erst eingesetzt werden, wenn die „Westlichen" dieses Mittel auch einsetzen.

„Die Westfront im Bestand von 5 Armeen sollte durch Führung von zwei Schlägen in Richtung LEIPZIG, LUXEMBURG und RATHENOW, KREFELD die Gruppierung der Armeegruppe Mitte und die südliche Gruppierung der Armeegruppe Nord zerschlagen und mit Teilkräften die Jütländische Operationsrichtung bis zum Heranführen der Küstenfront decken. Die Küstenfront im Bestand von 3 Armeen wurde am 2. – 3. Operationstag in die Schlacht eingeführt und hatte die Aufgabe, mit zwei Armeen einen Schlag in Richtung LUDWIGSLUST, OSTENDE zu führen und die nördliche Gruppierung der Armeegruppe Nord zu zerschlagen; mit einer Armee den Angriff in der Jütländischen Operationsrichtung zu entwickeln und im Zusammenwirken mit den Landungsverbänden der operativen Gruppe ‚Ostsee' die westdeutschen und dänischen Verbände in diesem Raum zu zerschlagen".

Angriffsbeginn durch „West" am 31.05.1967, 05.00 h, Einsatz von MVM im Bereich der Armeegruppe Mitte am 01.06.1967, 06.00 h.

Kernwaffen-Gegenschlag der „Ost"-Seite.

Direktive (Auszug) der Westfront Nr. 001, 29.05.1967:

> Excerpt from the Operational Directive No. 2 of the Maritime Front, 31 May 1967.
> „Within the framework of the exercise "Lato-67" [Summer-67], having repelled enemy attack, the Western Front launches an offensive in the general direction of Leipzig-Châlons-sur-Marne and the Maritime Front an offensive in the general directions of Neuruppin-Hannover-Ostend and Schwerin-Lübeck-Jutland Peninsula, together with landings in the Baltic Straits. Within 7-8 days of a nuclear war (or 10-11 days of a conventional war), the advancing forces seize the northern part of the FRG and the eastern part of the Netherlands. Within 10-13 days of a nuclear war (or 14-18 days of a conventional war), they seize all of the Netherlands, Belgium, and Denmark. In the event of a nuclear war, the Unified Command supports the Maritime Front by delivering 57 nuclear strikes, of 3200 kiloton magnitude, on targets including Hannover, Münster, Arnhem, Amsterdam, Rotterdam, Brussels, Flensburg, Copenhagen, Odense, the Hague, and Ostend.
> (*Archives: Archives of the Organizations of the Ministry of National Defense, Modlin, Collection Main Directorate of Combat Training, File 18/19/227.*)

Kehren wir nun wieder zu den Manövern der Volksmarine zurück.

Einseitige, zweistufige gemeinsame Kommandostabsübung mit Nachrichtenmitteln und darstellenden Kräften.

Thema:

> „Die Unterstützung der Landfront bei der Inbesitznahme der Belt- und Sundzone mit Durchführung von Seelandungen in der Anfangsperiode eines Krieges", 17.05. – 22.05.1962.

Der Leiter der Übung hatte bei der Ausgangslage die Grenze zwischen Blau und Rot etwa längs des Meridians 17° 30' E gelegt; dadurch entstanden gewisse Manöver-Künsteleien.

Die der VM zunächst gestellten Aufgaben lauteten:
- Deckung und Sicherung von Landungskräften der VOF bei der Überfahrt auf See;
- Vorbereitung der Verminung des Fehmarn-Belts und –Sunds auf Befehl;
- Sicherstellung der Stationierung von Kräften der VOF und der Aufrechterhaltung günstiger operativer Bedingungen in der Operationszone der VM;

„Im weiteren hatte die VM bereit zu sein:
- zum Freiräumen des Großen und Kleinen Belts;
- zur kurzfristigen Wiederherstellung des Nord-Ostsee-Kanals zur Nutzung durch eigene Kräfte und
- zur Sicherstellung der Überführung von Flottenkräften der VOF in die Nordsee gleichzeitig mit der Besetzung der Belt- und Sundzone".

Wegen der bevorstehenden Einführung von RS-Booten bei der VM sollte dieser neuen Kampftechnik verstärkte Aufmerksamkeit zugewandt werden.

DAS JAHR 1968:

1. „RÜGEN"

Einseitige, dreistufige operativ-taktische KSÜ der BRF, der PSKF und der VM, 15.04. – 22.04.1968, Leiter der Übung: Chef der Volksmarine.

In der operativen Direktive des Chefs des Hauptstabes der VM (Auszug) vom 14.04. heißt es u.a.:

> „[...] 2. Bei Beginn der Kampfhandlungen durch die Seite ‚West' mit Einsatz von Kernwaffen werden nach dem Plan der Hauptquartiers des Oberkommandos der

Streitkräfte der UdSSR im ersten Schlag durch die Raketentruppen im Angriffsstreifen der Küstenfront und der Baltischen Flotte Schläge auf folgende Objekte geführt:

- die 4 Fernlenkbatterien ‚Nike-Herkules' auf der Insel ‚S';
- die Flottenbasen Holmen, Korsör und Kiel;
- die Flugplätze und Führungsstellen Karup, Skrydstrup, Aalborg, Leck, Husum, Eggebeck, Jagel – Luftdetonation mit einer Stärke von 500 bis 1000 Kt.

3. Die Truppen der Küstenfront haben die Aufgabe:

- mit Beginn der Kampfhandlungen eine Angriffsoperation in der Norddeutsch-Niederländischen und Jütländischen Richtung durchzuführen. Mit den Kräften einer Armee der Küstenfront ist bis zum Abend von T 3 der Kiel Kanal zu forcieren und am Tage T 6 die Linie Esberg - Kolding zu erreichen. Im weiteren Verlauf ist mit Fortsetzung des Angriffs in Richtung Skagen am Tage T 9 die Halbinsel Jütland zu besetzen.
- Dem Chef der VM der DDR zur Durchführung der Seelandungsoperation aus ihrem Bestand zu unterstellen:
- eine Landungsdivision, eine Mech.-Division und eine Luftlandedivision [...]. Für das Absetzen der Luftlandetruppen werden Transportfliegerkräfte [...] von den LSK der Streitkräfte der UdSSR zugeteilt;
- eine Jagdbomberdivision der Frontfliegerkräfte [...].

7. Die VM der DDR hat:

- eine Seelandungsoperation [...] durchzuführen. Am Morgen von T 4 die Anlandung der Seelandungstruppen [...] auf der Insel ‚S' [..., und] auf der Insel ‚F' mit dem Ziel durchzuführen, am Abend von T 6 die Inseln ‚S' und ‚F' zu besetzen [...], vor Beginn der Seelandung noch Luftlandung auf ‚S'[...]".

In seinem Entschluss sah der Chef der Landungsflotte folgende Verteilung der Kernmittel zur Vernichtung gegnerischer Kräfte und Objekte der Landungsabwehr vor:

„Je eine Kernbombe von 50 bzw. 30 KT zur Vernichtung bzw. Ausschaltung von zwei Raketenstellungen ‚Honest John',
je eine Kernbombe von 50 bzw. 30 KT zur Vernichtung bzw. Ausschaltung von zwei Batterien 203,2 mm Artillerie,
zwei Kernbomben von 30 KT zur Vernichtung von zwei Batterien 155 mm Artillerie,
eine Kernbombe von 50 KT und zwei Kernbomben von je 30 KT zur Ausschaltung von Landungsabwehrknoten in den einzelnen Landungsabschnitten.
In meiner Reserve verbleiben:

| eine Kernbombe | 50 KT und |
| zwei Kernbomben | 30 KT." |

Zweiseitige, mehrstufige Übung mit darstellenden Kräften, 11.07. – 19.07.1968. Raum: Barentssee, Nordmeer, Nordatlantik, Norwegische See, Nord- und Ostsee. Flottenadmiral Gorschkow, Nordflotte, BRF, PSKF und VM. Entschluss Chef der VM als graphischer Befehl.

3 Etappen:

1. Etappe: Vorbereitung;

2. Etappe: T bis T 2: Führung von Kampfhandlungen mit herkömmlichen Waffen;

3. Etappe: Führen von Kampfhandlungen mit unbegrenztem Einsatz von Kernwaffen, die Vernichtung gegnerischer Kernwaffeneinsatzmittel und Landungsverbände (T 3 bis T 4), eingeleitet durch entsprechende Schläge von West auf Ost. (Gleichzeitig Landungsoperation an der Nordküste der UdSSR Fischerhalbinsel und Abwehr durch Gegenlandung)

Ergebnis u.a.: Handlungen der Seestreitkräfte ohne Unterstützung von Fliegerkräften wenig effektiv.

In der „Auswertung" zur Übung hieß es:

> „Die Übung war eine offensive Antwort auf aggressive Bestrebungen und Handlungen der NATO-Kräfte in den letzten Wochen und Monaten. So fand zum Beispiel im Juli 1968 entlang der sowjetisch-norwegischen Grenze das NATO-Manöver ‚Polarexpreß' statt. [...] Ein Manöverelement bestand u.a. im Einfliegen starker NATO-Verbände nach Norwegen. Das ganze Unternehmen wurde als Manöver der AMF (Allied Mobile Force) der sogenannten NATO-Feuerwehr für Nordeuropa deklariert".

Die BRD liebäugele mit „Blitzkriegsplänen" nach israelischem Vorbild, die Bundesmarine strebe eine „ausgewogene Flotte"(Jeschonnek) an.

> „Die Übung ‚Sewer' war wie die Übung ‚Böhmerwald' zugleich eine politische und militärische Demonstration gegen die Spekulationen des Imperialismus, die er zur Zeit an gewisse Vorgänge in der CSSR knüpft. [...] Zur gleichen Zeit, da die Übung stattfand, tagten in Warschau die führenden Repräsentanten von fünf sozialistischen Staaten und bekundeten ihren festen Willen, [...] keine konterrevolutionären Anschläge gegen ein Bruderland zuzulassen".

Angesichts der von Gorschkow bestätigten östlichen Überlegenheit, ist es nach dem Chef der VM, Vizeadmiral Ehm, nunmehr Aufgabe,

> „auch in der Volksmarine das Denken und die Handlungen auf die Führung von entschlossenen offensiven Kampfhandlungen sofort mit Beginn einer Aggression zu richten. Wir müssen die Absichten des Gegners durch die Verwirklichung unserer eigenen offensiven Ziele durchkreuzen".

Einseitige, dreistufige operativ-taktische Stabsübung.

Thema:

> „Die Führung der Kräfte der VOF bei der Vernichtung der Vereinten Streitkräfte des Gegners in der Ostsee bei Minengefahr und aktiver funkelektronischer Gegenwirkung", 23.03. – 25.03.1971.

„SOJUS-71"

Einseitige operativ-taktische KSÜ mit darstellenden Kräften der BRF, der VM und der PSKF.

Thema:

> „Die Vernichtung der Vereinten Flotten des Gegners in der Ostsee unter den Bedingungen der Minengefahr und des aktiven funkelektronischen Kampfes", 06.07. – 12.07.1971.

Zur „operativen Tarnung" wurden, d.h um dem „Gegner" – die NATO-Streitkräfte - die Gewinnung von Einblicken in das Übungsgeschehen zu erschweren, Schiffe im Seegebiet bei Skagen eingesetzt.

„SOJUS-72"

Operatives Kriegsspiel auf Karten.

Thema:

> „Handlungen der verbündeten Truppen und Flottenkräfte bei überraschendem Kriegsbeginn auf dem westlichen Kriegsschauplatz, die Abwehr einer gegnerischen Aggression und die Führung von Angriffsoperationen beim Einsatz verschiedener Kampfmittel", 25.02. – 03.03.1972.

Dabei arbeitete die operative Gruppe der VM u.a. folgende Hauptfragen durch:
*   Herstellung der Abwehrbereitschaft nach Auslösung der vollen Gefechtsbereitschaft;
*   Vernichtung von Überwasserschiffsgruppierungen in der Operationsrichtung Kieler Bucht – Großer Belt;
*   Unterstützung der in der Jütländischen Richtung handelnden Westfront (später der 5. Selbständigen Armee);

- Erweiterung der Operationszone der VM durch die Bildung der Flottenbasis Kieler Bucht und der damit verbundenen Schaffung günstiger Bedingungen in der Kieler Bucht;
- Unterstützung der 5. Armee bei der Einnahme der dänischen Inseln und der Organisation des Nach- und Abschubs;
- Herstellung der Schiffbarkeit des Kieler Kanals;
- Bildung der Flottenbasis Deutsche Bucht und Schaffung eines günstigen operativen Regimes im Verantwortungsgebiet der Volksmarine in der Nordsee;
- Das Zusammenwirken der Kräfte und Mittel der VM mit denen der Luftverteidigung der DDR, der 1. Luftarmee, der Luftabwehr der Front und der 5. Armee.

Nach Auffassung des OB der Vereinten Streitkräfte ist die „Einnahme der Sund-Belt-Zone [...] eine der wichtigsten, [..., eventuell die bedeutendste] Operation auf unserem Kriegsschauplatz".

Als weitere Fragen wurden diskutiert:
- Einnahme der Inseln Fehmarn und Langeland;
- Konzentration des Minenräumens in der Kieler Bucht auf das wichtigste Küstenfahrwasser, damit Kriegs- und Hilfsschiffe in kürzester Zeit überführt werden können;
- Entsprechendes gilt für die Wiederherstellung der Schiffbarkeit des Kieler Kanals;
- Nutzung der Neutralität Schwedens in unserem Interesse bei Durchbruch durch den Sund.

„BALTIKA-72"

Gemeinsame KSÜ mit darstellenden Kräften der BRF, der PSKF und der VM, 30.05. – 06.06.1972.

Thema:

> „Die Vorbereitung und Durchführung einer Operation zur Erringung der Seeherrschaft in der Ostsee und zur Vernichtung in die Ostsee eindringender Kräfte des Gegners unter den Bedingungen der Minengefahr und des F[ernmelde]E[lektronischen]K[ampfes]", 31.05. – 07.06.1972.

Gemeinsame Kommandostabübung.

Thema:

> „Die Vorbereitung und Führung der Angriffsoperation einer Armee zu Beginn eines Krieges entlang der Küste", 26.03. – 31.03.1973.

„TAIFUN-73" UND „KONTAKT-73"

Einseitige operativ-taktische Flottenübung der Volksmarine und taktische Übung der Kräfte des Gefechtsdienstes der VM mit der BRF und PSKF.

Thema:

> „Die Schaffung günstiger Bedingungen zur Führung der ersten Kampfhandlungen im Südteil der Sund-Belt-Zone und in der Vorsund-Belt-Zone durch gemeinsame Anstrengungen der Kräfte des Gefechtsdienstes der Volksmarine und Unterstützungskräfte der BRF und PSKF", 09.04. – 13.04.1973.

<u>„Idee (wesentlicher Ablauf, Ausbildungsziele)":</u>

Die Führung der ersten Schläge durch Kräfte der Volksmarine selbständig und im Zusammenwirken mit Schiffs- und Flugzeugschlaggruppen der VOF und deren allseitige Sicherstellung unter den Bedingungen der Minengefahr, des FEK und des Übergangs zum Einsatz von Massenvernichtungsmitteln.

Bei der Übung „TAIFUN-73" wurde erstmalig in den Stäben auf der Grundlage der in Übersetzung vorliegenden „Stabsdienstvorschrift der sowjetischen Seekriegsflotte" und der „Gefechtsvorschrift der sowjetischen Seekriegsflotte" gearbeitet.

> „Bei der 1. Etappe sollten im Rahmen des Gefechtsdienstes auch die in See befindlichen Kräfte des Gegners aufgeklärt werden. Aktuell waren das damals von der Bundesmarine u.a. 2 U-Boote (S 187 und S 328), 1 Zerstörer (D 171), 11 Minensucher vom 7. MSG. Schwierigkeiten gab es offenbar, zu tauchenden bzw. getaucht fahrenden U-Booten Kontakt zu halten.
> [...] Die 2. Etappe (10.04., 18.00 Uhr bis 13.04., 07.00 Uhr) beinhaltete die Überführung der Kräfte in die volle Gefechtsbereitschaft und die Lösung von Aufgaben des Gefechtsdienstes [...]. Schwerpunkt der Handlungen bildete der taktische Einsatz der Kräfte und Mittel des Gefechtsdienstes bei hoher Anpassung zur Suche, ständigen Beobachtung der Über- und Unterwasserkräfte des Gegners, zur Begleitung und bei der Übergabe des Kontaktes. Während der 2. Etappe befanden sich 23 Einheiten der Bundesmarine sowie der dänischen und britischen Seestreitkräfte in der Operationszone der 3. Flotte. Auf Grund der Wetterlage wurde die Übung am 11.04., 12.15 Uhr, unterbrochen" (Wind 11 Bf, Seegang 6).

Einseitige, zweistufige Kommandostabsübung der verbündeten Ostseeflotten mit darstellenden Kräften.

Thema:

> „Die Vernichtung der vereinten Flottenkräfte des Gegners zur Erringung der Seeherrschaft in der Ostsee und die Unterstützung der in Küstenrichtung handelnden Truppen der Fronten", 03.09. - 13.09.1974.

Aufgabenstellung für die Seite „Ost":

- „Die Truppen der Armeegruppe Nord und im Bereich der „Ostseeausgänge" zu zerschlagen, die Fliegerkräfte der 2. ATAF zu vernichten und in Richtung Brüssel die Linie NORDEN, OLDENBURG, OSNABRÜCK und in Richtung Jütland die Linie HORSENS, ÄLGOD, FÜNEN am T 6/7 zu erreichen;
- gemeinsam mit der 2. Flotte am T 4 eine Landungsoperation zur Einnahme der Inseln Seeland, Moen, Falster und Lolland [...] durchzuführen;
- den Angriff mit den Hauptkräften in Richtung Brüssel auszuweiten {...] und am 11. bis 13. Tag den Abschnitt der Nordseeküste und die nordöstliche Grenze von ‚Hellblau' zu erreichen;
- in der Jütländischen Richtung [...] die Halbinsel einzunehmen und den Durchbruch der verbündeten Ostseeflotten zu gewährleisten.

Der 3. Flotte wurden folgende Aufgaben gestellt:

- [... nach Überführung von Kräften in die Nordsee] mit den übrigen Kräften ist die Aufrechterhaltung eines notwendigen operativen Regimes im südöstlichen Teil der Nordsee südlich der Parallele 55° 00' N und östlich 05° 00' zu gewährleisten:
- Es ist zu verhindern, dass in diesem Gebiet Transporte der ‚Westlichen' durchgeführt werden".

Die Bedeutung der Kriegshandlungen in der Jütländischen Richtung lag für Vizeadmiral Ehm in der Möglichkeit, die NATO-Bereiche Nord und Europa zu trennen, Dänemark aus den Krieg herauszubrechen und die Hauptkräfte der VOF in die Nordsee durchbrechen zu lassen. Einsatz von Marinefliegern in Randmeeren für die Erringung der Seeherrschaft wichtig. Auch qualitative und quantitative Überlegenheit der eigenen Flottenkräfte ist unverzichtbar.

Mobilmachungsspiel und gemeinsame einseitige, mehrstufige Kommandostabsübung.

Thema:

> „Führung der Mobilmachung im Militärbezirk, Organisation der Deckung der Staatsgrenze im Zusammenwirken mit den Grenztruppen und Seestreitkräften. Vorbereitung und Führung der Angriffsoperationen einer Armee in der Jütländischen Operationsrichtung unter den Bedingungen des Einsatzes von Massenvernichtungsmitteln", 21.05. – 27.05.1975.

Einseitige, mehrstufige Kommandostabsübung der VOF mit darstellenden Kräften.

Thema:

> „Die Organisation und Durchführung der Aufklärung zur Sicherstellung der Vernichtung der vereinten Seestreitkräfte des Gegners in der Ostsee", 05.08. – 07.08.1975.

Mobilmachungsspiel und einseitige, zweistufige operativ-taktische Kommandostabsübung der Volksmarine mit Nachrichtenmitteln im Zusammenwirken mit den territorialen Führungsorganen des Küstenbezirkes.

Thema:

> „Der Übergang auf die Struktur für den Verteidigungszustand, die Planung des Einsatzes und die Führung der Kräfte der Volksmarine zur Erfüllung von Kampfhandlungen zur Unterstützung einer Angriffsoperation der Armee in Küstenrichtung. Die Führung des WBK Rostock in einer Spannungsperiode und im Verlauf eines Krieges ohne und mit Einsatz von MVM", 22.09. – 26.09.1975.

Gemeinsame operativ-taktische Kommandostabsübung.

Thema:

> „Organisation und Führung der Angriffsoperation einer Armee im Zusammenwirken mit Seestreitkräften zu Beginn eines Krieges ohne Einsatz von Kernwaffen und Über-

gang zum Einsatz von MVM im Verlaufe der Operation", 10.03. – 15.03.1977.

Das Grundschema war ähnlich. Nach Kriegsbeginn, Angriff mit Begegnungsschlacht zunächst ohne Kernwaffen, dann nuklearer Begegnungsschlag und – nach Beseitigung der hauptsächlichsten Folgen – Fortsetzung der Angriffsoperation mit den Hauptkräften in die geplante Richtung. U.a. im Interesse des Trainings der Führungsorgane in der Verlegung auf reale Entfernungen wurde der Verlauf der westlichen Staatsgrenze der DDR für die Übung 90 bis 110 km ostwärts angenommen.

Desgleichen gliederte man vier reale Episoden in das Übungsgeschehen ein, darunter:

a) Forcieren eines kleinen Wasserhindernisses auf Schlauchbooten (Warnow) und

b) Durchführung einer taktischen Seelandung (Rügen für Fehmarn).

Neu war offenbar auch, dass die „Spezialpropaganda" nach der neuen Ordnung 030/9/115 organisiert wurde.

„VAL-77"

Gemeinsame operativ-taktische Übung.

Thema:

> „Die Vorbereitung und Führung der Angriffsoperation der Front in Küstenrichtung im Zusammenwirken mit Flottenkräften zur Zerschlagung von Gruppierungen der Land- und Seestreitkräfte und zur Einnahme der Belt- und Sund-Zone", 27.06. – 07.07.1977.

Der Verteidigungsminister der UdSSR Ustinow nannte in seinem Referat zur Auswertung der Übung nachstehende Eckpunkte (Konspekt zum Referat):

Ausgangspunkte seien einmal die neue Verfassung der UdSSR und zum andern die absehbaren weltpolitischen Veränderungen wie
- Kapitalistische Umkreisung beseitigt;
- Sozialismus der entscheidende Faktor der Entwicklung in der Welt;
- Anwachsen der nationalen Befreiungsbewegungen;
- In SU laute die gegenwärtige Aufgabe: Aufbau des Kommunismus.

Dann verwies er auf die Schlussakte von Helsinki, über die es unterschiedliche Auslegungen in den sozialistischen und kapitalistischen Ländern gäbe. Letztere wollen damit in die „inneren Angelegenheiten" der sozialistischen Länder eindringen.

Auf militärischem Gebiet zeichnete sich für ihn noch keine Entspannung ab, im Gegenteil: USA und NATO erhöhten ihre Rüstungsausgaben.

Die strategische Konzeption der WP-Staaten besteht daher für ihn u.a. weiterhin in dem Willen,

- die strategische Initiative behalten zu wollen,
- durch eine hohe Gefechtsbereitschaft den Kampf um die Zeit zu gewinnen und in der
- Bereitschaft, „kühn und entschlossen eine Aggression abzuwehren und auf dem Territorium des Gegners zu kämpfen".

Ustinow räumte auch die Möglichkeit einer operativen Pause nach einem ersten Einsatz von Kernwaffen ein.

Der Chef des Generalstabes der UdSSR, Marschall Ogarkow, wies zunächst auf die komplizierte Ausgangslage hin, bedingt durch die große räumliche Tiefe, die Zurückverlegung der Staatsgrenze der DDR und das Üben in realer Zeit und das Spielen mit Zeitsprüngen. Naturgemäß beschäftigte er sich mehr mit den Landfronten. Zu dem „Kernwaffeneinsatz" führte er aus:

> „Der Gegner setzte gegen die Fronten und die VOF 680 Kernwaffeneinsatzmittel ein. Die ‚Östlichen' erlitten große Verluste. Nur 36 % der Truppen der Landstreitkräfte und 70 % der Fliegerkräfte behielten ihre Kampfkraft. Ca. 120 Schläge waren Erddetonationen. Es kam zu großen Verseuchungen des Territoriums.
> Die ‚Östlichen' verloren das Doppelte an Kräften wie der Gegner, weil die ‚Westlichen' über mehr taktische Kernwaffen verfügten. Daraus resultiert nochmals die Forderung der Vernichtung der Kernwaffeneinsatzmittel des Gegners durch den Einsatz herkömmlicher Mittel".

Bezüglich der VOF hätte sich Ogarkow eine stärkere Konzentration der Kräfte in der Hauptrichtung und bei der Planung der Landung gewünscht. Unterschätzt worden seien seiner Meinung nach auch die Bedrohung durch die Marineflieger und die Gefahr durch Minen.

Die operativ-taktische Übung „Val-77" selber wurde in drei Etappen durchgeführt. Die Marineflieger der UdSSR verfügten dabei offenbar über Luft-Schiff-Raketen und UAW-Fliegerbomben mit Kernladungen. Zu Beginn der ersten Etappe wurden mit der Gefechtsanordnung 0014/OP des Befehlshabers der VOF der 3. Flotte nachstehende Aufgaben gestellt:

- die vereinten Seestreitkräfte der ‚Westlichen' in der Operationszone der Flotte und in Richtung KIELER BUCHT – BELTE westlich der Linie ARKONA – MOEN zu vernichten;
- Die Anlandung eines Teils der Seelandetruppen im Bestand der Landungskräfte der 2. Flotte nach einem speziellen Plan zu gewährleisten

und die Landungskräfte in Richtung KIELER BUCHT – BELTE zu decken;

- Mit Einnahme der SUND- und BELT-ZONE und des NORD-OST-SEE-KANALS die Hauptkräfte der Flotte in die DEUTSCHE BUCHT zu überführen für Handlungen in der NORDSEE und zur Gewährleistung der Anlandung eines Teils der Landungstruppen an die Südküste NORWEGENS im Bestand der Landungskräfte der 2. Flotte".

Erstmalig wurde offenbar auch ein „Plan der Kampfhandlungen der 3. Flotte in der Operation zur Erringung der Seeherrschaft" und ein „Plan der operativen Tarnung der 3. Flotte" erarbeitet.

Als neue Elemente bei „VAL-77" wurden u.a. herausgestellt:

- „SAPAD-77" ging als eine Art Vorübung „VAL-77" voraus;
- Einheitliche Führung der VOF und Verbindung zum Hauptgefechtsstand (HGS) der Küstenfront;
- Planung der Kampfhandlungen im Skagerrak und einer Landungsoperation an die Südküste Norwegens zur vollständigen Inbesitznahme der Ostseezugänge;
- Einsatz von Luftkissen-Landungsfahrzeugen durch die BF, taktische Luftlandung mit Hubschraubern durch L[uft]SK der NVA und SSK L[andungs]S[chiff]M[ittleres] Projekt 108 („Frosch")

„PRILIW-78"

Gemeinsame einseitige, zweistufige operativ-taktische Kommandostabsübung der VOF auf Karten mit Einsatz von Nachrichtenmitteln, 29.05. – 01.06.1978. Thema:

> „Die Vorbereitung und Führung gemeinsamer Kampfhandlungen der verbündeten Flotten zur Abwehr einer Aggression des Gegners, zur Erringung der Seeherrschaft und zur Unterstützung der Truppen der Küstenfront in der Ostsee und Nordsee".

Innerhalb einer Übungsdauer von nur drei Tagen sollte ein operativer Zeitraum von 14 Tagen mit ganz unterschiedlichen Aufgabenstellungen durchgearbeitet werden. Das zeigt den enormen Zeitdruck, unter dem die Planungen insgesamt standen, aber auch wohl gewollt war, um durch konkrete Zeitvorgaben an die beteiligten Stäbe für die Aufnahme, Bearbeitung und Weiterleitung der Befehle deren Arbeit besser aufeinander abstimmen zu können.

Neue Überlegungen erforderten insbesondere

- „die Organisation der Überführung aller Flottenkräfte in die Nordsee durch den Nord-Ostsee-Kanal als Hauptrichtung;
- der etappenweise Aufbau der Basierungssysteme über die bisherige Begrenzungslinie hinaus;
- das gemeinsame Handeln der verbündeten Flotten zur Erringung der Seeherrschaft in der Nordsee".

„SEWER-79"

Kommandostabsübung.

Thema:

„Die Organisation und Führung von Gefechtshandlungen eines Armeekorps zur Abwehr überlegener Kräfte des Gegners und Übergang zum Angriff im Zusammenwirken mit Seestreitkräften unter den Bedingungen des Einsatzes von Massenvernichtungsmitteln im Verlauf des Angriffs", 05.02. – 19.02.1979.

„Die Vereinte Ostseeflotte der ‚Östlichen' beabsichtigt, die ersten Schläge des Gegners abzuwehren, die Über- und Unterwasserkräfte der ‚Westlichen' mit Beginn der Kampfhandlungen in der Ostsee zu vernichten, die Seeflanke der Landstreitkräfte zu decken, die Seeverbindungen der ‚Westlichen' in der Ost- und Nordsee zu stören und beim Übergang der Küstenfront zum Angriff die Operation zur Erringung der Seeherrschaft in der Ost- und Nordsee zu führen und bereit zu sein zur Teilnahme an einer Landungsoperation zur Einnahme der Inseln der Meerengen.

Dabei handeln die Kräfte der 1. und 2. Flotte nördlich des Breitenparallels 55° 00' N in Richtung Öro-Sund – Kattegat – Skagerrak und die Kräfte der 3. Flotte in Richtung Mecklenburger Bucht – Kieler Bucht – Belte.

Die 3. Flotte hat [u.a.] die Aufgabe:
Vor Beginn der Kampfhandlungen

- die schnelle Rückführung und Umrüstung der Zivilflotte zu organisieren und die Evakuierung aus gefährdeten Gebieten auf den Seeweg sicherzustellen".

GEMEINSAME KOMMANDOSTABSÜBUNG DER VOP MIT DARSTELLENDEN KRÄFTEN

Thema:

„Die Abwehr einer Aggression des Gegners und die Führung von Kampfhandlungen zur Erringung der Seeherrschaft in der Ostsee", 06.06. – 12.06.1979.

„[...] Die 3. Etappe beinhaltete die Planung der Beräumung und Entminung der Meerengen, Planung der Überführung der Kräfte der VOF in die Nordsee, Organisation ihrer Basierung auf dem besetzten Territorium". Sie führte zu der Bemerkung: „Die Aufgabe der Überführung der Flottenkräfte in die Nordsee erfordert eine noch tiefgründigere, variantenreichere Untersuchung unter verschiedenen Lagebedingungen". Während der Übung wurde von den darstellenden Kräfte u.a. eine Rakete P-15 auf eine Zielscheibe geschossen und unter polnischer Führung ein gemeinsamer Raketen-Torpedoschlag im Zusammenwirken mit den Marinefliegerkräften gegen eine gegnerische Kampfschiffabteilung geübt.

„START-80"

Einseitige, zweistufige Kommandostabsübung der 6. Grenzbrigade Küste in Verbindung mit einem Mobilmachungsspiel, 19.03. – 20.03.1980.

„WAFFENBRÜDERSCHAFT-80"

Gemeinsame operativ-strategische Übung der Vereinten Streitkräfte.

Thema:

> „Die Abwehr eines Überfalls des Gegners und Übergang der Truppen der Front zum Angriff. Die Entwicklung des Angriffs in der Tiefe im Zusammenwirken mit den Flottenkräften". Raum: Truppenübungsplätze in der DDR, 04.09. – 14.09.1980.

Auch diese Übung folgte dem bekannten Grundszenario. Idee der Handlungen der Seiten, hier die der „Östlichen": Nach Abwehr der ersten Aggression führen des Gegenschlages.

Angriffsoperation der 1. Front

> „in Richtung Berlin – Brüssel vorbereiten und durchführen mit dem Ziel, unter Führung des Hauptschlages [...] in Richtung LÜBBEN, MAGDEBURG, OSNABRÜCK und eines weiteren Schlages mit der 3. A in Richtung PRENZLAU, SCHWERIN, RENDSBURG im Zusammenwirken mit der 2. Front und der VOF die Hauptgruppierungen der 1. Staffel der Armeegruppe Nord zu zerschlagen und am 7. bis 8. Operationstag den Abschnitt ECKERNFÖRDE, BREMEN, OSNABRÜCK, KASSEL einzunehmen.
> Im weiteren den Angriff mit den Hauptkräften in Richtung OSNABRÜCK, BRÜSSEL und mit der 3. A auf der Jütländischen Halbinsel zu entwickeln [...] und am 12. bis 15. Operationstag die Nordseeküste und die Staatsgrenze zu Frankreich zu erreichen. Mit dem Ziel der Einnahme der Dänischen Inseln in der SUND- und BELTZONE eine Seelandeoperation mit der 2. MSD, 7. SLD, 2. LLD und dem MLR-107 durchzuführen. Im Falle des Einsatzes von Kernwaffen durch die ‚Westlichen' bereit zu sein zur Füh-

rung eines Kernwaffen-Begegnungsschlages. Für die Frontangriffsoperation stehen 842 Kernmittel, davon 207 operativ-taktische Raketen, 380 taktische Raketen und 255 Kernbomben sowie 22 – 24 Starts der Fliegerkräfte der Front zur Verfügung. Außerdem werden laut Plan des Oberkommandos auf dem KSP [Kriegsschauplatz] im Interesse der 1.Front vier Divisionsstarts der Bombenfliegerkräfte durchgeführt.

Für die Teilnahme am ersten Kernwaffenschlag auf dem KSP setzt die 1.Front 249 Kernmittel, davon 72 operativ-taktische Raketen, 62 taktische Raketen und 115 Kernbomben ein.

Im Streifen der Front werden durch die Mittel des Oberkommandos auf dem KSP im Rahmen des ersten Kernwaffenschlages Ziele westlich der Linie GILLELEJE, Halbinsel ROSNES, KIEL, HANNOVER, HILDBURGHAUSEN vernichtet.

Hauptkennziffern der Angriffsoperation der Front:

- Tiefe der Operation   670 bis 700 km
- Dauer der Operation   12 bis   15 Tage
- mittleres Angriffstempo   45 bis   60 km/Tag
- Breite des Angriffsstreifens   320 bis 1260 km."

Im „Abschlussbericht" hieß es:

„Die langjährige gemeinsame Ausbildung der Kräfte der verbündeten Ostseeflotten und das Vorhandensein einheitlicher, abgestimmter Dokumente gestatteten die kurzfristige Formierung eines Landungsverbandes im Koalitionsbestand, der erstmalig unter Führung des Befehlshabers der 3. Flotte [d.h.VM] auch zur Durchführung einer taktischen Seelandung gebildet wurde, was eine wertvolle Bereicherung der Erkenntnisse über die Durchführung von Seelandungen im Koalitionsbestand darstellt".

„VAL-81"

Gemeinsame operativ-taktische Kommandostabsübung.

Thema:

„Die Abwehr von Schlägen des Gegners von See und die Durchführung der ersten Operation der Flotte, die im Verlauf der strategischen Operation auf dem westlichen Kriegsschauplatz durchgeführt wird", 17.03. – 04.04.1981.

Verstärkt um See- und Seeluftstreitkräften hatte die 3. Flotte ihre Hauptanstrengungen darauf zu richten, die Schiffsgruppierungen des Gegners in der Nordsee zu zerschlagen mit dem Ziel, „die Seeherrschaft in der Helgoländer Bucht bis zur Linie Breitenparallel 55° N 07° 20' E Leewarden zu erringen und die Truppen der 16. und 17. Armee bei der Durchführung der Angriffsoperation zu unterstützen. Dazu

- die in die Nordsee überführten Schiffsstoßkräfte unverzüglich zu Kampfhandlungen selbständig und im Zusammenwirken mit Fliegerkräften und Küstenraketentruppen einzusetzen";
- [Landungsabwehr, Abwehr von Verstärkungen, Verhinderung von Evakuierungen];
- [Uboot-Abwehr / Bekämpfung].

> „Die Überführung der 22. Raketenschiffsabteilung, der 46. Raketenschnellbootsbrigade und der Kräfte der Flottenbasis LI durch den Nord-Ostsee-Kanal und in den Verantwortungsbereich der 3. Flotte mit Minenräumkräften und UAW-Kräften ist zu sichern sowie durch Stoßkräfte, Küstenraketeneinheiten und Luftverteidigungskräften zu decken. [..., Geleitdienst in der Ostsee , Störung der gegnerischen Seetransporte in der südöstlichen Ostsee, L.B.]
> Im weiteren bereit zu sein, die Seeherrschaft auf das Gebiet bis Dünkirchen auszudehnen, die Seetransporte und die Erdöl- und Erdgasförderung des Gegners zu unterbrechen".

Das mögliche Zusammenwirken mit der Nordflotte der UdSSR in der Nordsee stand bei der Übung insgesamt mit im Blickpunkt.

„HERBSTWIND-81"

Operativ-taktische, mehrstufige Kommandostabsübung.

Thema:

> „Der Einsatz der Flottenkräfte und ihr Zusammenwirken mit den anderen Teilstreitkräften in den ersten Kampfhandlungen mit Anwendung herkömmlicher Waffen und nachfolgendem begrenzten Kernwaffeneinsatz durch den Gegner", 14.09. – 19.09.1981.

Erstmalig nahmen die Küstenraketenkräfte der VM an der Übung teil.

„TRANSIT-82"

Kommandostabsübung der Rückwärtigen Dienste (RD) der verbündeten Flotten.

Thema:

> „Die Organisation der rückwärtigen Sicherstellung der Vereinten Ostseeflotte in der ersten Operation der Flotte", 01.06. – 08.06.1982.

Operativ-strategische KSÜ.

Thema:

> „Die Überführung der Vereinten Streitkräfte auf dem westlichen Kriegsschauplatz vom Friedens- in den Kriegszustand. Planung und Führung der strategischen Operation auf dem Kriegsschauplatz", 30.05. – 10.06.1983.

Zu den Ergebnissen gehörte auch die Prüfung der Möglichkeit, eine Seelandungseinheit in der NVA zu schaffen, die Beschaffung von Luftkissenfahrzeugen und die Bereitstellung eines Jagdschutzes über See.

Gemeinsame operative Kommandostabsübung.

Thema:

> „Schutz der Zivilschifffahrt bei drohender Kriegsgefahr für die Schifffahrt im Bereich des Atlantischen, Stillen und Indischen Ozeans. Führung von Kampfhandlungen zur Verteidigung der eigenen Seeverbindungswege", 20.09. – 28.09.1983 .

Einseitige, mehrstufige operativ-taktische KSÜ.

Mit der Übung sollten die Möglichkeiten der „gedeckten" Überführung vom Friedens- in den Kriegszustand einschließlich der Mobilmachungsmaßnahmen geprüft werden. Zu den weiter zu klärenden Ergebnissen zählte u.a.

- die Vernichtung von Fühlungshaltern des Gegners;
- die Durchführung der Aufklärung vor und bei Beginn der Kampfhandlungen [...];
- der Einsatz von UAW-Schiffen;
- [... neue Gefechtsvorschrift].

Thema:

> „Anlandung taktischer Seelandungstruppen an eine nicht eingerichtete Küste", 09.06 – 14.06.1986.

Die 3. Flotte erhielt dabei u.a. die Aufgabe,

„zur Erfüllung der nächsten Aufgabe bis T 4 den Einsatz der Kräfte wie folgt vorzu-
sehen: Mit den eigenen und zugeteilten Kräften im Bestand von 8 LSM, 4 KSS, 10
KTSS der 36. Flottille [d.h. 6. Flottille], 2 E[insatz]G[ruppen]-K[ampf-]Schwim-
mer]K[ommando]-48[i.e. 18], 6 Schubeinheiten mit 12 GSP-65, ein Komplex
Schwimmbrücken, ein Vermessungsschiff, ein Seezeichenkontrollboot SKB-78, ein
Seezeichenbau- und Instandsetzungszug der 34. [4.] Flottille.

Am 14.06. ein Mot.-Schützenregiment verstärkt mit einem Aufklärungszug,
Pionierkräften und einer Fla-Batterie (insgesamt 415 Stück Kampftechnik) auf
der Insel Fehmarn nach dem Prinzip der Überlegenheit und der Methode Küs-
te-Küste in einer Staffel anzulanden".

Im Ergebnis wurde festgehalten, dass die Anlandung eines verstärkten mot.
Schützenbataillons eine der für die Volksmarine typischen Gefechtsaufgaben sein
könnte. Allerdings könnten mit den Landungsschiffen Projekt 108 nur schwimm-
fähiges Material im Seegebiet des Vorsundes an nicht eingerichteter Küste ange-
landet werden.

„START 86"

Gemeinsame Übung der VOF und Schiffseigner mit Lehrcharakter und Darstel-
lungskräften zur Kontrolle und zum Schutz der zivilen Schifffahrt der Länder
des Warschauer Vertrages. In der Konsequenz von „OKEAN-83" stehend.

„SYNCHRON-87"

Zweiseitige, operativ-taktische Übung der Stoßkräfte der verbündeten Ostseeflotten, 10.06. – 12.06.1987.

Die letzten Jahre der VM:

1980 hatte sich die DDR in einem „Protokoll über eine Beratung zu
Hauptrichtungen der Entwicklung der Volksmarine der DDR bis 1990" zu bestimmten Anstrengungen auf dem Gebiet der maritimen Rüstung verpflichtet.

Danach sollte die VM bis 1985 folgende Kräfte umfassen:
- Stoßkräfte:
  - 4 große Raketenschnellboote Projekt 1241 RÄ (TARAN-
    TUL);
  - 12 große Raketenschnellboote Projekt 205 (OSA);
  - 12 große Torpedoschnellboote Projekt 206 (SHERSHEN);

- • 12 kleine Torpedoschnellboote Projekt 131.4 (LIBELLE);
- • UAW-Schiff:
  - • 3 Küstenschutzschiffe Projekt 1159 Ä (KONI);
  - • 16 UAW-Schiffe Projekt 133.1 (PARCHIM);
- • MAW-Schiffe:
  - • 24 Minensuch- und –räumschiffe Projekt 89.2;
  - • [+ 5 durch Mobilmachung] (KONDOR II);
  - • 18 Minensuch- und –räumschiffe Projekt 89.1 G (KONDOR I);
- • Landungsschiffe:
  - • 12 mittlere Landungsschiffe Projekt 108 (FROSCH);
- • Schiffe der Sicherstellung:
  - • 59 Schiffe (darunter 3 Aufklärungsschiffe, 6 schwimmende Stützpunkte und 1 Schulschiff);
- • Küstenraketentruppen:
  - • 8 Startrampen „Rubesh";
- • Marinehubschrauberkräfte (1 Geschwader):
  - • 12 Kampfhubschraubern M 1 – 8 TB;
  - • 9 UAW—Hubschraubern M1 – 14 FL;
  - • 2 Aufklärungs- und Zielzuweisungshubschraubern.

An der Formierung eines Marinefliegerschlachtgeschwaders wurde gearbeitet (36 Flugzeuge SU-22 M 4):

> „Die Schiffsstoßkräfte, Marinefliegerkräfte und Küstenraketentruppen sind in der Lage, selbständig und im Zusammenwirken gegnerische Überwasserschiffsgruppierungen in der Verantwortungszone der Volksmarine effektiv zu bekämpfen. Das zu erwartendende qualitative und quantitative Kräfteverhältnis in der Operationszone der Volksmarine KIELER BUCHT, BELTE gewährleistet jedoch nicht die selbständige Erfüllung der der Volksmarine in der Seeoperation zur Erringung der Seeherrschaft gestellten Aufgaben. Es macht sich auch weiterhin die Unterstützung durch Schiffsschlaggruppen, Küstenraketentruppen und Marinefliegerkräfte der Baltischen Flotte und Polnischen Seekriegsflotte erforderlich".

Zur Weiterentwicklung und Fortschreibung dieser Planziele über 1991 ist es nicht mehr gekommen. Die Volksmarine scheiterte daran bereits bei ihrer „Friedenaufgabe", d.h. unter anderem bei ihren Vorhaben:

- • „ [...] die ununterbrochene und wirksame Durchführung der systematischen Handlungen zur Aufrechterhaltung günstiger operativer Bedingungen in der Verantwortungszone der Volksmarine zu gewährleisten [..., und]
- • die zielstrebigen Vervollkommnung der operativen Vorbereitung des Territoriums und der Einrichtung des Seeschauplatzes sowie der Bevorratung mit Mitteln der rückwärtigen Sicherstellung vorzunehmen".

Vielmehr glaubte am 27.08.1987 VADM Ehm den Chef des Hauptstabes der NVA, Generaloberst Strelitz, warnend darauf hinweisen zu müssen, dass im Hinblick auf die Planungen der NVA für den Zeitraum 1991 bis 1995 in bezug auf den materiell-technischen Bedarf sich eine „komplizierte Lage" entwickelt, weil die dafür ihm zur Verfügung gestellten „Kennziffern" – mit anderen Worten volkswirtschaftliche und finanzielle Mittel der DDR - zu gering seien. Nach seinen Berechnungen ergebe sich daraus die Gefahr, dass die der VM gestellten Aufgaben nicht mehr im vollen Umfang sichergestellt werden könnten. „Das bestehende Kräfteverhältnis in der SUND- und BELT-ZONE „könne" sich weiter zuungunsten der Volksmarine entwickeln".

Die Volksmarine musste ihren Gürtel offenbar enger schnallen; der sich abzeichnende wirtschaftliche Kollaps der DDR griff auf sie über.

SCHLUSS:

Die bisher dargestellten Planungen und Vorbereitungen für den Kriegsfall bestanden wahrscheinlich uneingeschränkt bis Ende 1988. Erst danach begann sich die von Gorbachev angeregte und vom Warschauer Pakt 1987 in Berlin definierte und akzeptierte Militärdoktrin auszuwirken. Den Kern dieser Doktrin bildete die Aussage, dass der Warschauer Pakt einen Aggressor zunächst auf dem eigenen Territorium abwehren und schlagen sollte, bevor er ihn im Gegenangriff zurückwerfen und auf dem Territorium des Gegners endgültig vernichten würde.

Die Streitkräfte der Warschauer Pakt-Staaten reagierten auf diese neue Doktrin, indem sie ab 1988 der jahrzehntelang völlig vernachlässigten Verteidigung wieder mehr Raum in ihren Ausbildungs- und Übungsplänen gaben. Vorreiter war dabei die tschechoslowakische Volksarmee, die schon ab 1984 auf den Ausbau der Verteidigungsausbildung gedrungen hatte. Die NVA verhielt sich dagegen bis zuletzt zögerlich. Wahrscheinlich im Zusammenhang mit der neuen Doktrin standen 1989 strukturelle Veränderungen in den Streitkräften und der Abzug einzelner Sowjetdivisionen aus der DDR, der CSSR und Ungarn. Dies blieb nicht ohne Auswirkungen auf die Vorstellungen für den Kriegsfall – die grundsätzliche Angriffsfähigkeit der Warschauer Pakt-Staaten im Mittel-/Westeuropa wurde dadurch freilich noch nicht aufgehoben.

Auch die NVA übte weiter ihre Angriffsaufgaben, wenn auch ab 1989 vermehrt mit fiktiven Gegnern und schließlich im September 1990 auch nicht mehr in Richtung auf vorgesehene Angriffsziele. Die Übungen zum Einsatz nuklearer Waffen (z.B. auf Ziele in Schleswig-Holstein) wurden sogar bis 1990 fortgesetzt, wenn auch zunehmend beschränkt auf bloße Verfahrensabläufe. Noch zum Jahreswechsel 1988/89 wurden der Generalität der NVA in den

> "Anweisungen des Oberkommandierenden der Vereinten Streitkräfte zum operativen Einsatz der Truppen und Flotten"

die überkommenen strategischen und operativen Aufgaben gestellt, und noch im August 1990 wurde der NATO während einer Führerausbildung auf Militärbereichsebene eine weitreichende Angriffsabsicht unterstellt. War das militärisches Beharrungsvermögen oder Auswirkung jahrzehntelanger Indoktrination? Beides ist möglich. Dennoch, auch wenn die sowjetischen Streitkräfte noch länger als die "Bruderarmeen" ihre Angriffsfähigkeit behielten: die Planungen für eine umfassende strategische Offensive auf dem TVD Mittel-/Westeuropa waren mit Ablauf des Jahres 1990 obsolet geworden.

Für den Dänen Carl-Axel Gemzell (Lund) steht gleichfalls fest, dass die schnelle Eroberung Dänemarks, u.a durch Truppen der DDR-Volksmarine, zur festen Planung des Warschauer Paktes im Falle eines Krieges mit der NATO gehörte. Für ihn – bekannt vielleicht auch durch seine früheren Untersuchungen zur Strategie der Kriegsmarine: Raeder, Hitler und Skandinavien – ergab sich aus seinem Studium der jetzt beim Bundesarchiv-Militärarchiv in Freiburg verwahrten Unterlagen der NVA bereits 1996, dass

> „from the beginning of the 1960s onwards an occupation of Denmark is an important theme in the Warsaw Pact and GDR military exercises and manoeuvres. This is connected to a struggle for a maritime, offensive strategy with the aim of securing the fleets of the Warsaw Pact access to the North Sea and the Atlantic in case of war.
> Here, the Soviet navy plays an important role but so do the military command of the Warsaw pact and the military leadership of the GDR. They are linked together in a power struggle where the creation of the Warsaw pact and the integration of the GDR into the Pact added new dynamic elements".

Die Manöver und Übungen der VM vermögen somit aufzuzeigen, wie sie sich ihren Einsatz entsprechend den ihr erteilten Aufträge und angenommenen Lagen vorgestellt hat, d.h. „Was" gedacht wurde. Sie geben aber keinen Aufschluss darüber, „Ob" und „Wenn" oder „Warum" sie in einem „Ernstfall" auch so gehandelt hätte. Es sind „gedachte", mithin denkbare Möglichkeiten, aber gottlob nicht eingetretene Alternativen. Ein „Wahrheitsbeweis" etwa kann nicht angetreten und sollte auch nicht unbedingt angestrebt werden. Bekanntlich geht nach den Gesetzen Murphys alles schief – zumindest irgendwann einmal – was schief gehen kann.

AK	Armeekorps
BF	Baltische Flotte
BRF	Baltische Rotbanner Flotte Sowjetunion
COMBATAP	Nato-Befehlsbereich Ostseezugänge
CSSR	Tschechoslowakei
FALLEX	Herbstmanöver Serie der NATO
FEK	Fernmelde Elektronischer Kampf
GDR	DDR englisch
GSSD	Gruppe der Sowjetischen Streitkräfte in Deutschland
HGS	Hauptgefechtsstand
HiTaTa	Historisch-Taktische Tagung des Flottenkommandos Bundesmarine
ID	Infanterie Division
KA	Konteradmiral
KS-Boot	Küstenschutz-Boot
KSÜ	Kommandostabsübung
LLD	Luftlande Division
LSK/LV	Luftstreitkräfte/Luftverteidigung
MB	Militärbezirk
MC	Military Comity Strategie-Papiere der Nato
MLR	Minenlege- und -räumschschiff
MLR	Marine Landungsregiment
MSD	Motor-Schützen-Division
MVM	Massenvernichtungsmittel
NVA	Nationale Volksarmee der DDR
OB	Oberbefehlshaber
PGD	Panzergrenadier Division Bundeswehr
PHP	Parallel History Project
PSKF	Polnische Seelriegsflotte
R-Boot	Räumboot
RD	Rückwärtige Dienste
RS-Boot	Raketenschnellboot
SKFdPVR	Seekriegsflotte der Polnischen Volksrepublik
SLD	Seelande Division
SSK	Seestreitkräfte DDR
T	Ausführungstag, Beginn einer Übung, vgl. D-Tag
TS-Boote	Torpedoschnellboote
TVD	Kriegsschauplatz, russ.
UAW	Uboot Abwehr
VADM	Vizeadmiral
VBF	Vereinte Baltische Flotte
VM	Volksmarine
VOF	Vereinte Ostsee Flotten
VRP	Volksrepublik Polen
VSK	Vereinte Streitkräfte
WP	Warschauer Pakt

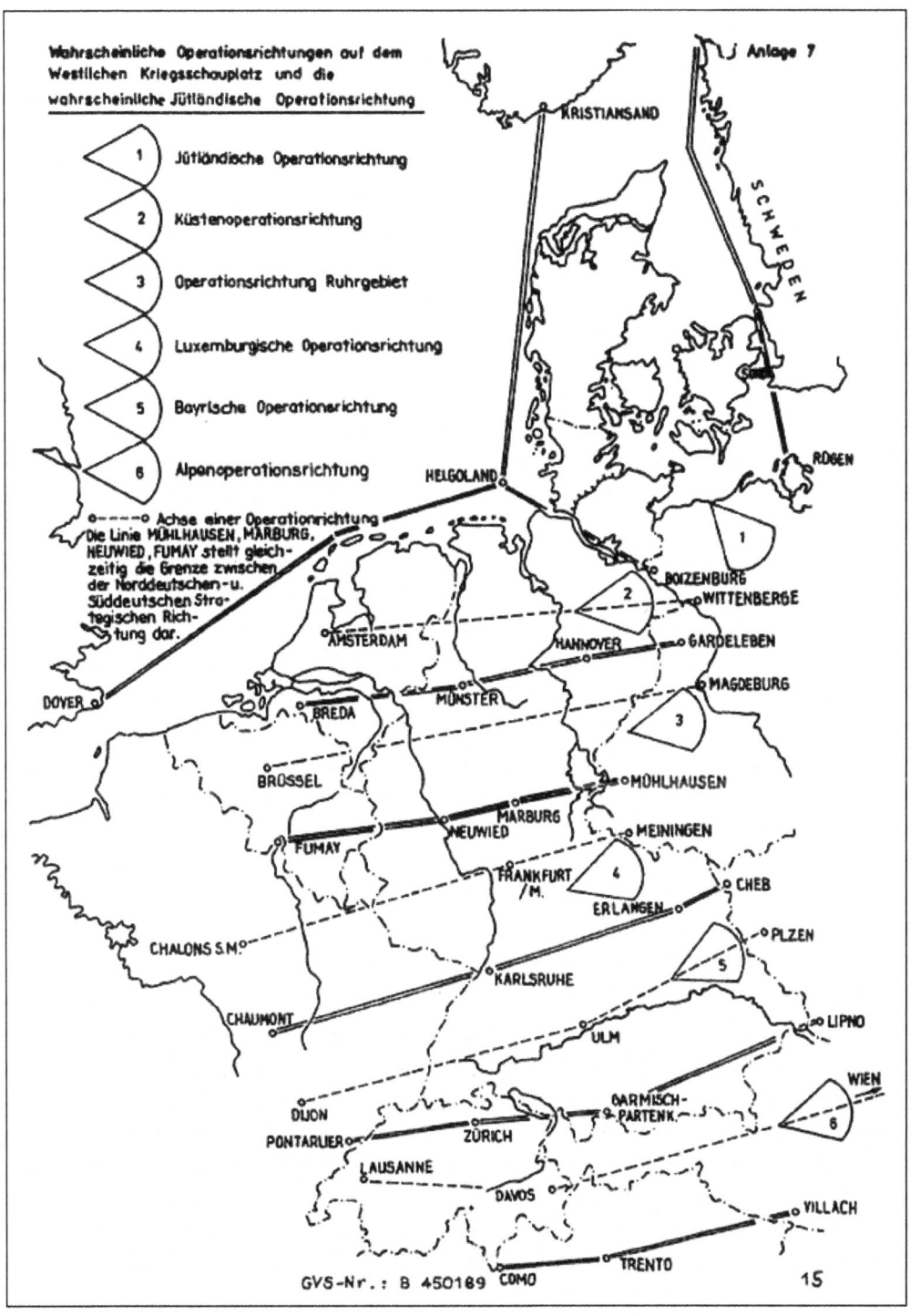

Wahrscheinliche Operationsrichtungen auf dem
Westlichen Kriegsschauplatz und die
wahrscheinliche Jütländische Operationsrichtung

1 Jütländische Operationsrichtung

2 Küstenoperationsrichtung

3 Operationsrichtung Ruhrgebiet

4 Luxemburgische Operationsrichtung

5 Bayrische Operationsrichtung

6 Alpenoperationsrichtung

o----o Achse einer Operationrichtung
Die Linie MÜHLHAUSEN, MARBURG,
NEUWIED, FUMAY stellt gleichzeitig die Grenze zwischen
der Norddeutschen-u.
Süddeutschen Stra-
tegischen Rich-
tung dar.

KRISTIANSAND

SCHWEDEN

RÜGEN

HELGOLAND

BOIZENBURG
WITTENBERGE

AMSTERDAM   HANNOVER   GARDELEBEN

DOVER   MAGDEBURG

BREDA   MÜNSTER

BRÜSSEL   MÜHLHAUSEN

MARBURG   MEININGEN
FUMAY   NEUWIED

FRANKFURT /M.   CHEB
ERLANGEN

CHALONS S.M.   PLZEN

KARLSRUHE

CHAUMONT   LIPNO

ULM

WIEN
DIJON   GARMISCH-PARTENK.
PONTARLIER   ZÜRICH

LAUSANNE
DAVOS   VILLACH

COMO   TRENTO

GVS-Nr.: B 450189   15

Anlage 7

Neue Dokumente aus der Geschichte der DDR.

BERND F. SCHULTE

Die Geschichte der DDR ist ein Politikum hohen Ranges. Nicht nur die Erfahrungen der Zeitgenossen, die unter den politischen Verhältnissen in und um diesen Staat persönlich gelitten haben, auch die Erinnerung des deutschen Volkes, dessen heutiges und zukünftiges Geschichtsbild, wird zu gewichtigen Anteilen durch die zutreffende, einen hohen Grad von Richtigkeit erreichende, Geschichtsschreibung bestimmt. Dies ist aussichtslos, wenn die Quellen nicht zur Wirkung gelangen. Deren authentische Sprache ermöglicht allein, einen Zugang zur Erkenntnis der Verhältnisse, Möglichkeiten und Grenzen der DDR-Entwicklung zu erlangen. Die zwischen 1996 und 2005 geleistete Arbeit an den Dokumenten des DDR-Staates soll hier einige Ein- und Ausblicke auf eine Gesellschaft zwischen Vergangenheit und Zukunft bieten und dies in Form einer Reihe zu Dokumenten der DDR.

DOKUMENT I.

Beschluß zur Information über die eingeleiteten Maßnahmen zur Realisierung des Beschlusses des Präsidiums des Ministerrates vom 8.1.1969 « Konzeption für die erweiterte Zusammenarbeit mit der UdSSR auf dem Gebiet in der Grundlagenforschung«[1]

Beschluß

vom 29. September 1969

Die Information über die eingeleiteten Maßnahmen zur Realisierung des Beschlusses des Präsidiums des Ministerrates vom 8.1.1969 „Konzeption für die erweiterte Zusammenarbeit mit der UdSSR auf dem Gebiet der Grundlagenforschung« wird zur Kenntnis genommen.[2]

---

[1] Bundesarchiv-Coswig. Akten der Chemieindustrie der DDR, C-20, I/4-2068. DDR, Büro des Ministerrats, VVS, Beschluß des Ministerrates 02-95-/I.12/69 vom 29.9.1969, Bl. 23.
[2] Ebd., Präsidium des Ministerrates, Vertrauliche Verschlußsache, B-2-274/69, 51. Ausfertigung-8

[...] (S. 3)

Von beiden Seiten wurden mit Ausnahme des Forschungskomplexes „Organische Hochpolymere« die Forschungseinrichtungen benannt, die zu dem bereits abgestimmten Teil der Thematik zusammenarbeiten werden. Festlegungen über die von beiden Seiten einzusetzenden Potenzialgrößen sowie über die von den Seiten in Arbeitsteilung zu übernehmenden Aufgaben konnten in der Mehrzahl der Fälle noch nicht getroffen werden.

Auf dem Gebiet der <u>Automatisierung der technischen Produktionsvorbereitung</u> wurde in mehreren Beratungen Übereinstimmung erzielt, daß die Schaffung eines einheitlichen Systems in beiden Ländern auf der Grundlage einer einheitlichen Sprache notwendig ist.

Zur Durchführung der Arbeiten bei der Schaffung der theoretischen und mathematischen Grundlagen, alle Algorithmen und Programme wurde ein Vertrag zwischen dem Institut für Technische Kybernetik Minsk und dem VEB Carl Zeiss Jena abgeschlossen.

Auf der Grundlage der Vereinbarungen der Partei- und Regierungsdelegation der DDR und der UdSSR wird unter Nutzung dieser Vorarbeiten ein Regierungsabkommen vorbereitet, daß die Schaffung des gemeinsamen Systems, einschließlich der technischen Mittel, beinhaltet.

(S. 4)

Zum Forschungskomplex Mathematik konnten bedeutsame Festlegungen, insbesondere über die Zusammenarbeit zu Problemen der mathematischen Grundlagen und Methoden der Operationsforschung und Automatentheorie getroffen werden.

Bedeutungsvoll an den Ergebnissen zum Forschungskomplex <u>Mathematik</u> ist weiterhin die komplexe Behandlung der Forschung und der Ausbildung.

Neben der Festlegung der Thematik und der Partnereinrichtungen für die Zusammenarbeit werden bereits Absprachen über den Einsatz sowjetischer Gastprofessoren für mehrere Jahre in der DDR sowie für die Entsendung von Wissenschaftlern der DDR in die UdSSR zur Weiterbildung getroffen.

Zum Komplex Tieftemperaturphysik konnte bisher die Zusammenarbeit zu den Problemen der Technik zur Erreichung tiefer Temperaturen, den physikalisch-technischen Grundlagen von Kryogenausrüstungen sowie der Erforschung der Eigenschaften der Supraleiter vereinbart werden. Dabei wurden Grundfragen der Zusammenarbeit auf dem Gebiet der Standardisierung von Kryogenausrüstungen behandelt. Es wurden erste Verbindungen zu Einrichtungen der Industrie, in denen die Anwendung der physikali-

---

Blatt. Beschluß vom 29.September 1969, Bl. 7/24.

schen Forschungsergebnisse bearbeitet wird, hergestellt. Weitere Kontakte zu Einrichtungen der Industrie und des Hochschulwesens, z.B. zum Moskauer Energetischen Institut müssen noch hergestellt werden.

Übereinstimmung wurde über die volle Ausnutzung des gemeinsamen Laboratoriums für tiefe Temperaturen Wroclaw erzielt. Damit wurden wichtige Grundlagen für die Verbindung der zweiseitigen Zusammenarbeit DDR/UdSSR mit der vertieften mehrseitigen Zusammenarbeit im Zusammenhang mit der Realisierung der Beschlüsse der XXIII. Tagung des RGW geschaffen.

(S. 5)

Zum Forschungskomplex <u>Organische Hochpolymere</u> ergeben sich gute Perspektiven für eine intensive Zusammenarbeit auf einigen wichtigen Gebieten, wie z.B. Stabilisierung von Polymeren und Verstärkung von Plasten durch hochfeste Fasern. Untersuchung neuartiger, unkonventioneller Polymerisationsverfahren, unter anderem der Polymerisation unter hohen Drücken. Von perspektivischer Bedeutung für die DDR sind die Forschungen der UdSSR zur Synthese temperaturbeständiger Polymermaterialien.

Durch die Zusammenarbeit wird die DDR auf grundlegende Forschungsergebnisse der UdSSR, wie den theoretischen Gesetzmäßigkeiten des allgemeinen Verhaltens hochmolekularer Stoffe aufbauen können.

Zum Ausforschungskomplex <u>theoretische Grundlagen</u> chemischer Reaktionen gelang es, neben der Zusammenarbeit mit den Instituten indes der Akademie der Wissenschaften zu den in der Konzeption vorgesehenen Schwerpunkten auch die Einbeziehung von Hochschuleinrichtungen der UdSSR zu vereinbaren.

Für die vertiefte Zusammenarbeit auf dem Gebiet der <u>Festkörperphysik und der physikalischen Probleme der Werkstoff-Forschung</u> konnten die Forschungskomplexe abgestimmt und erste Absprachen über die Arbeitsteilung getroffen werden. Aus den Konsultationen ergab sich, daß von Seiten der UdSSR konkrete Leistungen der DDR auf dem Gebiet der Reinstdarstellung spezieller Metalle mit definierter Struktur erwartet werden.

(S. 6)

In der weiteren Arbeit ist insbesondere die Einbeziehung der Forschungen zu physikalischen Problemen der Verbundwerkstoffe mit der UdSSR-Seite zu vereinbaren. Die Ergebnisse der durchgeführten Konsultationen werden in der Vorbereitung des Regierungsabkommens auf diesem Gebiet zu Grunde gelegt, dessen Abschluß durch die Partei- und Regierungsdelegationen der DDR und der UdSSR im Juli 1969 vereinbart wurde.

Auf der Grundlage einer Vereinbarung mit dem Vorsitzenden des Staatlichen Komitees des Ministerrates der UdSSR für Wissenschaft und Technik, Gen. Kirillin, wurden Maßnahmen für die Vorbereitung der vertieften Zusammenarbeit auf dem Gebiet der <u>Biologie</u> eingeleitet. Im Ergebnis der Konsultationen wurde der Gesamtkomplex der

Biowissenschaften unter Beachtung der Verflechtung der einzelnen Gebiete erstmalig abgestimmt.

Im Verlauf der Experten Beratungen, die ausnahmslos in einer freundschaftlichen und sachlich konstruktiven Atmosphäre liefern, konnten die zwischen den Wissenschaftlern beider Länder bestehenden direkten Kontakte vertieft und neue hergestellt werden.

Die Expertendelegationen in der DDR, denen die führenden Wissenschaftler der Akademie der Wissenschaften auf den jeweiligen Gebieten, Leiter der Leitungseinrichtungen und Vertreter der verantwortlichen staatlichen Organe angehörten, hatten die Möglichkeit, sich in den sowjetischen wissenschaftlichen Einrichtungen mit den Arbeitsrichtungen, den Ergebnisse und Möglichkeiten der Kooperationspartner unmittelbar bekannt zu machen.

Die Paritätische Regierungskommission DDR/UdSSR billigte auf ihrer 6. Tagung im Juli 1969 in Berlin eine Information über den Verlauf und die bisherigen Ergebnisse der Arbeiten zur Koordinierung der Perspektivepläne auf dem Gebiet der Forschung.

(S. 7)

Das Ministerium für Wissenschaft und Technik sowie das Staatliche Komitee des Ministerrates der UdSSR für Wissenschaft und Technik und die Akademie der Wissenschaften der UdSSR wurde beauftragt, die Vorbereitungen der konkreten Arbeitspläne für die Zusammenarbeit durch die Leiteinrichtungen beider Seiten zu sichern.

Im Ergebnis der Beratung in der Ständigen Arbeitsgruppe Wissenschaftsorganisation beim Präsidium des Ministerrates vom 18.6.1969 über die eingeleiteten Maßnahmen zur Realisierung des Ministerratsbeschlusses vom 8.1.1969 wurde mit dem Staatlichen Komitee des Ministerrates der UdSSR für Wissenschaft und Technik vereinbart, daß der Minister für Wissenschaft und Technik, Genosse Prey, und der Stellvertreter des Vorsitzenden des Ministerrates der UdSSR, Genosse Kirillin, im Oktober d.J. den bisherigen Verlauf der Arbeiten zur Einleitung der Zusammenarbeit auf dem Gebiet der naturwissenschaftlichen Forschung einschätzen und gemeinsam die nächsten Schritte fest legen.

A.Konrad/Dr.B.Wiersch (Volkswagen AG) an Dr.-Ing. M. Herkner (Hochschule für Verkehrswesen „Friedrich List"), 26.09.[19]84.[3]

Für Ihr Schreiben vom 11.Juni an Herrn Höland dürfen wir uns zunächst herzlich bedanken und sie gleichzeitig um Entschuldigung dafür bitten, daß unsere Antwort so lange auf sich warten ließ.

Wir haben in der Zwischenzeit intern die Möglichkeiten unserer Aktivitäten überprüft und sind zu der Entscheidung gekommen, daß, wie bisher, bei allen historischen Maßnahmen, auch die Erschließung beziehungsweise Komplettierung unseres Archivs, im Hinblick auf die Auto Union-Historie, zentral von Wolfsburg geschehen sollte. Ihre Vorschläge, die Sie im obengenannten Schreiben unterbreiteten, finden wir sehr interessant, so daß wir auf dieser Basis mit Ihnen gern, möglichst kurzfristig, zu Vereinbarungen kommen möchten, die die Realisierung dieses Projektes zur Folge hätten. Wir sind mit den von Ihnen angegebenen fünf Themenschwerpunkten einverstanden.

Wichtig wäre nun unserer Meinung nach eine Gesprächsmöglichkeit über die rein technische Abwicklung, wozu verständlicherweise auch der Kostenbereich gehören müßte. Hier erwarten wir gern ihre Vorstellungen. Der Rechtsunterzeichnende würde gegebenenfalls zu direkten Gesprächen in Dresden oder an einem anderen Ort zur Verfügung stehen.

Schon jetzt bedanken wir uns für ihre Bereitwilligkeit, uns beim Aufbau unseres Archivs zur Geschichte der alten Auto Union AG zu unterstützen...(Hervorh.v.m., B.S.)

Informationen über das Vorhaben „Fertigung von Zylinderkopfdichtungen für VW-Motor« im VEB Kupferring- und Dichtungswerk Annaberg[.][4]

Im Zuge der Übernahme der Fertigung von VW-Motoren in der DDR wurde der VEB Kupferring- und Dichtung (Kudie) beauftragt, die dazu erforderlichen Zylinderkopfdichtungen zu fertigen. Dazu wurde von "Kudie« ein Lizenzvertrag mit der Fa. Goetze, BRD, abgeschlossen, um die dort installierte Fertigung in Lizenz zu übernehmen. Die Ferti-

---

[3] Birthler Behörde, BStU, Archiv der Außestelle MfS BV Dresden. AIM 4811/90, Volkswagenwerk an Hochschule für Verkehrswesen „Friedrich List", Ihr Zeichen: 93300/585, Dr.He/Sa., Ihr Schreiben vom: 11.06.[19]84, Tel.: 25014, Unser Zeichen: GP-3-dr.wie-nh, Datum: 26.09.[19]84, Bl. 134. Dieses Schreiben konnten im Juli/August 2004 weder der Archivar von VW, Grieger, noch der Traditionsbeauftragte von Audi, Frank, auffinden.

[4] Birthler Behörde (BStU), AR 8. VEB Kupferring- und Dichtungswerk Annaberg, Abschrift, [Ökonomie, XVIII KD Land, 28.1.Eingang, handschr.], Karl-Marx-Stadt, d. 16.1.[19]86, Bl. 227 [Zählung der BStU]. „gez[eichnet]. IM, F.d.R.d.A. fe./24.1.[19]86"[aufgedruckte Anmerkung des MfS, nicht leserlich da schlechte Fotokopie BStU].

gung der ZKD bei der Fa. Goetze stellt Welthöchststand dar. Bei den Verhandlungen, die "Kudie« mit der Fa. Götze geführt hat, hat sich allerdings ergeben, dass in der Anlage für die Steuerung verschiedener Teilabschnitte Rechner aus den USA eingebaut sind, die in den Embargobestimmungen unterliegen, und deshalb für eine endgültige Entscheidung zum Lizenzvertrag die USA-Zustimmung erforderlich ist.

Nach Aussagen des Vertreters der Fa. Goetze besteht von ihrer Seite großes Interesse, diese Anlage an die DDR zu verkaufen. Die endgültige Entscheidung soll in 90 Tagen erfolgen.

Es kann jetzt schon eingeschätzt werden, dass bei Nichtzustimmung der USA Verzögerungen im Ablauf des Aufbaus dieser Anlage eintreten werden und ein neuer Anlauf genommen werden muss, um ZKD in der DDR herzustellen, oder aber ZKD vorübergehend importiert werden müssen; damit würde ein volkswirtschaftlicher Schaden eintreten.

Das Kombinat Mechanisierung hat vom WdB den Auftrag, Teile der Anlage zur Herstellung von ZKD zu konstruieren und zu fertigen. Mit der Realisierung dieses Auftrages wurde bereits begonnen.

Weiterhin soll der VEB Mechanisierung für diese Anlage die Hauptauftragnehmerschaft für Ausrüstungen übernehmen. Dafür fehlen z.Z. noch die entsprechenden Arbeitskräfte, die allerdings kurzfristig vom Amt für Arbeit zur Verfügung gestellt werden sollen.

DOKUMENT IV.

Herbert Roloff: Ausgangslage für das Projekt „Alpha".[5]

Mit dem Vertrag VW wurde die Vereinbarung getroffen, auf den Straßen in Karl-Marx-Stadt

> 350 000 bis 400 000 Motore

zu produzieren. Von diesen Motoren sind für die Rückführung an VW

> 100 000 Stück Rumpfmotore

vorgesehen.

Von maximal 300.000 Stück sollten dann

> 150 000 Stück Vier-Takt-Autor-Motore und
> 150.000 Stück Dieselmotore

produziert werden.

Eingeschlossen in diese Entscheidung sind die erforderlichen Ausrüstungen für die Produktion von Teilen für Dieselmotor und Dieseleinspritzpumpen [...].

---

[5] Birthler-Behörde, BStU. MfS-HA XVIII, 8252. Hauptabteilung XVIII/7, Ausgangslage für das Projekt „Alpha", 10.11.1986, Bl. 7f. (gez. Herbert Roloff).

Im SW werden keine Dieselmotoren für Pkw produziert. Der Aufbau einer Produktionslinie für Dieseleinspritzpumpen (DEP) ist erforderlich, wenn nicht die DEP aus dem NSW (insbesondere BRD, Fa. Bosch) importiert werden sollen.

Erkenntnisse aus Verhandlungen mit VW und Bosch bis Mai 1986 besagen, daß sich die UdSSR mit dem Bau von Dieselmotoren und Dieseleinspritzpumpen befaßte, weil beide Firmen sich mehrfach darauf bezogen. Es ist nicht erkennbar, inwieweit sich heute noch die SU mit einem solchen Projekt befasst. Diese Entwicklung konnte wegen Unterbrechung der Kontakte nicht weiter verfolgt werden.

Eine generelle Umstellung auf Dieselmotoren ist prinzipiell aus unserer Bewertung möglich. Es bedeutet jedoch, daß die im Vertrag VW u.a. stornierten Ausrüstungen wiederum aufgenommen werden müßten. (Mindestens 10 Mio VM) Das bedeutet bei einem Niveau von 150 000 Stück, wie ursprünglich im Vertrag vereinbart, eine durchgängige Wiederaufnahme.

Die Umstellung der Bearbeitungslinie in Karl-Marx-Stadt ist zwar prinzipiell auf 100 000 Dieselmotore möglich; alle anderen Zuliefereranten müssten mit Zusatzausrüstungen auf dieses Niveau gebracht werden. Auch die Produktion von DEP.

Gesamtaufwendungen für Zulieferungen Diesel nach Vertrag (...)	457,0 Mio VM
nach Vertrag (drei Jahre später)	538,6 Mio VM

Unter Nichtberücksichtigung Rücklieferungen der Rumpfmotore 100 000 Stück/a würden unter intensiverer Nutzung der Anlage

     400 000 Stück Dieselmotore

zu produzieren sein. Diese Variante bedeutet, auch die gesamte Peripherie in gleicher Weise zu erhöhen:

     DEP und die anderen Komponenten gemäß Anlage
     anstatt einer 150 000 Stück DEP auf
     400 000 Stück DEP usw.

Preiseinschätzung

+ Anpassung in Karl-Marx-Stadt	56,0 Mio VM
+ Anpassung übrige Komponenten Ausrüstung 80 bis 100% von 538,6 Mio VM	430,0 Mio VM
	538,6 Mio VM
	————————
	1 018,6 Mio VM

<u>Preise</u>

Dieselmotore (komplett) maximal 2 500,00 DM/Stück

(Vergleiche:

Citroen	40 KW	1,3 l	2 700,00 DM/Stück
	48 KW		2 800,00 bis 3 000,00 DM/Stück
VW		1,3 l	3 500,00 DM/Stück
DEP	Einzellizenz		22,67 DM/Stück
	250 000 x		

400 000 Stück DM x 2 500,00 DM = maximal 1 Mrd. DM.

<u>Ungeklärt:</u>

- in welcher Zeitspanne Produktion erreichbar (nicht vor 1991/92)
- Exporterlaubnis Dieselmotore von VW und DEP von Bosch (gegenwärtig aus-geschlossen - direkter Export)
- Erhöhung Lizenzgebühren.

Diese Einschätzungen sind außerordentlich grob. Nicht eingeschätzt sind sonstige In-vestitionsaufwendungen, zum Beispiel Erweiterung von Gebäuden, Lager- und Trans-portkapazitäten (Spezial Container!). Und sonstiger verlorener Aufwand.

DOKUMENT V.

Information.[6]

Ein zuverlässiger inoffizieller Hinweis belegt Aktivitäten führender Wirtschaftsvertreter der Daimler-Benz-AG zur Erkundung geeigneter Wege, um mit der DDR in aktivere Wirtschaftsbeziehungen zu treten. Im Vorfeld solcher Verhandlungen beabsichtigt der Konzern über verschiedene Vertreter, so u.a. über den Bürger

Reuter
Vertreter der
Mercedes-Benz-Niederlassung
Berlin (West)
1000 Berlin 10, Salzufer 1 – 5

---

[6] Birthler Behörde, BKK 1056. HA II, Streng geheim, Berlin, 11.3.1987, Inf.-Nr. 853/87, Bl. 2. „Ohne Anschreiben HA II/AKGA IIHAHHA null hingegen i, Bln, den 11.3.87. AG BKK beim Stellv. D. Ministers Generaloberst Mittig Betreff: Aktivitäten Daimler-Benz-AG, Zur Kenntnisnahme...Zum Verbleib, Bemerkung: - VSH prüfen 33/87, F 70, Buchholz/Oberst. Erl. Ref.2 z.K....Ref.1 z.K....“[Bl. 1]. HA/Abt. HfS, AG BKK, Berlin, den 17.3.87. Mitarbeiter: Sell, Tel.: 23409. Hauptabteilung VI, Abteilung Recherche RV, Berlin, Bl. 3. Auskunftsersuchen zur Person. Name: Reuter, Vorname: -, PKZ: -, Staatsangehörigkeit bzw. Bürger WB: WB, Wohnort: -, Straße: -, Haus-Nr.: -, Die geforderte Auskunft bezieht sich auf den Zeitraum vom – bis – (Tag/Monat/Jahr angeben). Benötigt werden: Ergänzung der Personalien (Hinweise zur Person müssen eine sichere Identifizierung ermöglichen)...

die Interessenlage entsprechender DDR-Außenhandelsunternehmen zu ergründen. Angeblich beabsichtigt Daimler-Benz auf den Automarkt der DDR zu gelangen. Neben Pkw sollen entsprechende Serviceleistungen angeboten werden.

Um eigene Interesse durchzusetzen, will der Konzern der DDR einen Kredit in Höhe von 1 - 2 Milliarden DM anbieten.

Bei dem genannten Bürger Reuter soll es sich um einen Sohn des früheren West-Berliner Bürgermeisters Reuter handeln. Weitere Informationen liegen nicht vor.

DOKUMENT VI.

Information über Meinungen von führenden Vertretern der Deutschen Bank zu Entwicklungen in sozialistischen Ländern, 21.6.1989.[7]

Eine zuverlässige inoffiziele Quelle informierte über Meinungsäußerungen der Vertreter der deutschen Bank

Krupp, Georg

Vorstandsmitglied der Deutschen Bank, Frankfurt/Main

Verantwortlich für 65% des Bilanzvolumens der Deutschen Bank

und

Dr. Storck, Ekkehard (weitere Personalien bekannt) Direktor der Filiale der Deutschen Bank in Luxemburg

Im Zusammenhang mit der Lageentwicklung in sozialistischen Ländern.

Unter Beachtung der politischen und ökonomischen Entwicklung in den sozialistischen Ländern und im Sinne des Machtausbaus orientiert sich die Deutsche Bank auf den Ausbau des Privatgeschäftes mit den sozialistischen Ländern.

Die Deutsche Bank wird in Zukunft einen Allfinanzierungsservice, d.h. mit Versicherungsleistungen, anbieten.

Versicherungsdienstleistungen in völlig neuem Stil, mit größtmöglicher Palette, in Anlehnung an die britischen Versicherungen, sind geplant. Dem dient auch, den BRD-Versicherungskonzern Gerling aufzukaufen. Gerling ist nach der Allianz die größte Versicherungsgesellschaft der BRD.

Zum Verhältnis DDR – BRD stehen die Vertreter der deutschen Bank auf dem Standpunkt, dass 2/3 des bisherigen Außenhandelsvolumens mit sozialistischen Staaten auf

---

[7] Birthler-Behörde, ZAIG, MfS 6575. Nr. 234/89. Hauptabteilung XVIII, Information über Meinungen von führenden Vertretern der Deutschen Bank zu Entwicklungen in sozialistischen Ländern, Berlin, 21.Juni 1989, Bl. 1f.

Dauer für die DDR unrentabel sind und nicht dazu beitragen, den größer gewordenen Abstand in der Leistungsentwicklung zur BRD abzubauen.

Der Markt sei im sozialistischen Lager nicht geeignet, weil er zu eng gefaßt ist. Eine Verringerung des Abstandes der DDR zur BRD wird für zwingend erforderlich gehalten. Dabei wurde immer wieder verwiesen auf die Notwendigkeit der Marktorientierung der Wirtschaft der DDR.

Die Entwicklung in der UdSSR wird mit Besorgnis verfolgt. Sie hat bisher den 3 Mrd. DM-Kredit nicht ausgeschöpft. Die Vertreter der Deutschen Bank sehen diesen Zustand in einer gewissen Zurückhaltung begründet, aber auch in den Kosten des Kredites. Es wurde immer wieder die Frage gestellt, was kommt, wenn Gorbatschow bis Ende dieses Jahres wirtschaftlich und sozialökonomisch scheitert.

Sie befürchten dann eine Änderung der Perestroika durch die Staatssicherheit oder das Militär.

Zur Entwicklung in Ungarn wurden zustimmende Meinungen geäußert. Ein pluralistisches System wird erwartet und eine volle Orientierung der Ökonomie auf Marktwirtschaft.

Diesen Prozeß wird die Deutsche Bank mit ihren Mitteln unterstützen. Erste praktische Schritte werden bereits unternommen.

Gemeinsam mit der deutschen Girozentrale – Deutsche Kommunalbank, der Girozentrale Wien wird die Deutsche Bank 49,5 % des Aktienkapitals der ungarischen Firma Tungsram übernehmen. Über den Aufbau eines völlig neuen Managements soll erreicht werden, dass die Firma in 3 Jahren internationale Börsenfähigkeit nachweisen kann.

Zu aktuellen Fragen der Friedenssicherung erklärten die Vertreter der Deutschen Bank, dass aufgrund der Vernichtungskraft der nuklearen und konventionellen Waffen beide Seiten keine Überlebenschance haben. Die Abrüstung wird sich letztlich durchsetzen, da für beide Seiten der Aufwand für militärische Ausgaben zu hoch sei. Insbesondere für die sozialistischen Staaten sei aufgrund ihrer wirtschaftlichen Probleme die Rüstung untragbar.

Roloff (VEB AHB Industrieanlagen-Import)/Voigt (Generaldirektor VEB IFA-Kombinat PKW): Information über das Gespräch mit dem Vorstand der VW-AG am 3.9. [19]89 anläßlich des Besuches zur Leipziger Herbstmesse.[8]

[1]

Unter Teilnahme der Generaldirektoren Kombinat Pkw, Genosse Voigt, AHB IAI, Genosse Roloff, AHF Transinter, Genosse Schindler und dem Direktor der AHF, Genosse Schneider, fand die Beratung mit dem Stellvertreter des Vorsitzenden der VW-AG, Herrn Münzner sowie dem Projektleitermotorenwerk, Herrn [geschwärzt, Birthler Behörde] statt.

Gesprächsthemen waren:

- Arbeitsstand und notwendige Entscheidungen zur Weiterführung des Projektes Ganzstahlkarosserie
- Untersetzung der Prüfergebnisse und Sicherung des Beginnes der Rumpfmotorenlieferungen im Oktober 1989

Das Ergebnis der Beratung kann wie folgt bewertet werden:

1. VW erwartet auch nach dem Gespräch mit dem Minister für Außenhandel, Gen[ossen]. Dr. Beil, daß auf der Grundlage einer positiven Gesamtentscheidung, die bis Oktober 1989 getroffen werden soll, die bisherigen Arbeiten konsequent weitergeführt werden.

2. VW schlägt vor, die 2. Designstudie zur Grundlage weiterer Arbeiten an der Untersetzung des Gesamtprojektes zu machen und erwartet hierzu kurzfristig die dazu notwendige Auftragsauslösung.

3. VW bestätigt den Vorschlag der DDR-Seite, daß durch die konsequente Weiterführung der Arbeiten an den Rationalisierungsvorhaben Kühler, Abgasanlagen, Vorder- und Hinterachse sowie weitere Komponenten, wie Stoßdämpfer, Gasfeder, ein Refinanzierungsmodell erarbeitet wird, mit dem Ziel, einen hohen Ausgleich der Valutaaufwendungen im Zeitraum bis 1998 zu organisieren.

4. VW informierte, daß konzerninterne Entscheidungen dahingehend in Vorbereitung sind, daß bei Weiterführung des Projektes Ganzstahlkarosserie langfristige Vertragsabschlüsse über Zulieferungen aus Bereichen der Volkswirtschaft organisiert und vorbereitet werden, mit dem Ziel, die Refinanzierung des Gesamtprojektes Ganzstahlkarosserie unter volkswirtschaftlichen Aspekten wirkungsvoll zu unterstützen.

---

[8] Birthler-Behörde, BStU. MfS-HA XVIII 8252.VEB AHB Industrieanlagen-Import, VEB IFA-Kombinat PKW, Generaldirektoren, Information über das Gespräch mit dem Vorstand der VW-AG am 3.9.[19]89 anläßlich des Besuches zur Leipziger Herbstmesse, 5.9.[19]89, Bl. 50ff.

[2]

5. Die VW-AG ist bereit, unter Berücksichtigung der Optimierung der vorliegenden Aufwendungen für Konstruktion, Technologie sowie Koordinierung dieser Leistungen eine weitestgehende DDR-Beteiligung bzw. Trennung bestimmter Umfrage in Regie von DDR-Experten vorzunehmen. Hierzu werden Möglichkeiten der weiteren Wirtschaftlichkeitsgestaltung des Gesamt-Projektes gesehen.

6. VW schlägt eine intensive Prüfung weiterer Baugruppen aus dem bisherigen PKW-Programm vor und übergibt am Beispiel Gelenkwelle eine entsprechende Anfrage mit dem Ziel des Aufbaues eines langfristigen Lieferumfanges.

Unter Beachtung der vorgenannten Ausführungen werden beide Projektleitungen beauftragt, die notwendigen Arbeiten fortzuführen, mit dem Ziel, Lösungsansätze bis zum 15.10.[19]89 vorzuschlagen.

Die Rumpfmotorenlieferung mit Lieferbeginn Oktober 1989 in einer Gesamtstückzahl von 10 000 bis Jahresende wurde nochmals als gemeinsame Verhandlungsbasis bestätigt.

Hierzu wurde ein Lieferzyklogramm übergeben, welches das Ergebnis der gemeinsamen Klausurberatungen im Monat Juli und August beinhaltet.[9]

Auf der Grundlage dieses Lieferzyklogrammes erfolgt nunmehr die weitere Untersetzung der notwendigen produktionsseitigen Vorbereitung im Kombinat Pkw.

Durch VW wurde jedoch in diesem Zusammenhang auf folgende Faktoren hingewiesen.

1. Die Ergebnisse der Erstmusterprüfung zeigen dem Grunde nach positive Lösungen. Bei einigen Baugruppen werden jedoch im Ergebnis dieser Untersuchungen Schwierigkeiten mit einer möglichen Freigabe gesehen.

    Als Schwerpunkte werden genannt:
    Radialwellendichtring Kurbelwelle
    Nockenwelle
    Flachdichtungen

2. Als erneut negatives Prüfergebnis mit deutlichem Hinweis auf eine instabile Serienproduktion werden die Ergebnisse Kurbelwellenlagerdeckel F und D ausgewiesen, da bisherige Prüfungen insbesondere bei der Materialzusammensetzung bessere Ergebnisse aufweisen.

    In diesem Zusammenhang wurde durch den VW-Vorstand auf das beiderseitige Risiko hingewiesen, da[ß]s entsteht, wenn nach Lieferbeginn der Rumpfmo-

---

9 Ebd. Bl. 17f. AHB Industrieanlagen-Import, Roloff, Direktive zur Besichtigung von Prototypen neu konstruierter Karosserien der Volkswagen AG der Größenklasse Trabant, Bl. 17. Ebd., Ablaufprogramm der Reise nach Italien in der Zeit vom 02.-04.04.1989, Bl. 18

toren eine Nichtabnahme durch ungenügende Qualitätssicherung entsprechender Bauteile auftritt.[10]

Die Forderung der DDR-Seite, in den nächsten Wochen in der Endphase der Erstmusterprüfung auftretende Negativergebnisse kurzfristig gemeinsam zu klären, wurde bestätigt.

[2]

Es wurde vereinbart, die 3 genannten Bauteile in einem neuerlichen Vergleich der Messergebnisse bis zum 9.9.[19]89 unter Teilnahme der Vertreter der Zulieferindustrie der DDR zu beraten.

Die Vorbereitungsarbeiten zur Organisation der Rumpfmotorenlieferung und Transportgestaltung verlaufen planmäßig. Der Transportversuch, der Ende August durchgeführt wurde, entspricht den gemeinsam vereinbarten Zielstellungen.

Unter Beachtung der vorgenanten Aussagen wurde durch beide Vertragsparteien das gemeinsame Anliegen wiederum bekräftigt, auch die letzten Arbeiten zum erfolgreichen Abschluß und damit zu einem erfolgreichen Beginn der Rumpfmotorenlieferung zu führen, damit die Vertragsrealisierung termingerecht eingeleitet wird.

DOKUMENT VIII.

C. H. Hahn, H. Münzner (Volkswagen-Aktiengesellschaft) an G. Beil/Minister für Außenhandel der DDR, 18.9. 1989.[11]

[1]

Nach den guten, inhaltsreichen Messegesprächen mit Ihnen sowie den Herrn Roloff, Schindler und Voigt halten wir es für angebracht, nochmals schriftlich unser Angebot einer weitreichenden Kooperation zwischen der DDR-Automobilindustrie und VW zu unterbreiten:

- VW ist gemäß Angebot vom 29.4.1989 weiterhin daran interessiert, für die DDR-Automobilindustrie ein stylistisch eigenständiges Fahrzeug bzw. eine Ganzstahlkarosserie auf Basis einer neuen VW-Bodengruppe zu entwickeln

---

[10] Ebd., Industrieanlagen-Import, Stellv.Generaldirektor Zeitsch, Information über ein Gespräch mit Herrn Münzner, Stellvertretender Vorstandsvorsitzender der VW-AG am 18.10.1989, Berlin, 20.10.1989, Bl. 73: „Im Gespräch mit Herrn Münzner wurde eine bisher nicht vorhandene Schärfe deutlich. Er wies seine Mitarbeiter wegen ihrer Zugeständnisse bei einigen Terminbetrachtungen zurecht."
[11] Birthler-Behörde, BStU. MfS-HA XVIII, 8252, Bl. 64-65. Vgl. Bernd F. Schulte, Armageddon des Kommunismus. Strategie Wirtschaft und die DDR, 1970-1990. Hamburger Studien zu Geschichte und Zeitgeschehen, Bd. 3, Norderstedt (Dr.Schulte) 2006, S. 167f.

und den DDR-Betrieben den notwendigen Entwicklungen und Planungen sowie auf Wunsch die erforderlichen Maschinen und Ausrüstungen zu liefern.

- Den sich hieraus ergebenden VW-Liefer- und Leistungsumfang wird VW durch DDR-Beistellungen zu reduzieren versuchen und über einen Zeitraum von zehn Jahren durch fortgesetzte, unter Wettbewerbsbedingungen erfolgende VW-Einkäufe (wie FER, Flachglas, Maschinen) devisenmäßig ausgleichen.

- Die gemeinsame Bodengruppe bietet neben generellen Entwicklungseinsparungen den Vorteil, den DDR-Viertaktmotor und das Quergetriebe weiterverwenden zu können und bei den ohnehin neu zu entwickelnden Baugruppen wie Kühler, Lenkung, Achse etc. die 1993 im VW-Konzern in Serie gehenden Konstruktionen zu über ohne nehmen.

[2]

- Diese Gleichteile-Konzeption macht es aber insbesondere möglich, notwendige Investitionen für die Fertigung dieser Baugruppen durch Rücklieferungen an VW zu erwirtschaften, soweit sich dies in den weiteren Feasibility-Untersuchungen bestätigt und die DDR-Industrie bereit ist, ihre ohnehin erforderlichen Investitionen auf den Serieneinsatz des entsprechenden VW-Konzernmodells in 1993 auszurichten.

- Diese Vorgehensweise bedeutet eine wesentliche devisenmäßige Entlastung des DDR-Fahrzeugprojekts, da wichtige Einzelinvestitionen durch selbstständig wirtschaftliche Vorhaben mit VW realisiert werden können.

- Ein höheres Rücklieferungsvolumen von DDR-Baugruppen läßt sich aber nur bei einer kurzfristigen Auftragsvergabe für das Stylingmodell II (konstruktive Basis für Gleichteilekonzept) und einem baldigen Abschluß der Feasibility-Untersuchungen für die Bauteile (spätestens Oktober/November 1989) verwirklichen, wobei VW für den Kauf des Stylingmodells zusätzliche DDR-Motorenlieferungen (in 1990) einräumen könnte. Darüber hinaus wäre auch eine baldige Grundsatzentscheidung der DDR für das Fahrzeugprojekt wünschenswert.

- Selbstverständlich ist VW auch weiterhin bereit, die DDR-Automobilindustrie bei der Finanzierung des Gesamtvorhabens Ganzstahlfahrzeug zu unterstützen.

In der Erwartung, dass sich auch künftig die gutnachbarschaftliche Kooperation zwischen VW und der DDR-Automobilindustrie zum gegenseitigen Vorteil bewähren wird, [Schlußformel].

Tonbandabschrift

Gespräch mit Herrn [Köhler], Beauftragter des Vorstandes des VW-Konzerns am 29.9.1989 im Hause des Ministeriums für Außenhandel[12]

Köhler[13] hielt sich zu diesem Zeitpunkt bei Transinter in Berlin auf und hatte dort über die durchgeführten Prüfungsergebnisse berichtet. Er legte großen Wert auf eine Unterredung im MAH. Es wurde kurzfristig für den Nachmittag eine Unterredung mit.... vereinbart. An dem Gespräch nahm der Genosse ... teil.. ... legte den jetzigen Stand in Vorbereitung der Erfüllung des Rücklieferungsvertrages mit VW-Rumpfmotoren dar und teilte mit, daß aus einer Probesendung von 10 wahllos aus dem Barkaswerk herausgenommenen Motoren eine Überprüfung ergab, daß bei jedem der geöffneten Motoren Fehler festzustellen waren.

Köhler stellte dies nicht sehr dramatisch dar, machte aber deutlich, daß auf Grundlage dieses Tatbestandes eine Rücklieferung an VW nicht möglich sei. Köhler teilte mit, daß gravierende Mängel bei dem Öffnen der Motoren festgestellt wurde[n]. So sei u.a. Schmutz und Dreck enthalten gewesen, bei einem Motor hätte eine Dichtung gefehlt, bei einem Motor wäre eine Schraube überhaupt nicht montiert worden usw.

Er nannte dann eine Reihe technischer Feinheiten, die mir aufgrund der fachlichen Nichtzuständigkeit nicht geläufig waren. Köhler machte deutlich, dass die von VW eingesetzten Beauftragten bei den wichtigsten Produktionsbetrieben der Zulieferindustrie auf Lizenzbasis ebenfalls erhebliche Bedenken entstanden wären, da Betriebe, die bereits in die Gruppe A eingestuft worden waren, nunmehr zum Teil in die Gruppe B und sogar in die Gruppe C. zurückgefallen wären.

Die Gruppe B und C sei für VW überhaupt unannehmbar, so daß er sehr große Zweifel hätte, dass dieser Vertrag in der jetzt in Aussicht genommenen Zeitfolge erfüllt werden könne. Vorgesehen ist, dass Ende Oktober mit den ersten Rücklieferungen an VW begonnen wird. Diese Motoren werden im wesentlichen auf Lager gelegt, weil aus der laufenden Produktion von VW die Versorgung bis Ende Februar 1990 gesichert ist. Köhler legte dar, daß im Beisein von Beauftragten der Barkaswerke Karl-Marx-Stadt die Öffnung der Motoren bei VW erfolgt sei.

Auch äußerlich habe man mit Befremden festgestellt, dass die Oberfläche in einem sehr schlechten Zustand sich befand und der Motor

---

[12] Birthler Behörde. M[inisterium]f[ür]S[taatssicherheit], H[aupt]A[bteilung] XVIII, Nr. 7968. Hauptabteilung XVIII/7, Berlin, 17.10.1989, may-wie. Treff: 12.10.1989, IMB: „Rolf Anders", entgegengen[ommen]: O[ber]l[eutnan]t. Hecht. Tonbandabschrift., S. 1-4.
[13] Horst Köhler, enger Mitarbeiter des Vorstandsvorsitzenden der Volkswagen AG, Carl H. Hahn und Beauftragter für das Ostgeschäft. Durch Birthler Behörde im Text geschwärzt.

damit insgesamt unansehnlich sei. Solche Beanstandungen müßte VW praktisch geltend machen und dies auch davon abhängig machen, daß sie schleunigst beseitigt würden. VW sei auch bereit, die Zahl der so genannten technischen Beauftragten für die Lizenzproduktionsüberwachung zu erhöhen, damit gesichert wäre, daß mindestens 80 - 90 % aller Zulieferbetriebe die Gruppe A in der Lizenzgüte erreicht. Nur so könne gewährleistet werden, daß der Motor mit solchen Standzeiten an VW zurückgeliefert wird, wie es für VW üblich wäre.

Köhler machte anhand die jetzigen Vergleichszahlen deutlich, daß bei VW nur aus 1000 ausgelieferten Wagen, höchstens 1 Motor herausgenommen werden muß bzw. erhebliche Reparaturen durchgeführt werden müssen. Anhand von Statistiken des Barkaswerkes bzw. aus Kenntnissen des VEB Automobilwerk Eisenach wisse er, daß nahezu jeder 10.Wagen mit Motorschaden in Werken der DDR zur Reparatur anstehe. Köhler machte nicht den Eindruck, daß er die Liefermöglichkeiten der DDR verhindern wolle, obwohl er mehrfach darstellte, daß er sich in dieser Situation an den Vorstand der VW-AG gewandt habe, um sicherzustellen, daß hier insgesamt praktisch der Vorstand sich dieses Problems annimmt, sichergestellt wird, daß diese Qualitätsmängel seitens der DDR abgestellt werden.

Noch am gleichen Tag wurde der Minister für Außenhandel mit einer kurzen Information über diesen Tatbestand informiert, um [und] das Anliegen von Köhler, welches er innerhalb des Gespräches zum Ausdruck brachte mitgeteilt, wonach der jetzige Einkaufsvorstand Münz[t]ner die Absicht habe, Mitte Oktober noch einmal nach Berlin zu kommen, um mit dem Minister für Außenhandel und den GD des Nkw-Kombinates Vo[i]gt die Situation zu beraten.

Aus den kurzen Unterredung mit Köhler ging gleichzeitig hervor, dass VW natürlich dafür Sorge getragen hat, im Falle eines Scheiterns aus qualitätsgerechten Angeboten der DDR eine Reservestraße bei VW in Betrieb zu nehmen. Das setze allerdings die Umsetzung einiger fachlicher Arbeitskräfte und die Neueinstellung von Arbeitskräften voraus. Es sei aber gesichert und garantiert, daß notfalls in einem 3 Schichtenbetrieb auch VW selbst die Motoren herstellen kann.

Das benutzte Köhler nicht als Druckmittel und ging davon aus, und suchte uns nahezulegen, daß VW mit dem[n] höchsten Qualitäten in dieser Richtung auch aus der DDR beliefert werden möchte. Köhler wies auch daraufhin, daß an vielen Stellen die von VW eingesetzten Beobachter als lästige Gesellen bezeichnet wurden bzw. politisch unter sogenannten Qualitätsdruck gestellt wurden. Das heißt, man versuchte den VW-Leuten praktisch nachzusagen, daß sie zu hohe Qualitätsanforderungen an die DDR stellen und letztlich den Bezug der zugesagten Rumpfmotoren in Höhe von jährlich ca. 200000 Stück unmöglich zu machen.

(S. 3)

Köhler verwahrte sich eindeutig gegen eine solche Haltung und versuchte uns nahezulegen, daß die von VW angestrebte Qualitätskontrolle letz[t]lich der DDR im wesentlichen helfen wird, weil sie der Hauptnutznießer dieser Motoren ist und bei hoher Qualität gesichert werden kann, daß die ohnehin zu langen Wartezeiten in Reparaturstätten der DDR verringert werden können.

Obwohl dies von Köhler etwas angeblich dargestellt wurde, sollte man doch entnehmen, daß er insgesamt Wert darauf legte, den Vertrag sauber zu erfüllen. Er verband damit gleichzeitig das Interesse und das wird auch Hauptinhalt des Besuches von Mün[t]zner sein, daß VW im Gespräch bleibt hinsichtlich der vollständigen Modernisierung des PKW Trabant mit einer von VW maßgeschneiderten Karosse für die Jahre 1993/95, die nach derzeitigen vorläufigen Berechnungen, das brachte Köhler zum Ausdruck zwischen 3 - 5 Mrd. M[ark] liegen müßte.

VW möchte gerne bereits jetzt eine Zusage seitens der DDR erhalten, daß sie der alleinige Lieferant bleibe, damit sie in Ruhe das Projekt mit der DDR vorbereiten können. Unsererseits wurde geantwortet, daß dies einzig und allein der Minister für Außenhandel der DDR entscheiden muß in Zusammenarbeit mit der Industrie und [es] sicherlich bis zum Zeitpunkt des Gespräches mit Herrn Mün[t]zner aus vielerlei Überlegungen noch keine endgültige Zusage gemacht werden kann.

Köhler bezog sich auf das Gespräch von Hannover, welches streckenweise unter vier Augen zwischen Mün[t]zner und dem Mitglied des P[olit]B[üro] und Stellv[ertretenden]. Vorsitzende des Staatsrates der DDR, Genossen Mittag, geführt wurde.

Köhler sagte zu, daß bereits in der vergangenen Woche ein endgültiges Qualitätsprotokoll der DDR übergeben wird und sicherte auch dem MAH die Übergabe einer Kopie zu. Dies wurde bisher jedoch nicht eingehalten, da offensichtlich Köhler gegenwärtig mit anderen Aufgaben seitens des Vorstandes der VW-AG beauftragt wurde. Eine Nachfrage ergab, dass dieses Protokoll auf dem Wege zu MAH ist und wir demnächst dieses erhalten werden.

Die Übergabe des Protokolls an das MAH hängt von diesem Zeitfaktor ab und wird zu gegebener Zeit in Fotokopie nachgereicht. Eine Antwort an VW und eine Terminstellung für einen der derartigen Besuch in Berlin gibt es seitens des Ministers für Außenhandel noch nicht.

gez[eichnet]. "Rolf Anders"[14]

---

14 Handschriftliche Anmerkung: ASTA, 4.10.[19]89, Kaufhold, Stephan, 4.8.[19]57, Lehrer, BS MAH (18.10.89, Eingeg[ang] Post), Bl. 4.

Volkswagen: Griff nach der DDR.

Die Umsetzung des „Volkswagen Plan", 1976-1990.

BERND F. SCHULTE

EBENEN.

Hier wird nicht mehr und nicht weniger vorgeführt, als der Nachweis der engen Interdependenz des Volkswagen-Konzerns mit Staatsführung und Ministerium für Staatssicherheit der DDR. Formal in Beziehung gesetzt mit einer Besprechung der Memoiren des Volkswagenvorstandes Carl H. Hahn, folgt ein Kapitel der Volkswagen Geschichte auf das Hahns mit leichter Hand verfertigte Zeilen nicht eingehen. Es geht gleichwohl um jenes Buch[*], in welchem zentrale Vorgänge der 80iger Jahre nicht untersucht werden.

Methodisch handelt es sich um die Ebenen der DDR-Wirtschaft, die der Beziehungen des Verfassers zu DDR Institutionen, des Innenverhältnisses zwischen Volkswagen und Audi sowie jene der Urteile der DDR-Arbeiterschaft zur Lageentwicklung. Diese Analyse versucht, die skizzierten Hintergründe des VW Motoren- und Karosseriegeschäftes zu durchleuchten, das Wolfsburg mit Weitsicht, und in politischem Auftrag, seit den 70iger Jahren nach Osten entwickelte. Ferner kreist die Untersuchung um die Frage, ab wann – und mit welchem Ziel – sich der Volkswagen-Konzern ernsthaft um die Erforschung der eigenen Geschichte bemühte. Dass dabei dem historischen Interesse der Firma Audi in Ingolstadt ein Anstoßverdienst zukam, mag für das Verständnis der Vorgänge während der Jahre 1983/90 wertvoll sein. Schließlich stellt sich die Frage, warum zu Beginn der 80iger Jahre die problemreiche Geschichte der Auto Union (wie der Volkswagen-Produktion in Fallersleben) zum Gegenstand von Verhandlungen

---

[*] Carl H.Hahn, Meine Jahre mit Volkswagen, München 2005 (Ghost-Writer Jacobi, vormals WELT AM SONNTAG). Als der Verfasser seinem damaligen Schwiegervater Harald Pichon-Kalau vom Hofe über seine Kontakte zu Hahn berichtete, warnte ihn dieser unter Hinweis darauf, er würde Hahn aus dessen und seiner Assistenten-Zeit bei Nordhoff nur zu gut kennen. Dieser meinte wohl das „schauspielerische Talent" des Herrn Hahn.

auf oberster politischer Ebene wurden. Dass in diesem Zusammenhang – quasi durch Zufall – die Bewegungen des Ministeriums für Staatssicherheit der DDR, eine bedeutsame Rolle spielten, bildet den Einstieg in die Hintergründe der hier dokumentierten Vorgänge auf der Bühne des Zeitgeschehens.

PKW-PROJEKT „STUDENT".

Vordergründig ging es um einen Vertrag über den Nachfolger des Pkw Trabant.[1] Dass die DDR-Führung seit Mitte der siebziger Jahre in die verschiedensten Richtungen verhandelte, bedeutete nicht, dass es zu einem zügigen Entscheidungsprozess über ein neues PKW-Modell kam. Ja, es schien so, als wenn „die PKW-Produktion in der DDR etwa ab 1975 eingestellt" werden sollte.[2] Doch sollte sich diese Entwicklung Ende der siebziger Jahre zu Gunsten der „Produktionsaufnahme eines neuen PKW für 1984/85" umkehren. Durch die Reduktion des Angebotes auf „nur einen Pkw-Typ", der „am Standort Zwickau-Mosel" hergestellt werden sollte, gewann dieses Projekt – auch unter dem Gesichtswinkel der Finanzierung – an Gestalt.[3] Die Frage der weiteren Motorisierung der DDR brachte die Volkswagen AG ins Spiel. Doch erst Mitte der achtziger Jahre sollten sich diese ersten Hinweise derart verdichtet haben, dass von einem Vertrag mit Volkswagen gesprochen wurde. Ehrensperger erwähnte in seiner Stellungnahme „zum Programm für die Modernisierung der PKW-Produktion der DDR":

> „In Bezug auf die Handelspolitik gegenüber der VW-AG liegen interne Informationen vor, nach denen sich ein zuständiger Sektorenleiter des ZK der SED dahingehend geäußert hat, *daß eine langfristige Konzeption bestehe, von der VW-AG die komplette Lizenz für den in der Entwicklung befindlichen PKW ‚Student' zu übernehmen"*[4] (Hervorh.v.m., B.S.).

Doch Ende des Jahres 1980 zeigte sich bereits, die DDR werde auf diesem Wege nicht kostengünstig zu einem neuen Fahrzeug Programm kommen. Auf der Basis des Beschlusses des Politbüros des ZK der SED vom 9.10.1985, „zur Realisierung der Motorenkonzeption für die PKW Wartburg und Trabant", ging es um „Valutaaufwendungen für Lieferungen und Leistungen der VW AG sowie

---

[1] Bernd F. Schulte, Armageddon des Kommunismus. Strategie, Wirtschaft und die DDR, 1970-1990, Hamburger Studien zu Geschichte und Zeitgeschehen, Bd. 3, Hamburg 2006 (zit.als: Schulte, Armageddon), S. 45ff.

[2] Schulte, Armageddon, S.46.

[3] Schulte, Armageddon, S.47.

[4] Ebd.

auch Ausrüstungsimporte[n] der Zulieferindustrie". *Es handelte sich in diesem Zusammenhang um 599,2 Millionen Verrechnungsmark in deren Wert die Volkswagen AG an die DDR u.a. „Urformwerkzeuge", „Ventilfertigung" und „Gießereiausrüstungen" etc. liefern würde.*[5]

Dass das Abkommen zwischen der DDR und der CSSR, vom 18.7.1975, über einen tschechischen Motor für den neuen DDR-PKW nicht zur Durchführung gelangt war, hatte als Ursache insbesondere die finanziellen „Disproportionen" im Wirtschaftszustand der DDR. In der zweiten Hälfte des Jahres 1978 war keineswegs sicher, ob - und in welcher Form - der Automobil- und Fahrzeugbau der DDR fortgeführt werden würde. Das zeigt ein, von der Bezirksverwaltung Karl-Max-Stadt des Ministerium für Staatssicherheit für den „1.Sekretär der Bezirksleitung der SED" Lorenz, bestimmtes Dokument. Diese schrieb, im Umfeld einer „Sonderausstellung des Fahrzeugbaus der DDR" sei in der Werner-Seelenbinder-Halle in Berlin ein „Maßnahmeplan des Genossen Dr. Mittag entstanden". Dieser enthalte „auch einige grundsätzliche Orientierungen und Konkretisierungen für den Pkw-Bau der DDR". „Der Maßnahmeplan [sei], darauf gerichtet:

> - die Entwicklung der Nutzkraftwagen ‚L 60' und ‚Robur 0611' abzuschließen und termingerecht die Produktionsaufnahme zu sichern,
> - den neuen PKW zu den festgelegten Terminen zu entwickeln und in die Produktion überzuleiten".

Der „zukünftige PKW" wurde dahin umschrieben, es sei „auszuschließen..., diesen PKW als ‚Trabant'- oder ‚Wartburg'- Nachfolger" anzusehen. Notwendige „Maßnahmen zur termingerechten Sicherung der Entwicklungsarbeiten für die Final- und wichtigen Zuliefererzeugnisse" seien „unter Beachtung einer möglichen Konzentration von Entwicklungskapazitäten gefordert" worden. Als Raster sei ausgegeben, „'Energiesparende Antriebssysteme'" zur „Sicherung einer höchstmöglichen Energieökonomie unter Berücksichtigung des künftigen internationalen Niveaus" und unter „Einhaltung der internationalen ECE-Bestimmungen zu prüfen". Anvisiert wurde dabei der „geringste[n] spezifische[n] Kraftstoffverbrauch[s]" und erwogen wurde der „Einsatz mikroelektronischer Technik".

Gleichzeitig seien „die Verhandlungen mit der CSSR auf der Basis des Regierungsabkommens zielstrebig" fortzusetzen. Es ging in diesem Zusammenhang im wesentlichen um folgende Punkte

> „- die Realisierung der wissenschaftlich-technischen Forderungen der DDR,

---

[5] Schulte, Armageddon, S. 49.

- die Gewährleistung eines ökonomisch begründeten Preises,
- die Ausarbeitung einer Aufwands-Nutzen-Rechnung".

Günter Mittags Maßnahmeplan legte, hinsichtlich der Investitionspolitik, fest:

„ - geringster umbauter Raum, reduzierter Bauaufwand und Anwendung des materialsparenden und leichten Baues,
- Durchsetzung eines hohen Mechanisierungs- und Automatisierungsgrades,
- Erhöhung des Anteils eigener Rationalisierungsmittel und Ausrüstungen aus DDR-Produktion,
- Anwendung des Kompensationsprinzips, insbesondere zur Sicherung hochproduktiver Ausrüstungen, die nicht aus der DDR bzw. dem sozialistischen Wirtschaftsgebiet bereitgestellt werden können, sowie zur Entlastung der Industriebaubilanz".

„Der Generaldirektor des PKW-Kombinates Karl-Marx-Stadt,...Salzmann", teilte dem Ministerium für Staatssicherheit mit, „in diesem Maßnahmeplan seien seinem Eindruck nach *bereits Gedanken für eine mögliche Lizenznahme eines Pkw aus dem nichtsozialistischen Wirtschaftsgebiet* enthalten" (Hervorh.v.m., B.S.). Salzmann sei bekannt, dass der „Genosse[n] Tautenhahn" eine „GVS-Information" über einen „Genossen Torka" an Günter Mittag weitervermittelt habe. Torka solle „Mittag mündlich vom Inhalt dieser Information in Kenntnis gesetzt haben". Weiter, so Salzmann, seien diese Vermutungen erhärtet durch „Verhandlungen" des

„Staatssekretär[s] im Ministerium für Außenhandel, ...Beil,...mit Firmen im nichtsozialistischen Wirtschaftsgebiet, u. a. den Konzernen Citroen, Renault und General-Motors für die *Errichtung eines Montagewerks auf Kompensationsbasis*" (Hervorh.v.m., B.S.).

Das MfS berichtete weiter:

„Genosse SALZMANN schließe hiermit ein, dass die Verhandlungen neben der *Errichtung eines Montagewerkes auf Kompensationsbasis* entsprechend der GVS-Unterlagen auch die Lizenznahme für einen Pkw aus dem nichtsozialistischen Wirtschaftsgebiet beinhalten. Entsprechend der Überzeugung des Genossen SALZMANN sei *eine termingemäße Realisierung des Pkw-Programms* nur noch über den Weg einer Kompensation für Montagewerke und die damit verbundene Lizenzname möglich. Diese Überzeugung habe er aus Untersuchungen zur Realisierungsmöglichkeit des PKW-Beschlusses im vergangenen Zeitraum gewonnen. Eine termingemäße Realisierung scheitere jedesmal an der bauseitigen Einordnung" (Hervorh.v.m., B.S.).

Im Prokrustes-Bett der Beschlüsse des Ministerrates über die weitere Entwicklung des Automobilbaus in der DDR, so das MfS, biete sich – aus der Sicht Salzmanns - mit der GVS-Unterlage eine Lösung hinsichtlich der Terminnöte des

Projektes. Diese, als Gedankengeber für Mittag, schien sich in dessen folgenden Festlegungen zu spiegeln:

> „- Abrechnung des Standes der Durchführung des *Investitionsprogramms* des Automobilbaus,
> - Vorlage einer Konzeption für die weitere Durchführung dieses Programmes bis 1985,
> - Abstimmung mit dem Vorsitzenden der Staatlichen Plankommission und dem Staatssekretär im Ministerium für Außenhandel zu vorgesehenen *Kompensationsobjekten*" (Hervorh.v.m., B.S.).[6]

Die mit der Versorgung der DDR-Bevölkerung mit Personenkraftwagen verbundene Problematik wurde zu Beginn des Jahres 1979 rege diskutiert. Das Ministerium für Staatssicherheit berichtete dazu dem „1.Sekretär der Bezirksleitung Karl-Marx-Stadt", Lorenz, über „Diskussionen und Meinungsäußerungen", die „unter der Bevölkerung des Bezirkes" Karl-Marx-Stadt geführt würden. Es kam die Überzeugung zum Ausdruck, „die Sowjetunion" habe

> „einen allgemeinen Stopp des Exports von Pkw in die DDR vorgenommen..., *da die DDR gegenüber der Sowjetunion verschuldet* sei bzw. eine *vorrangige Belieferung des Marktes in kapitalistischen Ländern* erfolge" (Hervorh.v.m., B.S.).[7]

Dementsprechend habe das

> „Ministerium für allgemeinen Landmaschinen- und Fahrzeugbau im Februar 1979 dem IFA-Kombinat Pkw Karl-Marx-Stadt mitgeteilt..., im Jahre 1979 erfolge eine Reduzierung des PKW-Importes aus der Sowjetunion. Die Typen ‚Moskwitsch' und ‚Saporohez' würden deshalb 1979 nicht geliefert.[8]

Das bedeute, so berichtete das MfS, „der DDR-Bevölkerung" könnten in diesem Jahre etwa „11.000 Pkw weniger zur Verfügung gestellt werden". Auch würden „sich die Wartezeiten bei den anderen Fahrzeugtypen" verlängern. Es verzögerten sich die Lieferzeiten „trotz abgeschlossener Vorverträge mit anderen Fahr-

---

[6] Der Bundesbeauftragte für die Unterlagen des Staatssicherheitsdienstes der ehemaligen DDR (zit.als: BStU), Außenstelle Chemnitz. Information an den 1.Sekretär der Bezirksleitung der SED.CAKG-67, PI-Nr. 470a/78. MFS, Bezirksverwaltung Karl-Marx-Stadt, Streng vertraulich! Um Rückgabe wird gebeten! Information über den gegenwärtigen Stand bei der Realisierung des Politbürobeschlusses zur weiteren Entwicklung des Automobilbaus in der DDR (Ergänzung zur Information Nr. 422/78 vom 20.10.1979), 14.11.1978, Bl. 278-281.

[7] BStU, Außenstelle Chemnitz. Information an den 1.Sekretär der SED Bezirksleitung, CAKG-69, PI 164a/79. Gen. Lorenz nur zur persönl. Inf./persönlich/nicht persönlich ZAIG, AKG [nicht abgesetzt], Bl. 88. MfS, Bezirksverwaltung Karl-Marx-Stadt, Streng vertraulich! Um Rückgabe wird gebeten! Information über die gegenwärtige Situation in der Versorgung der Bevölkerung mit PKW, 18.4.1979, Bl. 89f.

[8] Ebd., Bl. 90.

zeugtypen". Am „30.3.1979" lägen „in der DDR 16.000 Bestellungen für Saporohez und 29.000 für Moskwitsch" vor. Insgesamt ergab sich folgendes Bild:

Fahrzeugtyp	Aufkommen gesamt	Bereitstellung für die Bevölkerung	vorliegende Bestellungen
Trabant	115.130	69.651	1.690.000
Wartburg	56.300	7.387	959.000
Shiguli/Lada	30.000	26.309	331.000
Wolga	2.700	697	1.000
Fiat	-	-	35.000
Dacia	5.000	4.873	26.000
Zastava	1.000	835	5.400
Skoda	16.000	17.217	336.000[9]

Im November 1979 wurde „ein zentraler Beschluss zur weiteren Entwicklung der Lkw- und PKW-Produktion im Zeitraum bis 1990" gefasst. Das Ministerium für Staatssicherheit berichtete an den „1.Sekretär" der SED Bezirksleitung Karl-Marx-Stadt, Lorenz, „streng vertraulich", „die Grundlinie dieses Beschlusses" bestehe „in der Konzentration aller zur Verfügung stehenden Fonds auf die Serieneinführung des neuen Lkw L 60 im Jahre 1983 und des neuen Robur im Jahre 1985". Die besondere Bedeutung von „Kompensationsvorhaben" in Verbindung mit westlichen Firmen und Staaten wurde erneut betont und unterstrichen, dass diese „den kompletten Lkw" wie „auch die Zulieferungen" einschlössen; was einen finanziellen „Gesamtumfang" von 2,1 Mrd. VM [Verrechnungsmark] ausmache. Bis zum Ende des Jahres sollten die entsprechenden Verträge mit Firmen aus dem Westen [NSW/Nicht Sozialistischer Westen] abgeschlossen werden. Leistungssteigerungen in folgenden Größenordnungen wurden erwartet:

	L 60	Robur
„1983	300	6.300
1984	8.000	
1988	35.000	10.200"

---

[9] Ebd.

Näher erläutert ist:

„Die Bedeutung dieser Vorhaben wird mit Intensivierung der Landwirtschaft, des Verkehrs und der Landesverteidigung sowie besseren Exportmöglichkeiten in nicht sozialistisches Wirtschaftsgebiet/sozialistisches Wirtschaftsgebiet begründet".

Das „Nachfolge"- Modell des Pkw P 1100 sei einzustellen und „die Produktion der Pkw ‚Wartburg' und ‚Trabant'... über 1985 hinaus fortzuführen". Damit war ein wesentliches Korrektiv der latenten Diskussion und Entscheidungsprozesse in den oberen Führungsetagen der DDR-Politik um die Zukunft des Individualverkehrs im sozialistischen deutschen Staat, während der 70iger Jahre, eingetreten. Der Auftrag lautete:

„Diese Fahrzeuge sind weiterzuentwickeln, insbesondere zu den Fragen Kraftstoff einsparen, Gebrauchswertserhöhung (Karosserie, Motor, Innenausstattung)".

Auch hier erscheint der Begriff „Leistungssteigerung", der sich für die Typen Wartburg und Trabant in folgenden Ziffern niederschlug:

„	‚Wartburg'	‚Trabant'
1980	58.000	117.000
1986	63.000	127.000"

Erschwerend wirkte sich das „Regierungsabkommen" zwischen DDR und CSSR über die Entwicklung und den Bau eines gemeinsamen PKW-Modells aus. Hierzu wurde der Vorsitzende der Plankommission, Schürer, damit „beauftragt, der CSSR-Seite mitzuteilen, daß die DDR-Seite eine Veränderung" wünsche. Diese sei „darauf gerichtet, daß die DDR nur noch Gelenkwellen an die CSSR liefere"; so das MfS in seinem Bericht an Lorenz.[10]

Diese Entscheidung berührte sich mit dem gleichfalls in Turbulenzen befindlichen Abkommen zwischen der DDR und der französischen Firma Citroen, das den Bau eines Gelenkwellenwerkes in Mosel zum Gegenstand gehabt hatte. Ursprünglich sollten Gelenkwellen aus dem sächsischen Standort bei dem französischen Automobilhersteller zum Einsatz kommen. Dieser hatte sich jedoch der ursprünglichen Idee verweigert und so wurde offensichtlich die Lösung begünstigt, diese Produktion „ab 1981" zum einem Teil der CSSR anzubieten; als

---

10 BStU, CAKG-72, PI 521/79. Information an den 1.Sekretär der SED-Bezirksleitung. MfS, Bezirksverwaltung Karl-Marx-Stadt, streng vertraulich! Um Rückgabe wird gebeten! Information über die Situation im Automobilbau der DDR, 8.11.1979, Bl. 308f., Bl. 307: „Gen.Lorenz nur zur persönl. Inf./persönlich/nicht persönlich ZAIG Abt. XVIII AKG".

Kompensation für das Auslaufen des bereits erwähnten Neuwagenprojektes. Die Vorstellung der DDR-Staatsführung enthielt die Regelung:

> „- Frankreich 300.000 Stück (entsprechend Vertrag)
> - CSSR an die 82.000 Stück (Regierungsabkommen) und zwar 20.000 Stück zusätzlich plus oder Coupé
> - die ursprünglich für den neuen PKW der DDR vorgesehenen Gelenkwellen sind an die Fahrzeuge ‚Wartburg', ‚Trabant' und B 1000 anzupassen (Dazu sind Änderungen am Fahrzeug und in der Technologie des Werkes erforderlich.)
> - *für die restlichen Gelenkwellen sind Exportmärkte zu erschließen.* Es liegt bereits ein Angebot von Zastava/Jugoslawien vor, jährlich 200.000 Stück abzunehmen. Es wird angestrebt, im Austausch dafür Zulieferteile beziehen"[11] (Hervorh.v.m., B.S.).

Erstmals im Jahre 1987 sollte sich ein gewisser Realismus in der Führungsspitze der DDR durchsetzen. Die Erkenntnis lautete nun, „eine Sättigung des DDR-Marktes mit PKW sei erst nach 1995 zu erreichen".[12] Dies dennoch, über den Weg dünnerer Bleche, zur „Senkung des Walzstahlverbrauchs" und „Austauschmaterialien" zu erreichen, lief wiederum einer weiterreichenden Konzeption entgegen, die in außenhandelspolitischer Perspektive entwickelt wurde. Jedenfalls würde die künftig schlechtere Qualität der DDR-Erzeugnisse andere Wege zur wirtschaftlichen Gesundung verschließen. Diese Zusammenhänge wurden allerdings zu spät erkannt.[13]

„DEN KOMMUNISMUS UNTER BEDROHUNG HALTEN".

Kontakte mit der Volkswagen AG bildeten einen geringeren Teil der breiten Offensive zur Steigerung der Exportleistung der DDR-Ökonomie. Auf entsprechender Basis bereitete sich das Ministerium für Staatssicherheit in diesem Sinne vor. Wurde die Volkswagen AG zunächst auch nur sporadischen erwähnt, so kam doch zum Tragen, dass zwischen 1975 und 1980 die DDR mit Wolfsburg auf durchschnittlich 13 Millionen Verrechnungsmark Handelsvolumen gekommen war. Dieses sollte, infolge der Bemühungen des MfS, ab 1979 auf 20 und 40 Millionen VM springen.[14] Diese Überlegungen besaßen um so mehr Kontingenz, als in das Pkw-Projekt, in Form von nachgeordneten Firmen, weitere Konzerne der Bundesrepublik, eingewoben werden sollten (z.B. Lurgie).[15] Dass in diesem

---

[11] Ebd., Bl. 309. Ausgehend von der UdSSR, die 1979/80 den PKW-Export, aus Mittelknappheit in den NSW umlenkte, entwickelte sich auch in der DDR die Systemkrise.
[12] Schulte, Armageddon, S. 51.
[13] Schulte, Armageddon, S.55f.
[14] Schulte, Armageddon, S. 61, 63.
[15] Schulte, Armageddon, S. 78.

Zusammenhang beiderseits durchaus „mit harten Bandagen" um jeden Vorteil gerungen wurde, wies das MfS in einer Revue der Erfahrungen mit westdeutschern Konzernen nach.[16]

Hier interessieren weniger die Embargopolitik der USA gegenüber dem Ostblock, die gewichtigen Einfluss auf die Möglichkeiten der westdeutschen Industrie im Osthandel ausübte, und die Bestrebungen der DDR-Seite, Mikroelektronik und ähnliche Zukunftstechnologien aus dem Westen zu beschaffen. Doch gehört das PKW-Programm insofern hierher, als dieses ähnlich, wie etwa das „Chemiefaserprogramm, Robotertechnik, CAD-CAM, Mikroelektronik, Gießereien, Wohnungsbauprogramm u.v.a." in ähnlich einsamen Entscheidungen durch den ersten Wirtschaftsberater Honeckers, Günter Mittag, behandelt wurde. Unter welchem politisch strategischen Leitstern die Wirtschaftspolitik der Bundesrepublik und des Westens, mit der DDR und dem Ostblock zu verstehen war, enthüllte eine Information, die das MfS im Dezember 1987 sich von dem westdeutschen Wirtschaftsführer von Brauchitsch beschaffte. Dieser vertrete, so das MfS, die These, es ginge

„der BRD nicht um eine Politik der ‚Abschreckung' gegenüber der DDR, sondern langfristig um die Durchsetzung der *Politik [des] ‚den Sozialismus unter Bedrohung halten[s]'*"[17] (Hervorh.v.m., B.S.).

Unter dieser Prämisse stand dementsprechend die Beteiligung der Volkswagen AG an den Avancen, welche die westdeutsche Industrie der DDR gegenüber, im Rahmen des sogenannten „innerdeutschen Handels", unternahm.

Doch führte der Weg zu einem neuen DDR-PKW zunächst nicht direkt über Wolfsburg. Vielmehr wurden 1000 Volvo-PKW, und eine Vielzahl Typen weiterer Hersteller importiert, und dies während der großen Zeit der 70iger Jahre. Die Linie, die in Richtung Volkswagen wies, wurde deutlich durch Schalck-Golodkowsky, den Staatssekretär für Außenhandel, gewiesen, der ein „Spitzengespräch mit dem VW-Konzern" vorbereitete. Es kam Ende September 1977 zu einem ersten Kontakt zwischen Wolfsburg und Ost-Berlin. Hinter diesen Kontakten standen bereits zu diesem Zeitpunkt gesamtpolitische Bestrebungen der DDR, die „vom VW-Konzern" gebotenen „äußerst günstigen kommerziellen Bedingungen" zur „Steigerung" der eigenen „Exporte" zu nutzen.[18] Bereits im Jahre 1980, und nicht 1982 – wie Carl Hahn angibt – äußerten während der Leipziger Herbstmesse

---

16 Schulte, Armageddon, S. 63-88.
17 Schulte, Armageddon, S. 95.
18 Schulte, Armageddon, S. 96.

> „Vertreter des VW-Konzerns..., daß sie aufgrund ihres hohen Bedarfs an Werkzeug-
> technik in der Lage wären, *fast das ganze in Frage kommende Exportvolumen* an
> den DDR-Werkzeugmaschinen aufzunehmen" (Hervorh.v.m., B.S).

Dass Volkswagen bereits zu diesem Zeitpunkt weiterführende Pläne mit der DDR verfolgte, wurde deutlich, wenn ergänzt wurde, „eine derartige Vereinbarung, die zu einer *lukrativen Monopolstellung auf dem Markt* führen könnte, sei allerdings nur möglich, wenn sich die DDR bereit erkläre, Autos von VW zu kaufen".[19] (Hervorh.v.m., B.S.) So gewann die Rolle des Wolfsburger Autoherstellers zunehmend auch in Ostberlin an Gewicht. Es wurde selbstverständlich der DDR nicht moderne Technik angeboten, wie dies Hahn behauptet, sondern überholte aus dem Jahre 1970.[20] Bereits im Jahre 1980 bemühte sich der Dozent an der Dresdener Verkehrshochschule, Dr. P. Kirchberg, darum, Geschäfte zwischen der DDR und der Volkswagen AG zu vermitteln. Es ging dabei um den Austausch von Akten der früheren Auto Union aus dem Staatsarchiv Dresden und deren Kombination mit Beständen, die in Wolfsburg lagern sollten.

UNSER MANN IN DRESDEN.*

Kirchberg warb vehement bei seinen MfS-Vorgesetzten für eine Zusammenarbeit mit Volkswagen. Im Einzelnen führte er aus:

> „Das Interesse des VW-Konzern, zu dem die Auto Union AG gehört und der die his-
> torischen Interessen aller Tochterunternehmen zentral vertritt, scheint dies zu bestä-
> tigen. Es ist allerdings nicht ausgeschlossen, daß sich auch im Besitze des VW Kon-
> zerns Unterlagen befinden, die er bisher nicht veröffentlichen wollte. *Auch hörte ich*
> *von einem Gewährsmann*, daß in letzter Zeit größere Materialankäufe durch den
> Konzern aus Privathand, Nachlässen usw. getätigt worden seien. Es ist allerdings
> unbekannt und war nicht zu ermitteln, woraus diese Materialien im einzelnen beste-
> hen"[21] (Hervorh.v.m., B.S.).

Vordringlich ging es diesem darum, eine Westreise zu erwirken, und dies zu begründen. Dazu führte der Automobilhistoriker an, er benötige für die Publikation seines Buches zur Grand Prix Geschichte der Auto Union Rennwagen, die Kenntnis der „wahren Absichten des VW Konzerns". Was ausschließlich „auf

---

[19] Schulte, Armageddon, S. 97. Ein verführerisches Angebot, für die um ihre Existenz kämpfende DDR.
[20] Vgl. Schulte, Armageddon, S. 98.
[21] Schulte, Armageddon, S. 348. Der „Gewährsmann" war der VW-Archivar Bernd Wiersch.
* Analog zu: Graham Green, Unser Mann in Havanna. Kirchbergs spätere Verwendung im VW-Konzern, und dessen heute „behütete" Position in der BRD, lassen darauf schliessen, dass Kirchberg Doppelagent („mit Westkonten") war. Vgl. dazu in Kürze einen Beitrag zu Vorkommnissen um die Publikation von „Armageddon" (Extra Blatt, www.forumfilm.de).

persönlichem Wege zu realisieren" sei. Neben spezifischen Anforderungen an die Person eines „Informanten", sei es unbedingt notwendig, dass dieser „nicht nur den gesamten Sachverhalt" überschaue, „sondern auch hohe Kenntnis in Einzelheiten" besitze. Es ginge vor allem darum, „die *Gesamtstrategie des VW-Konzerns auf dem Gebiet der Traditionspflege* im allgemeinen und im Detail" für seine Auftraggeber in Ost-Berlin zu eruieren.[22] (Hervorh.v.m., B.S.)

Anlässlich eines Besuches, den Kirchberg, am 9.9.1980 im Volkswagen-Werk durchführte, dekuvrierte sich diesem der Chefarchivar von Volkswagen, Bernd Wiersch. Der MfS-Besucher aus Dresden berichtete über diesen bedeutsamen Vorgang:

> „Dieser [Wiersch] hat insofern eine gewisse Bedeutung, als er in seiner Hand maßgeblich die gesamte Traditions- und Historienpflege beeinflusst. *Dies betrifft alle zum Konzern gehörenden Marken.* Im *Gegensatz zum Management in Wolfsburg und Ingolstadt (Audi)* vertritt er die Auffassung, dass dies nicht nur und ausschließlich unter dem Gesichtspunkt der Firmenwerbung zu erfolgen habe, sondern auch *allgemeinen Nutzen* haben könne. Er hatte daher seinerzeit, als er durch Herrn [unleserlich...] des Motorverlages in Stuttgart über das Publikationsvorhaben zur Renngeschichte der Auto Union gehört habe, dafür plädiert, in dieser Sache eine Kooperation anzustreben. Sein Brief an den Transpressverlag sei bis heute unbeantwortet geblieben. Da er *auch im Konzern auf erhebliche Skepsis bezüglich der Zusammenarbeit mit DDR-Historikern* gestoßen sei, habe er schließlich die Finger davon gelassen. Nach wie vor sei er der Meinung, dass eine solche Kooperation möglich sei - etwa in der Form, dass der *VW-Konzern eine bestimmte Studie in Auftrag gebe und bezahle*"[23] (Hervorh.v.m., B.S.).

Allerdings ruhten hierauf Wierschs Pläne jahrelang. Kirchberg unterstrich während eines Treffens mit seinem MfS-Führungsoffizier im Dezember 1980 noch einmal die Bedeutung der Auto Union Akten bei Volkswagen für die geplante Publikation „Grand Prix Report der Auto Union". Kirchberg äußerte:

> „Wichtige Unterlagen, die zu diesem Vorhaben passen[,] befinden sich im Staatsarchiv [Dresden] und weiterhin im Archiv der VW-Werke. ...Es macht sich deshalb notwendig, Unterlagen auch von Auto Union (jetzt einverleibt in VW) zu besorgen. Der Transpress Verlag versucht nun Verbindungen zu diesem Werk aufzunehmen. Es wird ein geeigneter Mann gesucht, der im Archiv des Werkes die entsprechenden Recherchen durchführen kann. Da ich an diesem Werk mitwirke, wird meine Person auch in die engere Wahl fallen."[24]

---

22 Schulte, Armageddon, S. 348f.
23 Schulte, Armageddon, S. 349f.
24 Schulte, Armageddon, S. 350.

Im Zuge einer ersten Archivreise zum Thema der Riezler Tagebücher aus dem Sommer 1914, die der Verfasser im September 1983 durchführte, geriet dieser erstmals in den Focus der Aufmerksamkeit staatlicher Stellen der DDR. Inzwischen hatten Gespräche mit dem Leiter „Automobilpresse" der „Audi NSU Auto Union GmbH", Rudolf Urban, zu Überlegungen über eine Kooperation zwischen Ingolstadt und dem Verfasser auf dem Felde der Automobil- und Technikgeschichte geführt.[25] Ende des Monats führte das Ministerium für Staatssicherheit der DDR, die HVA IV/6, einen ersten Suchauftrag zum Verfasser durch. Es wurden dessen Kontakte mit Angehörigen des Staatsarchivs der DDR in Potsdam ausgewertet.[26] Darauf fußend sollte ein „Personaldossier" erstellt werden.[27] Doch ging es dem Verfasser, bereits zu diesem Zeitpunkt, nicht mehr vordringlich um sein Forschungsthema zu den Riezler Tagebüchern und zum Nachlass des Reichskanzlers Theobald von Bethmann Hollweg, sondern um die Erschließung der Auto Union Akten im Staatsarchiv Dresden.[28]

Auf einer weiteren Ebene führten Vertreter der obersten Führung der DDR, so etwa Günter Mittag, und der Bundesrepublik Deutschland, etwa der Außenminister Graf Lambsdorff und Bundeskanzler Kohl, im Umfeld der Leipziger Frühjahrmesse 1983, Gespräche zum finanziellen Status der DDR.[29] Hierher gehört das Gespräch am 6.Juni 1983 zwischen Schalck-Golodkowski, Staatsminister Jenninger und Franz Josef Strauß in Spoeck am Chiemsee.[30] Dass es um die Sanierung der DDR auf wirtschaftlichen Wege ging, wurde in diesem Gespräch deutlich. Daraus folgte der Milliarden Kredit, den Strauß der DDR vermittelte.[31] Die Gespräche, welche Strauß in Warschau, im Juli 1983 mit der polnischen Führung führte, kreisten dementsprechend um die Frage, wie die polnische Wirtschaft ebenfalls zu sanieren sei, und letztendlich um das dahinterstehende Problem eines drohenden atomaren Konfliktes in Europa, für den Fall der Ablehnung einer derartigen Option durch den Westen.[32] Darauf folgte am 20.Juli 1983 in Hubertusstock, an historischem Platz, das entscheidende Treffen zwischen Strauss und Honecker, in dessen Verlauf sich beide Politiker darum bemühten, einen atomaren Konflikt in Europa zu vermeiden; und dies über eine wirtschaftlich-monetäre

---

[25] Schulte, Armageddon, S. 213. Auto Union - Traditionsfilm für „100 Jahre Automobil 1986".
[26] Schulte, Armageddon, S. 244.
[27] Schulte, Armageddon, S. 246.
[28] Schulte, Armageddon, S. 253.
[29] Schulte, Armageddon, S. 257.
[30] Schulte, Armageddon, S. 257-267.
[31] Schulte, Armageddon, S. 268ff.
[32] Schulte, Armageddon, S. 272-277.

Leistung der Bundesrepublik Deutschland (u.U. über den innerdeutschen Handel mit der DDR).[33]

Anfang November 1983 vereinbarte die „Audi NSU Auto Union GmbH" die Herstellung eines „Traditionsfilmes" zum „Jubiläum 100 Jahre Automobil" für das Jahr 1986.[34] Inzwischen waren die Vorbereitungen des MfS, in Potsdam und Berlin, weiter gediehen. Im Januar 1984 wurde dort ein weiterer Besuch des Verfassers „für das Frühjahr 1984" erwartet.[35] Es bestand die Absicht, über ein „lukratives Angebot" den Verfasser als Informanten zu gewinnen.[36] Immer noch liefen die Vorbereitungen in Ostberlin auf der Schiene: Anwerbung eines Wissenschaftlers, der an historisch-politischen Zusammenhängend forscht.[37] Bereits am 16. Februar floss das „Projekt Technikgeschichte Automobile" in die Vorüberlegungen des bearbeitenden MfS-Offiziers ein. Dieser stellte ein Junktim zwischen der geplanten Kooperation auf geheimdienstlicher Ebene und Arbeiten für das Audi-Projekt her. Nur falls es zu einer solchen Zusammenarbeit kommen würde, werde „das Staatliche Filmarchiv der DDR und das Archiv in Leipzig" durch den Verfasser genutzt werden können.[38]

Bereits Ende Januar 1984 steuerte der Audi-Pressechef Grosse Leege den Abschluss eines Produktionsvertrages mit dem Verfasser an. Das die Türen öffnende Argument des Verfassers war, er verfüge über Kontakte in die DDR, die dieses Projekt wesentlich fördern könnten. Mitte Februar plante Audi das Budget für das Jahr 1985.[39] Doch Mitte des Monats März erreichten die Konzernzentrale in Wolfsburg Nachrichten über die Absichten in Ingolstadt. Versuche des Leiters „Automobilpresse", Urban, scheiterten in dem Bemühen, von dort mehr, als leere Floskeln allgemeiner Zustimmung zu erhalten. Offensichtlich lief zwischen Wolfsburg und Ingolstadt - in diesen Tagen des April, Mai, Juni - ein Machtkampf ab. Die Palastrevolution der Habbel/Grosse Leege, Audi aus dem Volkswagenverbund zu lösen, scheiterte.[40] Schließlich verlautete, der VW-Archivar Wiersch werde „nach Ingolstadt" kommen, um „die DDR-Aktion" zu klären. Demnach hatte Volkswagen die Federführung behauptet. Es würden nämlich erst daraufhin der Audi-Vorstand das Projekt genehmigen, und schließlich die

---

[33] Schulte, Armageddon, S. 277-290.

[34] Schulte, Armageddon, S. 294.

[35] Schulte, Armageddon, S. 296.

[36] Schulte, Armageddon, S. 297.

[37] Schulte, Armageddon, S. 300ff.

[38] Schulte, Armageddon, S. 303. Ein Archiv in Leipzig ist mir bis heute unbekannt.

[39] Schulte, Armageddon, S. 306.

[40] Schulte, Armageddon, S. 307.

Juristen den Vertrag ausfertigen.[41] Den Verfasser brachten inzwischen seine DDR-Kontakte programmgemäß mit der Verkehrshochschule „Friedrich List", Dresden, in Verbindung. Doch die Mitteilung, der VW-Archivar Wiersch habe „jede Unterstützung" zugesagt, sollte sich, im Lichte des bereits gesagten, als nicht als tragfähig erweisen.[42]

DDR HANDELSVERTRAG MIT VOLKSWAGEN.

Dass die DDR in dem Geschäft mit Volkswagen den schwächeren Part spielen würde, erfasste das Ministerium für Staatssicherheit bereits im Februar 1984, als deutlich wurde, dass der „vom VW-Konzern" vorgeschlagene „Import einer Motorenfertigungslinie" zur „Verlagerung der ökonomischen Schwerpunkte in der Investitionspolitik der DDR" führen würde. Ein Effekt, den die westdeutsche Seite sicherlich mit einberechnet hatte. Es galt demnach von Ostberliner-Seite während der Verhandlungen sorgfältig dieses Schwächemoment zu kaschieren. Insgesamt breitete sich in diesem Moment, vor dem sich mehr und mehr schwärzenden Hintergrund der Staatsfinanzen, in der DDR-Führung, hinsichtlich des „NSW-Export[es] 1984", Optimismus aus.[43] Diese Umstände bildeten den Rahmen für die Mitte des Monats März stattfindenden Vertragsverhandlungen zwischen Volkswagen und der DDR. Deren Fortgang wurde durch Günter Mittag positiv kommentiert. Der DDR-Chefökonom führte am 12. März aus:

> „Im Rahmen dieser Beratung sei man nicht berechtigt, im einzelnen zu verhandeln, aber man sei gezwungen, über die Grundfragen zu sprechen. *Der Standpunkt der DDR sei, diese Vereinbarung zu unterstützen und die Zielstellung der DDR sei, diese Vereinbarung im Mai mit VW abzuschließen.* Dazu müssten Zwischentermine mit der BRD-Seite abgestimmt werden. Das betrifft vor allem die Details der Übergabe der technischen Unterlagen und der einzelnen Abschnitte des kommerziellen Angebots. Also die Arbeit positiv für beide Seiten beenden".[44] (Hervorh.v.m., B.S.)

Dass nicht nur von Seiten des wirtschaftspolitischen Führers der DDR Blumen gestreut wurden, zeigte die Antwort des stellvertretenden Vorstandsvorsitzenden von Volkswagen, Horst Münzner. Dieser führte aus, er

> „möchte sich dafür ausdrücklich bedanken, betonte auch, *daß Beratungen zwi-*

---

41 Schulte, Armageddon, S. 308.
42 Schulte, Armageddon, S. 309.
43 Schulte, Armageddon, S. 102.
44 Schulte, Armageddon, S. 103.

schen der DDR und der BRD nichts besonderes sein sollten, wie sie manchmal in der Presse der BRD hochgespielt würden. *Die Bundesregierung und er speziell* wollen das nicht, wollen keine spektakulären Verhandlungen führen, wollen Sachlichkeit und Vertraulichkeit in den Beziehungen wahren...Münzer bedankte sich ausdrücklich für die politische Entscheidung der Führung der DDR zur Fortsetzung der Verhandlungen mit VW"[45] (Hervorh.v.m., B.S.).

Ausgesprochen war damit die politische Vorstellung, mit dieser westdeutschen Automobilfirma den neuen PKW der DDR zu konzipieren und zu bauen. Es bewegten sich die Überlegungen in Ostberlin dahin, auf diesem Wege das ökonomische Hauptproblem der DDR, nämlich das des mangelhaften Devisenpotenzials, zu überbrücken und so - möglicherweise über vertiefte Kontakte mit der BRD - einer Gesundung zuzuführen. Wie weit dieser Weg, den wir hier nicht vertiefen können, bereits gediehen war, wurde Ende Juni 1984, mit einer Information des MfS für den „1.Sekretär der SED-Bezirksleitung Karl-Marx-Stadt", Lorenz, offenbar. Diese handelte „über den Stand der Realisierung der Motorenkonzeption - für die Personenkraftwagen ‚Wartburg' und ‚Trabant'" und legte offen, dass eine „gemeinsame[n] Arbeitsgruppe des Ministeriums für allgemeinen Maschinen-, Landmaschinen- und Fahrzeugbau, der Staatlichen Plankommission und des Ministeriums für Außenhandel" zu diesem Zeitpunkt bereits „Berechnungen, Entwürfe und Vorlagen" zur „Realisierung der Motorenkonzeption, einschließlich der Invest- und Valutaaufwendungen", erarbeitet hatte.[46]

HINDERNIS: TECHNISCHE UMSETZUNG.

Als besonderes Problem hatte sich bereits der Umfang von Zulieferungen aus der DDR-Produktion herausgestellt. So war die Lieferung von Ventil- und Tassenstößeln nicht abgesichert und wies das MfS ausdrücklich daraufhin,

„daß die von der Volkswagen AG geforderten Qualitätsparameter mit eigenem DDR-Ausrüstungsaufkommen zur Zeit nicht erreicht werden"

könnten. „NSW-Lizenzen (England und BRD)" würden die Produktion voraussichtlich „mit einem Gesamtaufkommen von rund 60 Millionen Valutamark" belasten. Weiter, so der Bericht des MfS, sei die Auswahl eines passenden Verga-

---

[45] BStU, Außenstelle Chemnitz. CAKG-145, PI-Nr. 454/84, Information an den 1.Sekretär der Bezirksleitung der SED. Verteiler Genossen Lorenz 454/84 [ZAIG/Zentrale, gestr.] AKG, Bl. 120, handschr., 26.6.84. Nur zur persönlichen Information! Information über den Stand der Realisierung der Motorenkonzeption für die Personenkraftwagen ‚Wartburg' und ‚Trabant' entsprechend dem Politbürobeschluß vom 17.1.1984, Bl. 121 [CAKG-145, 6.5.97, Ze].
[46] Schulte, Armageddon, S. 107. Es trafen sich in diesem Punkt, an sich gegenläufige, Interessen.

sers, ob nun aus CSSR-Produktion oder ein Muster des entsprechenden Verga-sertyps wie Filters (Kombinat Nutzkraftwagen Ludwigsfelde) ungeklärt. Dennoch sollten „die DDR-Entwicklungen [sich] auf den 3-Zylinder-Viertakt-Otto-Motor [konzentrieren]". Verbunden mit dem „Pkw ‚Wartburg' und dem 3-Zylinder-Diesel-Motor für den Pkw ‚Trabant'". Das MfS führte aus:

> „Die Entwicklungsaufgaben an diesen Motoren wurden unter Kontrolle des Ministeriums für Wissenschaft und Technik zielstrebig und initiativreich fortgeführt. Beim 3-Zylinder-Viertakt-Otto-Motor wird im Juli 1984 die Entwicklungsstufe K5 (Erprobungsabschluß – Funktionsmuster) erreicht. Für den 3-Zylinder-Diesel-Motor ist im Oktober 1984 die Entwicklungsstufe K3 und im IV. Quartal 1985 die Entwicklungsstufe K5 vorgesehen.
> Das Hauptproblem bei Verwirklichung der DDR-Varianten ist die technologische Umsetzung und die daraus resultierenden volkswirtschaftlichen Aufwendungen und Eingriffe in den Reproduktionsprozess."

Es wurde die Serie eines 3-Takt Motors, begrenzt auf den Pkw ‚Wartburg', bis 1987 erwartet. Dieses Vorhaben erschien zu diesem Zeitpunkt finanziell noch vertretbar. Der Kraftstoffverbrauch pro Einheit sei um „ca. 1,5 Liter" zu reduzieren. Der technische „Welthöchststand" werde jedoch, infolge der „ungeraden Zylinderzahl", nicht zu erreichen sein. In dieses Urteil flossen „Grenznutzungsdauer, Geräuschpegel und Kraftübertragungsprobleme" ein. Ein 3-Takt-Dieselmotor sei demgegenüber nicht wahrscheinlich. Dies zumal „für diese Variante ähnliche finanzielle Größenordnungen wie beim Projekt ‚Alpha' zu erwarten" seien.[47]

WOLFSBURGER WERBEN.

Am 21. August 1984 traf der stellvertretende Vorstandsvorsitzende der Volkswagen AG, Horst Münzer, mit Vertretern des Außenhandelsministeriums der DDR zusammen, um diesen erneut zu vermitteln, Volkswagen sei an einer „künftige[n] *vertieften Zusammenarbeit* auf dem Sektor der Produktion von Pkw bzw. Nkw" interessiert. Münzner wies ausdrücklich darauf hin, diese „Idee" sei „bereits im Vorfeld des Besuches von Herrn Dr. Mittag in Bonn *im April* dieses Jahres...unterbreitet" worden. Vorgeschoben wurde,

> „der Grund für die Unterbreitung dieses *Vorschlages für eine Vertiefung der künftigen Zusammenarbeit* zum jetzigen Zeitpunkt bestünde darin, dass VW Modellentscheidungen in absehbarer Zeit zu treffen hätte, die sich für die Produktion Anfang der 90iger Jahre auswirken würden. In diesem Zusammenhang müssten auch Entscheidungen über Kooperationen mit anderen Partnern getroffen werden *und VW*

[47] Schulte, Armageddon, S. 108

wäre zu der Überlegung gekommen, dass eine solche Kooperation mit der DDR-Au-
tomobilindustrie in Frage käme" (Hervorh.v.m., B.S.).

Damit rückte der Plan eines Trabant-Nachfolgemodells in konkrete Reichweite. Kündigten sich doch hiermit - die

> „Produktion eines Pkw/Nkw in der DDR und [die] *Refinanzierung durch Produktab-*
> *nahme* - eine tatsächliche Kooperation in der Produktion und im Absatz an, mit wel-
> cher Investitionsentscheidungen und langfristige strategische Überlegungen, *auch*
> *seitens der DDR* verbunden wären".[48]

Für die beabsichtigte Zusammenarbeit zwischen der DDR-Automobilindustrie und Volkswagen entwickelten die Wolfsburger ad hoc folgende in der Konsequenz weitreichenden Vorstellungen:

> „Für eine *weitergehende Zusammenarbeit* bei der Rekonstruktion der DDR-Automo-
> bilindustrie kommt aus VW-Sicht folgendes in Betracht:
> a) Überlassung der Konstruktion eines Kleinwagens und/oder Nutzfahrzeuges zur
> Fertigung in der DDR
> b) bei Wirksamwerden des *DDR-Kostenvorteils* teilweise Rücklieferung dieses Fahr-
> zeuges an die europäische VW-Vertriebsorganisation
> c) Beratung und Übernahme von Dienstleistungen beim *Aufbau einer modernen*
> *Fahrzeugfertigung*
> d) Beratung beim Aufbau einer Distributions- und Kundendienstorganisation
> e) Überlassung der Konstruktion einer Wärmepumpe mit VW-Dieselmotor
> f) Für alle möglichen Varianten *voller Saldenausgleich*"[49] (Hervorh.v.m., B.S.).

In diesem Stadium der Verhandlungen wurden interessanterweise bereits ausge-
machte Qualitätsdefizite der DDR Zulieferindustrie seitens der westdeutschen
Verhandlungspartner mit leichter Hand „vom Tisch gewischt". Um ein Zuschuss-
projekt würde es sich für Volkswagen in jedem Fall handeln. Es stellt sich die Frage, aus welchem Grunde – wenn nicht übergreifend politischen – Wolfsburg dennoch derartige Anstrengungen unternahm.

DER „SÄCHSISCHE KREIS".

Mit Schreiben vom 20.Juli 1984 teilte der Verfasser dem Direktor des Militärar-
chivs der Nationalen Volksarmee, sowohl die Ziele seiner künftigen Tätigkeit für
Audi, wie auch die Absicht mit, mit dem Automobilhistoriker an der Verkehrshochschule Dresden, Dr. Kirchberg, zusammenarbeiten zu wollen. Parallel, so
wurde aus Ingolstadt mitgeteilt, hatte der Archivar von Volkswagen, Wiersch,

---

48 Schulte, Armageddon, S. 107. Also in der BRD sowieso.

„jede Unterstützung" zur „Auto Union Geschichte" zugesagt. Dass dies nicht zutraf, ergab sich jedoch aus dem Ablauf der voraufgegangenen Wochen.[49]

Anfang April erreichte die Verkehrshochschule Dresden die Absicht des Verfassers, ein „Forschungsprojekt zur Firmengeschichte der Unternehmen Wanderer, Horch, DKW und Audi" betreiben zu wollen. Am 10. April erhielt Kirchberg davon Kenntnis. Anfang Mai unterbreitete der Forschungsdirektor der Hochschule dem Verfasser ein äußerst interessantes Angebot zur Zusammenarbeit zwischen Hamburg und Dresden. Kurz darauf erhielt Herkner die gewünschten Ergänzungen und Erläuterungen.[50] Wenn nicht diese Ergänzungen, so weckten doch der breite Forschungsansatz des Verfassers, und dessen Schreiben vom 19. Mai an das Staatsarchiv in Dresden, mit dem Kirchberg enge Beziehungen unterhielt, dessen Befürchtung angesichts des sich abzeichnenden Arbeitsumfanges und des sich damit verengenden eigenen Forschungsbereiches. Kirchberg, der seit Jahren mit Wiersch im Kontakt stand, und die Informationen vom Anfang des Monats Juni aus Ingolstadt (Schreiben Hölands im Auftrag von Habbel an Herkner), veranlassten wiederum den Volkswagenmann noch am 15. Mai die alleinige Anwartschaft seines Unternehmens in Sachen Auto Union Vermächtnis bei der Verkehrshochschule in Dresden zu reklamieren. Hatte bereits Mitte Januar der Abteilungsleiter im Zentralarchiv Potsdam, Dr. Grahn, sich im Ton recht reserviert zu den Informationen geäußert, welche der Mitarbeiter Glaser über den Verfasser kolportiert hatte, so trat nun, nach der bestellten Intervention aus Wolfsburg, ergänzend die Verkehrshochschule auf. Das Staatsarchiv in Potsdam bestätigte, angesichts dieser Widerstände, lediglich die Forschungsabsichten des Verfassers zum „Meinungsbild der deutschen Militärkreise vor dem Ersten Weltkrieg".[51] Da im Einflussbereich der Verkehrshochschule Dresden angesiedelt, blieb dessen Vorschlag vom 20. Juni unbeantwortet, alsbald zu Vertragsabschlussgesprächen in Dresden zusammenzutreffen. Da die grenzüberschreitenden Gegenmaßnahmen der Gruppe Kirchberg-Wiersch offensichtlich noch nicht genügend beurteilt wurden, schaltete sich am 20. Juni – quasi von außen – gegenüber der Staatlichen Archivverwaltung Potsdam der Archivar beim Staatsarchiv Dresden, Dr. Hartstock, mit einem vehementen Votum gegen eine Benutzung der Auto Union Akten durch den Verfasser, in den Meinungsbildungsprozess östlich der Elbe ein.[52]

---

[49] Schulte, Armageddon, S. 309, 314

[50] Schulte, Armageddon, S. 314f.

[51] Schulte, Armageddon, S. 317.

[52] Schulte, Armageddon, S. 319f.

Dass diese Lesart bislang jedoch in keiner Weise der offiziellen Haltung der Verkehrshochschule Dresden entsprach, zeigt die Tatsache, dass die Vorbereitungen auf den Besuch des Verfassers dort bis Ende Juni weitergeführt wurden. Gleichwohl eröffneten sich dem „Themenverantwortlichen", Hochschuldozent Kirchberg, der in diese Vorbereitungen einbezogen wurde, „Tür und Tor" für die weitere Gestaltung der Dinge. Der Freund Kirchbergs und ebenfalls MfS-Mitarbeiter, der Forschungsdirektor der Verkehrshochschule Herkner, wurde entsprechend beeinflusst. Dieser äußerte sich daraufhin einerseits bremsend gegenüber dem „Exportbüro für Hoch- und Fachschulwesen" in Berlin, dessen Dr.Strickmann bereits in die Vorbereitungen im Hinblick auf einen Vertragsabschluss mit dem Verfasser einbezogen war. Herkner schrieb am 5.Juli, er habe von Kirchberg „den Hinweis" erhalten, dass der Verfasser „höchstwahrscheinlich keine Recherchengenehmigung für das Staatsarchiv Dresden und das Stadtarchiv Zwickau erhalten" werde. Herkner riet am 5.Juli dringend an, dies bei einer „Vertragsgestaltung...zu..Gunsten" der DDR Seite zu „beachten". Andererseits bat er nachdrücklich, vor dem Hintergrund einer „Unterstützung der Planerfüllung 1984", die „Vertragsverhandlungen mit dem Partner aus der BRD [dem Verfasser] an den Besuch an der Hochschule [‚Friedrich List' in Dresden] zu knüpfen und" diese in Dresden „durch Beauftragte des Außenhandelsbetriebes zu führen".[53] Entsprechend dieser Verschiebungen schwieg Dresden künftig gegenüber Hamburg. Damit waren offenkundig die entscheidenden Weichen zwischen Ost-Berlin, Wolfsburg, Ingolstadt und Dresden bereits Ende Juli 1984 gestellt. Sämtliche Bemühungen des Verfassers, den Kontakt mit Dresden - beziehungsweise der Verkehrshochschule dort - zu halten, konnten nicht zum Ziele führen.[54] Dass sich das Zentrum des Widerstandes gegen die Ziele des Verfassers in Dresden befand, beleuchtete ergänzend das Entgegenkommen des Pressechefs des VEB Sachsenring Automobilwerke Zwickau, der bereit war, weitgehende Unterstützung für den geplanten Film in Form von Photographien, Fahrzeugen und Informationen zu leisten.[55]

Kirchberg bereitete seinerseits, am 4.September auf den Kanälen des MfS, die Verhandlung mit dem Verfasser vor, die vom 3. bis 5.Oktober stattfinden sollte. Es ging in dem Gespräch mit dessen Führungsoffizier summarisch um nähere Auskünfte zum Verfasser, wie auch „mögliche[r] Vorhaben in Vorbereitung [des Jubiläums] 100 Jahre Automobil" in Westdeutschland. Dabei legte der Automobilhistoriker bereits einen „Bericht" über den Verfasser vor, und „wurde beauf-

53 Schulte, Armageddon, S. 320f.
54 Schulte, Armageddon, S. 321.
55 Schulte, Armageddon, S. 322.

tragt", dessen „Einschätzung", im Rahmen der Gespräche an der Verkehrshochschule, „zu konkretisieren und" mehr über die „Pläne u[nd]. Absichten" des Gesprächspartners aus Hamburg „zu erfahren". Der Auftrag lautete: „Personeneinschätzung Dr. Schulte".[56] Doch wurde Kirchbergs Kontaktaufnahme mit der Verfasser, die bereits Ende September im Filmarchiv Babelsberg stattfand und wo Kirchberg die Filme vorsortierte, die dem Verfasser vorgelegt werden sollten, durch Herkner verhindert. Dieses erneute Bremsen des Forschungsdirektors deutet darauf hin, dass sich Dresden, spätestens am 25. September, entschlossen hatte, anstatt mit dem Verfasser, mit Volkswagen zu kooperieren.[57]

ENTSCHEIDUNG IN POTSDAM.

Im Vorfeld der Gespräche in Dresden führte der Verfasser die bereits erwähnte Archivreise nach Potsdam/Babelsberg durch, in deren Verlauf die seitens des MfS vielfach geplanten und vorbereiteten Gespräche zwischen dem Verfasser und dessen Vertretern abliefen. In Potsdam kam es parallel zu Gesprächen zwischen einer Gruppe von MfS-Mitarbeitern und dem Verfasser im Interhotel an der „Langen Brücke". In deren Verlauf war es das Bestreben der MfS-Mitarbeiter, den Verfasser für den Nachrichtendienst der DDR zu werben. Diesem ging es seinerseits darum, sich möglicherweise eröffnende Möglichkeiten, für eine Nutzung der Akten der Auto Union in Dresden, wahrzunehmen. Es zeigte sich jedoch, dass dieses Ziel in dem Gespräch, zeitgleich mit Herkners Maßnahme am 25. September, nicht erreichbar war. Aus diesem Grunde, und im Angesicht zunehmender Pressionen der Ostberliner Gesprächspartner, entschloss sich der Verfasser, am folgenden Tage im Staatsarchiv Potsdam dem Archivar und offenbaren MfS-Mitarbeiter Sepp Glaser den Anwerbungsversuch als erkannt zu signalisieren. Einerseits hatten die Vertreter des MfS die Möglichkeit der Benutzung der Auto Union Akten in Dresden in Aussicht gestellt, andererseits wurde dieses Anliegen des Verfassers, durch die bisher anscheinend positiv eingestellte Staatliche Archivverwaltung in Potsdam, jedoch am 1. Oktober 1984 konterkariert.[58]

Den Vertretern des MfS war klar, dass „das Projekt ‚Auto Union', Firmengeschichte für den Konzern Ingolstadt, eine mögliche Existenzgrundlage" für den Verfasser darstellte. Doch seien, so Hauptmann Roth, „dabei... die Modalitäten mit der DDR erst zu klären".[59] Das Projekt „Auto Union" sollte, so die Sicht in

---

[56] Schulte, Armageddon, S. 323.
[57] Schulte, Armageddon, S. 325.
[58] Schulte, Armageddon, S. 328.
[59] Schulte, Armageddon, S. 329f.

Ostberlin, dazu benutzt werden, in der Arbeit daran, „über künftige gemeinsame Projekte zum gegenseitigen Vorteil zu beraten". Mit Kenntnisstand 1.Oktober äußerte sich Hauptmann Roth dahin, „außerdem stehe die Bestätigung des Genehmigungsverfahrens zum Projekt ‚Auto Union' noch aus". Im übrigen hätten sich die Vertreter des MfS dahingehend geäußert, sich für ihren zukünftigen Partner einsetzen zu wollen. Gefordert wurde am 26.September vom Verfasser ein[en] „Erweiterungsantrag zur Archivnutzung zum Projekt ‚Auto Union'" zu stellen. Verbunden mit diesem scheinbaren Entgegenkommen war die Forderung, der Verfasser möge seine „Vorstellungen zu Möglichkeiten und Absichten im o.g. Projekt" schriftlich niederlegen. Doch der Verfasser schob derartigen Verhandlungen einen „Riegel vor". In seinem Gespräch mit dem Archivar Sepp Glaser ließ er erkennen, er habe die Identität der Vertreter des MfS durchschaut. Sein in eine scherzhafte Floskel verpackte Warnung vor weiteren „Spielchen", bremste weitergehende Bestrebungen der MfS-Vertreter. Der Verfasser deutete in eine zutreffende Richtung, wenn er Glaser bedeutete,

> „die Annahme, dass er im Auftrag der ‚Auto Union'/Konzern Ingolstadt ‚Industrie-spionage' betreibe"

werde hoffentlich nicht Schule machen. Doch blieben die Vertreter des MfS weiter „am Ball". Sie ließen durch Sepp Glaser (alias „IMS „Franz") prüfen, „welche Archivbestände des ZStA betreffs Projekt ‚Auto Union' vorliegen" würden. So sollte die Möglichkeit einer weiteren Beeinflussung des Verfassers aufrecht erhalten bleiben.[60] Offenbar hatten sich Roth und Bergmann (die MfS-Vertreter) bei ihrem „'Staatssekretär' für das Projekt ‚Auto Union' bzw. künftige Möglichkeiten eingesetzt und ‚grünes Licht' erwirkt". Tatsächlich und inneramtlich lockerten die Vertreter des MfS ihren Zugriff auf den Verfasser keineswegs, übergingen dessen Absage und fußten bis auf weiteres auf dessen „Erweiterungs-antrag" für „die beim ZStA vorhandenen Archivbestände für das Projekt ‚Auto Union'", die nun im Rahmen des „Projekt[es] ‚Auto Union' entscheidend" sein sollten. Billiger kam diese Lösung für die DDR-Vertreter zwischen Werbeauftrag und VW-Geschäft allemal.[61]

---

[60] Schulte, Armageddon, S. 331f. So möglicherweise der Bezug (neben dem Stichwort "Bundeswehrspion") der „Anzeige" des IM ‚Stuck' gegen den Verfasser bei der Stasi.
[61] Schulte, Armageddon, S. 335.

Die Position der MfS-Offiziere entsprach zufällig einer weiteren Entwicklung, die, angestoßen durch die Konzernleitung des Wolfsburger Automobilherstellers, direkt gegen die Absichten des Verfassers, dessen Person, Schicksal und Auftraggeber bei Audi wirkte. Es lag nämlich am 2. Oktober, dem Tag vor den abschließenden Vertragsverhandlungen des Verfassers mit der Verkehrshochschule Dresden zu den Auto Union Akten, ein Schreiben des VW-Pressechefs Anton Konrad („rechte Hand" des Vorstandes Carl Hahn) und des Museums- und Archivleiters Dr. Bernd Wiersch (Kontaktmann von VW für Kirchberg) dort auf dem Tisch. Dass sich inzwischen auch Audi erneut in Dresden eingeschaltet hatte, belegt dieses Schreiben - durch den Bezug auf den Brief Hölands („rechte Hand des Vorstandes Dr. Habbel/Ingolstadt) - datierend vom 11. Juni.

Dieses, für die Arbeitsweise der Vertragspartner des Verfassers - und das innerhalb des Volkswagenkonzerns vorherrschende Klima — kennzeichnende Schlüsseldokument spiegelt zunächst die Tatsache, dass zwischen Ingolstadt und Wolfsburg inzwischen eingehende Diskussionen stattgefunden hatten. Wie bisher üblich, so sollte auch künftig Wiersch „zentral" in Wolfsburg verantwortlich für die Firmengeschichte zeichnen. Es ginge dabei vordringlich um die „Erschließung beziehungsweise Komplettierung" des Volkswagenarchivs. Diese Klarstellung bezog sich unmittelbar auf Unsicherheiten in Dresden und anderswo, mit wem die DDR-Stellen realiter zu verhandeln hätten. Es ging offenbar darum, zu verhindern, dass der Verfasser mit der Verkehrshochschule Dresden, beziehungsweise der Staatlichen Archivverwaltung der DDR, zu einem Vertragsabschluss käme; und dies selbst für den Fall, dass dieser Vertrag für Audi geschlossen würde. Es war offenbar darum gegangen, schnell zu handeln. Konrad schrieb an die Verkehrshochschule:

> „Ihre Vorschläge, die Sie im o.g. Schreiben unterbreiteten, finden wir sehr interessant, so dass wir auf dieser Basis mit Ihnen gern, möglichst kurzfristig, zu Vereinbarungen kommen möchten, die die Realisierung dieses Projektes zur Folge hätten. Wir sind mit den von Ihnen angegebenen fünf Themenschwerpunkten einverstanden".[62]

Letztlich völlig abgestimmt mit diesem Vorstoß aus Wolfsburg, verfolgten die Vertreter des MfS, ein „Arbeitspapier" zu den „Absichten [und] Möglichkeiten [des Verfassers] zum Projekt ‚Auto-Union'" zu erhalten. Keinen Zweifel ließen die Berliner Stellen, in dem Gespräch des Verfassers in Dresden, mit den Vertretern der Verkehrshochschule, werde

---

62 Schulte, Armageddon, S. 337f. Es ging letztlich um den Verrat der Bemühungen des Verfassers für die Audi AG/Ingolstadt durch diese und VW.

„ausgesprochen, daß das Projekt ‚Auto-Union' von der *Entscheidung in Berlin* abhängig" sei[63] (Hervorh.v.m., B.S.).

Inzwischen, so Roth/Pseudonim „Römer", herrschte bei Teilen der MfS-Offiziere die Überzeugung vor, es bestünde die Chance, „über das Projekt ‚Auto-Union', das, aus deren Sicht, für den Hamburger Gesprächspartner „eine [künftige] Existenzgrundlage im Sinne eines Neubeginns" bedeuten könne, dessen „Bereitschaft" zu wecken, „kooperativ zu werden". Damit schienen sich Hamburg und Ostberlin einander erneut anzunähern. Dies, obwohl der Verfasser deutlich seine Ablehnung einer geheimdienstlichen Option zu erkennen gegeben hatte. Das erkannten die Vorgesetzten von Römer/Bergmann und warnten vor verfrühter Euphorie.[64]

Die Verhandlung in Dresden, die am 3.Oktober schließlich doch noch stattfand, diente damit ausschließlich dazu, einen Vertrag zwischen Dresden und Hamburg zu verhindern. Den Auslöser für diesen Frontwechsel der Verkehrshochschule, welcher sich bereits im Juni angekündigt hatte, bildete das bereits erörterte Schreiben der Volkswagen-Zentrale vom 26.September. Damit hatten sich der Vorstand Hahn, dessen Mitarbeiter und der IM Kirchberg gegen den von Audi beauftragten Verfasser verbündet.[65] Am 2.Oktober sprach dieser mit Rudolf Urban bei Audi über die Absicherung seiner Tätigkeit in der DDR durch Franz Josef Strauß. Wiersch/VW tat gleichzeitig so, als ob er Audi weiterhin unterstütze. Die Frontstellung des VW-Mannes gegenüber dem Verfasser bestätigte dieser mit dem Bedeuten gegenüber dem neuen „Audi Presse"-Vertreter Meier, der Hamburger Historiker werde nicht einen „Film", sondern ein „Filmchen" machen. Meyer bestätigte die Grundhaltung Ingolstadts, indem er kolportierte: „Wiersch ist der Größte". Zusätzlich trat mehr und mehr der Leiter der Rechtsabteilung bei Audi, Dr. Ulmer, ins Licht.[66]

KOOPERATION WOLFSBURG - DRESDEN.

Der Versuch des Verfassers, bei der Staatlichen Archivverwaltung der DDR in Potsdam weiter um den Zugang zu den Auto Union Akten zu werben, wurde durch Herkners Mitteilung vom 9.Oktober aussichtslos.[67] Doch blieb ein letzter Hoffnungsschimmer, angesichts der zwischen Dresden und Ost-Berlin u.U. be-

---

[63] Schulte, Armageddon, S. 336f.
[64] Schulte, Armageddon, S. 337f.
[65] Schulte, Armageddon, S. 371.
[66] Schulte, Armageddon, S. 386f.
[67] Schulte, Armageddon, S. 374f.

stehenden Dissonanz im Fall Schulte. So traf sich Kirchberg im Restaurant „Waldmax" am 9. und 11.Oktober mit seinem Führungsoffizier und wurde deutlich, dass seine Arbeiten in der bisherigen Richtung andauern sollten. Dass Kirchberg im engen Kontakt mit dem „Vorhaben[s] V[olks]W[agen]" eingeordnet wurde, blieb demgegenüber diffus.[68] Ergänzt wurden diese Gespräche durch den Bericht des IM „Manfred", alias Forschungsdirektor Herkner. Dieser fasste in seinem Bericht vom 10.Oktober an seine Führungsoffiziere bei der Bezirksleitung Dresden - als Kern und Ergebnis der Gespräche mit dem Verfasser - zusammen, das „Schreiben[s] der Volkswagen AG v[om]. 26.9.[19]84" sei der Grund dafür, dass dem Verfasser seitens der Verkehrshochschule Dresden „keinerlei Unterstützung" gewährt werden würde, „da ein Vertrag mit der VW-AG als günstiger betrachtet" werde.[69] Der Verfasser trug am 12.Oktober schriftlich seine Vorstellung, an Hand der Auto Union Restakten in Dresden eine umfassende automobilhistorische Analyse entwickeln zu wollen, frontal in Potsdam vor.[70] Doch auch das MfS „blieb am Ball". Während des Archivaufenthaltes des Verfassers zwischen dem 22. und 23.Oktober in Potsdam und Babelsberg wurde aus der Richtung der MfS-Mitarbeiter ausdrücklich mit dem Namen eines Herrn Schulz im Staatsarchiv Dresden gewunken, der für die Pläne des westdeutschen Forschers gewonnen sei. Auch wurde nun die Tarnung Sepp Glasers (alias GMS „Franz") im Staatsarchiv Potsdam aufgegeben, indem Hauptmann Roth/Römer einräumte, er habe mit Glaser gesprochen. Beziehungen des VW-Archivars Wiersch schienen zusätzlich in Zwickau im Hintergrund zu spielen. Ende Oktober plante Roth/Römer weitere Treffen mit dem Verfasser. Offensichtlich baute Ost-Berlin „Luftschlösser", lag doch der „Sofortbericht der HfV" Dresden inzwischen vor. Setzte demnach das MfS etwa auf die Dichotomie zwischen Ingolstadt und Wolfsburg (Habbel contra Hahn)? Roth/Römer formulierte als Ziel der weiteren Bemühungen um den Verfasser:

> „Es ist festzustellen, welche Absprachen beim Konzern Ingolstadt erfolgten und wie die K[ontakt]P[erson] eigene Möglichkeiten zum Projekt Auto-Union hinsichtlich *der in gleicher Angelegenheit angestrebten kommerziellen Verhandlungen der VW-Aktien-Gesellschaft* einschätzt" (Hervorh.v.m., B.S.).[71]

---

68 Schulte, Armageddon, S. 375. Vgl. ebd., S. 376f. Berichte Kircherg/Stucks an MfS, Bezirksleitung Dresden, 4.9. und 9.10.1984. K. lässt zunächst breite Einsicht in Interna der Finanzierungsmöglichkeiten und Strukturen der Volkswagen Abteilung Firmengeschichte erkennen. Den Bericht vom 9.Oktober nutzte der IM zu herabsetzenden Behauptungen über den Verfasser, S. 378f. Vgl. ebd., 10.10.1984, S. 380f.
69 Schulte, Armageddon, S. 381, [sic] vgl. dessen Argumentation.
70 Schulte, Armageddon, S. 382f.
71 Schulte, Armageddon, S. 386f.

Roth/Römer intendierte, gegenüber dem Verfasser zu betonen, dass

> „wir die Einsichtnahme in die ZStA-Bestände zum Projekt Auto-Union trotz noch ausstehender Bestätigung des Erweiterungsantrages angewiesen"

hätten.[72]

Wie weit, angesichts seiner „wegschwimmenden Felle", das MfS zu gehen bereit war, zeigt der zusätzlich für die Ohren des Verfassers inaugurierte Hinweis,

> „daß vorliegendes Material, einschl[ießlich]. Möglichkeiten an der HfV Dresden **früher als für die Vertreter vom VW-Konzern** zur Nutzung zugänglich gemacht" (Hervorh.v.m., B.S.)

werden könnten. Im Licht dieser äußerst interessanten Variation des Themas Archiv Akten blieb die geheimdienstliche Anbahnung des Verfassers für den Einsatz im „Gesamtbereich BRD/NATO" unverändert oberstes Ziel.[73] Gleichzeitig offenbarte am 24. Oktober der IM Kirchberg (alias „Stuck") auf dem Berichtswege seinem Vorgesetzten Dr. Herkner (alias IM „Manfred") seine Sicht der abgelaufenen Ereignisse. Danach seien dessen Publikationen, wie etwa „Grand Prix Report Auto Union", Anlass für den „Einzelgänger" Dr. Schulte gewesen sich in Dresden zu melden. Zuerst habe „sich die Audi NSU Auto Union AG und nun die Muttergesellschaft dieses Unternehmens, der Volkswagen-Konzern" gemeldet. Schulte wolle in Dresden „das Feld abernten und den Ertrag an die genannten Unternehmen verkaufen". Kirchberg behauptete, der Verfasser habe vorgegeben, „im Auftrage und in Übereinstimmung mit VW zu handeln". Er wisse das aber besser. Demgegenüber zeige Volkswagen „großes Interesse". Kirchberg war darüber orientiert, dass „Forschungsarbeiten aus dem Haushalt der VW Abt[eilung]. Archiv-Geschichte-Museum bezahlt" werden könnten und zusätzlich die Möglichkeit bestünde, „die Forschung aus der Stiftung VW finanzieren zu lassen".[74] Der IM entwickelte das Gemälde eines gigantischen Auftrages der Volkswagen AG, eines „Maximalprogramm[s]", das „in der Aufarbeitung des gesamten Bestandes (ca. 70000 Bände) der Auto Union" bestehen würde. Kirchberg drängte, baldmöglichst in „mündlicher Verhandlung" mit Wolfsburg zum Abschluss zu kommen und proponierte, den „Arbeitsbeginn...auf das I. Quartal [19]85" festzulegen.[75] So offenbarte Kirchberg, darin ganz Vertreter der VW-Partei in Dresden, den hohen Grad seiner Informiertheit über die Wolfsburger Ten-

---

[72] Schulte, Armageddon, S. 388.
[73] Schulte, Armageddon, S. 388f.
[74] Schulte, Armageddon, S. 390f.
[75] Schulte, Armageddon, S. 393.

denzen und Möglichkeiten. In die Kenntnis dieser Details hatte den IM die zuständige VW-Abteilung Öffentlichkeitsarbeit gesetzt, die dem Vorstandsvorsitzenden Hahn unterstand, welche Anton Konrad leitete und welcher der Archivar Wiersch unterstand.[76]

Die Bedeutung welche das Schreiben Konrad/Wiersch, vom 26.September, auf den Fortgang der Dinge ausgeübt hatte, zeigt der Brief des Direktors der Hochschule für Verkehr an den Minister für Kultur vom 30.Oktober. Dieses weitere Schlüsseldokument bestätigt, dass „Wolfsburg" das Angebot der Verkehrshochschule „vollinhaltlich akzeptiert" hatte. „Parallel" dazu, und damit in direkter Konkurrenz gesehen, wurde die „konkrete Leistungsnachfrage des Herrn Dr. Schulte als Vertreter der Forum-Film GmbH...hier mit der Zielstellung einen Industriefilm zur Audi-Geschichte zu drehen". Es gehe, so Garscha, um einen Auftrag im Wert von „etwa 600 T[ausend]V[errechnungs]M[ark]". „Auch unter Berücksichtigung der bestehenden guten wirtschaftlichen Beziehungen der DDR zum VW-Werk in Wolfsburg", schlug der Rektor der Verkehrshochschule "vor, den Vertragsverhandlungen der HfV...zuzustimmen". Die Dinge waren der Volkswagen AG derart wichtig, dass diese von der DDR, spätestens bis zum 20.November, ein Angebot forderte.[77]

SCHEITERN DES MFS-KONTAKTES.

Noch am 30.Oktober liefen die Vorbereitungen des Ministeriums für Außenhandel zu einem „Lizenzobjekt" zur „Firmengeschichte der Auto-Union AG" mit dem "Verhandlungspartner Forum Film GmbH". Auch erwartete Ost-Berlin die Wiedereinreise des Verfassers zu weiteren Gesprächen. Die Erwartungen bezogen sich nunmehr nicht mehr allein auf die Bundeswehrhochschule, sondern ergänzend auf „Zugriffsmöglichkeiten als Militärhistoriker zu Archivbeständen". Inzwischen war klar geworden, der Verfasser habe den Archivar Glaser im Staatsarchiv Potsdam als Agenten erkannt. In Ingolstadt entwickelten sich die Vertragsgespräche mit Audi auf einen Abschluss hin.[78] Mitte November kam es in Ost-Berlin zu einer zweiten Gesprächsserie mit Roth/Römer. In deren Verlauf erklärte der Verfasser, er habe mit verschiedenen Stellen, darunter Herrn Strauß, Kontakt aufgenommen, um seine Gespräche mit Vertretern der DDR abzusichern. Auch verursachte die Tatsache, dass der Verfasser dem Ostberliner Kontaktmann kein „Exposé über die [künftige] Zusammenarbeit" vorlegte, zu-

---

[76] Schulte, Armageddon, S. 393f.
[77] Schulte, Armageddon, S. 396f.
[78] Ebd.

nächst keinen negativen Eindruck. Das sollte sich jedoch ändern. Am folgenden Abend trat Roth/Römer erneut auf und erklärte:

> „Dr. Bergmann sei über das Fehlen eines Exposee sehr entrüstet gewesen. Er sei enttäuscht...Man [habe] sich sagen lassen [müssen], man hätte die aufgewendete Zeit besser verwenden können. Zeit koste bei ihnen auch Geld. Auch habe man die Information von Herrn Strauß als Vertrauensbruch aufgefasst, da es sich erklärter-maßen um einen Vorgang gehandelt habe, der wegen fehlender vertraglicher Grund-lagen nur persönlich-vertraulich habe geführt werden können".

Der Verfasser thematisierte demgegenüber seine Überzeugung, dass es sich bei den Gesprächen in Potsdam und Berlin „um eine geheimdienstliche Anbah-nung" gehandelt habe. „Das wurde" von Roth/Römer

> „mit Entrüstung zurückgewiesen. Es ginge nur um wissenschaftliche Kontakte und man sei von einer <u>politischen</u> Stelle beim Staatsrat/Ministerrat der DDR. Man könne über...archivarische[n] Bestände verfügen und Zugang gewähren oder nicht".

Demgegenüber entwickelte der Verfasser, er habe

> „erwartet(18.10.), daß in Ingolstadt gerade über die Konzerngeschichte nachgedacht werde und er würde hoffen, daß daraus die Möglichkeit zu einer übergreifenden Sich-tung und Sicherung der Aktenbestände in DRESDEN für Ingolstadt entstehe. Zumal in Wolfsburg die konkurrierenden Absichten und Ziele seien. Eine Lösung[...] Audi[s] von VW u[nter].U[mständen]. in Jahren möglich wäre".

Dieser harte Schlagabtausch ergab schließlich, dass „Römer die Vorstellungen der dortigen Stellen" zusammenfasste. „Man wolle zunächst von den Plänen einer wissenschaftlichen Zusammenarbeit Abstand nehmen und würde bitten, dass" der Verfasser „mit Audi das Projekt kläre, und dann an die Staatliche Archivverwal-tung/Potsdam ein EXPOSÉ über die beabsichtigte Behandlung [der] Audi Ge-schichte entwickele, das gleichzeitig jedoch" dessen „<u>Einbindung</u> in das Projekt enthalten sollte". Damit war das Junktim der MfS-Vertreter, zwischen einer Nut-zung der Auto Union Akten und einer geheimdienstlichen Tätigkeit des Verfassers vom Tisch. Schließlich lag für alles der Schlüssel im Westen. Dass immer noch eine Tür offen stand, zeigte sich im letzten Gespräch des Verfassers mit Roth/Römer am 21. November. Dort fragte dieser ausdrücklich, ob sich inzwischen „neue Ein-sichten oder Meinungen ergeben" hätten. Alles schien sich in Wohlgefallen auflö-sen zu wollen. Doch gab der Verfasser kein Signal zum Einlenken und so blieb nur, dass man sich gegenseitig bestätigte weiter im Gespräch bleiben zu wollen. Der Hamburger Besucher unterließ es nicht, deutlich zu machen,

> „daß ein gemein deutsches Denken sehr erschwert sei, da beiderseits Fesseln existierten,

die Bewegungen unmöglich zu machen schienen. Illusionen seien auf...[seiner] und wohl auch auf der Gegenseite zerstört. Aber das sei vielleicht nur der Sache dienlich".[79]

VERHÄLTNIS WOLFSBURG - INGOLSTADT.

Am 23.Oktober lief augenscheinlich noch der zweite Teil des Machtkampfes zwischen Wolfsburg und Ingolstadt. Nun ging es um den Audi-Unternehmensfilm für das Jubiläum „100 Jahre Automobil". Grosse Leege hatte immer „noch kein grünes Licht aus Wolfsburg". Ein Vorgang, der bereits im Falle der Kontakte des Verfassers mit der Verkehrshochschule Dresden deckungsgleich abgelaufen war. Wiederum bildete die Schaltstelle in der Wolfsburger Zentrale Wiersch, der im Auftrage Konrads und Hahns agierte.[80] Gleichzeitig oblag Roth/Römer in der Normannenstrasse die unbequeme Aufgabe, das Scheitern der Anbahnung, für den Fall des Hamburger Wissenschaftlers, zu erklären. Der MfS-Offizier hatte inzwischen den Bericht aus Dresden, über die dort abgelaufenen Vorgänge, vorliegen. „Keinerlei Voraussetzungen und gedankliche Identifizierung in Richtung operativer Zusammenarbeit" auf Seiten des Verfassers wurde eingestanden. Es lief somit für Roth/Römer darauf hinaus, zu erwirken, der Verfasser möge zunächst „die *Interessen des Audi Konzerns* fest[zu]stellen" (Hervorh.v.m., B.S.). Das Junktim zwischen Agententätigkeit und Nutzung der Auto Union Akten war endgültig vom Tisch. Diesem Ansatz der MfS-Mitarbeiter habe der Verfasser das Bestreben entgegengesetzt, sich „einer nachrichtendienstlichen Verbindung zu entziehen" und den Hintergrund der Operation Ostberlins aufzuklären, nämlich die Interessen des MfS zu ermitteln. Der Versuch, dessen Kontaktmann, Sepp Glaser, im Staatsarchiv Potsdam zu enttarnen (dessen „Rolle...zu ergründen"), lag desgleichen offen. Bereitwillig aufgenommen wurde in Ostberlin nun, im Angesicht des offenbaren Scheiterns der Mission, die Behauptung des IM Kirchberg, „eine Beauftragung seitens des Audi-Konzerns, wie" der Verfasser „gegenüber" den Ostberliner Stellen „verstanden haben wollte", liege „überhaupt nicht vor". Woher sollte aber Kirchberg das wissen können, wenn nicht von Wiersch? Wolfsburg griff damit zu dem Mittel bewusster Fehlinformation; entsprach diese doch dem Denkmuster und den Interessen der VW-Zentrale im Kampf mit der missliebigen Dependance Ingolstadt. In diesen Zusammenhang stellte Roth/Römer die in West und Ost erkannten Vorgänge. Der MfS-Offizier schrieb:

„Die Problematik liegt dabei darin, dass die VW-Aktiengesellschaft, mit fest etablier-

---

[79] Schulte, Armageddon, S. 398ff.
[80] Schulte, Armageddon, S. 400.

tem Konzernhistoriker[i.e. Wiersch], seit diesem Jahr[Mai 1984] selbst Kontakte zum Projekt Geschichte der Auto-Union in die DDR geknüpft hat und daß die VW-Aktiengesellschaft es sich [26.9.1984] vorbehält, <u>Vertreter bzw. Mitarbeiter</u> auf diesem Gebiet seitens <u>des Audi-Konzerns</u> nach Ermessen einzuschalten".[81]

Volkswagen hatte damit, in einer „Nacht und Nebel Aktion", den Vorstoß aus Ingolstadt torpediert, selbst die Darstellung der Audi-Unternehmensgeschichte in die Hand zu nehmen. Allerdings erst Ende November befand sich der Auftrag der Volkswagen AG, in Höhe von insgesamt „800 T[ausend] V[errechnungs]M[ark]", im Geschäftsgang der Verkehrshochschule Dresden. Die Hoffnung des Verfassers, „ob im Verlaufe der Arbeit eine finanzielle Unterstützung der Audi AG/Ingolstadt" für sein unternehmensgeschichtliches Projekt Wirklichkeit werde", blieb dahingestellt, „da sich", aus dessen Sicht, „der Entscheidungsprozeß dort augenscheinlich nicht zügig" entwickelte „und verläßliche Vorstellungen noch nicht existier[t]en". Der daraufhin, seitens des Verfassers gegenüber der Staatlichen Archivverwaltung der DDR, breit entwickelte Ansatz einer Studie zur Auto Union Geschichte, musste auch östlich der Elbe die Alarmglocken schrillen lassen. Das zeigte sich darin, dass das Schreiben des Verfassers in Potsdam zur NVA(Militärinstitut), nach Dresden (Hochschule für Verkehr und Staatsarchiv), wie zum Ministerium des Inneren lief. Die folgerichtige Ablehnung des darin enthaltenen Benutzugsantrages erreichte Anfang des Jahres 1985 Hamburg.[82] Doch bis zum 19.Dezember hatte sich Audi, zumindest hinsichtlich des Traditionsfilmes, gegenüber Wolfsburg durchgesetzt. Es stellt sich die Frage: wäre u.U. darüber die „Ehe" zwischen Wolfsburg und Ingolstadt geplatzt, und wurde, aus diesem Grunde, von der Zentrale zumindest das kleinere Filmprojekt zugelassen?

TECHNISCHE KALAMITÄTEN.

Gleichzeitig machten sich auch außenpolitische Hemmnisse bemerkbar. Forderungen der UdSSR wurden einsam, durch Günter Mittag, zu Gunsten des übermächtigen Bündnispartners entschieden. Qualitätsprobleme, die im Laufe der nächsten zwei Jahren verstärkt auftreten sollten, und die übergroße Belastung der DDR-Finanzen durch das Pkw-Projekt, sollten zunehmend den gesteckten Rahmen sprengen. So stellte sich in den künftigen Monaten die nicht mustergültige Fertigung jener Motoren heraus, die im Rahmen der Gegenfinanzierung an Wolfsburg zu liefern waren. Die Folge war unausbleiblich, dass Volkswagen, hinsichtlich der eigenen Produktion in Verzug gesetzt, zusätzliche Kosten in Höhe

---

[81] Schulte, Armageddon, S.404f (nahezu Referat des Briefes Konrad/Wiersch an Herkner). Damit fiel Wolfsburg dem Verfasser in den Rücken.
[82] Schulte, Armageddon, 405ff.

von circa 30 Millionen Verrechnungsmarkt anlastete. Es ergab sich, dass die Qualitätsanforderungen der Wolfsburger für die DDR-Betriebe nicht erfüllbar waren. Mehrkosten zwischen 1,2 und 6 Millionen Valutamark kamen auf Ostberlin zu und zusätzlich schied die Dieselmotorenvariante, infolge fehlender Mittel, aus den weiteren Planungen aus. Gegen alle Widerstände hielten beide Partner unverrückbar an dem Plan eines neuen DDR-Pkw fest. Geheime Abstimmungen und Besichtigungen von Prototypen fanden statt. Die Dichte der Besuche zwischen Wolfsburg und DDR-Standorten nahm weiterhin zu.[83] Schließlich war der Handelvertrag zwischen DDR und Volkswagen AG inzwischen geschlossen.

Ende des Monats Oktober 1984 wurde eine weitere Informationen für den „1. Sekretär der Bezirksleitung der SED" Chemnitz, Lorenz, dem Generaldirektor des VEB IfA Kombinat Pkw, Voigt, zugänglich gemacht. Diese Ausarbeitung behandelte „die Situation im Gelenkwellenwerk Mosel des VEB Sachsenring Automobilwerke Zwickau". Ausgehend von der Vertragsunterzeichnung mit dem französischen Automobilhersteller Citroen, am 8.6.1978, so führte das MfS aus, sei in Mosel „ein Gelenkwellenwerk mit typenspezialisierten Fertigungslinien mit hohem Verkettungsgrad errichtet" und „im April 1983 an den VEB Sachsenring" übergeben worden. Dieses Unternehmen habe „zirka 2,2 Milliarden" Mark gekostet, „wobei der Valutaanteil zirka 1,2 Milliarden Valutamark" betragen habe. Insgesamt „9 Prozent des Ausrüstungsvolumens" sei „aus dem nichtsozialistischen Ausland importiert" worden. Von insgesamt „775 Werkzeugmaschinen" stammten „734 aus dem nichtsozialistischen Wirtschaftsgebiet". Betont wurde, diese „hochproduktiven Technologien" würden „mit einem hohen Automatisierungsgrad... kürzeste Zeiten für die Bereitstellung von Ersatzteilen und Werkzeugen" für die zwangläufig notwendigen „Instandhaltungen und Havarien" erfordern. Diese äußerst „kurzen Zugriffszeiten" seien „beim Bau des Gelenkwellenwerkes" durch Citroen zu Grunde gelegt worden.

Dass sich die Realität des Arbeitsablaufes anders darstellte, als in der Theorie vorausgesehen, erläuterte das MfS im einzelnen wie folgt:

> „Bedingt durch den Verschleiß der Maschinen und Anlagen im Produktionsprozeß ergeben sich im Unterschied 100 Maschinenausfälle pro Tag. Da einerseits der seit der Inbetriebnahme des Werkes übernommene Bestand an Ersatzteilen und Werkzeugen für die Importmaschinen im wesentlichen aufgebraucht ist sowie andererseits mit der Aufnahme der Produktion der Zastava-Welle und der Gleichlaufgelenk-

---

83 Schulte, Armageddon, S. 109f. Die „Gartenlaube"-Perspektive der 80iger Jahre des vorigen Jahrhunderts wird noch 1990 verstärkt aufgenommen durch die begrenzte Wahrnehmung der früheren DDR-Bürger. J. Roessler, Schwierige Geburt eines deutsch-deutschen Automobildeals, in: Horch und Guck, Histor.-lit. Zeitschrift des Bürgerkomitees „15. Januar" e. V. Berlin, Heft 4/2007, S. 77f.

welle ‚Trabant' die Fertigungslinien ausgelastet sind und somit der bisher praktizierte Ausbau von Teilen aus technologisch bedingt nicht produzierenden Maschinen und Anlagen zur kurzfristigen Ersatzteilgewinnung nicht mehr möglich ist, treten größere Stillstandzeiten bis zur Bereitstellung der erforderlichen Verschleißteile auf: So betrugen die Ausfallzeiten im August 1984 rund 24 900 Stunden".

In der Praxis sei es, im gegebenen Fall, „in kürzester Zeit bis zum Stillstand der Gelenkwellenproduktion auf der jeweiligen Fertigungslinie" gekommen. Das MfS hielt ferner fest, „der Ausfall der Fertigungslinie 1 (Trabant P 601)" habe „den Montagestillstand im VEB Sachsenring spätestens 7 Stunden nach Havarie" zur Folge. „Stillstände anderer Fertigungslinien für den Export bedeuten einen täglichen finanziellen Verlust von zirca 181 000 Valutamark", so führte das Ministerium für Staatssicherheit schlagend aus.

Demgegenüber suchte der „VEB IfA Kombinat PKW", in Verbindung mit den VEB Sachsenring Automobilwerke Zwickau durch die „Erweiterung des eigenen Rationalisierungsmittelbaus" auf weitere Sicht „eine langfristige, planmäßige NSW-Ablösung bei Ersatzteilen und Generalreparaturen" vorzubereiten. Darüber hinaus sollten Werkzeuge aus DDR-Produktion „den Importbedarf" aus dem Westen „minimieren". Weiter wurde versucht, über eine „Ausfallanalyse ...notwendige abzulösende Maschinenteile und Bauelemente" zu bevorraten. Doch es hatte sich erwiesen, dass dieser Weg nicht zum Ziele führte. „Trotz dieser eingeleiteten Maßnahmen zur Minimierung von Importen" hatten „sich aus dem hohen Anteil an Ausrüstungen, Verkettungs- und Steuerelementen aus dem nichtsozialistischen Wirtschaftsgebiet nach wie vor umfangreiche kurzfristige Anforderungen von Ersatzteilen" ergeben, die nicht „im sozialistischen Wirtschaftsgebiet" bereitgestellt werden konnten. Citroen, so dass MfS, habe der Kalamität die Stirn geboten, indem „Firmenangestellte schnell und operativ aus der BRD oder Frankreich" Ersatzteile beschafft hatten.

Inzwischen, diktiert durch die DDR-Wirklichkeit, trete zumeist „eine Wartezeit von 40 – 60 Tagen ein", da die „Beschaffung derartiger Ersatzteile" beim VEB Sachsenring Automobilwerke Zwickau liege. So komme es zu „Produktionsausfälle[n] mit hohen volkswirtschaftlichen Verlusten". Diese Lage sei dadurch entstanden, dass „einfache im NSW handelsübliche Kaufteile Produktionsstillstände von mehreren Wochen hervorriefen". Alle Bemühungen des VEB Sachsenring Automobilwerke Zwickau, diese Engstellen durch die Nachfertigung von Ersatz- und Verschleißteilen zu schließen, blieben erfolglos. Das MfS wies nach, es verbleibe dennoch „eine Reihe Verschleißteile, die aufgrund ihrer Spezifik und Standardisierung zur Zeit trotzdem nicht nachgebaut werden" könnten. Es ergab sich als Lösungsvorschlag des Ministeriums für Staatssicherheit die Anregung, dem Generaldirektor des VEB Sachsenring, Voigt, im Rahmen verstärkter Flexibilisierung des

Produktionsablaufes, „die Entscheidungsbefugnis zur Durchführung unumgänglicher NSW-Importe bei Havariefällen" zu übertragen. Diese Ausarbeitung wurde, laut Aktennotiz Voigt, am 24.10.1984 vorgelegt.[84]

Jedenfalls reflektierten zu dieser Zeit die Bevölkerung des Bezirkes Karl-Marx-Stadt, die Beschäftigten in Kfz-Dienstleistungsbereich, wie bei den Handelseinrichtungen für Kfz-Ersatzteile, die begrenzten Fortschritte des Jahres 1983, z. B. hinsichtlich der Versorgung mit „Hauptschalldämpfer[n] und Vordertüren für [die] Pkw ,Wartburg' und Vorderkotflügeln und Türaußenhaut (links) beim PKW ,Trabant'". Dennoch, so führte das MfS in einem Bericht aus, bestanden nach wie vor „Versorgungsprobleme bei der bedarfsgerechten Bereitstellung von Ersatzteilen". Die Diskussionen kreisten um die weiterhin fortdauernde Unterversorgung bei „Mitnehmerscheiben und Zylinder[n] für den PKW ,Trabant', und Drehschwingungsdämpfer[n] für den PKW ,Wartburg' sowie auf 15 Positionen an Schlössern und Beschlägen aus Betrieben des VEB IfA Kombinat Personenkraftwagen, so dem VEB Barkas-Werke Karl-Marx-Stadt, dem VEB Renack-Werke Reichenbach und dem VEB Döbelner Beschläge und Metallwerk". Trotz erreichten Verbesserungen sei auch bei den „Ersatzteilpositionen aus Zulieferbetrieben anderer Ministeriumsbereiche der Bedarf noch nicht gedeckt", ergab die Diskussion bei Beschäftigten und Bevölkerung. Besonders prekär, so habe der „genannte Personenkreis" geäußert, und dies berichtete das MfS, stelle sich „die Situation bei der Versorgung mit Ersatzteilen für Importfahrzeuge dar, da durch den Außenhandel[DDR-Ministerium für Außenhandel] mit den jeweiligen Vertragspartnern für die PKW ,Lada', ,Fiat 125 P', ,Dacia' und ,Skoda' im Jahre 1984 keine Vertragsabschlüsse" hätten erreicht werden können.[85]

84 BStU, Außenstelle Chemnitz. Informationen an den 1.Sekretär der Bezirksleitung der SED. CAKG-156, PI-Nr. 734/84, Verteiler: Genossen Lorenz 734/84, ZAIG/Zentrale 499/84, Abteilung XVIII - HA XVIII-Leiter, KD Zwickau ./., AKG /26.10.84, Bl. 10., Bl. 14: „Genosse Generalmajor! Die Information wurde am 24.10.1984 durch den Leiter der Abteilung XVIII dem Generaldirektor des VEB IfA Kombinat PKW, Genossen VOIGT, vorgelegt, der diese Information inhaltlich bestätigte. Oettmeier Oberstleutnant". Bl. 15: „[handschr.] Gen.Merzlein: wie siehst Du das? Mit den Ergebnissen unserer Berichterstattung im P[olit]B[üro] wurde eine weitere Freigabe von NSW-Mitteln für Ersatzteile wirksam".
85 BStU, Außenstelle Chemnitz. Information an den 1.Sekretär der Bezirksleitung der SED, CAKG-154, PI-Nr.677/84.Verteiler Genossen LORENZ 677/84, Genossen FICHTNER 224/84, ZAIG/Zentrale 456/84, HA XVIII über Abt. XVIII, AKG., Bl. 19. MfS, Bezirksverwaltung Karl-Marx-Stadt, Streng vertraulich! Um Rückgabe wird gebeten! Nr. 57/84. „Gen Lorenz" [handschr.], Persönlich, Information über Diskussionen unter der Bevölkerung sowie insbesondere Beschäftigten von Kfz-Dienstleistungsbetrieben und Mitarbeitern entsprechender Handelseinrichtungen im Zusammenhang mit der Versorgung bei Kfz-Ersatzteilen für PKW, 8.10.1984, Verteiler 1.Sekretär der SED-Bezirksleitung Karl-Marx-Stadt, Vorsitzender des Rates des Bezirkes Karl-Marx-Stadt, Zentrale, Bl. 22f.

Offiziell schien, nach Informationen der Bezirksverwaltung für Staatssicherheit Karl-Marx-Stadt, unter den Beschäftigten des IfA-Kombinat PKW eine hohe Leistungsbereitschaft „bei der Umsetzung der Beschlüsse" der SED, „zur Verwirklichung der Vorhaben zur Stückzahlerhöhung des PKW ‚Trabant', und zum Antriebsaggregat der PKW ‚Trabant' und ‚Wartburg', vorhanden. Tatsächlich lägen „jedoch auch Informationen vor", so das MfS, „wonach es unter diesen Werktätigen im Zusammenhang mit den Stand der Realisierung des Beschlusses des Politbüros des ZK der SED, vom 14.6.1983, über ‚Aufgaben und Maßnahmen zur kurzfristigen Erhöhung der Produktion der Pkw ‚Trabant' und ‚Wartburg' bis 1965 und danach', dahingehend Diskussionen" gebe,

> „daß bei der vorgesehenen Stückzahlsteigerung auf 175 000 PKW ‚Trabant' vom VEB Automobilwerke Zwickau im Jahr 1988 auf der Basis der Zweitaktemotoren Probleme gesehen werden".

Es würde „eine Reihe von Kapazitäten in verschiedenen Kombinaten und Betrieben zu schaffen" sein, „die mit dem künftigen Einbau der 4-Takt-Otto- und Dieselmotoren und den damit verbundenen konstruktiven Veränderungen am Fahrzeug nicht mehr oder nicht im vollen Umfang genutzt werden" könnten. Als besonders bedenklich würden „die Produktion solcher Baugruppen des PKW ‚Trabant', wie Zweitakt-Otto-Motor, Getriebe, Hilfsrahmen, Pleuel, Blattfeder vorn, Heizungsgeräuschdämpfer, Tank und Trommelbremse" genannt. Weiter seien die Mittel für die geplanten Erweiterungsbauten am Standort Mosel („Farbgebungsanlage", „Endmontage") noch nicht fest geplant. Es ginge um einen „Gesamtaufwand von 234 Millionen Mark". Davon seien „51,3 Millionen Mark 1984/85 bisher ebenfalls noch nicht" bestätigt. „Dieses Vorhaben stelle jedoch eine wesentliche Voraussetzung für die Produktion der geplanten 175 000 Stück PKW ‚Trabant'" dar.

Das MfS berichtete ferner, „von den Arbeitern des VEB Automobilwerke Sachsenring Zwickau" werde „diesbezüglich auch zum Ausdruck gebracht, daß eine Verkürzung der Taktzeiten bei der Montage der PKW zu Lasten der Arbeiter und der Qualität des Erzeugnisses" gehe „und ohne neue Kapazitäten keine weitere Stückzahlsteigerung möglich" sei, „da mechanische Vorfertigung, Lackiererei und Endmontage schon dreischichtig ausgelastet" seien. Weiter beeinträchtigten Rückstände in der Bereitstellung durch die Betriebe „VEB Werkzeugmaschinenkombinat ‚7.Oktober' Berlin", „Fritz-Heckert-Kombinat Karl-Marx-Stadt und Umforumtechnik" ‚M. Warnke' Erfurt" die zeit- und qualitätsgerechte Produktion.

Diese Realitäten der DDR-Wirtschaft hatten stringente Auswirkungen auf das geplante Geschäft mit der Volkswagen AG Wolfsburg. Das MfS entwickelte im einzelnen,

> „dass
> - per 30.5.1985 die vorgesehenen Leistungen erbracht und die vertraglichen Vereinbarungen mit den am Gesamtvorhaben beteiligten 24 Zuliefererkombinaten planmäßig fortgesetzt wurden,
> - bis auf die Position Klemmkegel zu allen übrigen der voraussichtlich 323 zu liefernden Teile und Baugruppen die Lieferbereitschaft der Zulieferkombinate vorliegt, *ohne daß bereits für jedes Teil die volle Sicherheit der Produktion gegeben ist sowie alle technischen und technologischen Fragen für eine künftige Serienproduktion gelöst sind,*
> - auch die Übernahme der Dokumentationen zu den Otto-Motoren von der VW AG Wolfsburg erfolgt ist und die *Entwicklungsforderung[en]* an die Zulieferindustrie weitergegeben worden ist" (Hervorh.v.m., B.S.).

Kritisiert werde ferner von „Mitarbeiter[n] des VEB IfA-Kombinat PKW", „mit einer Überschreitung der geplanten Gesamtinvestition (Bau und Ausrüstung) am Standort Karl-Marx-Stadt um zirka 410 Millionen Mark gerechnet, davon 80 Millionen Valutamark". Andauernde Änderungen des zugrundegelegten Zahlenwerkes, verzögerte „Produktionsverlagerungen" und Änderungen des geplanten Neubauaufkommens bildeten hierfür vorgeblich die Ursache.[86]

Von Monat zu Monat nahmen die Diskussionen zu und verschärften sich Gegenstand und Form der Kritik. So berichtete das MfS Ende des Jahres 1985 über im Bereich der „Bezirksverwaltung für Staatssicherheit Karl-Marx-Stadt" und dem „gesamten Direktionsbereich Produktion des VEB Sachsenring Automobilbau Zwickau", konkret gewordene Kritik von Seiten der Beschäftigten der „Duroplastfertigung", des Gerippe- und Getriebebaus, der „Endmontage", wie im „Gelenkwellenwerk Mosel", dem „Rationalisierungsmittelbau". Es nähmen die „Stillstandzeiten" ständig zu. Weiter bestünden deren „Ursachen in technischen Ausfällen von Maschinen und Anlagen", die wiederum „in Qualitätsmängeln" ihren Ausgangspunkt hätten und auf „fehlende[n] Arbeitskräfte[n]" zurückgingen. So würden „Werktätige aus dem Fertigungsbereich Gerippebau kritisch" ansprechen, „daß im Monat Oktober 1985 durch Ausfall einer Strecke der Bodenschweißstraße der Tagesplan nur an vier Arbeitstagen erfüllt und des-

---

86 BStU, Außenstelle Chemnitz. Informationen an den 1.Sekretär der SED-Bezirksleitung CAKG-179, PI-Nr. 310/85. Verteiler Genossen LORENZ 310/85, ZAIG/Zentrale 185/85, Abteilung XVIII, AKG, 12.6.85, Bl. 77. Persönliche Information über Diskussionen unter Werktätigen des VEB IfA-Kombinat Personenkraftwagen Karl-Marx-Stadt und des VEB Sachsenring Automobilwerke Zwickau im Zusammenhang mit dem Stand der Verwirklichung der Vorhaben zur Stückzahlerhöhung des PKW ‚Trabant' und zum Antriebsaggregat der PKW ‚Trabant' und ‚Wartburg' (gemäß Arbeitsplan des Sekretariats der SED-Bezirksleitung), 11.6.1985, Bl. 78ff.

halb insgesamt 187 [Fahrzeug-]Geripppe nicht produziert werden konnten". Die „staatliche Leitung" habe darauf mit der Einrichtung „dritte[r] Schichten, Sonderschichten und Überstunden" reagiert. „Diese Entscheidungen würden jedoch beim überwiegenden Teil der Beschäftigten", so das MfS,

> „auf immer weniger Verständnis stoßen, da es beispielsweise in der Abteilung Bremsenfertigung des Bereiches 2 gang und gäbe sei, daß an jedem Wochenende gearbeitet"

werde. „Im Fertigungsbereich Getriebebau" seien „Maschinenausfallzeiten" in einer Größenordnung von „monatlich 300 Stunden" aufgetreten. Im „Fertigungsbereich Duroplastfertigung" würden „die Plankennziffern im Monat November 1985 nicht [zu] erfüllen" sein, da „einerseits 36 Arbeitskräfte" fehlten, „und andererseits die Ausfallzeiten an den Duroplastpressen aufgrund von Verschleißerscheinungen" die Produktion hemmten. „Wegen schlechter Arbeitsbedingungen, insbesondere durch Staubbelästigung und *gestiegenes Arbeitstempo*" bestünde in der Belegschaft „immer weniger Interesse, Sonderschichten zu leisten" (Hervorh.v.m., B.S.). In das Umfeld dieser Argumente fügten sich Äußerungen von „Arbeiter[n]" des VEB Sachsenring Automobilwerke Zwickau" ein, „durch die Leitung des Betriebes" sei „noch keine Information über die endgültige Regelung der Arbeitszeit bekannt gegeben" worden. Und dies, obwohl diese „im Monat Juli 1985" einen „Antrag an das Ministerium für Allgemeinen Maschinen-, Landmaschinen- und Fahrzeugbau über das Kombinat PKW Karl-Marx-Stadt gestellt" habe, „die Arbeitszeit von Freitag, dem 27.12.1985 aus ökonomischer Sicht des Betriebes auf Sonnabend, den 14.12.1985 zu verlagern". „1500 Beschäftigte aus den Nordbezirken" seien erbost, „weil sie über das Weihnachtsfest bisher mit ihren Familien keine Übereinkunft" hätten treffen können.[87]

„Seit Anfang des Jahres 1983" befasste „sich ein Führungsstab unter der Leitung des Ministers für Allgemeinen Maschinen-, Landmaschinen- und Fahrzeugbau", gemäß der Weisung des Politbüros, „mit der Ausarbeitung und Realisierung einer Motorenkonzeption für die PKW ‚Wartburg' und ‚Trabant'". Im Juni 1983 folgte der Beschluss,

> „auf der Grundlage eines vorliegenden Angebots der Volkswagen AG Wolfsburg/BRD die Lizenzfertigung von Vier-Takt-Ottomotoren der Alpha-Baureihe (1,3 l. und 1,05 l) im VEB wie IfA-Kombinat Personenkraftwagen Karl-Marx-Stadt aufzunehmen".

---

87 BStU, Außenstelle Chemnitz. Information an den 1.Sekretär der SED-Bezirksleitung, CAKG-192, PI-Nr. 674/85. Verteiler Genossen LORENZ 674/85, ZAIG/Zentrale 454/85, KD Zwickau, Abteilung XVIII, AKG, 21.11[1985], Bl. 266. Bezirksverwaltung Karl-Marx-Stadt, Streng vertraulich! Um Rückgabe wird gebeten! Persönlich, Information über Diskussionen unter Beschäftigten des VEB Sachsenring Automobilwerke Zwickau im Zusammenhang mit den derzeitigen Arbeits- und Lebensbedingungen in ihrem Betrieb, 20.11.1985, Bl. 270ff.

Im *November 1984 wurden die ersten Verträge mit der Volkswagen AG* und anderen Lieferanten bzw. NSW- Lieferanten abgeschlossen" (Hervorh.v.m., B.S.).

Nachdem bisher das Politbüro, beziehungsweise die „Wirtschaftskommission des Zentralkomitees der SED" mit diesen Entwicklungen betraut gewesen waren, befasste sich am 21.11.1984 erstmalig der Ministerrat der DDR „mit der Motorenkonzeption" und „Leitungsmaßnahmen zur Vorbereitung der Motorproduktion für die Personenkraftwagen ‚Wartburg' und ‚Trabant'". Damit oblag es dem Minister für Allgemeinen Maschinen-, Landmaschinen- und Fahrzeugbau, die „inlandsseitige[n] Vorbereitung und Durchführung der Beschlüsse des Politbüros... zum PKW-Motorenprogramm" sicherzustellen und darüber "dem Präsidium des Ministerrates" zu berichten.

KOMPENSATIONSVERTRAG VW - DDR.

Einerseits hatte sich bereits in den Jahren 1977/78 angekündigt, dass die DDR eine Lösung auf dem Wege eines Kompensationsgeschäftes mit NSW-Konzernen plante, andererseits waren technische Fragen mit der CSSR offen geblieben. So – wie die Hauptabteilung XVIII des MfS im Juni 1988 berichtete – „gab es Vorstellungen" in Ostberlin,

> „in der Abteilung Maschinenbau/Metallurgie des ZK der SED, *das PKW-Programm der DDR durch Kompensationsvorhaben mit NSW-Automobilkonzernen zu realisieren* und dadurch den Investitionsfonds der Volkswirtschaft zu entlasten"[88] (Hervorh.v.m., B.S.).

Es wurden „1978: Kontaktgespräche Dr. Beil[s] mit General Motors, Citroen, FIAT, Toyota" eingeleitet. Im Jahre 1979 erklärte sich die CSSR-Regierung bereit, die technischen Anforderungen der DDR zu erfüllen. Daraufhin, so das MfS, sei „in einer Beratung am 17.10.1979 beim Genossen Dr. Mittag zum Automobil-Programm der DDR (PKW und LKW)", festgesetzt worden, dass „dem NKW-Programm, aufgrund der zur Verfügung stehenden Fonds der Vorrang eingeräumt und bezüglich der Realisierung des PKW-Programms auf Kompensationsvorhaben mit NSW Konzernen [hin] orientiert" werden solle. Im November wurde das Regierungsabkommen mit der CSSR umgeschrieben. 1983 schloss die CSSR die Entwicklung des projektierten Motors ab, doch im Juni 1983 bestanden in Prag akute Befürchtungen, die DDR wolle dieses Abkommen nicht erfüllen.[89] Diese waren durchaus begründet, denn Ostberlin trat

---

[88] Schulte, Armageddon, S. 149.
[89] Ebd.

„auf der Grundlage eines *Angebotes des VW-Konzerns*, der DDR eine auszusondernde Motorenlinie mit dem technischern Stand von 1972 zu verkaufen" in „Verhandlungen zur Klärung der Modalitäten" ein.[90] (Hervorh.v.m., B.S.)

Das Politbüro beschloss am 9.10.1984 den „Abschluß eines Kompensationsvertrages mit dem VW-Konzern [i.e. ‚Handelsvertrag']. Bereits am 2.Juli war die Umwandlung des Abkommens mit der CSSR fixiert worden. Fußend auf der Entscheidung vom 23.5.1983, „kurzfristig[e]" die „Produktion der PKW Trabant und Wartburg bis 1985 und danach" zu erhöhen, legte das Präsidium des Ministerrates am 21.November 1984 die „Produktionsaufnahme des 4-Takt-Ottomotors ab IV/1987", des Dieselmotors „im Jahre 1989", die „Produktion des Rumpfmotors zur Lieferung an die VW AG ab I/1989", sowie einige weitere technische Anforderungen an das Leitaggregat fest.[91] Damit kamen, parallel zu den Abmachungen über den Audi-Traditionsfilm, auf höherer Ebene, die Vereinbarungen über einen Einstieg der Volkswagen AG in die DDR-Wirtschaft zustande.

Wenn nicht schon bislang, so begann sich spätestens mit dem Januar 1985 - auch in Ingolstadt - das Intrigenkarussell zu drehen. In Potsdam spielte Sepp Glaser auf Verzögerung, das Babelsberger Filmarchiv der DDR suchte nach Material und Ulmer in Ingolstadt streute kritische Bemerkungen über den Pressechef Grosse Leege aus, da inzwischen bekannt war, dass dieser, wie auch Habbel - auf Betreiben Hahns - baldmöglichst den Konzern verlassen solle. Anfang 1985 fand ein exploratorisches Gespräch des Verfassers mit dem Firmenarchivar Wiersch in Wolfsburg statt. Ob dieser bereits zu diesem Zeitpunkt Archivmaterial vorlegte, ist dem Verfasser nicht innerlich. Es war keineswegs klar, ob es künftig zu einer „Eiszeit" in den Beziehungen mit Ostberlin kommen würde. Jedenfalls bedankte sich der, westlichen Wissenschaftlern gegenüber, abgeneigte Abteilungsleiter Kessler, von der Staatlichen Archivverwaltung Potsdam, bei dem formalen Hauptakteur in Dresden, Herkner, für dessen Informationen aus dem Oktober 1984.[92] Gleichzeitig unterstützte Sepp Glaser die Bemühungen des Verfassers durch eine umfängliche Materialaufstellung aus dem Staatsarchiv Potsdam für das Auto Union Thema. Im Mai 1985 enthüllte in Dresden der dortige Exportbeauftragte der Hochschule für Verkehr, Woijcack, zu dem Geschäft mit Volkswagen, dieses wäre, infolge überbürokratischen Verhaltens der DDR-Seite,

---

[90] Schulte, Armageddon, S. 150.

[91] Schulte, Armageddon, S. 152: „Erreichung einer dem Weltstandard entsprechenden Kraftstoffökonomie durch den Einsatz des Dieselmotors im PKW[denn diese war in der Benzinvariante, die konstruktiv aus der Zeit vor der Energiekrise stammte, nicht zu erwarten], verbunden mit verringerter Schadstoffemission und erhöhter Lebensdauer".

[92] Schulte, Armageddon, S. 410ff., 415.

beinahe gescheitert. Schließlich stamme das erste Schreiben von Volkswagen in dieser Sache vom 15.5.1984.[93]

So dauerte es bis in den September dieses Jahres, bis, „unter Einbeziehung all" der „Forderungen" der Verkehrshochschule Dresden mit der Volkswagen-Abteilung „Archiv/Geschichte" für den Zeitraum bis 1994, ein Vertrag geschlossen wurde, der ein Gesamtvolumen von 450.000 Valutamark umfasste. Dass es jedoch der Volkswagen AG in diesem Zusammenhang um mehr ging, zeigten Bestrebungen, mit weiteren Sektionen der Hochschule für Verkehr in Kontakt zu kommen und über „Forschungsaufträge[n]", beziehungsweise die „Übernahme von know-how auf kommerzieller Basis zu verhandeln". Dabei stellte sich das hölzerne Auftreten Herkners als Hindernis heraus, wie das Kirchberg monieren sollte.[94] Es ging dort um mehr, denn der für Logistik und Versorgung in der NVA-Führung zuständige Generaloberst Joachim Goldbach übte die Aufsicht über das Dresdener Institut aus.

DRESDEN SCHWÄCHELT.

Während sich weitere Forschungen des Verfassers inzwischen auf die Ebene der Landesarchive der DDR erstreckten, hüllte sich die Dresdener Verkehrshochschule immer noch in Schweigen hinsichtlich des im Oktober 1984 gelieferten Papiers zur Auto Union Geschichte und der Bearbeitung von Akten im Dresdener Staatsarchiv. Es machte offensichtlich Herkner (alias IM „Manfred") Mühe, von dem großzügigen Angebot aus dem frühen Juni 1984 wieder abzugehen.[95] In Dresden arbeiteten inzwischen Herkner, Kirchberg und Dienst, unter Fortziehen der bisherigen Argumentationslinie daran, der Staatlichen Archivverwaltung Potsdam die besondere Rolle und Bedeutung der Verkehrshochschule, in dem Konstrukt mit Volkswagen, nahe zu bringen. Offensichtlich hatte Günter Mittag, bereits im April 1984 dem stellvertretenden Vorstand des Wolfsburger Konzerns, Horst Münzner, die Zusage erteilt, dass Archivalien von Volkswagen genutzt werden dürften. Daher äußerte sich der Direktor des Sächsischen Staats-

---

93 Schulte, Armageddon, S. 416: „Das erste Schreiben von VW mit der Bitte um Aufarbeitung der vorhandenen Unterlagen stammt vom 15.5.1984!" Wiersch wusste seit dem 15.2.1984 von dem Filmprojekt bei Audi. Am 6.6.1984 sprach dieser von einer „große[n] Aktion". Urban sprach am 7.6. mit Wiersch. Am 8.6. suchte Höland – im Auftrag von Habbel – Kontakt zu Kirchberg. Am 12.6. befand sich der Verfasser bei Wiersch in Wolfsburg.
94 Schulte, Armageddon, S. 417f.: „Über das BfA erhalten wir in der nächsten Woche erste Vorstellungen der VW-AG über interessierende Gebiete, die über die reine Fahrzeugtechnik hinaus auch Verkehrssicherheit und Verkehrswirkung/-Planung beinhalten".
95 Schulte, Armageddon, S. 420.

archivs dahin, die Vertreter der Verkehrshochschule hätten betont, nunmehr seien die Versuche des Verfassers abgewettert, Zugang zum Auto Union Archiv zu erhalten, und da die „Volkswagen-AG für das ihr gehörende Unternehmen, Auto-Union GmbH Ingolstadt, größtes Interesse" angemeldet habe, könnten „jetzt in größerem Umfang Fotokopien oder Kleinbildfilme von dem Auto-Union-Bestand im Staatsarchiv Dresden anfertigt werden". Dies hatte Wiersch bereits vor 1982 auf anderem Wege zur Renngeschichte bewerkstelligt.

Entscheidend war jedoch, dass die Verkehrshochschule keinesfalls berechtigt war, wie der Direktor des Sächsischen Staatsarchivs schrieb, über Materialien zu verhandeln, die der Staatlichen Archivverwaltung unterstanden. Diese sächsische Institution hatte demnach mit dem Verfasser über Dokumente verhandelt, an welchen diese keinesfalls über Rechte verfügte. Ganz im Gegensatz zu dem Schreiben des Archivars Hartstock im Jahre 1984 sah dessen Vorgesetzter, Archivdirektor Groß, nun keinerlei Problematik, „die technischen Unterlagen von der Kfz-Entwicklung der zurückliegenden 40 Jahre" der Volkswagen AG zugänglich zu machen. Es hieß, diese seien nunmehr „überholt". Wieso sollte der Vorgesetzte Hartstocks nun so argumentieren, wenn er den Brief, den H. lediglich unterzeichnet haben will, ebenfalls von G. stammte? Dass es zwischen den verschiedenen Institutionen der DDR-Archivorganisation ausschließlich um verdienstvolle Plätze in der Rangliste des immateriellen Exports ging, bestätigte der Besuch eines Vertreters der Verkehrshochschule Dresden bei der Staatlichen Archivverwaltung Potsdam am 25.Juli. Ein Aktenvermerk, der überdauerte, liefert eine Spur zur Argumentation der Staatlichen Archivverwaltung. Danach ging es dem Dresdener Institut vordringlich darum, die mühsam im Zusammenspiel mit der Volkswagen AG aufgebaute Position und Gelegenheit aufrecht zu erhalten, im immateriellen Export der DDR Punkte zu sammeln.[96] Diese Absicht wurde durch den Minister für Hoch- und Fachschulwesen, gegenüber dem Minister des Inneren, bestätigt. Die Möglichkeit „des immateriellen Exports", welche sich aus dem momentanen Interesse „der BRD-Autofirmen Audi und VW AG" an „Leistungen der Hochschule für Verkehrswesen" ergeben habe, gelte es zu nutzen. Im einzelnen wurden als Themen einer solchen Kooperation die „Gründung und Struktur sowie das Management der Auto Union AG", die „Fahrzeugproduktion", „Technikpolitik" sowie „die Position der Auto Union AG in der deutschen Kfz-Fahrzeugindustrie" und Materialien wie „technisch[e] Zeichnungen und Filmmaterial" etc. angeführt. Dieses Material sei „durch die Parteiführung (G.Mittag) freigegeben". Inzwischen sei auch von den Ministerien das geplante Exportgeschäft bestätigt worden. Professor Böhme plädierte dafür, auf dem Wege von „Expertisen" die Verkehrshoch-

---

96 Schulte, Armageddon, S. 420f. Vgl. Briefe Hartstocks an den Verfasser 2005 ff.

schule im Kompromisswege wieder ins Geschäft zu bringen. Dieser Vorschlag bildete für die Verkehrshochschule eine nachgerade salvatorische Klausel.[97]

INGOLSTADT ANGESCHLAGEN.

Ende November erreichte das Angebot der Berliner Import-Export GmbH Dr. Wiersch in Wolfsburg. Kurioserweise ging es dabei lediglich um die Aufarbeitung der DKW-Akten, das heißt, der Zweitaktgeschichte. Die Wahl dieser Thematik unterstrich die den Interessen der Audi AG gegenüber nachgerade kontraproduktiven Absichten der Wolfsburger Zentrale. Deren Ursache bildeten wohl Erinnerungen des Vorstandes Hahn an seinen Vater, der bei DKW die Werbetrommel gerührt hatte und erklärter Parteigänger des „Volksautos" gewesen war.[98] Dass Volkswagen keinesfalls daran interessiert war, die Ambitionen Ingolstadts hinsichtlich Sporttradition und Formel Eins in firmengeschichtlicher Hinsicht zu stützen[99], zeigte gleichzeitig ein Vorgang, der sich um „Bemühungen" des Prokuristen und Ostbeauftragten von Volkswagen, Köhler, bewegten, dem Verfasser im Auftrag Hahns vordergründig zur Einsicht in die Dresdener Aktenbestände zu verhelfen. Dass überdies der in Ingolstadt durch Hahn entmachtete Pressechef Grosse Leege seine Verbindungen zu Habbel spielen ließ, um das firmengeschichtliche Projekt des Verfassers zu torpedieren, mag nur das konfuse Bild der Konzernpolitik in Wolfsburg und Ingolstadt komplettieren.[100] Alle Vornehmheit in der Formulierung kann nicht verbergen, dass der Audi-Vorstand Habbel sich zu spät dazu durchrang, gegen seinen Günstling Grosse Leege, und dessen Entourage, eindeutig Stellung zu nehmen. In einem dieser wenigen, kurzen Momente vermittelte Habbel dem Verfasser den Kontakt zu Klaus Detlov von Oertzen, dem früheren Vorstand der Auto Union AG. Das mit diesem in Montecatini/Italien geführte Interview hat wertvolle Hinweise auf Gegenstände einer künftigen Auto Union Geschichte ergeben.[101] Doch schon im nächsten Augenblick vernichtete die eigenmächtige Entlassung des bisherigen Leiters der Automobilpresse, Meyer, durch den Vorstandschef, jegliche Kontinuität des Traditionsfilm-Projektes.

---

97 Schulte, Armageddon, S. 422ff.

98 Schulte, Armageddon, S. 424ff. Hahn 1986 zum Verfasser: „Das Geld im Konzern (Auto Union AG) hat DKW verdient."

99 Die Projekte des Verfassers: „Audi-mobil. Fortschritt im Wandel der Zeit" (Firmengeschichtl. Film 1986) und „Audi-Unternehmensgeschichte" (teilveröffentlicht in: „Rad der Zeit"), lebten entscheidend gerade von der Formel 1 Tradition der Auto Union 1934-39.

100 Schulte, Armageddon, S. 428-434.

101 Schulte, Armageddon, S. 438ff.

Um die Jahreswende 1985/86 liefen, auf verschiedenen Ebenen, die Entwicklungen auf Entscheidungen zu. Es ging für den Verfasser vordringlich darum, eine Kontaktperson in Ingolstadt zu finden, welche das Filmprojekt weiter – über die Ära Grosse Leege hinaus – fördern würde. Ende Februar 1986 schienen sich Möglichkeiten zu verfestigen, die angestrebten Forschungen an Auto Union Akten, mithilfe von Volkswagen, in Bewegung zu setzen. Der Verfasser vertraute hierbei auf das Interesse des Vorstandsvorsitzenden Hahn, dessen Vater bei DKW und anschließend der Auto Union in entscheidender Position tätig gewesen war. Dass dieses Zutrauen sich keineswegs bestätigte, ergaben erste Kontakte zu Militärarchiv und Staatsarchiv Potsdam. In diesen Zusammenhang gehört der dringende Appell des Verfassers an den Vorstandsvorsitzenden von Volkswagen, für den „Erklärungswert...wissenschaftlicher Forschung" auf dem Felde der Automobilgeschichte. Nur scheinbar bewegte sich Wolfsburg jedoch in diese Richtung, „verbat" sich doch der IM Kirchberg aus Dresden zeitgleich jegliche Veränderung zu Gunsten des Verfassers. Auch flackerte die Verbindung zum MfS für einen kurzen Moment wieder auf. Doch blieb ein konstruktives Gespräch aus, weil Hauptmann Roth/Römer nach wie vor ausschließlich an einer Agentenwerbung interessiert war.[102] Wie der Verfasser im folgenden, durch das Zusammenspiel von Außenhandels Abteilung des Auswärtigen Amtes der DDR und Osthandels Abteilung bei Volkswagen, „im Kreis geschickt" wurde, um schließlich den Rat zu erhalten, doch am besten mit Kirchberg zu kooperieren, dieser eindeutige Vorgang soll hier nicht vertieft werden. Zeigt dieser doch das enge Zusammenspiel zwischen den Verhandlungspartnern Dr. Andrä in Ostberlin und Köhler in Wolfsburg. Dieses eingespielte Verhältnis wurde so weit getrieben, dass selbst DDR-Stellen sich schließlich über den wahren Stand des „Spiels" im unklaren waren.[103]

DESOLATE DDR-INDUSTRIE.

Ein Blick auf den Stand der Vertragsverhandlungen zwischen der DDR und Volkswagen zum Trabant-Nachfolgemodell zeigt die Gründe für dieses, an sich unverständliche, Verhalten des Vorstandes Hahn. Dazu erfolgte am 10.Juli 1986 erstmalig eine „Information beim Ministerrat zur bisherigen Durchführung der beschlossenen Aufgaben zur Motorenkonzeption", fußend auf dem Beschluss des Politbüros vom 1.Juli. Auf diesem Papier basierte der Beschluss des Ministerrates vom 10.7.1986. Es wurde ausgeführt,

---

102 Schulte, Armageddon, S. 447ff.
103 Schulte, Armageddon, S. 453-457. Dr. Andrä „wußte" von all' dem nichts – als ihn der Verfasser telefonisch befragte.

„- das vom ursprünglich beschlossenen Limit abweichende errechnete Investitionsvolumen für die Stückzahlsteigerung von PKW und für das Motorprogramm in Höhe von 9 686 Millionen Mark und 2 132 Millionen Valutamark für den Zeitraum 1986 bis 1990 auf 6 491 Millionen Mark und 1 389 Millionen Valutaaufwand zu begrenzen;
- den PKW-Dieselmotor <u>zumindest bis 1990 nicht zu fertigen</u> und in den PKW ‚Trabant' einzuführen;
- den Einbau des 4-Takt-Ottomotors in den Pkw ‚Wartburg' von 03/88 auf 10/88 und in den PKW ‚Trabant' von 10/88 auf 08/89 zu verschieben;
- jedoch *den Export von Rumpfmotoren an die Volkswagen-AG, wie im Vertrag vereinbart, in Höhe von 100.000 Stück/Jahr ab 1989 mit 30.000 Stück* zu sichern"
(Hervorh.v.m., B.S.).

Ein Haupthindernis bei der Durchführung dieser Planungen ergab sich mit den sogenannten „wissenschaftlich-technischen[r] und materiellen[r] Vorleistungen", die von Seiten der DDR nicht zuverlässig sichergestellt werden konnten, da die „*an diesem Vorhaben beteiligten Industriezweige[n] dazu nicht ausreichend*" in der Lage waren. Darüber hinaus stellten sich dem Projekt weitere Hindernisse für die „termin- und qualitätsgerechte Bereitstellung von peripheren Bau- und Funktionsteilen als Voraussetzung für den Einbau des 1,3 l bzw. 1,05 l Ottomotors in die PKW ‚Wartburg' und ‚Trabant'" entgegen (Hervorh.v.m., B.S.).

Ende des Monats August wurde festgestellt, dass keine Sicherheit hinsichtlich der „Bereitstellung von Bauteilen für den 1,3 l-Rumpfmotor *für die so genannte Laborbemusterung in den Werkstätten der Volkswagen-AG* zur erforderlichen Baumusterfreigabe" bestand (Hervorh.v.m., B.S.). Es war vertraglich mit Wolfsburg festgelegt, dass durch das VEB IfA-Kombinat Personenkraftwagen Karl-Marx-Stadt 68 ausgewählte Bauteile des 1,3 l-Rumpfmotors als Labormuster (nach DDR-Nomenklatur Funktionsmuster) zur Prüfung, gestaffelt im Zeitraum Februar bis Dezember 1986, übergeben werden" müssten. Doch zeigten Berechnungen, dass „zur Erfüllung der diesbezüglichen Aufträge im PKW-Führungsstab Rückstände" aufgelaufen waren, „die eine <u>Verschiebung der Bereitstellungstermine</u> um durchschnittlich fünf Monate" erforderlich machten. Daraufhin reagierte Volkswagen in der Form, dass „diesem Verzug protokollarisch zugestimmt" wurde, allerdings „mit der Maßgabe<u>, daß bei einer weiteren Verzögerung der Bereitstellung von Labormusterteilen</u> eine Bestätigung für die Verwendung <u>zur Serienfertigung von 1,3 l-Rumpfmotoren ab 1989</u> nicht erteilt werden" könne. In welchem Ausmaß sich hier Kalamitäten aufbauten, und wie gering gleichzeitig die dieser Entwicklung inhärenten Gefahren seitens der DDR-Stellen eingeschätzt wurden, zeigt die Bemerkung:

„Hierfür stünden bei der Volkswagen-AG außerplanmäßig weder Kapazitäten zur Verfügung noch reichen die Prüffristen aus. Vom VEB IfA-Kombinat Personenkraftwagen Karl-Marx-Stadt wird davon ausgegangen, daß Rückweisungen aus der Bemusterung nicht entstehen. *Laut Vertrag müssten solche Bauteile dann von den Volkswagenwerken bezogen werden*, wozu eine Bestellung bis September 1986 Erfolgen müsse. (Hervorh.v.m., B.S.).

Diese Erkenntnis hätte jedoch eine Nachkalkulation seitens der DDR-Stellen nach sich ziehen müssen. Ob das stattfand, ist nicht zu erkennen. Dass dieser Teil der Planungen durchaus nicht den gesamten Problemkreis umfasste, zeigten „Überprüfungen in 21 Zulieferbetrieben für Motorenbauteile in der DDR". Diese wurden durch „Spezialisten der Volkswagen-AG" durchgeführt und ergaben, dass nach deren

> „Einschätzung... *für eine mustergetreue Fertigung* von 27 Bauteilen in inspizierten Betriebenen nach...Auffassung [der Wolfsburger Vertreter] *keine ausreichenden Voraussetzungen*"

bestünden (Hervorh.v.m., B.S.). Im Gegensatz zu früheren Äußerungen gelangten nun „Spezialisten des VEB IfA-Kombinat Personenkraftwagen Karl-Marx-Stadt" zu dem Ergebnis, „die muster- bzw. termingerechte Fertigung von 20 Bauteilen" müsse „real als außerordentlich problembehaftet angesehen werden". Es wurden jedoch nunmehr die „eingetretenen Verzüge[n] bei Vertragsabschlüssen für Lizenznahmen und Ausrüstungsimporte aus dem NSW und" die „damit verbundenen Realisierungsfristen sowie der nicht termingerechten Bereitstellung von Werkzeugmaschinen und Werkzeugen aus dem Inland [DDR] für die Zulieferbetriebe dieser Bauteile" verantwortlich gemacht.

Damit lag offen, dass

> „die Bereitstellung der benötigten Bauteile für die planmäßige Herstellung von Funktionsmustermotoren aus Eigenaufkommen... derzeitig nicht gesichert"

war. Damit, so war offensichtlich, „könnte ein entscheidender Abschnitt für die Vorbereitung der beschlossenen Termine zur Serieneinführung der Motoren in die PKW ‚Wartburg' und ‚Trabant' nicht wie vorgesehen absolviert werden". Verantwortlich für dieses Scheitern zeichneten Betriebe aus fünf Ministerien. Dem „Ministerium für Allgemeinen Maschinen-, Landmaschinen- und Fahrzeugbau", dem „Ministerium für „Schwermaschinen- und Anlagenbau", dem „Ministerium für Chemische Industrie", dem „Ministerium für Elektrotechnik und Elektronik" sowie dem „Ministerium für Leichtindustrie". Es ging um 73 „nicht gesicherte Bauteile". Dramatisch gestaltete sich die Lage, als es im Juli 1986 „im Führungsstab des VEB IfA-Kombinat Personenkraftwagen Karl-Marx-Stadt" nicht gelang, „mit den Zulieferzweigen der beteiligten Ministerien Abstimmungen" zu erzielen, „deren Ergebnis" eine „Übereinkunft zur Aufholung der Rückstände für die Gewährleistung termingerechter Lieferungen gemäß der wissenschaftlich-technischen Aufgabenstellung" beinhaltet hätte. Daraus sei nur zu entkommen, wenn 60 Positionen an Bauteilen wie Motor *importiert* würden. Käme es zur Verschiebung dieser „Termine für die Mustermotoren um zirka 5 Monate", könne „der Importumfang auf zirka 40 Positionen begrenzt werden". Jedoch würden „diese Importforderungen" das „im Beschluß des Ministerrates vom 10. Juli 1986 vorgesehene Limit von 127 Millionen Valutamark bis 1990 für den zeitweiligen NSW-Import von Material und Zulieferungen übersteigen". Das bedeutete die grundsätzliche „Gefährdung der geplanten Serieproduktion von Motoren und des Termins ihrer Einführung". Es ging im besonderen um folgende Komponenten („Funktionsteile") des Ottomotors:

> „- das Kurbelgehäuse, der Zylinderblock und die Kurbelwelle aus Aufkommen von Gießereien des VEB Kombinat Gießereianlagenbau und Gusserzeugnisse – GISG – Leipzig,
> - der Vergaser, dessen Fertigung nach der erfolgten Lizenznahme durch eine technologische Konzeption sowie materiell-technisch noch nicht untersetzt ist und für dessen Herstellung noch keine verbindlichen Kooperationsbeziehungen zwischen dem VEB IfA-Kombinat Nutzkraftwagen Ludwigsfelde und den VEB Werkzeug-Maschinenkombinat ‚7. Oktober' Berlin vereinbart worden sind,
> - das neu entwickelte ungeteilte Kupplungsgehäuse, für dessen Abguss noch keine Auftragnehmer zur Herstellung des Urformwerkzeuges vertraglich gebunden sind und für das in der vorgesehenen Gießerei des VEB Döbelner Beschläge- und Metallwerk eine Verlagerung von Grauguß vorgenommen werden muss, wofür bisher keine Lösungen vorliegen".

Weiter galt es seit dem 10. Juli, die Aufgabe zu lösen, den Investitionsaufwand insgesamt zu senken. Eine Minimierung des Investitionsvolumens, „ohne dabei notwendige Kooperationsleistungen für den Automobilbau zu kürzen, stand noch aus. Ein Erfolg schien nur zu erwarten, wenn *eine Grundüberholung des gesamten DDR Wirtschaftsaufbaus* unternommen würde. Circa für „67 Objekte[n]" sollten Unterstützungsleistungen „aus dem NSW" in Anspruch genommen werden. Trotz dieser Aushilfe waren Vorbereitungen im Bereich der „Bau- und Ausrüstungsleistungen" noch nicht abgesichert und rückte damit „die Aufnahme" des „Serienbetriebes" in immer größere Ferne. Selbst der Ausweg über „Zuliefererpositionen" aus dem Westen, so genannte „Ausweichlösungen", war nicht geeignet, „die schrittweise Realisierung der Investitionsmaßnahmen" erfolgreich zu bewältigen. Der Beschluss des Ministerrates vom 10. Juli war damit nahezu Makulatur. Bis auf den Bericht des Ministers für Allgemeinen Maschinen-, Landmaschinen- und Fahrzeugbau, im Oktober 1986 vor dem Ministerrat, wurde das „Résumé" des bisher Geleisteten verschoben. Offenbar bestand bis in den Herbst kein dringender Informationsbedarf.[104]

---

104 BStU, Außenstelle Chemnitz. Informationen an den 1. Sekretär der SED-Bezirksleitung CAKG-

Ein Reisebericht, aus dem Dezember 1987, handelte über Besuche bei italienischen Industrieunternehmen. Unter anderem auch bei der Firma Weber, in deren Verlauf die italienischen Gesprächspartner dem Berichterstatter, der in den Akten nicht erkennbar ist, zu verstehen gaben, dass die Absprachen mit der Weber-Gruppe/Bologna einer Prüfung unterzogen würden. Die Firma werde „prüfen, ob... durch die DDR zu liefernde Baugruppen *technisch und kommerziell konkurrenzfähig*" seien, sodass „sie nicht nur für die Zulieferung der *in die DDR* zu liefernden Maschinen Verwendung finden" könnten, „sondern auch für die Webermaschinen bzw. deren Unterlieferanten eingesetzt werden" könnten (Hervorh.v.m., B.S.). Diese Umsicht des italienischen Gesprächspartners erscheint als nur zu begründet, denn es war in Europa offensichtlich bekannt, in welchem Ausmaße die Produktion der DDR-Wirtschaft unter Qualitätsmängeln litt. In Wolfsburg wurden allerdings derartige Erwägungen ausschließlich hinter verschlossenen Türen Gegenstand von Gesprächen.[105] Es liegt daher auf der Hand, dass es erklärtes Ziel der Volkswagen AG war, die DDR-Industrie in ein Lieferchaos zu verstricken.

WOLFSBURG FÖRDERT IM.

Der Verfasser hatte, immer noch im Glauben an die Integrität Hahns, diesem am 25.Dezember 1986 die freundliche Aufnahme der Vorführung seines Audi-Traditionsfilmes bestätigt. Gleichzeitig unterstrich er seine Absicht, eine übergreifende Unternehmensgeschichte der Auto Union für Audi zu entwickeln. Chancen für eine Arbeit an den Dresdner Akten schienen ihm noch gegeben. Allerdings lägen, so der Verfasser, die Widerstände, die von der Verkehrshochschule (Kirchberg) ausgingen, offen zutage. Er forderte, der VW-Vorstand möge diese Gefährdungen ausschließen. Offensiv, behandelte der Verfasser das Verhältnis Audi/VW auch gegenüber dem neuen Pressechef in Ingolstadt, Lutz Schilling; es wurde von ihm gefordert, in das Vertragsverhältnis zwischen Volkswagen und der Verkehrshochschule aufgenommen zu werden. Auch wies er darauf hin, auf welch falschem Wege sich der Konzern befinde,

---

216, PI-Nr. 279/86. Notiz [LORENZ]: „Vor Einleitung von Maßnahmen wäre ich für eine telefonische Rücksprache dankbar", Bl. 123. Verteiler Genossen LORENZ 279/86, Abteilung XVIII, KD Zwickau, AKG 26.8.86, Bl. 116. Bezirksleitung Karl-Marx-Stadt, Streng vertraulich! Um Rückgabe wird gebeten! Information über den erreichten Stand bei der Umsetzung der beschlossenen Maßnahmen für die Einführung von 4-Takt-Ottomotoren und die Stückzahlsteigerung der PKW ‚Wartburg' und ‚Trabant', 25.8.1986, Bl. 124-129.

[105] BStU, Zentralarchiv. BKK 555, Reisebericht, Reiseantritt: 1.12.87 über Berlin-Schönefeld – Austria Airline Wien - Weiterflug Alitalia – Milano; Rückreise: 9.12.87, Interflug Rom – Berlin-Schönefeld. „Die Reise wurde inhaltlich abgestimmt mit der Abtlg. Handelspolitik TUI, VG 23, Wamag und WMW, 21.12.1987, Bl. 147f.

wenn er sich den inhaltlichen Auswahlkriterien von DDR-Wissenschaftlern aussetze. Im übrigen habe Hahn ihm bestätigt, dass er "für die Auto Union Geschichte" und Hans Mommsen „für die Fremdarbeiterfrage bei Volkswagen" zuständig sein solle. Dass sich das Vertragsverhältnis mit Audi, wie die Verbindung mit Volkswagen, in einer letzten Runde befanden, wurde deutlich, wenn der Verfasser gegenüber Schilling auf die oppositionelle Dresdner Gruppe einging und referiert wurde, Hahn habe geäußert, er würde für die Einbindung des Verfassers in die Dresdner Absprachen „eine eindeutige Willenserklärung aus Ingolstadt benötigen".[106]

Dass es sich hier um einen reinen „Mummenschanz" handelte, den - Wolfsburg mit Ingolstadt verbunden - aufführte, zeigte die Tatsache, dass der Audi-Film und dessen Abnahme, sowie die Vorbereitungen für eine Neuedition des „Rad der Zeit" von Audi positiv verliefen; wenngleich auch nicht im Sinne einer umfassenden Audi-Unternehmensgeschichte. Es bestanden nun einmal, sowohl in Ingolstadt wie auch in Wolfsburg, um die Figuren Hahn und Habbel, genügend Widerstände, um eine weitere Kooperation zu verunmöglichen. Ingolstadt war auf dem Weg, weniger fundierte und unkritische Untersuchungen zur Grundlage der hauseigenen firmengeschichtlich orientierten Informationspolitik zu machen.[107] Im Zuge dieser Vorgänge und Entscheidungen wurde die Geschichte der NSU AG ein Raub des Papierkorbs.[108] Stattdessen hob der Volkswagen-Konzern den Blick und visierte selbstbewusst die Ausformung der Beziehungen zur Verkehrshochschule in Dresden an. Kirchberg hatte sich dort inzwischen zum Bindeglied zwischen Wolfsburg und Dresden entwickelt und maßgeblichen Anteil am Abschluss erster Verträge mit Volkswagen und Audi über Hunderttausende von Valutamark. Nun waren sich offensichtlich, im Gegensatz zu 1984, Ingolstadt und Wolfsburg einig. Es handelte sich inzwischen um andere Leitfiguren, z.B. Dr. Ulmer in Ingolstadt und Dr. Wiersch in Wolfsburg.[109]

Zudem ließ Hahn, Mitte Januar 1987, „die Katze [abschließend] aus dem Sack", indem der VW-Vorstand, zu einer möglichen Kooperation des Verfassers mit der Verkehrshochschule/ Dresden, ausführte, diese habe den Verfasser „nicht als eine integre Person betrachte[t] und deshalb die Zusammenarbeit mit ihm" abgelehnt.

> *„Da die Volkswagen AG den mit der Hochschule geschlossenen Vertrag nicht gefährden möchte,[sehe diese]keine weiteren Unterstützungsmöglichkeiten für ihn".[110] (Hervorh.v.m., B.S.)*

---

106 Schulte, Armageddon, S. 461f. Hahn schickte den Verfasser „im Kreis".
107 Schulte, Armageddon, S. 498. Das geschah unter Leitung des Juristen Dr. H.Ulmer.
108 Schulte, Armageddon, S. 504ff.
109 Schulte, Armageddon, S. 513ff.
110 Ebd.

lautete die Formel Hahns nun.

Damit bestätigten die „Bemühungen" aus Wolfsburg lediglich den Zustand von Oktober 1984. Dem diametral entgegengesetzt verhielt sich die Staatliche Archivverwaltung Potsdam, die den Benutzungsantrag des Verfassers für sein Thema „Motorisierung in Deutschland" am 9.Februar genehmigte. Dieser Vorgang spricht für sich. Zeitgleich lieferte Kirchberg seine Expertise „Zur technisch-konstruktiven Entwicklung der DKW-Fahrzeuge und Motoren bis 1939" an seinen Auftraggeber Volkswagen und erntete dafür das Lob des „1.Prorektors der Hochschule für Verkehr". Zusätzlich fand er sich im September durch seinen Freund, und IM, Herkner, gegenüber dessen MfS-Vorgesetzten positiv bewertet.[111]

Dass Volkswagen auch wissenschaftlich bestrebt war, die Verbindung nach Dresden - wenngleich auch über MfS-Vertreter - zu verdichten, zeigt die Tatsache, dass der Bochumer Historiker Hans Mommsen, nach eigener Aussage, von Wolfsburg darauf hingewiesen wurde, für sein Projekt zur „Fremdarbeiterfrage bei VW während des Zweiten Weltkrieges", Kontakt mit Kirchberg/Stuck aufzunehmen. Mommsen setzte das am 25.7.1987, anlässlich eines Besuches in Dresden, in die Tat um. Kirchberg berichtete darüber seinem Führungsoffizier, es handele

> „sich um Probleme der Ausbeutung von Zwangsarbeitern und KZ-Häftlingen der deutschen Automobilindustrie während des Zweiten Weltkrieges. Nach Angaben des M[ommsen]. ist diese *Forschungsaufgabe von der VW-Stiftung finanziert* und sie würde ‚mit Sicherheit neues Belastungsmaterial für die Automobilindustrie ergeben, die sich dann nicht mehr in Unschuld waschen könne'. Professor M[ommsen]. bat die Quelle [Kirchberg/Stuck], seine Erfahrungen zur Verfügung zu stellen. Er brauche die Hilfe, da er mit einer solchen Forschungsrichtung in der BRD völlig am Anfang stehe. Auch die beteiligten Partner aus Frankreich würden noch nicht über die notwendigen Erfahrungen verfügen."

Kirchberg-Stuck erklärte, er befinde sich zwischen dem 23. und „27.10.1987 in der BRD bei VW, Audi, Daimler und BMW" und riet, den Fall während dieser Zeit weiter zu erörtern. Mommsen erschien dem MfS-Mann als „dem linken SPD-Flügel zugehörig" und erklärte sich gegenüber seinem Führungsoffizier bereit, „bei Interesse den bestehenden Kontakt aufzubauen".[112]

---

[111] Schulte, Armageddon, S. 514f.
[112] Schulte, Armageddon, S. 351f.

Zunächst bestand die Hauptaufgabe Kirchbergs darin, Kontakte mit einschlägigen Vertretern der deutschen Automobilindustrie zum vertiefen. So zum Beispiel zu:

> „Dr. Bernd Wiersch, VW,
> Dr. Paul Simsa, Stuttgart, Journalist und Schriftsteller bei
> Motorbuch in Stuttgart, wichtig für Kontakte
> Ing[enieur].Werner Oswald, Schriftsteller in München, wichtige Autorität auf dem
> Gebiet der Kfz-Geschichte".[113]

Ähnlich wie im Fall Herkner, so empfahl Kirchberg nun seinen MfS-Vorgesetzten den Volkswagen Archivar Dr.Bernd Wiersch. Dieser habe sich „in den vergangenen Jahren als ein zuverlässiger und seriöser Partner erwiesen". Dessen politische Grundhaltung bezeichnete der MfS-Mann als „eher nach rechts als nach links" tendierend. Auch den Leiter der Audi Rechtsabteilung, Dr. Heinrich Ulmer, schilderte er, recht zutreffend, als „außerordentlich freundlich" und konziliant. Dieser sei „ein sehr geschickter Jurist, der gegenwärtig für Audi zahlreiche Prozesse in den USA" führe, „von denen bisher noch keiner verloren" worden sei. Politisch rechne sich Ulmer „zu den vernünftigen Realisten". Max Gerrit „v.Pein, Direktor Archiv-Geschichte-Museum von Daimler-Benz" sei ihm „persönlich" als privater Besucher seit 1978 bekannt. Diesen traf Kirchberg/Stuck in Stuttgart. Soweit der Bericht Kirchbergs vom 3.12.1987. Eine „Einladung zu einem Kolloquium über die Ausbeutung von Zwangsarbeitern in der deutschen Automobilindustrie im Zweiten Weltkrieg" erreichte diesen aus Bochum für den 19./20.November 1987.[114]

Kirchberg erhöhte in diesen Monaten seine Wertigkeit für das MfS weiter. Westverbindungen zum Horch-Klub, dessen Präsidenten in West-Berlin, und im Zusammenhang mit Schnauferl-Klubs, boten gute Ansatzpunkte für nachrichtendienstliche Tätigkeit. Darüber hinaus richtete sich die Aufmerksamkeit des IM während Westreisen auf besuchte Hotels und Personen.[115] Weit ausgreifend forderten die Führungsoffiziere von Kirchberg, einen „Gesprächstermin mit Dr. Hahn herzustellen, dem Generaldirektor von VW". Dementsprechend, und im Angesicht der Erfolge im Zusammenhang mit dem immateriellen Export der DDR von Auto Union-Akten für Volkswagen und Audi, bot Dr. Ulmer/Audi dem Informellen Mitarbeiter Kirchberg einen Audi-Leihwagen an. Das führte zu einer ausgiebigen Kontroverse Kirchbergs mit den Führungsoffizieren des MfS, die dieses als „ideolog[isches]. Problem beim IM" deklarierten und ablehn-

---

[113] Schulte, Armageddon, S. 353.
[114] Schulte, Armageddon, S. 355.
[115] Schulte, Armageddon, S. 352f.

ten. Ein solcher Wagen wurde jedoch von Kirchberg dennoch in der Folge gefahren. Auch verfügte er, nach Informationen des Leiters der Abteilung Landverkehr im Deutschen Museum/München, Dr. Straßl, über Westkonten. Im Gegenzug zu den bisherigen Erfolgen des Mitarbeiters, nutzte das MfS Kirchberg wiederum als Quelle für Erkenntnisse über dessen Vorgesetzte, Prof. Dr. Rehbein, die an der Verkehrshochschule „Friedrich List" in Dresden tätig war.[116] Dadurch angeregt kam es augenscheinlich zu negativen Urteilen Kirchbergs über seinen direkten Vorgesetzten, den Dekan der Fakultät Prof. Dr. Klaus-Jürgen Richter. Kirchberg nutzte diese Berichtsmöglichkeit, um Richter fundamental zu demontieren. Ob die Entlassung Richters aus seinen Funktionen wenig später darauf zurückging, bleibt zu klären.[117]

Entscheidend für den Rang, den Kirchberg inzwischen durch die Westexporte von Auto Union Akten erreicht hatte, erscheint der Bericht des MfS-Mitarbeiters Herkner aus dem Juli 1988. Dieser referierte detailliert über die Bedeutung Kirchbergs im Rahmen dieser Exportaufgabe. Herkner schrieb:

> „- im April 1988-Vertrag zwischen der AG-Audi mit einer Laufzeit 88/89 unterzeichnet mit einem Vereinbarungspreis von 120.000 VM.
> - des weiteren protokolliert mit VW die Vorbereitung der Expertisen Horch und Wanderer bis 1992 mit jährlich 75.000 VM (Vertragsabschluss-1988)
> - die ganze Problematik steht und fällt mit Dr. Kirchberg, auch wenn Dr. [geschwärzt] noch mitarbeitet;
> - Kirchberg ist bei den Historikern in den Automobilwerken ein geschätzter Kollege, der einen sehr guten Ruf genießt."

Das habe „dazu geführt, dass der erste Vertrag mit ‚*Audi*' zustande gekommen" sei. Kirchberg sei stets derjenige gewesen, der bei „eingereisten Experten aus der BRD positive Resonanz" hervorgerufen" habe, „wie Schreiben an die HfV zeigen" würden. Herkner „schätze K[irchberg]. als sehr konsequenten Menschen und cleveren Typen mit entsprechendem Auftreten ein, der" die HfV „auch diesbezüglich vertreten" könne. Kirchberg. sei „nicht selbstherrlich, sondern" berufe „sich stets auf das Gutachten von Prof. SONNEMANN/TU Dresden". Kirchberg sei

> „Mitglied der Blockpartei. Bei Beratungen (Absprachen) ist er stets diszipliniert entsprechend der vorgegebenen Direktiven und zeigt dabei, daß er *auf dem Boden unserer Gesellschaftsordnung* ist" (Hervorh.v.m., B.S.).

---

[116] Schulte, Armageddon, S. 355.
[117] Schulte, Armageddon, S. 356.

Er sei „bei Verhandlungen nie leichtsinnig, sondern stets überlegt in seinen Äußerungen und Handlungen". Das kann der Verfasser nur bestätigen. Am 3.Oktober 1984 in Dresden, während der Unterredung mit dem Verfasser, stand Kirchberg unter Beobachtung durch Frau Rehbein, die ihm offenkundig nicht traute. Dementsprechend machte er einen rosig-jovialen und zugleich äußerst scheuen Eindruck. Der IM handelte augenscheinlich im engen Korsett vorgegebener Verhaltensmaßregeln. „Fachliche Arbeit und die ihm dabei gebotenen Möglichkeiten (z[um].B[eispiel]. Einsicht im Staatsarchiv etc.)[,] auch eine Lebensstellung[,]" seien „damit gleichzeitig Garantie für K[irchberg]. als Reisekader, keine unbedachten Schritte zu tun", führte Herkner aus. Es traf nicht zu, wenn dieser behauptete, es bestünde ausschließlich ein „nur streng dienstlichen[r] Kontakt" mit Kirchberg. Vielmehr waren Herkner und Kirchberg befreundet. Als derzeit dessen „wichtigste Kontaktpartner in seiner jetzigen Tätigkeit" führte Herkner in diesem zentralen Dokument die bereits bekannten Kirchberg Sympatisanten Dr. Wiersch (Volkswagen) und Dr. Ulmer (Audi) an.[118]

Dass Kirchberg mit seiner Arbeit für Volkswagen Erfolg hatte, ist zu verzeichnen. Das musste auch Elfriede Rehbein, dessen skeptische Vorgesetzte, anerkennen. Diese referierte im August 1988 gegenüber dem MfS freimütig, Kirchberg arbeite „auf dem Feld des immateriellen Exports" und beschäftige „sich mit Geschichte/Traditionspflege der Automobilwerke ‚VW'". Bisher sei dadurch „ein Nutzen von 75.000 Valutamark erarbeitet" worden. Keineswegs hielt Rehbein damit hinter dem Berg, dass der aufgeschlossene und quirlige Kirchberg bei ihr „ungute Gefühle" hervorrufe. Zu Vorwürfen wie Vertrauensbruch und Geheimnisverrat mochte sie sich gleichwohl nicht versteigen.[119] Die vierte Überprüfung des IM Kirchberg seit 1986 durch den MfS-Offizier Wolff referierte die recht bescheiden anmutenden Aufgaben des Agenten. Doch waren auf diesen, wie den Einsatzfeldern im Westen, Kirchberg offensichtlich keine Verfehlungen nachzuweisen. Somit blieb es für den IMS bei der „Perspektive...in der angegebenen Haupt- und im Nebeneinsatzrichtung".[120]

Herkner und Kirchberg waren inzwischen gemeinsam aufgestiegen. Der Automobilhistoriker zahlte Herkner einen Teil der ihm geleisteten Unterstützung zurück, indem er während eines Treffens mit seinen Führungsoffizieren, im Dezember 1988, dessen Verhalten während einer Reise nach Wolfsburg zur Volkswagen AG wohlwollend kommentierte. Bei dieser Gelegenheit wurde „zum Kontakt [des] IM" in Richtung des Volkswagen-Vorstandsvorsitzenden Hahn,

---

118 Schulte, Armageddon, S. 356f.
119 Schulte, Armageddon, S. 357f.
120 Schulte, Armageddon, S. 358.

neben weiteren Aufträgen („Festlegung"), die „weiter[e] Verfahrensweise zum Kontaktauf- und Ausbau" vertieft. Im Detail hieß das:

> „1) – Schaffung von Voraussetzungen für *Kontaktaufbau H[ahn].*, und Ausnutzung der... Anreise d[es]. IM bzw. Schaffung von Möglichkeiten-Einladung Vorbereitung detaillierter Einschätzung zur Person gem[äß]. Fragespiegel Abt[eilung]. XV"[121] (Hervorh.v.m, B.S.).

EINGENISTET BEI VW UND AUDI.

Dies ist nur vor dem Hintergrund der Vertragsabschlüsse zwischen Volkswagen und der Verkehrshochschule, in der Größenordnung von Hunderttausenden von Valutamark, für die Geschichte der Auto in Union zu verstehen. Um tiefer in die DDR-Bezüge eindringen zu können, favorisierte Volkswagen gemeinsame Veranstaltungen mit der Verkehrshochschule, zum Beispiel bei Gelegenheit der Übergabe der ersten Expertise zur DKW-Geschichte. Dabei fällt auf, dass Unsicherheiten in diesem Verfahren, vordringlich auf östlicher Seite, festzustellen waren (vgl. Kritik Kirchbergs an Herkner). Gleichzeitig versuchte Volkswagen, das Verhältnis zur Verkehrshochschule zu vertiefen; und dies in Richtung auf „fahrzeug- und verkehrstechnische Forschungskomplexe". Dazu winkte am 3. Oktober Wiersch recht eindeutig mit dem Abschlusskolloquium zu der Kirchberg-Arbeit über DKW. Kirchberg berichtete seinerseits am 9. Oktober seinem MfS-Führungsoffizier wiederum positiv, in welchem Maße Wiersch sich über Jahre „als konstruktiver Partner" erwiesen habe. Die Gelegenheit des Kolloquiums in Wolfsburg nutzte folgerichtig am 14. November der Ostbeauftragte V. Köhler, in Begleitung zweier Vertreter der VW-Presseabteilung, um persönlich Kontakt in der geplanten Richtung aufzunehmen. Wiederum, und im Verfahren nachgerade routinemäßig, nutzte Kirchberg diese Gelegenheiten zu positiven Berichten wiederum über seinen Kontaktmann (-Freund) Wiersch. Bei dieser Gelegenheit erläuterte der Dresdener IM, wie es zu den Vorgängen um den gescheiterten Vertragsabschluss des Verfassers mit Audi 1984 gekommen war. Kirchberg schrieb:

> „Es ist *seine persönliche Aktiv*ität gewesen, sich 1984/85 an die HfV zu wenden und Möglichkeiten der Auftragsforschung zu prüfen"[122] (Hervorh.v.m., B.S.).

Kirchberg entwickelte im Verlaufe des Jahres 1989 eine weiterhin rege Reisetätigkeit. So besuchte er Anfang 1989 Westberliner Museen, nahm mit dem Ver-

---

121 Schulte, Armageddon, S. 359f.
122 Schulte, Armageddon, S. 522.

treter des dortigen Verkehrsmuseums, Kubisch, Kontakt auf, der anschließend sich vom MfS über den in den Westen übergetretenen Dresdener Verkehrshistoriker Ruby abschöpfen ließ. Weiter empfing er den Bruder des VW-Archivars Wiersch in seiner Dresdener Privatwohnung und machte sich im Herbst auf eine Süddeutschlandreise, um Audi- und Mercedes-Vertreter zu treffen. Im Folgenden sollten Continental in Hannover und der Auto Union-Veteranenclub in Hamburg aufgesucht werden. Kirchberg war demnach im Begriff, sich zu einem beschäftigten Wissenschafts-Manager zu entwickeln.[123]

Doch überholten die Ereignisse des Sommer/Herbst 1989 diese Entwicklungen teilweise. Am 25. Oktober 1989 begegnete Kirchberg seinem Führungsoffizier Neumann zum letzten Mal. Es wurde über eine Dienstreise in die Bundesrepublik Deutschland und nach Frankreich gesprochen. Stuttgart, Ingolstadt und Mülhausen waren die Reiseziele. „Prospektmaterial" forderte kurioserweise die Abteilung XV, Abteilung 1. Einen äußerst unscharfen „Auftrag" und eine unkenntliche „Verhaltenslinie" begleiteten Kirchberg/Stuck. Dass dies nicht im Sinne des MfS war, zeigen die Akten, welche die ungehaltene Paraphe eines Vorgesetzten freigeben. Es sei künftig notwendig, den IM „konkret [zu] beauftragen!" Aber auch der Einsatz Kirchbergs wurde vor dem Hintergrund inzwischen veränderter politischer Rahmenbedingungen vorbereitet. Ein, wie auch immer geartetes, sich Abwenden von der bisherigen „Spitzeltätigkeit" ist bei Kirchberg bis Ende 1989 nicht zu erkennen.[124]

INADÄQUATER HANDELSPARTNER.

Am 31.8.1988 erfolgte „die offizielle Übergabe der Motorenfabrik durch Vertreter des VW-Vorstandes an die DDR". Gleichzeitig wurde eingestanden:

> „Die für 1989 geplante Rücklieferung von Rumpfmotoren zur *Refinanzierung der Anlage wird nicht in geplanter Stückzahl* von 30.000 Stück erfolgen, gegenwärtig geht man von einer Stückzahl von 8000 Stück ab November 1989 aus. Die Auswirkungen auf die Erfüllung der vertraglich gebunden Gesamtstückzahl von 430.000 Stück bis 1993 können davon nicht abgeleitet werden"[125] (Hervorh.v.m., B.S.).

Rechenfehler bei der Einschätzung der Investitionsaufwände für dieses Objekt, wie auch die geringe Leistungsfähigkeit der „DDR-Zulieferindustrie"

[123] Schulte, Armageddon, S. 360.
[124] Schulte, Armageddon, S. 364f. Kirchberg behauptete 2004 gegenüber dem Kanzler der TU-München, er „habe keine Spitzeldienste geleistet".
[125] Schulte, Armageddon, S. 131, 152.

wurden erkannt. „Ausweichtechnologien" und „provisorische Lösungen", die Einführung des Wartburg 1.3 „ohne eine Nullserie", „Fertigungsmängel in" der „Serienfertigung" wie „qualitative, technologische und konstruktive Mängel" wurden ergänzt durch das insgesamt falsche Organisationsmuster der „dezentrale[n] Fertigung" DDR-weit „in insgesamt 185 Betrieben" (Vorgabe Mittag). Die gesamte Fertigungsplan geriet ins Rutschen, zeitliche Zielstellungen waren unerreichbar und die „Aufwandsberechnungen" stiegen bis auf „7,7 Milliarden M für die Produktion der 4-Takt-Ottomotoren und deren Einbau in die PKW Wartburg und Trabant". Es handelte sich kurz gesagt um ein Debakel.[126]

Der Qualitätsnachteil der DDR-Fertigung wurde eingestanden und bestätigt,

> „daß *Fehleinschätzungen zum Investitions- und Valutaaufwand und Aufwandser-*
> *höhungen* bei den Vorhaben zum PKW-Beschluß die Realisierung erheblich belastet,
> dass das in der DDR-Zulieferindustrie vorhandene *Erzeugnis-, Technologie- und*
> *Ausrüstungsniveau* nicht den erforderlichen Qualitätsansprüchen genügt, für die
> Realisierung des PKW-Programms notwendige Leistungen des Bauwesens und
> wichtige Ausrüstungen nicht konsequent in die Pläne und Bilanzen eingeordnet wur-
> den" (Hervorh. v.m., B.S.).

Die Beschlüsse des ZK der SED und des Ministerrates verhielten sich zur Wirklichkeit wie juristische Gesetze und dieser nachgeschossen. Diese waren keineswegs so geartet, dass die Diskrepanzen zwischen materieller Basis, Funktionsweise wie Bedarf und Nachfrage des DDR-Marktes nach PKW und Ersatzteilen angeglichen wurden.[127] Damit befand sich die DDR in der von westlicher Seite angestrebten Schuldenfalle. Korrekturen, wie die Einstellung der Produktion eines Dieselmotors, was mit Beschluss des Ministerrates vom 10.7.1986 geschah, konnten die Misere nicht grundlegend beheben. Offensichtlich hatten die Beschlüsse des ZK der SED von Anfang Dezember 1986 noch immer auf Wolken geruht. Weder der Beginn der Serienproduktion ab August 1989, noch das Ziel, 8300 Stück Trabant 1.1 produzieren zu können, wurden erreicht. Von den geplanten 175.000 PKW pro Jahr ab 1991, ganz zu schweigen. Was sich der Leiter der Plankommission, Gerhard Schürer, bei der „Begehung der verschlissenen Produktionsanlagen der Automobilwerke Zwickau" vorstellte, bleibt im Dunkel.[128]

---

[126] Schulte, Armageddon, S. 132.
[127] Vgl. Schulte, Armageddon, S. 133.
[128] Schulte, Armageddon, S. 153.

Im September 1988 erregten die Arbeiterschaft im Raum Chemnitz weniger die innenpolitischen Erscheinungen in den UdSSR, der Volksrepublik Polen und der CSSR, als vielmehr die Vorgänge um die „Produktionsaufnahme des ‚Wartburg 1.3'". Es ging dabei um die Diskussion der „Parteiinformation Nr. 252" und die „Ausführungen" von „Günter Schabowski vor Berliner Bestarbeitern am 16. 9. 1988". Beide Diskussionsgegenstände wurden in Erklärungen der Arbeiterschaft über die „Vorteile und die Kosten" des neuen „Wartburg" „ausnahmslos abgelehnt". Im einzelnen wurde am 14. September, „im Kulturhaus des VEB Damastweberei Aue", ausgeführt:

> „- Diese Informationen seien nicht tragbar und inhaltlich nicht durchdacht.
> - Es wäre besser gewesen, dem Volk die Wahrheit zu sagen, damit Genossen und Parteilose die Wirtschaftspolitik der DDR und ihre Probleme besser erkennen können.
> - Es geht nicht mehr, daß neue Qualität mit einem höheren Preis einhergeht, wobei die Qualität oft sehr fraglich ist.
> - Mit solchen Preisen kann man Sparguthaben abschöpfen, aber grundlegend wird nichts reguliert.
> - *Diese Politik ist keine Arbeiterpolitik mehr*, sondern sie wirkt sich nur negativ auf die Masse aus.
> - Welche Argumente haben wir für die, die ein normales Arbeitsrechtsverhältnis haben und nicht auf Westverwandtschaft zurückgreifen können?" (Hervorh.v.m., B.S.)

Arbeiter im Kreis Glauchau, die im „Agrochemischen Zentrum Waldenburg" beschäftigt waren, äußerten, „diese Parteiinformation" sei „eine ‚*Verdummung der Massen*'" (Hervorh.v.m., B.S.). Weiter hieß es, „daß man derartigen Veröffentlichungen der Partei keinen Glauben mehr schenken" könne, „da Preise und Wartezeiten für Pkw einerseits weiter steigen und die Ersatzteilbereitstellung andererseits immer schlechter" werde. „Man wäre gespannt, welche ‚Botschaften' der neue Trabant dem Arbeiter bringe". In Hohenstein-Ernstthal wiederum reichten die Urteile von „Sarkasmus bis zur Aggressivität", so berichteten IM an das MfS. Es

> „diskutierten unter anderem Werktätige der VEB Ifa-Ingenieur-Betrieb Hohenstein-Ernstthal, Betrieb des VEB Ifa-Kombinat Nutzkraftwagen Ludwigsfelde, Malitex, Möbelstoff- und Plüschwerke und Turmalin, alle Hohenstein-Ernstthal, Nickelhütte St. Egidien, Betrieb des VEB Bergbau- und Hüttenkombinat ‚Albert Funk' Freiberg, Dieselmotorenwerk Oberlungwitz und Strickwaren Oberlungwitz".

Wie schon ankündigt, gestaltete sich die Sprache der Belegschaften zunehmend freizügiger. Im einzelnen hieß es:

> „- Wer den Preis festgelegt hat, der muss andere Gehälter haben als wir.
> - Wenn das so weitergeht, bekommen wir für unser erarbeitetes Geld bald gar nichts mehr.

- Wir sind zwar frei von Ausbeutung, aber auch frei von der Möglichkeit, hochwertige Konsumgüter zu erwerben."

„Angehörige[n] der wissenschaftlich-technischen Intelligenz des VEB Ifa-Ingenieurbetrieb Hohenstein-Ernsttal" stellten fest, „daß ‚ständig in den Medien betriebliche Erfolgsmeldungen über eine steigende Wirtschaftskraft der DDR-Industrie sich nicht in Preissenkungen bei hochwertigen Konsumgütern" niederschlügen, „was die *Unfähigkeit der sozialistischen Planwirtschaft und Überlegenheit der kapitalistischen freien Marktwirtschaft* widerspiegele" (Hervorh.v.m., B.S.). Auch beim „VEB Formenbau Schwarzenberg" fand die „Preis-Lohn-Politik von Partei und Regierung" keine Unterstützung. Gleichzeitig wurde die Frage aufgeworfen, ob die „Subventionspolitik noch zeitgemäß" sei. Auch in den „volkseigenen[r] Betriebe[n] des Kreises Oelsnitz" wurde „das offizielle Parteimaterial als eine dumme, eine ‚große Dummheit'", bezeichnet. Dessen Aussage gleiche „einem Eingeständnis der falschen Preispolitik von Partei und Regierung". Schabowski habe versucht, über den Blick auf die „Entwicklung der Autopreise in der BRD", von dem hohen Preis des neuen Wartburg abzulenken. Arbeiter des „VEB Schlacht- und Verarbeitungsbetrieb Karl-Marx-Stadt", so das MfS, hätten dahin argumentiert, „daß der niedrigere Benzinverbrauch" des neuen Wartburg „zwar einiges beim Preis aufwiege, über die höheren Ersatzteil- und Reparaturkosten" werde jedoch geschwiegen. Arbeiter des „VEB Sachsenring Automobilwerke Zwickau" stellten fest, dass der Artikel Schabowskis im ‚Neuen Deutschland' „Ausdruck der Hilflosigkeit unserer [DDR-]Publikationsorgane" sei.

Wie breit der Widerspruch der Arbeiterschaft im Großraum Zwickau war, und wie ätzend die Kritik in den Werken des „VEB Sachsenring Automobilwerke Zwickau", des „VEB Elektromotorenwerkes Thurm und Transportausrüstungen Cainsdorf" (weiter: „Schlacht- und Verarbeitungsbetrieb, Kfz.-Instandsetzungsbetrieb, Vereinigte Baumwollspinnereien, Rationalisierungsmittel und Bergbauausrüstungen und Metallschlauch, alle Zwickau"), auch dem „Reichsbahnausbesserungswerk ‚7. Oktober' Zwickau" in der

> „- Parteiinformation Nr. 252 [der]
> - Rede des Genosse Schabowski vor Berliner Gastarbeitern [wie dem Artikel zur]
> - Entwicklung der Autopreise in der BRD im ‚Neuen Deutschland' vom 21.9.1988"

ausfiel, demonstrierte das MfS in einem ausführlichen Telegramm für die Zentrale in Berlin (ZAIG), das jedoch – trotz Dringlichkeit – „auf Weisung [des] L[ei]t[e]r[s]. der B[ereichs]V[erwaltung]" vom 30. September *nicht abgesandt* wurde.

Schonungslos wurde festgestellt, „dass dies Alles Versuche" seien, „den Preis für den ‚Wartburg 1.3' zu rechtfertigen, was von den Werktätigen nicht akzeptiert" werde. „Die ‚Begründungen' in der Information, Nr. 252 für den Wartburgpreis" würden „so interpretiert, daß ,der *Automobilbau der DDR über Jahrzehnte hinweg als [zu ,]melkende Kuh'* behandelt worden" sei „und die Final und Zulieferbetriebe infolgedessen jetzt am Boden" lägen, „wofür das Volk die Rechnung bezahlen" solle (Hervorh.v.m., B.S.). Im VEB Sachsenring fragten sich „mittlere leitende Kader" offenkundig, ob den „leitenden Genossen die schlechte Stimmung und teilweise ,brisante Situation' in [den] Arbeitskollektiven überhaupt bekannt" seien. In Bausch und Bogen würden

> „die Ausführungen des Mitgliedes des Politbüros des Zentralkomitees der SED und 1.Sekretärs der SED-Bezirksleitung Berlin, Genossen Günter Schabowski, zum neuen Wartburg vor Berliner Bestarbeitern am 16.9.1988"

abgelehnt. Ein grundsätzlicher Dissenz war inzwischen im gesellschaftlichen Aufbau der DDR aufgebrochen. Das MfS stellte fest, es werde seitens der Arbeiterschaft des VEB Sachsenring „die Feststellung, dass ,5 Räder des Wartburg im Preis einbegriffen'" seien, „als eine ,Beleidigung für Automobilbauer'" verstanden. Als Erläuterung folgte nach: denn die „Preisfestlegungen" wären „in der DDR nicht durch die Arbeiter beeinflussbar". „Solche Entscheidungen" würden „von denen getroffen werden, die jetzt darüber ,große Reden'" führten. Im VEB Waschgerätewerk Schwarzenberg schlugen die Wellen besonders hoch. Jeder Absatz der Schabowski Rede, der sich mit Vorteilen und Kosten des neuen Wartburg befasste wurde mit Stumpf und Stiel zurückgewiesen. Als „Krönung der Ausführungen des Genossen Schabowski" wurden dessen Ausführungen zu den „Subventionen für Waren des Grundbedarfs und für andere Bereiche des Lebens" aufgefasst. Die Arbeiter fragten:

> „Was sind denn gestützte Waren des Grundbedarfs? Das ist doch das Zeug, das sowieso keiner mehr essen kann, weil alles, was wirklich gut ist, nur noch im Delikat verkauft wird. *Auch im Gesundheitswesen spiegeln sich Subventionen nicht wieder, denn ohne Beziehungen geht auch dort für den einfachen Mann nichts mehr*" (Hervorh.v.m.., B.S.).

Dass diese Äußerungen nicht isoliert standen, unterstrich das MfS, indem darauf hingewiesen wurde, dass „ähnliche Auffassungen" in Karl-Marx-Stadt durch Arbeiter des „VEB Textimaforschung Malimo" und „Kraftverkehr Karl-Marx-Stadt sowie des Reichsbahnausbesserungswerkes ,Wilhelm-Piek' Karl-Marx-Stadt und weiterer Dienststellen des Reichsbahnamtsbezirkes Karl-Marx-Stadt der Deutschen Reichsbahn" sowie „von Mitarbeitern des Bezirkskrankenhauses ,Friedrich Wolf' Karl-Marx-Stadt" und der „Technischen Universität Karl-Marx-Stadt" sowie „des Sportklubs Karl-Marx-Stadt vertreten" würden. Als eine Reaktion „im Zusammenhang mit der Veröffentlichung in den Massenmedien der DDR über die Produktionsaufnahme des ‚Wartburg 1.3'" so wurde angeführt, habe ein Mitarbeiter des VEB Ifa-Ingenieurbetrieb Hohenstein-Ernstthal „seinen Austritt aus der SED erklärt". Es werde dort „mit weiteren *SED-Austritten ‚im großen Stil'* und mit einer Korrektur der Preisbildung" gerechnet. Im VEB Germania Karl-Marx-Stadt sei in der Bereichs Konstruktion geäußert worden:

- Nicht Verständnis mit der *Preis- und Lohnentwicklung* in der DDR,
- Ablehnung der Verurteilung von *hauptamtlichen Funktionären* durch persönliche *Bereicherung*,
- Ausführungen eines *gestörten Vertrauensverhältnisses zwischen Partei und Volk*,
- Erwartungen auf *Änderungen* in der DDR *analog der UdSSR*" (Hervorh.v.m., B.S.).

Der „Parteigruppenorganisator" Brunner habe nach seiner Rede eine erneute Kandidatur abgelehnt. Parteilose Arbeiter aus dem VEB Volltuchwerke Crimmitschau, Werk Langenbach, Kreis Werdau" hätten „in einer Eingabe an den Rat des Kreises...zum Ausdruck gebracht:

„Es ist eine *skrupellose Frechheit von unserem Staat*, dem Arbeiter nach 15 bis 20 Jahren Wartezeit soviel Geld aus der Tasche zu ziehen.... wir können großartig prahlen, daß die Grundnahrungsmittel und Mieten seit Jahren nicht gestiegen sind, aber das ist schon alles. *Ob Wohnungsausstattung, Fahrzeugindustrie oder Textil- und Bekleidungsindustrie, in allen Zweigen kann man sehen, wie von heute auf morgen alles teurer wird und die Qualität dabei sinkt*" (Hervorh.v.m., B.S.).

Ein Mitarbeiter des „VEB Schlacht- und Verarbeitungsbetrieb Zwickau" führte aus:

„Dieser Staat ist ein einziger Verbrecherstaat, und solche Leute wie HONECKER müssen weg, denn diese Leute machen den Preis für den Wartburg. Das hat nichts mehr mit Sozialismus zu tun, das ist Ausdruck für einen Staat, den man als Staatskapitalismus bezeichnen kann, nur daß in diesem Staat nicht die Monopolherren verdienen, sondern einige wenige, die die Macht in der Regierung haben, also durch HONECKER vertreten werden"[129] (Hervorh.v.m., B.S.).

---

129 BStU, Außenstelle Chemnitz. Informationen an den 1.Sekretär der SED-Bezirksleitung CAKG-308, PI-435e/88. TELEGRAMM[Konzept], Dringlichkeit: Ausnahme, Absender BV Karl-Marx-Stadt, AKG, Empfänger: MfS Berlin, ZAIG. Information über Reaktionen und Diskussionen unter der Bevölkerung des Bezirkes Karl-Marx-Stadt im Zusammenhang mit der Produktionsaufnahme des PKW ‚Wartburg 1.3', insbesondere unter der Sicht der Parteiinformation Nr. 252 des Zentralkomitees der SED und der Rede des Mitgliedes des Politbüros des ZK der SED, Genossen Günter SCHABOWSKI, vor Berliner Bestarbeitern am 16.9.1988, 29.9.1988, Bl. 226-231. Ein Prozeß, der heute in der BDR zu erkennen ist.

Es ist daher nicht weiter überraschend, dass im November 1988, nach Auslieferung der ersten „Wartburg 1.3", sich diese Kritik aufgipfelte. Oberst Oettmeier, von der Dienststelle des MfS Karl-Marx-Stadt, referierte „Diskussionen und Meinungsäußerungen von Beschäftigten des VEB IFA-Vertrieb Karl-Marx-Stadt und des VEB Sachsenring Automobilwerk Zwickau" hinsichtlich „der Qualität der ersten ausgelieferten PKW ‚Wartburg 1.3'". Es sei

> „ein unverzeihlicher Fehler der Verantwortlichen im Ministerium für allgemeinen Maschinen-, Landmaschinen und Fahrzeugbau gewesen..., die Entscheidung zur Überführung dieses Fahrzeuges in die Serienproduktion wenige Tage nach Beendigung der O-Serie und ohne entsprechende Erfahrungswerte zu treffen".

Es sei „auf die Fachleute nicht gehört" worden „und mit großem Aufwand" sei „der Serieneinsatz um ein paar Monate vorgezogen worden". Die Tatsache, dass „Kinderkrankheiten" aufträten - circa *70 Fahrzeuge hatten Getriebeschaden* und in „eine unbekannte Anzahl der bisher ausgelieferten 150 Fahrzeuge" seien *„falsche[n] Kupplung[en]* eingebaut. Erhebliche Aufwände für „Überprüfungen und Umrüstungen" seien zu veranschlagen. Insgesamt, so der MfS-Offizier, ergäben sich „unter der Bevölkerung Gerüchte und negative Diskussionen über die Fahrzeugindustrie der DDR".[130] (Hervorh.v.m., B.S.)

Bis Ende des Monats November lagen

> „der Bezirksverwaltung für Staatssicherheit Karl-Marx-Stadt...Informationen vor, wonach es unter Werktätigen des VEB Sachsenring Automobilwerke Zwickau gegenwärtig Diskussionen über die weitere Perspektive und termingemäße Realisierung der Beschlüsse des Politbüros des ZK der SED zur Erhöhung der Stückzahl und zum Einbau des 1.1.-VW-Motors in den PKW Trabant"

gebe. Es werde, so das MfS, „Unverständnis darüber zum Ausdruck" gebracht, „daß durch die Zentrale Staatliche Investitionsinspektion die Grundsatzentscheidungen 2 und 3 zum Bau des Erweiterungsvorhabens am Standort Mosel nicht bestätigt" worden seien. Auch werde kritisiert, dass „der neue ‚Trabant 1.1' auf der Delegiertenkonferenz der Betriebsparteiorganisation der SED am 5.11.1988

---

130 Ebd., Außenstelle Chemnitz. Informationen an den 1.Sekretär der SED-Bezirksleitung CAKG-216, PI-Nr. 279/86. Notiz [LORENZ]: „Vor Einleitung von Maßnahmen wäre ich für eine telefonische Rücksprache dankbar", Bl. 123. Verteiler Genossen LORENZ 279/86, Abteilung XVIII, KD Zwickau, AKG 26.8.86, Bl. 116. Bezirksleitung Karl-Marx-Stadt, Streng vertraulich! Um Rückgabe wird gebeten! Information über den erreichten Stand bei der Umsetzung der beschlossenen Maßnahmen für die Einführung von 4-Takt-Ottomotoren und die Stückzahlsteigerung der PKW ‚Wartburg' und ‚Trabant', 25.8.1986, Bl. 124-129.

nicht ausgestellt werden durfte". Es schien sich die kritische Haltung grundsätzlich zu verschärfen, und mit dem Einlauf des neuen Modells in die Serie, ein Stimmungsumschwung bei den Beschäftigten einzutreten. Das MfS notierte Hinweise wie „Stolz auf das Erreichte". Doch hieß es, als umso „ärgerlicher" werde „die Nichtvorstellung des neuen „Trabant" 1.1" kommentiert und „weder von Genossen noch Parteilosen verstanden". Es „breite sich immer mehr die Auffassung aus, daß die Produktion dieses neuen Fahrzeuges offensichtlich *in Berlin nicht mehr gefragt* sei". Geschlussfolgert wurde:

> „Dies könne man...auch aus dem *Ausbleiben von Entscheidungen* bezüglich des PKW ,Trabant 1.1' mit neuem Erscheinungsbild schlussfolgern" (Hervorh.v.m., B.S.).

Zutreffend befürchtete die Arbeiterschaft, da „die Fertigung des neuen ,Trabant' in den Plan 1989 nicht eingeordnet werde", scheine es, infolge nicht ausreichender „finanzieller Mittel", und ungenügender „materiell-technischer Absicherung" nicht zur Fertigung des „PKW ,Wartburg 1.3'" kommen.[131]

Ende Januar 1989, auf der Sitzung des Politbüros, das „auch das Problem der Karosseriegestaltung" des PKW Trabant beriet, erhielt „der Minister für Außenhandel", Beil, den Auftrag, „Vorbereitungen zu einer *Lizenznahme und Ausrüstungslieferungen* für eine Ganzstahlkarosserie zu treffen". Daraufhin

> „besichtigten die Genossen Voigt (Generaldirektor Kombinat PKW), Roloff (Generaldirektor AHB IAI) und Schindler (Generaldirektor AHB Transinter) *gemeinsam mit dem Stellv[ertretenden]. Vorstandsvorsitzenden der VW AG, Münzner*, bei einer italienischen Designer-Firma in Turin Nachfolgemuster der Typen IBIZA/SEAT und POLO.
> Auf der anschließenden Beratung am 4.4.1989 in Wolfsburg wurde vereinbart, dass die VW AG die Arbeit an der Grobstudie auf der Grundlage der DDR-Forderungen forciert mit dem Ziel, *am 8.Mai 1989 in einer internen Vorführung in der DDR* ein Modell vorzustellen.
> VW erklärte die Bereitschaft, als Generallieferant aufzutreten und bei einer Aufnahme der Serienfertigung in der DDR im Jahre 1993.
> *Zu Aufwandsschätzungen, Kosten und Preise konnten seitens VW noch keine Aussagen getroffen werden.*
> Weitere, insbesondere die technischen Konsultationen sollen Mitte April 1989 erfolgen.
> *Der Gesamtkomplex der Finanzierung der Ganzstahlkarosse (von Fachexperten mit 4 bis 5 Milliarden M veranschlagt) ist gegenwärtig vollkommen unklar.* Nach Auffassung der S[taatlichen]P[lan] K[ommission] wird der Investitionsaufwand durch das MALF im Rahmen der Bilanzen 1991-95 (Investsumme MALF) gesamt nach

---

131 Ebd., Außenstelle Chemnitz. Informationen an den 1.Sekretär der SED- Bezirksleitung, CAKG-320, PI-594b/88, Ablage a-Nr. : "Dazu wurde auf Weisung Ltr. BV Brief an Ltr. BV Erfurt gesandt, O[ettmeier]. 2.12.[1988]", Bl. 143. Brief Oberst Oettmeier, betr.: „Auszug aus der wöchentlichen Berichterstattung der Kreisdienststelle Zwickau, 8.11.1988, Bl. 144. Vergleich: Transrapidschicksal 2008.

Vorgabe SPK 15,6 Mrd.M betragen.
Fachexperten des MALF erklären dies für völlig unmöglich (Anforderungen MALF an Investbilanz 1991-95 rd. 20 Mrd.M ohne Karosse; Forderungen der Kombinate sogar insgesamt 26 Mrd.M)".[132]

Im Mai war das PKW-Projekt bis zu Vorschlägen der Volkswagen AG für die neue Karosserie gediehen. Das ausgewählte Modell wurde besichtigt. Doch erst zu diesem Zeitpunkt begannen die tatsächlichen Vorbereitungen für die Produktion des neuen PKW-Models. Gespräche mit Peugeot wurden geführt, Beratungen mit Citroen fanden statt und mit Futyma/Spanien, Voest/Österreich und Kuka/BRD befand sich Ostberlin in Verhandlungen. Es wurde versucht, über Gespräche mit Technimont/Italien und Salzgitter Industriebau/BRD, die technisch verschlissenen Maschinenparks der DDR zu modernisieren. Eine Unterstützung der UdSSR war jedoch, so ergab sich am 2.Februar 1989 in Moskau, nur über Rohstofflieferungen an die DDR darstellbar; und dies ausschließlich im Falle der „Erhöhung der Lieferungen von Polyurethansystemen und -Komponenten durch die DDR.[133]

Nun nahm das Projekt Fahrt auf. Zwischen dem 21. und 23.März befanden sich Vertreter des Kombinat PKW, der SGD IAI und des VEB Sachsenring zu Gesprächen in Wolfsburg. Diese bewegten sich um die „Auslegung einer Studie der VW-AG zur Errichtung einer Fertigung von Rohbaukarosserien der Größenklasse Trabant". Drei Baumuster wurden vorgestellt. Darunter eines, das die „Weiterentwicklung Polo und Golf" präsentierte. Im Einzelnen stellten sich Mustergebundene Unterschiede zu den bisherigen DDR-PKW heraus, deren Beseitigung zu *kostensteigernder* Wirkung gelangen würden. So die Position von Volkswagen.

Volkswagen war am Ziel. Der Plan ging auf, die DDR ins defizitäre Geschäft zu ziehen. Am 31.Januar 1989 hatte der Außenhandelsminister Beil den Auftrag des Zentral Kommitee erhalten, „Vorbereitungen zu einer Lizenznahme und zu Ausrüstungslieferungen für eine Ganzstahlkarosserie zu treffen". Wie bereits ausgeführt, hatte Anfang April ein Besichtigungstermin der Direktoren Voigt, Roloff und Schindler mit dem stellvertretenden Vorstandsvorsitzenden von Volkswagen,

---

[132] Ebd., Außenstelle Chemnitz. Information an den 1.Sekretär der SED-Bezirksleitung, CAKG 318, PI-573/88. Verteiler: Genossen Lorenz 1.Sekretär der SED-Stadtleitung Zwickau, Zentrale/ZAIG, Abt. XVIII zur Weiterleitung an HA XVIII, KD Zwickau, Stellv. Operativ, AKG, Bl. 38. Bezirksverwaltung Karl-Marx-Stadt, Streng vertraulich! Um Rückgabe wird gebeten!, Information über Diskussionen unter Werktätigen des VEB Sachsenring Automobilwerke Zwickau im Zusammenhang mit dem Stand der Realisierung der Politbürobeschlüsse zur Erhöhung der Stückzahl und zum Einbau des 1.1.-VW-Motors in den PKW „Trabant", 28.11.1988, Bl. 45f. Schulte, Armageddon, S. 154.
[133] Schulte, Armageddon, S. 155.

Münzner, bei einer italienischen Designfirma in Turin stattgefunden. „Auf der anschließenden Beratung, am 4.4.1989 in Wolfsburg, war vereinbart worden, die VW AG werde die Arbeit an der Grobstudie auf der Grundlage der DDR-Forderungen forciert mit dem Ziel vorantreiben, am 8. Mai 1989 in einer internen Vorführung in der DDR ein Modell vorzustellen. Volkswagen beabsichtigte als "Generallieferant" aufzutreten, und dies in Vorbereitung „der Serienfertigung in der DDR im Jahre 1993". Bereits jetzt war hinsichtlich der Finanzierung des Projektes alles unklar. Die Staatliche Plankommission sprach von 15,6 Mrd. Mark finanziellem Gesamtbedarf. Seitens des zuständigen Ministeriums fielen für den Zeitraum 1991/95 20 Mrd. und seitens der Kombinate 26 Mrd. Mark an.[134]

Für den 30. April war die Grobstudie durch Volkswagen zugesagt. Zwischen Roloff, Voigt und Münzner ging es auch um die Finanzierung des Projektes. Am 8. Mai sollte Volkswagen das

> „am besten entsprechende Modell ...in einer internen Veranstaltung in der DDR vor einem ausgewählten Personenkreis"

vorstellen. Ausdrücklich wurde der Schattenriss eines großen Geschäftes an die Wand geworfen. Volkswagen, so Roloff/Voigt, denke an „Refinanzierungskäufe", an gesamte

> „Baugruppen, komplette[n] Teile[n] bei Fahrzeugelektrik, weitere[n] Pressenstraßen, Glasteile[n], möglicherweise auch kompletten PKW u.a.".

Zusätzlich erwogen wurde

> „eine mögliche Umsetzung der auszuwählenden Konstruktion eine gemeinsame Forschungs- und Entwicklungsarbeit",

welche „die DDR-Seite befähigen" werde, „selbständig die Entwicklungen weiter zu betreiben". Dieser Volkswagen Plan zur Übernahme der DDR wurde durch „breite Aufmerksamkeit" für die „Anliegen der DDR-Delegation...und großes Interesse" geschickt kaschiert. Dabei war inzwischen klar, Volkswagen habe von den Parallelverhandlungen mit weiteren Anbietern erfahren, was jedoch interessanterweise die Bereitschaft zum Geschäftsabschluss seitens Wolfsburgs nicht schmälerte. Nunmehr traten Köhler und Münzer vereint auf und der Druck, eine Entscheidung aus Ostberlin zu erhalten, wuchs. Es fiel der Begriff „Entscheidungsnotstand" und als „deadline" wurde „Ende Juli" genannt. Wie nah Volkswagen sich bereits dem Abschluss des Vertrages mit der DDR sah, unterstrich „Be-

---

134 Schulte, Armageddon, S. 154.

ratungen zwischen dem 15. und 30.Juni 1989 in den Volkswagen-Betrieben in Hannover, Kassel, Braunschweig und Wolfsburg". Abschließende Gespräche liefen am 22. und 23.Juni in der Wolfsburger Zentrale. Dennoch kam es ausdrücklich nicht zur „Untersetzung des Richtpreisangebotes". Dies sollte laut Volkswagen, zu einem späteren Zeitpunkt erfolgen.[135]

GRIFF NACH DER DDR.

Im Juli berichtete das MfS, „die Produktion des Wartburg 1.3" sei inzwischen „planmäßig und ohne größere Probleme" angelaufen. Von vorgeplanten 59 010 Stück sei das Halbjahresziel 29 928 erreicht. Bei den übrigen Positionen wurden die Ziele ebenfalls nach unten korrigiert. Am 8.Mai erfolgte die „*4. interne Vorführung eines Karosseriemodels in der Hauptstadt der DDR*". Doch wurde die reale Lage durch die mangelhafte Qualität der in DDR-Betrieben produzierten Teile getrübt. Im Gegenzug suchte Volkswagen nun

> „eine Veränderung in der vertraglich vereinbarten Liefergrafik zu erreichen. *In der Hauptsache geht es darum, die 1989 abzunehmenden Rumpfmotore von 30000 Stück auf eine wesentlich geringere Stückzahl zu reduzieren.* Nach zähen Verhandlungen konnte zur LFM 1989 ein *Lieferumfang von 10000 Stück Rumpfmotore 1989* vertraglich vereinbart werden (*VW hatte eine Begrenzung auf 3000 Stück angestrebt*) mit Lieferbeginn September 1989. Die Vereinbarung umfaßt ferner für 1990 die Abnahme von 100 000 Rumpfmotore plus der 20000 aus 1989 überhängenden Motoren. Als Preis wurden für 1989 540 DM/Motor, für 1990 557 DM/Motor vereinbart" (Hervorh.v.m.,B.S.).

Voraussetzung aber war, dass die „Motorenteile" wie „der gesamte Rumpfmotor die erforderlichen Abnahmeprüfungen bei VW" überstünden. Festgestellt wurde bereits die „*Nichtlieferfähigkeit der DDR-Industrie*"; mit Köhlers Statement, es verschöben „sich alle weiteren Prüftermine...und für 1989" würde „nur noch die Abnahme von maximal 3500 Rumpfmotoren in Frage" kommen. „Die DDR wäre ohnehin erst [im] Oktober zur Aufnahme der Lieferungen in der Lage".[136] Zum Abschluss der Projektberatung, so das MfS, habe der Prokurist erklärt,

> „dass sich alle weiteren Termine verschieben und 1989 nur noch die Abnahme von maximal 3500 Motoren infrage käme. *Die DDR wäre ohnehin erst im Oktober zur Aufnahme der Lieferungen in der Lage*" (Hervorh.v.m.,B.S.).

---

[135] Schulte, Armageddon, S. 155ff.
[136] Schulte, Armageddon, S. 162ff.

Ein Beschluss des Ministerrats FR vom 3.August sollte die Lage nicht wesentlich verändern. Dieser war von geringerer Bedeutung, da eindeutig war, dass auf den erwiesenen Fehlschlägen der Vorjahre aufgebaut wurde. Dieser Ministerratsbeschluss verlagerte die Verantwortung auf die nachgeordneten Führungsebenen innerhalb der DDR-Industrie und legte zu Grunde, gute Erfahrungen aus anderen Produktionsbereichen würden auf dem Fahrzeugsektor Erfolg haben. Am 17.August folgte durch den Ministerrat die Bestätigung der Verbraucherpreise für den PKW Trabant 1.1 mit 4-Takt-Otto-Motor. So konnte das MfS, Ende des Monats September, lediglich feststellen, die bisherigen Erfahrungen aus dem Ersatzteilbereich hätten eine Lösung der Probleme bislang nicht erbracht. Doch blieb die Distanz zwischen Bedarf und Möglichkeiten unverändert. „Wachsende Probleme der materiell-technischen Sicherstellung der Instandhaltung von Nutzkraftfahrzeugen" wirkten sich nachteilig auf die volkswirtschaftlich unverzichtbaren „Beförderungs- und Transportaufgaben" aus. Zudem würden sich, das erschien nun klar, die Importe von Maschinen und Werkzeugen aus dem N[icht]S[ozialistischen]W[esten] verspäten. Die Zulieferindustrie konnte ihre Termine ebenfalls nicht einhalten. So musste zum Beispiel der Betrieb „PKW-Kolbenbolzen Meißen" seinen zugesagten Liefertermin von September 1989 auf April 1992 verschieben.[137]

Anfang September schied Citroen als Anbieter aus. Stattdessen vertieften während der Leipziger Messe der Volkswagen-Vorstand Münzner und eine DDR-Kommission die Absprachen im Sinne „einer positiven Gesamtentscheidung", nämlich die „Arbeiten [an den ‚notwendigen Vorbereitungen zur Weitererfüllung des Projektes Ganzstahlkarosserie' und ‚Sicherung des Beginns der Rumpfmotorenlieferungen im Oktober 1989'] konsequent" weiterzuführen. In Kenntnis der DDR-immanenten Problemlage der kontinuierlichen Unterfinanzierung der Projekte - und infolgedessen der Gefahr eines Abbruches der Verhandlungen – teilte Volkswagen bei dieser Gelegenheit mit,

> „daß konzerninterne Entscheidungen in der Vorbereitung sind, daß bei Weiterführung des Projektes Ganzstahlkarosserie langfristige Vertragsabschlüsse über Zulieferungen aus Bereichen der Volkswirtschaft organisiert und vorbereitet werden, mit dem Ziel, die Refinanzierung des Gesamtprojekts Ganzstahlkarosserie *unter volkswirtschaftlichen Aspekten* wirkungsvoll zu unterstützen" (Hervorh.v.m., B.S.).

Doch wurde durch Wolfsburg gleichzeitig die zentrale Voraussetzung qualitativer Entsprechung der gelieferten Rumpfmotoren mit den Volkswageneigenen Standards betont. Es läge ein *beiderseitiges Risiko* vor, so Münzner, „wenn nach Lieferbeginn der Rumpfmotorenlieferungen eine *ungenügende Qualitätssicherung*

---

[137] Schulte, Armageddon, S. 162-165.

der Bauteile auftrete" (Hervorh.v.m., B.S.). Detailliert wurde das weitere Proce-
dere der Erprobung von insgesamt 9 Versuchsfahrzeugen und 14 Karosserien erläutert. Zwei „Null-Serienfahrzeuge" würden nach Fallersleben gehen, um eine
„volle Erprobung" durchzuführen. Es kam Volkswagen darauf an, in ständiger
Kooperation „Dauerfestigkeits- und Qualitätsanspruch" sowie „die wirtschaftliche Machbarkeit" zu überprüfen und „in die Entwicklung des Fahrzeuges" ein-
fließen zu lassen. Die „Fertigungstechnologie", von der Vor-, über die „Detail-
planung" bis zu „Personal", „Beschaffung", „Transport, Montage und Probe-
trieb", „Inbetriebnahme und Anlaufunterstützung" wurden detailliert zum Vortrag gebracht. Dieser Ablauf umfasste, bis zu „Montage/Probebetrieb/Leistungs-
nachweis", 53 Monate. Der skizzierte „Leistungsumfang" hinsichtlich „Styling,
Konstruktion, Prototypen und Versuche[n] für [die] Rohkarosse des DDR-Fahr-
zeugs (X.03) auf Basis der A03-Bodengruppe" sollte sich auf 195 Millionen
DM/VE" belaufen. Die „Fertigungstechnologie", für die drei miteinander ver-
glichenen Lösungen, werde *zwischen 278 und 606 Mio. DM* betragen.[138]

Insbesondere „Gegenlieferungen" in Form „von DDR-Erzeugnissen" bildeten den Köder, der die DDR-Gesprächspartner „ins Boot" zog. „Bilaterale[n]
Handelsströme" lautete das Stichwort um welches das Volkswagen-Angebot
kreiste. Wolfburg erklärte definitiv die Bereitschaft,

> „bei gegebener Wettbewerbsfähigkeit – das bisherige VW-Einkaufsvolumen [in der
> DDR] kontinuierlich auszubauen (z.B. bei Fahrzeugelektronik, Glas, Motoren- und
> Normteilen, Vormaterialien, Betriebsmitteln und Investitionsgütern)" (Hervorh.v.m.,
> B.S.).

Es ging ums Ganze. Volkswagen stellte den „Einkauf gleicher Baugruppen aus
der DDR (teilweise möglicher Übernahme von Produktionseinrichtungen)" in
Aussicht und bestätigte,

> „zu untersuchen (z.B. bei Lenkungen, Kühlern, Gleichlaufgelenken, Achsen und Fe-
> derbeinen) sowie
> - im begrenzten Umfang eventuell auch Fahrzeuge aus der DDR zu beziehen und
> *die DDR-Betriebe beim Aufbau dieser Fertigungen auf Wunsch auch über das*
> *Projekt hinaus nach besten Kräften zu beraten*" (Hervorh.v.m., B.S.).

Die Führungspersönlichkeiten des Wolfburger Konzerns, der Vorstandsvorsitzende Hahn und dessen Stellvertreter Münzner, griffen Mitte des Monats September zum Mittel des eminent politischen, förmlichen Angebotes an den Außenhandelsminister der DDR, Beil, und vertieften, in, nachgerade revolutio-

---

[138] Schulte, Armageddon, S. 166f.

närem Ausmaß, die hier bereits im Ansatz entwickelte Möglichkeit mindestens einer Kooperation zwischen der DDR und der Volkswagen AG.

Dieser Brief vom 18. September 1989 fasste „die inhaltsreichen Messegespräche" von Leipzig noch einmal zusammen, griff auf das Angebot vom 29. April zurück, um „ein stylistisch eigenständiges Fahrzeug bzw. eine Ganzstahlkarosse auf Basis einer neuen VW-Bodengruppe" vorzuschlagen und eine weitestreichende Unterstützung der „DDR-Betriebe" anzukündigen. Wie weit Volkswagen in diesem Bestreben griff, und was letztendlich intendiert war, zeigte der Passus dieses Schüsseldokumente, der ausführte,

> „Den sich hieraus ergebenden VW-Liefer- und Leistungsumfang wird VW durch DDR-Beistellungen zu reduzieren *versuchen* und über einen Zeitraum von 10 Jahren durch fortgesetzte, *unter Wettbewerbsbedingungen* erfolgende VW-Einkäufe (wie FER, Flachglas, Maschinen) devisenmäßig ausgleichen" (Hervorh.v.m., B.S.).

Denn es handelte sich hierbei um die Grundkonzeption eines „Gesamtdeutschen" Autos. Der Plan einer deutschen Wirtschaftskoalition blitzte durch, wenn Hahn/Münzner weiter konkretisierten:

> „Diese Gleichteile-Konzeption macht es aber insbesondere möglich, notwendige Investitionen für die Fertigung dieser Baugruppen durch *Rücklieferungen an VW* zu erwirtschaften, soweit sich dies in den weiteren Fleasibility-Untersuchungen bestätigt und die DDR-Industrie bereit ist, ihre ohnehin erforderlichen Investitionen auf den Einsatz des entsprechenden VW-Konzernmodells in 1993 auszurichten. Diese Vorgehensweise bedeutet eine *wesentliche devisenmäßige Entlastung des DDR-Fahrzeugprojektes*, da wichtige Einzelinvestitionen durch *selbstständige wirtschaftliche Vorhaben* mit VW realisiert werden können" (Hervorh.v.m., B.S.).

Wie begrenzt Hahn/Münzner das Zeitfenster einschätzten, zeigt sich in der Tatsache, dass Wolfsburg „für den Kauf des Stylingmodells *zusätzliche DDR-Motorenlieferungen* (in 1990)" einräumte. Es handelte sich offensichtlich um ein zweipoliges Vorgehen, wie Hahn/Münzner erklärten, nämlich im zweiten Schritt um die „Finanzierung des Gesamtvorhabens Ganzstahlfahrzeug" (Hervorh.v.m., B.S.).

Dass die Gefahr eines Abschwimmens der DDR in westliche Gewässer bestand, zeigten Gespräche und Kontakte zwischen den MfS und dem sowjetischen Geheimdienst, die bereits seit Mitte Mai 1989 zu Überprüfungen „der operativen *Sicherung der Geschäftsbeziehungen zum VW-Konzern*" geführt hatten (Hervorh.v.m., B.S.). Diese Vorgänge wurden schärfer beleuchtet, als Mitte des Monats Oktober 1989 klar wurde, dass Münzner aus seinem Beschäftigungsverhältnis ausscheiden werde und künftige Gespräche und Kontakte direkt über den Vorstandsvorsitzenden Hahn zu führen seien.[139] Wie schon in den Gesprächen mit Münzner und Köhler, am 10. und 17. Oktober bestätigt, begann sich nach den Vorstellungen des Chefstrategen Hahn, das Zeitfenster für einen Vertrag zwischen Volkswagen und der DDR, in dem umfassenden Sinne des Hahn/Münzner-Angebotes, zu schließen. Dies nicht nur auf Grund der notwendigen logistischen Festlegungen für eine neue Volkswagen-Typenreihe der neunziger Jahre, sondern vor allem auch im Angesicht der erneut aufgetretenen gewichtigen Qualitätsprobleme, welche die Motorenlieferungen der DDR offenlegten. Wiederum äußerte sich Köhler, weit entfernt davon, „die Liefermöglichkeiten der DDR verhindern" zu wollen. Einerseits hatte „er sich in dieser Situation an den Vorstand der VW-AG gewandt..., um sicherzustellen, daß hier insgesamt praktisch der Vorstand sich dieses Problems" annehme, damit „sichergestellt" werde, „daß diese Qualitätsmangel seitens der DDR abgestellt" würden. Andererseits habe der Prokurist vorgesorgt, „*im Falle eines Scheiterns aus qualitätsgerechten Angeboten* der DDR eine Reservetaktstraße bei VW in Betrieb zu nehmen" (Hervorh. v. m., B.S.). Hinzu traten weitere Friktionen, zum Beispiel zwischen west- und ostdeutschen Beschäftigten, sodass Köhler die DDR-Gesprächspartner daran erinnerte, „die von VW angestrebte[n] Qualitätskontrolle[n"] seien „letztlich der DDR" hilfreich, „weil sie der Hauptnutznießer dieser Motoren" sei „und bei hoher Qualität gesichert werden" könne, „daß die ohnehin zu langen Wartezeiten in Reparaturwerkstätten der DDR verringert werden".

Dass dies nicht umsonst zu haben sein würde, bestätigten Münzner und Köhler übereinstimmend. Der VW-Vorstand betonte, „daß VW im Gespräch" bleibe „hinsichtlich der *vollständigen Modernisierung des Pkw Trabant* mit einer von VW maßgeschneiderten Karosse für die Jahre 1993/95, die nach derzeitigen vorläufigen Berechnungen", das brachte Köhler zum Ausdruck, „zwischen 3 - 5 Mrd. M liegen müsste". Volkswagen drängte unvermindert auf einen baldigen Vertragsabschluss im umfassenden Sinne und bezog sich dabei auf das „streckenweise unter vier Augen zwischen Münzner und...Mittag" in Hannover geführte Gespräch. Die DDR-Vertreter suchten sich dieser Umklammerung zu entziehen. Doch wurden diese Vorgänge durch die politischen Ereignisse überholt.[140]

---

139 Schulte, Armageddon, S. 167-171.
140 Ebd.

Den vermeintlichen Ausgangspunkt der Beziehung zwischen Volkswagen und der DDR bildete die Vorstellung der östlichen Staatsführung, der sozialistischen Gesellschaft einen neuen PKW bieten zu sollen. Doch lagen die Interessen der westlichen Seite auf anderer Ebene. Leitend war die Vorstellung der Kennedy-Administration nach 1961, die DDR werde nach dem Mauerbau, über kurz oder lang, wie ein kochender Kessel, mit festgenieteten Deckel, explodieren. Da dieser Vorgang, trotz der Tschechei-Entwicklungen 1968, auf sich warten ließ, entwickelten USA und NATO-Partnerstaaten die Vorstellung, durch finanzielles, wirtschaftliches und militärisches Unterdrucksetzen (v.Brauchitsch), Teile des Ostblocks, oder den gesamten Machtbereich der UdSSR, zum Einsturz zu bringen.

Dass im Rahmen dieser Planung der Volkswagen AG eine entscheidende Rolle zukam, belegen diese Ausführungen, die nicht nur die oberen Ebenen des wirtschaftlichen und politischen Bezugsrahmens, sondern vor allem die Bewegungen des Westens wie des Ostens, auf der elementaren Ebene beteiligter und handelnder Personen und Institutionen beleuchten. Hier spielte vor allem in Bezug auf die Volkswagen AG die Verkehrshochschule Dresden (mit deren Dozent für Automobilgeschichte Peter Kirchberg) eine entscheidende Rolle bei Anbahnung und Ausgestaltung der wechselseitigen Beziehungen. Es ging den westlichen Partnern um die Durchdringung der DDR bis auf die untersten Ebenen der Nomenklatur. Als Mittel dazu diente der „Osthandel" der Bundesrepublik, der auf breiter Front die DDR-Finanzen in die Abhängigkeit von der Bundesrepublik bringen sollte.

Es erstaunt, dass sich die DDR bereitwillig in diese Falle begab. Musste doch den Leitern von Politik und Wirtschaft in Ostberlin klar sein, dass der östliche deutsche Staat außerstande wäre, die Qualitätsanforderungen westlicher kapitalistischer Märkte zu erfüllen, wenn es darum ging, das PKW-Projekt durch den Export von Rumpfmotoren an Volkswagen zu refinanzieren. Auch folgte die DDR-Führung nicht kostengünstigeren Angeboten aus dem westlichen Ausland. Dennoch bedufte es ausgiebigen und hartnäckigen Werbens der Volkswagen AG, um schließlich das Ostberliner „placet" zu erreichen. Dabei halfen ohne Zweifel, bereits seit den frühen 70iger Jahren, mühsam entwickelte Kontakte, die sich auf den unteren Ebenen der volkswirtschaftlichen Beziehungen entwickelten. Hieran hatten der Dresdener Wissenschaftler Kirchberg und der Volkswagen-Archivar Wiersch gewichtigen Anteil. Überhaupt oszilierte in der DDR das Interesse an den Vorgängerfirmen der Volkswagen AG um die Verkehrshochschule Dresden, die sich damit zum Gesprächspartner interessierter westlicher Kreise entwickelte.

Das Jubiläum „100 Jahre Automobil" bildete parallel den Ausgangspunkt für den Auftrag der Audi AG an den Verfasser, einen Traditionsfilm über Anfänge und Entwicklung der Marken Audi, Horch, DKW, Wanderer und NSU zu produzieren. Unter Ausnutzung bestehender Arbeitsmöglichkeiten in DDR-Archiven zum Nachlass des früheren Reichskanzlers von Bethmann Hollweg, gelang es diesem, Kontakt zur Verkehrshochschule in Dresden herzustellen. Allerdings scheiterte dieses Unternehmen, da der Audi-Film den Teil eines Emanzipationsversuches der Dependance in Ingolstadt von der Konzernzentrale in Wolfsburg bildete. Diese beginnende Palastrevolution der Herren Habbel und Grosse Leege gegen Carl Hahn brach zusammen und der Kontakt des Verfassers zu der Dresdener Verkehrshochschule endete. Gleichzeitig wurde dieser, aufgrund des doppelten Spiels in Ingolstadt und Wolfsburg, zum Objekt von Anbahnungsversuchen des Ministeriums für Staatssicherheit der DDR.

Da es einerseits um größere Aufgaben ging, und andererseits die inneren Verhältnisse des Volkswagen Konzerns nicht an die „große Glocke" gehängt werden sollten, unterblieb unverantwortlicherweise jegliches Signal an den Verfasser, wie diese Vorgänge einzuordnen seien. Stattdessen ermunterte Hahn diesen, seine Bestrebungen fortzusetzen, die Akten der früheren Auto Union einzusehen. Dass es hierbei allerdings um die Zusammenarbeit mit den einschlägigen, ideologisch vorbelasteten Stellen der DDR ging, störte in Wolfsburg nicht weiter. Schließlich war bekannt, dass der Mitarbeiter des MfS, Kirchberg, nach dessen 65. Geburtstag, in den Westen ausreisen würde. Dessen Zuarbeit traute sich Wiersch in Wolfsburg zu, von den kommunistischen Parolen und Theorien reinigen zu können. Insofern war die Hoffnung des Verfassers ohne Aussicht, im Volkswagen-Verbund Platz für seine Arbeit zu finden. Ganz diesen Prämissen entsprach das Eingreifen Hahns, Anfang Oktober 1984, in die Verhandlungen des Verfassers mit der Verkehrshochschule, über Günter Mittag und Dresden. Dass Kirchberg den Verfasser gleichzeitig in die Hände des MfS treiben wollte, mag Wolfsburg nicht erkannt haben.

Jedenfalls bildete dieses „Bauernopfer" eine Stufe auf dem Weg zu dem nachfolgenden Handelsvertrag der DDR mit Volkswagen. Doch hatten die unterschiedlichen westlichen Beteiligten mit einem Partner (Verkehrshochschule) verhandelt, der keinesfalls die Verfügungsgewalt über das angestrebte Aktenmaterial besaß. Da hatte der Verfasser voraussehender agiert, indem er mit der Staatlichen Archivverwaltung in Potsdam Beziehungen aufbaute. Allerdings wogen, aus der Sicht der DDR-Führung, die Devisengewinne im immateriellen Export schwerer, als die Unterstützung eines jungen Hamburger Wissenschaftlers. Wie offen und langwierig sich der Todeskampf der Ingolstädter Administration Habbel/Grosse

Leege hinzog, läßt sich aus den komplizierten Vertragsverhandlungen zu dem Traditionsfilm des Verfassers für die Audi AG ablesen. Auch die Fieberkurve der Konfrontation zwischen Habbel und Hahn läßt sich hier erkennen. Dass es dem Verfasser nicht um fruchtlose Reibereien, sondern ausschließlich um das fertigzustellende Filmprodukt ging, ließ ihn schließlich an Hahn als Sohn seines Vaters appelieren, der bei DKW Marketingchef gewesen war. Doch unterlag er erneut einer Täuschung, denn Hahn ging es, wie Habbel und Grosse Leege, nicht um die Interessen der Firma Audi, sondern um persönliche Händel, und, demnächst das übergreifende Volkswagen-Interesse.

Inzwischen hatte sich in den Verhandlungen des Volkswagen-Vorstandes Münzner mit dem DDR-Außenhandelsminister bestätigt, dass die DDR-Industrie keineswegs zu qualitätsgerechter Zulieferung an Volkswagen in der Lage war. Doch führte diese Erkenntnis keinesfalls zum Abbruch der Verhandlungen, sondern kurioserweise zu deren Fortsetzung. Die DDR wusste seit 1980, dass das östliche Wirtschaftssystem unter dem Druck des Westens zusammenbrechen werde. Ob nun durch Bürgerkrieg oder anders, das blieb sich aus der Sicht der überalterten Führungsriege gleich.

Mit wem sich allerdings Volkswagen gemein gemacht hatte, vermitteln die weiteren wechselseitigen Bemühungen um ein Eindringen in die inneren Bezüge des jeweilig anderen Systems. Von Osten suchte Kirchberg mit Erfolg, bis in die Führungsetagen der westdeutschen Autohersteller zu gelangen. Das MfS verfügte über vier Vertrauenspersonen im VW-Vorstand. Kirchberg kundschaftete selbst seinen Partner VW aus und entfaltete reiche Späher- und Reiseaktivitäten. Der Automobilhistoriker besaß Westkonten, ein Audi-Leihfahrzeug und Anerkennung im eigenen Hause, ob der in Aussicht stehenden beträchtlichen Einnahmen auf dem Wege des immateriellen Exportes von Akten und Ausarbeitungen zur Auto Union AG an Volkswagen. Der Dresdener wurde nachgerade zu einem Wissenschaftler-Manager westlicher Prägung. Noch im November 1987 verhandelte Kirchberg mit Habbel und Hahn über ein Auftragsvolumen von DM 750.000, das sich jedoch, infolge deren auslaufender Amtszeiten, wie letztlich der politischen Wende des August-November 1989, nicht verwirklichen ließ. Schließlich, nachdem Kirchberg mehrfach überprüft in die neue Technische Universität Dresden nicht übernommen wurde, fand er in Ingolstadt einen Platz als Berater beim Aufbau der Audi-Historien-Abteilung. Überdies wurde er Präsident des Horch-Clubs und führt nach wie vor seinen DDR-Professoren Titel, bestätigt durch den Sächsischen Staat. Zusammenhänge auf die an anderer Stelle noch eingegangen werden wird.

Dass sich die allgemeine politisch-ökonomische Abwärtsbewegung der DDR, und das Anschwellen des Unmuts in der Bevölkerung, angesichts der sich zunehmend zuspitzenden Probleme in allen Arbeitsbereichen, auf den Zusammenbruch des Systems hinbewegten, war nicht zuletzt durch die Dreizack-Strategie des Westens auf den Ebenen von Rüstung, Politik und Außenwirtschaftpolitik bedingt. So bildete der „Volkswagen Plan", hier analog zum „Schlieffenplan" von 1905/14 gebraucht, das letztlich wegweisende Mittel zur Bekämpfung des Kommunismus in Europa. Ein Kampf, der, zunächst militärisch über die Jahre 1923/27, 1941, 1953, 1956, 1958, 1961/62, 1968 - in Vor- und Gegenstoß geführt - mit Hilfe des hier entwickelten Verbundes aus militärischer Rüstung und Wirtschaftsmacht vom Westen gewonnen wurde.

Schluss

Niedergang und Sturz Europas.

BERND F. SCHULTE

Die Fallstudie der OECD - „Economic Policy Reforms – Going for Growth (2006)" - wurde in der Ausgabe von „Newsweek" vom 20.Februar 2006 einer Analyse unterworfen. Danach geht es in dem Artikel („The Decline and the Fall of Europe") um Einzelheiten der wirtschaftlichen Aussichten in der industrialisierten Welt. Es werde allgemein, so der Newsweek-Artikel, vom Aufstieg Asiens und der Gefahr für Amerika gesprochen. Doch, nach der OECD-Studie, soll der durchgehende Trend des nächsten Jahrzehnts in dem wirtschaftlichen Abstieg Europas bestehen. Die Studie führt aus:

> „A slowdown in labour productivity growth since the mid-1990s combined with weak growth in labour resource utilisation has resulted in a widening of per capita income gap vis-à-vis the United States".[1]

Allgemein wurde dort behauptet, die EU erreiche ein Bruttosozialprodukt von nahezu der gleichen Größe wie diejenige der USA. Verräterisch sei allerdings, dass die Europäische Union über eine Bevölkerungszahl von 500 Millionen Menschen verfüge, welche die der USA übertreffe. Dennoch, und das lege die Rechnung der Europäer offen, liege das Bruttosozialprodukt der Europäischen Union um 25% unter jenem der Vereinigten Staaten. *Falls dieser gegenwärtige Zug andauere, so Newsweek, werde - im Verlauf der kommenden **zwanzig** Jahre - der durchschnittliche amerikanische Bürger doppelt so reich sein wie ein durchschnittlicher Franzose oder Deutscher.* Die Engländer stünden, in dieser Hinsicht, irgendwo zwischen dem kontinental-europäischen Raum und den USA.

Freizeit werde von den Europäern einfach höher geschätzt und deshalb verfügten diese über eine bessere Lebensqualität. Das möge gut angehen, schreibt Newsweek, wenn 10% Einkommenseinbuße, längere Mittagspausen und Ferien hoch bewertet würden. Jedoch in dem Fall, die europäische Bevölkerung würde weni-

---

[1] F.Zakaria, The Decline and Fall of Europe, in: Newsweek, 20.2.2006, S. 19.

ger gesund sein, würden alsbald alle erdenklichen und bisher selbstverständlichen Güter und Dienstleistungen nicht mehr zur Verfügung stehen und insgesamt ein geringerer Lebensstandard die Folge bilden.

Das sei in Teilen Europas bereits der Fall. Die schwedischen Forscher Frederik Bergström und Robert Gidehag hätten in einer Untersuchung gerade veröffentlicht, dass 40% der schwedischen Haushalte, amerikanischen Kriterien entsprechend, als Haushalte mit geringem Einkommen rangierten. Geradezu als Scherz erscheine das im März des Jahres 2000, von den Spitzen der europäischen Staaten geäußerte Postulat, die europäische Union werde im Jahr 2010 die konkurrenzfähigste, dynamischste und Erkenntnis- bzw. Wissensbestimmteste Volkswirtschaft sein.

Die OECD-Studie untersucht Fall für Fall die Reformbereitschaft der größten kontinentaleuropäischen Volkswirtschaften und gibt diesen in der Bewertungsskala ein B-minus. Immer dann, wenn dort Politiker zaghafte Reformanstrengungen unternähmen, würden diese mit Streiks und Protesten in den jeweiligen Ländern beantwortet, so berichtet Newsweek. Reformer wie Sarkozy in Frankreich, Barroso in Brüssel und Angela Merkel in Deutschland, seien inzwischen von derartigen Vorstößen geheilt und würden lediglich noch über die Notwendigkeit sprechen, die Globalisierung zu regulieren. Die Bemühungen des EU Ministers Peter Mandelson, den europäischen Wirtschaftsraum zu liberalisieren, seien inzwischen ebenfalls aufgegeben. Auch die Versuche der Brüsseler Kommission, seit März 2005, den Handel und Wandel grenzüberschreitend zu erleichtern, träfen auf Widerstand. Die OECD-Studie führt aus:

> „After the draft met with heavy opposition from some member states, the Commission is reconsidering the most contentious provisions".[2]

Die verschiedensten Unterstützungen für Teilbereiche wie Landwirtschaft und deren (benachbarte) Produkte würden seit 2003 überprüft. Gelangten jedoch – im Zuge der „Doha trade round" – nicht zu offensiver Regelung. Dagegen werde eine Europa übergreifende Ordnung (Job Portal) zur „Job-Mobilität" (EURES) eingeführt. Seit Februar 2005 ergänzt um eine „Social Agenda". Pensionen und soziale Sicherungen wären demnach auf dem Kontinent grenzüberschreitend gültig geworden. Die europäischen Finanzmärkte, gleichfalls geregelt, ermöglichten nun Konkurrenz und erführen verstärkte Effektivität in Zinswesen und „Retail Banking".

---

2 Jean Philippe Cotis (Ed.), Economic Policy Reform, Going for Growth, Paris 2006, S. 28 (zit als: EPR).

Doch behauptet „Newsweek", obwohl damit übergreifend auf diesen und anderen Gebieten durchaus positive Veränderungen Raum griffen, das Vorhaben, die bedeutenden finanziellen Unterstützungen für die Landwirtschaft zu reduzieren, sei inzwischen tot. Dieser kritischen Sicht entsprechend, würden Bemühungen um die Liberalisierung der Hafendienste ab 2020 unternommen, die Ende 2004 formuliert, jedoch jüngst mit Widerspruch angegangen und in der Konsequenz nahezu aufgehoben worden seien. Konkurrenz auf dem Elektrizitäts- und Gasversorgungssektor werde von der Kommission seit 2005 untersucht. Was sich inzwischen als äußerst notwenig erwiesen habe. Doch sprächen hochrangige Wissenschaftler und Erzieher über die Zukunft wissenschaftlicher Forschung, dann werde kaum noch Europa erwähnt; so zumindest Newsweek. Leistungen würden auf diesem Gebiet zwar noch vollbracht, doch dies geschehe seltener als zuvor. In der biochemischen Wissenschaft sei Europa nicht mehr auf der Landkarte. In diesem Bereich würden in der Zukunft die Vereinigten Staaten, China und Indien den Ton angeben.

Hinzukomme, dass in den nächsten fünfundzwanzig Jahren die Anzahl der arbeitenden Europäer um 7% zurückgehen werde, während die Zahl derjenigen, die jenseits der 65 Jahre noch arbeiten müssten, um 50% zunähme. Die Lösung sei: „let older people work". Doch würden in Europa jenseits der 60 nur wenige Menschen beschäftigt. 7% in Frankreich, 12% in Deutschland (verglichen mit 27% in den USA). Und wiederum würden schon zaghafte Versuche, Beschäftigten zu erlauben - später in die Rente zu gehen - von den üblichen Wellen des Protestes überrollt. Und der Weg, über verstärkte Einwanderung, das Reservoir der Arbeitskräfte zu vergrößern, griffe gleichfalls nicht. Zusätzlich erweise die Karikaturen-Kontroverse mit den Muslimen, wie beträchtlich die Schwierigkeiten Europas mit den bereits existierenden Einwanderern seien.

Dass nun Deutschland insgesamt besonders gut oder schlecht wegkäme, kann - trotz des auffallend deutlichen Newsweek-Berichtes - an Hand der OECD-Studie nicht bestätigt werden. Keinesfalls sind die deutschen Verhältnisse glücklicher. Aber das ist historisch im Zögern der Bundesregierung Kohl und dem großen Happen „Wiedervereinigung" nur allzu begründet. In der Summe formuliert die OECD-Untersuchung:

> „For more than ten years, economic growth in Germany has been weak, resulting in a widening of the gap in GDP per capita vis-à-vis the United States and several EU countries".[3]

---

3 EPR, S.3.

Jedenfalls bestätigt sich, dass gerade in Deutschland auf den Gebieten der Besteuerung, des Arbeitseinkommens, der Liberalisierung in bestimmten technischen Berufen, der Bildung und des Rentenalters, wie der Arbeit im Alter, sowie der Reduzierung von Verwaltung, einige Fortschritte gemacht werden sollten. Newsweek fußte auf der Einleitung des OECD-Bandes, Deutschland sei hinter die Reformländer der Welt zurückgefallen. Jean Philippe Cotis, der Herausgeber und Chef-Ökonom der OECD, erklärt ausdrücklich die Breite und Bedeutung der Ergebnisse der OECD-Studie. Es gehe schließlich um die Erkenntnis, *wie, auf welche Art und mit welchem Mittel mehr wirtschaftliches Wachstum in der industrialisierten Welt geschaffen werden könne.*[4]

Diese Beobachtungen lassen sich dahin zusammenfassen, dass künftig der Einfluss Europas in der Welt sich vermindern wird. Damit Europas Position in Institutionen wie der Weltbank, dem EMF und der GDC ebenfalls. Nachlassende Anstrengungen auf dem Gebiet der Verteidigung werden die Fähigkeit der Europäischen Union, ein militärischer Partner der USA zu sein oder militärische Macht in Übersee - im Rahmen von „peace-keeping actions" - einzubringen, gleichfalls vermindern. Zusätzlich wird der zunehmende Protektionismus Europas dessen Lebenskraft schwächen. Was wird aber in Zukunft ein Absinken Europas bewirken? Die Welt werde sich in verschiedenste Machtzentren zerlegen und damit werden internationale Normen und Regeln an Bedeutung verlieren. *Doch gleichzeitig besteht Amerikas Supermachtstatus fort.* Newsweek erinnert an den Fortbestand eines bedeutenden Dollar. Über die Jahre hin sei argumentiert worden, dieser werde schwächer werden. Doch die Anleger hätten sich entschieden, nicht in andere Währungen zu vertrauen. *Euro und Yen stünden für Volkswirtschaften, die durch strukturelle Schwächen charakterisiert seien.* So wäre es dazu gekommen, dass die US-Währung weiterhin konkurrenzfähig sei. Ähnliche Entwicklungen auf anderen Gebieten wären festzustellen. Man könne eben Irgendetwas *nicht mit Nichts* schlagen, so Newsweek.[5]

Der Blick auf Deutschland, zwischen Mittelalter und unserer Zeit, mag zeigen, dass das vorrevolutionäre Europa ähnlich staatsverdrossen war, wie wir heute hier. Die Ineffizienz des Systems im Großen mag die Ursache wiederum bilden für bedeutende Veränderung.

---

[4] Ebd., S.3f.
[5] Ebd., S.2: „This work is published on the responsibility of the Secretary-General of the OECD. The opinions expressed and arguments employed herein do not necessarily reflect the official views of the Organization or of the governments of its member countries".

Schlussbemerkung

„Ich war damals viel unterwegs mit dem Wagen, lange Strecken, und als ich auf Neu-Spuhl zu-
fuhr, kam mir noch deutlicher als anderswo zu Bewußtsein, wie sich die Landschaft änderte, bes-
ser gesagt das Terrain. Lauter Häuser, kaum noch eine Luft dazwischen, Häuser wie ein Aus-
schlag, der um sich greift, alles inklusive Wohlstand, nichts als Vorgärten mit Zwergen darin, sicht-
baren oder kaschierten Gartenzwergen, nichts als Fahrbahnen, Kanalisation und Gittermasten.
Neu-Spuhl in unaufhaltsamer Ausbreitung. Dazu die wachsenden Schwierigkeiten, den Ausstoß
des Komforts unterzubringen, die Riesenhalden von Flaschen und Dosenblech, unter denen die
letzten Schafrasen und Bachklingen erstickten, die Abschäume und Färberjauchen in der stinken-
den Flußrinne. Verdruß überfällt mich dabei, ohne daß ich ihm wehren kann, eine kranke, ver-
nunftlose Trauer. Das sind die Augenblicke, in denen mich der Gedanke erleichtert - auch wenn
ich den Zustand nicht erleben kann-: die Zeit kommt, in der all der Spuk wieder abgefegt und
eingeschluckt ist. Dann bleibt auch von Neu-Spuhl weiter nichts als eine Bodenverfärbung."
(Gerd Gaiser, Schlussball. Aus den schönen Tagen der Stadt Neu-Spuhl,
Stuttgart (Carl Hanser) 1970, S. 34f.)

1979, als sich Verlage noch Gedanken über „Stichworte zur ‚Geistigen Situation
der Zeit' machten, drängte es Martin Walser, sein „Bedürfnis" auszudrücken „nach
geschichtlicher Überwindung des Zustands Bundesrepublik".[1] Horst Ehmke ent-
deckte, „daß sich in der Tat... ‚ein neuer deutschlandnationaler Geist oder zumindest ein bundesdeutscher Nationalismus'" entwickele.[2] Er rang darum, „der deutschen Geschichte nach der Katastrophe einen Sinn zu geben, einen Menschen-
sinn".[3] Wie sehr die Zeitgenossen vor zwanzig Jahren noch vom Schicksal des
Kriegsausganges 1945 beherrscht waren, reflektierte auch Iring Fetscher, der, quasi
in einer Flucht zurück, Karl Jaspers zitierte, der „schon 1932 „in *Die geistige Situation der Zeit* konstatiert habe, daß eine weltweite industrielle Zivilisation Arbeits-
und Lebensweisen der Menschen immer mehr einander annähert, bis sie zuletzt

---

[1] M. Walser, Händedruck mit Gespenstern, in: Stichworte zur ‚Geistigen Situation der Zeit', hrsg. von
J.Habermas, Bd. 1, Nation und Republik, Frankfurt ²1979, S. 50 (zit.als: Habermas, Stichworte).
[2] H. Ehmke, Was ist des Deutschen Vaterland? In: Habermas, Stichworte, S. 65.
[3] Ebd., S. 76.

fast alle Besonderheiten und Individualität verlieren". Was anklingt, ist die Angst der Deutschen vor ihrer nationalen Identität, vor der Unterscheidung, dem Herausstechen, zumindest aus der europäischen Völkerfamilie.[4] Hans Mommsen, der quasi eine Wiederholung der Weimarer Entwicklungen anmahnt, scheint „die latente Bildungsfeindschaft in wichtigen Teilen der deutschen Gesellschaft" ein wesentliches Kriterium. Die „Rückkehr zu den Denkhaltungen der späten Weimarer Republik" erschien ihm nicht unwahrscheinlich. Wichtig - und geradezu seherisch - seine Mahnung, es bestünde die Gefahr „äußerer Anpassung und nostalgisch-ästhetizistischer Flucht in die private Sphäre", anstatt sich als Staatsbürger kritisch zu engagieren.[5] Ganz anders Wolfgang Mommsen, welcher der deutschen Tradition, anders als vor zwanzig Jahren gemeinhin üblich, mehr Räson zubilligte als man erwarten konnte. Gleichzeitig stellte er die Frage in den Raum, ob die Bundesrepublik - ähnlich wie damals Großbritannien in einer fulminanten Wirtschaftskrise - vergleichbare Besonnenheit an den Tag legen würde. „'Grüner' Observanz, mit einer Mischung von Dogmatismus und administrativem Patriarchalismus" sprach Mommsen keineswegs das Wort. Vielmehr dem „demokratischen Konsensus" und dessen „Absorptionskraft". Heute wissen wir, dass die englische Gesellschaft darin der deutschen immer noch überlegen ist.[6]

Dahrendorf spricht für Deutschland (wohlweislich „West", denn an Gesamtdeutsch wagte niemand mehr zu denken) von der „Möglichkeit einer neuen Gesellschaft", ob „nachmodern oder nachindustriell oder eine Meliorationsgesellschaft".[7] Dieser Blick in die Zukunft wird ergänzt durch ein Streiflicht Claus Offes auf die „Renaissance konservativer Krisentheorien" im damaligen Deutschland. War doch der Begriff der „Unregierbarkeit" zu einem Angelpunkt in der Interpretation zunächst des III. Reiches (z.B. baute Junkers gegen Messerschmidt und Heinkel – zur Massenproduktion à la US-Wirtschaft kam es nicht, auch infolge feudaler Anschauungen im Offizierkorps), wie schließlich in der Diskussionen um Ursachen und Ausbruch des Ersten Weltkrieges geworden (auch: Diskussion um den 8. Dezember 1912 zwischen Röhl/Fischer/Schulte und W.J.Mommsen etc.). Dass diese Sicht letztlich einen Rückstand der deutschen Diskussion ge-

---

[4] I. Fetcher, Die Suche nach der nationalen Identität, in: Habermas, Stichworte, S. 123, 130f.

[5] H.Mommsen, Die Last der Vergangenheit, in: Habermas, Stichworte, S. 185.

[6] W.J. Mommsen, „Wir sind wieder wer." Wandlungen im politischen Selbstverständnis der Deutschen, in: Habermas, Stichworte, S. 208. In der englischen „middle class" wurden damals am Wochenende die schlechteren Hosen getragen; in der Woche die besseren.

[7] Ralf Dahrendorf, Kulturpessimismus vs. Fortschrittshoffnung. Eine notwendige Abgrenzung, in: Habermas, Stichworte, S,. 228. 1982 traf ich Dahrendorf in seinem Amtssitz, der London School of Ecomics. Er thronte im obersten Stock des ziemlich verwahrlosten Gebäudes. Als die Sekretärin die Tür zu seinem Raum öffnete war ich geblendet. Welch ein Kontrast: Überall weißes Leder und verchromte Armlehnen etc.

genüber der angelsächsischen und italienischen Literatur zur Folge hatte, diese Erkenntnis bildet einen wesentlichen Ertrag dieses Beitrages.[8]

Es blieb, was heute mehr zum unbewusst/bewussten Allgemeingut geworden ist, nämlich der Eindruck des zähen Gebundenseins der Deutschen in dem Trauma des Zusammenbruchs von 1945 (wie Österreich in jenem von 1918 verharrt). Wie geistig labil, und letztlich unvorbereitet, Deutschland in die Entwicklung der Selbstauflösung des kommunistischen Machtbereiches geriet, wird hier fassbar. So stellen sich die Unzulänglichkeiten der äußeren und inneren Zustände der Bundesrepublik Deutschland heute, vor dem Hintergrund der geschichtlichen Entwicklung, als durchaus nicht von Höhepunkt zu Höhepunkt strebend dar, und sind daher eher denen nah verwandt, die zu Ausgang des 18. Jahrhunderts anzutreffen sind. Sowohl die Entmündigung des Bürgers, wie die Regierung von oben herunter, bis hin zu den Auflösungserscheinungen innerhalb und oberhalb der damaligen Führungseliten, zeigen an, dass nicht unbedingt die technische Basis identisch sein muss, um ein durchgehendes Problem zu identifizieren.

So ist das Erlebnis einer Auswahlsitzung, für eine Stelle am Deutschen HistorischenInstitut in London (Berufungsausschuss des DHI) im Jahr 1982, für den Verfasser signifikant und kennzeichnend im Sinne einer, bereits zu Anfang der achtziger Jahre, vorherrschenden Stagnation in Teilen der deutschen "upper society". Mir blieb, angesichts der, an dieser Veranstaltung in Köln teilnehmenden, Crème de la Crème der deutschen Historiker, der diffuse Eindruck, den (ein unscharf bräunlich gefärbtes Bild) dort flanierenden Persönlichkeiten hätten nur noch die gepuderten Perücken und Zöpfe des 18. Jahrhunderts gefehlt, um die Symbiose zwischen inhaltlich/methodischer Stagnation und äußerem Auftritt herzustellen.

Dass dieser Befund nicht für Deutschland allein sondern die heutigen Industriestaaten westlicher Provenienz im allgemeinen zutrifft, zeigt die Publikation des US-Amerikaners John Kao (internationaler Berater in Sachen Innovation), der jüngst nachweist, Nordamerika hätte seinen technischen Vorsprung vor allem im Ostasien verloren". „Die letzte nationale Innovationsoffensive der USA, die diesen Namen verdient hätte", liege „fast 50 Jahre zurück". Das Photo, das die Financial Times dazu als Beleg abdruckt, zeigt Wernher von Braun, John F. Kennedy, und dem damaligen Vizepräsidenten Johnson, vor einer Saturn-C1-Trägerrakete. Heute fänden – so Kao – staatliche Innovationsinitiativen in Singapur, Finnland, Dänemark, Irland, China oder Indien statt. Der US-Autor deklariert ein derartiges Vorgehen als Vorbedingung für Aufstieg oder Erhalt der wirtschaftlichen und intellektuellen Vormachtstellung etablierter Länder. Kao postuliert:

---

[8] C. Offe, „Unregierbarkeit". Zur Renaissance konservativer Krisentheorien, in Habemas, Stichworte, S. 316.

„Wer im 21. Jahrhundert seine Stellung behaupten und ausbauen will, muss seine Ressourcen und die reichlich vorhandenen Talente bündeln und in einer gesellschaftlichen Kampagne für Innovation mobilisieren".[9]

Wieso sich zum Beispiel das Öffentlich Rechtliche Fernsehsystem in Deutschland immer noch den Luxus gönnt, auf Grund politischer Zugehörigkeit, Begabungen rigoros in der Größenordnung von 50 Prozent auszugrenzen, bleibt unerfindlich. Von Herrn Hauser (dem „'Noch Fragen Kienzle?'- Hauser") bekam ich 1991, als ich ihm eröffnete, dass ich Mitglied der CDU sei, innerhalb von 15 Sekunden den Auftrag zur Produktion eines Filmberichtes für das ZDF-Magazin „studio 1", zum Thema „Mauerbau – 13. August 1961". Im NDR regierten 1983 der CDU-Ministerpräsident Niedersachsens, der CDU Ministerpräsident Schleswig-Holsteins und der rechtsorientierte Hamburger Bürgermeister (Intendant F.W.Räuker/CDU). Dort konnte ich natürlich mit meinem Riezler-Tagebuch-Thema nur bei Bernd C. Heßlein/SPD (der entmachtet war) Gehör finden.

So zeigt der Bogen vom 15. zum 20. Jahrhundert in Deutschland, neben der Tatsache, dass die deutsche Geschichte nicht aus Höhe- sondern aus Tiefpunkten bestand,[10] stete Distanz zwischen Bevölkerung und Staat. Dies umso mehr, als in Zeiten der wirtschaftlichen Notlage diese Probleme deutlicher hervortreten. Von Ulrich Bräker (zum Gasselaufen der Deserteure), über Johann Gottfried Seume (Soldatenhandel), Leukhards „Feldzug gegen Frankreich" 1792, mit der Schilderung von Plünderungen kurz hinter der französischen Grenze, und Georg Büchners, „Hessischer Landbote" (1834), mit dem Aufruf zum Widerstand der Bürger gegen den Staat, reicht dieser Zusammenhang bis in unsere Zeit, die vergleichbare Zustände (für modernes Söldnertum z.B. Abu Graib) hervorbringt. So kommt die Mahnung des MfS der DDR, im November 1961, für Ulbricht,

„der Bevölkerung ist es egal wie sie regiert wird, ob sozialistisch, kommunistisch oder kapitalistisch – Hauptsache im Portemonnaie stimmt's"

der Wahrheit, und dem Schlüssel zu gesellschaftlicher Glückseligkeit, wohl am nächsten.[11]

---

9 Sven Nagel, Hinter dem Mond, in: Financial Times Deutschland, Freitag, 4.4.2008, S. 34.
10 R. Wohlfeil, Kriegsverlauf 1635-42, Bevölkerungsverluste der brandenburgischen Städte zwischen 1625 und 1652/53, in: Hist. Handatlas von Brandenburg und Berlin, Abt. VIII (1976), Berlin (de Gruyter) 1976.
11 Vgl. P. Glotz, W.R.Langenbucher, Versäumte Lektionen. Entwurf eines Lesebuches, Gütersloh 1965, S 36f., S.63f., S.71, S.76-79, S.92-97.

Autoren

DR. HEINZ-LUDGER BORGERT

Geboren 1944. Nach der Schulzeit Ausbildung zum Offizier der Bundesmarine, Dienstgrad: Fregattenkapitän d.R. 1967-1975 Studium der Geschichte, Politischen Wissenschaften und Soziologie in Münster und Freiburg sowie Promotion bei Prof. Dr. Werner Hahlweg mit einer Arbeit über "Friedrich Engels und die Marineplanungen in Deutschland 1860-1867, in: „Handbuch zur Deutschen Militärgeschichte", hrsg. vom Militärgeschichtlichen Forschungsamt der Bundeswehr. Dort Verfasser des Beitrages: „Grundzüge zur Landkriegsführung von Schlieffen bis Guderian". Weiter zahlreiche Veröffentlichungen zur Geschichte der Deutschen Marine und der Wehrmacht. Seit 1979 Mitarbeiter beim Bundesarchiv, Referatsleiter beim Bundesarchiv-Militärarchiv in Freiburg/Breisgau.

PETER BROUCEK

Dr. phil., MAS (Master of Advanced Studies), Jahrgang 1938, 1956-1963 Studium der Geschichte, der Historischen Hilfswissenschaften und der Germanistik, an der Universität Wien. 1959-1962 Besuch der Archivschule. 1963-2003 Staatsarchivar am Österreichischen Staatsarchiv/Kriegsarchiv, zuletzt Hofrat, Referent für die Alten und die Neuen Feldakten (d.i. Akten der habsburgischen Armeen im Felde vom 16. bis zum 20. Jahrhundert); Referent für die Sammlung „Nachlässe" des Österreichischen Staatsarchivs. Mitarbeiter der Österreichischen und der Bayerischen Akademie der Wissenschaften bei der Herausgabe biografischer Lexika. Mehrere Bücher und zahlreiche Aufsätze zur österreichischen Geschichte und zur Militärgeschichte. Publikationen in deutscher, englischer, französischer, italienischer, ungarischer, polnischer und tschechischer Sprache. Reserveoffizier des Österreichischen Bundesheeres; Magistralritter des Großpriorats von Österreich des Souveränen Malteser Ritterordens.

JOHN A. MOSES

John Moses (School of Classics, History & Religion, University of New England, Armidale, NSW) Australier von christlich-libanesischer und schottischer Herkunft. Geboren in Atherton Nord Queensland, am 10. Juni 1930. Ausgebildet an der All Souls' Schule in Charters Towers, dem Technischen College in Brisbane, St. Francis', dem Theologischen College, Milton, Brisbane und an den Universitäten von Queensland, München und Erlangen. John Moses übernahm das Thema seiner Doktorarbeit zur Geschichte der deutschen Arbeiterbewegung an der letztgenannten Universität im Jahre 1965 und arbeitete ab 1966 am Fachbereich Geschichte der Universität von Queensland. Er hat breit über die Geschichte der deutschen Arbeiterbewegung publiziert, vor allem zum „trade unionism", der deutschen Kontroverse um den Ausbruch und die Ursachen des Ersten Weltkrieges (Fischer-Controversy), den deutschen Kolonien im pazifischen Raum und deutschen Siedlern in Australien. Jüngst forscht und publiziert er zur Rolle des Protestantismus in Deutschland. In diesem Zusammenhang entwickelte Moses ein spezielles Interesse an Bonhoefferstudien, die ihn zu einer Reihe von Veröffentlichungen führten. Seine dazu wesentlich Neues bietende Studie steht vor dem Erscheinen bei Berghahn Books, New York.

HELMUT OTTO

Prof. Dr. sc phil. Helmut Otto, Jahrgang 1927, Kriegsteilnehmer 1944/45, Studium der Geschichte an der Karl-Marx-Universität Leipzig 1950-54, danach wissenschaftlicher Mitarbeiter der Abteilung Militärgeschichte am „Institut für Deutsche Geschichte" an der KMU Leipzig und am „Institut für Geschichte an der Akademie der Wissenschaften der DDR", 1969-1990 am „Militärgeschichtlichen Institut der Nationalen Volksarmee" in Potsdam, 1990-92 am „Militärgeschichtlichen Forschungsamt der Bundeswehr" Potsdam. Hauptarbeitsgebiet: deutsche Militärgeschichte des 19. und 20. Jahrhunderts. Veröffentlichungen besonders zur militärischen Vorgeschichte und Geschichte des Ersten Weltkrieges, zum preußisch-deutschen Generalstab unter Alfred Graf v. Schlieffen und zum Reichsarchiv.

BERND F. SCHULTE

Geboren 1947, diente zwischen 1967 und 1972 in der Bundeswehr. Olt.d.R. Studierte in Würzburg, München und Hamburg Neuere Geschichte, Politische Wissenschaften sowie Sozial- und Wirtschaftsgeschichte. Bei Fritz Fischer in Hamburg

promovierte er mit seiner Arbeit „Die deutsche Armee 1900-1914. Zwischen Be-
harren und Verändern". Es schlossen sich u.a. Studien zur deutschen strategischen
Balkanpolitik, der Krisenlage vor dem Ersten Weltkrieg und zur Riezler-Tage-
buch-Affäre um Karl D. Erdmann an. Film- und Fernsehproduktionen 1983-1997.
Schulte gibt seit 1997 die Internetzeitschrift „Extra-Blatt" heraus. Seit 2000 die
„Hamburger Studien zu Geschichte und Zeitgeschehen".

Armageddon des Kommunismus – Strategie, Wirtschaft und die DDR 1970-1990:
By Bernd F. Schulte (Hamburg: Hamburger Studien zu Geschichte und Zeitgeschehen, Bd. 3, 2006) pp. 675. pb.

The Hamburg historian has here added to the already extensive list of his pio-
neering studies yet another major work, this time in the area of contemporary
German history. A work that reveals for the first time the secret machinations of
West German big-business to infiltrate and cripple the industrial enterprises of
communist East Germany is certainly breaking new ground. Historians of modern Germany are well aware of the revolutionary impact of the work that the
Hamburg historian, the late Professor Fritz Fischer, made in 1961 with his *Griff
nach der Weltmacht*, published in English as *Germany's Aims in the First World War*
(1967). Fischer's revelations that the various branches of German industry and financial management had crucially influenced official government policy regarding imperial expansion and annexations of foreign territory caused a sensation
both within and outside Germany at the time. "the Fischer Controversy" became the most passionately conducted academic debate of the post-war era. As
much as Fischer's conservative, right-wing critics tried to belittle his achieve-
ment the more the passage of time confirmed the accuracy of his findings: German industry and finance had indeed exerted a shaping influence on the formulation of imperial German war-aims. And these were not exactly modest. As the
so-called *September Memorandum* from 1914 revealed from the archives for the
first time by Fischer through his then assistant, Immanuel Geiss, the government
of Chancellor Bethmann Hollweg had developed grandiose plans to establish a
German dominated *Mitteleuropa*, i.e. a series of annexations from the eastern pro-
vinces of France, all of Belgium in the West, and most of central Europe from
the Baltic to the Black Sea. This Germany would have become the world super
power, displacing the British Empire and rivaling the USA.

It comes as no surprise, then, to learn that Dr Bernd Schulte was a doctoral
student of Fritz Fischer, and that he has dedicated this wide-ranging study of
contemporary German industrial politics to his late mentor. Given Schulte's re-
markable list of publications it comes as a surprise to learn that he is not a professor at some renowned German university, but a self-supporting, free-lance historian. There may be an explanation in the fact that Schulte refuses to bow to
political correctness, and is not afraid to unmask the frankly embarrassing political machinations perpetrated at the highest levels of the German economy.
Schulte's record, though, demonstrates how important it is for an open society to
have scholars who are not inhibited from going behind the archival scenes to

find out "how it actually happened", to adapt a phrase made famous by Leopold von Ranke.

In particular, Schulte's work illustrates how critical it is for the historian of international conflict to be aware of the industrial-economic potential of the competing powers and to understand how this, as a *structure de longue durée* impacts on policy making. Consequently, Herr Schulte is very interested in the economies of the Soviet bloc countries in general and that of the former GDR in particular. It was crucial that during the East-West conflict these so-called command economies could deliver the necessary means to ensure that their military capacity could approximate that of the West. Consequently, Schulte's work lays bare the economic realities of the Warsaw pact countries and highlights their underlying dependence on trade with the capitalist West. In all this the renowned economic strength of the Federal Republic of Germany from Adenauer to Kohl was factor of the highest importance. And ultimately, the economy of the rival German Democratic Republic was dependent upon both the formal political and the behind-the-scenes economic arrangements made between the leaders of West German industries, particularly automobile concerns, and their communist counterparts.

By virtue of his unusual determination to investigate the records of the relevant firms Herr Schulte has developed a unique kind of historiography, one that the conventional university historians would feel inhibited to practice. And herein lies the importance of his contribution. By tracing the deals made between "industry" in the West and the managers of the East German economy, Schulte has illustrated the total inefficiency and bankruptcy of so-called command economies. They were doomed to collapse from the very beginning, and fell to the illusion that they could possibly compete with the infinitely superior technical and economic expertise of the West. What is extremely interesting is to learn how the captains of West German industry played their roles in bringing about the implosion of the Warsaw Pact's putatively most efficient economy.

Finally, Schulte's extremely detailed research, accomplished without the luxury of paid research assistants, must be embarrassment to the highly paid and sometimes frankly arrogant West German historians because he has pursued lines of enquiry that the established professors would be loath to do. And for this reason his findings are all the more significant. Herr Schulte' unconventional work has immensely enriched our knowledge of the internal history of the collapse of the Eastern bloc.

JOHN A. MOSES
School of Classics, History & Religion, University of New England, Armidale, NSW
Australian Journal of Politics and History: Volume 53, Number 3, 2007, pp. 488-489.

Schwierige Geburt eines deutsch-deutschen Automobildeals.

Der Autor, ein Hamburger Sozial- und Wirtschaftshistoriker, erhielt 1986 das Angebot, einen Film zum Thema „100 Jahre Geschichte der deutschen Automobilindustrie" produzieren. Er versuchte an die in sächsischen Archiven lagerten Akten der *Auto Union* heranzukommen und scheiterte. Zehn Jahre später beantragte Schulte bei der Gauck-Behörende ein Forschungsprojekt, welches die Beziehungen zwischen der west- und der ostdeutschen Autoindustrie zum Gegenstand hatte.

Zwischen 1996 und 2003 hat der Autor intensiv in die Akten der MfS-Hauptabteilung XVIII „Volkswirtschaft" studiert und aus dem Wust von Unterlagen wesentliche Informationen zu den Beziehungen zwischen westdeutschen Konzernen und ostdeutschen Partei- und Regierungsstellen herausgefiltert. Dabei stieß er auch auf die Akten des IM „Stuck", eines Autoenthusiasten und Historikers von der Technischen Universität Dresden, der sich wegen einer zeitweiligen Ausreise in den Westen im Jahre 1957 unter Beobachtung des MfS befand und 1974 wegen unerlaubter Publikation eines Textes zur Automobilgeschichte in einer westdeutschen Zeitschrift (Verletzung von § 100 des Strafgesetzbuches der DDR) „zur informellen Zusammenarbeit mit dem MfS verpflichtet" wurde. „Stucks" Ruf als Automobilhistoriker nutzend, setzte ihn das MfS auf leitende Mitarbeiter des Volkswagenkonzerns an. „Stuck" war in diesem Sinne bis 1989 tätig. Der ganze Vorgang ist bei Schulte ausführlich dokumentiert und kommentiert.

Im Mittelpunkt des Buches steht das nach mehrjährigen Verhandlungen 1987 zustande gekommene Motorengeschäft mit der Volkswagen AG. VW lieferte die kompletten Fertigungsanlagen für einen Viertaktmotor mit einer Jahreskapazität von 290.000 Einheiten. Die Lieferungen waren seitens der DDR finanziell mit der Rücklieferung eines Teils der Motoren abzugleichen, die verbleibenden wurden in den „Wartburg" eingebaut. Der erste Motor dieser Bauart lief im Oktober 1988 vom Band.

Das Kompensationsgeschäft war die bedeutendste Ost-West-Wirtschaftskooperation in den 80er Jahren und wird in den[r] historischen Literatur auch beachtet. Weniger bekannt ist die von Schulte mitbehandelte Vorgeschichte, sind die Versuche der DDR, in den 70er Jahren ein ambitioniertes Autoprogramm aus eigener Kraft zu Stande zu bringen. Zuweilen erwähnt wird der Politbüro-Beschluß von 1983, die Benzin fressenden Zweitaktmotoren in *Wartburg* und *Trabant* durch Viertaktmotoren westlicher Provenienz zu ersetzen. Völlig unterbelichtet sind bisher die daraus resultierenden Kontakte mit verschiedenen bundesdeutschen und französischen Automobilherstellern.

Das Motorengeschäft erforderte, aufgrund seines für DDR-Verhältnisse ungewöhnlichen Umfanges, in Zeiten äußerster Investitionsverknappung die betriebliche Arbeitsteilung zwischen dem VEB Sachsenring und seinen Zulieferern weitgehend umzustellen und weitere Betriebe anderer Kombinate zu Zulieferern umzuprofilieren. Die Realisierung dieses Geschäftes offenbarte alle strukturellen Unzulänglichkeiten der DDR-Industrie wie in einem Brennspiegel. Dieser Umstand kommt bei Schulte deutlich und anschaulich zum Ausdruck.

Die HA XVIII „begleitete" über ein Netz von IM alle Vorgänge, von den geheimen Verhandlungen mit westlichen Firmen, von denen VW schließlich den Zuschlag erhielt, bis hin zu den Klagen wirtschaftlicher Führungskräfte des VEB Sachsenring und der neuernannten Zulieferfirmen über ausbleibendes Material, schlechte Qualität der gelieferten Komponenten, unzureichende Qualifikation der Beschäftigten und deren nachlassende Bereitschaft zur Sonderschichten, um Liefertermine einzuhalten.

Die DDR-Autoindustrie und ihre Probleme in den 70er/80er Jahren sind das Hauptfeld ostdeutschen Wirtschaftsgeschehens, das im Buch detailliert behandelt wird. Daneben widmet der Autor noch anderen Bereichen seine Aufmerksamkeit, etwa der Chemischen Industrie der DDR, die in den 80er Jahren de[r]n Weg zurück zur Gewinnung von Mineralöl aus heimischer Braunkohle prüfte. Schulte beschränkt sich aber nicht auf die Ebene der Betriebe und Kombinate. Über die Industrieebenen hinaus beschreibt er auch die „höchste" Wirtschaftsebne der DDR, wo Mittag und Schalck-Golodkowski den Ton angaben und während der 80er Jahre innerhalb der SED-Führung bzw. mit Repräsentanten der Bundesrepublik die langfristige Weiterentwicklung bzw. kurzfristige finanzielle Stabilisierung der Volkswirtschaft der DDR diskutiert wurde.

Aus der Wiederbelebung der Braunkohlenhydrierung ist nichts mehr geworden. Was die SED-Führung 1988 und 1989 zu Wirtschaftsfragen diskutierte, ist grundsätzlich bekannt. Das zähe Festhalten der Vertreter der Bundesregierung an Beziehungen zur SED-Führung bis in den Herbst 1989 hinein ist, wenn auch nicht so im Detail wie bei Schulte, bereits von Nakath und Stephan („Countdown der deutschen Einheit") dokumentiert worden. So ist vor allem des Autors detailreiche Schilderung der Entwicklung der DDR-Autoindustrie im Ergebnis der Kooperation mit der Bundesrepublik für den Historiker von exemplarischem Interesse. Doch so aufschlussreich diese Informationen auch sind, zuweilen ist Vorsicht beim Umgang mit seinen Wertungen angeraten. Schulte, sichtlich erschrocken über die vielen Probleme, auf die er bei seiner Recherche gestoßen ist, spricht vom Armageddon der DDR-Wirtschaft, davon also, dass diese in den 80er Jahren auf eine Katastrophe zusteuerte. Dabei hat der ehemalige Offizier und spätere Wissenschaftler an der Bundeswehrhochschule in Hamburg offensichtlich nicht in Betracht gezogen, dass sich in den Akten, zumal denen der HA XVIII, vor allem Informationen darüber finden, was in der Wirtschaft *nicht* funktionierte. Was klappte, bedurfte kaum der Erwähnung. Der Rezensent, der in der zweiten Hälfte der 60er Jahre Akten der Staatlichen Plankommission einsehen konnte, stolperte dabei ebenfalls über eine Behandlungspanne nach der anderen. Ein Weg in die Katastrophe, wie es schien. Allerdings - in dieser Sache sei Schulte in Schutz genommen - hat die DDR-Wirtschaft die 50er Jahre überlebt und sich in den 60er Jahren zu einer ökonomisch stabilen Macht in Mitteleuropa gemausert. Insofern hatte es der Rezensent damals mit einer sachlichen Einschätzung leichter.

Pannen bei Großprojekten gab und gibt es sowieso nicht nur im Osten. Aus Schultes Buch geht auch hervor, dass VW mit seinen Entwicklung[s]- und Produktionsterminen für einen neuen VW-Typ mehr als einmal ins Schleudern kam und der Konzern die Kooperanten aus der DDR überzeugen musste, mit der Lieferung der einzubauenden Motoren später zu beginnen, als vertraglich vorgesehen. Das hätte den Autor - einmal ganz abgesehen von den gegenwärtigen Erfahrungen mit den Schwierigkeiten beim Start von „toll collect" und bei der Auslieferung der Airbusses A 380 oder der Magnetbahn − in seinem Urteil vorsichtiger machen sollen. Sicherlich funktionierte die DDR-Wirtschaft bei besonderer Beanspruchung schlechter als die bundesdeutsche in gleicher Lage, aber seine Gegenüberstellung „einer hochproduktiven, kapitalistisch organisierten Volkswirtschaft" mit einer „maroden DDR-Wirtschaft" (S. 209) lässt sich aus den von ihm gebotenen Informationen nicht unbedingt ableiten. Hier hat der Autor wohl doch dem retrospektiven Determinismus gehuldigt.

Würde man Schultes Wertungen folgen, bliebe zudem ungeklärt, warum die DDR-Wirtschaft nicht bereits während der Herbstrevolution zusammenbrach. In Berlin, dem Zentrum der revolutionären Ereignisse, sank die Industrieproduktion zwischen September und Dezember 1989 um ganze drei Prozent, wie das Deutsche Institut für Wirtschaftsforschung herausfand. Ende des Jahres 1989 ließ die Chefin der DIW-Abteilung „Östliche Industrieländer", Doris Cornelsen, verlauten: „Der Zustand der DDR-Wirtschaft kann *nicht* als katastrophal bezeichnet werden,... Industrie und Landwirtschaft produzieren wie zuvor". Nach Schulte war die DDR-Wirtschaft zu diesem Zeitpunkt längst „zusammengebrochen" (S. 599-600). Der Zusammenbruch kam dann tatsächlich im Juli/August 1990 - nach der Währungsunion.

Ungeachtet dieser Einwände empfiehlt der Rezensent Schultes umfangreiches Werk allen an der Geschichte der DDR Interessierten mit dem Gespür für die Bedeutung des Wirtschaftlichen und Sozialen zur Lektüre - allerdings zu einer kritischen.

PROF. JOERG ROESLER
„HORCH UND GUCK", Historisch-literarische Zeitschrift des Bürgerkomitees „15. Januar" e.V. Berlin, Heft 4/2007, S. 77f.

Das besondere Buch: Die DDR aus Industrie-historischer Sicht.

Der Hamburger Historiker Bernd Schulte veröffentlicht sein neues Buch zum Ende des Kommunismus in Europa. Auf drei Ebenen behandelt dieses die ökonomisch-politische Entwicklung der DDR zwischen 1960 und 1990, die elementare Ebene der Stasi-Verbindung zur westdeutschen Industrie sowie die politisch-finanzielle Bemühung der westlichen Politik, die DDR aus Comecon und RGW herauszubrechen (Strauss-Kredit, Schalck, Andropow, Honecker, Gorbatschow, Jenninger, Kohl und Schäuble). Es zeigt sich, dass der Kommunismus einer Dreizack-Strategie des Westens unterlag, die sich aus strategischer Überrüstung (Reagan), ökonomischer Indienstnahme (Osthandel der westdeutschen Industrie/Volkswagenplan) und politisch-finanzieller Abhängigkeit zusammensetzte. Die inneren Unzulänglichkeiten der DDR bestanden nicht zuletzt in der ungenügenden Arbeitsleistung der ostdeutschen Industrie. Hier gilt es Mythen zu überwinden. Die Quelle dieses Buches bilden vor allem erstmals ausgewertete Industrieakten des Ministeriums für Staatssicherheit (Bestände des DDR-Staates im Bundesarchiv Berlin, der Chemieindustrie der DDR, private Tagebücher und Geschäftsakten) die sich als zentrale Quelle vom hohen Aussagewert erweisen.

Bernhard Trösch, in: Union Internationale de la Presse Electronique (UIPRE), Bulletin Nr. 340, Oktober 2006, S. 11.

3 Schnitte – 3 Wirklichkeiten.

„Armageddon" beschreibt im Schnittpunkt dreier Erlebnisebenen die politisch-militärische Lage im Europa der 80iger Jahre des vorigen Jahrhunderts. Einmal wird die strategische Situation zwischen der UdSSR und den USA/NATO, im Licht des Niederganges der Sowjetunion seit Afghanistan gezeigt. Weiter werden die deutsch-deutschen Bestrebungen erläutert, näher zusammenzurücken und weiter wird die elementare menschliche Ebene der Probleme des Kontaktes zwischen West- und Ostdeutschen berührt.

Dass dabei deutlich wird, wie eng die Verzahnung zwischen der deutschen Automobilindustrie und der DDR tatsächlich war und weiter erkennbar wird, dass westliche Industriekapitäne auf MfS-Pferdchen setzten, mag überraschen. Die Erkenntnis, dass gleichzeitig unübersehbar war, dass die ost- und westdeutsche Industrie keinesfalls kompatibel wären, legt das Ziel westdeutscher Strategen offen, nicht die Kooperation mit der DDR, sondern deren Übernahme zu planen.

Gleichzeitig macht diese Kernerkenntnis deutlich, dass es im Falle eines Abschwimmens der DDR in den Westen zum Zusammenbruch des kommunistischen Systems in Osteuropa kommen musste, als die „Corner-Stone-Strategie" der Jahre 1967/68 gegenüber der CSSR wieder aufgenommen wurde. Nur dass diesmal die UdSSR der DDR in den Zusammenbruch folgte, und nicht mehr in der Lage war, militärisch ihren Machtbereich zu behaupten.

Sorgfältig durch die systematische Verschuldung der DDR-Staatswirtschaft im Westen vorbereitet, wurde das Kampfmittel von Krediten politisch eingesetzt. Strauß stellt sich als einer der wesentlichen Vorbereiter des ökonomischen Zusammenbruchs der DDR heraus.

Neben einer eingehenden Schilderung des sozialistischen Produktionsalltages, des finanzpolitischen Löcherstopfens, z.B. in der Staatlichen Plankommission der DDR, wenn es darum ging, den 5 Jahres Plan wieder einmal zu schönen, zeigt „Armageddon" die ganze entnervende Machtlosigkeit der politisch Allgewaltigen in Ost-Berlin, wenn es darum ging, die Illusion von einem deutschen sozialistischen „Arbeiter- und Bauernstaat" gegen die Realität durchzusetzen.

Buch24.de

Der Volkswagen Plan.

Volkswagens Griff nach der DDR, die Umsetzung des „Volkswagen-Plans" zwischen 1976-1990 und die Geschichte des Zusammenbruchs der DDR, unter dem Druck von westdeutscher Industrie und Politik, bilden den zentralen Gegenstand der Untersuchung Sch.'s. Den Anlass dazu bilden wohl die Memoiren Carl H. Hahns, „Meine Jahre mit Volkswagen, München 2005", die der WELT AM SONNTAG-Redakteur Jacobi mit leichter Feder auf Papier bannte.

Dass in diesem Zusammenhang der Rolle der Volkswagen AG - und deren Ostgeschäft - entscheidende Bedeutung zukam, wird am Bespiel des Pkw-Projektes „Student" entwickelt, des neuen DDR-"Volks"-Wagens. Dieses Handelsgeschäft stand gleichzeitig in enger Interdependenz mit der bundesdeutschen Außenpolitik und bildete eine Voraussetzung für die Politik des Prinzips, „den Kommunismus unter Bedrohung halten", wie dies der frühere Flickmanager von Brauchitsch, durch das MfS der DDR angezapft, ausdrückte. Wie eingehend der ostdeutsche Geheimdienst über die Vorstellungen und Absichten der westdeutschen Industriemanager orientiert war, unterstreicht die Tatsache, dass z.B. vier Vertrauensleute des MfS sich im Vorstand der Volkswagen AG befanden. So finden die Ansichten der Unternehmensleitung unter Carl Hahn, in den Gesprächen und Verhandlungen mit der DDR-Wirtschaftsführung, deren detaillierten Niederschlag in den Protokollen des Ministeriums für Staatssicherheit.

Wie intensiv sich die Bemühungen des Volkswagen Konzerns um die Entwicklung von Geschäftsbeziehungen zur DDR-Wirtschaft gestaltete, wird gleichzeitig deutlich durch Vorgänge auf der elementaren Ebene eines Filmprojektes für die Audi AG. Da dieses Ausdruck des Ingolstädter Strebens nach mehr Selbständigkeit von Wolfsburg war, und sich naturgemäß mit den Wurzeln der Auto Union AG (1930-1945) in Sachsen beschäftigte, kam es zur Nagelprobe im Machtkampf zwischen dem Audi-Vorstand Wolfgang R. Habbel und Detmar Grosse Leege einerseits und Carl H. Hahn und Anton Konrad andererseits. Im Zusammenspiel mit MfS und DDR-Staatsführung (G.Mittag/Beil, IM Dr.P.Kircherg) wehrte Wolfsburg diesen Vorstoß Ingolstadts ab (Habbel und Grosse Leege mußten gehen)und nahm dabei in Kauf, dass Sch., der westdeutsche Vertreter der Audi-Bestrebungen, in Gefahr geriet.

Darüber hinaus spielte Wolfsburg mit Informellen Mitarbeitern des MfS in Dresden in dem Bestreben zusammen, die Geschichte des Auto Union Konzerns (in Sonderheit der Unterfirma DKW) weiterhin zentral in der Wolfsburger Abteilung Archiv-Geschichte zu platzieren. Entscheidend für den Abschluß eines „Handelsvertrages" mit der DDR (November 1984) war jedoch der aufwendige Versuch, ein VW-Modell als „Volks"-Wagen an die DDR zu verkaufen. Die Finanzierung dieses Projektes scheiterte bereits im Ansatz an der desolaten DDR-Wirtschaft, die unfähig war, qualitativ genügende Rumpfmotoren im Zuge der Refinanzierung an Wolfsburg zu liefern. Dennoch blieb Volkswagen strikt dabei, dieses Geschäft durchzuführen und verfolgte diese Vorstellung mit dem Ziel, die DDR sich finanziell zu verpflichten. Damit bestünde in Zukunft - so die Erwartung dieses „Volkswagen-Plans" - die Chance, die DDR in finanzielle Abhängigkeit von der Bundesrepublik zu manövrieren und damit ein Abschwimmen dieses „cornerstone" von RGW und Warschauer Pakt nach Westen zu bewirken.

Parallel verfiel zunehmend die Zustimmung der Ostdeutschen zu deren Staat. Die hochbrisanten Quellen aus den Archiven des Ministeriums für Staatssicherheit zeigen die immer aggressiver werdende Stimmung der arbeitenden Bevölkerung, angesichts des mit Händen zu greifenden Missmanagements an Haupt und Gliedern der DDR-Wirtschaft. So werden, neben einer aufschlussreichen Innenansicht des Volkswagen-Konzerns, gleichzeitig die strukturellen Probleme der DDR erkennbar und zeigt sich, wie aussichtsreich der Plan des Wolfsburger Managements war, die DDR-Industrie zum Zulieferer für Volkswagen und damit bereit zu machen, die gesamte DDR finanziell in die Hände des Westens zu manövrieren (Strauß-Kredit/1983).

Buch24.de

496

Abteilung Geschichte und Zeitgeschehen

Lightning Source UK Ltd.
Milton Keynes UK
UKOW04f1018170417
299272UK00002B/42/P